CE DOCUMENT A ETE MICROFICHE
TEL QU'IL SE PRESENTAIT

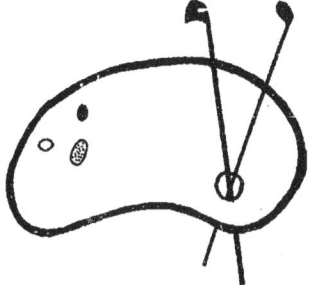

DEBUT D'UNE SERIE DE DOCUMENTS
EN COULEUR

PUBLICATIONS DE L'ÉCOLE DES LETTRES D'ALGER
BULLETIN DE CORRESPONDANCE AFRICAINE

# ÉTUDES

SUR LES

# LANGUES DU HAUT-ZAMBÈZE

TEXTES ORIGINAUX

RECUEILLIS ET TRADUITS EN FRANÇAIS

ET

PRÉCÉDÉS D'UNE ESQUISSE GRAMMATICALE

PAR

E. JACOTTET

DE LA SOCIÉTÉ DES MISSIONS ÉVANGÉLIQUES DE PARIS

PREMIÈRE PARTIE

## GRAMMAIRES SOUBIYA ET LOUYI

PARIS
ERNEST LEROUX, ÉDITEUR
28, RUE BONAPARTE, 28

1896

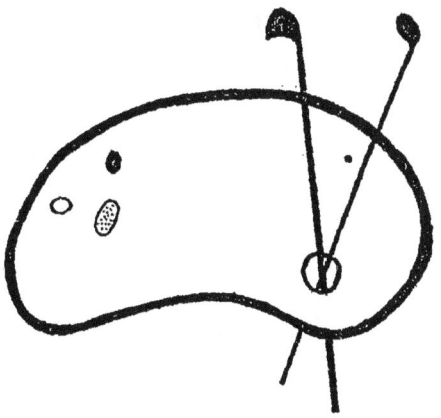

FIN D'UNE SÉRIE DE DOCUMENTS
EN COULEUR

PUBLICATIONS DE L'ÉCOLE DES LETTRES D'ALGER
BULLETIN DE CORRESPONDANCE AFRICAINE

XVI

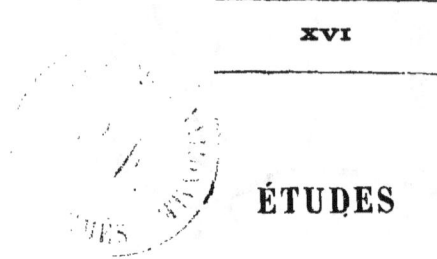

ÉTUDES

SUR

# LES LANGUES DU HAUT-ZAMBÈZE

PREMIÈRE PARTIE
GRAMMAIRES SOUBIYA ET LOUYI

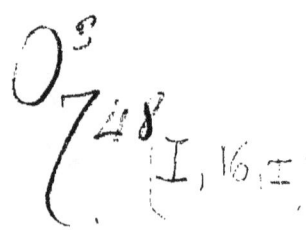

ANGERS, IMP. DE A. BURDIN, 4, RUE GARNIER.

# ÉTUDES
## sur les
# LANGUES DU HAUT-ZAMBÈZE

## TEXTES ORIGINAUX

RECUEILLIS ET TRADUITS EN FRANÇAIS

ET

## PRÉCÉDÉS D'UNE ESQUISSE GRAMMATICALE

PAR

### E. JACOTTET

DE LA SOCIÉTÉ DES MISSIONS ÉVANGÉLIQUES DE PARIS

---

**PREMIÈRE PARTIE**

## GRAMMAIRES SOUBIYA ET LOUYI

---

PARIS
ERNEST LEROUX, ÉDITEUR
28, RUE BONAPARTE, 28
—
1896

# PRÉFACE

Les matériaux sur lesquels repose cette publication m'ont été fournis par trois jeunes Zambéziens de 18 à 19 ans, nommés Kaboukou, Kasala et Samata. Le premier m'a donné les textes Louyi, les deux autres les textes Soubiya. Ces textes ont été écrits sous leur dictée, puis soigneusement revus et corrigés avec eux; ils ont pu m'expliquer en Souto tout ce qu'il m'était nécessaire de savoir pour arriver à une connaissance suffisante de ces langues. Je n'en connais que ce qu'ils m'en ont appris, mais on pourra se convaincre, je l'espère, que leurs renseignements sont assez sûrs et concordants pour qu'on puisse y avoir toute confiance.

Ces trois jeunes gens, originaires du Bo-Rotsi, ont été envoyés au Ba-Soutoland, pour suivre les écoles de notre mission, par nos collègues de la mission protestante française du Haut-Zambèze, établie dans ces parages depuis 1884. J'ai pu les avoir quelques semaines chez moi, et recueillir de leur bouche une foule de renseignements intéressants. Ils m'ont donné avec intelligence et bonne volonté toutes les indications dont j'avais besoin; et j'espère pouvoir encore augmenter dans la suite la masse d'informations déjà reçues.

Ils savent sans doute bien plus de contes encore que ceux qu'ils m'ont fournis jusqu'ici.

Pour ceux qui voudraient connaître mieux ce pays et les tribus qui l'habitent, je renvoie avant tout le lecteur aux livres de Livingstone, et au *Journal des Missions évangéliques de Paris* depuis 1884, ainsi qu'aux ouvrages spéciaux indiqués plus loin. Quelques contes ont été publiés par moi en français en 1895 dans la *Revue des Traditions populaires*.

Dans ce premier fascicule, je donne une esquisse grammaticale du Soubiya et du Louyi. Plus tard paraîtront les textes recueillis, avec traduction française; ces textes intéressent avant tout le folklore, et contribueront à jeter quelque lumière sur les traditions et les coutumes de ces peuples primitifs. J'en ai pu déjà recueillir deux ou trois fois autant que ceux qu'a publiés la *Revue des Traditions populaires*. Aujourd'hui je ne puis en donner que deux ou trois extraits, pour servir de spécimens des langues Soubiya et Louyi.

On voudra bien, en considérations des difficultés spéciales qu'il m'a fallu vaincre, et de la distance où je suis du Zambèze, me pardonner ce que cette publication a de fragmentaire et d'incomplet. Il est toujours malaisé d'apprendre une langue inconnue; la difficulté est bien plus grande encore quand on doit l'apprendre loin du pays où on la parle, et qu'on est pour cela dépendant de deux ou trois personnes seulement, qui ne savent pas toujours donner les explications dont on aurait besoin. Je n'aurais pu y réussir sans ma connaissance pratique du Souto que je parle depuis longtemps, et que connaissent aussi mes jeunes Zambéziens.

Je ne me cache pas cependant que bien des erreurs de détail m'auront échappé, et que pour apprendre complètement ces langues un séjour prolongé dans le pays même eût été nécessaire. Je n'ai pu d'ailleurs consacrer à cette étude que les rares moments de loisir que me laisse mon travail habituel. C'est un premier essai; ceux qui travaillent au Zambèze même pourront faire davantage et corriger mes erreurs.

Dans une Introduction générale, je donne quelques renseignements sur les peuples et les langues du Zambèze, d'après ce qu'ont pu m'en dire les trois jeunes gens dont il est parlé plus haut. J'ai cru utile d'y ajouter quelques aperçus généraux sur les langues Bantou, qui sont encore assez peu connues et étudiées en France. La distance où je suis, depuis des années, du monde civilisé, et avant tout, d'une bibliothèque publique possédant les ouvrages indispensables à ces études, expliquera et excusera sans doute les lacunes de cette introduction.

Comme il m'est impossible de revoir et corriger moi-même les épreuves de ce travail, M. René Basset a bien voulu s'en charger, et je tiens à lui en exprimer ici toute ma reconnaissance[1].

*Station missionnaire de Thaba-Bosiu, Basutoland.*

Août 1895.

---

[1]. L'orthographe dont je me sers pour les textes Soubiya et Louyi est indiquée plus bas. Dans le texte français, je me conforme pour l'orthographe des noms propres à l'usage du français; j'écris, par exemple, *Soubiya*, au lieu de *Subiya*. J'ai cependant conservé le *w* anglais qui m'a semblé nécessaire, et j'écris également *sh* au lieu de *ch*; le *s* doit toujours avoir le son dur.

# INTRODUCTION

### I. — LES LANGUES DU ZAMBÈZE

Le Haut-Zambèze est depuis les premiers voyages de Livingstone une des régions les plus connues de l'Afrique centrale. Mais quand on y regarde de près, on est étonné de voir à quel point nos connaissances sont encore incomplètes et fragmentaires. Pour ce qui concerne plus spécialement la linguistique et le folklore, rien encore, ou presque rien n'a été fait. Les manuscrits de Livingstone, qui semble avoir travaillé avec autant de succès dans le domaine de la linguistique que dans celui de la géographie, dorment inutiles sur les rayons de la *Grey Library* du Cap, où personne ne les consulte. En 1891, Torrend a publié dans sa *Grammaire comparée* quelques textes Tonga, et donné de nombreux aperçus sur la structure de cette langue. Mais le plan même qu'il suit rend fort difficile l'étude de ses notes sur le Tonga. D'ailleurs les textes qu'il publie sont trop courts pour fournir une base suffisante à une construction grammaticale qui inspire confiance.

Les textes *Soubiya* et *Louyi*[1] qui seront publiés dans de prochains fascicules, et auxquels les deux grammaires publiées aujourd'hui doivent servir d'introduction, sont une nouvelle contribution à la linguistique de cette région si importante à tous les égards. C'est également la première publication qui donne une idée un peu complète des croyances, des traditions et des contes de ces tribus. Mais ce n'est encore qu'une très minime partie de leur littérature traditionnelle. Il faut espérer que ceux qui sont sur les lieux même sauront nous en donner bientôt davantage.

Tous ces textes proviennent de la région du Haut-Zambèze, où se trouve aujourd'hui l'empire des Ba-Rotsi (ou A-Louyi), qui a succédé vers 1860 à celui des Ma-Kololo, bien connu de tous les lecteurs de Livingstone. Ce vaste empire, dont le chef actuel se nomme Lewanika, s'étend des sources du Zambèze jusqu'au confluent de ce fleuve et de la Kafwéfwé (ou Kafwé). C'est une terre bénie pour le linguiste

---

1. En donnant les noms de langues et dialectes Bantou, je supprime d'habitude le préfixe, ce qui est à la fois plus exact et conforme à l'usage le plus généralement suivi. J'écris donc *Soubiya*, *Louyi*, *Zoulou*, et non pas *Tchi-Soubiya*, *Si-Louyi*, *Isi-Zoulou*. Le préfixe n'est conservé par moi que là où il est absolument nécessaire de le maintenir, pour marquer la distinction entre deux dialectes. Ainsi par exemple *Ki-Mboundou* (langue de l'Angola) et *Ou-Mboundou* (langue du Bihé). Même dans des noms comme *Se-Souto*, *Se-Chwana*, etc., malgré l'usage qui a prévalu jusqu'ici, je préfère enlever le préfixe et écrire : *Souto*, *Chwana*, etc.

Quant aux noms de peuples, je conserve d'ordinaire le préfixe, tout en le séparant du corps du mot, et écris : *Ma-Kololo*, *Ba-Souto*, *A-Louyi*, etc. Le préfixe étant lui-même le signe du pluriel, on peut se dispenser de mettre un *s* à ces mots; on écrira : *Ba-Souto*, et non *Ba-Soutos*. Dans certains noms, où l'usage fait règle, comme *Zoulous* par exemple, le préfixe est naturellement laissé de côté.

et l'ethnographe. On y trouve une foule de tribus différentes qui ne parlent pas moins de huit à neuf langues ou dialectes distincts. Toutes ces tribus appartiennent à la race *Bantou*[1], à l'exception des Ma-Kwengo ou Ma-Sarwa, qui se rattachent probablement à la race San ou Bushman. Au point de vue pratique, cette richesse de langues ne laisse pas que d'avoir des inconvénients, bien que la plupart des Zambéziens soient polyglottes.

C'est sans doute à cette cause qu'il faut attribuer l'usage et la persistance comme langue franque et quasi officielle de tout le Bo-Rotsi, de la langue *Kololo*. Le Kololo, ou langue des Ma-Kololo, n'est pas autre chose que le Souto, ou langue des Ba-Souto, apporté vers 1830 dans ces régions par Sebetwane et sa horde, originaires du Ba-Soutoland. Mais c'est un Souto très corrompu. L'adjonction de nombreux vocables empruntés aux langues du pays l'a considérablement modifié; sa grammaire, elle aussi, a subi de profonds changements; sa phonétique surtout a dû se plier aux habitudes des peuples qui le parlent aujourd'hui. De fait ce n'est

---

1. L'emploi du mot *Bantou* étant consacré par l'usage, il faut se résigner à le conserver. Mais il n'en est pas moins permis de le regretter. C'est en effet un choix malheureux, que l'autorité de Bleek et de Lepsius a imposé à la science. *Bantou* est un mot Cafre qui veut dire : *hommes* (homines). Le nom de : *langues Bantou*, signifie donc simplement : les *langues des hommes*. D'autres noms ont été proposés; Krapf appelle ces langues : les langues Nilotiques; Pott : les langues Cafre-Kongo; d'autres leur donnent simplement le nom de langues Cafres, Sud-Africaines, etc. Aucune de ces appellations n'est satisfaisante. D'ailleurs l'usage a décidé contre elles, et le terme de *langues Bantou* doit être considéré comme définitivement admis, quelles que soient les objections qu'on puisse d'ailleurs avoir contre lui.

déjà plus du Souto, mais ce n'est pas encore une nouvelle langue. On ne peut guère aujourd'hui le considérer que comme un patois, ou une déformation du Souto. Aussi est-il très regrettable d'avoir à constater que le Kololo est en train de se substituer rapidement aux autres dialectes indigènes. Si c'était le pur Souto qui les remplaçât, on s'en consolerait plus aisément; le Souto est, en effet, l'une des plus avancées et des plus flexibles de toutes les langues Bantou, sans en excepter le Cafre lui-même.

Le Kololo, compris et parlé par tous, devenu pour ainsi dire la langue officielle du pays, nous offre le spectacle étrange du langage imposé par les conquérants subsistant après que ces conquérants eux-même ont disparu. Les vaincus d'hier, qui sont les vainqueurs d'aujourd'hui, ont adopté le langage de leurs anciens maîtres.

A côté du Kololo, subsistent encore les langues primitives du pays, dont quelques-unes ont déjà subi fortement son empreinte. Cela semble être surtout le cas pour le Soubiya qui, parlé par les populations même au milieu desquelles Sebetwane s'était établi, y était plus particulièrement exposé.

Voici, pour autant qu'il m'a été possible de m'en assurer, une liste des principales tribus dont l'ensemble forme l'empire de Lewanika, et des langues qu'elles parlent.

1) Le *Louyi*, ou *Rotsi*, la langue de la tribu régnante est parlé par les *A-Louyi* ou *A-Louyana* (les *Ba-Rotsi* proprement dits, comme les appellent les Ma-Kololo), les *Ma-Kwanga*, les *Ma-Kwandi* et les *A-Kwa-Makoma*. Il y a probablement des différences dialectales assez fortes entre le

parler de ces différentes tribus. Les textes Louyi, qui seront donnés plus tard, et la grammaire Louyi que je publie aujourd'hui, représentent le langage des A-Louyi proprement dits.

2) Le *Mbounda* est parlé par les A-*Mbounda*, les A-*Lounda* et les *Ma-Nkoya*; il y a probablement quelques différences entre ces dialectes.

3) Les *A-Mbwe*, les *Ma-Mboukousho* et les *A-Kwa-Mashi* parlent vraisemblablement des dialectes d'une seule et même langue. Je n'en possède aucun spécimen.

Toutes les tribus dont il vient d'être question demeurent au nord des chutes de Sioma ou Gonye (un peu au-dessus du grand coude du Zambèze) des deux côtés du fleuve, mais surtout sur la rive gauche. C'est là le Bo-Rotsi proprement dit, le centre de l'empire de Lewanika. C'est une erreur de Torrend de placer les A-Mbounda sur la rive droite; le gros de cette tribu demeure en effet, mélangé aux Ba-Rotsi, sur la rive gauche du fleuve.

4) Les *A-Kwa-Loubale* parlent une langue très différente de toutes celles-ci; j'en possède de courts spécimens. Ils demeurent au nord du Bo-Rotsi, près des sources du Zambèze (?). Par ses mœurs et ses coutumes cette tribu semble très différente des autres; elle pratique entre autres la circoncision, inconnue à toutes les autres peuplades du Zambèze.

5) Au sud des chutes de Sioma, jusqu'aux chutes Victoria (Mosi-wa-Thounya ou Siongo, dans les langues du pays), sur la rive gauche du Zambèze, se trouvent les *Ba-Soubiya*; quelques-uns de leurs villages sont disséminés également

sur les rives du Tchobe ou Linyanti. C'est un peuple de bateliers et de pêcheurs. De toutes les langues du Zambèze c'est le *Soubiya* que je connais le mieux ; c'est dans cette langue que j'ai pu recueillir le plus grand nombre de contes et de traditions.

6) A l'est des Ba-Soubiya, des chutes Victoria jusqu'à la Kafwéfwé, demeurent les *Ba-Tonga* et les *Ba-Lea*. Ils parlent une langue (le *Tonga*) très rapprochée de celles des Ba-Soubiya, mais assez différente cependant pour qu'on puisse la considérer comme une langue à part. Torrend en donne des spécimens dans sa Grammaire comparée.

7) Les *Ma-Totela* parlent, par contre, une langue si rapprochée celle des Ba-Tonga, qu'on est probablement autorisé à la regarder comme un simple dialecte de celle-ci. Les Ma-Totela habitent la même région que les Ba-Soubiya, mais ils construisent leurs villages de préférence au milieu des forêts, à distance du fleuve, sur les bords même duquel habitent les Ba-Soubiya. Je possède un ou deux courts textes *Totela*.

8) Les *Ma-Shoukouloumbwe*, qui demeurent au nord des Ba-Tonga et à l'est des Ba-Rotsi, parlent une langue qu'on m'affirme être très rapprochée du Tonga. Comme je n'en possède aucun spécimen, il ne m'est pas possible de rien affirmer. Il est, en tous cas, probable que c'est une langue à part, et non pas une simple dialecte du Tonga.

9) Enfin les *Ma-Nanzwa* qui vivent au milieu du domaine des Ba-Tonga, près des chutes Victoria, et les *Ma-Kalanga* de Zwange (le Wanke des cartes) appartiennent à la race des Ma-Kalanga du sud du Zambèze, auxquels se rattachent les

Ma-Shona et les Ba-Nyai, jadis sujets des Ma-Tébélé de Lo-Bengoula.

Il existe vraisemblablement dans ces régions d'autres tribus et d'autres langues encore dont je n'ai pas entendu parler. Quand toutes ces langues et dialectes auront été étudiés plus à fond, peut-être sera-t-il possible de les ramener à trois ou quatre groupes seulement. Ainsi le Tonga et le Totela semblent être deux dialectes d'une même langue; le Soubiya s'en rapproche beaucoup, ainsi que probablement aussi le Shoukouloumbwe. Toutes ces langues d'ailleurs appartiennent à la famille Bantou, ce qui rend leur étude relativement facile à celui qui connaît pratiquement et scientifiquement d'autres langues de la même famille. C'est ainsi que ma connaissance du Souto, que je parle depuis onze ans, m'a permis de comprendre sans trop de peine les textes Louyi et Soubiya que je viens de recueillir, et de faire la synthèse grammaticale de ces langues.

Quoique moins importants peut-être que d'autres langues de la même région, si l'on considère le nombre de ceux qui les parlent, le Louyi et le Soubiya représentent deux types caractéristiques, et peuvent servir de spécimens des langues du nord et du sud du Bo-Rotsi. Assez différents l'un de l'autre, ils possèdent cependant un grand nombre de caractères communs, qu'ils semblent partager également avec les autres langues du Haut-Zambèze. On pourra se rendre compte de ces ressemblances et de ces divergences en étudiant les esquisses grammaticales que je publie ici.

## II. — LES LANGUES BANTOU

Les langues *Bantou*, auxquelles appartiennent les langues du Zambèze, forment une famille excessivement nombreuse qui s'étend sur tout le sud de l'Afrique, en prenant ce mot dans sa plus large acception. Leur domaine comprend toute la partie de l'Afrique qui se trouve au sud d'une ligne partant des Cameroons à l'Ouest pour arriver à l'embouchure de la Tana sur la côte Est.

Au domaine des Bantou appartiennent donc le bassin du Congo (à l'exception du cours supérieur de l'Ouellé-Oubanghi), une petite partie de celui du Nil, les bassins entiers du Gabon-Ogooué, de la Couanza, du Zambèze, du Limpopo, etc., et la partie supérieure de celui de l'Orange. Le bassin inférieur de l'Orange, et la partie occidentale de la colonie du Cap de Bonne-Espérance et de l'Ouest africain allemand, sont les seules régions du sud de l'Afrique qui n'appartiennent pas au domaine Bantou. Elles étaient occupées avant l'invasion européenne, et sont encore partiellement habitées aujourd'hui par des races absolument différentes, les *Hottentots* (Khoi-Khoin, divisés en Nama-qua, Kora-na, Damara, Gri-qua, etc.), et les *Bushmen* (San). A cette seule exception près, et quelques enclaves encore mal définies, cette vaste partie du Continent noir est exclusivement habitée par des populations Bantou, qui comptent probablement de 60 à 80,000,000 d'hommes.

Limité au sud-ouest par les langues des Hottentots et des

Bushmen, le domaine Bantou l'est au nord par celui des langues *Nègres* (ou Soudaniennes) et *Fouldes*. Les langues Nègres semblent, malgré l'avis de Bleek[1] et de Lepsius, n'avoir avec les langues Bantou que peu ou pas de points de contact. Lepsius[2] a voulu prouver, dans l'introduction à sa Grammaire nubienne, que les langues Nègres (dans lesquelles il comprend aussi les langues Foulde et Nubiennes) sont le résultat d'un croisement des langues Chamites du nord et Bantou du sud. F. Müller[3] maintient par contre leur origine différente. La linguistique comparée devra un jour trouver une solution satisfaisante ; pour le moment, il est encore impossible de se prononcer avec certitude ; mais il semble à première vue que l'opinion de F. Müller soit plus probable que celle de Lepsius.

Quoi qu'il en soit, on ne peut qu'être frappé d'un phénomène extrêmement remarquable qui ressort d'une comparaison même superficielle entre ces deux familles de langues ; c'est, d'une part, l'homogénéité et l'identité de structure des langues Bantou, de l'autre la diversité infinie des langues Nègres et les divergences profondes qui les séparent les unes des autres. C'est au point qu'on ne sait pas encore s'il est possible d'attribuer à ces dernières une origine commune, ou s'il ne faut pas plutôt admettre un certain nombre de familles sans aucun rapport les unes avec les autres. En re-

---

1. Bleek, *A Comparative Grammar of South-African Languages*, Londres, 1861 et 1869.
2. Lepsius, *Nubische Grammatik*, Berlin, 1880.
3. F. Müller, *Grundriss der Sprachwissenschaft*, I<sup>er</sup> vol., Vienne, 1877.

gard de la diversité des langues Soudanaises, l'homogénéité essentielle des langues Bantou est doublement frappante. Bien que parlées par des populations très distantes les unes des autres, et qui pendant des siècles sont restées isolées et sans rapports les unes avec les autres, ces langues sont aujourd'hui encore si rapprochées, si identiques de structure que l'observateur le plus superficiel ne peut manquer de reconnaître leur origine commune. Le même phénomène ne se remarque au même degré que dans le groupe des langues Polynésiennes, bien moins nombreuses d'ailleurs. Le Pongwé du Gabon, le Swahili de Zanzibar, le Zoulou de Natal, le Soubiya du Zambèze sont formés absolument de la même manière, obéissent aux mêmes lois grammaticales. Il a fallu de longues études et des travaux étendus pour prouver la communauté d'origine des langues Aryennes; pour les langues Bantou la preuve s'est faite bien plus aisément. C'est aussi qu'elles sont bien plus rapprochées les unes des autres que le Sanscrit par exemple ne l'est du Celte ou de l'Allemand; elles ont bien plutôt entre elles des rapports aussi intimes que le Grec et le Latin, ou les langues Germaniques les unes avec les autres[1].

Cette ressemblance est surtout remarquable au point de vue grammatical; le vocabulaire est par contre assez différent. Si toutes les formes du Pongwé ou du Kongo se retrouvent en Zoulou ou en Swahili, la plupart des mots d'une de ces langues n'ont pas, ou n'ont plus, d'équivalents dans

[1]. Torrend va cependant trop loin en prétendant que les langues Bantou sont aussi rapprochées les unes des autres que le français, par exemple, l'est de l'espagnol ou de l'italien.

les autres. C'est là un fait qui n'a pas encore été suffisamment relevé. Il ne faut cependant pas s'en exagérer l'importance; car un certain nombre de mots, les plus importants et les plus usuels, se retrouvent d'un bout à l'autre du domaine Bantou.

L'étude comparée de ces langues est, il est vrai, à peine commencée. Bleek[1] est le premier qui en ait tenté la synthèse grammaticale. La mort l'a surpris avant d'avoir achevé sa lumineuse *Grammaire comparée,* qui ne dépasse pas le chapitre du substantif. Malgré les matériaux insuffisants dont disposait l'auteur, sa grammaire est encore aujourd'hui le seul travail fondamental et vraiment scientifique sur l'ensemble des langues Bantou. On n'en dira jamais tout le bien qu'il mérite. Plus de vingt ans après, Torrend[2] a tenté de reprendre et de continuer l'œuvre interrompue de Bleek. Il avait sur son devancier l'inappréciable avantage de posséder une foule de documents nouveaux, dont le livre de Cust[3] sur les langues africaines venait d'indiquer l'existence. Sa *Grammaire comparée* fait preuve d'une vaste lecture et d'une grande érudition. L'auteur a pris connaissance de presque tous les matériaux accessibles, et nous donne dans son œuvre une mine inépuisable de renseignements précieux. Son livre ouvre aussi quelques horizons nouveaux, et élucide certains points restés obscurs jusqu'à lui. Mais il lui manque l'am-

1. Bleek, *A Comparative Grammar of South-African Languages*, Londres, 1861 et 1869, in-4°.
2. Torrend, *A Comparative Grammar of the South-African Bantu Languages*, Londres, 1891, in-4°.
3. Cust, *The Modern Laguages of Africa*, Londres, 1883, 2 v. in-8°.

pleur et la hauteur de vues qui font le mérite de la Grammaire de Bleek. Torrend ne domine pas sa matière; il se laisse déborder par elle, et ne nous donne pas la synthèse qu'on avait le droit d'attendre. Sa Grammaire, venue à son heure et indispensable à tous ceux qui s'occupent du sujet, n'a rien de définitif. Sans parler des hypothèses injustifiées et des fantaisies étymologiques qui la déparent, elle ne traite la partie phonétique, par exemple que d'une manière tout à fait insuffisante; et si les chapitres consacrés au substantif et au pronom donnent de ceux-ci une idée assez complète, on est loin de pouvoir en dire autant de celui qui traite du verbe. Il y a là une lacune très regrettable.

En dehors de ces deux ouvrages fondamentaux, il existe une foule de grammaires, vocabulaires, etc., en anglais, allemand, portugais ou français; ces travaux sont naturellement de valeur fort inégale, et peu ont été faits par des spécialistes. Je citerai comme particulièrement utiles et bien faits les travaux de Steere[1] et de Krapf[2] sur le Swahili; de Grout[3], Appleyard[4] et Maclaren[5] sur le Cafre (Xosa) et le Zoulou; de Hahn[6], Brincker[7] et Kolbe[8] sur le Herero et le

---

1. Steere, *Handbook of the Swahili Language*, 3ᵉ édit., Londres, 1885, in-12.
2. Krapf, *Dictionary of the Suahili Language*, Londres, 1882.
3. Grout, *Grammar of the Zulu Language*, 2ᵉ éd., Londres, 1893, in-8°.
4. Appleyard, *The Kafir Language*, King William's Town, 1850.
5. Maclaren, *Kafir Grammar*, Lovedale (Sud-Afrique), 1886.
6. Hahn, *Grundzüge einer Grammatik des Herero*, Berlin, 1857, in-8°.
7. Brincker, *Wörterbuch des Otji-Herero und Oshi-Ndonga*, Leipzig, 1886 in 8.
8. Kolbe, *English-Herero Dictionary*, Cape Town, 1883.

Ndonga; de Châtelain[1] sur le Ki-Mboundou; de Bentley[2] sur le Kongo; de Krüger[3], Mabille[4], etc. sur le Souto, etc. Nous possédons en outre des grammaires ou notes grammaticales sur le Yao[5], Makoua[6], Nyamwezi[7], Kagourou[8], Kamba[9]; Pokomo[10], Nika[11], Nyanja[12], Ganda[13], Boondei[14] pour l'Est

---

1. Châtelain, *Grammatica elementar do Kimbudu*, Genève, 1888, et *Die Grundzüge des Kimbundu*, dans *Zeitschrift für afrikanische Sprachen*, 1889-1890.
2. Bentley, *Dictionary and Grammar of the Kongo Language*, Londres, 1887, avec Appendice, Londres, 1895 in-8°.
3. Krüger, *Steps to learn the Se-Suto language*, Moria, 1883.
4. Mabille et Jacottet, *Se-Suto-English Dictionary and Elementary Grammar of Se-Suto*, Moria (Sud-Afrique), 1893, in-8°.
5. Hetherwick, *Introductory Handbook and Vocabulary of the Yao Language*, Londres, 1889 in-8°.
6. Maples, *Collections for Handbook of the Makua Language*, Londres, 1879, in-12; Rankin, *Arab Tales translated in the Tugulu dialect of the Makua Language*, Londres, 1886 in-12.
7. Steere, *Collections for a Handbook of the Nyamwezi Language*, Londres, s. d., in-12.
8. Last, *Grammar of the Kaguru Language*, Londres, 1886, in-12.
9. Last, *Grammar of the Kamba Language*, Londres, 1885, in-12.
10. Würtz, *Zur Grammatik des Pokomo*, dans *Zeitschrift für afr. Spr.*, 1889-1890.
11. Krapf et Rebmann, *Nika-English Dictionary*, Londres, 1887, in-8°.
12. Henry, *Grammar of Chinyanja*, Aberdeen, 1891; Laws, *English-Nyanja Dictionary* (sans désignation du lieu de la publication); Scott, *Cyclopaedic Dictionary of the Mang'anja Language*, Édimbourg, 1892 (ce dernier ouvrage est un des meilleurs dictionnaires Bantou publiés jusqu'ici).
13. Wilson, *Outline Grammar of the Luganda Language*, Londres, 1882, in-12; *Essai de Grammaire Ruganda*, Paris, 1885, in-12.
14. Woodward, *Handbook of the Boondei Language*, Londres, 1882, in-12.

africain; sur l'Ou-Mboundou [1], Louba [2], Lounda [3], Pongwé [4], Benga [5], Isoubou [6], Doualla [7], etc., pour l'Ouest africain; ainsi que de nombreuses notes sur le Tonga et le Kalanga disséminées dans la Grammaire comparée de Torrend. Je ne parle d'ailleurs que des ouvrages que je connais plus ou moins personnellement; beaucoup d'autres me restent malheureusement inaccessibles [8].

1. Stovers, *Observation on the Grammatical structure of the Umbundu Language*, Boston, 1885; Sanders, *Vocabulary of the Umbundu Language*, Boston, 1885.
2. Büttner, *Zur Grammatik der Baluba-Sprache*, dans Zeit. für afr. Spr., 1888-1889.
3. Carvalho, *Methodo pratico para fallar a lingua da Lunda*, Lisbonne, 1890, in-8°.
4. Le Berre, *Grammaire de la langue Pongouée*, Paris, 1873, in-12; *Dictionnaire Français-Pongoué*, Paris, 1877.
5. Meinhof, *Das Zeitwort in der Benga-Sprache* (Zeit. für afr. Spr., 1889-1890).
6. Meinhof, *Das Zeitwort in der Isubu-Sprache*, ibid.
7. Saker, *Dualla-English Vocabulary* (sans date et sans indication du lieu de publication).
8. [Aux ouvrages cités ci-dessus, on peut joindre pour l'étude des langues de la famille Bantou : Swahili : Daull, *Grammaire kisouahili*, Colmar, 1879, in-8°; Delaunay, *Grammaire kiswahili*, Paris, 1885, in-12; Büttner, *Wörterbuch der Suaheli-Sprache*, Berlin, 1890, in-8°; Saint-Paul Illaire, *Suaheli Handbuch*, Berlin, 1890, in-8°; Raddatz, *Die Suahili Sprache*, Leipzig, 1891, in-8°; Nettelbladt, *Suaheli Dragoman*, Leipzig, 1891, in-8°; Sacleux, *Dictionnaire français-swahili*, Zanzibar, 1892, in-8°; Madan, *English-Swahili vocabulary*, 2° éd., Oxford (États-Unis), 1894, in-8°. Pour le Cafre et le Zoulou : Boyer, *A Grammar of the Kaffir language*, 2° éd., Londres, 1844, in-8°; Schreuder, *Grammatik for Zulu sproget*, Christiania, 1850, in-8°; Davis, *Grammar of the Kaffir language*, Londres, 1872, in-8°; id., *Dictionary of the Kaffir language* (Xosa et Zoulou), Londres, 1872, in-8°; Trapp, *Grammatik der Zulu-Koffrischen Sprache*, Mariannhill, 1890, in-8°. Pour le Kimbundu : Matta, *Ensaio de diccionario Kimbundu-Portuguez*, Lisbonne, 1893, in-8°. Pour le Congo : Cambier, *Essai sur la langue congolaise*,

Une source trop souvent négligée, mais fort importante, de matériaux linguistiques, sur laquelle Cust a le premier attiré l'attention du monde savant, ce sont les traductions de la Bible et de parties de la Bible qui ont été publiées dans nombre de ces langues. Faites par les missionnaires dans un

Bruxelles, 1891, in-8°; Visseq, *Dictionnaire fiot*, Paris, 1889, in-8°. Pour le Yao : Steere, *Collections for a Handbook of the Yao language*, Londres, 1871, in-8°; Hynde, *Second Yao-English primer*, Londres, 1894, in-12. Pour le Pokomo : Würtz, *Wörterbuch des Kitikun und des Kipokomo*, Berlin, 1895, in-8°. Pour le Ganda : O'Flaherty, *Collections for a lexicon in Luganda*, Londres, s. d., in-12; Wilson, *An outline Grammar of Luganda*, Londres, 1882, in-8°; Pickington, *A Handbook of Luganda*, Londres, 1892, in-12; Emin-bey, *Wörtersammlung des Kiganda und Kinyoro* (*Zeitschrift für Ethnologie*, 1879). Pour l'Oumboundou : Pereira de Nascimento, *Grammatica do Umbundu, Boletim da Socied. de geogr. de Lisbôa*, 1894; Cannecatim, *Diccionario da lingua Bunda*, 2ᵉ éd., Lisbonne, 1859, in-8°. Pour le Luba : Swan, *Notes on the grammatical constructions of Chiluba*, Bath, 1892, in-8°. Pour le Pongwé : *Dictionnaire pongoué-français*, Paris, 1881, in-8°. Pour le Doualla: Christaller, *Handbuch der Duala-Sprache*, Bâle, 1892, in-8°; Seidel, *Leitfaden zur Erlernung der Dualla Sprache*, Berlin, 1892, in-8°. Pour le Taita : Wray, *An elementary introduction to the Taita language*, Londres, 1895, in-8°. Pour le Mashona, Hartmann, *An outline Grammar of the Mashona language*, Capetown, 1893, in-8. Pour le Kisukuma : Seidel, *Des Kisukuma grammatische Skizze*, Berlin, 1894, in-8°. Pour le Bubi : Baumann, *Beiträge zur Kenntniss der Bube Sprache* (*Zeitsch. d. afr. Sprache* t. I); Juanola, *Primer paso a la lengua Bubi*, Madrid, 1890, in-8°. Pour le Makonde: *Collections for a Handbook of the Makonde language*, Zanzibar, 1876, in-12. Pour le Shambala : Seidel, *Handbuch der Shambala Sprache*, Dresde, 1895, in-8°; *Beiträge zur Kenntniss der Shambala-Sprache* (*Zeitschr. afrik. und ocean. Sprache*, t. I). Pour le Fan : Zabala, *Vocabulary of the Fan language*, Londres, 1887, in-12; Lejeune, *Dictionnaire français-fang*, Paris, 1891. Pour le Yalulema : Sims, *Yalulema vocabulary*, Londres, 1887, in-12. Pour le Shironga : Smith-Delacour, *A Shironga vocabulary*, s. d., 1893, in-8°. Il faut ajouter aussi les Polyglottes de Shaw, *A pocket vocabulary*, Londres, 1885, in-16 (5 dialectes) et de Last, *Polyglotta africana orientalis*, Londres, s. d., in-16 (67 langues et dialectes). — RENÉ BASSET].

but pratique, elles sont pour les savants un secours inestimable. Pour autant qu'il m'a été possible de m'en assurer, des traductions pareilles existent aujourd'hui pour les langues suivantes : 1° au Sud de l'Afrique : Cafre (Xosa et Zoulou)[1] ; Souto (Souto; Pedi); Chwana (Tlaping; Rolong); Venda (ou Tswetla) ; Thonga (Djonga ou Gwamba, Ronga, Tswa); 2° à l'Est africain : Nyanja, Wanda, Tonga ; Yao, Makoua ; Swahili, Nika, Kagourou, Boondei, Gongo ; Ganda ; 3° à l'Ouest : Herero, Ou-Mboundou, Ki-Mboundou (Angola), Teke, Kongo ; Pongwe, Benga, Isoubou, Di-Kele, Douala, etc.

En outre une foule de vocabulaires plus ou moins complets sont épars dans des livres de voyages, de missions ou d'autres. La Polyglotte de Last en contient soixante-sept; celle de Koelle[2], plus ancienne et moins sûre, en contient également un grand nombre. Mais quelque utiles que puissent être ces vocabulaires, ils ne rendent à la grammaire comparée que relativement peu de services, et on ne doit naturellement s'en servir qu'avec prudence.

Au point de vue linguistique, les meilleurs matériaux dont nous puissions disposer sont les textes de folklore écrits sous la dictée des indigènes eux-mêmes, recueillis par certains missionnaires ou voyageurs, et publiés par eux avec une traduction. Ces textes donnent en effet la langue même des indigènes sans aucun mélange d'éléments européens. Je cite-

---

1. Les noms entre parenthèses désignent des dialectes et non pas des langues différentes.
2. Koelle, *Polyglotta Africana*, Londres, 1854, in-f°.

rai avant tout les recueils de Contes Zoulous, de Callaway [1], de Contes Swahili de Steere [2], et de Contes Angolais de Châtelain [3]; ainsi que les Contes Herero publiés par Brincker [4], et Büttner [5], les Contes Lounda de Carvalho [6], les nombreux Contes Zoulous, Xosa, Chwana, Herero et Swahili publiés par le *South-African Folk-Lore Journal* [7], et les textes Tonga et Xosa publiés par Torrend dans sa *Grammaire comparée*, etc. Il serait extrêmement désirable, au double point de vue de la linguistique et du folklore que ces publications fussent encouragées, que chaque dialecte, chaque tribu y pût contribuer sa part. C'est ce que je désire faire ici pour le Soubiya et le Louyi ; ce que je voudrais pouvoir faire également pour les contes Souto dont j'ai pu recueillir une assez grosse collection.

Malgré la grande quantité de langues et dialectes Bantou déjà plus ou moins connus (près de cent sont représentés par des vocabulaires, souvent très courts; trente-cinq à quarante le sont par des grammaires, des textes originaux, ou des traductions), la division des langues Bantou en genres et en sous-

---

1. Callaway, *Nursery Tales of the Zulus*, Londres, 1869 (cf. aussi les textes réunis par Callaway, *The religious systems of the Amazulu*, Natal, 1870, in-8°. — R. B.)
2. Steere, *Swahili Tales from Zanzibar*, Londres, 1870, in-8° (cf. aussi Büttner, *Anthologie aus d. Suaheli Literatur*, Berlin, 1894, in-8°. — (R. B.).
3. Châtelain, *Folk-Tales of Angola*, Boston, 1894.
4. Brincker, *Wörterbuch des Otji-Herero*, Leipzig, 1886.
5. *Zeitschrift für afrikanische Sprachen*, Berlin, an. 1889.
6. Carvalho, *Methodo pratico para fallar a lingua da Lunda*, Lisbonne, in-8°.
7. *Folk-Lore Journal*, Cape-Town, 1879 et 1880.

genres est encore inconnue. Il est pour le moment d'autant plus difficile de les classer que la plus grande partie des langues du Centre nous sont encore totalement inconnues. Bleek a cependant tenté de le faire ; mais les matériaux dont il disposait étaient, à l'époque où il écrivait (1861), trop incomplets pour qu'il pût arriver à rien de définitif. Il a cependant, ici encore, posé très probablement les bases de la classification future. Il distingue trois groupes principaux : 1° celui du *Sud-Est*, comprenant le Cafre-Zoulou, le Chwana-Souto et le Tekeza (ou Tonga) ; 2° celui du *Centre*, renfermant toutes les langues qui n'appartiennent ni au premier ni au troisième groupe ; 3° celui du *Nord-Ouest*, comprenant le Doualla et ses congénères (Isoubou, Benga, Di-Kele) ainsi que les langues de Fernando-Po. Son second groupe qui comprend à lui seul les quatre cinquièmes au moins des langues Bantou ne saurait être définitif ; l'auteur est le premier d'ailleurs à le reconnaître. Il le divise en deux sous-groupes principaux, le groupe de l'Est et celui de l'Ouest ; chacun de ces sous-groupes est divisé à son tour en genres différents. Nous ne le suivrons pas dans le détail de cette classification, qui s'appuie surtout sur la géographie.

Torrend, rejetant comme erronée la classification de Bleek, en propose une autre, qu'il reconnaît d'ailleurs être encore incomplète. Partant d'un principe de classification, qu'il croit avoir trouvé dans certains phénomènes phonétiques, il divise en deux grands groupes toutes les langues Bantou actuellement connues. Ces deux groupes sont : 1° le groupe Mozambique-Chwana-Pongwé ; 2° un second groupe composé de toutes les autres langues[1]. Chacun de ces deux grands groupes serait à son tour divisé en deux sous-groupes, ceux de l'Est et ceux de l'Ouest ; la ligne générale de démarcation de ces sous-groupes étant le méridien des chutes Victoria. Mais, autant la division principale est maintenue d'un bout à l'autre du livre, autant cette subdivision en langues de l'Est et de l'Ouest est fuyante et peu précise.

Le groupe Mozambique-Chwana-Pongwé comprendrait, selon Torrend, les langues et dialectes suivants : 1° Chwana et Souto ; 2° Nyambane (Tekeza de Bleek, ou Tonga) ; 3° Mozambique (Makoua) ; 4° Tchagga (près du Kilima-Ndjaro) ; 5° Hinzwa (îles Comores) ; 6° Bouma (sur le Congo) ; 7° Pongwé (Gabonie) ; 8° Doualla et ses congénères (Di-Kele ; Isoubou ; Benga) ; 9° Fan ou Pahouin ; 10° les langues de Fernando-Po (?).

On voit que cette division non seulement détruit le premier groupe de Bleek, qui ne l'avait cependant pas admis sans des raisons sérieuses, mais fait absolument fi de la géographie. Nous avons en effet un groupe spécial dont les divers membres sont disséminés un peu partout. Comment est-il, *a priori*, probable que des langues aussi distantes les unes des autres que le Souto de l'Afrique australe, le Pongwé de la Gabonie et le Tchagga du Kilima-Ndjaro appartiennent au même groupe, séparées qu'elles sont par des dialectes qui se rattachent au groupe opposé ? Cela est d'autant

---

1. Il est difficile de savoir si Torrend fait rentrer dans le premier groupe les langues de Fernando-Po, ou n'en fait pas plutôt un troisième groupe à à part.

plus difficile à admettre que le vocabulaire des langues appartenant au groupe Mozambique-Chwana est loin d'être identique. Il faudrait, pour maintenir le bien fondé de la classification de Torrend en face de si graves objections, des raisons absolument décisives que l'auteur ne donne pas. Un seul fait sert de base à sa théorie, fait phonétique très remarquable, il est vrai, mais dont il est abusif de tirer des conclusions aussi radicales. Torrend a, en effet, remarqué que les lettres *t*, *z* et *k* du groupe général permutent en *r*, *l*, et χ, *h* ou ' dans le groupe Mozambique-Chwana [1]. A ce phénomène se rattachent les changements que cause la nasale dans ce dernier groupe; quand la nasale vient se placer devant une consonne faible, celle-ci se change en une forte correspondante, la nasale disparaissant elle-même dans certains cas [2]. Dans le groupe général ces changements ne s'observeraient pas.

---

1. Exemples de la permutation de *t* en *r*. En Cafre et en Tonga, par exemple, du groupe général, *trois* se dit : -*tatu*. A ce mot correspondent les formes suivantes dans le groupe Mozambique-Chwana : Souto et Chwana : -*raro* ; Tonga : -*raro* ; Mozambique (Makoua) : -*raru* ; Hinzwa : -*taru*; Tchagga : -*raru*; Pongwé : -*raro* ; Doualla : -*Lalu*; Fan : -*ala*; Boumba : -*saru*.

Exemples de la permutation de *z* en *l* (ou *d*) et *k* en χ, *h* ou '. Groupe général : Tonga : *inzoka*, serpent; *mwezi*, lune. Groupe Mozambique-Chwana : Chwana : *noχa*; Souto : *noha*; Mozambique : *noa* ; Chwana et Souto : *kχweli* (ou *kχweli*); Pongwé : *ogweli*, etc.

2. Ainsi à *invula*, pluie, du Tonga, correspondent en Souto et Chwana la forme : *pula*, en Mozambique la forme : *ipula*.

Quand un préfixe nasal vient se placer dans le groupe Mozambique-Chwana, devant un radical commençant par une consonne faible (*r*, *b*, *h*, etc.), cette consonne se change en sa forte correspondante. Ainsi au Tonga *iñombe zintatu*, trois bœufs, correspondent les formes suivantes : Chwana-

Mais il faut d'abord objecter que ces langues ne sont pas les seules qui présentent ces particularités phonétiques; d'autres les possèdent aussi, quoique d'une manière moins constante[1]. D'ailleurs les rapports que fait remarquer Torrend ne sont nullement constants dans toutes les langues qu'il fait rentrer dans son groupe Mozambique-Chwana[2].

Souto : *likχomo tse tharo* (*th* = *t* aspiré); Mozambique : *igope taru*; Pongwé : *inyare sintyaro*, etc. (-*raro* ou -*raru* est la forme de la racine : *trois*, dans ce groupe).

1. Ainsi en Nika et Pokomo *t* permute souvent en *h* (dans le Tlaping, un dialecte du Chwana, *h* remplace souvent le *r* des autres dialectes); précédé d'une nasale, *h* devient *t* dans ces deux langues. Ainsi en Pokomo : *wantu-wahahu*, trois hommes; *bfanga tahu*, trois sabres, etc. De même, en Cafre, *p, t, k*, etc., deviennent aspirées quand ils sont précédés de la nasale, bien que l'orthographe ne l'indique pas toujours (cf. Maclaren, *op. cit.*, p. 11); la même chose s'observe en Swahili (cf. Steere, *op. cit.*, p. 12), avec cette différence que dans ce cas la nasale elle-même disparaît. En réalité, on doit dire que dans un grand nombre de langues Bantou la nasalisation a pour résultat l'aspiration ou le renforcement de la consonne initiale; c'est le cas en Cafre, Swahili, Nika, Pokomo, Ganda, etc., aussi bien qu'en Chwana-Souto, Pongwé, etc.; moins rarement en Tonga, Soubiya, etc. Dans d'autres langues, la nasalisation a un effet absolument contraire, celui d'affaiblir la consonne initiale du mot; c'est le cas, par exemple, en Herero, Yao, Louyi, Tonga, etc. Si l'on voulait fonder sur ce phénomène phonétique une classification raisonnée des langues Bantou, elle serait, on le voit, bien différente de celle de Torrend.

2. Ainsi, bien loin de renforcer les consonnes après une nasale, le Tonga les affaiblit plutôt. Aux formes Cafres : *muntu*, homme; *inkomo*, bœuf, etc.; et Souto-Chwana : *motho, kχomo*, correspondent en Tonga les formes : *munhu* (*homo*), etc. La racine -*raro*, trois, perd son *r* après une nasale. Exemples : *masiku mararo*, trois jours; *etihomo tinaro* (pour *etihomo tinraro*), trois bœufs, etc.

Si au *t* du Cafre correspond généralement *r* en Tonga, ce dernier a d'ordinaire *k* comme en Cafre, et *t* au lieu de *z* (et non pas : *h* et *l*, comme le voudrait Torrend). Exemples : Cafre : *inyoka*, serpent; *uku bona*, voir; *izinkomo*, bœufs, etc. Tonga : *nyoka, ku bona, etihomo*, etc.

De plus cette classification sépare abusivement des langues très rapprochées ; ainsi le Tonga, dont la parenté avec le Cafre (Xosa et Zoulou) est absolument indiscutable [1], rentre dans le groupe Mozambique-Chwana, tandis que le Cafre n'en fait pas partie. De même il faut attribuer à deux groupes divers le Chwana-Souto et le Cafre, tandis qu'il est évident que ces deux langues sont très rapprochées l'une de l'autre. La classification de Torrend a donc le grand inconvénient de séparer des langues intimement unies, et voisines géographiquement, comme le Chwana-Souto, le Cafre et le Tonga ; l'inconvénient n'est pas moins grave de réunir en un seul groupe des langues aussi dissemblables et géographiquement distantes que le Chwana-Souto, le Mozambique et le Pongwé. Et tout cela uniquement à cause d'un phénomène phonétique, certainement remarquable, mais qui se retrouve ailleurs. Il faut résolument abandonner cette division ; elle ne fait que barrer la route et doubler la difficulté [2].

1. Non seulement dans leur vocabulaire, mais aussi dans leurs formes grammaticales, ces deux langues sont si rapprochées que le Tonga pourrait presque être considéré comme un dialecte du Cafre-Zoulou.

2. Torrend comprend si bien lui-même les difficultés que la géographie oppose à son hypothèse, qu'il doit pour l'étayer avoir recours à une hypothèse plus fantaisiste encore. Les rapports tout spéciaux qu'il croit remarquer entre le Mozambique et le Pongwé seraient, selon lui, le résultat d'un interchange d'esclaves entre ces deux régions (p. 52). De même il admet une origine commune des tribus Makoua du Mozambique et des Be-Chwana du Khalahali ; ces tribus ne seraient autres que les descendants de Banyans établis à Mozambique (!). Il croit en trouver la preuve dans leurs noms eux-mêmes ; les noms : Makoua, Be-Chwana, etc., seraient dérivés du nom de *Goa*, en Inde, d'où ces Banyans seraient originaires (pp. xvii et 52). Il faut avouer que si, pour soutenir une thèse quelconque, on a besoin de pareils arguments, il vaut mieux la laisser tomber. Je renvoie le lecteur au livre

La classification scientifique des langues Bantou en différents groupes et sous-groupes doit être cherchée d'un autre côté. Je n'ai ni le temps, ni la place qu'il faudrait pour élu-

même de Torrend ; il pourra s'assurer que je suis loin d'exagérer ou de défigurer sa pensée. L'amateur d'étymologies fantaisistes et de rapprochements plus qu'ingénieux pourrait en récolter une riche moisson dans la Grammaire de Torrend. Ainsi les Ba-Rotsi (ou A-Louyi) du Haut-Zambèze seraient des descendants des Parsis de Siraf venus à la recherche de l'or ; la similitude fortuite des deux noms en est, pour notre auteur, une preuve presque irrécusable. S'imaginant sur la foi d'un renseignement mal compris (p. 292, note *a*), que les Ba-Rotsi adorent le feu (ce qui est absolument inexact), il voit dans ce fait une confirmation de sa découverte. Ailleurs il fait de la tribu des Ma-Gogo (côte Est de l'Afrique) les descendants des Chinois (p. 313, note *a*), ces derniers étant, selon lui, les mêmes que les mystérieux Gog et Magog, dont parle le prophète Ézéchiel (cf. une note des *Légendes et contes merveilleux de la Grande-Kabylie*, par A. Mouliéras, p. 146. — R. B.). Il rapproche le nom de la tribu des Zoulous de celui de l'archipel Soulou (entre les Philippines et Bornéo), et celui de la tribu des Ma-Viti (Est africain allemand), du nom des îles Fidji ou Viti (p. XLVI). De même le nom de *Mulungu*, que donnent à Dieu la plupart des Bantou de la côte Est, est, malgré toutes les lois de l'étymologie, déclaré identique au *Moloch* phénicien (p. 70). Il est extrêmement regrettable de trouver dans un ouvrage scientifique des erreurs aussi graves, qui ne peuvent manquer de lui enlever une bonne partie de sa valeur. C'est une excellente compilation qui a dû coûter à son auteur des années d'un travail laborieux. Mais dès qu'il se lance sur le terrain des généralisations, son livre perd toute autorité ; c'est le cas, par exemple, pour le fameux groupe Mozambique-Chwana. Si cette note est un peu longue, c'est que j'ai tenu à relever le caractère passablement fantaisiste de la Grammaire de Torrend. Elle passe pour classique, dit-on, dans certains milieux et est en train de faire autorité. Il est bon, dans l'intérêt même de l'étude sérieuse des langues Bantou, qu'on sache la valeur qu'on peut lui accorder et qu'on n'accepte ses conclusions que sous bénéfice d'inventaire. Cela dit, je ne fais nulle difficulté à reconnaître que, malgré ses défauts, la Grammaire de Torrend restera longtemps encore indispensable à tous les « Bantouistes », et leur rendra d'inappréciables services, à condition, bien entendu, de ne l'employer qu'avec prudence.

cider la question, et je reconnais d'ailleurs sans peine que mes connaissances sont encore trop incomplètes pour cela. Il est cependant un ou deux points sur lesquels il me paraît possible de s'entendre dès aujourd'hui, et qui conduiront plus tard peut-être à une classification plus complète.

Ainsi le premier groupe de Bleek, celui du Sud-Est, devrait être admis, et cela définitivement. Il comprend : 1° le Cafre-Zoulou et le Tonga, à l'est; 2° le Chwana-Souto et le Venda (ou Tswetla; nord du Transvaal) à l'ouest des Drakensberge. C'est un groupe géographiquement et ethnographiquement très bien délimité. Au point de vue linguistique il en est de même. Le Cafre et le Tonga sont plus rapprochés l'un de l'autre qu'ils ne le sont du Chwana et du Venda; le Chwana et le Venda ont entre eux des rapports plus nombreux qu'ils n'en ont avec le Tonga et le Cafre. D'un autre côté le Tonga et le Venda forment pour ainsi dire la transition entre les deux autres langues. Il est fort possible que d'autres langues encore doivent dans la suite être attribuées à ce groupe. Le Tchopi ou Siga, qu'on parle à Inhambane, en devrait peut-être faire partie; mais l'ignorance presque absolue où je suis des formes de cette langue ne me permet pas de rien affirmer à ce sujet. Peut-être aussi la langue des Makoua de Mozambique y devrait-elle rentrer; mais en ce cas ce ne serait que d'une manière assez indirecte.

Il ne m'est pas possible de développer ici les raisons majeures qui me portent à faire de ces quatre langues du Sud-Est un groupe à part dans le domaine des langues Bantou;

la géographie et l'ethnographie y poussent d'ailleurs de leur côté. Voici, brièvement indiqués, les principaux caractères qui distinguent ces langues et leur appartiennent en propre (avec de rares exceptions).

1° *Caractères phonétiques.* — 1) La présence dans toutes ces langues des consonnes aspirées *ph, th, kh, tsh* (=*ths*), parfois aussi *bh, dh.* 2) La présence de la gutturale χ et *k*χ (sauf en Tonga). 3) Les latérales ou linguales aspirantes γ*l, hl* (χ*l*), *dl, tl, tlh,* qui ne se trouvent que dans ce groupe (elles manquent cependant en Venda et dans un dialecte du Souto, où elles sont remplacées par des sons spéciaux). 4) La palatisation des labiales qui se remarque à la forme passive du verbe et au locatif (surtout en Souto et en Cafre). 5) L'absence de toute harmonie de voyelles et d'attraction de nasales (c'est peut-être là un des caractères distinctifs fondamentaux de ce groupe)[1].

2° *Caractères grammaticaux.* — 6) L'absence des préfixes locatifs *mu, bu, ku* comme éléments grammaticaux, et leur remplacement par les suffixes nasaux -*ni,* -*ne,* -*n.* 7) L'absence complète des classes *ka* et *tu,* qui se retrouvent dans la

---

[1]. Ces deux dernières particularités du groupe Sud-Est ont été relevées déjà par Bleek, qui s'exprime ainsi (*op. cit.*, I<sup>re</sup> partie, p. 5) : « La principale différence (de ces deux groupes de langues) semble consister en ce que, dans les langages de la branche Sud-Est, les terminaisons des mots affectent, presque exclusivement, les syllabes qui précèdent, tandis que dans ceux de la partie Ouest de la branche du Centre, les terminaisons varient d'après les syllabes qui les précèdent. La première tendance a surtout conduit à la palatisation des consonnes ; et la seconde à des changements résultant de l'harmonie des voyelles, et à une allitération de consonnes » (surtout nasales).

grande majorité des langues Bantou. 8) L'adjectif uni au substantif au moyen du pronom relatif ou démonstratif (sauf en Venda). 9) Le verbe au relatif suivi de suffixes spéciaux (-ñ, -yo, -ho, -χo, -nga, -ngi, etc.). 10) Pronoms relatifs spéciaux, ou démonstratifs employés à leur place (tandis que dans la plupart des autres langues on se sert dans ce cas des pronoms conjoints). 11) Formation des pronoms substantifs au moyen des suffixes -na ou -ne. 12) Les noms de nombre unis au substantif au moyen des préfixes *nominaux*. 13) Temps ordinaires des verbes formés de la même manière (au moyen des auxiliaires *nga* ou *ka*, *za* ou *tla*, *ya* ou *éa*, etc.).

En fait de caractères communs plus spécialement au Cafre et au Chwana-Souto on peut citer : 14) Formation semblable des temps composés au moyen de deux pronoms (toute la conjugaison Chwana et Cafre est d'ailleurs construite absolument sur le même modèle). 15) La forme *se* ou *si* du préfixe de la 7ᵉ classe. Un caractère commun au Tonga et au Venda est : 16) La forme *zü* et *ŝi* du pronom de la 8ᵉ classe.

Comme l'intime connexion entre le Cafre et le Tonga d'une part, et le Chwana et le Venda d'autre part, ne peut être mise en doute, les rapports indiqués par les nᵒˢ 14 à 16 contribuent à prouver l'unité de ces quatre langues. Si l'on ajoute que le vocabulaire de ces langues est à peu près le même, la preuve en devient plus irrésistible encore [1].

---

1. Certains des caractères indiqués dans le texte comme caractéristiques du groupe Sud-Est se retrouvent occasionnellement dans des langues qui n'en font pas partie. Ainsi : 1) le Swahili connaît les consonnes aspirées ; 2) χ se retrouve, semble-t-il, en Shona et en Kalanga ; 6) le Swahili et ses

Le troisième groupe de Bleek, celui du Nord-Ouest, com-

congénères (Kamba, Boondei) possèdent également le suffixe locatif -*ini* ; 7) en Swahili, Boondei, etc. les classes *ka* et *tu* semblent aussi ne pas exister ; 8) en Herero, Yao, etc., le pronom relatif ou démonstratif sert également à unir le substantif et l'adjectif ; 9) le Swahili et quelques autres langues connaissent aussi des suffixes relatifs ; 10) le Nyanja a, lui aussi, un pronom relatif spécial ; 11) en Swahili et Mozambique les noms de nombre sont traités de la même manière que dans le groupe Sud-Est ; 15) le Louyi a, lui aussi, la forme *si* pour le préfixe de la 7ᵉ classe. Mais il faut observer sous 6) que dans la construction grammaticale les locatifs Swahili sont traités comme s'ils avaient conservé les préfixes locatifs *mu*, *ba*, *ku*, ce qui n'est jamais le cas dans le groupe Sud-Est ; et sous 9) que les suffixes relatifs en Swahili sont de tout autre nature que ceux du groupe Sud-Est. De plus le Venda ne possède pas les caractères énumérés sous 3) et 8) ; le Tonga ne possède pas ceux indiqués sous 2), 14) et 15), et remplace par fois 9) le suffixe relatif par un préfixe de même nature.

Quoi qu'il en soit de ces exceptions, dont quelques-unes sont plus apparentes que réelles, tous ces caractères pris dans leur ensemble donnent à ces langues une place à part. Et si certains d'entre eux ne sont pas suffisamment distincts, les caractères énumérés sous 1), 3), 5), 6), 7), 9) et 14) sont certes suffisants pour justifier notre dire. Les autres n'ont, somme toute, qu'une importance secondaire ; il serait d'ailleurs possible d'en allonger la liste. Il est, par contre, des points où ces langues présentent des divergences remarquables. Ainsi le Cafre a un article voyelle *a*, *i*, *u*, qui ne se retrouve ni en Chwana-Souto ni en Venda, et qui devient en Tonga *a* (Ronga) ou *e* (Djonga) ; dans cette dernière langue il semble d'ailleurs n'avoir plus conservé de valeur grammaticale. De plus le Cafre exprime la copule logique d'une tout autre manière que les trois autres langues ; enfin le Cafre, le Tonga et le Venda forment leurs démonstratifs au moyen d'un préfixe *l* ou *h* (comme en Swahili), qui ne se retrouve pas en Chwana-Souto. Quelque curieuses que soient ces divergences, elles n'infirment en rien les résultats obtenus. Quant aux différences phonétiques observées par Torrend, il ne faut pas leur accorder une trop grande valeur. Ainsi au *t* du Cafre, correspond *r* dans les trois autres langues, même en Tonga qui est presque du Cafre ; au *k* du Cafre, correspondent en Chwana : χ ; en Souto : *h* en ; Venda : *h* ou ' ; en Tonga : *k* ; au *z* du Cafre, correspondent en Chwana : *l* ou *ts* ; en Tonga *s* ou *t* ; en Venda : *zü* ou *dz*. Un simple coup d'œil jeté sur ces permutations montre qu'on ne saurait y fonder un système quelconque de classification, et elles sont loin d'ailleurs de correspondre à ce qu'en dit Torrend.

prenant le Doualla et ses congénères, ainsi que les langues de Fernando-Po, et peut-être le Fan ou Pahouin, devrait peut-être être aussi retenu. Il se distingue en effet phonétiquement et grammaticalement des langues dont il va être question. Mais je ne suis pas en mesure d'exprimer à ce sujet une opinion raisonnée, ces langues étant celles dont je me suis le moins occupé jusqu'ici. Quoi qu'il en soit, qu'elles forment un seul ou plusieurs groupes spéciaux, elles ne peuvent être rattachées ni au groupe Sud-Est, ni à celui du Centre dont nous avons à nous occuper.

Le deuxième groupe de Bleek, celui du Centre, représente à lui seul de quatre-vingts à quatre-vingt-dix langues déjà plus ou moins connues, et probablement un plus grand nombre encore inconnues. Il n'est guère possible de le conserver tel quel; il faut, si possible, le subdiviser en sous-groupes et en genres spéciaux, ou au moins trouver les caractères communs qui permettent de lui faire une place à part. Bleek l'avait déjà divisé en deux parties (comme l'a fait Torrend à sa suite) et distingué un sous-groupe de l'Est et un sous-groupe de l'Ouest. Il y a là quelque chose de certainement juste; à première vue on ne peut manquer d'être frappé de l'apparence très différente que présentent les langues de l'Est et celles de l'Ouest. Mais il faut savoir en quoi consiste avant tout cette différence; l'apparence seule ne suffit pas.

L'étude de cette question réclamerait de longues recherches; je ne me flatte pas de l'avoir résolue. Mais plus j'y réfléchis, et plus je suis frappé de deux faits phonétiques qui caractérisent soit la totalité, soit une partie de ces langues; peut-être y a-t-il là une indication qui nous mettra sur la voie d'un principe sûr de division.

1° Toutes ces langues (le Pongwé et le Mozambique exceptés[1]) possèdent en commun le phénomène que Bleek appelle *harmonie des voyelles*. C'est-à-dire que dans certains cas déterminés, à la forme directive ou relative du verbe, par exemple, plus rarement au parfait, la voyelle du suffixe se règle sur celle du verbe lui-même. Ainsi le suffixe directif prend la forme *-ela* après les verbes dont la pénultième contient les voyelles *e* ou *o*, et la forme *-ila* quand la pénultième contient *i* ou *u*. Quant à la voyelle *a*, elle est suivie dans certaines langues de la forme *-ela*, dans d'autres de la forme *-ila*. Ainsi en Soubiya, *ku saka*, chercher; *ku zimba*, chanter, etc. font : *ku sakila*, chercher pour, *ku zimbila*, chanter pour; tandis que *ku teka*, puiser; *ku onda*, saisir, font : *ku tekela*, puiser pour; *ku ondela*, saisir pour, etc.

Ce curieux phénomène phonétique ne se remarque ni dans le groupe du Sud-Est, ni dans les langues que Bleek attribue au groupe du Nord-Ouest.

2° Quelques-unes de ces langues, soit toutes celles de

---

1. Le Mozambique a tant de points de contact avec le groupe Sud-Est qu'il sera peut-être nécessaire de l'y faire rentrer. C'est un service qu'a rendu Torrend, d'avoir attiré l'attention là-dessus. Autant que je puis m'en rendre compte, le Mozambique a en commun avec le groupe Sud-Est les caractères suivants : 1) les aspirées; 2) le suffixe locatif (*ngi* ou *ni*); 3) la même construction des noms de nombre; 4) l'absence des classes *ka* et *tu*; 5) l'absence de toute harmonie des voyelles ou d'attraction des nasales. Ce dernier caractère le sépare bien nettement du groupe Bantou du Centre. Il est, par contre, si différent à d'autres égards des langues du groupe Sud-Est qu'il ne saurait leur être rattaché directement; il devait tout au plus former un sous-groupe spécial.

l'Ouest, présentent en outre un phénomène parallèle, celui de l'*attraction des nasales*. Il se fait sentir dans les mêmes cas que celui de l'harmonie des voyelles, c'est-à-dire à la forme directive du verbe, et plus rarement au parfait. Le suffixe directif *-ela* ou *-ila* prend les formes *-ena* ou *-ina* quand la dernière syllabe du verbe commence par une nasale pure (*m* ou *n*). Ainsi en Soubiya, *ku mana*, finir ; *ku bona*, voir ; *ku zina*, s'éteindre, font : *ku manina*, finir pour ; *ku bonena*, voir pour ; *ku zimina*, s'éteindre pour, etc.

3° A ces deux phénomènes phonétiques, on peut en ajouter un troisième, plus curieux encore, mais qui ne se remarque que dans un certain nombre de langues de l'Ouest. Il s'agit de l'attraction ou de l'*assimilation des voyelles*. Dans certains cas déterminés, la voyelle finale du verbe est assimilée à celle de la pénultième. Ainsi en Louyi, *ku tunda*, sortir ; *ku mono*, voir ; *ku singa*, aimer, font : *na tundu*, il est sorti ; *na mano*, il a vu ; *na singi*, il a aimé, etc. (cf. Gramm. Louyi, § 10). Ce phénomène phonétique n'a été remarqué jusqu'ici qu'en Herero, Ndonga, Ki-Mboundou et Louyi ; il est possible cependant qu'il existe dans d'autres langues encore.

Le premier phénomène phonétique, étant commun à toutes les langues du Centre (sauf le Mozambique et le Pongwé), fait de toutes ces langues un grand groupe distinct de celui du Sud-Est et de celui du Nord-Ouest qui ne le connaissent pas. Le second phénomène phonétique divise bien nettement le groupe du Centre en deux sous-groupes distincts, celui de l'Est qui ne connaît pas l'attraction des nasales, et celui de l'Ouest dont elle est le signe distinctif. Certaines langues de ce second sous-groupe sont de plus caractérisées par le troisième phénomène phonétique observé, celui de l'assimilation des voyelles.

Le sous-groupe de l'Ouest comprendrait (en partant du sud), le Herero, le Ndonga, l'Ou-Mboundou, le Ki-Mboundou le Lounda, le Mbamba, le Mpangala, le Kongo, probablement aussi le Louba [1]. Les deux langues dont ce travail s'occupe spécialement, le Soubiya et le Louyi, lui appartiennent aussi, de même que le Tonga de Torrend. La ligne de démarcation entre le sous-groupe de l'Est et celui de l'Ouest semblerait passer à l'est des chutes Victoria.

Le sous-groupe de l'Est se composerait des langues suivantes : Nyai et Kalanga (Mashonaland): Nyanja, Wanda, Tonga (Nyasaland); Yao; Swahili, Kamba, Boondei; Nyamwezi, Kagourou; Nika, Pokomo; Ganda, etc., etc.

Je reconnais sans peine que cette classification repose sur une base phonétique assez étroite, et semble prêter le flanc aux mêmes objections que le groupe Mozambique-Chwana de Torrend. Elle a cependant, à la différence de celle-ci, l'immense avantage d'être appuyée par la géographie. Il est,

---

1. Il est difficile de savoir où placer le Pongwé. Il ne semble guère pouvoir se rattacher au groupe du Nord-Ouest; par contre comme il ne possède pas l'harmonie des voyelles, il ne peut être placé dans le groupe du Centre. D'un autre côté, le suffixe directif du Pongwé étant toujours -*ina*, il semble se rapprocher du sous-groupe Ouest. Peut-être faut-il admettre qu'il en possédait jadis toutes les caractéristiques, et qu'il ne les a perdues que par suite des difficultés spéciales qu'a rencontrées son développement phonétique. Bien des signes montrent, en effet, que le Pongwé a traversé une phase toute spéciale de développement, qui lui donne aujourd'hui une physionomie à part parmi les langues Bantou.

en effet, remarquable que seules les langues de l'Ouest connaissent l'attraction des nasales, et qu'on ne la remarque dans aucune des langues de l'Est que nous connaissons jusqu'ici. Il en ressort que, si comme base unique de classification les phénomènes phonétiques observés sont peut-être insuffisants, la classification même à laquelle ils nous ont permis d'arriver est très probablement exacte.

Naturellement cette classification préliminaire en deux grands sous-groupes est loin de suffire. Il serait nécessaire de la pousser plus loin, et de diviser à leur tour ces sous-groupes en différents genres. Pour le moment il n'est cependant pas possible d'aller plus loin. Je me bornerai à faire observer que le Swahili, le Boondei et le Kamba semblent se rapprocher par certains caractères (les suffixes locatifs par exemple) du groupe du Sud-Est, dont le Yao, par contre, paraît plus éloigné. D'une manière générale, on peut dire que le sous-groupe de l'Est est phonétiquement et grammaticalement plus rapproché, que ce n'est le cas pour le sous-groupe Ouest, du groupe des langues du Sud-Est.

Pour ce qui concerne plus spécialement les langues qui nous occupent, le Louyi[1] se rapproche surtout du Herero, Ndonga et Ki-Mboundou. Il possède en commun avec elle l'assimilation des voyelles. Peut-être ces quatre langues forment-elles un genre spécial, auquel on pourrait donner,

---

1. Le Louyi, quoiqu'il ne connaisse pas l'harmonie des voyelles, rentre sans contredit dans ce groupe. Il est certainement curieux qu'il possède ainsi les deux caractères distinctifs du sous-groupe du Sud-Ouest, tandis que le phénomène plus général de l'harmonie des voyelles paraisse lui être étranger. Cela n'infirme pas d'ailleurs nos conclusions.

d'après l'exemple de Bleek, le nom de genre Bounda. L'Ou-Mbounnou s'y rattacherait probablement aussi, bien qu'il ne connaisse pas l'assimilation des voyelles (du moins la Grammaire de Sanders n'en parle pas).

Quant au Soubiya, quoiqu'il appartienne, ainsi que le Tonga de Torrend, au sous-groupe Ouest, il forme avec le Tonga comme la transition entre les langues de l'Ouest et celles de l'Est. Grammaticalement, ainsi que géographiquement, il semble occuper une position intermédiaire.

Il aurait peut-être été désirable de donner pour ceux qui ne connaissent ni la Grammaire de Bleek, ni celle de Torrend, quelques indications générales sur les caractères distinctifs des langues Bantou. Lepsius les présente très au long dans la préface de sa Grammaire nubienne, à laquelle je renvoie ceux qui s'y intéressent. Je crois pouvoir me dispenser d'y revenir moi-même, puisqu'on trouvera dans les deux esquisses grammaticales qui suivent une exposition suffisamment complète de la grammaire Bantou.

# GRAMMAIRE SOUBIYA

## PREMIÈRE PARTIE

### PHONÉTIQUE

#### CHAPITRE PREMIER

#### Les sons.

*1° Les voyelles.*

§ 1. — On trouve en Soubiya les cinq voyelles simples *a*, *e*, *i*, *o*, *u*. Elles sont brèves quand elles ne sont pas accentuées; longues quand elles sont accentuées. *a* et *i* se prononcent comme en français; *e* est presque toujours ouvert, parfois fermé, jamais muet; *o* est le plus souvent ouvert, plus rarement fermé; *u* a toujours le son de *ou* français.

Dans certains mots il est assez difficile de savoir s'il faut écrire *o* ou *u*. Là où il y a doute j'écris *u*, ce qui me semble étymologiquement plus juste.

Le Soubiya n'a pas de voyelles nasales. On trouve cependant $\tilde{i}$ dans les deux interjections : $\tilde{i}$, oui, et $\tilde{i}hi$, vraiment.

On ne rencontre également pas de diphtongues dans la langue; quant deux voyelles se rencontrent, elles se combinent ou se contractent (cf. § 11), ou bien l'une ou l'autre doivent être prononcées.

Dans un ou deux mots, comme *ku sia*, creuser, *ku dia*, manger, le *i* est presque un *y*, tant il se prononce rapidement.

2° *Les consonnes.*

§ 2. — Le Soubiya possède les 21 consonnes suivantes :

|  | Explosives. | | Continues. | | Liquide. | Nasales. | Semi-voyelles. |
|---|---|---|---|---|---|---|---|
| Labiales | *b* | *p* | *v* | *f* | | *m* | *w* |
| Dentales | *d* | *t* | *z* | *s* | *l* | *n* | |
| Palato-Dentales | *dj* | *ch* | | *sh* | | *ny* | *y* |
| Gutturales | *g* | *k* | *h* | | | *ñ* | |

On remarquera que le Soubiya ne possède pas de consonnes aspirées ; en fait de sons simples, il lui manque *j* (*z* de Lepsius), χ et *r*. Cette dernière lettre est remplacée ici, comme dans toutes les langues du Zambèze, par *l*, dont le son est parfois intermédiaire entre *l* et *r*, et qui ne se trouve jamais devant *i*.

*b*, *p*, *f*, *m*, *t*, *n*, *k* se prononcent exactement comme en français.

*v* a un son légèrement plus aspiré que le *v* français.

*d* ne se prononce exactement comme en français qu'après la nasale, dans le digramme *nd*. Non précédé de la nasale, on ne le trouve que rarement devant des voyelles autres que *i* ; il a un son plus atténué que celui du *d* français, et qui se rapproche un peu de celui de *l*.

*z* se prononce comme en français ; parfois, surtout après *n*, il se prononce comme un *dz* très doux.

*s* est toujours dur, comme en français lorsqu'il est initial.

*dj* est *d* (très atténué), suivi du *j* français ; il équivaut au *dž* de Lepsius.

*ch* a le même son qu'en anglais dans *church*. C'est le *tš* de Lepsius ; en français il faudrait le représenter par *tch*.

*sh* a le même son que le *sh* anglais ou le *ch* français ; c'est le *š* de Lepsius.

*g* est toujours dur (comme dans *gare*) ; il ne se trouve presque jamais seul, mais est pour ainsi dire toujours précédé de *n* (*ng*).

*h* est toujours aspiré comme en anglais ou en allemand.

*ny* équivaut au *gn* français (comme dans : *seigneur*).

*y* a le son du *y* français dans *Bayonne* ; *w* se prononce comme en anglais.

En fait *y* et *w* ne sont que les voyelles *i* et *u* devenues consonantes.

*ñ* (fort rare d'ailleurs) est la nasale gutturale simple (comme dans l'anglais : *singing*).

§ 3. — En écrivant le Soubiya, je me suis efforcé de suivre, dans la mesure du possible, le système orthographique le plus généralement en usage pour les langues Bantou, c'est-à-dire celui de Steere et des missionnaires anglais de la côte Est. Il n'est pas très scientifique, il est vrai, mais il a l'avantage d'être fort pratique et d'une application facile. Je ne m'en sépare qu'en écrivant *ñ* (au lieu de l'incommode *ng'* de Steere) et *dj* (au lieu de *j*).

Si j'ai préféré ne pas adopter le système scientifique du *Standard Alphabet* de Lepsius, malgré les hautes qualités qui le caractérisent, c'est d'abord qu'il oblige à se servir de signes souvent fort incommodes, et surtout qu'il est presque abandonné pour les langues Bantou. Il a paru préférable, toutes autres raisons mises de côté, de se servir de l'orthographe qui semble avoir le plus de chances de l'emporter. Tout le monde s'en trouvera mieux.

### 3° *Les consonnes nasalisées.*

§ 4. — La nasale (*m*, *n* ou *ñ*) peut se placer devant presque toutes les consonnes, soit au commencement, soit au milieu des mots. On obtient ainsi une série complète de consonnes nasalisées, qui sont d'un emploi très fréquent. Comme on le voit par la table suivante, *m* se place devant les dentales et les palato-dentales, et *n* devant les gutturales (cependant, pour simplifier l'orthographe, j'écris partout *ng*, *nk*, au lieu de *ñg*, *ñk*, qui seraient plus justes).

| | | | | |
|---|---|---|---|---|
| Labiales | *mb* | *mp* | *nv(mv)* | *nf(mf)* |
| Dentales | *nd* | *nt* | *nz* | *ns* (*nd*) |
| Palato-Dentales | *ndj* | *nch* | | |
| Gutturales | *ng* | *nk* | (*mp*) | |

La nasale ne se place jamais devant *sh*; placée devant *h* et *l*, elle détermine des changements phonétiques qu'on trouvera décrits § 8.

OBSERVATION. — *nv* et *nf* sont plus fréquents que *mv* et *mf*.

### 4° *Combinaison de consonnes.*

§ 5. — En dehors des consonnes nasalisées, le Soubiya ne connaît aucune combinaison de consonnes. Toute consonne doit toujours être immédiatement suivie d'une voyelle.

Mais les semi-consonnes (ou voyelles consonantes) *y* et *w*, peuvent suivre certaines consonnes. Ainsi *y* se trouve après *n* et *b* (*ny, by*); *w* peut suivre à peu près toutes les consonnes simples ou nasalisées (*bw, fw, vw; mw, tw, mbw*, etc.).

OBSERVATION. — Il faut cependant remarquer que quand un *w* précédé d'une consonne est suivi d'un *o*, ce *w* s'élide toujours. Ex. : *luzimbo lo muntu*, la chanson de l'homme (au lieu de *luzimbo lwo muntu*).

### 5° *Syllabes.*

§ 6. — Une syllabe Soubiya est toujours ouverte, c'est-à-dire qu'elle se termine invariablement par une voyelle. Elle se compose soit d'une simple voyelle, soit d'une voyelle précédée d'une consonne simple ou nasalisée, suivie ou non d'une semi-voyelle.
Ex. : *bwa-to*, canot; *u-nda-vu*, lion; *ba-mbwa*, chiens, etc.

6° *Accentuation*.

§ 7. — Comme dans presque toutes les langues Bantou, l'accent tonique retombe en Soubiya sur la pénultième. Ex. : *mukwáme*, homme; *izúba*, soleil, etc.

Les monosyllabes sont soit proclitiques, soit enclitiques, c'est-à-dire que pour ce qui concerne l'accent ils doivent être considérés comme ne faisant qu'un avec les mots qu'ils précèdent ou suivent. Ex. : *mwan'á ngu*, mon enfant; *a bá di ku chíta*, il faisait, etc.

Quelques verbes monosyllabiques ont cependant l'accent; ainsi : *ba í*, ils allèrent; *ba sí*, ils creusèrent, *ba dí*, ils mangèrent, etc. D'autres ne l'ont pas ainsi *bá ti* : ils dirent, etc.

---

## CHAPITRE DEUXIÈME

## Changements phonétiques.

§ 8. — Les changements phonétiques qui intéressent les *consonnes* sont fort rares. Voici ceux que j'ai pu observer :

1° Après la nasale, *l* devient toujours *d*, et *h* toujours *p*. Ex. : *iñombe indotu* (rad. *-lotu*), un beau bœuf; *mpo* (rad. *ho*), c'est là.

2° Devant *b* et *p*, la nasale *n* devient *m*. Ex. : *ba mbona* (= *ba n-bona*), ils me voient; *mpo* (= *n-ho*), c'est là.

3° Devant *i*, *l* devient toujours *d*. Ex. : *ku dila*, pleurer; *a didi*, il pleura.

§ 9. — Il faut aussi noter ici un curieux cas d'*attraction de nasales*, qui se remarque également dans la plupart des langues Bantou de l'Ouest, et qui est peut-être une de leurs principales caractéristiques.

Les suffixes directifs -*ila* et -*ela* (cf. § 161) deviennent -*ina* et -*ena*, quand la dernière syllabe du verbe auquel ils se joignent, contient une nasale pure (*m* ou *n*). Ainsi de *ku mana*, finir, on forme : *ku manina* ; de *ku zima*, s'éteindre, *ku zimina*.

OBSERVATION. — En général, en Soubiya, *l* ne semble pas pouvoir suivre une syllabe qui contienne une nasale pure; on a, par exemple, *ku mena*, comme équivalent du verbe Se-Souto : *ho mela*, croître.

Dans d'autres langues (le Louyi, par ex.), l'attraction des nasales se fait sentir aussi à la désinence du Parfait.

§ 10. — Un phénomène parallèle est celui de l'*harmonie des voyelles*, qui se remarque d'ailleurs dans la grande majorité des langues Bantou (à l'exception du groupe Sud-Est, et peut-être de celui du Nord-Ouest). Quand le suffixe directif suit un verbe, dont l'antépénultième contient les voyelles *a*, *i* ou *u*, le suffixe est -*ila* ou -*ina*; quand la voyelle de l'antépénultième est *e* ou *o*, le suffixe est -*ela* ou -*ena*. Ex. : *ku saka*, chercher; *ku zimba*, chanter; *ku hangula*, dépendre, font au directif : *ku sakila*, *ku zimbila*, *ku hangwila*; tandis que *ku teka*, puiser, et *ku onda*, saisir, font : *ku te ela*, et *ku ondela*.

OBSERVATION. — L'harmonie des voyelles se fait aussi sentir parfois dans la formation du Parfait (cf. § 104). Ainsi : *ni lowete* (de *ku lowa*); j'ai ensorcelé; *ni tontwele* (de *ku tontola*), je me tais; *ni bwene* (de *ku bona*), j'ai vu, etc.

§ 11. — Quand deux *voyelles* se rencontrent, elles ont une tendance très marquée à se contracter ou à s'assimiler; parfois aussi l'une d'elles est élidée.

1° *a* + *a* devient ordinairement *a*. Ex. : *h'a bona* = *ha a bona*, s'il voit.
   *a* + *i*   —   *e*  —  *h'ena* = *ha ina*, il y a.
   *a* + *u*   —   *o*  —  *h'o zubwa* = *ha u zubwa*, si tu entends.

*a* et *e*, *a* et *o* ne se contractent pas généralement. Ainsi : *a endi*, il alla ; *ba ondi*, ils saisirent. Cependant *a* + *e* devient parfois *ee* ou *e*. Ex. : *be enda* ou *b'enda* = *ba enda*, ils vont.

2° *e* s'élide souvent devant *a*. Ex. : *mu sial'aho* = *mu siale aho*, restez ici. Devant les autres voyelles *e* ne s'élide pas.

3° *i* s'élide le plus souvent devant *a* et *i*. Ex. : *ch'a, l'a, n'izi* pour *chi a, di a, ni izi*. Quelquefois l'élision n'a pas lieu ; ainsi on trouve aussi bien *di a, ni a*, que *l'a* et *n'a*.

*i* + *u* devient parfois *o*. Ex : *ch'o enda* = *chi u enda*, alors il va. Mais le plus souvent *i* s'élide devant *u*. Ex : *ba b'ena n'umbwa* (= *ni umbwa*), ils avaient un chien.

4° *u* devant une autre voyelle devient généralement *w*. Ex. : *luzimbo lwa kwe* (= *luzimbo lua kwe*), sa chanson (cf. aussi § 5, Obs.).

Devant un autre *u*, *u* est ordinairement élidé. Ex. : *kulo* (= *kuulo*), jambe.

Observation. — Quand *i* n'est pas précédé d'une consonne, il devient *y* devant *a, o* et *e*. Ex. : *iñombe ya ko*, ton bœuf ; *ingubo yo muntu*, la couverture de l'homme ; *inyama y'eñombe*, de la viande de bœuf.

§ 12. — Comme tous les mots Soubiya finissent, et comme beaucoup commencent aussi, par une voyelle, ce système de contraction et d'assimilation des voyelles est poussé très loin dans le langage.

La contraction et l'assimilation se font sentir en effet aussi bien d'un mot à l'autre que dans le corps des mots. Il en résulte que, dans le langage parlé, plusieurs mots sont souvent contractés et unis ensemble. Ainsi la phrase : *ba ihika inkoko*, ils cuisent du pain, devient : *b'ekik'enkoko* ; *ni dia inyama indotu*, je mange de bonne viande, devient : *ni di'enyam'endotu*.

Il n'était pas possible de conserver dans l'écriture toutes ces contractions, qui d'ailleurs se font moins sentir quand on parle lentement. Voici les règles que j'ai suivies :

1° J'omets le plus souvent de marquer la contraction entre

deux mots dont le rapport grammatical n'est pas intime, ainsi par exemple entre un verbe et son objet. J'écris donc ordinairement : *ba dia inkoko*, ils mangent du pain, au lieu de *ba di'enkoko*. Je marque cependant occasionnellement la contraction, même dans ces cas-là, uniquement pour rappeler qu'on peut la faire, qu'on la fait même habituellement dans la conversation.

2° Je la conserve par contre presque constamment, lorsque deux mots sont si étroitement unis qu'ils forment un seul concept grammatical (comme le pronom conjoint, par exemple, avec le verbe qui le suit), ou que l'usage de la langue semble le commander (ainsi, par exemple, dans le cas de la particule possessive, cf. § 60). On trouvera cependant quelques exemples où la contraction n'est pas marquée, même dans ces cas-là. C'est souvent purement arbitraire.

OBSERVATION. — Presque toujours, j'indique par l'apostrophe, soit l'élision, soit la contraction des voyelles. Je ne laisse l'apostrophe de côté que dans quelques cas rares, où il est impossible de savoir où la mettre. Ainsi : *maziya enzovu* (= *a inzovu*), des défenses d'éléphant ; *endjidi* (= *a indjidi*), il entra, etc.

§ 13. — *Division des mots*. — Ceux qui s'occupent de l'étude des langues non écrites savent à quel point il est souvent malaisé de savoir où un mot commence et où il finit. Dans les langues Bantou la difficulté est particulièrement grande. Deux systèmes très différents de division des mots y sont actuellement en vigueur.

Le système le plus généralement admis, qui s'appuie surtout sur l'autorité de Bleek, de Steere et de Colenso, consiste à unir en un seul mot le verbe avec ses différents préfixes pronominaux et ses auxiliaires. On obtient ainsi des mots extraordinairement longs ; pour les comprendre il faut commencer par décomposer, par la pensée, le concept verbal en ses divers éléments. Torrend s'y rattache dans sa Grammaire comparée, mais le modifie assez avantageusement. Ce système est surtout en vogue chez les missionnaires anglais.

L'autre système, adopté surtout par les missionnaires français et allemands, sépare au contraire dans l'écriture toutes les parties du concept verbal, susceptibles de l'être sans faire violence aux lois phonétiques. Chaque particule pronominale ou verbale, dont le sens séparé se laisse reconnaître, forme dans ce système un mot à part. Comme dans les langues analytiques modernes (desquelles à tant d'égards se rapprochent les langues Bantou), le concept verbal est indiqué dans l'écriture non par un seul mot, mais par un ensemble de mots. Ainsi : *ba mu zubwi*, ils l'entendirent ; *ka ni mu saki*, je ne l'aime pas.

Je me range sans hésiter à ce dernier système, le seul pratique, le seul raisonnable, et qui sera certainement un jour universellement admis. Je n'ai malheureusement ni le temps, ni l'espace nécessaires pour donner les raisons sur lesquelles je me fonde. Du moment que les éléments grammaticaux sont aisément reconnaissables et ont encore une vie à part, je les sépare dans l'écriture, comme cela se fait en français, en anglais ou en allemand. Ainsi j'écris : *ku saka*, aimer ; *mu menzi*, dans l'eau, etc.

Par contre, quand deux mots sont unis phonétiquement ou grammaticalement d'une manière si étroite qu'on ne saurait aisément les séparer, il faut naturellement n'en faire qu'un dans l'écriture ; ainsi j'écris *ba mbona* (= *ba m bona*), ils me voient ; *neme*, c'est moi ; *ndjiye*, c'est lui, etc. De même j'écris en un mot *munsi*, par terre, *hanze*, dehors, etc., parce que ces locatifs sont devenus de véritables adverbes, et que les éléments qui les composent n'ont plus de vie séparée.

Il y a naturellement des cas que l'arbitraire seul peut décider : ainsi j'écris : *nabo*, avec eux, et *wa bo*, d'eux ; *wa kwe*, de lui, et *wetu*, de nous, etc. Dans ce dernier cas il eût été plus logique peut-être d'écrire *w'etu*.

# DEUXIÈME PARTIE

## LES MOTS ET LES FORMES GRAMMATICALES

### CHAPITRE TROISIÈME

### L'accord grammatical.

§ 14. — Dans les langues Bantou, l'accord grammatical se marque uniquement au moyen de *préfixes*, ce qui leur donne une physionomie très différente de celle des langues aryennes et chamito-sémites, qui sont des langues à *suffixes*. Comme tous les mots (substantifs, adjectifs, pronoms ou verbes), qui entrent en rapport grammatical les uns avec les autres, doivent avoir le même préfixe, ce système spécial d'accord grammatical est appelé par quelques grammairiens, l'*accord euphonique*.

Voici en quelques mots en quoi il consiste : chaque substantif est attribué, selon le préfixe dérivatif spécial qui le détermine, à l'une ou à l'autre des dix-huit *classes* (ou genres) que possèdent les langues Bantou. Tout mot qui entre en rapport grammatical avec ce substantif prend le préfixe (nominal ou pronominal, suivant les cas) de la classe à laquelle appartient le substantif. C'est au fond presque identiquement le même principe que celui qui se retrouve dans la construction des langues aryennes. Mais il y a cette différence importante que dans ces dernières ce sont des suffixes, qui expriment les rapports grammaticaux. De plus, dans les langues aryennes les suffixes nominaux ou pronominaux indiquent des *genres* différents (masculin, féminin et neutre), chaque genre ayant des formes spéciales pour le singulier et le pluriel.

Dans les langues Bantou, par contre, les *classes* des substantifs n'indiquent nullement des différences de genre (ou de sexe), mais reposent sur un système de division tout à fait différent, dont il n'est pas possible aujourd'hui de découvrir la base originelle. Mais ces différences, pour importantes qu'elles soient, n'empêchent pas d'affirmer que le principe d'accord grammatical est originairement le même dans les deux familles. En effet, en soi, suffixes et préfixes se valent, et les classes du Bantou sont aussi bien des genres que ceux des langues aryennes, la différence de sexe n'ayant, somme toute, qu'une importance secondaire.

Voici ce qui par contre constitue entre les deux familles une différence, peut-être fondamentale. Dans les langues aryennes la catégorie du *nombre* est indiquée de la même manière pour les trois genres, ce qui provient très problablement du fait que la catégorie du genre et celle du nombre ont été fixées dans ces langues à des moments différents, l'une s'ajoutant, pour ainsi dire, à l'autre. Dans les langues Bantou, au contraire, la différenciation du genre (ou de la classe) et celle du nombre s'est faite au même moment et de la même manière. A certaines classes-singulier correspondent d'autres classes-pluriel, sans qu'aucun signe spécial vienne indiquer qu'*a priori* une classe soit au singulier plutôt qu'au pluriel. La catégorie du nombre, que les langues aryennes expriment d'une manière générale et abstraite, se marque en Bantou d'une manière plutôt concrète. La grammaire aryenne peut donner à chacun de ses trois genres une valeur de singulier et de pluriel ; tandis que dans la grammaire Bantou un genre (ou classe) est d'emblée, et par sa nature propre, soit singulier, soit pluriel.

§ 15. — Quelques exemples de l'accord grammatical Bantou

feront mieux comprendre ce qui vient d'être dit. Ainsi dans la phrase : BA*ntu* BA*kulu-kulu ha* BA *bona mweci chi* BA *ti* (Quand les anciens hommes virent la lune, ils dirent), on voit que le préfixe *ba*, qui est le préfixe distinctif du substantif *bantu* (hommes), est reproduit devant tous les mots qui entrent en rapport grammatical avec lui. Dans la phrase : ZIN*yolozi zonse* ZA *sumpwa ni Leza* (Tous les animaux furent appelés par Leza), le préfixe *zi* (ou sa forme abrégée *z*), qui est le préfixe distinctif du substantif *zinyolozi* (animaux), est répété de la même manière.

Ces rapports sont identiques à ceux qu'expriment les suffixes aryens, et le mécanisme est le même. Ainsi, en latin, *fili*US *me*US, *fili*A *me*A, *verb*UM *me*UM, et en allemand : *ein*E *gut*E *Schul*E, *ein*EN *gut*EN *Knab*EN.

Dès que ce principe fondamental de l'accord préfixal a été suffisamment compris, l'étude des langues Bantou n'offre plus guère de difficultés.

Quant aux *suffixes* Bantou, assez rares d'ailleurs, ils n'ont aucune valeur grammaticale proprement dite, et servent uniquement à former des mots dérivés.

§ 16. — En Soubiya (comme d'ailleurs probablement dans toutes les langues), il n'y a, en dernière analyse, que deux grandes divisions de mots : le *nom* (comprenant le substantif, l'adjectif et le pronom) et le *verbe*.

Les conjonctions, prépositions, adverbes, etc., n'ont aucune existence séparée. Ce sont soit des formes nominales ou pronominales, soit des formes verbales. Dans les langues Bantou, il n'est pas besoin de pousser très loin l'analyse pour le reconnaître, quand bien même l'origine de quelques-unes de ces particules reste encore obscure.

# Iʳᵉ DIVISION. — LE NOM

## CHAPITRE QUATRIÈME

### Les Préfixes.

§ 17. — On a jusqu'à présent observé 18 (peut-être 19) préfixes nominaux dans les langues Bantou. Ils se retrouvent tous en Soubya. De ces 18 préfixes, 9 s'emploient en Soubiya pour le singulier, 6 pour le pluriel; les trois autres ont une valeur purement locative.

Il est probable que primitivement ces préfixes n'avaient pas tout à fait la même valeur qu'aujourd'hui, c'est-à-dire qu'ils ne marquaient pas nécessairement le singulier ou le pluriel. En effet un préfixe, singulier dans une langue, peut être pluriel dans une autre. Ainsi, par exemple, *bu*, préfixe singulier en Soubiya et dans la plupart des langues Bantou, est souvent pluriel en Herero et en Ganda, parfois aussi en Tonga et en Louyi.

Mais on peut dire, comme règle générale, qu'aujourd'hui dans un seul et même dialecte, un préfixe est toujours soit singulier, soit pluriel; de sorte qu'il est aisé de reconnaître du premier coup le nombre d'un substantif. A un préfixe singulier correspond toujours un préfixe pluriel.

§ 18. — Selon l'exemple de Bleek, je désigne chaque préfixe, singulier ou pluriel, par un numéro d'ordre; chaque préfixe forme ainsi une classe à part. On les donne dans l'ordre où ils se correspondent régulièrement comme singulier et pluriel. Plusieurs grammairiens préfèrent faire rentrer dans la même classe les deux préfixes singulier et pluriel correspondants. Ainsi pour eux les préfixes *mu* et *ba* forment la 1ʳᵉ classe, tandis qu'ici *mu* forme la 1ʳᵉ classe, et *ba*, la 2ᵉ.

Tant qu'il s'agit d'apprendre ou d'enseigner un seul dialecte

Bantou, ce dernier procédé est peut-être le plus pratique ; mais si l'on veut faire de la grammaire comparée, le système de Bleek est préférable. C'est donc sans hésitation que je le suis ici.

§ 19. — Dans la table des préfixes qu'on trouvera § 20, on verra qu'il faut distinguer deux catégories différentes de préfixes ; les *préfixes nominaux* et les *préfixes pronominaux*. Les premiers représentent la forme la plus ancienne ; les seconds ont déjà perdu une partie de leurs éléments phonétiques. Cette distinction entre préfixes nominaux et pronominaux a une grande importance au point de vue de la grammaire Bantou comparée, et il est nécessaire de lui accorder plus d'attention qu'on ne l'a fait jusqu'ici.

Les premiers ont une valeur nominale ou substantive, et ne s'emploient qu'avec les substantifs et les adjectifs ; les seconds ont une valeur plutôt verbale ; ils s'emploient surtout avec les verbes et servent à former les pronoms composés.

§ 20. — *Table des préfixes Soubiya.*

| 1. PRÉFIXES NOMINAUX | | | | 2. PRÉFIXES PRONOMINAUX | | | |
|---|---|---|---|---|---|---|---|
| Singulier. | | Pluriel. | | Singulier. | | Pluriel. | |
| Cl. 1 | mu | Cl. 2 | ba | Cl. 1 | u | Cl. 2 | ba |
| 3 | mu | 4 | mi | 3 | u | 4 | i |
| 5 | i(di) | 6 | ma | 5 | di | 6 | a |
| 7 | chi | 8 | zi | 7 | chi | 8 | zi |
| 9 | in.n | 10 | in.n | 9 | i | 10 | zi |
| 11 | lu | 6 | ma | 11 | lu | 6 | a |
| 12 | ka | 13 | tu | 12 | ka | 13 | tu |
| 14 | bu | 6 | ma | 14 | bu | 6 | a |
| 15 | ku | 6 | ma | 15 | ku | 6 | a |
| Locatifs | 16 | ha | | | 16 | ha | |
| | 17 | mu | | | 17 | mu | |
| | 18 | ku | | | 18 | ku | |

§ 21. — On peut voir par la table ci-dessus que les préfixes pronominaux ont généralement la même forme que les préfixes nominaux correspondants. Il y a cependant quelques différences importantes à noter.

1° Lorsqu'un préfixe nominal contient la nasale *m* ou *n*, cette nasale disparaît à la forme pronominale. Les préfixes nominaux *mu* (1re et 3e cl.), *mi* (4e cl.), *ma* (6e cl.), et *in* (9e et 10e cl.) deviennent ainsi : *u*, *i*, *a*, *i* et *zi*. Le même phénomène se retrouve dans la majorité des langues Bantou.

Le préfixe locatif *mu* de la 17e classe conserve par contre la nasale.

2. D'autre part, la forme pronominale, *di* et *zi*, des préfixes de la 5e et 10e classes, est plus pleine que celle des préfixes nominaux correspondants, *i* et *in*, puisque la consonne initiale *d* ou *z* ne se trouve qu'à la forme pronominale. Dans ce cas c'est cette dernière qui représente le mieux l'état primitif du préfixe En effet le préfixe primitif de la 5e classe, est *li* ou *di* (cf. § 26), et celui de la 10e classe *zin*, comme on peut le voir dans un certain nombre de langues Bantou (Zoulou, Souto, Tonga, Louyi, etc.).

## CHAPITRE CINQUIÈME

### Le Substantif.

§ 22. — Le substantif se compose de deux parties : 1° d'un radical (d'origine verbale, généralement) ; 2° d'un préfixe nominal. Ex. : *mu-ntu*, un homme : *mu-disa*, un berger.

Tout substantif doit appartenir à une des classes et en porter le préfixe; ce dernier ne manque que dans certains cas dont il sera question plus bas (§ 25). Comme on l'a vu plus haut, le substantif ne connaît pas la distinction du féminin, du masculin ou du neutre.

Le préfixe limite et précise l'idée représentée par le radical; selon que celui-ci a tel ou tel préfixe, il indique un concept différent. Ex. : *muntu*, homme; *kantu*, petit homme; — *chintu*, chose; *hantu*, place; — *musamo*, médecine; *chisamo*, arbre, etc.

Au point de vue grammatical, le préfixe seul est important.

1° *Nombre des substantifs.*

§ 23. — La distinction de nombre se marque au moyen des préfixes, le préfixe singulier faisant place au préfixe pluriel correspondant, selon la table ci-dessous :

| | Singulier. | | | Pluriel. |
|---|---|---|---|---|
| Cl. | 1 MU*ntu*, homme (homo). | Cl. | 2 | BA*ntu*, hommes. |
| | 3 MU*zi*, village. | | 4 | MI*zi*, villages. |
| | 5 I*tende*, jambe. | | 6 | MA*tende*, jambes. |
| | 7 CHI*ntu*, chose. | | 8 | ZI*ntu*, choses. |
| | 8 I*ñombe*, bœuf. | | 10 | I*ñombe*, bœufs. |
| | 11 LU*dimi*, langue. | | 6 | MA*dimi*, langues. |
| | 12 KA*ntu*, petit homme. | | 13 | TU*ntu*, petits hommes. |
| | 14 BW*ato*, canot. | | 6 | MA*to* (*maato*), canots. |
| | 15 KU*twi*, oreille. | | 6 | MA*twi*, oreilles. |

2° *Remarques diverses sur les classes des substantifs.*

§ 24. — Les classes *mu* (1) et *ba* (2) ne comprennent que des noms de personnes. Comme *classes personnelles*, elles se distinguent nettement de toutes les autres qui comprennent surtout les noms d'animaux et d'objets inanimés.

Un certain nombre de noms d'animaux de la 5ᵉ et 9ᵉ classe peuvent être attribués à la 1ʳᵉ. Dans ce cas ils perdent leur préfixe *i*, et prennent en échange le préfixe *u* ou *um* (cf. § 33) ; au pluriel ils prennent le préfixe *ba* de la 2ᵉ classe. Ainsi *ingwe*, léopard ; *inyati*, buffle ; *inzovu*, éléphant (9ᵉ cl.) ; *ipombwe*, singe (5ᵉ cl.), etc. deviennent : *ungwe, unyati, unzovu, umpombwe*, et au pluriel : *bangwe, banyati, banzovu, bapombwe*.

D'autres noms d'animaux commençant en *u*, comme *usulwe*, lièvre, et un nom de chose, au moins (*utombwe*, tabac), appartiennent également à la 1ʳᵉ classe.

§ 25. — Sont également attribués à la 1ʳᵉ et à la 2ᵉ classe (bien qu'au singulier ils n'aient pas de préfixe nominal), les noms propres de personnes, et un certain nombre de noms personnels, assimilés par le Soubiya aux noms propres.

Ces derniers comprennent surtout (comme dans les autres langues Bantou) les noms de parenté, comme : *tayo, iso, ise*, mon, ton, son père ; *mayo, nyoko, nyina*, ma, ta, sa mère ; *nkuye*, tante ; *sukulu*, oncle maternel ; *nchizi* ou *unchizi*, sœur ; *unkosi*, frère aîné. Il faut leur ajouter quelques autres noms comme : *simwini*, chef ; *nkosi*, chef ; *mfumu*, chef ; *Leza*, Dieu, etc. Au pluriel tous ces noms prennent le préfixe *ba*, ainsi : *batayo, beso* (= *baiso*), *bese* (= *baise*) ; *bamayo, basimwini*, etc.

On peut leur adjoindre également quelques noms d'animaux commençant en *se, s* ou *na*. Ainsi : *selotambwe*, caméléon ; *sazibumbo*, gros lézard ; *nakala*, grue royale ; *nalunkalamba*, mantis religiosa, etc.

OBSERVATION. — Le préfixe *se* des mots *selotambwe, sazibumbo*, etc. n'a aucune valeur grammaticale. C'est très probablement le radical de *ise*, père, et signifie : père de. *na* est probablement le radical de *nyoko, nyina* : ta, sa mère, et signifie mère de. Cela explique pourquoi ces noms sont assimilés aux noms propres. On retrouve leurs équivalents dans presque toutes les langues Bantou.

Les noms *iso, ise, nyina, mfumu,* etc. appartenaient sans doute originairement à la 9° classe; c'est par l'analogie du sens qu'ils ont été ensuite attribués à la première. On remarquera que le Soubiya, pas plus que les autres langues Bantou, n'a de terme général pour dire *père* ou *mère*; il faut toujours dire : mon, ton, son père; ma, ta, sa mère. Quand on parle *à* son père ou *à* sa mère, on dit : *ndanda*, papa; *mama*, maman. De même on emploie souvent, par politesse, le pluriel : *banyoko, bese,* etc., pour dire : ta mère, son père, etc.

§ 26. — Devant deux ou trois radicaux monosyllabiques, on trouve encore aujourd'hui le préfixe originel de la 5° classe, *di.* Ainsi, *dinso,* œil, pl. *menso* (= *mainso*); *dino,* dent, pl. *meno* (= *maino*), etc.

Les substantifs polysyllabiques, qui ont également le préfixe *di,* sont très probablement empruntés au Kololo; ainsi : *dibala,* plaine; *diakanyane,* chien sauvage.

Quelques substantifs de la 6° classe (*ma*) n'ont pas de singulier correspondant. De ce nombre sont : *mati,* salive; *mafuta,* huile, graisse; *menzi* (= *mainzi*), eau; *mani,* herbe, etc. La plupart de ces noms désignent des liquides.

§ 27. — Il est *possible* que quelques substantifs de la 11° classe (*lu*) prennent au pluriel le préfixe *in* de la 10° classe, comme cela se remarque dans la majorité des langues Bantou. Je n'en ai cependant jusqu'ici remarqué aucun exemple en Soubiya. En tout cas, dans cette langue, la correspondance singulier-pluriel de la 11° et de la 6° classe semble être la règle.

§ 28. — Les préfixes *ka* et *tu* (12° et 13° cl.) servent généralement à former des diminutifs. Ainsi de *muntu,* homme, on fait : *kantu* (pl. *tuntu*), petit homme; de *menzi,* eau, *twenzi,* un peu d'eau, etc.

Quelques substantifs en *ka* ne semblent pas avoir jamais été des diminutifs. Ainsi : *kamwi*, éclat du soleil ; *kaholo*, intérieur de la bouche ; *kati*, milieu ; *kanyange*, chaleur du soleil.

§ 29. — A la 15ᵉ classe (*ku*) appartiennent tous les infinitifs, qui sont considérés comme de véritables substantifs. Ainsi : *ku zimba*, chanter, le chanter ; *ku nywa*, boire, etc. Ces infinitifs ne forment pas de pluriels.

Jusqu'ici je ne connais que deux substantifs de la 15ᵉ classe qui ne soient pas des infinitifs ; ce sont : *kutwi*, oreille, pluriel *matwi* ; *kulo*, jambe, pluriel *maulo*.

§ 30. — Quelques substantifs paraissent former le pluriel irrégulièrement ; ainsi *kaswa*, rêt (12ᵉ cl.), a comme pluriel *maswa*, rêts (6ᵉ cl.), et non pas *tuswa*, comme on s'y attendait. Ce ne sont là que de simples irrégularités amenées par l'usage et qui n'infirment en rien l'ordre régulier des correspondances singulier-pluriel. Il est probable, par exemple, que le pluriel *maswa* correspondait originairement à un singulier de la 5ᵉ classe, soit *iswa*, aujourd'hui perdu.

§ 31. — Il serait fort intéressant de pouvoir déterminer avec exactitude le sens et la valeur des différents préfixes, de comprendre sur quel principe repose, et à quelles lois de l'esprit obéit ce classement des substantifs en différentes classes-préfixes. La grammaire comparée des langues Bantou doit s'efforcer de répondre à cette question. Mais il est impossible de rien affirmer dans l'état actuel de nos connaissances. Krapf, Kolbe et Torrend ont tour à tour proposé des hypothèses qui ne reposent sur rien de solide et n'appartiennent pas au domaine de la science. Kolbe [1] surtout se meut en pleine fantaisie.

Pour ce qui concerne le Soubiya, voici seulement ce qu'on peut dire :

---

1. Kolbe, *A language Study based on Bantu*, **Londres, 1888.**

1° Les classes *mu* et *bu* ne comprennent que des noms de personnes ou d'animaux personnifiés ;

2° Les classes *mu* et *mi* comprennent la plupart des noms d'arbres ;

3° Aux classes *in* (9 et 10) appartiennent presque tous les noms d'animaux et de fruits ;

4° Presque tous les noms en *ka* et *tu* indiquent des diminutifs ;

5° La classe *bu* comprend la plupart des noms abstraits ;

6° Enfin la classe *ku* renferme tous les infinitifs.

### 3° *L'article et la copule nasale.*

§ 32. — Il n'existe actuellement en Soubiya aucun article, ni rien qui en tienne lieu. Les substantifs sont définis ou indéfinis, sans qu'aucun signe phonétique l'indique. Ainsi *muntu*, signifie, selon les cas où on l'emploie, soit : *l'*homme, soit : *un* homme ; *zinyolozi*, soit : *les* animaux, soit : *des* animaux.

§ 33. — Il semble cependant qu'à l'origine les préfixes nominaux aient été précédés d'une particule-voyelle, rappelant beaucoup l'*article* du Cafre (qui, du reste, ne correspond pas entièrement à l'article des langues européennes). Outre le *Cafre-Zoulou*, une particule semblable se retrouve en *Ganda*, *Wanda*, *Kongo Louyi*, etc., et, à un degré moindre en *Herero*, *Ou-Mboundou*, *Ki-Mboundou*, *Tonga*, etc.

Cette particule aurait consisté, en Soubiya, en la voyelle du préfixe répétée devant lui (comme en Cafre). La forme complète des préfixes nominaux eût été ainsi : *umu* (1) ; *aba* (2) ; *umu* (3) ; *imi* (4) ; *idi* (5) ; *ama* (6) ; *ichi* (7) ; *izi* (8) ; *in* (9 et 10) ; *ulu* (11) ; *aka* (12) ; *utu* (13) ; *ubu* (14) ; *uku* (15).

OBSERVATION. — Pour les cas où la présence de cette particule-voyelle se fait encore sentir phonétiquement, cf. §§ 34 et 60.

Le préfixe *u* qui se trouve dans certains noms de la 1re classe, comme *usulwe, undavu,* etc. (cf. § 24) semble être, non pas une forme mutilée du préfixe lui-même, mais bien cette particule-voyelle qui jadis l'aurait précédé. Peut-être faut-il la voir aussi dans la voyelle *i* du préfixe *in* des 9e et 10e classes, ainsi que dans le préfixe *i* de la 5e classe.

§ 34. — On pourrait même se demander si (comme Bleek l'admet pour le Cafre) cette particule, ou article, ne consistait pas en une réduplication du préfixe lui-même, donnant les formes *mu-mu, ba-ba,* etc.

Ce qui le ferait croire, ce sont les formes que prennent les préfixes des substantifs quand ils sont précédés de la *copule nasale*. Cette copule, dont la forme précise est difficile à déterminer (il est probable cependant qu'elle consiste en un simple *n*), équivaut comme sens au français : *c'est*. Son emploi sera expliqué plus bas (§§ 142 et 143); mais il est nécessaire d'indiquer dès maintenant les transformations que sa présence fait subir aux préfixes. En voici le tableau :

Singulier.                                   Pluriel.
1 { *ndj-u-muntu,* c'est l'homme.   2 *mb-a-bantu,* ce sont les hommes.
  { *ndj-i-Leza,* c'est Dieu.
3 *ng-u-muzi,* c'est le village.      4 *ndj-i-mizi,* ce sont les villages.
5 *nd-izuba,* c'est le jour.          6 *ng-a-mazuba,* ce sont les jours.
7 *nch-i-chisamo,* c'est l'arbre.     8 *nz-i-zisamo,* ce sont les arbres.
9 *ndj-iñombe,* c'est le bœuf.       10 *nz-iñombe,* ce sont les bœufs.
11 *nd-u-luzimbo,* c'est la chanson.
12 *nk-a-kanyolozi,* c'est l'animal.  13 *nt-u-tunyolozi,* ce sont les animaux.
14 *mb-u-bwato,* c'est le canot.
15 *nk-u-kutwi,* c'est l'oreille.

Les formes ci-dessus s'expliqueraient difficilement, si l'on n'admettait pas qu'originairement *bantu,* par exemple, ne fût *abantu,* ou même *babantu.*

OBSERVATION. — Il est cependant possible que ce soient les

pronoms conjoints précédés de la copule (cf. § 48) qu'on place ainsi devant les substantifs. Dans ce cas *mbabantu* signifierait : ce sont *eux* les hommes.

Ma connaissance du Soubiya est encore trop imparfaite pour qu'il me soit possible de rien affirmer à ce sujet. Et cela d'autant plus qu'à côté de formes comme *mbabantu*, ce sont les hommes : *mbabambwa*, ce sont les chiens, etc., on trouve parfois les formes plus simples : *mbantu, mbambwa*, etc.

Au lieu de *nzizisamo, nziñombe*, etc., il semble parfois qu'on entende : *nzezisamo, nzeñombe*.

### 4° Diminutifs.

§ 35. — Le suffixe *-zana* sert à former des diminutifs, soit en lieu et place du préfixe *ka*, soit concurremment avec lui. Ex. : *inkanizana*, une petite affaire ; *kazunizana*, un petit oiseau.

OBSERVATION. — *zana* est le seul suffixe nominal à moi connu en Soubiya.

### 5° Cas.

§ 36. — Les substantifs Soubiya n'ont point de cas ; la place qu'ils occupent indique seule le rôle qu'ils jouent dans le discours.

Le *sujet* se place *devant* le verbe, auquel le lie toujours un pronom conjoint. Ex. : *bantu ba dia*, les gens (ils) mangent.

L'*objet* se place *après* le verbe. Ex. : *ba dia inyama*, ils mangent de la viande.

Pour la construction possessive, cf. § 59.

OBSERVATION. — Dans la construction impersonnelle le sujet peut se placer après le verbe. Dans ce cas le pronom conjoint placé devant le verbe est toujours le pronom *ku* de la 15° classe, à quelque classe d'ailleurs qu'appartienne le substantif. Ex. : *ku iza bantu*, il vient des hommes.

---

## CHAPITRE SIXIÈME

### L'Adjectif.

§ 37. — Règle générale : l'adjectif prend le *préfixe nominal* du substantif qu'il qualifie. Il suit toujours le substantif, qu'il soit attribut ou prédicat. Ex. : *muntu mulotu*, un homme bon, ou l'homme est bon ; *kutwi kunini*, une petite oreille, ou l'oreille est petite.

| Singulier. | Pluriel. |
|---|---|
| 1 MU*ntu* MO*lotu*, un homme bon. | 2 BA*ntu* BA*lotu*, des hommes bons. |
| 3 MU*zi* MU*kando*, un grand village. | 4 MI*zi* MI*kando*, de grands villages. |
| 5 I*rende* IK*ando*, une grande jambe. | 6 MA*lende* MA*kando*, de grandes jambes. |
| 7 CHI*samo* CHI*lotu*, un bel arbre. | 8 ZI*samo* ZI*lotu*, de beaux arbres. |
| 9 I*ñombe* IN*dotu*, un beau bœuf. | 10 I*ñombe* IN*dotu*, de beaux bœufs. |
| 11 LU*zimbo* LU*lotu*, une belle chanson. | |
| 12 KA*ntu* KA*nini*, un petit petit homme. | 14 TU*ntu* TU*nini*, de petits petits hommes. |
| 14 BW*ato* BU*lotu*, un beau canot. | 6 MA*to* MA*lotu*, de beaux canots. |
| 15 *kutwi* KU*nini*, une petite oreille. | 6 MA*twi* MA*nini*, de petites oreilles. |

§ 38. — Le tableau suivant montre l'accord de l'adjectif avec les différentes classes de substantifs.

OBSERVATION. — Les adjectifs employés dans les exemples ci-dessus sont : *-lotu*, beau, bon ; *-kando*, grand, gros ; *-nini*, petit.

Selon la règle phonétique donnée § 8, un *l* initial devient *d* après le préfixe *in* des 9ᵉ et 10ᵉ classes. On a ainsi : *iñombe indotu* (rad. *-lotu*), un beau bœuf ; *iñombe inde-nde*, un très haut bœuf, etc.

§ 39. — Les adjectifs sont très rares en Soubya, comme d'ailleurs dans les autres langues Bantou. Voici la liste de ceux que je connais : *-kando*, grand, gros; *-kulu*, grand, important; *-kulukulu*, ancien; *-le*, long et *-le-le*, très long (ex. : *muntu mule-mule*, un homme très long) ; *-nini*, petit ; *-lotu*, beau, bon ; *-bi*, mauvais, laid; *-fohifohi*, court; *-hia*, jeune, nouveau ; *-ngi*, nombreux, beaucoup ; peut-être aussi *-kadi*, fort, acéré.

Quoique fort courte, cette liste n'est probablement pas loin d'être complète.

Observation. — A la 10° classe, *-ngi* fait *zingi*, au lieu de *ingi*. Ex. : *zinyolozi zingi zingi*, de très nombreux bœufs.

Quand *-ngi* a le sens de : un autre, il doit être considéré comme un pronom et se construit différemment (cf. § 37).

§ 40. — C'est par des verbes que le Soubya remplace la plupart de nos adjectifs français. Ex. : *malungu a subila*, des perles rouges, litt. : qui sont rouges (de *ku subila*, être rouge); *nkuku i seha*, une poule noire, litt. : qui est noire (de *ku seha*, être noir); *insalume i cheka*, une hache qui est acérée (de *ku cheka*, être acéré), etc.

Observation. — Je ne connais en Soubya aucun exemple d'un substantif employé adjectivement, comme c'est si fréquemment le cas en Cafre et surtout en Souto.

§ 41. **Tableau des pronoms.**

| | 1° PRONOMS PERSONNELS | | | | | 2° PRON. | | DÉMONSTRATIFS | | 3° PRON. INTERR. | PRONOMS INDÉTERMINÉS | | | | | |
|---|---|---|---|---|---|---|---|---|---|---|---|---|---|---|---|---|
| | a) PRON. CONJOINTS | | b) PRONOMS SUBSTANTIFS | | c) PR. POSS. | 1re POSITION | | 2e POSIT. | 3e POSIT. | | | | | | | |
| | Nominatif. | Objectif. | Complets. | Incomplets. | | | | | | | | | | | | |
| 1re pers. sing. | ni | ni, n | ime | me | ngu | | | | | | | | | | | |
| — pl. | tu | tu | iswe | swe | etu | | | | | | | | | | | |
| 2e pers. sing. | u | ku | iwe | we | ko | | | | | | | | | | | |
| — pl. | nu | mu | inywe | nywe | enu | | | | | | | | | | | |
| 3e pers. Cl. 1 | u(a) | mu | iye | ye | kwe | uzu | zuno | uzo | zuna | zuhi? | zumwe zungi | mwine | — | yenke | ye yena |
| 2 | bu | | bo | | bo | aba | bano | abo | bana | bahi? | bamwe bangi | bene | bonse | bonke | bo bona |
| 3 | u | | o | | o | uu | uno | uwo | una | uhi? | umwe ungi | wine | onse | onke | o ona |
| 4 | i | | yu | | yo | ii | ino | iyo | inu | ihi? | imwe ingi | ine | yonse | yonke | yo yona |
| 5 | di | | dio(lo) | | dio(lo) | edi | dino | edio | dinu | dihi? | dimwe dingi | dine | lonse | lonke | lo lona |
| 6 | a | | o | | o | aa | ano | ao | ana | ahi? | amwe angi | ene | onse | onke | o ona |
| 7 | chi | | cho | | cho | ichi | chino | icho | china | chihi? | chimwe chingi | chine | chonse | chonke | cho chona |
| 8 | zi | | zo | | zo | izi | zino | izo | zina | zihi? | zimwe zingi | zine | zonse | zonke | zo zona |
| 9 | i | | yo | | yo | ii | ino | iyo | ina | ihi? | imwe ingi | ine | yonse | yonke | yo yona |
| 10 | zi | | zo | | zo | izi | zino | iso | zina | zihi? | zimwe zingi | zine | zonse | zonke | zo zona |
| 11 | lu | | lo | | lo | ulu | luno | ulo | luna | luhi? | lumwe lungi | lwine | lonse | lonke | lo lona |
| 12 | ka | | ko | | ko | aka | kano | ako | kana | kahi? | kamwe kangi | kena | konse | konke | ko kona |
| 13 | tu | | to | | to | utu | tuno | uto | tuna | tuhi? | tumwe tungi | twine | tonse | tonke | to tona |
| 14 | bu | | bo | | bo | ubu | buno | ubo | buna | buhi? | bumwe bungi | bwine | bonse | bonke | bo bona |
| 15 | ku | | ko | | ko | uku | kuno | uko | kuna | kuhi? | kumwe kungi | kwine | konse | konke | ko kona |
| 16 | ha | | ho | | ho | aha | hano | aho | hana | hi? | hamwe — | — | — | hanke | — |
| Locatifs 17 | mu | | mu | | mo | umu | muno | umo | munu | — | — | — | — | — | — |
| 18 | ku | | ko | | ko | uku | kuno | ako | kuna | kuhi? | — | kungi | — | kanes | — |

# CHAPITRE SEPTIÈME

## Le Pronom.

§ 42. — Le tableau ci-joint (§ 41) donne toutes les formes usuelles des différents pronoms Soubiya. Le pronom jouant dans la grammaire Bantou un rôle très important, il est nécessaire d'ajouter quelques explications.

La forme fondamentale des pronoms est le pronom personnel conjoint, qui n'est autre que le préfixe pronominal des différentes classes. Mais il y a naturellement des formes spéciales pour la 1re et la 2e personnes.

C'est à l'aide du pronom personnel conjoint que se forment tous les autres pronoms : personnels, démonstratifs, interrogatifs ou indéterminés.

OBSERVATION. — J'appelle pronoms indéterminés des mots, qui comme *zumwe*, un; *zungi*, un autre; *bonse*, tous, etc., sont des adjectifs au point de vue logique, mais qui, considérés morphologiquement et dans le système de la grammaire Bantou, doivent être considérés comme des pronoms. En effet on les forme au moyen des préfixes pronominaux, tandis que les adjectifs prennent les préfixes nominaux.

§ 43. — On remarquera que le pronom personnel de la 3e personne 1re classe a une forme à part, très différente de celle du pronom conjoint. On trouve en effet : *iye*, *kwe*, etc., tandis que le pronom conjoint est *u*. Dans certains cas, ce dernier prend aussi la forme *a*. Il est difficile de s'expliquer ce phénomène, qui se retrouve d'ailleurs dans toutes les autres langues Bantou.

Une autre irrégularité que présente également, dans d'autres formes composées, le pronom de la 1re classe, est la présence d'un *z*. Ainsi : *zuno*, *zuna*, *zumwe*, *uzo*, etc. Quand *z* est initial, il peut tomber ; les formes *uno, una, unwe*, etc., sont presque aussi fréquentes que les autres.

OBSERVATION. — Il est fort possible que ce *z* soit purement euphonique ; bien des indices le feraient croire.

### 1° *Pronoms personnels.*

§ 44. — Il y a trois différents pronoms personnels : 1° le *pronom conjoint* ; 2° le *pronom substantif* ; 3° le *pronom possessif*.

1° Le *pronom conjoint*. — Il a deux formes différentes, l'une subjective (ou nominative), l'autre objective, aux deux premières personnes du singulier et à la 3° personnes 1ʳᵉ classe. Au pluriel, et à toutes les autres classes de la 3° personne, le nominatif et l'objectif ont une seule et même forme.

Le pronom *subjectif* conjoint sert uniquement à unir le sujet (substantif, pron. subst., etc.), au verbe ; il correspond exactement aux pronoms français : *je, tu, il*, etc. Ex. : *ime ni enda*, moi je vais ; *usulwe a sumpi ipombwe*, le lièvre (il) appela le singe ; *bantu bu dia inkoko*, les hommes (ils) mangent du pain.

Le pronom *objectif* conjoint correspond exactement aux pronoms français : *me, te, le*, etc. ; il est, comme ceux-ci, placé devant le verbe, et après le pronom subjectif. Ex. : *usulwe a ba sumpi*, le lièvre les appela ; *ni mu bona*, je le vois. Quand le verbe est précédé d'un auxiliaire, le pronom objectif se place après cet auxiliaire ; il doit toujours, en effet, précéder directement le verbe. Ex. : *ba ka mu bona*, ils le virent ; *ba ba di ku mu saka*, ils l'aimaient (ils étaient l'aimant).

OBSERVATION. — Étymologiquement il n'y a pas de différence entre les deux formes (objective et subjective) du pronom conjoint. Le pronom objectif a, vu la place qu'il occupe, mieux conservé sa forme première ; le pronom subjectif a, par contre, subi d'assez graves mutilations phonétiques. Cf. d'ailleurs § 45.

§ 45. — Le pronom conjoint tient aussi lieu de *pronom relatif*. Mais dans ce cas on emploie toujours la forme subjective, même lorsqu'il indique l'objet du verbe.

Pour la construction du pronom relatif, cf. ch. xviii.

§ 46. — 2° Le *pronom substantif*. — Il correspond aux pronoms français : *moi, toi, lui,* etc. Comme ceux-ci il joue le rôle d'un vrai substantif.

Il se présente sous deux formes : une forme complète et une forme abrégée.

*a)* Dans sa forme complète, le pronom substantif peut être soit sujet, soit objet du verbe. S'il est sujet il doit, tout comme le substantif, être uni au verbe par le pronom conjoint correspondant : Ex. : *ime ni enda*, moi je vais ; *iswe tu boni*, pour nous, nous avons vu. S'il est objet, il est placé après le verbe. Ex. : *ni bona inywe*, je *vous* vois, c'est vous que je vois.

Les exemples donnés montrent qu'il a souvent un sens emphatique. On l'emploie très souvent, lorsqu'il est objet, à la forme copulative. Cf. § 49.

*b)* La forme abrégée du pronom substantif est surtout employée avec la particule (verbe ou préposition? cf. § 80) *na*, avec, aussi. Ex. : *name*, avec moi, moi aussi ; *nawe*, avec toi ; *naye*, avec lui ; *nabo*, avec eux, etc.

On emploie cette même forme abrégée soit comme sujet (quand on ne veut pas le mettre trop en évidence), soit dans certaines constructions relatives (cf. § 151), soit devant les substantifs, comme une sorte d'article ou de démonstratif. Ex. : *ye muntu*, lui l'homme, l'homme, cet homme ; *bo bantu*, les hommes, ces hommes, etc.

§ 47. — 3° *Le pronom possessif*. — Le pronom possessif n'a de formes spéciales que pour les deux premières personnes et la 3ᵉ personne 1ʳᵉ classe ; pour toutes les autres classes de la 3ᵉ personne il se confond avec le pronom substantif. On l'emploie exclusivement après la particule possessive -*a* (cf. § 59), et la particule locative *kwa* (cf. § 78). Ex. : *mwan'a ngu*, mon enfant (litt. : enfant de moi); *iñombe za bo*, leurs bœufs (bœufs d'eux) ; *ba sika kwa kwe*, ils arrivèrent vers lui, etc.

Pour la 2ᵉ personne singulier et la 3ᵉ personne 1ʳᵉ classe, on emploie, dans certains cas déterminés, une forme plus courte, *o* et *e*, au lieu de *ko* et *kwe* (cf. § 61).

OBSERVATION. — Le pronom possessif de la 3ᵉ personne singulier, *kwe*, est remarquable. Il est probablement composé du préfixe locatif *ku* et du pronom *e*. Une forme similaire se retrouve dans la plupart des langues Bantou.

§ 48. — *Formes copulatives du pronom personnel.* — Les pronoms conjoints et substantifs peuvent être précédés de la copule nasale (cf. § 34). On obtient ainsi les formes suivantes :

| | | PRONOMS CONJOINTS | | | | PRONOMS SUBSTANTIFS | | | |
|---|---|---|---|---|---|---|---|---|---|
| | | Singulier. | | Pluriel. | | Singulier. | | Pluriel. | |
| 1ʳᵉ p. | | — | | — | | *neme* | | *ndjiswe* (ou *toswe*) | |
| 2ᵉ p. | | *ngu* | | — | | *ngowo* (ou *newe*) | | *nenywe* (ou *ndjinywe*) | |
| 3ᵉ p. Cl. 1 | | *ngu* | Cl. 2 | *mba* | Cl. 1 | *ndjiye* | Cl. 2 | *mbabo* | |
| 3 | | *ngu* | 4 | *ndji* | 3 | *ngowo* | 4 | *ndjiyo* | |
| 5 | | *ndi* | 6 | *nga* | 5 | *ndedio* | 6 | *ngao* | |
| 7 | | *nchi* | 8 | *nzi* | 7 | *nchicho* | 8 | *nzizo* | |
| 9 | | *ndji* | 10 | *niz* | 9 | *ndjiyo* | 10 | *nzizo* | |
| 11 | | *ndu* | | | 11 | *ndolo* | | | |
| 12 | | *nka* | 13 | *ntu* | 12 | *nkako* | 13 | *ntuto* | |
| 14 | | *mbu* | | | 14 | *mbobo* | | | |
| 15 | | *nku* | | | 15 | *nkuko* | | | |
| Locatifs | 16 | | | | | *mpo* et *mpaho* | | | |
| | 17 | | | | | *momo* | | | |
| | 18 | | | | | *nkuko* | | | |

OBSERVATION. — A partir de la 2ᵉ classe les formes copulatives du pronom substantif sont empruntées au pronom démonstratif en *o* (cf. § 51).

§ 49. — Le pronom substantif copulatif est très fréquemment employé comme objet des verbes, en lieu et place du pronom substantif ordinaire. Cette curieuse construction, que Torrend a constatée aussi en Tonga, semble presque être la règle en Soubiya. Ex. : *ba mu hi ndjiyo* (i. e. *inyama*, viande), ils la lui donnèrent ; litt. : ils lui donnèrent, c'est celle-ci.

APPENDICE : *Pronom réfléchi.*

§ 50. — Le pronom réfléchi doit être rangé au nombre des pronoms personnels ; il est traité, en effet, dans la construction syntactique, absolument comme le pronom objectif conjoint, se plaçant toujours comme lui devant le verbe.

Il n'a qu'une seule forme, *di*, pour toutes les personnes, nombres et classes. Ex. : *usulwe a di ungudi*, le lièvre se cacha ; *bantu ba di endedi*, les hommes s'en allèrent ; *ni d'ihaya*, je me tue, etc.

2° *Pronoms démonstratifs.*

§ 51. — On forme les pronoms démonstratifs, soit en ajoutant au préfixe pronominal les syllabes *no* et *na*, soit au moyen de la particule-voyelle (cf. § 33) placée devant le préfixe pronominal, la voyelle terminale restant stable ou se changeant en *o*. On obtient ainsi quatre formes différentes *uzu, zuno, uzo, zuna*, etc.

Pour ce qui concerne la valeur de ces différentes formes on peut dire que : 1° *uzu, zuno ; aba, bano*, etc. signifient : celui-ci, ceux-ci ; 2° *uzo, abo*, celui-là, ceux-là ; 3 *zuna, bana*, celui-là là-bas, etc.

OBSERVATION. — Torrend croit remarquer une différence d'un autre genre. Selon lui, *uzu, zuno* signifierait : celui qui est près de moi ; *uzo*, celui qui est près de toi ; *zuna*, celui qui est près de lui. C'est très ingénieux, mais très arbitraire aussi. En Soubiya cette distinction ne se retrouve pas dans les textes que j'ai recueillis; en Souto (que je parle depuis onze ans) je ne l'ai non plus jamais observée.

§ 52. — Employés comme attributs, les pronoms démonstratifs semblent se placer indifféremment soit devant, soit après le substantif. Ex. : *muntu uzo*, ou *uzo muntu*, cet homme-là; *bantu aba*, ou *aba bantu*, ces hommes-ci, etc.

§ 53. — La copule nasale peut aussi se placer devant les pronoms démonstratifs. Ainsi *nzizi*, ce sont ceux-ci; *ndedio*, c'est cela-là; *ndjina*, c'est cela là-bas.

OBSERVATION. — Quand la copule se place devant *zuna* et *zuno*, le *z* tombe. Ex. : *ndjuna*, *ndjuno*, c'est celui-là, c'est celui-ci. Au lieu du simple *ndjuno* on a parfois *ndjeno* (= *ndjiyeno*).

### 3° *Pronoms interrogatifs.*

§ 54. — 1° *Pronom interrogatif substantif.* — *Qui?* se rend au singulier par : *ani?* au pluriel par *bani?* Les formes copulative sont : *ndjeni* (= *ndji ani*)? qui est-ce? et *mbabani?* qui sont-ce? Ex. : *muntu uzo ndjeni?* qui est cet homme? (litt. : cet homme c'est qui?)

*Quoi?* se rend par *nzi?* Ex. : *u saka nzi?* que cherches-tu? (tu cherches quoi?) *nzi* est souvent précédé du préfixe pronom de la 7ᵉ classe *chi*. Ex. : *u saka chinzi?* que cherches-tu?

Employé adjectivement *nzi* signifie *quelle sorte de?* Il ne prend jamais de préfixe. Ex. : *chinyolozi nzi?* quelle sorte d'animal? litt. : animal quoi?

*Pourquoi?* s'exprime par la forme copulative de la 7ᵉ classe, *nchechi*, suivie de *nzi*; *nchechi nzi*, litt. : c'est cela quoi?

OBSERVATION. — *ani*, *bani*, *nzi* ne peuvent jamais être directement sujets, mais seulement prédicats ou objets. Si on veut s'en servir comme sujets, il faut employer la forme impersonnelle avec *ku* (cf. § 36). Ex. : *ku iza ani?* qui vient? litt. : il vient qui?

§ 55. — 2° *Pronom interrogatif adjectif*. — Il se forme de la même manière que les démonstratifs, au moyen du radical *hi* et des préfixes pronominaux. Ex. : *zuhi? bahi?* etc. Il se place d'ordinaire après le substantif. Ex. : *muntu zuhi?* quel homme? (lequel d'entre eux?); *izuba dihi?* quel jour?

Les formes copulatives sont : *ndjuhi? ndjihi?* etc. lequel est-ce?

§ 56. — *Combien?* s'exprime au moyen du radical *-ngae*, précédé du *pronom substantif*. Il n'existe qu'au pluriel : *bongae?* (2ᵉ cl.); *yongae?* (4ᵉ cl.); *ongae?* (6ᵉ cl.); *zongae?* (8ᵉ et 10ᵉ cl.), *tongae?* (13ᵉ cl.). Ex. : *bantu bongae?* Combien d'hommes?

Pour sa formation, cf. § 57.

### 4° *Pronoms indéterminés*.

§ 57. — On les forme de trois manières différentes :

1° Les radicaux *-ngi*, un, un autre; *-mwe*, un, plusieurs, sont précédés (comme c'est le cas pour les démonstratifs) du préfixe pronominal. Ex. : *muntu zumwe*, un homme; *bantu bangi*, d'autres hommes, etc.

Le radical *-ine*, qui indique la réalité, est traité de la même manière, sauf à la 1ʳᵉ classe où il prend le préfixe nominal *mu*. Ex. : *iñombe zine*, de vrais bœufs; *munyolozi mwine* un vrai animal; *menzi ene* (= *aine*), de vraie eau, etc.

2° Les radicaux *-nse*, tout, tous, et *-nke*, seul, tous, sont traités de la même manière que l'interrogatif *-ngae* (cf. § 56), c'est-à-dire qu'on leur préfixe le pronom substantif. *-nke* a des formes spéciales pour la 1ʳᵉ et la 2ᵉ personne singulier; *-nse* ne semble pas en avoir pour les deux premières personnes, ni même pour la 3ᵉ personne 1ʳᵉ classe.

Ex. : *ime nenke*, moi seul ; *muzi onke*, un seul village ; *bantu bonse*, tous les hommes ; *tu bonse*, nous tous, etc.

3° La particule *-na* précédée du pronom substantif redoublé signifie : seul. Ex. *ye yena*, lui seul ; *a ba di ku lala ye yena*, il avait l'habitude de dormir seul (à part). Moi seul se dit *ne nena* (au lieu de : *me mena*).

§ 58. — On peut également suffixer *-na* au pronom substantif non redoublé, peut-être aussi aux pronoms démonstratifs. Ce pronom signifie : même, lui-même. Je n'en connais d'exemple qu'à la forme copulative ; ainsi : *ndiona*, c'est maintenant même ce (jour) ci-même ; *mbona*, c'est ainsi même, cela même ; *mbabona*, ce sont eux-mêmes ; *ndjena* (= *ndjiyena*), c'est lui-même, etc.

Ce suffixe *-na* est surtout employé avec les pronoms locatifs. Ex. : *mpona, mpakona ; nkukona ; momona*, ici-même, là-même.

Ces formes sont très souvent suivies d'un pronom démonstratif. Ex. : *ndjen'ozo* (= *ndjena uzo*), celui-là même ; *mpahon'aho* et *mpahon'aha*, là-même, ici-même ; *momon'omo* (= *momona umo*), et *nkukon'oko* (= *nkukona uko*), là-même.

## CHAPITRE HUITIÈME

### La construction possessive.

§ 59. — Le rapport génitif ou possessif est, dans les langues Bantou, marqué par la particule *-a*, qui correspond à notre *de* français. Le préfixe pronominal du *nomen regens* se place devant la particule, avec lequel il se combine ; ainsi *u-a* devient *wa*, *di-a* devient *la* (rarement *dia*). Le nom régi se place ensuite. Ex. : *mwanakazi wa ngu*, femme de moi ; *bana ba Leza*, enfants de Leza, etc. Traduites littéralement ces formes veulent dire : femme qui (est) de moi ; enfants qui (sont) de Leza.

Les particules possessives des différentes classes sont: *wa* (1), *ba* (2), *wa* (3), *ya* (4), *dia* ou *la* (5), *a* (6), *cha* (7), *za* (8 et 10), *ya* (9), *lwa* (11), *ka* (12), *twa* (13), *bwa* (14), *kwa* (15).

Ex. : *chisamo cha ngu*, arbre de moi ; *zinyolozi za simwini*, animaux du chef ; *bwato bwa Lewanika*, canot de Lewanika ; *zidio za bantu*, nourriture des gens, etc.

OBSERVATION. — La particule possessive -*a* est peut-être une forme abrégée du préfixe locatif, *ha*, de la 16ᵉ classe.

§ 60. — Mais cette particule possessive ne reste intacte que devant les pronoms possessifs (sauf *etu* et *enu*), les noms propres, les substantifs de la 1ʳᵉ classe assimilables aux noms propres (sauf *iso* et *ise* ; cf. § 25), et les préfixes *ba*, *ma* et *ka*. Partout ailleurs la voyelle est changée (cf. § 11).

1° Lorsque le substantif régi commence par une voyelle, la particule possessive se contracte avec cette voyelle ; *a-i* devient *e*, *a-u* devient *o*. Ex : *itende l'epombwe* (= *la ipombwe*), la jambe du singe ; *zidio z'ondavu* (= *za undavu*), la nourriture du lion ; *iñombe y'ese*, le bétail de son père, etc.

OBSERVATION. — Les formes du pronom possessif *enu*, *etu*, vous, nous, sont déjà le résultat d'une contraction de *a* et *inu*, *itu*. Ex. : *iñombe yetu*, nos bœufs, est originairement : *iñombe ya itu* ; *menzi enu*, votre eau = *a inu*, etc.

§ 60 *bis*. — 2° Devant les préfixes *mu*, *lu*, *bu*, *ku*, la voyelle *a* de la particule possessive devient *o* ; elle devient *e* devant les préfixes *di*, *chi*, *zi*, *mi*. Cela provient sans doute de ce que la particule-voyelle ou article, qui précédait originairement les préfixes (cf. § 33), se fait encore sentir. Ainsi la forme *itende lo muntu*, la jambe de l'homme, provient sans aucun doute de *itende la umuntu*.

D'autres exemples sont : *zidio ze zinyolozi*, la nourriture des animaux; *luzimbo lo muntu*, la chanson de l'homme; *zichelo ze chisamo*, les fruits de l'arbre, etc.

§ 61. — Après quelques substantifs de la 1re classe (surtout ceux qui indiquent la parenté), la particule possessive est souvent *a* au lieu de *wa*. Ex. : *nyin'a Muteto*, la mère de Mouteto ; *ise a Chinamina*, le père de Tchinamina; *mwan'a ngu*, enfant de moi, etc.

Parfois même la particule est entièrement laissée de côté et le pronom possessif simplement suffixé au substantif; c'est du moins le cas pour *o* et *e* (cf. § 47). Ex. : *banyina-kulue*, sa grand'-mère.

Les pluriels *banyina*, mères, et *bese*, pères, prennent soit la particule singulier *a*, soit la particule pluriel *ba*. Ex. : *banyina ba Chinamina*, ou *banyin'a Chinamina*. La seconde construction est probablement la meilleure.

OBSERVATION. — Pour dire : nos mères, on emploie des formes tout à fait spéciales : *bamayw'etu*, ou *banyin'a swe*.

Les formes *tayo, iso, ise*, mon, ton, son père; et *mayo, nyoko, nyina*, ma, ta, sa mère (cf. § 25) contiennent déjà le pronom possessif, mais sous une forme très contractée. Ainsi *nyoko* est sûrement dérivé de *ma-u-ko*, *iso* et *ise* de *is-a-o* et *is-a-e*.

§ 62. — Quand les noms de parenté sont au pluriel et au cas régi du possessif, la particule possessive paraît être remplacée par le simple pronom conjoint. Ex. : *indongo zi bankuye*, les arachides de mes tantes; *inyama i bamayo*, la viande de mes mères. Mais on dira : *indongo za nkuye*, de ma tante; *ya mayo* de ma mère.

§ 63. — La copule nasale peut aussi se placer devant les particules possessives; ainsi : *ngwa, nga, nza, ndwa*, c'est celui de, ce sont ceux de, etc. Ex. : *musamo nzi? — Ngw'enyama.* Quelle sorte de médecine? — C'est celle de la viande.

Au lieu de *nza*, etc., on a parfois *nziza*, etc., avec un sens plus démonstratif. Ex. : *nziza bantu bakulukulu*, ce sont là (les affaires) des hommes anciens.

OBSERVATION. — Il faut observer que la particule possessive a toujours un sens pronominal : celui de, celle de, et n'équivaut pas à notre simple *de* français. Cela vient de ce qu'elle se forme toujours à l'aide du pronom conjoint.

## CHAPITRE NEUVIÈME

### Les Numéraux.

§ 64. — Le système de numération Bantou est à la fois compliqué et peu développe. Il est plutôt quinaire que décimal, puisqu'il n'existe de radicaux spéciaux que pour les cinq premiers nombres.

En Soubiya ces radicaux sont : *-mwe* ou *-ngi*, un ; *-bele*, deux ; *-tatwe*, trois ; *-ne*, quatre ; *-sanwe*, cinq.

A partir du nombre « six » on se sert de périphases verbales. « Dix » est représenté par un substantif de la 5ᵉ classe : *ikume*, pluriel : *makume*.

§ 65. — Le radical *-mwe* ou *-ngi*, signifiant : un, a déjà été vu plus haut (cf. 57). Ex. : *zumwe mukwame*, un homme ; *mwanakazi umwe*, une femme, etc.

Les radicaux *-bele*, *-tatwe*, *-ne*, *-sanwe* sont traités comme les pronoms indéterminés *onse* et *onke* (cf. 57), c'est-à-dire qu'on leur préfixe le pronom substantif. Ce sont donc des pronoms, et non pas des adjectifs (contrairement à l'usage du Cafre, du Se-Souto, du Tonga, etc.).

Dans la construction syntactique on les place après le substantif. Ex. : *bantu bobele*, deux hommes; *mizi yotatwe*, trois villages; *zinyolozi zone*, quatre animaux; *mazuba osanwe*, cinq jours, etc.

§ 66. — Pour exprimer les nombres de six à neuf, on emploie les formes suivantes :
1° Six hommes : *bantu ba chodite munwe onke*, litt. : hommes qui ont brisé un doigt (parce qu'au moment où l'on compte six, on abaisse ou brise le premier doigt de la main droite ; les natifs comptent toujours sur leurs doigts).
Sept, huit, neuf hommes : *bantu ba chodite minwe yobele*, *-minwe yotatwe, -minwe yone*, litt. : hommes qui ont brisé deux, trois, quatre doigts.
2° On peut dire aussi : *bantu bosanwe b'ena yenke*, cinq hommes qui ont un (homme), c'est-à-dire six hommes, *zintu zosanwe z'ena zotatwe*, cinq choses qui ont trois choses, c'est-à-dire huit choses, etc.
Il est difficile d'imaginer un système de numération plus incommode.

§ 67. — Les dizaines s'expriment de la manière suivante : dix, *ikume*; vingt, *makume obele* (deux dix); trente, *makume otatwe* (trois dix), etc. *Ikume, makume*, etc. se construit ainsi : *bantu b'ena ikume*, dix hommes, litt. : hommes qui ont dix ; *bantu b'ena ikume ni munwe onke, -ni minwe yobele*, onze, douze hommes, litt. : hommes qui ont dix et un doigt, et deux doigts, etc.
On peut aussi rendre : dix hommes par *ikume la bantu*, dizaine d'hommes.

§ 68. — Les *nombres ordinaux* s'expriment au moyen de la particule possessive suivie du simple radical *bele, tatwe* (ou *tatu*), *ne, ranwe*. Ex. : *muntu wa bele*, le second homme; *chisamo cha tatu*, le troisième arbre, etc.

Les *adverbes numéraux* se forment en préfixant aux radicaux les pronoms substantifs *ko* (15e ou 18e cl.) ou *to* (13 cl.). Ex. : *konke* ou *tonke*, une fois; *tobele* ou *kobele*, deux fois, etc.

---

## CHAPITRE DIXIÈME

### Locatifs et Prépositions.

#### 1° *Locatifs*.

§ 69. — L'emploi et la construction des locatifs constituant une des difficultés spéciales des langues Bantou, il est nécessaire de s'y arrêter un peu plus longtemps. On a vu plus haut (§ 17) que les préfixes locatifs *ha*, *mu*, *ku* étaient, au même titre que ceux des classes non locatives, de vrais préfixes nominaux. Les locatifs doivent donc être considérés comme de vrais substantifs, et non pas seulement comme des cas. Nous avons préféré ne pas en traiter plus tôt, afin de pouvoir nous occuper en même temps de tout ce qui concerne leurs formes pronominales (déjà données § 41).

Observation. — Les préfixes locatifs *ha*, *mu*, *ku* sont considérés comme des prépositions par certains grammairiens Bantou. Dans les langues du Sud (Souto, Cafre, Tonga, etc.) ils sont, en effet, devenus de véritables prépositions. Mais en Soubiya, et dans presque toutes les langues du Centre, ils ont encore pleinement conservé leur valeur de préfixes nominaux. Les locatifs forment, en effet, des pronoms personnels, démonstratifs et autres, et même jusqu'à un certain point des adjectifs ; et ces pronoms locatifs sont souvent employés comme sujets ou objets des verbes.

§ 70. — Ainsi le radical -*nsi* forme, avec les préfixes locatifs, les trois substantifs locatifs : *hansi, munsi, kunsi*, que nous traduisons par les adverbes : dessous, en-dessous, mais qui signifient littéralement : la place en-dessous, la place à terre. On dit couramment : *hansi hano h'ena bantu*, par terre ici (sur cette terre) il y a des hommes, litt. : cette place-ci-en-dessous a des hommes.

De même en préfixant le locatif *mu* au substantif *nzubo*, hutte, on peut dire : *mu nzubo mu ina zintu zingi zingi*, dans la hutte il y a beaucoup d'objets; litt. : l'intérieur-de-hutte a beaucoup d'objets.

Il est évident que les mots *hansi* et *mu nzubo*, étant sujets du verbe *ina*, avoir, ne peuvent être envisagés que comme des nominatifs.

§ 71. — Il n'est pas moins vrai cependant qu'en Soubiya, la valeur substantive des composés locatifs tend à se perdre, et que les préfixes locatifs sont en train de devenir (comme en Souto, Cafre, etc.) de simples prépositions. Mais cette valeur substantive est loin encore d'avoir disparu.

Ce qui contribue sans doute à l'affaiblir, c'est qu'à la différence des autres préfixes, le préfixe locatif ne prend pas la place du préfixe substantif mis au locatif, mais se place devant ce préfixe lui-même. Ainsi on dit : *ha nzubo* ou *h'enzubo*, près de la maison ; *mu ivumu*, dans le ventre ; *ku musana*, sur le dos (et pas : *hazubo, muvumu, kusana*), etc.

Il est possible que primitivement le préfixe locatif se plaçât devant le radical même du mot. Ce qui le ferait croire, ce sont des formes comme *hansi, munsi, kunsi*, dessous ; *kunze, kanze*, dehors ; et surtout le substantif *hantu*, place.

OBSERVATION. — Il est fort possible cependant que dans les radicaux -*nsi*, -*nze*, -*ntu*, le *n* représente le préfixe de la 9ᵉ classe. En effet, aujourd'hui encore quand ce préfixe (dont la forme ordinaire est *in*) est précédé des locatifs *ku* et *mu*, la voyelle *i* tombe toujours; après *ha*, *i* tombe ou se contracte en *e*. Ex. : *mu nzubo*, dans la maison; *ku nzubo*, vers la maison; *ha nzubo* ou *h'enzubo*, près de la maison, etc.

§ 72. — Comme on l'a vu plus haut, les locatifs forment des pronoms personnels, démonstratifs, etc. Ces pronoms ont souvent aujourd'hui une valeur adverbiale; ainsi : *umo, aha, uko*, etc. signifient : là, ici. Leur valeur originaire est : cette (place) ci ; cette (place) là.

Souvent aussi la valeur pronominale des démonstratifs locatifs est encore entière. Ainsi si un pronom démonstratif doit déterminer un substantif au locatif, ce pronom s'accordera non pas avec le substantif lui-même, mais bien avec le préfixe locatif. Ex. : *mu nzubo umo*, dans cette maison-là (litt. : cet intérieur-de-maison); *h'ewa aho*, près de ce champ (litt. : cette proximité-de-champ); *ku mutabe uko*, vers cette branche-là (cette direction-de-branche). On ne dira pas, comme cela pourrait sembler plus naturel : *mu nzubo iyo; h'ewa edio; ku mutabe uwo*, etc.

OBSERVATION. — La construction ci-dessus semble être de règle en Soubiya. Je trouve cependant, dans les textes que j'ai recueillis, les formes : *mu chisamo icho, mu chisamo ichi*, dans cet arbre-là, dans cet arbre-ci ; au lieu de *mu chisamo umo*, etc. Ce sont probablement des néologismes provenant du Kololo.

§ 73. — Les pronoms personnels locatifs sont très souvent employés comme sujets ou objets du verbe *ina*, avoir, que le Soubiya emploie là où le français a le verbe : être (cf. en français la forme : il y a, qui rappelle beaucoup la construction Soubiya).

1° Ainsi quand le verbe *ina*, avoir, suit un locatif (comme dans la locution française : dans cette maison il y a du monde), le pronom conjoint placé devant *ina* est un pronom conjoint locatif. Ex. : *ipombwe chi di tanti* MU *iyulu, diaho* MU *ina mavo*, le singe monta en haut, mais là il y a des frelons (litt. : ce là, cette place-là a des frelons) : *a endi* MU *nkanda* MU *s'ena bantu*, il alla dans la campagne là où il n'y a personne (litt. : il alla intérieur-de-campagne qui n'a personne) ; *zile h'en'edindi* (= *ha ina idindi*), là il y a avait un trou (litt. : là, cette place-là avait un trou).

2° De même le pronom locatif peut être objet du verbe *ina* (si c'est un pronom conjoint, il se place devant le verbe, cf. § 45). Ex. : *bantu b'ena hansi hano*, les gens qui sont ici-bas (litt. : qui ont cette place, ici-bas) ; *ba mu ina umo?* sont-ils là-dedans? *kana ba mu ina*, ils n'étaient pas là (litt. : ils n'avaient pas là, cette place-là) ; *ka ba h'ena*, ils ne sont pas là.

Une analyse un peu attentive de toutes ces formes les fera aisément comprendre, et montrera pourquoi le Soubiya emploie le verbe : avoir, au lieu du verbe : être (cf. d'ailleurs, (§§ 147 et 148).

OBSERVATION. — Avec un autre verbe que *ina*, je ne trouve aucun exemple de locatif sujet ; il n'en existe qu'un seul d'un locatif objet : *uko k'a ku siati*, là il ne frappe pas avec son pied (litt. : là il ne là frappe pas).

§ 74. — Dans la construction possessive, le préfixe locatif ne se fait, par contre, pas sentir ; la particule possessive s'accorde avec le substantif lui-même. Ex. : *mu nzubo ya ngu*, dans ma hutte ; *ku muzi wa simwini*, dans le village du chef ; *ku isule la kwe*, derrière lui, etc.

OBSERVATION. — Dans plusieurs langues (le Swahili et le Nyamwezi, par ex.), on trouve au contraire employée une particule possessive locative. Torrend a observé la même chose en Tonga, mais c'est l'exception et non la règle. Il est fort possible qu'en Soubiya, la même construction puisse être occasionnellement employée ; jusqu'ici je ne l'ai jamais rencontrée ; dans ce cas on dirait : *mu nzubo mwa ngu, ku isule kwa kwe*, etc.

§ 75. — Les trois locatifs *ha*, *mu*, *ku* sont loin de pouvoir être employés indifféremment l'un pour l'autre, bien qu'il soit souvent difficile de comprendre pourquoi l'on emploie l'un plutôt que l'autre.

Généralement parlant, on peut dire que *ha* signifie : à la surface de, près de, au dessus de ; *mu*, dedans ; *ku*, vers, dans la direction de. Ainsi : *munsi*, dans la terre, dessous ; *kunsi*, à terre, dans la direction de la terre ; *hansi*, à terre, sur la terre.

Ex. : *bantu b'ekadi hansi hano*, les gens qui demeuraient ici sur terre ; *b'ekadi munsi ni chisamo*, ils demeurèrent sous l'arbre ; *umfuzu u ina h'eyulu, usulwe u ina kunsi*, la tortue est (litt. : a) en dessus, le lièvre en dessous (dans la direction de dessous).

*ha* semble souvent employé pour désigner ce qui est devant, et *ku* ce qui est derrière. Ex. : *ku isule la kwe* et *mu isule la kwe*, derrière lui : *ha buso bwa kwe*, devant lui ; *ni zwila h'evumu*, je sors par le ventre ; *ni zwila ku musana*, je sors par le dos.

§ 76. — Il est très important de remarquer, qu'au contraire de nos prépositions, les locatifs Bantou ne désignent par eux-mêmes que la simple *localité*, jamais la direction *vers* ou *loin de*, ou le repos *dans* un lieu. C'est le verbe seul qui renferme ces diverses notions. Ex. : *b'ekadi mu nzubo*, ils demeurent dans la hutte ; *b'eya mu nzubo*, ils vont dans la hutte ; *ba zwa mu nzubo*, ils sortent de dedans la hutte ; *a ba zwa ku iyulu*, il venait du ciel ; *a tanti ku iyulu*, il monta au ciel ; *u ikala ku iyulu*, il demeure au ciel, etc.

§ 77. — Les exemples suivants aideront à comprendre mieux ce qui vient d'être expliqué dans les deux derniers paragraphes.

*Ni ya* KU *nzubo*, je vais vers la hutte ; *n'ingena* MU *nzubo*, j'entre dans la hutte ; *ni tanta* HA *nzubo*, je monte sur la hutte.

*Ch'o tanta n'eyulu le chulu*, il monta au-dessus de la termitière ; *a tanti* MU *iyulu le chisamo*, il monta sur (dedans) un arbre ;

*a tanti* KU *iyulu*, il monta en haut (dans la direction d'en haut).

*U twale* KU *menzi*, porte à (vers) l'eau ; *ba ya* MU *menzi*, ils vont dans l'eau ; *ekadi ha menzi*, il s'assit près de (sur le bord de) l'eau.

§ 78. — Avec les noms de personnes, on semble employer exclusivement le locatif *ku*, pour signifier : à, vers. Ex. : *n'iya ku tayo*, je vais vers mon père ; *a ti buti ku muntu uzo*, il parla ainsi à cet homme, etc.

Avec les pronoms, les noms propres, et la plupart des substantifs de la 1ᵉ classe assimilables à ces derniers (cf. § 25), on emploie la particule *kwa*, qui paraît être la particule possessive de la 18ᵉ classe (dépendant probablement d'un substantif locatif sous-entendu). Ex. : *ba ya kwa Leza*, ils vont vers Dieu ; *ba zwa kwa Lewanika*, ils viennent de chez Lewanika ; *ba ti buti kwa kwe*, ils lui dirent ; *a ti buti k'ozo* (= *kwa uzo*, cf. § 5) *muntu*, il dit à cet homme, etc.

OBSERVATION. — On remarquera que le pronom personnel prend après *kwa* la forme du possessif, ce qui paraît prouver que *kwa* est bien certainement une particule possessive.

Je trouve dans mes textes un seul exemple d'un pronom précédé d'un locatif autre que *ku*. C'est : *nangu a sike hetu* (= *ha itu*), il va arriver sur nous. On observera que dans ce cas aussi le pronom est à la forme possessive.

§ 79. — Avec les pronoms de la 3ᵉ personne, on emploie cependant, de préférence, une autre construction, soit *ku* suivi du pronom conjoint et du verbe *di* (est). Ex. : *ku badi*, vers eux ; *ku zi di* (i. e. *zinyolozi*, animaux) ; *ku chi di* (i. e. *chisamo*, arbre), vers lui ; *ku adi* (i. e. *muntu*, homme), vers lui, etc.

Traduites littéralement, ces locutions veulent dire : (là) où il est, (là) où il sont.

OBSERVATION. — En Louyi, on remarque une construction similaire employée avec certains substantifs; ainsi : *kuli Nyambe*, vers Dieu; litt. : là (où) est Dieu.

## 2° *Prépositions*.

§ 80. — Le Soubiya ne possède qu'une seule particule qu'on puisse, à la rigueur, considérer comme une préposition, bien qu'originairement ce soit sans doute une forme verbale. C'est *ni* ou *na* (cf. §§ 46 et 115). Elle s'emploie :

1° Pour rendre : avec, et, aussi. Ex. : *mwanakazi ni mwana wa kwe*, la femme et (avec) son enfant; *naye a endi*, lui aussi alla; *ba endi naswe*, ils allèrent avec nous, etc.

2° Pour indiquer la cause matérielle : par, au moyen de. Ex. : *ba mu shupi n'inchupa*, ils le battirent avec des bâtons, etc.

3° Pour indiquer la cause efficiente, soit l'agent après un passif. Ex. : *za zumpwa ni Leza*, ils ont été appelés par Dieu. Dans ce cas *ni* peut être omis. Ex. : *ba ba bumbwa Leza*, ils ont été créés (par) Dieu.

4° Pour servir de lien entre certaines expressions locatives et le substantif qui les suit (*ni* remplace dans ce cas la particule possessive). Ces expressions locatives sont : *munsi, kunsi, hansi*, en dessous; *kumbadi*, de côté; *hafohi*, près de; *hanze, kunze*, en dehors de, etc. Ex. : *munsi ni chisamo*, sous un arbre; *kumbadi n'inzila*, à côté du chemin; *hafohi n'inzubo*, près de la hutte; *kunze ni menzi*, en dehors de l'eau, etc.

OBSERVATION. — Après l'interjection (ou adverbe) de négation *nanta*! non! *ni* est employé d'une manière idiomatique. Ex. : *a wani nanta ni menzi*, il trouva qu'il n'y avait pas d'eau, litt. : non même de l'eau.

§ 81. — *Bwinga*, comme, de même que, et *china*, comme, semblable à, font en quelque sorte l'office de prépositions. Ex. : *a chita bwinga pele*, il fit comme auparavant; *a zimba bwinga nyina*, il chanta comme la mère; *u kola chin'ombwa* (= *china umbwa*), il ressemble à un chien (litt. : il ressemble comme un chien); *china h'ekele izuba*, comme où se tient le soleil.

OBSERVATION. — *China* semble être une forme pronominale de la 7ᵉ classe (pour le suffixe *-na*, même, cf. § 58); *bwinga* est formé au moyen du préfixe nominal de la 14ᵉ classe, et du radical *-nga* ou *-inga* (d'origine probablement verbale), qui se retrouve avec la même signification dans presque toutes les langues Bantou.

CHAPITRE ONZIÈME

## Les Adverbes.

§ 82. — Il n'y a pas de vrais adverbes en Soubiya. Les mots que l'on peut appeler adverbes sont en réalité des substantifs ou des pronoms, avant tout des locatifs. Nous donnons la liste des plus importants.

*1° Adverbes de temps.*

§ 83. — Ce sont : *suno*, aujourd'hui; *izona* (subst. 5ᵉ cl.), hier, demain; *izona dina*, avant-hier (cet hier-là); *mazub'onse*, toujours (tous les jours); *lokulunza* (= *izuba lo ku lunza*, le jour de suivre), le lendemain; *diahano* (= *izuba dia hano*, le jour d'ici, de maintenant), maintenant; *sankwini, pele* (Souto), avant; *ndiona* (forme copul. du pronom de la 5ᵉ pers., *izuba*, jour sous-entendu), maintenant même (ce jour-ci même); *dihi?* quand? (= *izuba dihi?* quel jour?).

### 2° *Adverbes de lieu.*

§ 84. — Substantifs ou adjectifs locatifs. — *Hafohi*, près (du rad. adj. *-fohi*, court); *mu isule, ku isule*, derrière (sur les derrières); *ku iyulu, mu iyulu, h'eyulu*, au-dessus, en haut (vers le ciel); *kunzi, munsi, hansi*, à terre, en bas, en dessous; *kunze, hanze*, dehors; *kumbadi*, de côté; *ha kati, mu kati*, au milieu, parmi; *ha buso*, devant (litt. : sur le visage); *ku icho*, derrière; *mu ikonde*, au bas de; *kule*, loin (du rad. adj. *-le*, long), etc.

REMARQUE. — Ces locutions adverbiales s'emploient souvent avec un substantif ou pronom qui les détermine; elles équivalent alors à nos prépositions composées. Ex. : *kunze ni menzi*, en dehors de l'eau. Elles sont jointes à leur déterminatif soit par la particule *ni* (cf. § 80), soit par la particule possessive (cf. § 74).

§ 85. — Pronoms locatifs. — On peut employer adverbialement toute la série des pronoms locatifs, soit dans leur forme simple, soit dans leur forme copulative.

Forme simple : *ho, mo, ko* (pron. subst.), là, ici; *aha, umu, uku*; *hano, muno, kuno*, ici; *aho, umo, uko*, là; *hana, muna, kuna*, là-bas (pron. démonstr.).

Forme copulative : *mpo, mpaho*; *momo*; *nkuko*; c'est ici, c'est là; *mpahona, mpahon'aho*; *mpahon'aha*; *momona mona*; *momon'omo*; *nkukon'oko*, etc., ici-même, là-même, etc.

Pronoms locatifs indéterminés ou interrogatifs : *kuhi?* où? *hi* (= *huhi?*) où? *konse*, partout ; etc.

### 3° *Adverbes de manière.*

§ 86. — On les forme surtout au moyen des préfixes *bu* (14° cl.) et *ha* (16° cl.).

Avec *bu* : *budio*, ainsi ; *buti*, ainsi, comment ? *bwango-bwango*, vite ; *mbo*, *mbona*, ainsi, etc.

Avec *ha* : *hanini*, un peu ; *honke*, ensemble ; *hantu honke*, ensemble (litt. : dans un même lieu) ; *hamwe*, aussi, de plus ; *haholo* (Se-Souto, beaucoup).

OBSERVATION. — Étymologiquement tous ces adverbes sont soit des pronoms, soit des adjectifs.

§ 87. — *Na* indiquant l'interrogation peut aussi être rangé au nombre des adverbes. On le met à la fin de la phrase ; quelquefois *sana* se trouve au commencement. Ex. : *wa mu bona na?* l'as-tu vu ? *sana ba zu ku dia na?* mangeront-ils ?

*I*, oui ; *ihi*, certainement ; *nanta*, non ! peuvent être considérés soit comme des adverbes, soit comme des interjections.

OBSERVATION. — Beaucoup d'adverbes français se rendent en Soubiya par des verbes auxiliaires (cf. ch. xv) ; pour l'usage des particules négatives (verbales, probablement), cf. ch. xiv.

# II° DIVISION. — LE VERBE

## CHAPITRE DOUZIÈME

### Remarques générales.

§ 88. — La forme la plus simple du verbe se trouve à l'Infinitif; la désinence ordinaire en est *a*, comme dans la plupart des langues Bantou. Ex. : *ku saka*, aimer, vouloir; *ku iba*, voler; *ku chita*, faire, etc.

Exceptions : *ku ti*, dire, et *ku izi*, savoir.

§ 89. — Dans tous les temps à mode personnel, le sujet doit être uni au verbe au moyen du pronom personnel conjoint correspondant, ainsi :

Sing. 1<sup>re</sup> pers. *ime ni dia*, moi je mange; 2<sup>e</sup> pers. *iwe u dia*, toi tu manges;
 3<sup>e</sup> pers. 1<sup>re</sup> cl. *muntu u dia*, l'homme (il) mange; 5<sup>e</sup> cl. *ipombwe di dia*, le singe (il) mange, etc.

Plur. 1<sup>re</sup> pers. *iswe tu dia*, nous, nous mangeons; 2<sup>e</sup> pers. *inywe mu dia*, vous, vous mangez;
 3<sup>e</sup> pers. 1<sup>re</sup> cl. *bantu ba dia*, les gens (ils) mangent; 8<sup>e</sup> cl. *zinyolozi zi dia*, les animaux (ils) mangent, etc.

Quels que soient la personne, le nombre ou la classe du sujet, la forme verbale reste la même.

§ 90. — Outre les pronoms conjoints préfixés au verbe pour

indiquer l'accord du verbe avec son sujet, le verbe Bantou subit diverses modifications, soit : 1° au moyen de préfixes; 2° au moyen de suffixes.

Il y a certainement une distinction tranchée à établir entre ces deux sortes de modifications; dans l'état actuel de nos connaissances, cette distinction est encore assez difficile à préciser. Je crois cependant qu'on peut, pour le Soubiya du moins, dire ceci : les *suffixes* déterminent le mode d'être de l'action elle-même; les *préfixes* modifient les conditions dans lesquelles elle se fait.

Ainsi : 1° l'action est réelle ou simplement pensée (Modes); parfaite ou en cours d'action (Aoriste et Duratif); transitive ou intransitive, active ou passive, causée ou non par un agent, se suffisant à elle-même ou relative à quelque chose d'extérieur, etc. (formes dérivées du verbe). Tous ces changements se marquent au moyen de *suffixes* puisqu'ils intéressent l'action elle-même, et non les circonstances dans lesquelles elle s'exerce.

2° L'action se fait à tel ou tel moment (Temps), dans tel ou tel lieu, elle dépend de telle ou telle contingence (conjonctions, cf. ch. XVI), etc. Ces modifications se marquent au moyen de *préfixes*, puisqu'elles indiquent les conditions dans lesquelles s'exerce l'action.

Je ne veux pas affirmer que cette distinction se retrouve aujourd'hui dans toutes les langues Bantou. Il est probable cependant qu'elle s'y trouvait originairement. En Soubiya elle est encore aujourd'hui très reconnaissable, et ne présente que peu de difficultés (cf. § 94).

§ 91. — Le verbe Soubiya n'a que trois *Modes* : l'Infinitif, l'Indicatif (comprenant aussi le Conjonctif), et le Final (ou Impératif).

Les *Temps* fondamentaux sont : le Présent, le Parfait et le Passé.

Au moyen d'auxiliaires on forme de plus : le Futur, l'Imparfait et le Plus-que-Parfait.

En fait de *conjugaisons*, on doit distinguer : la conjugaison positive (ou affirmative), et la conjugaison négative.

Enfin, au moyen de suffixes spéciaux, la plupart des verbes donnent naissance à des *formes dérivées* importantes.

---

## CHAPITRE TREIZIÈME

## La conjugaison affirmative.

### 1° *Infinitif.*

§ 92. — Il n'a qu'un seul temps, le présent; le verbe est toujours précédé du préfixe nominal *ku*. En réalité l'infinitif est un substantif plutôt qu'un verbe. Ex. : *ku bona*, voir : *ni saka ku sesa mwanakazi*, je désire épouser une femme.

### 2° *Indicatif* (et *Conjonctif*).

#### A. — Temps simples.

§ 93. — Le verbe Bantou possède deux formes fondamentales, tout comme le verbe sémitique. Ces deux formes n'ont originairement aucune signification strictement temporelle; elles indiquent uniquement que l'action est parfaite, finie, ou simplement en cours d'exécution. Selon l'exemple de F. Müller, on pourrait les appeler *aoriste* et *duratif*. Il est plus simple cependant de leur conserver les noms de *parfait* et de *présent*, plus commodes, quoique peut-être moins scientifiques.

En Soubiya le *présent* (duratif) conserve la désinence *a* de l'Infinitif. Ex. : *ni zaka*, je bâtis, je suis bâtissant ; le *parfait* prend le suffixe *-ite* ; *ni zakite*, j'ai bâti.

§ 94. — Outre ces deux formes simples qu'on retrouve dans presque toutes les langues Bantou (le Swahili excepté), le Soubiya possède une troisième forme en *i*, pour indiquer le *passé*. Ex. : *ni zaki*, je bâtis ; *ni saki*, j'aimai.

La différence de sens entre le parfait et le présent est la suivante : le parfait indique une action passée qui subsiste encore aujourd'hui dans ses résultats, ou bien l'état présent résultant d'une action passée ; le passé indique que l'action a été faite autrefois et qu'elle est aujourd'hui passée.

OBSERVATION. — Cette forme en *i*, qui ne se retrouve guère dans les autres langues Bantou, est probablement une abréviation du parfait en *ite*. C'est le seul exemple, en Soubiya, d'un temps formé au moyen d'un suffixe ou d'un changement de désinence.

§ 95. — La formation du parfait et du passé est très simple ; la désinence *a* du présent se change en *ite* et en *i*. Ainsi : *ni mana*, je finis ; *ni manite*, j'ai fini ; *ni mani*, je finis (passé) ; *ni enda*, je vais ; *ni endite*, je suis allé ; *ni endi*, j'allai, etc.

Les verbes : *ni dia*, je mange ; *ni sia*, je creuse ; *ni ya* (ou *n'iya*), je vais, font, au passé : *ni di, ni si, ni i*.

Pour certaines irrégularités dans la formation du parfait, cf. § 104.

OBSERVATION. — Dans certains verbes, le parfait a le sens d'un présent. Ainsi : *ni ikusi*, je suis rassasié ; *ni zakite*, j'habite, etc. C'est que dans ces verbes le présent signifie : entrer dans un certain état, commencer à faire quelque chose. Ainsi : *ni ikuta* signifie : je me rassasie, j'apaise ma faim ; *ni zaka*, je bâtis (ma hutte), je m'établis.

§ 96. — Ces trois temps simples prennent tous la forme ordinaire du pronom conjoint, comme on le voit indiqué § 41. Ainsi : *ni saka, ni sakile, ni saki; u saka, u sakile, u saki,* etc.

Mais à la 3ᵉ personne 1ʳᵉ classe, on a souvent *a* au lieu de *u*. Cela a lieu :

1° *Toujours* au passé, ainsi : *a zaki,* il bâtit ; et *souvent* au parfait, ainsi : *u* ou *a zakile,* il a bâti.

2° Après la conjonction *ha* (si, lorsque), et en général lorsque le verbe est précédé d'une particule (sauf *chi,* cf. § 114). Ainsi: *ha a zaka,* lorsqu'il bâtit ; *n'a zakile,* et il a bâti, etc.

3° Quand le verbe a pour objet un pronom relatif (cf. § 152). Ex. : *zinyolozi zi a bona,* les animaux qu'il voit.

§ 97. — Dans ces deux derniers cas, l'indicatif est à la forme dépendante (ou *conjonctif*). Cependant *u* se trouve toujours dans les phrases dépendantes qui ne sont pas précédées d'une conjonction ou d'une autre particule. Ex. : *ba mu boni u enda nabo,* ils le virent qui allait avec eux (litt. : il va avec eux). Cette construction est très fréquente en Soubiya.

OBSERVATION. — Dans la conjugaison négative, la forme dépendante (conjonctif) est beaucoup mieux marquée (cf. § 108).

B. — TEMPS COMPOSÉS.

§ 98. — Avec l'auxiliaire *a,* on forme le *parfait II*. Ex. : *na zaka,* j'ai bâti ou je bâtis.

Le pronom conjoint s'unit à l'auxiliaire, donnant les formes suivantes : Singulier : 1ʳᵉ personne *na*; 2ᵉ personne *wa* ; 3ᵉ personne *a* ou *wa* (1ʳᵉ classe); *wa* (3ᵉ classe); *la* ou *dia* (5ᵉ classe), etc. Pluriel : 1ʳᵉ personne *twa*; 2ᵉ personne *mwa* ; 3ᵉ personne *ba* (2ᵉ classe); *ya* (4ᵉ classe); *a* (6ᵉ classe), etc. Ainsi : *na zaka, wa zaka, a* ou *wa zaka,* etc., je, tu, il a bâti, etc.

Comme sens ce temps correspond soit au passé, soit surtout au parfait. Ex. : *ndavu a boni kuti usulwe chi wa enda,* le lion vit que le lièvre s'en était allé (litt. : s'en est allé).

§ 99. — L'auxiliaire *ba* sert à former des temps passés. Il se place devant les trois temps simples; ainsi : *ni ba zaka*, je bâtis sais; *ni ba zakite* et *ni ba zaki*, j'avais bâti.

La première forme peut être nommée *imparfait*, les deux autres *plus-que-parfait*, mais ces dernières ont souvent le sens d'un passé ou d'un parfait plus éloignés.

OBSERVATION. — A la 3° personne 1™ classe on emploie soit *a*, soit *u*, comme pronom conjoint.

§ 100. — L'imparfait du verbe être : *ni ba di, u ba di* (j'étais, tu étais, etc.), suivi de l'infinitif, sert à former un autre *imparfait*, un peu plus éloigné. Ex. : *ba ba di ku chita*, ils étaient à faire.

§ 101. — L'auxiliaire *za* (venir), suivi également de l'infinitif, forme un *futur* très souvent employé. Ex. : *ni za ku zaka, nza ku zaka*, je bâtirai, tu bâtiras, etc.

### 3° *Final* (ou *Impératif*).

§ 102. — Le *final* ne se trouve qu'au présent. Il change en *e* la désinence du verbe. Les pronoms sont les mêmes qu'à l'indicatif; à la 3° personne 1™ classe on a toujours *a* au lieu de *u*. Ex. : *ni sake*, que j'aime; *u sake*, aime, que tu aimes; *a sake*, qu'il aime, etc.

OBSERVATION. — L'infinitif précédé simplement du pronom conjoint nous fournit une autre forme du même mode. Ex. : *tu ku ya*, allons; *mu ku hwila*, adorez; *kuti ba ku zana naye*, afin qu'ils jouent avec lui, etc.

§ 103. — Précédé de la particule *mbo*, le final forme un *futur* très usuel. Ex. : *mbo ni bone*, je verrai ; *mbo a ende*, il ira, etc.

Avec le futur auxiliaire : *mbo ni be*, je ferai, suivi de l'infinitif, on obtient une autre forme du futur. Ex. : *mbo ba be ku sake*, ils aimeront (amaturi sunt).

OBSERVATION. — *mbo* est probablement une forme copulative du pronom de la 14ᵉ classe (cf. § 48). Pour les autres auxiliaires et particules verbales, cf. ch. xv.

### Appendice : Formation du Parfait I.

§ 104. — Le parfait I se forme régulièrement en *-ite* (cf. § 95). Mais pour des raisons phonétiques encore obscures, plusieurs verbes le forment un peu différemment.

1° Les verbes en *-ala* font *-ele*. Ex. : *ku ibala*, porter sur son dos, *ni ibele* ; *ku ikala*, s'asseoir, *ni ikele* ; *ku lala*, dormir, *ni lele*.

Cependant quelques verbes dissyllabiques en *-ala* font *-ite*. Ex. : *ku zala*, étendre, enfanter, *ni zadite* ; *ku byala*, semer, *ni byadite*.

2° Les verbes en *-ata* font *-ete*. Ex. : *ku zwata* et *ku abata*, se revêtir ; *ni zwete* et *ni abete*.

3° *ku tontola*, se taire ; *ku lowa*, tuer par sorcellerie ; *ku bona*, voir, font : *ni tontwele*, *ni lowete*, *ni bwene*.

4° *ku ikuta*, se rassasier, fait : *ni ikusi*.

OBSERVATION. — Dans les autres langues Bantou, le parfait des verbes en *-ala* et en *-ata* est généralement irrégulier. Dans les formes *ni tontwele*, *ni lowete*, *ni bwene*, on retrouve probablement des traces de l'harmonie des voyelles (cf. § 10).

Beaucoup de verbes ne semblent pas avoir de parfait I ; le parfait II le remplace.

## CHAPITRE QUATORZIÈME

## La conjugaison négative.

§ 105. — Pour former le négatif on se sert des particules négatives (d'origine verbale probablement) *ka* et *sa* (présent); *kana* (parfait et passé); *kanzi* (final); *keti* (futur).

OBSERVATION. — La forme fondamentale est *ka* ou *sa*; les autres sont dérivées.

Au négatif le pronom de la 3° personne 1re classe est toujours *a* (jamais *u*).

### 1° *Infinitif*.

§ 106. —La particule négative est *sa* et se place après le préfixe *ku*. La désinence du verbe devient *i*. Ex. : *ku sa zuwbi*, ne pas entendre.

### 2° *Indicatif* (et *Conjonctif*).

§ 107. — *Présent*. — La désinence verbale est *i*. A l'*indicatif* proprement dit, c'est-à-dire quand le verbe se trouve dans une proposition principale et n'est précédé d'aucune particule, on se sert de la particule négative *ka*, qui se place *devant* le pronom conjoint.

|  | Singulier |  | Pluriel |
|---|---|---|---|
| 1re p. | *ka ni saki*, ou *si saki*, je n'aime pas | | *ka tu saki* |
| 2e p. | *k'o saki* (= *ka u saki*), tu | — | *ka mu saki* |
| 3e p. Cl. 1 | *k'a saki*, etc. | il — | *ka ba saki*, etc. |

OBSERVATION. — Il est difficile de comprendre comment, à la 1re personne singulier, *ka ni saki* peut devenir *si saki*. En Tonga, où (d'après Torrend) on a : *ta ni saki* (et non *ka ni saki*), la forme *si saki* se laisse mieux comprendre.

§ 108. — Au *conjonctif*, c'est-à-dire quand le verbe est dépendant, ou suit une particule, la particule négative est *sa*; on la place *après* le pronom conjoint. Ex. : *ha ni sa saki, h'o sa saki* (= *ha u sa saki*), si je, si tu n'aimes pas ; *n'a sa saki*, et il n'aime pas, etc.

§ 109. — *Parfait* et *Passé*. — Aux deux parfaits et au passé, on se sert de la particule négative *kana*, placée devant le pronom conjoint ; le verbe a la même forme qu'à l'affirmatif.
Ainsi : Parfait I, *kanu ba zakite*; Parfait II, *kana ba zaka*, ils n'ont pas bâti ; Passé : *kana ba zaki*, ils ne bâtirent pas.

§ 110. L'*imparfait* et le *plus-que-parfait* se forment de la même manière. Ainsi : Imparfait, *kana ba ba zaka*, et *kana ba ba di ku zaka*, ils ne bâtissaient pas ; Plus-que-Parfait : *kana ba ba zakite* et *kana ba ba zaki*, ils n'avaient pas bâti.

### 3º *Final* (ou *Impératif*).

§ 111. — Ce mode se forme au moyen de la particule négative *kanzi*, suivie de la forme verbale en *i*. Ex. : *kanzi mu endi*, n'allez pas; *kanzi u di*, ne mange pas, etc.

§ 112. — Au *futur* on emploie la particule négative *keti* suivie de la forme verbale en *e* (cf. § 102). Ex. : *keti ba sume*, ils ne mordront pas, *keti u bone*, tu ne verras pas, etc.

OBSERVATION. — Au lieu du futur, on emploie le plus souvent le présent. Ex. : *ka ni endi*, je ne vais pas = je n'irai pas.

# CHAPITRE QUINZIÈME

## Verbes et particules verbales auxiliaires.

§ 113. — Le Soubiya possède un certain nombre d'auxiliaires (et particules verbales), qui servent à former d'autres combinaisons de temps et de modes, et permettent d'indiquer pour ainsi dire les nuances les plus délicates de l'action. C'est là une richesse commune aux langues Bantou, mais jusqu'ici les grammairiens ne lui ont pas accordé l'attention qu'elle mérite.

De ces auxiliaires, les uns se placent devant le pronom conjoint, les autres après lui. Dans le premier cas, le verbe est à la forme dépendante de l'indicatif; dans le second cas, il conserve sa forme ordinaire.

§ 114. — *Chi.* — Cet auxiliaire se place *devant* le pronom conjoint, avec lequel il s'unit ordinairement; ainsi *ch'o* (= *chi u*); *ch'a* (= *chi a*), etc.

Il s'emploie avec les temps présent, passé, imparfait, etc. Il signifie : c'est déjà, c'est alors. Ex. : *ch'o amba*, alors il dit; *chi zi enda*, alors ils allèrent; *chi wa enda*, il était déjà parti, etc.

OBSERVATION. — Le verbe est à la forme dépendante de l'indicatif. Ex. : *ch'i s'ena ludimi*, il n'a plus de langue, etc. Cependant, dans la conjugaison positive, on emploie le pronom *u*, et non *a*, à la 3ᵉ personne 1ʳᵉ classe; ainsi : *ch'o amba* (= *ch'i u amba*).

Employé avec le présent, *chi* donne à ce dernier le sens du passé; c'est un des temps historiques par excellence.

*Chi* est peut-être dérivé du verbe : *ku cha*, être matin; on trouve en Cafre et en Souto un auxiliaire analogue (*se* et *sa*).

§ 115. — *Ni.* — La particule *ni* (cf. §§ 46 et 80), placée *devant* le pronom conjoint, tient souvent lieu de notre conjonction : *et*. Elle se met à tous les temps. Ex. : *ni ba ti*, et ils disent; *ni za zwa*, et ils sortirent; *n'a enda*, et il va; *n'a s'ezi* (= *ni a sa izi*), et il ne sait pas, etc.

OBSERVATION. — Comme on le voit par les deux derniers exemples, le verbe est à la forme dépendante. Souvent *ni* prend le sens de *si, quoique*. Ex. : *ka ku ina mulandu, ni ni fohihala*, cela ne fait rien, quand même je suis courte; *ni ba s'ena*, quand même ils n'ont pas, etc.

§ 116. — *Ka.* — Cet auxiliaire se place *après* le pronom conjoint, et se combine avec tous les temps et tous les modes. Il semble marquer la notion d'éloignement, de distance soit dans le temps, soit dans l'espace. Ex. : Présent : *zinyolozi zi ka tuma usulwe kwa Leza*, les animaux envoient (ou : envoyèrent) le lièvre vers Dieu; Passé : *a ka mu tondezi misamo*, il lui montra les médecines; Impératif : *u ende, u ka lale hana*, va et couche-toi là-bas; Infinitif : *ba endi ku ka saka*, ils allèrent chercher (à distance).

§ 117. — *Chi.* — Cet auxiliaire, qu'il ne faut pas confondre avec celui du § 114, bien qu'il lui soit peut-être apparenté, se place *après* le pronom. A l'affirmatif, il signifie que l'action se fait *encore*, au négatif qu'elle ne se fait *plus*. Ex. : *ni chi enda*, je m'en vais (litt. : je vais encore); *ka wani kanyolozi ka ch'ina umo*, il trouva que l'animal était toujours là; *k'a chi mu saki*, il ne l'aime plus, etc.

§ 118. — *Zile.* — Placée *devant* le pronom, cette particule sert à indiquer l'imparfait. Ex. : *bantu zile ba enda*, les hommes allaient, etc.

§ 119. — *Nangu* et *mane*. — Ces deux auxiliaires sont suivis du final. *Nangu* signifie : déjà, il est sur le point de. Ex. : *nangu ni mu onde*, je vais l'atteindre.

*Mane* signifie : jusqu'à ce que. Ex. : *mane izubazi zwe*, jusqu'à ce que le soleil se lève.

OBSERVATION. — *Mane* vient peut-être du verbe : *ku mana*, finir.

§ 120. — *Bo*. — Cette particule, qui semble employée exclusivement après le verbe *ya*, aller, donne au verbe qui la suit la notion de continuité. Le verbe est à l'infinitif, sans le préfixe *ku*, et peut être précédé de l'auxiliaire *ka* (§ 116). Ex. : *u ya bo ka zimba*, il va en chantant; *ch'o ya bo sibila*, il va en sifflant, etc.

§ 121. — Une notion du même genre se marque au moyen de l'auxiliaire *kwete*, suivi de l'indicatif dépendant. Ex. : *ni kwete ni dila, ba kwete ba dila*, je pleure, ils pleurent continuellement.

OBSERVATION. — Cet auxiliaire se distingue des autres en ce sens qu'il prend lui-même un pronom; on doit faire la même remarque pour les suivants.

*Kwete* est peut-être le parfait de *ku kwata*, saisir (cf. *Grammaire Louyi*, § 66).

§ 122. — Pour signifier : *pas encore* ou *avant que*, on emploie la forme négative : *ka-ini*, suivie de l'infinitif. Ex. : *ka n'ini ku enda*, avant que j'aille; *k'o ini* (= *a ku ini*) *ku enda*, avant que tu ailles; *kana ka b'eni ku lala*, avant qu'il dormît.

OBSERVATION. — *Ini* est peut-être le négatif de *ina*, avoir (cf. § 146, où cependant on a *ka n'ina*, et pas *ka n'ini*).

§ 123. — Le verbe *ku ti*, dire, suivi du final, s'emploie idiomatiquement. Ex. : *inyati i ti i hangule imbezo*, comme le buffle voulait détacher la hache (litt. : il dit qu'il détache). On dit aussi :

*i ti ni hangule* (litt. : il dit : que je détache). Le sens est le même.

OBSERVATION. — On a parfois l'indicatif, au lieu du final. Ex. : *a ti u kima*, il voulut se lever, etc.

§ 124. — Quelques autres verbes s'emploient aussi comme auxiliaires, ainsi : *ku bola*, revenir, qui, employé comme auxiliaire, sert à marquer la répétition de l'action. Ex. : *lwizi lu bola lu sinkana*, le fleuve se referme de nouveau. En fait de constructions idiomatiques on peut remarquer les suivantes :

1° *Ni sake ni ende, a sake a ende*, j'ai voulu aller, j'ai essayé en vain d'aller, etc.

2° L'usage de l'infinitif : *ku wana*, trouver. Ex. : *ha a ka sika ku wana ye mfuzu*, lorsqu'il arriva, il trouva la tortue ; *bantu ba ti, izuba ha di siki ku wana menzi onse a subidi*, les gens disent que lorsque le soleil (y) arrive, voici l'eau est rouge, etc.

OBSERVATION. — Cet usage de l'infinitif est très rare en Soubiya pour d'autres verbes. Je n'en connais que deux ou trois exemples ; ainsi : *ku kangwu ni zi ziala*, il n'en reste pas même un (litt. : ils sont empêchés qu'il restent). En Louyi, cet usage de l'infinitif comme temps indéfini est par contre très commun (cf. *Grammaire Louyi*, §§ 74 et 75).

---

## CHAPITRE SEIZIÈME

### Conjonctions et particules diverses.

§ 125. — Sauf *kuti*, *n* et *me*, les particules dont il sera question ici sont probablement toutes d'origine pronominale ; celles dont il a été question au chapitre précédent étaient par contre d'origine verbale.

§ 126. — *Ha*, si, lorsque, est probablement le pronom de la 16ᵉ classe (locative). Le verbe qui suit *ha* se met à la forme dépendante de l'indicatif, et prend *a* comme pronom de la 3ᵉ personne 1ʳᵉ classe. Ex. : *ha a enda*, lorsqu'il va ; *ha ba bona*, lorsqu'il vient, etc.

§ 127. — *Bwene* ou *mbwene* signifie : en effet, puisque. Il est suivi de l'indicatif. Ex. : *bwene k'a boni buloto*, puisqu'il ne voit pas bien.

Observation. — La signification de *bwene* est dans bien des cas très difficile à préciser.

§ 128. — *Mbo* (probablement pronom copulatif de la 14ᵉ classe) semble signifier : si, au cas où, au moment où. On l'emploie dans deux constructions idiomatiques :

1° *Mbo ba fwa u ni siye*, tu ne me dépasseras certes pas (litt. : si tu meurs, dépasse-moi ; tu mourras plutôt que de me dépasser) ; *mbo ba fwa ba sambe*, ils ne pourront pas nager, etc.

2° *Mbo ba ch'amba budio*, ils parlaient encore ainsi, quand... (litt. : au moment où ils parlaient encore ainsi), etc.

Observation. — Le futur : *mbo tu ende*, nous irons (cf. § 103) doit être rapproché de ces formes.

§ 129. — Une locution de même nature est : *chi nga bu wa sika*, depuis qu'il est arrrivé. *Chi nga bu* est toujours suivi du parfait II.

Observation. — *Chi* est probablement la particule verbale que nous avons vue au § 114 ; quant au reste de la forme, je ne puis en donner aucune explication.

§ 130. — *Mbwita* paraît signifier : si ce n'est, excepté. Ex. : *mbwita u ka lete unchizi wa ko*, à moins que tu n'amènes la sœur ; *ch'o b'ehaya bonse mbwita ime*, il les a tous tués, sauf moi.

Observation. — Comme réponse à une interrogation, *mbwita* peut se traduire par : je ne sais pas. Ex. : *ndjeni wa iyula umo?* Qui a ouvert là? — *Mbwita*, Je ne sais pas (litt. : Si?).

Un idiotisme du même genre est : *Inzulu me!* certainement ce n'est pas moi (litt.: certainement, moi); *inzuluwe!* certainement ce n'est pas toi, etc.

§ 131. — La copule nasale *n*, placée devant l'auxiliaire *chi* (cf. § 114), lui donne le sens de : c'est alors. Ex. : *nch'a sanduka monyoloki*, c'est alors qu'il fut transformé en un animal.

*Ndi* (= *n*, copule nasale, + *di*, pron. de la 5ᵉ classe) signifie également : c'est alors. Ex. : *masiku ndi i ya dia zidio*, de nuit c'est alors qu'il va manger sa nourriture.

§ 132. — Les deux curieuses formes *elu* et *ebu* appartiennent probablement aux 11ᵉ et 14ᵉ classes.

*Elu* signifie : rien que. Ex. : *ba wani elu madindi budio*, ils ne trouvèrent rien que des trous.

*Ebu* signifie : comme si. Ex. : *ebu ndji simwini*, comme si c'était un chef.

Observation. — La signification de *elu* est parfois très difficile à préciser.

§ 133. — *Nandi* signifie : soit que, si (*ob*, allemand). Ex. : *nandi mapa a bo*, soit que ce soit un mensonge de leur part ; *tu bone nandi wa fwa*, voyons s'il est mort, etc.

Observation. — *Nandi* est peut-être une combinaison de *na* ou *ni* (§ 80) et *ndi* (§ 131).

§ 134. — *Diaho* signifie : mais, tandis que, avec un sens adversatif très prononcé. Ex. : *uti buti masanzambodi a diwa ni Seedimwe, diaho newe* ; tu dis que les *masanzambodi* ont été mangés par Seedimwé, tandis que c'est toi (qui les as mangés), *diaho muntu*, c'est donc un homme (je pensais que c'était un animal, tandis que c'était un homme).

§ 135. — *Me* signifie : et, devant un verbe. Cette conjonction est très probablement empruntée au Souto.

§ 136. — *Kuti* signifie : que. C'est l'infinitif du verbe *ku ti*, dire. Ex. : *ka ni saki kuti umbwa a hale*, je ne veux pas que le chien vive.

Le même verbe *ku ti*, suivi de la conjonction *ha* (§ 126), forme une locution conjonctive très curieuse, et qui d'ailleurs a son analogue dans d'autres langues Bantou. Ex. : *ba ba di ku ti ha ba enda*, lorsqu'ils allaient (litt. : ils étaient à dire s'ils allaient); *mu ku ti ha mu bona*, lorsque vous verrez (litt. : dites si vous voyez), etc.

OBSERVATION. — *Kuti* est souvent employé d'une manière tout à fait idiomatique. Ainsi : *ha tu zunyana, kuti ni ku siyo*, si nous courrons ensemble je te dépasserai (il arrivera que je te dépasse) ; *h'o hita ko kuti ch'u pumuluka*, si tu passes là tu deviendras fou.

## CHAPITRE DIX-SEPTIÈME

### Les verbes Être et Avoir.

#### 1° *Le verbe* Être.

§ 137. — La conjugaison du verbe *être* est, dans toutes les langues Bantou, spécialement difficile et compliquée. Aussi a-t-il paru préférable de le réserver pour la fin. En Soubiya, on le conjugue au moyen des radicaux *ba* et *di*. Le radical *di* est employé au présent dépendant et à l'infinitif; *ba* (qui signifie plutôt *devenir*), à tous les autres temps.

§ 138. — Le tableau suivant en donne le paradigme, à la 3ᵉ personne 1ʳᵉ classe.

Infinitif : *ku di*, être; *ku ba*, être, devenir.

Indicatif
- Présent dépendant. (*ba*) *a di* (s')il est. — Parfait II. *a ba*, il a été. — Passé. *a bi*, il fut.
- Imparfait. *a ba di* et *a ba di ku ba*, il était. — Plus-que-parfait. *a ba bi*, il avait été.

Final
- Présent *a be*, qu'il soit. — Futur *mbo a be*, il sera.

OBSERVATION. — Le parfait I semble manquer.

§ 139. — Les temps du négatif se forment régulièrement, de la manière indiquée au chapitre xiv. Ex.: *kana ni ba di*, je n'étais pas; *kana a ba*, il n'a pas été, etc.

Le présent dépendant est irrégulier : *ni si*, *u si*, *a si*, je, tu, il n'est pas, etc.

OBSERVATION. — *Si* est probablement une contraction de *sa di*.

§ 140. — On remarquera que dans le paradigme donné plus haut, la forme indépendante du présent ne se trouve pas. C'est qu'en Soubiya, ce temps n'existe pas pour le verbe *être*. Le verbe *être* est soit omis au présent, soit remplacé par la copule nasale (cf. § 34).

La construction est différente selon que le sujet est à la 1ʳᵉ ou 2ᵉ personne, ou qu'il est à la 3ᵉ personne.

§ 141. — 1° Aux deux premières personnes, le sujet est joint au prédicat (substantif ou adjectif, jamais adverbe) au moyen du pronom conjoint. Si le prédicat est un adjectif, ce dernier se met au singulier ou au pluriel, selon que le sujet est singulier ou pluriel; il prend le préfixe de la 1re ou de la 2e classe (classes personnelles).

Ex. : Prédicat adjectif : *ime ni mubi*, moi je (suis méchant; *iswe tu babi*, nous nous (sommes) méchants.

Au négatif : *ka ni mubi*, je ne (suis) pas méchant; *ka tu babi*, nous ne (sommes) pas méchants.

Prédicat substantif : *ni simwini*, je (suis) un chef; *tu basimwini*, nous (sommes) des chefs.

Au négatif : *ka ni simwini*, je ne (suis) pas un chef; *ka tu basimwini*, nous ne (sommes) pas des chefs.

Si l'on réfléchit qu'en Soubiya le pronom conjoint a déjà par lui-même une valeur verbale, on comprend aisément cette construction.

§ 142. — 2° A la 3e personne, deux constructions sont possibles :

*a)* Le prédicat suit directement le sujet. Ex. : *muntu uzo mubi*, cette personne (est) méchante; *insuki za ko indotu*, les cheveux (sont) beaux; *muzi wa kwe mukando*, son village (est) grand; *muntu uzo muholo*, cet homme (est) un sot; *muntu uzo simwini*, cet homme (est) un chef, etc.

Cette construction est *toujours* employée quand le prédicat est un adjectif; elle est beaucoup plus rare quand le prédicat est un substantif.

*b)* Le prédicat est relié au sujet au moyen de la copule nasale (cf. § 34). Ex. : *ndji Leza*, c'est Dieu; *ndjen'ozu*, c'est lui, celui-là ; *izina la kwe nchichinonono*, son nom (c')est renard.

Cette construction est *toujours* employée quand le prédicat est un pronom, et est la plus fréquente quand le prédicat est un substantif.

§ 143. — La copule nasale signifie : *c'est*. Elle peut, comme on l'a vu au § 48, se placer aussi devant les pronoms de la 1ʳᵉ et de la 2ᵉ personne. Ex. : *neme*, c'est moi ; *ngowe* et *newe*, c'est toi, etc.

Au négatif la copule est précédée de la particule *ka* ou *ki*. Ex. : *ki neme*, ce n'est pas moi ; *ki ngowe*, ce n'est pas toi ; *ka ndjiye*, ce n'est pas lui ; *ka ndji simwini*, ce n'est pas le chef ; *ki mbabantu*, ce ne sont pas des hommes, etc.

OBSERVATION. — Qui suis-je ? qui es-tu ? qui est-il ? etc. se traduisent : *ime nem'eni* ( = *neme ani*)? moi c'est moi qui ? *iwe ngow'eni*? toi c'est toi qui ? *iye ndjeni*? lui c'est qui ?

§ 144. — Les constructions indiquées plus haut (§§ 141 et 142) ne s'emploient qu'au présent indépendant. Partout ailleurs on se sert des formes données au § 138. Ex. : *ka a di mubi*, s'il est méchant ; *a ba di mubi*, il était méchant, etc.

OBSERVATION. — Quand le sujet est à la 3ᵉ personne et que le prédicat est un substantif, le pronom conjoint doit être de la classe de ce substantif. Ex. : *inkuela a bi matengu*, ensuite ce fut le soir ; *di chi di diahano*, c'est encore le moment actuel, etc.

## 2° *Le verbe* AVOIR.

§ 145. — Le verbe *avoir* est *ku ina*, suivi souvent (mais pas nécessairement) de la particule *ni*, avec. Étymologiquement *ku ina ni*, signifie probablement : être avec, comme dans les autres langues Bantou. Ex. : *n'ina ni bana*, j'ai des enfants ; *a b'ena bana* et *a b'ena ni bana*, il avait des enfants, etc.

§ 146. — Le verbe *ku ina* semble ne former que peu de temps. Voici ceux dont j'ai constaté l'existence :

| | |
|---|---|
| Infinitif : | *ku ina*, avoir ; *ku s'ena* (= *ku sa ina*), ne pas avoir. |
| Indicatif Présent : | *n'ina*, *u ina*, *u ina*, etc., j'ai, tu as, il a. |
| | *ka n'ina*, *k'o ina*, *k'ena* (= *ka a ina*), je n'ai pas été. |
| | (*ha*) *ni s'ena* ; (*ha*) *u s'ena*, etc., (*si*) je n'ai pas, etc. |
| Imparfait : | *ba ba di ku ina* et *ba b'ena*, ils avaient. |
| | *ba ba di ku s'ena* et *kana ba b'ena*, ils n'avaient pas. |

§ 147. — Avec les locatifs, soit sujets, soit objets, le verbe *avoir* est toujours employé, là où on emploie en français le verbe *être*. Comme cette construction a été expliquée plus haut (§ 73), il n'est pas nécessaire d'y revenir ici.

De même avec les adverbes *budio*, ainsi, *buti*, ainsi, comment? (cf. § 85), on emploie *ku ina*, avoir. Ex. : *mwanakazi wa kwe u ina budio*, sa femme est ainsi (litt. a ainsi); *u chita z'ina buti?* quelles sortes de choses fais-tu? (litt. : qui ont comment?).

OBSERVATION. — Si l'on se rappelle que *budio*, *buti* sont en réalité des formes pronominales, plutôt que des adverbes, cette construction n'a plus rien d'étonnant.

§ 148. — Dans les textes recueillis par moi, je trouve trois exemples seulement de locatifs employés avec le verbe *être* (ou la copule qui le remplace). Ce sont : *ha a di ha kati k'enzila*, lorsqu'il fut au milieu du chemin ; *kuna nko ku muzi wa bo*, là-bas, c'est là qu'est leur village ; *inzoka i ba di ku ikala mu idindi la yo, mo mu ba di mu muzi wa yo*, le serpent demeurait dans son trou, là où était son village.

OBSERVATION. — Le premier exemple est peut-être un néologisme. Pour les deux derniers exemples, il faut observer que le sujet et le prédicat sont l'un et l'autre au locatif; ainsi : *nko*, sujet, *ku muzi*, prédicat ; *mo*, sujet, *mu muzi*, prédicat. Ces formes sont certainement curieuses, et celui qui se place au point de vue de la grammaire aryenne aura toujours beaucoup de peine à les comprendre. En serrant le texte de près, on finit cependant par y parvenir. Ainsi : *mo mu ba di mu muzi wa yo*, peut se traduire littéralement ainsi : là c'était dans son village.

## CHAPITRE DIX-HUITIÈME

### Propositions relatives.

§ 149. — Comme on l'a vu plus haut (§ 45) le Soubiya ne possède pas de pronoms relatifs proprement dits; les *pronoms conjoints subjectifs* en tiennent lieu. La même forme s'emploie pour le sujet ou l'objet.

Il y a deux constructions différentes pour les propositions relatives, selon que le pronom relatif est employé comme sujet ou objet.

*1<sup>re</sup> construction : Relatif sujet.*

§ 150. — Quand le relatif est sujet, on emploie la construction ordinaire, c'est-à-dire que le pronom conjoint sert à unir le pronom au verbe. Ex. : *kanyolozi aka ka nsukulula*, ce petit animal qui me tourmente; *ya a mu nkanda mu s'ena bantu*, il alla dans le désert où il n'y a pas d'hommes (litt. : qui n'a pas); *ndjumuntu u hala buloto*, c'est un homme qui se porte bien, etc.

OBSERVATION. — La proposition relative étant subordonnée, on emploie naturellement la forme dépendante de l'Indicatif, ainsi qu'on peut le voir dans le second exemple.

L'antécédent du relatif peut être omis. Ainsi : *ni mu twale h'ena mani* (= *aho h'ena mani*), que je le mène (là) où il y a de l'herbe ; *u tiile ku ina izuba* (= *uko ku ina izuba*), cours (là) où il y a du soleil. etc.

§ 151. — A la 3ᵉ personne 1ʳᵉ classe, le pronom substantif antécédent *ye* s'unit souvent au relatif, donnant les formes *yo* (= *ye u*) pour la conjugaison positive, et *ya* et *yo* pour le négatif. Ex. : *ndj'eni uzo yo tu dila zidio*, qui est celui qui nous mange notre nourriture ; *muntu yo sa bonwi*, un homme qu'on ne voit pas (litt. qui n'est pas vu) ; *muntu yo sa zani*, quelqu'un qui ne plaisante pas, etc.

OBSERVATION. — Au négatif la forme *yo* est tout aussi fréquente que *ya*, bien que cette dernière forme semble plus correcte.

### 2ᵉ construction : *Relatif objet*.

§ 152. — Si le relatif représente l'objet du verbe, il est également indiqué par le pronom conjoint subjectif, qui se place, comme en français, au commencement de la phrase. Ex. : *inyama i twa diu*, la viande que nous avons mangée ; *aho ha zi hanzakana inzila*, là où les routes se séparent ; *zinyolozi zi a vwima*, les animaux qu'il chasse ; *uzo u ni za ku ihaya suno*, celui que je tuerai aujourd'hui, etc.

OBSERVATION. — A la 3ᵉ personne 1ʳᵉ classe, le pronom conjoint sujet de la phrase est *a* et non *u*. La place exacte du pronom relatif est directement devant le pronom conjoint sujet du verbe ; il faut donc placer devant le relatif les pronoms substantifs, démonstratifs, etc., et en général toute particule qui pourrait se trouver dans la phrase. Ex. : *zinyolozi iswe zi tu vwima*, les animaux que nous, nous chassons ; *umo zile mu ni enda*, là où j'allais, etc.

§ 153. — Quand le verbe est au négatif, on répète le pronom, qui prend la forme du pronom conjoint objectif, et se place avant le verbe (cf. § 44). Ex. : *muntu yo (=ye u) a sa mu saki*, l'homme qu'il ne (l')aime pas, etc.

Dans la conjugaison affirmative le pronom est très rarement répété. Je n'en connais que deux ou trois cas. Ex. : *uzo u ni za ku mu wana*, celui que je (le) trouverai ; *nz'a dia tayo izi*, ce sont (les vivres) que notre père mange (*izi* est pronom démonstratif).

§ 154. — Quand le relatif dépend d'une préposition ou de la particule possessive, on répète également le pronom après celles-ci ; la construction est donc la même que celle expliquée § 153. Ex. : *mwana uzo u tu za ku enda naye*, l'enfant avec lequel nous irons (litt. lequel nous irons avec lui) ; *mukwame uzo u ni sesite mwana wa kwe*, l'homme dont j'ai épousé la fille (litt. : lequel j'ai épousé la fille de lui), etc. [1].

§ 155. — Dans quelques cas, surtout quand c'est un pronom locatif qui fait l'office de relatif, la construction est idiomatique. Ex. : *hana ha zanina tayo*, là-bas où notre père danse (au lieu de : *ha a zanina*), *ha ba di ku ikala iñombe*, là où la vache se trouvait (au lieu de : *ha i ba di*, etc.) ; *china h'ekele izuba*, comme là où se tient le soleil (au lieu de : *ha di ikele izuba*), etc. Le relatif qui est en français objet semble être en Soubiya sujet de la phrase ; le vrai sujet suit le verbe.

Avec un pronom non locatif, cette construction, quoique plus rare, est cependant employée. Ainsi : *inkoko ya wila mulamba*, le pain où est tombé le caleçon (litt. : qui est tombé le caleçon) ; *ndjinzila i sa endi bantu*, c'est une route par où les hommes ne sont pas (litt. : qui ne va pas les hommes), etc.

OBSERVATION. — Il faut rapprocher cette construction de phrases comme celle-ci : *inzila iyo ka i nywiwa menzi*, sur cette

---

1. Cette construction existe dans les langues sémitiques. Ainsi en arabe : الولد الذى زوح معه, l'enfant lequel nous irons avec lui. Le relatif ne s'emploie que lorsque l'antécédent est déterminé. On dira par conséquent : ولد زوح معه, un enfant avec qui nous irons ; mot à mot : un enfant (que) nous irons avec lui (R. B.).

route on ne boit pas d'eau (litt. : cette route n'est pas bue de l'eau). On peut aisément s'apercevoir qu'en Soubiya, la notion de sujet est bien moins précise que dans les langues aryennes.

§ 156. — Dans des phrases comme : *muntu mpo a b'ena*, un homme était là, il peut sembler à première vue qu'on ait une construction relative, *mpo* signifiant : c'est là. Mais comme *mpo* est un pronom substantif, et ne peut par conséquent tenir lieu de relatif, il faut s'expliquer cette construction d'une autre manière. *Mpo a b'ena* est pour *a b'ena ho*; le pronom substantif objet du verbe (cf. § 73) prend ici la forme copulative, et se met, par euphonie peut-être, devant le verbe.

## CHAPITRE DIX-NEUVIÈME

### Le passif et les formes dérivées du verbe.

#### 1° *Passif*.

§ 157. — On forme le Passif en insérant un *w* devant la dernière voyelle du verbe, à tous les temps et à tous les modes. Ex. : *ku bonwa*, être vu; *ba bonwi*, ils furent vus; *muzi ku zakiditwe*, le village a été bâti, etc.

§ 158. — Au Présent négatif, la terminaison est soit *i*, comme à l'actif, soit *ka*. Ex. : *ka a bonwi*, il n'est pas vu; *menzi ka a nywiwa*, l'eau n'est pas bue; *muntu ya sa bonwi-bonwi*, un homme qui n'est pas vu, etc.

OBSERVATION. — Pour la manière dont il faut indiquer l'agent après un verbe passif, cf. § 80.

## 2° *Les formes dérivées du verbe.*

§ 159. — Comme toutes les langues Bantou, le Soubiya possède un grand nombre de verbes dérivés formés au moyen de suffixes spéciaux. Le verbe Soubiya peut ainsi donner naissance aux formes dérivées qui suivent : causative, directive, intensive, réciproque, neutre, inversive et augmentative. On peut y joindre encore une forme soit fréquentative, soit diminutive, dont la construction est différente.

OBSERVATION. — La plupart de ces verbes dérivés peuvent à leur tour prendre la force passive.

§ 160. — La forme *causative* du verbe s'obtient au moyen du suffixe *-isa*. Cette forme indique que l'action exprimée par le verbe est *causée* par le sujet du verbe. Ainsi de *ku tanta*, monter, on a *ku tantisa*, faire monter; de *ku nywa*, boire, *ku nywisa*, faire boire. Ex. : *ni nywisa bana ba ngu*, je fais boire mes enfants.

La formation du causatif présente les irrégularités suivantes, dues à des lois phonétiques encore obscures :

1° Beaucoup de verbes en *la* changent *la* en *za*. Ex. : *ku hala*, vivre; *ku haza*, faire vivre; *ku sola*, goûter, *ku soza*, faire goûter, etc.

Quelques verbes en *la* sont réguliers; ainsi : *ku sibila*, siffler, *ku sibidisa*.

2° Les verbes en *ana* font *anya*. Ex. : *ku tandana*, poursuivre; *ku tandanya*.

3° Les verbes en *mba* font *nza*. Ex. : *ku samba*, se baigner; *ku sanza*.

4° Les verbes en *ka* et *nka* font soit *a*) : *sa* ou *nsa*. Ex. : *ku buka*, se lever; *ku busa*; *ku zubuka*, sortir de l'eau, *ku zubusa*;

*ku nyonka*, téter, *ku nyonsa*; soit *b*) : *la*. Ex. : *ku sanduka*, être transformé, *ku sandula*; *ku choka*, être brisé, *ku chola*, etc. Ces derniers sont probablement tous à la forme inversive ou à la forme neutre.

§ 161. — La forme *directive* (ou relative) indique que l'action exprimée par le verbe est en relation avec, ou se fait dans la direction de quelque chose. Ainsi : *ni teka menzi*, je puise de l'eau; *ni ku tekela menzi*, je puise de l'eau pour toi.

On obtient la forme directive au moyen des suffixes *-ela* ou *-ila*, et *-ena* ou *-ina*. Les formes *-ena* et *-ina* s'emploient avec les verbes dont la dernière consonne est *m* ou *n*; les formes *-ela* et *ila* avec tous les autres. Les formes en *e* (*-ena* et *ela*) se joignent aux verbes dont la pénultième possède les voyelles *e* ou *o*; les formes en *i* (*-ina* et *-ila*) à ceux dont la pénultième contient les voyelles *a*, *i* ou *u* (cf. §§ 9 et 10).

Ex. :  
Suff. *-ila* et *-ina*  
*ku saka*, chercher; *ku sakila*  
*ku zimba*, chanter; *ku zimbila*  
*ku fwa*, mourir; *ku fwila*  
*ku mana*, finir; *ku manina*  
*ku zima*, s'éteindre; *ku zimina*

Suff. *-ela* et *-ena*  
*ku teka*, puiser; *ku tekela*  
*ku onda*, saisir; *ku ondela*  
*ku bona*, voir; *ku bonena*

§ 162. — La forme *intensive* s'obtient de deux façons différentes :

1° Au moyen du suffixe directif redoublé. Ex. : *ku lolelela*, regarder très attentivement; *ku fwididila*, mourir pour tout de bon; *ku ihaidila*, tuer complètement.

2° Au moyen du suffixe *-isa* (après *a*, *i* et *u*) ou *-esa* (après *e* et *o*). Ex. : *ku hwela*, se hâter, *ku kwelesa*; *ku onda*, saisir, *ku ondesa*; *ku sumina*, attacher, *ku suminisa*.

OBSERVATION. — Ce dernier suffixe est peut-être le même que celui du causatif; mais il s'en distingue en ce qu'il semble subir les lois de l'harmonie des voyelles, ce que l'on ne remarque jamais au causatif.

§ 163. — La forme *réciproque* s'obtient au moyen du suffixe *-ana*. Ex. *ku wana*, trouver, *ku wanana*, se rencontrer, se trouver l'un l'autre; *ku onda*, saisir, *ku ondana*, se saisir l'un l'autre, etc. Ex. : *ba wanana ni Sikulokobuzuka*, ils se rencontrèrent avec Sikoulokobouzouka.

OBSERVATION. — Quelques verbes en *-ana*, comme *ku zimana*, se tenir là; *ku sinkana*, être bouché, etc. ont un sens neutre, bien qu'à la forme causative. Le même phénomène se remarque dans d'autres langues Bantou.

§ 164. — La forme neutre s'obtient au moyen du suffixe *-ika*. Ex. : *ku bola* (trans.) manquer de (ainsi : *ni bola bwato*, je manque d'un canot), *ku bodika*, être dans l'état d'une chose dont on manque (ainsi *kwa bodika bwato*, on manque d'un canot « *a canoe is wanted* »), etc.

OBSERVATION — La forme neutre semble très rare en Soubiya. Le suffixe *ika* paraît avoir souvent, comme aussi dans d'autres langues Bantou, un sens causatif. Ex. : *ku zwatika*, revêtir (de *ku zwata*, se vêtir); *ku hindika*, poursuivre, etc.

§ 165. La forme *inversive* s'obtient au moyen des suffixes *-ula* et *-una* (après une nasale pure). Elle indique que l'action est défaite ou renversée. Ex. : *ku twala*, porter, *ku tula*, jeter à terre (litt. : déporter); *ku sumina*, attacher, *ku sumununa*, détacher; *ku vwika*, enterrer, *ku vwikununa*, déterrer; *ku sinka*, boucher, *ku sinkula*, déboucher, etc.

OBSERVATION. — Les verbes en *-uka*, comme *ku sanduka*, être transformé, semblent être, à l'origine, des verbes inversifs neutres : ceux en *-una* et *-ula* sont par contre transitifs. Il est difficile de posséder exactement les lois qui président à la formation des verbes inversifs; seule une étude plus profonde de la langue les fera connaître. Dans les autres langues Bantou, leur formation est loin encore d'être tout à fait éclaircie.

§ 166. — Les suffixes -*ola* et -*ona* (après une nasale pure) semblent donner naissance à une forme *augmentative*. Ex.: *ku amba*, parler, *ku ambola*, parler beaucoup, bavarder; *ku tema*, couper, *ku temona* (ou *temaona*), couper fortement; *ku kobaola*, cueillir beaucoup de fruits, etc.

OBSERVATION. — Je ne connais pas de forme analogue dans les autres langues Bantou.

§ 167. — En redoublant la forme verbale simple on obtient une forme *diminutive* ou *fréquentative*, selon les cas. Ex.: *ku enda*, aller; *ku enda-enda*, aller un peu, aller longtemps; *ku tiya*, s'enfuir, *ku tiya-tiya*, s'enfuir à une certaine distance, etc.

§ 168. — Certains verbes peuvent prendre à la fois deux ou trois des suffixes que nous avons énumérés; le verbe présente ainsi une grande variété de formes différentes. Ex. : *ku sinka*, boucher, fait *ku sinkana*, être bouché et *ku sinkanisa*, boucher; *ku sumina*, attacher (forme directive de *ku suma*) fait : *ku suminisa*, attacher fortement, et *ku sumununa*, détacher, etc.

§ 169. — APPENDICE. — Avec les suffixes -*ha* et -*hala*, et certains radicaux nominaux ou adjectifs, on forme quelques verbes neutres. Ex.: *ku seha*, être noir; *ku fohihala*, être court (du rad. -*fohi*, court), etc.

**FIN DE LA GRAMMAIRE SOUBIYA**

# GRAMMAIRE LOUYI

# GRAMMAIRE LOUYI

## PREMIÈRE PARTIE
### PHONÉTIQUE

### CHAPITRE PREMIER

**Les Sons.**

1° *Les voyelles.*

§ 1. — Le Louyi possède les cinq voyelles simples, *a, e, i, o, u,* qui se prononcent comme en Soubiya. *o* est presque toujours ouvert, rarement fermé; partout où il peut y avoir hésitation entre *o* et *u*, j'écris *u*.

Il n'y a pas de diphtongues. Quand deux voyelles se rencontrent, elles se contractent, ou bien l'une d'elles est élidée.

2° *Les Consonnes.*

§ 2. — Le Louyi possède les dix-huit consonnes suivantes :

|  | Explosives. | | Continues. | Liquide. | Nasales. | Semi-voyelles. |
|---|---|---|---|---|---|---|
| Labiales | b | p | f |  | m | w |
| Dentales | d | t | s | l | n |  |
| Palato-Dentales | dj | ch(tj) | sh |  | ny | y |
| Gutturales | g | k |  |  | ñ |  |

Le Louyi, comme le Soubiya ne possède ni la consonne *r* ni les consonnes aspirées ; il lui manque aussi les faibles continues *v*, *z* et *h*, très fréquentes en Soubiya. Il a, en plus, le son *tj* qui semble souvent prendre la place de *ch* ; il ne m'est cependant pas possible d'affirmer qu'il y ait réellement là deux sons distincts :

La prononciation des consonnes est la même qu'en Soubiya. Il faut seulement faire remarquer que *l* se rapproche beaucoup de *d*, surtout devant *i* et *e*. Au contraire de ce que je fais pour le Soubiya j'écris uniformément *l*, même devant *i*.

OBSERVATION. — *d* ne se trouve qu'après la nasale *n* ; c'est aussi presque toujours le cas pour *g*.

### 3° *Les Consonnes nasalisées.*

§ 3. — Les nasales (*m*, *n*, *ñ*) ne peuvent se combiner qu'avec les explosives faibles *b*, *d*, *dj*, *g* donnant naissance aux sons : *mb*, *nd*, *ndj*, *ng*.

Jamais une consonne forte n'est nasalisée (cf. § 7). On trouve cependant le son *nk* dans quelques mots empruntés au Soubiya ou à d'autres dialectes, et dans une ou deux expressions dont il est difficile de s'expliquer l'origine.

§ 4. — En dehors des consonnes nasalisées, le Louyi ne connaît aucune combinaison de consonnes. Les semi-voyelles *w* et *y* se trouvent cependant, comme en Soubiya, après un certain nombre de consonnes simples ou nasalisées. Ex. : *ku monwa*, être vu, etc.

### 4° *Syllabes et Accent.*

§ 5. — Une syllabe Louyi est toujours ouverte ; elle se compose soit d'une simple voyelle, soit d'une consonne simple ou nasalisée suivie d'une voyelle. Ex. : *u-lu-si-mo*, chanson; *ndi-ma*, pain; *wa-to*, canot, etc.

OBSERVATION. — Tandis que le Soubiya évite les hiatus, et qu'en conséquence aucune syllabe ne peut dans cette langue commencer par une voyelle si elle ne se trouve pas au commencement du mot, le Louyi présente au contraire beaucoup d'exemples de syllabes commençant par des voyelles, quoiqu'au milieu des mots. En général, dans les mots Soubiya correspondants on trouve un *y* ou un *z*. Ex. : *ku i-ba-a*, tuer (Soubiya : *ku ihaya*); *a-me-i*, eau (Soubiya : *menzi*); *i-li-ka-a*, bras, etc.

§ 6. — L'accent tonique retombe toujours sur la pénultième. Ex. : *múnu*, homme; *usíku*, nuit; *bánde*, dehors, etc.
Les monosyllabes sont soit enclitiques, soit proclitiques. Ex. : *bá ndo*, près de la hutte; *mu múmbu*, dans la terre; *mand'de*, sa sœur; *muli'á nge*, mon chef, etc.
Quelques verbes monosyllabiques sont cependant accentués, mais le cas est moins fréquent qu'en Soubiya.

## CHAPITRE DEUXIÈME

## Changements phonétiques.

§ 7. — Les consonnes fortes (explosives ou continues) ne peuvent jamais suivre la nasale *m* ou *n*. Quand la nasale vient se placer devant un radical commençant par une consonne forte, celle-ci doit être remplacée par l'explosive faible correspondante : *ns*, *nt* devenant *nd*; *mp* devenant *mb*, etc. Cette loi s'observe surtout dans ceux des substantifs en *lu* (11ᵉ classe) et *u* (14ᵉ classe) qui forment leur pluriel au moyen du préfixe *tin*

(10ᵉ cl.). Ex. : *usiku*, nuit, pl. *itindiku* ; *lukeke*, jeune garçon, pl. *itingeke*, etc.

De même le radical *sima*, qu'on retrouve intact dans le substantif *kasima*, un peu de pain (12ᵉ cl.), devient à la 10ᵉ classe (après le préfixe *n*) : *ndima*, pain ; et au pluriel *masinde*, champs (6ᵉ cl.), correspond le sing. *ndinde* (9ᵉ cl.), etc.

OBSERVATION. — La nasale cause souvent, non seulement l'affaiblissement, mais aussi la disparution complète de la consonne forte. Ainsi à *mp* et *nt* du Soubiya correspondent souvent en Louyi les sons *m* et *n*. Ex. : *muntu*, homme, en Soubiya, devient en Louyi : *munu* ; *mpande*, ornement, en Soubiya, devient en Louyi : *mande*, etc.

Placée devant *w*, la nasale cause souvent la permutation de *w* en *b*. Ex. : *luwo*, roseau, pl. : *itimbo*, etc. Un *l* précédé d'une nasale devient *d*.

§ 8. — L'*attraction des nasales*, que nous avons déjà observée en Soubiya, existe également en Louyi. Le suffixe directif, *-ela* devient *-ena*, quand la dernière syllabe du verbe auquel il se joint contient une nasale pure (*m* ou *n*). Ex. : *ku mona*, voir, *ku monenu* ; *ku bana*, sortir, *ka banena* ; *ku mana* ; finir, *ku manena* ; *ku lema*, saisir, *ku lemena*, etc.

Ce même phénomène se produit également dans la formation du Parfait, le suffixe *-ile* devenant *-ine* après une nasale pure. Ex. : *ku fuma*, devenir riche, *u fumine*, il est riche ; *ku langanu*, s'endormir, se coucher ; *u langanine*, il s'est endormi, etc.

OBSERVATION. — Le suffixe du Parfait subit les lois de l'attraction des nasales dans la plupart des autres langues de l'Ouest, ainsi en Herero, Ndonga, Ou-Mboundou, Ki Mbounda, Lounda, Kongo, etc. En Soubiya et en Tonga il en est autrement.

§ 9. L'*harmonie des voyelles*, que nous avons constatée dans la formation du directif en Soubiya, et dans la plupart des langues du Centre africain, ne se fait pas sentir en Louyi.

Le suffixe directif est toujours -*ela* ou -*ena* (jamais -*ila* ou -*ina*), quelle que soit la voyelle de la pénultième. Ex. : *ku amba*, parler, *ku ambela* ; *ku lema*, saisir, *ku lemena* ; *ku lima*, labourer, *ku limena* ; *ku mona*, voir, *ku monena* ; *ku yumba*, lancer, *ku yumbela*, etc.

OBSERVATION. — *ku mona*, voir, fait au parfait *ni mwene*, j'ai vu, probablement par suite de l'harmonie des voyelles, § 10. Par contre le Louyi présente un phénomène très curieux, celui de *l'attraction* ou *assimilation des voyelles*. Dans un certain nombre de cas, la voyelle finale du verbe s'assimile à celle de la pénultième. Ainsi les verbes : *ku enda*, aller ; *ku singa*, vouloir ; *ku mona*, voir, *ku fula*, battre ; *ku siya*, laisser ; *ku yupa*, entendre, font : *ni na ende*, j'allai, *k'a ende*, ils ne vont pas ; *si singi*, je ne veux pas ; *ni na mono*, je vis ; *k'a mu fulu*, ils ne le battent pas ; *ni na sii*, il abandonna ; *ni na yupu*, j'ai entendu, etc.

§ 10. — Cette assimiliation de la voyelle finale à celle de la pénultième se fait régulièrement dans un certain nombre de cas déterminés. Je l'ai constatée au passé affirmatif et au présent négatif ; il est possible cependant qu'elle se fasse sentir encore dans d'autres temps ; les matériaux dont je dispose pour cette étude ne permettent pas de rien affirmer de plus. Mais il faut remarquer que seuls les verbes primitifs ou dissyllabiques présentent ce curieux phénomène phonétique. Les verbes dérivés et polysyllabiques conservent *a* comme voyelle terminale, là où les verbes primitifs prennent *e, i, o* ou *u*. Ex. : *n'ombula* ( = *na umbula*), il est parti ; *na ingena*, il est entré, etc.

De même au passif, la désinence *a* est toujours conservée. Ex. *ka ti monwa*, il (l'animal) n'est pas vu ; *ka ti liwa*, elle (la viande) n'est pas mangée, etc.

OBSERVATION. — Il semble cependant que, dans la plupart des verbes directifs, *a* devienne *e*. Ex. : *ka ni ku twele*, je ne mouds pas pour toi ; *na pumene*, il a consenti ; *ni na mu ambele*, je lui ai dit, etc.

§ 11. — Un certain nombre de verbes monosyllabiques changent également, dans les cas indiqués au § 10, leur voyelle finale. Ainsi les verbes : *ku fa*, mourir ; *ku ta*, aller ; *ku ba*, devenir ; *ku lia*, manger ; *ku twa*, moudre font : *na fu*, il est mort ; *na ti*, il est allé ; *ni na bi*, je suis devenu ; *ni na li*, j'ai mangé ; *k'a twi*, elle ne moud pas, etc.

OBSERVATION. — L'assimilation des voyelles se retrouve en Herero, Ndonga et Ki-Mboundou. Elle est donc caractéristique d'un certain groupe de langues de l'Ouest. On ne l'a observée ni en Kongo, ni en Lounda, ni en Ou-Mboundou ; mais les matériaux dont on dispose pour l'étude de ces deux dernières langues sont trop peu sûrs pour qu'on puisse affirmer qu'elle ne s'y trouve pas.

En Herero et en Ndonga, l'assimilation des voyelles se fait régulièrement dans le plus grand nombre des temps, négatifs et affirmatifs ; en Ki-Mboundou, on ne le retrouve qu'au passé affirmatif. Dans ces trois langues, de même qu'en Louyi, les verbes primitifs ou dissyllabiques en sont seuls affectés ; les verbes dérivés et les passifs en sont exempts. La seule exception, c'est qu'en Herero comme en Louyi les verbes directifs changent généralement en *e* la désinence verbale dans les temps ci-dessus indiqués.

§ 12. — Deux voyelles qui se rencontrent subissent les mêmes changements qu'en Soubiya ; ainsi *a* + *i* devient *e* ; *a* + *u* devient *o* ; *a* + *a* devient *a*, etc. Ces changements sont cependant moins constants qu'en Soubiya ; aussi ne les ai-je que rarement indiqués dans la transcription. Mais on entend assez souvent, par ex. : *ni li mu tumbul' omulilo*, j'allume un feu ; *ni li mu al' efekiso*, je regarde des dessins ; *ni na ku tumbek' endo*, j'ai brûlé la hutte, etc., au lieu de : *ni li mu tumbula umulilo* ; *ni li mu ala ifekiso* ; *ni na ku tumbeka indo*, etc.

OBSERVATION. — On comprendra qu'il soit préférable de ne pas marquer dans l'écriture toutes ces contractions. Je renvoie d'ailleurs pour cette question à la Grammaire Soubiya (cf. §§ 12 et 13), où j'ai indiqué les principes qui m'ont dirigé. Je suis, en effet, pour les deux langues un système de transcription uniforme.

# DEUXIÈME PARTIE

## LES MOTS ET LES FORMES GRAMMATICALES

## I<sup>re</sup> DIVISION. — LE NOM

### CHAPITRE TROISIÈME

### L'accord grammatical. — Les préfixes.

§ 13. — L'accord grammatical étant absolument le même qu'en Soubiya, nous n'avons pas besoin d'y revenir ici (cf. Gramm. Soub., §§ 14-16).

§ 14. — Comme le Soubiya, le Louyi possède les dix-huit préfixes des langues Bantou, soit neuf pour le singulier, six pour le pluriel et trois pour le locatif. Il faut, ici aussi, distinguer les préfixes nominaux et les préfixes pronominaux.

§ 15. — Table des préfixes louyi :

| 1. PRÉFIXES NOMINAUX | | | | 2. PRÉFIXES PRONOMINAUX | | | |
|---|---|---|---|---|---|---|---|
| Singulier. | | Pluriel. | | Singulier. | | Pluriel. | |
| Cl. 1 | mu | Cl. 2 | a | Cl. 1 | u | Cl. 2 | a |
| 3 | mu | 4 | mi | 3 | u | 4 | i |
| 5 | li | 6 | ma | 5 | li | 6 | a |
| 7 | si | 8 | i | 7 | si | 8 | i |
| 9 | n, in | 10 | tin | 9 | i (ti) | 10 | ti |
| 11 | lu | 10 | tin | 11 | lu | 10 | ti |
| 12 | ka | 13 | tu | 12 | ka | 13 | tu |
| 14 | u | 6 | ma | 14 | u | 6 | a |
| 15 | ku | 6 | ma | 15 | ku | 6 | a |
| Locatifs | 16 | ba | | | 16 | ba | |
| | 17 | mu | | | 17 | mu | |
| | 18 | ku | | | 18 | ku | |

OBSERVATION. — La correspondance singulier-pluriel est la même qu'en Soubiya ; sauf qu'à la 11ᵉ classe correspond la 10ᵉ, plutôt que la 6ᵉ (cf. cependant § 19).

§ 16. — Ces préfixes donnent lieu aux mêmes remarques que ceux du Soubiya. Il faut noter cependant le fait curieux que le préfixe singulier de la 9ᵉ classe est très souvent remplacé par le préfixe pluriel correspondant *ti* de la 10ᵉ classe (mais jamais devant les substantifs).

---

## CHAPITRE QUATRIÈME

### Le Substantif.

§ 17. — Le nombre se marque uniquement au moyen des préfixes. Voici la table des substantifs avec leurs correspondances singulier-pluriel.

| | Singulier. | | | Pluriel. |
|---|---|---|---|---|
| Cl. 1 | MU*nu*, homme. | | Cl. 2 | A*nu*, hommes. |
| 3 | MU*ndi*, village. | | 4 | M*ndi*, villages. |
| 5 | LI*ywa*, jour. | | 6 | MA*ywa*, jours. |
| 7 | SI*nu*, chose. | | 8 | I*nu*, choses. |
| 9 | IN*gombe*, bœuf. | | 10 | TIN*gombe*, bœufs. |
| 11 | LU*simo*, chant. | | { 10 TI*ndimo* } { 6 MA*simo* } chants. | |
| 12 | KA*nu*, enfant. | | 13 | TW*uto*, enfants. |
| 14 | W*ato*, canot. | | 6 | MA*to*, canots. |
| 15 | KU*twi*, oreille. | | 6 | MA*twi*, oreilles. |

§ 18. — Les deux premières classes (*mu* et *a*) ne contiennent originairement que des noms de personnes. Ex. : *mwanakazi*, femme ; *mulia*, chef ; *muywandi*, chef, etc.

Dans la construction grammaticale, on leur attribue également les noms propres et ceux qui indiquent des relations de parenté (bien qu'ils ne soient pas précédés des préfixes ordinaires de ces classes), et un certain nombre de noms d'animaux et de personnes commençant par *si* ou par *na* (cf. Gramm. Soub., § 25). Ex. : *Nyambe*, Dieu ; *tate, shangw* , non père ; *itoe*, ton père ; *itae*, son père ; *mawe, nyoko, nyina*, ma, ta, sa mère ; *mand'ae*, sa sœur ; *min'ae*, son frère cadet, etc. ; *silukombwe*, coq (pl. *asilukombwe*) ; *sifulanyundo*, forgeron (pl. *asifulanyundo*) ; *nalukalamba*, mantis religiosa ; *nalungwana*, espèce d'oiseau, etc.

OBSERVATION. — Pour les mots indiquant : père et mère, cf. Gramm. Soub., §§ 25 et 61.

Un certain nombre de noms d'animaux et de choses, qui appartiennent originairement à la 9ᵉ classe peuvent être attribués à la 1ʳᵉ, et former leur pluriel en *a*. Ex. : *mbwa* chien, pl. *ambwa* ; *ndombe*, sorte de poisson, pl. *andombe* ; *nambe*, pot, pl. *anambe*, etc.

§ 19. — Le pluriel de la 11 classe (*lu*) est tantôt *tin* (10ᵉ cl.) tantôt *ma* (6ᵉ cl.). Ex. : *lulimi*, langue, pl. *malimi* ; *lusimo*, chanson, pl. *masimo* ou *tindimo* ; *luendo*, voyage, pl. *maendo* ; *luwo*, roseau, pl. *timbo*, etc. Le mot *luia*, corne, fait au pluriel *tiluia*, c'est-à-dire, qu'il prend le préfixe pluriel sans perdre celui du singulier (il semblerait que parfois le pluriel de *luia* fût *tuia* (13ᵉ cl.).

OBSERVATION. — Quand les noms en *lu* forment leur pluriel en *tin*, il faut observer la loi phonétique exposée au § 7 (*tiluia*, plur. de *luia* est une exception). Quelques noms de la 9ᵉ classe (*n*) font leur pluriel en *ma* (6ᵉ cl.) ; dans ce cas-là la même loi phonétique se fait sentir, mais dans un ordre inverse. Ex. : *ndinde*, champ, pl. *masinde*, etc.

§ 20. — Comme correspondances singulier-pluriel irrégulières on peut citer : *silumba* (7⁰ cl.), fantôme, pl. *ulumba* (14⁰ cl., cf. *Gramm. Soub.*, § 17); *usiku* (14⁰ cl.), nuit, pl. *itindiku* (10⁰ cl. ; le pluriel régulier *amasiku* signifie : matin) ; *sitanda* (7⁰ cl.), parc à bestiaux, pl. *matanda* (6 cl.), etc.

§ 21. — Les préfixes *ka* et *tu* (12⁰ et 13⁰ cl.) servent, comme en Soubiya, à former des *diminutifs*. Ex. : *kana*, petit enfant, pl. *twana* ; *kaunyi*, petit oiseau ; *kalume*, petit homme ; *kaiamana*, petit animal, etc. *ka* prend dans ces cas-là la place du suffixe ordinaire du substantif (cf. *nyunyi*, oiseau ; *mwana*, enfant ; *mulume*, homme ; *siamana*, animal).

Le préfixe *li* (5⁰ cl.) est souvent employé pour former des *augmentatifs*; il prend également la place du préfixe ordinaire du substantif. Ainsi de *mwindji*, pilon; *nyunyi*, oiseau ; *nyoka*, serpent ; *ngombe*, bœuf ; *mulume*, homme, etc., on forme les augmentatifs : *lindji*, *liyunyi*; *liyoka*, *liombe*, *lilume*, etc.

OBSERVATION. — La plupart des noms en *li* ne désignent pas des augmentatifs. En fait de noms en *ka* qui ne sont pas des diminutifs, on peut citer : *kawa*, bouche.

Un nom en *li* tout à fait irrégulier est *lito*, œil, qui fait au pluriel *miyo* (6⁰ cl.).

§ 22. — Les noms en *u* (14⁰ cl.) sont pour la plupart abstraits, et n'ont pas de pluriel. Ceux qui ont un sens concret forment leur pluriel en *ma* (6⁰ cl.). Ex. : *uta*, arc, pl. *mata*; *wato*, canot, pl. *mato*; *usiku*, nuit, pl. *masiku* (cf. § 20), etc.

§ 23. — La 15⁰ classe (*ku*) est presque uniquement composée d'infinitifs pris substantivement. Ex. : *ku mona*, voir ; *ku mana*, finir, etc.

Quelques mots seulement de cette classe sont de purs substantifs ; ils forment leur pluriel en *ma* (6° cl.). Dans un mot au moins le préfixe singulier subsiste encore après *ma* (cf. un cas analogue, *tiluia*, § 19). Ex. : *koko*, main, pl. *amoko* (= *amaoko*); *kwafa*, aisselle, pl. *makwafa* ; *uktwi*, oreille, *matwi*.

§ 24. — Le Louyi a conservé (comme le Cafre-Zoulou, Ganda, Kongo, etc.) l'article ou particule-voyelle dont nous avons également constaté la trace en Soubiya (cf. *Gramm. Soub.*, §§ 32-34). Cet article est *a*, *i* et *u* (peut-être aussi *a*, *e* et *o* comme en Ganda et Kongo) selon que le préfixe du substantif contient les voyelles *a*, *i* et *u*. Il ne semble avoir conservé aucune valeur grammaticale ou démonstrative quelconque (contrairement à l'usage du Cafre-Zoulou, Ganda, etc.) ; et, à en juger par les matériaux que j'ai recueillis, il paraîtrait pouvoir être indifféremment conservé ou laissé de côté. Il est possible cependant qu'une étude plus approfondie de la langue vienne changer nos vues à ce sujet.

Voici la table des substantifs précédés de l'article ou particule-voyelle :

Cl. 1 *umunu*, homme.   Cl. 2 *anu*, hommes.
    3 *umundi*, village.     4 *imindi*, villages.
    5 *iliywa*, jour.         6 *amaywa*, jours.
    7 *isinu*, chose.         8 *inu*, choses.
    9 *ingombe*, bœuf.       10 *itingombe*, bœufs.
   11 *ulusimo*, chanson.    11 *itindimo*, chansons.
   12 *akaunyi*, petit oiseau. 13 *utuunyi*, petits oiseaux.
   14 *walo*, canot.          6 *amalo*, canots.
   15 *ukutwi*, oreille.      6 *amatwi*, oreilles.

§ 25. — La copule (cf. *Gramm. Soub.*, § 34) étant en Louyi *ni*, *ta* ou *ti*, ne cause aucun changement phonétique dans les substantifs devant lesquels elle se place. Ex. : *ni munu*, c'est un homme; *ni anu*, ce sont des hommes; *ta muywandi*, c'est un chef, etc.

OBSERVATION. — Pour l'emploi de la copule, cf. § 93.

§ 26. — Le suffixe diminutif Louyi est *kana*; il s'emploie absolument comme le suffixe Soubiya *zana*. Ex. : *mwanukana*, un petit garçon, etc.

§ 27. — Le sujet et l'objet se marquent, comme en Soubiya, uniquement par la place qu'ils occupent : le sujet se place devant le verbe, l'objet après le verbe (cf. *Gramm. Soub.*, § 76), Ex. : *muywandi ni mu tuma anu*, le chef envoie des gens.

OBSERVATION. — La construction impersonnelle se fait également de la même manière qu'en Soubiya. Ex. : *ka ku liata ñete*, un esclave n'y marche pas (litt. : il n'y marche pas un esclave).

## CHAPITRE CINQUIÈME

### L'Adjectif.

§ 28. — L'adjectif prend, comme en Soubiya, le préfixe nominal du substantif qu'il qualifie. Il se place toujours après ce dernier, qu'il soit attribut ou prédicat. Ex. : *munu muyi*, un homme mauvais, ou : l'homme est mauvais ; *ndila tinyonyo*, de petits chemins, etc.

§ 29. — Le tableau suivant montre l'accord de l'adjectif *-yi*, mauvais, avec les différentes classes de substantifs :

Singulier.
1 MUnu MUyi, un mauvais homme.
3 MUndi MUyi, un mauvais village.
5 LIywa LIyi, un mauvais jour.
7 sInu sIyi, une mauvaise chose.
9 INgombe iyi, un mauvais bœuf.

Pluriel.
2 Anu Ayi, de mauvais hommes.
4 MIndi MIyi, de mauvais villages.
6 MAywa MAyi, de mauvais jours.
8 INu Iyi, de mauvaises choses.
10 TINgombe TIyi, de mauvais bœufs.

| Singulier. | Pluriel. |
|---|---|
| 11 LUsimo LUyi, une mauvaise chasse. | |
| 12 KAunyi KAyi, un mauvais oiseau. | 13 TUunyi TUyi, de mauvais oiseaux. |
| 14 wato uyi, un mauvais canot. | |
| 15 KUtwi KUyi, une mauvaise oreille. | |

OBSERVATION. — A la 9ᵉ et 10ᵉ classes c'est le préfixe pronominal, plutôt que le préfixe nominal qui est employé. A la 9ᵉ classe on a souvent *ingombe tiyi*, au lieu de *ingombe iy* (cf. § 15 Obs.).

A la 14ᵉ classe on trouve parfois le préfixe *mu* de la 3ᵉ classe préfixé à l'adjectif. Ex. : *wato mukulu*, un grand canot.

§ 30. — Les adjectifs sont très rares en Louyi. Voici la liste de ceux que je connais : *-yi*, mauvais, laid; *-wa*, beau, bon; *-nene*, grand; *-nyonyo*, petit; *-chili*, autre, différent; *-le*, long; *-kulu*, grand, ancien; *-ndi*, nombreux; *-lu*, noir, *-tju*, rouge *-tjana*, petit.

§ 31. — On peut aussi joindre l'adjectif au substantif au moyen de la particule *no*, invariable à toutes les classes. Ex. : *munu noyi*; *anu noyi*; *mundi noyi*; *sinu noyi*, etc., un homme mauvais, des hommes m., un m. village, une mauvaise chose, etc.

OBSERVATION. — Cette construction est probablement possessive (cf. § 43). *na* paraît être une particule possessive *sui generis*, suivi du substantif abstrait *uyi*, laideur, *uwa*, beauté, etc. *munu noyi* signifierait donc originellement : homme de laideur. Une construction du même genre se retrouve en Ki-Mboundou. Pour la particule *no*, cf. d'ailleurs § 46.

§ 32. — Pour suppléer au manque d'adjectifs on se sert de cette même particule *no* placée devant l'infinitif des verbes. Ex. : *nyunyi no ku neneba* (=*nu u ku neneba*), un grand oiseau; *munu no ku waba*, une belle personne; *munu no ku nanuba*, une personne intelligente, *asakame no ku pula*, de nombreux lièvres.

On peut aussi employer, au lieu de *no*, la construction possessive ordinaire (cf. § 42). Ex. : *munu wa ku nanuba*, un homme intelligent, etc.

OBSERVATION. — On se sert souvent de la construction possessive pour indiquer certains rapports que dans d'autres langues nous exprimons d'habitude par des adjectifs. Ex. : *liywa lia mutumbi*, un autre jour, etc.

§ 33. **Tableau des pronoms Louyi.**

| | 1° PRONOMS PERSONNELS | | | | 2° PRONOMS | | DÉMONSTRATIFS | | 3° PRON. INTERR. | 4° PRONOMS INDÉTERMINÉS | | |
|---|---|---|---|---|---|---|---|---|---|---|---|---|
| | a) PRON. CONJOINTS | | b) PR. SUBST. | c) PR. POSS. | 1re POSITION | | 2e POSIT. | 3e POSITION | | | | |
| | Nominatif | Objectif | | | | | | | | | | |
| 1re pers. sing. | ni | ni | mene | ngé | — | | — | — | | | | |
| — pl. | tu | tu | atji | etu | — | | | | | londje | twenyene | |
| 2e pers. sing. | u | ku | wene | oe | | | | | | wenyene | | |
| — pl. | mu | mu | anyi | enu | | | | | | mondje (any onj) | mwenyene | |
| 3e pers. Cl. 1 | u(a) | mu | oyo | ye.e | uyu (ulo) | uno | oyo (olo) | uya | ucha | uhi? | mumweya | wenyene | undina |
| 2 | a | | ao | o | aa | ano | aa | aya | acha | abi? andjinga? | amweya | ondje | anyene | andina |
| 3 | u | | wa | o | uo | uno | wo | uya | ucha | ubi? | mumweya | ondije | — | undina |
| 4 | i | | iya | yo | ii | ino | iyo | iya | icha | ibi? indjinga? | imweya | yondje | | indina |
| 5 | li | | elio | lio | eli | lino | elio | liya | licha | libi? | limweya | londje | | etc. |
| 6 | a | | ao | o | aa | ano | ao | aya | acha | abi? andjinga? | amweya | ondje | | |
| 7 | si | | eso | so | esi | sino | eso | siya | sicha | sihi? | simweya | sondje | — | |
| 8 | i | | iyo | yo | ii | ino | iyo | iya | icha | ibi? indjinga? | imweya | yondje | — | |
| 9 | i.ti | | iyo.eto | yo.to | ii (eti) | ino.tino | iyo.eto | iya.tiya | icha.ticha | ibi? | imweya | yondje | — | |
| 10 | ti | | eto | to | eti | tino | eto | tiya | ticha | tibi? tindjinga? | timweya | tondje | | |
| 11 | tu | | olo | lo | ulu | luno | olo | luya | lucha | lubi? | lumweya | londje | — | |
| 12 | ka | | aka | ko | aka | kano | ako | kaya | kacha | kabi? | kamweya | kondje | | |
| 13 | tu | | oto | to | utu | tuno | oto | tuya | tucha | tubi? tundjinga? | tumweya | tondje | — | |
| 14 | u | | wo | o | uo | uno | wo | uya | ucha | ubi? | umweya | ondje | — | |
| 15 | ku | | oko | ko | uku | kuno | oko | kuya | kucha | kubi? | kumweya | kondje | | |
| Locatifs 16 | ba | | abo | bo | aba | bano | aba | baya | bacha | — | — | — | | |
| 17 | mu | | omo | mo | umu | muno | omo | muya | mucha | — | — | — | | |
| 18 | ku | | oko | ko | uku | kuno | oko | kuya | kucha | kubi? | — | — | | |

## CHAPITRE SIXIÈME

## Le pronom.

§ 34. — Comme on peut s'en apercevoir, en étudiant le tableau donné au § 33, les pronoms Louyi sont formés, comme ceux du Soubiya, au moyen des suffixes pronominaux. Ces derniers sont, d'ailleurs, identiques aux pronoms personnels conjoints.

OBSERVATION. — Ainsi que cela a été indiqué § 15, le pronom de la 10ᵉ classe remplacera souvent celui de la 9ᵉ.

§ 35. — Le pronom de la 3ᵉ personne 1ʳᵉ classe a, comme en Soubiya, des formes à part (*a*, *ye*, etc.). Dans les pronoms démonstratifs de cette classe, *y* ou *t* remplacent le *z* du Soubiya. Ex. : *uyu*, *uto*, *oyo*, *oto*, etc. (correspondant aux formes Soubiya : *uzu*, *uzo*, etc.).

### 1º *Pronoms personnels.*

§ 36. — Les pronoms personnels (conjoints, substantifs et possessifs) s'emploient absolument comme ceux du Soubiya. Je renvoie donc à ce qui en a été dit.

OBSERVATION. — A la 3ᵉ personne 1ʳᵉ classe, les formes *u* et *a* du pronom conjoint nominatif donnent également lieu aux mêmes observations qu'en Soubiya. Dans un temps spécial (cf. § 74) la forme nominative *u* est remplacée par *mu*.

Les pronoms substantifs de la 3ᵉ personne sont de fait des formes démonstratives.

§ 37. — Le *pronom réfléchi* (*di* en Soubiya) n'existe pas en Louyi. On le remplace par le pronom conjoint *ku* de la 15ᵉ classe. Ex. : *ni a ku fula*, ils se frappent eux-mêmes; *ao ku timba*, ils se détestent eux-mêmes, etc.

OBSERVATION. — A ma connaissance, le Kongo est la seule langue Bantou où le même emploi de *ku* ait été observé. Quand le pronom réfléchi *ku* doit se mettre avec un verbe à l'infinitif, le préfixe *ku* de cet infinitif disparaît. Ainsi on dit : *ao ku timba*, et non pas *ao ku ku timba*, comme cela serait, semble-t-il, plus régulier (cf. § 72).

### 2° *Pronoms démonstratifs.*

§ 38. — Ils donnent lieu aux mêmes remarques qu'en Soubiya : *uyu, aa*; *uno, ano*, etc., signifient : celui-ci, ceux-ci; *oyo, ao*, celui-là, ceux-là; *uya, aya*; *ucha, acha*, celui-là, là-bas, etc. Ex. : *munu uyu*, cet homme-ci; *anu ao*, ces hommes-là, etc.

### 3° *Pronoms interrogatifs.*

§ 39. — Les pronoms substantifs interrogatifs sont : *anyi?* pluriel *anyini?* qui? et *ike?* quoi? Ex. : *munu uyu n'anyi?* qui est cet homme? *t'anyi?* qui est-ce? *n'ike?* qu'est-ce?

OBSERVATION. — *ike* semble parfois être employé adjectivement; il est alors précédé du préfixe pronominal. Ex. : *esi ni sike?* qu'est-ce ceci?

§ 40. — Les pronoms adjectifs interrogatifs sont : *ubi? abi?* lequel? lesquels? etc., et *andjinga? indjinga?* combien? etc. Ils se construisent au moyen des préfixes pronominaux ; *ubi?* correspond exactement au Soubiya *uhi?* et *andjinga?* au Soubiya *bongae?* (dans ce dernier cas le sens seul est le même, la construction étant très différente). Ex. : *munu ubi?* quel homme ? *anu andjinga?* combien d'hommes ? etc.

4° *Pronoms indéterminés.*

§ 41. — *ondje,* tous, est traité exactement comme le Soubiya *bonse*; et *undina, andina,* un autre, des autres, comme le Soubiya *ungi, bangi.* Ex. : *ondje anu,* tous les hommes ; *yondje yondje inu,* toutes les choses ; *kaiamana ka ndina,* un autre animal, un animal étrange, etc.

*mweya,* un, est traité comme *ubi undina,* etc., sauf qu'il prend par exception le préfixe *mu,* au lieu de *u,* à la 1<sup>re</sup> et 3<sup>e</sup> classes. Il correspond pour le sens au Soubiya *zumwe* ou *zungi.* Ex. : *munu mumweya,* un homme ; *anu amweya,* quelques hommes, d'autres hommes.

§ 42. — Le pronom *moi-même, lui-même* représenté en Soubiya par *ine,* se rend en Louyi par *-enyene* ou *-nyene* précédé du pronom conjoint. Je ne connais de ce pronom que les formes données dans le tableau § 33. On semble surtout l'employer pour renforcer le pronom réfléchi *ku.* Ex. : *anu ni a ku fula anyene,* les gens se frappent eux-mêmes.

OBSERVATION. — Je ne connais en Louyi aucun équivalent des pronoms Soubiya *yenke* et *ye yena.*

---

CHAPITRE SEPTIÈME

La construction possessive.

§ 43. — La particule possessive est formée, comme en Soubiya, au moyen des préfixes pronominaux suivis de *a*, donnant ainsi les formes suivantes : *wa* (1), *a* (2), *wa* (3), *ya* (4), *lia* ou *la* (5), *a* (6), *sa* (7), *ya* (8), *ya* ou *ta* (9), *ta* (10), *lwa* (11), *ka* (12), *twa* (13), *wa* (14), *kwa* (15). Ex. : *mwanakazi wa nge*, ma femme (femme de moi); *liyumbelo lia muywandi*, le tombeau du chef, etc.

§ 44. — Quand le substantif qui la suit a l'article, ou commence par une voyelle, la particule possessive est parfois contractée avec cette dernière. Ex. : *nyama y'etingombe*, la viande des bœufs. La contraction est cependant très rare ; l'article semble généralement omis après la particule possessive.

OBSERVATION. — Devant le pronom possessif *oe* (2° pers. sing), la particule est toujours contractée. Ex. : *ana oe*, tes enfants; *lipumo li'oe*, ton ventre, etc. Les pronoms possessifs *etu* et *enu* (1″ et 2° pers. plur.) sont également des contractions de *a-itu*, *a-inu*.

§ 45. — Après quelques substantifs, surtout ceux qui expriment la parenté (cf. *Gramm. Soub.*, § 61), la particule possessive est simplement *a*; ou bien elle est omise (devant les pronoms possessifs). Ex. : *mukat'a ye*, sa femme: *itae*, son père ; *mbum'oe*, ton mari; *mwab'ae*, son compagnon, etc.

§ 46. — La particule possessive est souvent remplacée par la particule invariable *no* (cf. § 32). Ex. : *anu no kale*, les hommes de jadis; *beulu no itele*, au-dessus des calebasses ; *mwibae nò tiamana*, un chasseur d'animaux, etc.

OBSERVATION. — Dans certains cas (peut-être uniquement devant les locatifs et les substantifs commençant en *a*) *no* devient *na*. Ex. : *ambwa na bano*, les chiens d'ici ; *makumi aili n'anu*, deux dizaines d'hommes, etc.

La particule possessive peut être précédée de l'article, quand elle est prise substantivement. Ex. : *iya yé* (i. e. *nyama*, viande), la sienne (litt. : celle de lui).

---

## CHAPITRE HUITIÈME

### Les numéraux.

§ 47. — Les cinq premiers nombres sont formés au moyen de radicaux spéciaux précédés des suffixes pronominaux. Ces radicaux sont : *-mweya*, un ; *-ili*, deux ; *-atu*, trois ; *-ne*, quatre ; *-tanu*, cinq. Ex. : *munu mumweya*, un homme ; *anu aili*, deux hommes ; *inu iatu*, trois choses ; *maywa ane*, quatre choses ; *tingombe titanu*, cinq bœufs, etc.

OBSERVATION. — Pour la construction de *-mweya*, cf. § 41. On remarquera qu'en Louyi les numéraux sont construits autrement qu'en Soubiya. Un grand nombre de langues Bantou concordent en cela avec le Louyi ; tandis que, pour autant que je les connais, on ne retrouve dans aucune autre la construction du Soubiya.

§ 48. — De 6 à 9 on emploie, comme en Soubiya, des périphrases. Ex. : *tingombe ta ngeti na silela*, mes bœufs sont six (litt. : mes bœufs *sautent* ; parce qu'en comptant sur ses doigts, en arrivant à six il faut *sauter* d'une main à l'autre) ; *tingombe ta nye ti na yuleka*, mes bœufs sont sept (litt. : mes bœufs *montrent* ; c'est l'index qui représente sept) ; *tingombe ni ti chola minwe iili*, *-munwe mumeywa*, les bœufs sont huit, sont neuf (litt. : les bœufs *brisent* un, deux doigts, parce qu'en comptant huit on abaisse, on brise, deux doigts, et un en comptant neuf), etc.

§ 49. — *Dix* est exprimé par un substantif : *likumi*, pl. *makumi*.

*Vingt* se rend par : *makumi aili*; *trente*, par *mukumi atu*, etc. (litt. : deux dizaines, trois dizaines, etc.). Ex. : *tingombe ta nge ni likumi*, mes bœufs sont dix (litt. : c'est une dizaine) ; *makumi ane n'anu*, vingt hommes (litt. : deux dizaines d'hommes), etc.

*Cent* se rend par *muanda*; deux cents est : *mianda iili*; trois cents : *mianda iatu*, etc. Ex. : *muandu wa anu*, cent hommes (lit. : centaine d'hommes), etc.

## CHAPITRE NEUVIÈME

### Locatifs et Propositions.

§ 50. — Les préfixes locatifs *ba*, *mu*, *ku* sont identiques pour le sens à ceux du Soubiya. Leur emploi est également le même. Les rares différences que l'on peut constater entre les deux langues, seront relevées dans les paragraphes suivants. Pour le reste, je renvoie à la *Grammaire Soubiya*, § 69-79. Ex. : *kaunyi ako ku kela ba ndo*, l'oiseau arriva *près* de la hutte ; *ni li mu ingena mu ndo*, j'entre *dans* la hutte ; *ab'a kela ku mundi*, lorsqu'il arriva au village, etc.

OBSERVATION. — Comme en Soubyia, *ba*, *mu*, *ku* indiquent uniquement la localité, jamais la direction vers ou loin de, ou le repos dans un lieu.

§ 51. — Quand un substantif ou locatif est suivi d'un pronom démonstratif, ce dernier s'accorde avec le préfixe du substantif et non pas avec le locatif. Ex. : *mu lindja liya*, sur le bord là-bas (et non pas : *mu lindja muya*).

OBSERVATION. — On a vu qu'en Soubiya (*Gramm. Soub.*, § 72)

la construction est différente; le Soubiya semble avoir mieux conservé, en ceci du moins, la valeur substantive du locatif.

§ 52. — La construction possessive après un locatif est la même qu'en Soubiya. Ex. : *ba ndo ya nge*, près de ma hutte.

§ 53. — Le locatif peut être en Louyi, bien plus souvent qu'en Soubiya, sujet ou objet d'un verbe. Ex. : *mu ndinde mu iyalile ulumba*, le jardin est plein de fantômes (litt. : l'intérieur de jardin est plein de fantômes).

OBSERVATION. — En Soubiya ce n'est guère qu'avec le verbe *avoir* qu'on trouve cette construction (cf. *Gramm. Soubiya*, § 73).

§ 54. — Contrairement à l'usage du Soubiya, le locatif Louyi se construit avec le verbe *être*, aussi bien et plus fréquemment même qu'avec le verbe *avoir*. Ex. : *aba li* (c'est-à-dire *liyoka*, grand serpent) *li mu mpako*, quand il est dans son trou; *akoe mw'a li ndji?* les tiens sont-ils là? *abaye mw'a li*, les siens sont là, etc. Avec *avoir* : *omu mu si n'anu*, là où il n'y a personne.

§ 55. — Pour rendre la formule française : il est là, elle est là, etc., on se sert du verbe *être* et des pronoms locatifs *kwa*, *mwa*, qui se placent devant le pronom conjoint sujet du verbe. Ex. : *mw'a li ndji ?* sont-ils là? *kwa si li sitondo*, l'arbre est là; *kwa i li inyama*, il y a là de la viande, etc.

Au négatif ces formes se rendent ainsi : *k'a isa ko*, il n'est pas là; *k'a sa mo abaye*, les siens ne sont pas ici; *k'a sa bo*, il n'est pas ici; *ka ku isa nyama*, il n'y a pas de viande ici; *ka mu isa muntu*, il n'y a personne, etc.

Employés avec d'autres verbes, les pronoms locatifs *mwa*, *kwa* signifient : c'est ici que, c'est là que. Ex. : *mwa ni limukela*, c'est (jusqu')ici que je sais ; *kwa na ku tunda*, c'est de là qu'il sort, etc.

OBSERVATION. — Je ne m'explique pas la formation des pronoms *mwa, kwa* ; je ne connais pas, en effet, de formes analogues dans les autres classes non locatives. Pour les formes négatives, *k'a :a bo,* etc., cf. § 97.

§ 56. — Devant les noms propres, les substantifs qui leur sont assimilés et les pronoms, on emploie généralement les formes *kuli* et *bali.* Ex. : *kuli mene,* vers moi ; *kuli muywandi,* vers le chef ; *bali nalukalamba,* auprès de la *mantis religiosa,* etc.

On trouve cependant occasionnellement des formes comme *ku nyina,* vers sa mère (au lieu de *kuli nyina*). Dans un de mes textes, j'ai également relevé la forme *bali namoo,* auprès de la place publique, bien que *namoo* soit un nom de chose.

OBSERVATION. — *kuli, bali* signifient probablement : là (où) est. *ku, ba* sont les pronoms conjoints locatifs ; *li* est le verbe : être. *kuli muywandi* signifierait donc : là où est le chef. On a remarqué en Soubiya une forme analogue (cf. *Gramm. Soub.,* § 79).

§ 57. — Avec les noms de lieux on emploie *ku* ou *kwa.* Ex. : *ku Luyi,* au Bo-Rotsi ; *ku Loonde* ou *kwa Loonde,* à Loonde (nom d'un village), etc.

Construits avec les pronoms substantifs ou possessifs, *ku* ou *kwa* signifient : chez. Ex. : *kwatji,* chez nous ; *kwenu,* chez vous ; *kwao,* chez eux, etc.

OBSERVATION. — *kwa* est probablement la particule possessive de la 18e classe (cf. *Gramm. Soub.,* § 78). La même particule s'emploie dans certains noms composés, et dans quelques constructions possessives *sui generis.* Ex. : *a-kwa-Lubale,* les A-kwa-Loubale (litt. : ceux de chez Loubale) ; *A-Luyi a-kwa-malimi ku alola,* les Ba-Rotsi à la langue trompeuse (litt. : ceux de la langue trompeuse), etc.

§ 58. — La seule préposition non locative à moi connue est *ni* ou *na.* La forme *na* s'emploie avec les substantifs de la 1re classe et les pronoms possessifs; la forme *ni* avec tous les autres substantifs et les pronoms démonstratifs ou autres. Cette préposition est employée :

1) Avec les substantifs et les pronoms pour indiquer : et, avec, aussi. Ex. : *naye*, avec lui; *netu*, avec nous; *na mukat'ae*, avec sa femme; *ni kawana*, avec l'assiette; *n'uto*, celui-là aussi, etc.

2) Pour signifier : par, au moyen de. Ex. : *ni li mu ku fula ni ñoli*, je te frappe avec un bâton.

3) Pour former la particule possessive *na* ou *no* (cf. §§ 31 et 46). La particule *no* s'emploie toujours après les adverbes : *bakachi*, au milieu; *beulu*, au-dessus, *kwindji*, *mundji*, dessous, pour les relier aux substantifs qu'ils régissent. Ex. : *beulu no itele*, au-dessus des calebasses, *kwindji no munbu*, sous la terre; *bakachi no ndila*, au milieu du chemin. Ces adverbes deviennent ainsi des prépositions composées (cf. *Gramm. Soub.*, § 80).

Observation. — Dans ce dernier cas il est très difficile de s'expliquer la composition de la forme *no*. Pour l'emploi de *ni* avec les verbes, cf. § 74.

## CHAPITRE DIXIÈME

### Les Adverbes.

§ 59. — Comme en Soubiya, les adverbes sont soit des pronoms (avant tout des pronoms locatifs), soit des substantifs locatifs, soit des substantifs de la 14ᵉ classe, etc.

1° *Adverbes de temps*. — Ce sont : *biyunda*, aujourd'hui; *babelo*, à présent; *balino*, maintenant; *bandele*, il y a longtemps; *bangolwa* ou *mangolwa*, hier; *usiku*, de nuit; *mwindji*, de jour, etc.

**2° Adverbes de lieu.** — *Momo, omo, mo, muno,* ici, là; *bo, aba, abo. bano, bobo,* ici, là; *uku, ko, kuno,* ici, là, etc. *kule,* loin; *kubi?* et *kubini?* où? *kuso,* devant; *bakachi,* au milieu; *bandji, kundji* (ou *kwindji*), dessous, en-dessous; *kuwilu, beulu,* en haut, en dessus; *bande,* dehors; *ku nyima,* derrière, etc.

**3° Adverbes de manière.** — *ngesi, ngeso,* ainsi; *nga sibi?* comment? *unene,* beaucoup; *wino,* bien; *uyi,* mal; *kame,* de plus, ensuite; *ndji?* est-ce que? Peut-être aussi *ufe,* en vérité.

OBSERVATION. — *ngesi, ngeso,* etc. est formé au moyen du pronom démonstratif *isi, iso* (7° cl.) et de la particule *nga,* qui est peut-être une préposition signifiant: par, au moyen de, comme.

## II° DIVISION. — LE VERBE

### CHAPITRE ONZIÈME
### Le verbe en général.

§ 60. — La forme la plus simple du verbe se trouve à l'infinitif ; la désinence ordinaire en est *a*. Ex. : *ku tunda*, sortir ; *ku mana* finir ; *ku mona*, voir ; *ku bita*, passer, etc.

OBSERVATION. — Les verbes *ku ambedji, -tadji*, dire ainsi, sont probablement composés au moyen de *ku amba*, parler ; *ku ti*, dire, et la particule *idji, ndji* ou *adji*, ainsi.

§ 61. — Tous les verbes primitifs sont dissyllabiques ou monosyllabiques ; les verbes de plus de deux syllabes doivent être considérés comme des dérivés, bien qu'il ne soit pas possible d'expliquer dans chaque cas leur composition. En Louyi, cette distinction entre verbes primitifs et dérivés a une certaine importance grammaticale (cf. § 70, Obs.)

§ 62. — Dans les temps à mode personnel, le sujet doit être uni au verbe au moyen de son pronom conjoint. Ex. : *mene ni li mu dia*, pour moi je mange ; *iamana i ingene*, que les animaux entrent, etc. (cf. *Gramm. Soub.*, § 89).

OBSERVATION. — Dans certains temps, à la 3° personne 1<sup>re</sup> et 2° classes, le pronom conjoint est cependant omis ordinairement (cf. § 70).

§ 63. — Pour le rôle que jouent préfixes et suffixes dans la conjugaison Bantou, je renvoie à la *Grammaire Soubiya* (§ 90). Il faut se garder de considérer en Louyi, comme provenant de suffixes, les changements produits dans certains cas déterminés sur la désinence du verbe par l'assimilation des voyelles (cf. § 10).

§ 64. — Le verbe Louyi possède les trois *modes* suivants : infinitif, indicatif (et conjonctif), et final (ou impératif).

Les *temps* fondamentaux sont au nombre de deux : le présent et le parfait. A l'aide d'auxiliaires on forme de plus le passé et le futur. A ces quatre temps, il faut ajouter deux temps indéfinis.

Comme en Soubiya, nous distinguons également deux *conjugaisons* différentes : la conjugaison affirmative et la conjugaison négative.

## CHAPITRE DOUZIÈME

## La conjugaison affirmative.

### 1° *Infinitif.*

§ 65. — L'infinitif est toujours précédé du préfixe nominal *ku* (15e cl.). Ex. : *ku yoya*, vivre ; *ku yaka*, bâtir ; *ku enda*, aller ; *ku fumeka*, brûler, etc.

### 2° *Indicatif.*

#### A. — Temps simples.

§ 66. — Les deux temps simples sont le présent et le parfait ; les remarques faites dans la *Grammaire Soubiya* (§ 93) au sujet de ces temps s'appliquent aussi au Louyi.

Le *présent* est la forme verbale simple, précédée des pronoms conjoints. Mais on ne le trouve que dans les phrases dépendantes ; c'est au fond un conjonctif plutôt qu'un indicatif. Ex : *aba ni enda*, si je vais, *mwanukana ab'a toma*, lorsqu'un enfant est malade, etc.

OBSERVATION. — Après la conjonction *aba*, si, lorsque, et dans les phrases relatives le pronom de la 3ᵉ personne 1ʳᵉ classe est *a* ; dans les phrases simplement dépendantes ou complétives il conserve sa forme ordinaire *u*. Ex. : *ni na mono munu u endu*, j'ai vu un homme qui marchait (litt. : il marche), etc.

§ 67. — Le parfait est formé au moyen du suffixe *-ile* ou *-ine* ; on emploie *-ine* dans les verbes dont la dernière syllabe contient une nasale pure (*m* ou *n*), *-ile* dans tous les autres verbes (cf. § 8). Ex. : *ni tomine*, je suis malade ; *ni tumine*, j'ai envoyé ; *ni yakile*, j'ai bâti ; *ni shimbile* ; je porte sur mon dos, etc.

OBSERVATION. — Les pronoms sont les mêmes qu'au présent. A la 3ᵉ personne 1ʳᵉ classe on emploie *a* après *aba* et dans les phrases relatives ; *u* partout ailleurs.

§ 68. — Quelques verbes forment le parfait d'une manière irrégulière. Ce sont : *ku mona*, voir, *ni mwene*, j'ai vu ; *ku kwata*, saisir, s'emparer de, *ni kwete*, je me suis emparé de, je possède, etc. Une connaissance plus complète de la langue permettra sans doute d'en compléter la liste et d'indiquer les lois phonétiques qui président à ces formations irrégulières.

### B. — TEMPS COMPOSÉS.

§ 69. — Avec l'auxiliaire *a*, qui s'unit au pronom conjoint (cf. *Gramm Soub.*, § 98) on forme le passé ; la désinence est toujours *a*. Ex. : *na tuma, wa tuma, a* ou *wa tuma*, j'envoyai, tu envoyas, il envoya, etc.

§ 70. — Une autre forme du *passé* (qui a souvent aussi le même sens que le parfait) s'obtient au moyen de l'auxiliaire *na*, que l'on place après le pronom conjoint. Ex. : *ni na mana*; *u na mana*; *tu na mana* : j'ai fini, tu as fini, nous avons fini, etc. Mais à la 3ᵉ personne 1ʳᵉ et 2ᵉ classes, le pronom conjoint est ordinairement omis. Ex. : *na mana*, il a fini, ils ont fini.

L'assimilation des voyelles se fait sentir ici (cf. § 10). Ex. : *ni na mana*, j'ai fini ; *ni na ende*, je suis allé ; *ni na sii*, j'ai abandonné ; *ni na mono*, j'ai vu ; *ni na yupu* ; j'ai entendu.

OBSERVATION. — Les verbes polysyllabiques conservent cependant toujours *a* comme voyelle finale, à l'exception des verbes directifs (cf. § 104) qui prennent souvent *e*. Ex. : *ni na koñela*, j'ai cuit ; *ni na pumene*, j'ai consenti, etc.

§ 71. — Le même auxiliaire *na* suivi de l'infinitif sert à former une autre variété du *passé* (ou imparfait). Ex. : *ni na ku fa*, je suis mort; *tu na ku wana*, nous avons trouvé; *na ku mona*, je voyais, etc.

§ 72. — Le *futur* se forme au moyen de l'auxiliaire *tamba* suivi de l'infinitif. Ex. : *ni tamba ku fa*, je mourrai ; *u tamba ku mona*, tu verras.

A la 1ʳᵉ personne on emploie souvent *n'amba* au lieu de *ni tamba*. Ex. : *n'amba ku enda*, j'irai, etc. Cette forme est le résultat d'une contraction; la voyelle *i* de *ni* étant tombée, on obtient la forme *n-tamba*; mais d'après la règle phonétique indiquée § 7 (Obs.) *t* tombant après *n*, on obtient *n'amba*.

OBSERVATION. — *tamba* se contracte souvent avec le *ku* de l'infinitif, et donne naissance à la forme *tamb'o*. Cela a surtout lieu lorsque le pronom de la 2ᵉ personne singulier *ku* est objet du verbe; on évite ainsi la répétition de *ku*. Ex. : *nitam b'oku mona*, je te verrai, etc. Pour quelque chose d'analogue, cf. § 37.

Dans l'auxiliaire *tamba*, *ta* signifie : aller. Le sens original de *mba* m'est inconnu.

### C. — TEMPS INDÉFINIS.

§ 73. — J'indique ici deux temps spéciaux, dont l'un est employé souvent comme présent, et l'autre comme passé, mais qui sont plus généralement encore employés d'une manière tout à fait indéfinie, mais jamais dans des phrases subordonnées. Ils présentent, surtout le présent, de très curieuses particularités ; on trouverait difficilement des constructions analogues dans les autres langues Bantou déjà connues :

§ 74. — Le présent formé au moyen de la particule *ni*, à la 3ᵉ personne singulier et pluriel et du verbe auxiliaire *li*, à la 1ʳᵉ et la 2ᵉ personnes. Comme la construction en est fort compliquée, il faut en donner un paradigme complet.

Singulier.
1ʳᵉ p.   *ni li mu enda*, je vais.
2ᵉ p.    *u li mu enda*, tu vas.
3ᵉ p. Cl. 1  *ni mu enda*, il va.
         3  *ni mu enda* (ou *ni wu enda*).
         5  *ni li enda* (ou *ni wu enda*).
         7  *ni si enda*.
         9  *ni i enda* (ou *ni ti enda*).
        11  *ni lu enda*.
        12  *ni ka enda*.
        14  *ni u enda*.
        15  *ni ku enda*.

Pluriel.
*ni li a enda*, nous allons.
*mu li a enda*, vous allez.
Cl. 2  *ni a enda*, ils vont.
    4  *ni i enda* (ou *ni mi enda*).
    6  *ni a enda* (ou *ni ma enda*).
    8  *ni i enda*.
   10  *ni ti enda*.
   13  *ni tu enda*.

§ 75. — L'auxiliaire *li*, qui se trouve aux deux premières personnes, est peut-être le même que le verbe : être (cf. § 90). A la 3ᵉ personne il est remplacé par *ni*, qui se place devant le pronom conjoint, et est peut-être la même particule que *ni* : et, avec (cf. § 58). On remarquera qu'à la 3ᵉ personne 1ʳᵉ classe le pronom conjoint est *mu*, et non *u*; c'est la forme archaïque du pronom (probablement conservée ici à cause de sa position même, puisque protégé par la particule *ri*, le pronom était moins exposé à perdre sa nasale). De la même manière, les pronoms de la 3ᵉ, 4ᵉ et 6ᵉ classes sont souvent *mu*, *mi* et *ma*, au lieu de *u*, *i* et *a*. Le phénomène le plus étrange est la présence de *mu* aux deux 1ʳᵉˢ personnes du singulier, et de *a* aux deux 1ʳᵉˢ personnes du pluriel. C'est bien certainement le pronom (ou peut-être le préfixe nominal) de la 1ʳᵉ et 2ᵉ classes (personnelles). Il y a donc de fait deux pronoms à chacune de ces formes, le pronom de la 1ʳᵉ et de la 2ᵉ personnes et celui de la 3ᵉ. C'est comme si l'on disait : je suis celui qui va (l'allant) ; nous sommes ceux qui vont (les allants).

OBSERVATION. — A la 1ʳᵉ personne singulier on peut aussi supprimer *li*, et dire *ni mu enda*, je vais ; à la 3ᵉ singulier 1ʳᵉ classe on dit souvent : *mu enda*, au lieu de *ni mu enda*. *ni* peut probablement tomber aussi aux autres classes.

§ 76. — Le passé indéfini est formé au moyen du pronom substantif suivi de l'infinitif. Aux deux premières personnes l'infinitif est précédé de l'article *u*, qui semble tomber à la 3ᵉ personne. Voici le paradigme complet de ce temps :

|  |  | Singulier. |  |  | Pluriel. |
|---|---|---|---|---|---|
| 1ʳᵉ pers. |  | mene u ku enda. |  |  | atji u ku enda. |
| 2ᵉ pers. |  | wene u ku enda. |  |  | anyi u ku enda. |
| 3ᵉ pers. | Cl. 1 | oyo ku enda. | Cl. | 2 | ao ku enda. |
|  | 3 | owo ku enda. |  | 4 | iyo ku enda. |
|  | 5 | elio ku enda. |  | 6 | ao ku enda. |
|  | 7 | eso ku enda. |  | 8 | iyo ku enda. |
|  | 9 | (iyo) eto ku enda. |  | 10 | eto ku enda. |
|  | 11 | olo ku enda. |  |  |  |
|  | 12 | ako ku enda. |  | 13 | oto ku enda. |
|  | 14 | owo ku enda. |  |  |  |
|  | 15 | oko ku enda. |  |  |  |

§ 77. — Le simple infinitif, avec ou sans article, *u ku enda* ou *ku enda* peut également suivre la plupart des temps, avec ce même sens indéfini. C'est une construction très commode dont les A-Louyi semblent faire un usage très fréquent. Ex. : *munu na mwan'ae ao ku enda, itae u ku lema mwan'ae ; oyo ku mu ibaa, u ku tamba mitambo* : un homme et son enfant marchaient (ensemble), le père saisit son enfant, le tua et le coupa en morceaux, etc.

OBSERVATION. — Une autre forme qu'on doit relever est celle-ci : *yo enda*, il va continuellement ; *yo lila*, il continue à pleurer, il est toujours à pleurer. Je ne l'ai remarquée jusqu'ici qu'à la 3ᵉ personne 1ʳᵉ classe.

### 3° *Final.*

§ 78. — Le final (ou impératif) change en *e* la désinence *a* de l'infinitif ; le verbe est précédé des pronoms ordinaires, *a* étant employé au lieu de *u* à la 3ᵉ personne singulier 1ʳᵉ classe. Ex. : *ni ende*, que j'aille ; *mu leme*, saisissez ; *tu ibae*, tuons, etc.

## CHAPITRE TREIZIÈME

### La conjugaison négative.

§ 79. — Le négatif est formé au moyen des particules négatives *ka* et *sa* pour le présent et le parfait ; *kana* pour le passé. Le verbe conserve en général (sauf au présent) les formes de l'affirmatif.

§ 80. — Au *présent* la désinence verbale suit les lois de l'assimilation des voyelles (cf. §§ 10 et 70). La particule négative *ka* est suivie du pronom conjoint ordinaire, *a* remplaçant *u* à la 3ᵉ personne 1ʳᵉ classe. Ex. : *ka ni wana*, je ne trouve pas; *k'o ende* (= *ka u ende*), tu ne vas pas; *ka tu yoyo*, nous ne nions pas; *k'a singi*, il ne veut pas; *ka mu tumu*, vous n'envoyez pas, etc.

A la 1ʳᵉ personne singulier *ka ni* devient souvent *si*. Ex. : *si singi*, je ne veux pas (cf. *Gramm. Soub.*, § 107).

§ 81. — Au *présent dépendant* (conjonctif) *ka* devient *sa* et se place après le pronom conjoint. Ex. : *aba ni sa ende, ab'u sa ende*, etc., si je ne vais pas, s'il ne va pas, etc.

§ 82. — Au *parfait*, on emploie également *ka*. Ex. : *ka ni limukile*, ou : *si limukile*, je n'ai pas fait attention (je ne sais pas); *k'a mwene*, il n'a pas vu, etc.

§ 83. — Au *passé*, *kana* se place devant le pronom. Ex. : *kana wa tenda, kana twa tenda*; tu ne fis pas, nous ne fîmes pas. A la 1ʳᵉ personne on emploie *kana si*, au lieu de *kana na*. Ex. : *kana si tenda*, je ne fis pas. Il ne m'est pas possible d'expliquer cette dernière forme.

OBSERVATION. — Le passé en *na* (cf. § 70) ne semble pas avoir de forme négative.

§ 84. — Le *futur* négatif est indiqué au moyen d'une périphrase. Ex. : *si singi, ku enda, ka tu singi ku enda*, je ne veux pas, nous ne voulons pas aller, etc.

§ 85. — Le *final* se rend par : *u lese ku ingena, mu ese ku ingena*, n'entre pas, n'entrez pas.

OBSERVATION. — Au singulier on semble employer plutôt *lese*, au pluriel plutôt *ese*. Cette dernière forme est probablement la plus correcte, et s'emploie aussi au singulier. *lesa* signifie : laisser, abandonner; *ese* est peut-être une forme finale du négatif *sa*.

## CHAPITRE QUATORZIÈME

### Verbes auxiliaires et particules diverses.

§ 86. — La plupart des particules dont il est question ici sont d'origine verbale, sauf *aba*, si, lorsque, qui est un pronom locatif, et peut-être aussi *samba*.

OBSERVATION. — La particule *ni* (d'origine verbale probablement) employée dans la formation du présent indéfini, a déjà été examinée § 75.

§ 87. — *ka* s'emploie, comme en Soubiya, et avec le même sens, à tous les temps et à tous les modes. Ex. : *Nyambe na ka ikala bandji*, Dieu demeurait sur terre; *ab'o ka kela ku anu*, lorsque tu arriveras vers les hommes; *tu ku tendele itondo, tu ka kelé ku ivilu*, faisons-nous des mâts, et arrivons au ciel (cf. *Gramm. Soub.*, § 116).

OBSERVATION. — Quand *ka* est employé avec l'infinitif, le préfixe *ku* de l'infinitif est généralement supprimé. Ex. : *ao ku yaka lutala, u ka baka mo amei*, ils édifient un échafaudage et y placent de l'eau.

§ 88. — La particule *si* signifie : encore. Ex. *u si tenda*, tu fais encore; *ni si enda*, je m'en vais (je continue à aller). Avec le verbe négatif *si* signifie : pas encore. Ex. : *ka wa si lia ndima?* n'as-tu pas encore mangé de pain? Cf. *Gramm. Soub.*, § 117.

OBSERVATION. — Dans ce dernier exemple, il semble qu'il faudrait *kana*, au lieu de *ka*, *wa lia* étant un passé.

§ 89. — *samba* suivi du passé signifie : depuis que. Ex. : *samba na kela, samba wa kela*, depuis que je suis arrivé ; depuis que tu es arrivé, etc. (cf. *Gramm. Soub.*, § 129).

*aba*, lorsque, si, est suivi de la forme dépendante de l'indicatif. Ex. : *aba ni enda*, si je vais ; *ab'a mona*, lorsqu'il voit, etc. (cf. *Gramm. Soub.*, § 126).

§ 90. — Le verbe *ku mana* suivi de l'infinitif sert à rendre le sens de : *déjà*. Ex. : *ni na mana ku enda*, je suis déjà allé (litt. : j'ai fini d'aller), etc.

Ils étaient sur le point de..., comme ils voulaient..., se rend par une construction tout à fait spéciale. Ex. : *a tadji a mu leme, oyo ku shotoka*, comme ils voulaient le saisir, il s'enfuit (litt. : ils disaient qu'ils le saisissent) ; *ab'a ambedji ni shombote, ao ku mu lema* ; comme il voulait (le) ramasser, ils le saisirent (litt. : comme il disait : que je ramasse), etc. (cf. *Gramm. Soub.*, § 136).

## CHAPITRE QUINZIÈME

### Les verbes Être et Avoir.

§ 91. — Comme en Soubiya le verbe *être* se conjugue au moyen des radicaux *li* et *ba*, et est assez souvent sous-entendu (cf. *Gramm. Soub.*, §§ 137-148).

§ 92. — Au présent de l'indicatif il faut soigneusement distinguer si le verbe *être* est à la 1ʳᵉ et à la 2ᵉ personnes, ou bien à la 3ᵉ. La construction est en effet très différente.

1) A la 1ʳᵉ et à la 2ᵉ personne singulier et pluriel on emploie *ni li, u li, tu li, mu li*, je suis, tu es, nous sommes, vous êtes ; et cela soit que le verbe se trouve dans une proposition principale, soit qu'il se trouve dans une proposition subordonnée. Ex. : *ni li muyi*, je suis méchant ; *tu li ayi*, nous sommes méchant, etc.

2) A la 3ᵉ personne à toutes les classes singulier et pluriel

le verbe *être* n'est pas exprimé ; le prédicat est soit placé directement après le sujet, soit joint à celui-ci par la copule *ni* ou *ta*. Ex. : *munu uyo muyi*, ou *munu uyo ni muyi*; cet homme est méchant, etc.

Cette construction n'est cependant employée que dans les propositions principales ; dès que la phrase devient dépendante, on doit employer le verbe *li* précédé du pronom conjoint. Ex. : *ab'a li muyi*, s'il est méchant.

OBSERVATION. — Le Soubiya diffère ici passablement du Louyi (cf. *Gramm. Soub.*, §§ 140-143).

§ 93. — La copule logique est soit *ni*, soit *ta* (ou *ti*). Il est difficile de dire quand une forme doit être employée à l'exclusion de l'autre, et si le sens en est différent. Il semble en tous cas qu'on ne les emploie pas indifféremment. Voici quelques exemples de leur emploi : *nde ta muywandi, sakame ta mubika*, le lion est le chef, le lièvre est le serviteur ; *time* ou *ti mene*, c'est moi ; *tiwe*, c'est toi ; *t'o yoyisa* (= *ta u yoyisa*) c'est lui qui fait vivre ; *t'anyi?* qui est-ce? *n'asakame*, ce sont des lièvres ; *ni kaiamana*, c'est un petit animal ; *litina lia ye ni nalungwana*, son nom c'est le nalungwane (espèce d'oiseau), etc.

§ 94. — Au présent négatif indépendant, le verbe *li* est toujours sous-entendu ; le pronom seul est exprimé, précédé naturellement de la particule négative *ka*. Ex. : *ka ni muyi*, je ne suis pas méchant ; *k'a muyi*, il n'est pas méchant, etc.

A la forme dépendante on emploie *si* (= *sa li*) après le pronom conjoint. Ex. : *aba ni si muyi, ab'a si muyi*, si je ne suis pas, si si tu n'es pas mauvais, etc.

§ 95. — Le passé est *ni na bi, u na bi*, etc. Ex. : *ni na bi lindji lia ku twa*, je suis devenue un gros pilon à piler.

§ 96. — Au passé, au futur et aux temps indéfinis, on rend

souvent le verbe *être* d'une tout autre façon, soit au moyen des verbes *ku tenda*, faire, et *ku téla* (dont il est difficile de préciser la signification). Ex. : *ni tamba ku tenda muywandi*, je serai un chef ; *ni na tende muyi*, j'ai été méchant ; *ao ku tila aywandi aili*, ils ont été deux chefs, etc.

§ 97. — Pour rendre les formes : il est là, il est ici, on se sert de la construction indiquée au § 55, c'est-à-dire du verbe *li* et du pronom locatif *kwa* ou *mwa*. Ex. : *abaye mw'a li*, les siens sont là ; *kw'a li munu*, un homme est là ; *kwa si li sitondo*, il y a là un arbre, etc.

Au négatif on se sert du verbe *sa* ou *isa*, précédé du pronom conjoint locatif, ou suivi du pronom substantif locatif. Ex. : *k'a sa ko*, il n'est pas là ; *k'a sa bo*, ils ne sont pas là ; *ka ku isa nyama*, il n'y a pas de viande ; *ka mu isa silongano*, il n'y a pas de mauvais rameur, etc.

§ 98. — Le verbe *avoir* se rend souvent par : être avec. Ex. : *omu mu si n'anu*, là où il n'y a pas d'hommes (litt. : qui n'est pas avec des hommes) ; *ni tamba ku ba ni mwana*, j'aurai un enfant, etc.

Mais cette construction est rare, et le verbe *avoir* est généralement rendu par *ku kwata*, posséder (litt. : se saisir de) ; *ku ikala ni*, demeurer avec, *ku lea* (posséder ?). Ex. : *ni kwete ana*, j'ai des enfants ; *ni tambu ku ikala ni mwana*, j'aurai un enfant ; *mukati oyo ku lea mwana*, la femme eut un enfant, etc.

---

## CHAPITRE SEIZIÈME

### Propositions relatives.

§ 99. — La construction relative est plus simple en Louyi

qu'en Soubiya. Quand le relatif est *sujet*, on emploie le pronom conjoint ordinaire. Ex. : *iamana i na ku ikala ko*, les animaux qui se tenaient là ; *nike i na ni loyo?* qu'est-ce qui m'intrigue? *anu a lima*, des gens qui labourent ; *munu u enda*, un homme qui marche, etc.

OBSERVATION. — A la 3ᵉ personne 1ʳᵉ et 2ᵉ classes, le pronom est toujours exprimé dans les propositions relatives, même dans les temps où on le supprime habituellement (cf. § 70). Ex. : *anu a na enda*, des gens qui allaient, etc. Le verbe est toujours à la forme dépendante de l'indicatif (ou conjonctif) dans les propositions relatives ; mais à la 3ᵉ personne 1ʳᵉ classe on emploie cependant le pronom *u* et non *a*, quand le relatif est sujet. Ex. : *munu u amba*, un homme qui parle, etc.

§ 100. — Quand le relatif est *objet* du verbe, on l'indique généralement par un pronom substantif ou démonstratif, qui se place au commencement de la phrase. Ex. : *iyi u amba nike ?* ce que tu dis, c'est quoi ! *umo u ta*, là où tu vas ; *ilia iya ni na ku mu ba*, la nourriture que je lui ai donnée ; *mu mopu umo a ka futela*, dans l'herbe (là) où il garde (son bétail) ; *uku a na ti*, là où il est allé, etc.

OBSERVATION. — A la 3ᵉ personne 1ʳᵉ classe, le pronom conjoint sujet du verbe est *a* et non *u*, comme on le voit dans les deux derniers exemples.

§ 101. — Quand le relatif dépend de la préposition *na*, on l'indique de la même manière que nous venons d'indiquer, puis on répète le pronom après la préposition elle-même (cf. *Gramm. Soub.*, § 154). Ex. : *anu ao a na ende nao*, les gens avec lesquels il est allé (litt. : lesquels il est allé avec eux), etc.

OBSERVATION. — La même construction est probablement employée quand le relatif dépend de la particule possessive. Mais je n'en ai encore rencontré aucun exemple.

## CHAPITRE DIX-SEPTIÈME

### Formes dérivées du verbe.

§ 102. — On forme le *passif* de la même manière qu'en Soubiya, c'est-à-dire en insérant *w* devant la voyelle finale à tous les temps et à tous les modes. Ex. : *ku lia*, manger, *ku liwa*, être mangé ; *ku mona*, voir ; *ku mowa*, être vu, etc.

OBSERVATION. — L'assimilation des voyelles ne se fait sentir ni au passif ni dans les autres formes dérivées (sauf parfois le directif). Ex. : *ka ti monwa*, il (l'animal) n'est pas vu ; *ka ti liwa*, elle (la viande) n'est pas mangée. Le nom de l'agent suit le verbe passif, sans aucune liaison quelconque. Ex : *ilia iyi ka i liwa mukati*, cette nourriture n'est pas mangée (par) une femme, etc.

§ 103. — Le *causatif* se forme au moyen du suffixe *-isa*. Ex. : *ku ibaa*, tuer, *ku ibaisa*, faire tuer ; *ku yupa*, entendre, *ku yupisa*, faire entendre ; *ku chila*, avoir peur, *u chilisa*, effrayer ; *ku tunda*, sortir, *ku tundisa*, faire sortir, etc.

Les verbes en *-uka* et *-oka* (probablement neutres et inversifs) font au causatif *-ula* et *-ola*. Ex. : *ku biluka*, être métamorphosé, *ku bilula*, métamorphoser ; *ku choka*, être déchiré, *ku chola*, déchirer, etc.

*ku ngena*, entrer, fait au causatif : *ku ngenya* ; *ku kela*, arriver, fait *ku keta*.

§ 104. — Le *directif* s'obtient au moyen des suffixes *-ena* (après *m* et *n*; cf. § 8) et *-ela*. Ex. : *ku mana*, finir, *ku manena*, finir vers, pour, à ; *ku lima*, labourer *ku limena*, labourer pour ; *ku yumba*, jeter, *ku yumbela*, jeter dans ; *ku amba*, parler, *ku ambela*, parler à, etc.

OBSERVATION. — Le suffixe directif est toujours -*ena* ou -*ena*, jamais, -*ila* ou -*ina*. L'attraction des voyelles ne se fait donc pas sentir ici ; sous ce rapport le Louyi forme une exception parmi les langues du Centre ; cela est d'autant plus curieux qu'il possède le phénomène bien plus rare et plus frappant de l'assimilation des voyelles (cf. § 80).

§ 105. — L'*intentif* s'obtient en redoublant le suffixe directif. Ex. : *ku fa*, mourir, *ku felela*, mourir complètement, etc.

§ 106. — La forme *réciproque* se marque par le suffixe -*ana*. Ex. : *ku angana*, se rencontrer.

OBSERVATION. — Comme en Soubiya et dans d'autres langues Bantou, un certain nombre de verbes en -*ana* ont un sens neutre. Ex. : *ku imana*, être debout ; *ku langana*, être couché, etc.

§ 107. — La forme *inversive* s'obtient au moyen des suffixes -*ula* et -*utula*. Ex. : *ku yatila*, fermer, *ku yatula*, ouvrir ; *ku nunga*, attacher, *ku nungula*, détacher ; *ku bamba*, lier, *ku bambutula*, délier ; *ku kunga*, porter sur son dos, *ku kungutula*, poser à terre, etc.

§ 108. — La forme *neutre* en -*iku* ne m'est pas encore connue en Louyi. Cette langue possède par contre une forme *transitive* en -*eka*. Ex. : *ku fumeka*, brûler ; *ku shomeka*, planter, etc.

OBSERVATION. — Il est difficile de se rendre compte de la valeur exacte des suffixes -*uka*, -*oka* ; -*ula*, -*ola*. Les deux premiers sont neutres, les deux autres sont transitifs. Il est cependant probable que tous sont originairement des suffixes inversifs.

§ 109. — La forme *redoublée* a, comme en Louyi, une signification soit *fréquentative*, soit *diminutive*. Ex. : *ku monwa-monwa*, être vu un peu, être vu souvent. Ainsi: *ka ti monwa-monwa*, il (l'animal) n'est que rarement vu, etc.

§ 110. — Avec le suffixe verbal *-ba* et des radicaux nominaux (substantifs ou adjectifs) on forme quelques verbes *neutres*. Ex.: *ku neneba*, être grand (rad. *-nene*, grand); *ku waba*, être beau (rad. *-wa*, beau); *ku nanuba*, être intelligent; *ku leba*, être long (rad. *-le*, long), etc.

## FIN DE LA GRAMMAIRE LOUYI

# APPENDICE I

**Tableau des permutations de sons entre le Soubiya et le Louyi.**

| | Soubiya. | | Louyi. | | Soubiya. | Louyi. |
|---|---|---|---|---|---|---|
| A | b | correspond | ' | Ex. : bantu, homme, | anu. |
| — | mb | — | mb | — | ku amba, parler, | ku amba. |
| — | p | — | ? | — | | |
| — | mp | — | m | — | mpande, ornement, | mande. |
| — | v | — | p | — | nzovu, éléphant, | ndopu. |
| — | mv | — | mb | — | mvuvu, hippopotame, | mbu. |
| — | f | — | f | — | ku fwa, mourir, | ku fa. |
| — | mf | — | mb | — | umfumu, chef, | mbumu, mari. |
| — | m | — | m | — | muntu, homme, | munu. |
| — | t | — | t | — | ku tuma, envoyer, | ku tuma. |
| — | nt | — | n | — | muntu, homme, | munu. |
| — | z | — | t | — | iziko, foyer, | litiko. |
| | | ou | y | — | izuba, jour, | liywa. |
| — | nz | correspond | nd | — | nzovu, éléphant, | ndopu. |
| | | ou | ' | — | menzi, eau, | amei. |
| — | s | correspond | s | — | busiku, jour, | usiku, nuit. |
| | | ou | t | — | ise, son père, | itwe. |
| — | ns | correspond | ndj | — | bonse, tous, | ondje. |
| — | l | — | l | — | mulozi, sorcier, | muloti. |
| — | nd | — | nd | — | ku enda, aller, | ku enda. |
| — | n | — | n | — | ku mana, finir, | ku mana. |
| — | dj | — | ? | — | | |
| — | ch | — | s | — | chintu, chose, | sinu. |
| — | nch | — | ? | — | | |
| — | ny | — | ny | — | inyama, viande, | inyama. |
| — | k | — | k | — | ku zaka, bâtir, | ku yaka. |
| — | nk | — | ny | — | nkanda, désert, | nganda. |
| — | h | — | b | — | hansi, à terre, | bandji. |
| — | ñ | — | ng | — | iñombe, bœuf, | ngombe. |
| — | ng | — | ng | — | ngoma, tambour, | ngoma. |

On remarquera d'après ce tableau, où nous n'avons indiqué d'ailleurs que les correspondances les plus régulières, que les labiales correspondent toujours aux labiales, les dentales aux dentales ou aux palato-dentales, les gutturales aux gutturales. La correspondance du *h* Soubiya au *b* Louyi est la seule exception. Le Louyi a plutôt une tendance à remplacer par des sons forts les sons faibles du Soubiya ; ainsi il remplace par *p* et *t* les sons *v* et *z* du Soubiya. Par contre il affaiblit les sons après la nasale, comme nous l'avons déjà remarqué plus haut (cf. *Gramm. Louyi*, § 7); tandis que la nasale peut se placer en Soubiya devant les consonnes fortes aussi bien que devant les faibles. C'est là ce qui constitue la différence phonétique la plus importantes entre les deux langues.

Une autre différence importante est celle-ci : Tandis qu'en Soubiya deux voyelles doivent être toujours séparées par une consonne, en Louyi l'hiatus est fréquent. Ainsi aux mots Soubiya : *ku ihaya*, tuer ; *menzi*, eau, etc. correspondent les formes suivantes en Louyi : *ku ibaa, amei*, etc.

Beaucoup de mots Louyi sont aussi beaucoup plus courts que les mots Soubiya correspondants. Ex. : en Soubiya : *ndavu*, lion ; *mvuvu*, hippopotame, etc. ; en Louyi : *nde, mbu*, etc.

# APPENDICE II. — TEXTE SOUBIYA

## ZA SULWE NI MWANAKAZI

*Uzo mwanakazi u ba di ku dima iwa la kwe. Bumwe busiku ha a dima iwa la kwe, ch'o bona muntu uzo; muntu uzo a ba di mukazana. A sika, a ti k'ozo mwanakazi: Sana u lete kuno mwana wa ko, ni ku kwatile mwana wa ko, u sebeze bulotu. Naye uzo mwanakazi ch'o zumina, ch'o mu ha mwana wa kwe. Diaho ndjusulwe a sanduki mukazana. Diahano ha a mana ku mu ha, a endi naye mu zivuna.*

*Ha a sika ku ziteo, a mu djichi. Ha a bona kuti diahano banyina ba mana ku dima, ch'o ibal'etanga. Diahano a sika ku banyina bo mwana. Ba ti buti: U mu lete, a nyonke. Ye sulwe ch'o ti: Nanta! u die inyama iyo sankwini. Diahano ha a mana ku dia, ch'o sumununa ingubo; itanga chi di wila hansi. Ye sulwe ch'o tiya; ch'o zimba, ch'o ti: Kanzi mu n'ihai; kanyama twa dia tu bonse. Mwanakazi uzo n'a endi ku muzi n'a swabite.*

*Bumwe busiku ndjen'ozo sulwe. ch'o ti: Ni chi enda, ni ka bone ku nzubo yo mwanakazi u ni didi mwana wa kwe. Diahano ch'o enda. A sika, ch'o wana ka k'ena muntu. Ch'o ti: Bene b'enzubo ba ya hi? budjwala bwa bo bw'etika. Ha a amba budio, diaho ye a nwi. Ch'o ti: Ba ya hi bene be zidio izi? Ni chi di eleka ingubo za kwe. Ha a manite ch'o lala ha bulo. Mukwame a mu wani u lele. Ch'o sika ni muhini w'embezo, ch'o mu kaba ha mutwi. a mu ihai, a mu biki mu chizungu.*

*Ch'o ti ku mwanakazi wakwe: Kanzi u iyudi mu chizungu umo. Mwanakazi n'a ti: Ĩ. Mukwame ye ch'o zwa. Mwanakazi ye a siadi, n'etila menzi mu chizungu. Diahano mwanakazi a ti buti: Diahano ni iyule. Diaho k'eni ku fwa, u chi hala. Ch'o sotokela mwanakazi, a mu ondi, a mu biki mu chizungu, a twadi ingubo za kwe, ni maseka a kwe, n'insipi za kwe. Ch'o mu bika mu chizungu, chi u ihika mudilo; mwanakazi ch'o bila.*

*Mukwame ha a sika, a wani chi wa buzwa. Ch'o ti buti: Sana sulwe wa buzwa na? Mwanakazi ch'o ti: Ĩ. Chi b'ehula. Mwanakazi chi u ihika inkoko. Mukwame ch'o bona mwanakazi u ka leta mudinga. Mukwame ch'o ti: U twala hi mudinga? Inkwela mwanakazi a ka leti mwinsi. Mukwame inkwela a ti: Ndji sulwe wa kokola na? Diahano a ka leti muhungu; a siki, a konisi ku muchila wo o. Inkwela mukwame a mu bengedi. Ha a mana ku* ihika inkoko, ehudi n'inyama yo mwanakazi. Diahano ba twadi han a, pai. Mukwame ha a ha mwan'a kwe inyama, mwana ch'o ti : Ka ni saki inyama i bamayo. Mukwame ch'o ti : U ti nzi? Sulwe ch'o ti : U ti : Ka ni saki inyama indotu. Inkwela ch'o mu ha. Inkwela a ambi budio. Ha ba manite, ba ka ladi. Mwanakazi u lala kuna, mukwame u lala kuma. Inkwela mukwame ch'o ti : Na ndji sulwe u wa dia h'o chita budio? Inkwela a sanduki. Inkwela a ambi budio. Diahano ch'o mu leka. Ch'o zwa sulwe, u tiya. Inkwela ch'o zimba, ch'o ti buti : Wa dia mwanakazi wa ko. Ch'o fwila mpahon'ahu.

## LE LIÈVRE ET LA TORTUE[1]

Cette femme était à bêcher son champ. Un jour, lorsqu'elle bêchait son champ, elle vit cette personne-là ; cette personne-là était une jeune fille. Elle arriva et dit à cette femme : Apporte ici ton enfant, que je te tienne ton enfant (afin) que tu travailles à l'aise. Cette femme y consentit, elle aussi ; elle lui donna son enfant. Mais c'était le lièvre qui s'était transformé en jeune fille. Quand (la femme) lui eut donné (son enfant), il alla avec lui dans la brousse.

Lorsqu'il arriva dans les taillis, il fit cuire (l'enfant). Quand il vit que maintenant la mère avait fini de bêcher, le lièvre prit une gourde sur son dos. Alors il arriva vers la mère de l'enfant. Elle dit ainsi : Apporte-le, qu'il tette. Le lièvre lui dit : Non! mange d'abord cette viande. Quand elle eut fini de manger, il détacha sa couverture; la gourde tomba à terre. Le lièvre, lui, s'enfuit ; il chanta, il dit : Ne me tue pas ; la viande nous l'avons mangée ensemble. Cette femme alla à la maison, toute triste.

Un jour c'est lui ce lièvre qui dit : Je vais aller visiter la hutte de la femme dont j'ai mangé l'enfant. Alors il alla. Il arriva, il trouva qu'il n'y avait personne. Il dit : Où sont allés les maîtres de la hutte? leur bière se répand (à terre). Bien que parlant ainsi, il la but cependant. Il dit : Où sont allés les maîtres de cette nourriture? Je vais essayer les habits (de cette femme). Quand il eut fini il se coucha dans (son lit). L'homme l'y trouva qui dormait. Il arriva avec un manche de hache, il le frappa sur la tête, il le tua, il le mit dans le pot.

1. La traduction est aussi littérale que possible. Les mots ajoutés sont mis entre parenthèses.

Il dit à sa femme : N'ouvre pas ce pot. La femme dit : Oui ! L'homme sortit. La femme, elle, resta et versa de l'eau dans le pot. Ensuite la femme dit ainsi : Maintenant (il faut) que j'ouvre. Mais (le lièvre) n'était pas encore mort ; il vivait encore. Il sauta sur la femme, la saisit, la jeta dans le pot ; il prit ses habits, ses anneaux et ses bracelets. Il la mit dans le pot, il alluma du feu ; la femme fut bientôt bouillie.

Lorsque l'homme revint, il trouva qu'elle était cuite. Il dit : Le lièvre est-il cuit ? La femme dit : Oui. Ils sortirent (la viande du pot). La femme fit cuire du pain. L'homme vit la femme apporter une assagaie. L'homme dit : Où portes-tu l'assagaie ? Ensuite la femme apporta un pilon (à piler le grain). L'homme dit de nouveau : Est-ce (la faute du) lièvre si tu es ivre (ainsi) ? Alors elle apporta la spatule ; elle arriva et remua (le pain) avec la queue (de la spatule). L'homme se fâcha de nouveau contre elle. Lorsqu'elle eut fini de cuire son pain, elle dressa la viande de la femme. Alors ils l'emportèrent là-bas (de côté) ; ils mangèrent.

Lorsque l'homme donna de la viande à son enfant, l'enfant dit : Je ne veux pas de la viande de ma mère. L'homme dit : Que dis-tu ? Le lièvre dit : Il dit : Je ne veux pas manger de bonne viande. Il lui en donna de nouveau. Il parla encore ainsi, Lorqu'ils eurent fini, ils se couchèrent. La femme se coucha là-bas, le mari se coucha là-bas. Le mari dit alors : Est-ce (à cause du) lièvre que tu as mangé, que tu fais ainsi ? (Le lièvre) se tourna encore (de l'autre côté). (L'homme) parla encore ainsi. Alors il le laissa. Le lièvre sortit alors en courant. Ensuite il chanta, il dit ainsi : Tu as mangé ta femme. (L'homme) mourut là-même (à l'instant).

# APPENDICE III. — TEXTE LOUYI

## YA SAKAME NA MUKAT'A YE

Sakame ni munu wa ku nanuba. Ab'a na ku ikala, na ku lwa ni mukati. Oyo ku ambedji : Ni ku tendele mukati. Oyo ku aya sitondo sa muñwamoye ; oyo ku si tenda mukati, no ku waba. Ao ku yakela ndo. Liywa lia mutumbi munu u ku kela ba mundi wa sakame. Ab'a kela ku mu wana sakame k'a sa bo; na ti mu ku enda-enda, kondji mukati. Oyo munu u ku mu ibañuta : Mbum'oe na ti kubini? Mukati oyo ku ambedji : Na ti mu ku enda-enda. Kame oyo ku mu ibañuta : T'anyi ilitina la ye. Oyo ku ambedji : Ni sakame. Oyo ku ambedji : Momo, u siale bo. Mukati oyo ku ambedji : Shangwe.

Ab'a kela sakame, mukati oyo ku ambedji : Munu u na ni wana bano. Sakame oyo ku ambedji : Munu oyo ni mu tunda kubini? Mukati oyo ku ambedji : Ku unu. Mukati oyo ku ambedji : Na ku ibañuta ilitina li'oe ; mene ni na mu ambele. Sakame oyo ku ambedji : Momo.

Ab'a kena amasiku, oyo ku enda-enda; mukati oyo ku ibala mu mundi. Munu oyo ku kela ba mundi wa sakame : Mu lomele. — Shangwe; uk'u mu tunda ni kubini? Munu oyo ku ambedji : Ni li mu tunda kuli muywandi — E, ni na yupu. — Mbum'oe na ti kubini ? — Na ti mu liyungu. — Fiwe we'mbudji? — E, time me'mbudji. Munu oyo ab'a tunda bo, oyo ku ta kuli muywandi. Ab'a ka kela kuli muywandi, oyo ku ambedji : Ni na ka wana mukati no ku waba unene. Muywandi oyo ku ambedji : Mukat'anyi? Oyo ku ambedji : Mukat'a sakame. — Mu ende, mu ka mu mone; aba mu tamb'o ka mu mona, mu ese ku mu kanda-kanda. Ao ku enda. Ab'a ka kela : Mbum'oe na ti kubini? Mukati oyo ku ambedji : Mw'a di ; u tamba ku kela bano banana ; mu mu tatele. Sakame oyo ku kela : Mu lomele. — Shangwe. Sakameo yo ku ambedji : Uk'u mu tunga ni kubini ? Ao ku ambedji : Tu di a tunda kuli muywandi. — Momo. — Shangwe. Ao ku enda.

Ab'a kela kuli muywandi : Tu na ku mu wana. Muywandi oyo ku ambedji : Muwa? Ao ku ambedji : E, muwa. Muywandi oyo ku ambedji : Mu ende, mu ka mu londe. Ao ku enda, ao ku mu londa; ao ku mu keta kuli muywandi. Oyo ku mu kwata.

*Sakame ab'a ka tunda mu liyungu, ab'a kela ba mundi, oyo ku wana na mana ku mu twala. Oyo ku ambedji : Ni tamba ku tenda nga sibi? mukat'a nge na mu twala. Oyo ku konga mukat'a ye. Ab'a kela ba namoo, oyo ku kela oyo ku ambedji : Mu ni be mukat'a nge. Ao ku mu shendja.*

*Ab'a kela ba mundi wa ye, oyo ku ambedji : Ni ka ku ayele ngoma. Ab'a mana ku aya, oyo ku enda. Ab'a kela bali namoo oyo ku ambedji :*

*Ndindi! ndindi! ka ndindi ngoma!*
*Ka ndindi ngoma! Ka ndindi ngoma!*
*Mukati wa nge na mu twala.*

*Oyo ku kela ku mundi wa ye. Ab'a kena amasiku, oyo ku kela ko ; ab'a kela ba namoo, oyo ku wana mukat'a ye, u ku mu yumbela bandji; ab'a mana ku mu yumbela bandji, oyo ku biluka sitondo.*

*Mo i manena omo ya sakame na mukat'ae.*

## HISTOIRE DU LIÈVRE ET DE SA FEMME

Le lièvre est une personne intelligente. Lorsqu'il demeurait (là), il n'avait pas de femme. Alors il dit : Que je me fasse une femme ! Il façonna le tronc d'un (arbre nommé) *ñwanamoye*; il en fit une femme très belle. Ils se bâtirent une hutte. Un certain jour, un homme arriva près de la hutte du lièvre. Lorsqu'il arriva il trouva que le lièvre n'y était pas; il était allé se promener, (il n'y avait là) que sa femme. Cet homme-là lui demanda : Où est allé ton mari? La femme lui répondit : Il est allé se promener. Il lui demanda de nouveau : Quel est son nom? Elle répondit : (Son nom) est Lièvre. Il dit : C'est bien ; adieu (litt. : reste ici). La femme dit : Bonjour (litt. : mon père!).

Lorsque le lièvre arriva la femme (lui) dit : Un homme est venu me trouver ici. Le lièvre dit : D'où vient-il, cet homme-là? La femme dit : Je ne sais pas. La femme dit : Il a demandé ton nom ; moi, je (le) lui ai dit. Le lièvre dit : C'est bien.

Lorsque le matin parut, il alla se promener; la femme resta au village. Cet homme arriva au village du lièvre : Bonjour! — Salut! d'où est-ce que tu viens? L'homme dit : Je viens de chez le chef. — Oui ! j'entends. — Où est allé ton mari? — Il est allé dans la forêt. — Tu es (ici) toute seule? — Oui, je suis toute seule. Lorsque cet homme partit de là, il alla vers le chef. Lorsqu'il arriva vers le chef, il dit : J'ai trouvé une femme très belle. Le chef lui dit : De qui (est-elle) femme? Il dit : (C'est) la femme du lièvre. — Allez, et la voyez; lorsque vous l'aurez vue, ne lui faites pas de mal. Ils allèrent. Lorsqu'ils arrivèrent : Où est allé ton mari? La femme dit : Il est ici (tout près); il arrivera à l'instant même; attendez-le. Le lièvre arriva : Bonjour ! — Salut! Le lièvre dit : D'où est-ce que vous venez? Ils dirent : Nous venons de chez le chef. — C'est bien ! — Adieu. Ils partirent.

Lorsqu'ils arrivèrent vers le chef : Nous l'avons trouvée? Le chef dit : (Est-elle) belle? Ils dirent : Oui, (elle est) belle. Le chef dit : Allez, et enlevez-la. Ils allèrent; ils l'enlevèrent; ils l'amenèrent au chef. Il la prit (pour femme).

Lorsque le lièvre revint de la forêt, quand il arriva au village, il trouva qu'ils venaient de l'emporter. Il dit : Comment ferai-je? ma femme, ils l'ont emportée. Il alla à la recherche de sa femme. Lorsqu'il arriva à la place publique (l'endroit où se tient le chef pour rendre la justice), il arriva, il dit : Donnez-moi ma femme. Ils le chassèrent.

Lorsqu'il arriva à son village, il dit : Je veux me façonner un tambour. Lorsqu'il eut fini de le faire, il partit. Lorsqu'il arriva à la place publique, il dit :

*Ka ndindi*, tambour! — *Ka ndindi*, tambour!
*Ka ndindi*, tambour! — *Ka ndindi*, tambour!
Ma femme, ils l'ont enlevée.

Il retourna à son village. Lorsque le matin fut venu, il arriva là-bas; lorsqu'il arriva à la place publique, il trouva (là) sa femme et la jeta à terre. Lorsqu'il l'eut jetée à terre, elle fut métamorphosée en tronc (d'arbre).

C'est ici que finit l'histoire du lièvre et de sa femme.

# TABLE DES MATIÈRES

|  | Pages. |
|---|---|
| Préface . . . . . . . . . . . . . . | I |

## GRAMMAIRE SOUBIYA

| | |
|---|---|
| PREMIÈRE PARTIE. — Phonétique . . . . . . . . . . | 1 |
| DEUXIÈME PARTIE. — Les mots et les formes grammaticales . | 10 |

## GRAMMAIRE LOUYI

| | |
|---|---|
| PREMIÈRE PARTIE. — Phonétique . . . . . . . . . . . | 79 |
| DEUXIÈME PARTIE. — Les mots et les formes grammaticales . . | 88 |
| Appendice I. — Tableau des permutations de sons entre le Soubiya et le Louyi . . . . . . . . . . | 125 |
| Appendice II. — Texte Soubiya . . . . . . . . . . | 127 |
| Appendice III. — Texte Louyi . . . . . . . . . . | 130 |

ANGERS. — IMPRIMERIE ORIENTALE DE A. BURDIN.

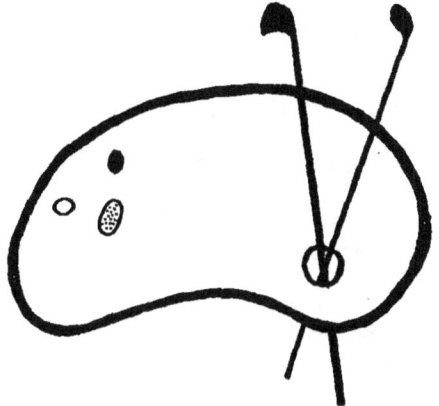

DEBUT D'UNE SERIE DE DOCUMENTS
EN COULEUR

**ERNEST LEROUX, ÉDITEUR**
28, RUE BONAPARTE, 28.

## PUBLICATIONS
# DE L'ÉCOLE DES LETTRES D'ALGER

### BULLETIN DE CORRESPONDANCE AFRICAINE

I. E. Cat. Notice sur la carte de l'Ogôoué. In-8, avec carte . . . 3 fr. »
II. E. Amélineau. Vie du patriarche Isaac. Texte copte et traduction française. In-8. . . . . . . . . . . . . . . . 5 fr. »
III. E. Cat. Essai sur la vie et les ouvrages du chroniqueur Gonzalès de Ayora, suivi de fragments inédits de sa Chronique. In-8. . . 2 fr. 50
IV. E. Lefébure. Rites égyptiens. In-8 . . . . . . . . 3 fr. »
V. René Basset. Le dialecte de Syouah. In-8 . . . . . . 4 fr. »
VI. A. le Chatelier. Les tribus du Sud-Ouest marocain. In-8. . 3 fr. »
VII. E. Cat. De rebus in Africa a Carolo V gestis. In-8 . . . 2 fr. 50
VIII. E. Cat. Mission bibliographique en Espagne. Rapport à M. le Ministre de l'Instruction publique. In-8 . . . . . . . . 2 fr. 50
IX. G. Ferrand. Les Musulmans à Madagascar et aux îles Comores. 1re partie. Les Antaimorona. In-8 . . . . . . . . . . 3 fr. »
— Deuxième partie. — Zafindraminia. — Antambahoaka. — Antaiony. — Antaivandrika. — Sahatavy, etc. In-8 . . . . . . 3 fr. »
X. J. Perruchon. Vie de Lalibala, roi d'Éthiopie. Texte éthiopien publié d'après un manuscrit du Musée Britannique et traduit en français. In-8. 10 fr. »
XI. E. Masqueray. Dictionnaire français-touareg (Dialecte des Taïtoq), suivi d'Observations grammaticales. In-8, en trois fascicules à 6 fr. 18 fr. »
Couronné par l'Académie des Inscriptions et Belles-Lettres. Prix Volney.
XII. René Basset. Étude sur la Zenatia du Mzab, de Ouargla et de l'Oued-Rir'. In-8 . . . . . . . . . . . . . . . 10 fr. »
XIII. A. Mouliéras. Légendes et contes merveilleux de la Grande-Kabylie. Texte kabyle. — Fascicules I, II, III, IV. In-8. Chaque. . 3 fr. »
XIV. René Basset. Études sur les dialectes berbères. In-8 . . . 6 fr. »
Couronné par l'Académie des Inscriptions et Belles-Lettres. Prix Bordin.
XV. René Basset. Étude sur la Zenatia de l'Ouarsenis et du Maghreb central. In-8. . . . . . . . . . . . . . . 7 fr. 50
XVI. L. Jacottet. Études sur les langues du Haut-Zambèse. Textes originaux, recueillis et traduits en français et précédés d'une esquisse grammaticale. — Première partie. Grammaires Soubiya et Louyi. In-8. (Sous presse.)

## BULLETIN
## DE CORRESPONDANCE AFRICAINE
### PUBLIÉ PAR L'ÉCOLE SUPÉRIEURE DES LETTRES D'ALGER

Première et deuxième années (1882-83), 6 fascicules. . . . 20 fr. »
Troisième année (1884), 6 fascicules . . . . . . . 20 fr. »
Quatrième année (1885), 6 fascicules . . . . . . . 20 fr. »
Cinquième année (1886), fascicules I et II . . . . . 7 fr. 50

PUBLICATIONS DE L'ÉCOLE DES LETTRES D'ALGER
BULLETIN DE CORRESPONDANCE AFRICAINE
TOME XVI, 2e PARTIE

# ÉTUDES
## SUR LES
# LANGUES DU HAUT-ZAMBÈZE

## TEXTES ORIGINAUX

RECUEILLIS ET TRADUITS EN FRANÇAIS

ET

PRÉCÉDÉS D'UNE ESQUISSE GRAMMATICALE

PAR

E. JACOTTET

DE LA SOCIÉTÉ DES MISSIONS ÉVANGÉLIQUES DE PARIS

---

**SECONDE PARTIE**

## TEXTES SOUBIYA
CONTES ET LÉGENDES, SUPERSTITIONS, ETC.

---

PARIS
ERNEST LEROUX, ÉDITEUR
28, RUE BONAPARTE, 28
—
1899

FASC. I.

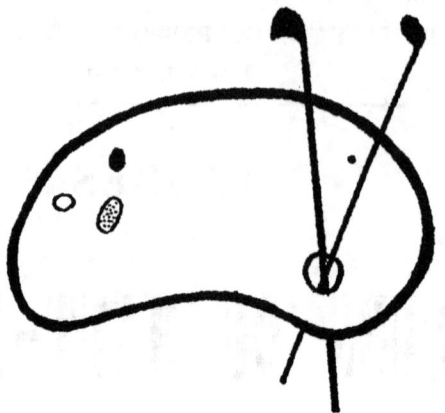

**FIN D'UNE SERIE DE DOCUMENTS
EN COULEUR**

PUBLICATIONS DE L'ÉCOLE DES LETTRES D'ALGER
BULLETIN DE CORRESPONDANCE AFRICAINE
TOME XVI, 2ᵉ PARTIE

# ÉTUDES
### SUR LES
# LANGUES DU HAUT-ZAMBÈZE

## TEXTES SOUBIYA
### CONTES ET LÉGENDES, SUPERSTITIONS, ETC.

PARIS. — IMPRIMERIE CAMIS ET C<sup>ie</sup>, 172, QUAI DE JEMMAPES,
SECTION ORIENTALE A. BURDIN, A ANGERS
Imprimeurs du Ministère de l'Instruction publique et des Beaux-Arts.

# ÉTUDES
## SUR LES
# LANGUES DU HAUT-ZAMBÈZE

## TEXTES ORIGINAUX

RECUEILLIS ET TRADUITS EN FRANÇAIS

ET

PRÉCÉDÉS D'UNE ESQUISSE GRAMMATICALE

PAR

**E. JACOTTET**

DE LA SOCIÉTÉ DES MISSIONS ÉVANGÉLIQUES DE PARIS

---

### SECONDE PARTIE

## TEXTES SOUBIYA
### CONTES ET LÉGENDES, SUPERSTITIONS, ETC.

PARIS
ERNEST LEROUX, ÉDITEUR
28, RUE BONAPARTE, 28

1899

# INTRODUCTION

Les textes soubiya que nous publions maintenant sont une contribution aux études de folklore aussi bien qu'à celles de linguistique. Cette seconde partie de nos études, — comme aussi la troisième qui paraîtra, je l'espère, avant qu'il soit longtemps — est donc d'un intérêt plus général que la première partie, uniquement linguistique. Ce qui ajoute à l'intérêt et à l'importance de ces contes et légendes, c'est qu'ils proviennent d'une région située au centre de l'Afrique et représentent donc la tradition bantou moins exposée à être mélangées traditions étrangères, comme cela est toujours à craindre pour ceux qui proviennent des régions côtières. Ils contribuent d'ailleurs, j'en ai la conviction, à prouver que les contes zoulous, souto, ronga, etc., déjà recueillis, sont presque entièrement purs de tout alliage étranger, puisque tous ces contes ressemblent d'une manière très frappante à ceux du Zambèze.

La plupart de nos textes sont en effet des *contes* et des *légendes*; d'autres expliquent certaines *superstitions* ou *coutumes superstitieuses* des indigènes du Haut-Zambèze. Dans l'Appendice on trouvera également trois *airs avec notation musicale*. Ces textes sont donc tous intéressants pour l'ethnographe et le traditionniste. Ils permettent de pénétrer jusque dans l'âme des Africains, de connaître et de comprendre leurs mœurs, leurs croyances, leurs idées, souvent si étranges pour nous.

Dans la préface de la première partie, j'ai déjà indiqué de quelle manière ces textes ont été recueillis. Il n'est donc pas nécessaire d'y revenir ici. J'ajouterai seulement que tous les textes publiés aujourd'hui m'ont été fournis par Kasala et Samata, à la seule exception des textes *kololo* et *totela* qui, de même que les airs notés, proviennent de Kaboukou, le troisième de mes conteurs zambéziens.

La troisième partie de ces Études comprendra les textes *louyi* et *mbounda*, plus intéressants encore peut-être pour le folklore et l'ethnographie. Tous ces textes réunis donneront, je l'espère, une idée suffisamment complète, bien qu'encore fragmentaire, du folklore du Haut-Zambèze.

Les deux premières divisions des textes *soubiya* contenus dans ce fascicule, comprennent les *Contes* et les *Légendes*. La limite entre les deux genres est parfois assez malaisée à établir; dans la pratique il est, pour certains récits, difficile de savoir à quel genre il faut les attribuer. Il y a cependant entre ces deux genres une différence essentielle. La *légende* est un récit généralement merveilleux, mais qui veut être vrai, qui relate un fait qui, dans la pensée du conteur, se serait réellement passé à une époque éloignée. Le *conte* par contre est, dans l'esprit de celui qui le raconte, un récit purement imaginaire. Le conteur sait fort bien qu'il n'est pas vrai, il ne veut pas le faire passer pour tel.

Je range, par conséquent, au nombre des *légendes* tous les récits qui relatent des faits à la réalité desquels les indigènes croient, ou du moins ont cru récemment encore.

Quelques-unes de ces légendes se rapportent à Dieu ou *Leza* (nᵒˢ XXXII et XXXIII), ou aux origines de l'humanité (nᵒˢ XXXIV-XXXIX) : ce sont là les *légendes religieuses*, les plus intéressantes peut-être, d'autant qu'elles sont généralement fort rares chez les peuples bantou. On n'en a guère observé jusqu'ici que chez les Zoulous ; chez les Ba-Souto, les Héréros, les Ov'Ambo, on n'en a retrouvé que de courts fragments. Ce que j'ai pu en recueillir de mes conteurs zambéziens ne représente certainement qu'une petite partie de la tradition religieuse de ces tribus. Ceux qui vivent au milieu d'elles pourront aisément, s'ils le veulent, en connaître bientôt davantage. Ils ont, en effet, l'occasion d'interroger sur ces sujets les chefs et les vieillards, qui sont chez les peuples bantou les dépositaires officiels de la tradition.

D'autres légendes se rapportent à des êtres mystérieux, comme Sikoulokobouzouka, l'homme des bois (nᵒ XL), ou bien rentrent dans le *folklore des animaux*, et servent à expliquer, par exemple, pourquoi le zèbre n'a pas de cornes (nᵒ XLI), pourquoi le crocodile est privé de langue (nᵒ XLII), ou bien aussi pourquoi un certain oiseau est devenu l'oiseau de la pluie (nᵒ XLIV). L'origine du chien domestique est également expliquée au moyen d'une légende (nᵒ XLV), ainsi que la descendance humaine du singe (nᵒ XLIII). Aux yeux des Zambéziens, de même qu'à ceux des Zoulous, ce n'est pas l'homme qui descend du singe, ainsi que l'explique la doctrine de l'évolution, mais c'est au contraire le singe qui descend de l'homme.

Les *contes* proprement dits se divisent en *contes d'animaux* (nᵒˢ I-XIV), en *contes merveilleux* (nᵒˢ XV-XX), et en *contes moraux, facétieux*, etc. (nᵒˢ XXI-XXXI). Quelques-uns de ces derniers, ainsi n° XXIV, par exemple, pourraient être mis au nombre des légendes. Plusieurs contes d'animaux présentent également des traits merveilleux qui permettraient de les ranger parmi les contes merveilleux. La limite entre tous ces genres est naturellement assez vague. Les contes merveilleux sont relativement peu nombreux ; ils sont, par contre, très curieux. On y remarquera surtout le rôle important joué par un animal fabuleux nommé *Séédimwé* (n°s XV-XVII). Si j'en ai pu recueillir si peu de cette catégorie, cela provient uniquement, je pense, du fait que mes conteurs avaient retenu les autres plutôt que ceux-ci. J'ai remarqué, en effet, parmi les Ba-Souto que les jeunes gens connaissaient de préférence les contes d'animaux, tandis que ce sont surtout les femmes qui connaissent les contes merveilleux. D'ailleurs j'ai pu recueillir en *louyi* assez de contes de cette dernière catégorie pour pouvoir affirmer qu'ils sont au Zambèze aussi nombreux qu'ailleurs.

Il est certainement remarquable de constater combien le conte d'animaux est répandu au Zambèze. Le même phénomène se remarque également, quoique dans une moindre mesure, à Delagoa-Bay et dans le pays de Gaza. Chez les Ba-Souto, par contre, et chez les Zoulous (à en juger, du moins, par le livre de Callaway), cette branche du folklore est beaucoup plus pauvre. Au Zambèze, comme partout ailleurs dans le domaine bantou, c'est le lièvre qui joue le rôle attribué chez nous au renard ; ses tours, ses ruses, son intelligence font les délices de l'Africain[1].

---

1. Dans la préface de *Reynard the Fox in South-Africa*, Bleek prétend que les contes d'animaux se retrouvent exclusivement dans le folklore des peuples à langues à genres sexuels « et que pour cette raison seule le

C'est un vrai *Roman du Lièvre* qui se présente à nous. A
côté du lièvre, la tortue prend aussi une place importante.
Les autres animaux ne semblent être là que pour devenir

hottentot » (qu'il range parmi elles) en possède au sud de l'Afrique. Les
peuples bantou, par contre, qui parlent une langue « asexuelle », ou
« sans genres », ne sauraient produire que des contes de sorcellerie ou
des légendes. C'est là un pur à priori, qui du temps de Bleek pouvait encore
se soutenir, puisque si peu de contes bantou étaient encore connus. Le
conte souto du *Petit lièvre*, publié par Casalis dès 1841, aurait cependant
pu lui montrer son erreur, mais vraisemblement il ne le connaissait pas
encore. On aurait cependant pu admettre jusqu'à ces dernières années
qu'il y avait quelque chose de vrai dans la théorie de Bleek, puisque dans le
folklore des Zoulous et des Ba-Souto le conte d'animaux était de fait très
peu représenté. Aujourd'hui le livre de Châtelain sur les contes de l'Angola, celui de Junod sur celui des Ba-Ronga, sans parler des contes du
Zambèze, nous ont fait connaître un très grand nombre de contes d'animaux bantou. Nulle part ils ne semblent être aussi nombreux qu'au Zambèze. Il faut donc y voir un produit authentique de l'esprit bantou aussi
bien que de l'esprit hottentot, et Bleek lui-même ne ferait apparemment
nulle difficulté à le reconnaître. Le rôle que joue le lièvre dans la plupart
de ces contes est une preuve de plus de leur originalité. Si les Bantou les
avaient empruntés aux Hottentots, on ne sait pas pourquoi ils auraient
presque toujours remplacé le chacal par le lièvre. C'est là en effet un fait
très frappant (cf. Jacottet, *Contes des Bassoutos*, p. 26, note), que cette
substitution du lièvre au chacal comme l'animal rusé par excellence dans
le folklore bantou. J'en avais conclu (pass. cité) que partout où le chacal
se trouve à la place du lièvre, il y a nécessairement emprunt aux contes
hottentots. Aujourd'hui je ne me prononcerais plus aussi nettement, le
chacal jouant aussi un rôle dans un ou deux contes du pays de Gaza,
où il est assez difficile d'admettre une influence hottentote. Et cependant
le lièvre est si universellement le héros des contes bantou que ceux où
le chacal prend sa place seront toujours un peu suspects. A Zanzibar
comme chez les Ba-Souto, au Zambèze, au lac Nyassa, à Delagoa-Bay,
c'est toujours et partout le lièvre qui détient le *record* de la finesse et
de l'intelligence, lui qui est le vrai *Renart le Subtil* de la race bantou. Il
partage parfois ce rôle avec la *rainette* (Junod, *Contes des Ba-Ronga*), la
tortue, la chauve-souris (*Revue des Trad. pop.*, 1895, p. 386), et beaucoup plus rarement avec le chacal. [Il est à remarquer, toutefois, que ce
rôle prépondérant du lièvre n'est pas particulier au groupe bantou, car
il lui est attribué aussi dans des contes wolofs, berbères, etc. — R. B.].

les victimes de la malice du lièvre. Un trait à relever, c'est la place accordée à la *mantis religiosa* dans le folklore de Zambèze. On sait que dans la mythologie des Bushmen, ce curieux insecte joue un rôle très important. Peut-être y a-t-il là l'indice d'une influence exercée par le folklore des Bushmen sur celui du Zambèze, influence assez compréhensible d'ailleurs, puisque les Ma-Sarwa (une branche des San ou Bushmen) sont proches voisins des Bantou du Zambèze[1].

La troisième division : *Superstitions, croyances, mœurs*, renferme un certain nombre de textes assez disparates. Nous y trouvons, par exemple, un récit étrange sur une femme enlevée et retenue captive par un crocodile (n° XLVI), récit qui ne pouvait être rangé dans aucune des divisions précédentes, puisqu'il raconte un fait qui, tout merveilleux qu'il est à nos yeux, est considéré par les Zambéziens comme rentrant dans les choses possibles et qui se passent encore aujourd'hui. Suivent ensuite, sous forme de récits, des données intéressantes sur des nains semi-fabuleux (n° XLVIII) et un monstre des bois à forme humaine (n° XLVII), et la description du grand serpent des eaux (n° XLIX).

Les textes louyi de la troisième partie enrichiront encore de nouveaux spécimens cette tératologie du Zambèze. Puis nous avons une exposition des idées populaires sur l'arc-en-ciel (n° L), le soleil et le ciel (n° LI), les étoiles (n° LII), les arbres (n° LIII), certains oiseaux (LIV-LVI), une curieuse superstition (n° LVII), les croyances relatives à la

---

1. Il ne m'a pas été possible d'identifier tous les animaux, oiseaux, arbres, etc., dont il est question dans ces textes. Je me contente donc, dans la traduction, d'un à-peu-près dont on voudra bien m'excuser.

mort, à la vie future, à la métempsychose (n° LVIII), et enfin (LIX-LXIII) la description de certaines pratiques superstitieuses. Ce dernier groupe sera bien plus fortement représenté dans la partie louyi.

Un *Appendice* donne, comme spécimens de deux autres langues du Zambèze, un conte en *kololo* et deux chants *totela*, ainsi que trois airs originaux avec *notation musicale*. Les lecteurs trouveront probablement quelque intérêt à ces derniers.

Il ne m'a pas été possible de noter toutes les ressemblances et tous les rapports qui existent entre les traditions du Zambèze et celles des autres pays. C'est un soin que je laisse à ceux qui ont fait du folklore comparé leur spécialité. Le temps et les connaissances me manquent pour cela. J'ai dû me borner à indiquer dans les notes, qu'on trouvera à la fin du fascicule, les ressemblances que j'ai pu constater avec d'autres légendes et contes bantou et sud-africains. Pour faciliter les références, je donne ci-dessous la liste des principales publications consultées et citées. Je renvoie à l'appendice de mes *Contes des Bassoutos* pour une bibliographie plus complète du folklore africain, bibliographie qu'a complétée M. R. Basset dans la *Revue des Traditions populaires* du mois de mai 1896. On remarquera par cette liste que les recueils de folklore bantou sont encore fort rares. Quelques-uns des plus importants ont paru seulement ces dernières années. Il est vivement à souhaiter qu'ils soient suivis d'autres plus nombreux. On ne saurait assez insister sur l'importance qu'il y a à rassembler et publier le folklore bantou pendant qu'il en est encore temps.

Un certain combre des contes et légendes donnés ici ont

déjà été publiés en français, en 1895, dans la *Revue des Traditions populaires*. Ce sont les n°ˢ VI-IX, XVI, XVIII, XXIII-XXVI, XXXII-XXXIV, XXXVI-XLIII, XLVII, XLVIII, L, LVIII-LX. J'ai pensé qu'il était désirable de les reproduire ici dans leur texte original. La valeur du recueil en devient plus grande, et l'on aura ainsi une idée plus complète du folklore du Haut-Zambèze. Tous les autres sont inédits. Quant à la traduction française, elle est aussi littérale que possible ; les mots qu'il a fallu ajouter ont été mis entre parenthèses.

Quant à l'origine de ces contes, je renonce d'emblée à toute hypothèse. C'est un sujet où seuls les spécialistes ont le droit de parler, et où je dois constater mon incompétence. Jusqu'ici, d'ailleurs, aucune des hypothèses émises sur l'origine et la diffusion des contes populaires ne paraît pouvoir prétendre à l'évidence ; je dirai seulement ceci, c'est qu'il est difficile, à mes yeux, d'attribuer au folklore bantou une origine étrangère. Le fond, au moins, paraît bien être le produit autochtone du pur esprit bantou, comme le constateront sans peine ceux qui liront ces contes et qui les compareront avec ceux des Zoulous, des Ba-Souto ou des Ba-Ronga. Ce qui, peut-être, pourrait être discuté, c'est la question de savoir si parmi ces contes il ne s'en trouve pas quelques-uns, qui en tout ou en partie proviennent d'ailleurs, ou qui ont subi l'influence du dehors. M. R. Basset admettrait volontiers une influence du folklore oriental sur celui des Bantou, au moins dans certains cas. Je suis, pour ma part, tenté de penser que, si elle existe, cette influence se réduit à assez peu de chose. Plus on récoltera de matériaux, et plus aussi il deviendra possible de trancher cette question dans un sens ou dans l'autre.

Les contes du Zambèze, comme ceux des Ba-Souto, des Ba-Ronga et des Zoulous, me paraissent bien plutôt être le produit authentique et autochtone du pur esprit bantou.

Il est, en tous cas, et quelque explication qu'on en donne, un fait dont toutes les théories devront tenir compte. Ces contes, de quelque endroit qu'ils proviennent originairement, sont la création d'une époque ancienne. Ils se transmettent plus ou moins fidèlement de génération en génération. Actuellement on n'en invente plus; on ne connaît que ceux qu'a fournis la tradition des ancêtres. C'est là, d'ailleurs, un fait universellement observé et constaté.

Un autre fait qui paraît également universel dans le folklore bantou, comme dans celui de la plupart des autres races humaines, c'est l'insertion dans la plupart des contes de parties chantées, qui présentent parfois une forme archaïque du langage. On en trouvera plus d'un exemple dans le présent recueil.

*Neuchâtel, 18 novembre 1897.*

**Liste des principaux recueils de folklore bantou et sud-africain :**

BLEEK. — *Reynard the Fox in South Africa or Hottentot Fables and Tales.* Londres, 1864, in-8.
BLEEK. — *A brief account of Bushmen Folk-Lore.* Londres, 1875, in-f°.
BRINCKER. — *Fabeln und Mährchen der Ovaherero* (dans *Wörterbuch des Otji-Herero.* Leipzig, 1886, in-8).
CALLAWAY. — *Nursery Tales of the Zulus.* Natal et Londres, 1878, in-8.
CHATELAIN. — *Folk-Tales of Angola.* Boston et New-York, 1874, in-8.
CASALIS. — *Les Bassoutos.* Paris, 1860, in-12.

Dennett. — *Notes on the Folk-lore of the Fjort (French Congo).* Londres, 1898, in-8.
Duff Mac Donald. — *Africana.* Londres, 1882, 2 vol. in-8.
*Folk-lore Journal.* Cape Town, 1879 et 1880.
Jacottet. — *Contes des Bassoutos.* Paris, 1895, in-18.
Jacottet. — *Contes et légendes des Bassoutos* (dans *Revue des Trad. pop.*, 1888-1890).
Jacottet. — *Contes du pays de Gaza* (dans *Revue des Trad. pop.*, 1895).
Junod. — *Les chants et les contes des Ba-Ronga (Delagoa-Bay).* Lausanne, 1897, in-12.
Junod. — *Les Ba-Ronga.* Neuchâtel, 1898, in-8.
Miss Lloyd. — *A short account of further Bushmen material.* Londres, 1889.
A. Sekese. — *Mekhoa ea Ba Sotho, le Maele le litšomo.* Morija, 1893, in-12 (recueil écrit en souto seulement; cf. *Revue des Trad. pop.*, 1895, article bibliographique sur ce recueil).
Steere. — *Swahili Tales as told by the natives of Zanzibar.* Londres, 1869, pet. in-8.
*Zeitschrift für afrikanische Sprachen*, de Büttner. Leipzig, 1887-1890.
*Zeitschrift für afrikanische und oceanitische Sprachen*, de Seidel. Leipzig, à partir de 1895.

# TEXTES SOUBIYA

## I

## CONTES

### I. — Za ndavu ni sulwe.

*Usulwe, bumwe busiku, u ba di ku enda mu nkanda; ch'o ti : Mbo ni chile mano ahi, kuti n'ihae munyolozi mukando? Ye sulwe ch'o sia mudindi mukando. Ha a mana, a leti mani, a vwiki mudindi wa kwe ni mani ao; a chiti bulotu. Diahano ha a mana, a hanziki imbezo ya kwe ku iyulu. Ha a bona kuti diahano chi wa mana, a ti buti : Mbo ni chengelele zuhi ku banyo : lozi bo mu nkanda umu? Mbwene inkwela imbezo ya kwe i ba hanzikitwe hafohi ni mudindi uo.*

*Diahano ch'o bona undavu. A ti kwa kwe : Unkosi 'a ngu u ni hangwile imbezo ya ngu; ime ni mufohi, ni ba sake ni zinde kazuni, diaho imbezo ni ya hangila. Ye ndavu ch'o ti : Nawe u mufohi bubi mpona'ha! Diahano undavu a i hangudi; ch'o wila mu mudindi umo. Ch'o so toka hwango-hwango, ch'o kwata usulwe, a ti : U saka ku nchita buti, iwe musisu? Usulwe a ti buti : U ni leke, unkosi 'a ngu, mbo ni ku sakile inyama. Naye undavu a mu leki.*

*Inkwela a boni nyati, a ti : Unkosi 'a ngu, u ni hangwile imbezo ya ngu. Diahano inyati ha i ti i hangule, nayo ch'i wila mu idindi. Ye sulwe ch'o sumpa undavu; ye ch'o k'eza. Diahano b'chai inyati. Inkwela usulwe n'a chita budio ku zinyolozi zimwe. Diahano usulwe ha a mana, ba endi ku ku zaka chilao. Ha ba mana ku zaka, diahano ba ka leti inyama ya bo mu chilao cha bo. Diahano undavu ha a bona kuti zimwe zinyolozi zi katite, a ti : Nzi za ko, sulwe. Ye sulwe n'a ti :* 7.

*Diahano ye sulwe ha a bona kuti undavu wa mu ha inyama i katite, a ti : Mbo ni mu chitile mano ahi uzo unkosi wa ngu? Bumwe busiku, ndavu a ti kwa sulwe : Mulob'a ngu, u ize u ntwene indjina. Ye sulwe n'a zumina. Diaho sulwe, ha a twena indjina, u sia idindi. Diahano ha a mana, a leti muchila wa ndavu, a u simini ni luzizi, a leti chisamo, a sindaedi muchila wa kwe. Diahano undavu a ti kwa sulwe : U ende, u ka teke menzi*[1]. *Sulwe ye a endi; bwene menzi nao a b'ena kule, bwene inkwela sulwe u ba bezite ingoma ku menzi uko; diahano ha a ka bodi, a ka bodi n'ingoma ya kwe, n'a ya bo zimba luzimbo lwa kwe, n'a ti buti :*

*Ndi! ndi! ndi! tu kabite undavu,*
*Usulwe munini tu mu bike mu ngoma.*

*Ndavu a ti a zimane, ku wana usulwe wa mu sumina. Diahano undavu a ti : Sulwe, iwe, sulwe! Ye sulwe k'a zotedi. Diahano undavu a chopudi muchila wa kwe, n'a siya ikanda mu mudindi. Ye sulwe ha a bona kuti wa tiya, a siki, a sumini inyama ya kwe ni y'ondavu. Diahano a endi ni y'ondavu.*

*Ha a sika hafohi ni menzi, a zaki ingalane. Ha a mana ku zaka, a tanti ni inyama ya kwe. Ha a bona chinyolozi ch'iza ku menzi, ye sulwe ch'o ti k'ozo munyolozi : Menzi a ngu ao, k'a nywiwa budio; mbwita u ka lete unchizi wa ko. Bonse banyolozi n'a ba chita budio.*

*Bumwe busiku chi ku sika ndavu naye. Diahano sulwe a ti : Menzi a ngu ao, k'a nywiwa budio; mbwita, u ka lete unchizi wa ko. Ndavu a lola mu iyulu, ku wana ndji sulwe u k'ena mu iyulu. Ch'o ti : Ngowe u ba nchengeledi. Sulwe ch'o ti : Diahongowe, unkosi 'a ngu; u chite bulotu, ni chi ku ihikila inkoko, u die. Naye undavu a ti :* 7. *Diaho sulwe ha a bona kuti ibwe la subila mu mudilo, a ti kwa ndavu : U zasame, ni ku he inkoko. Naye ndavu a zasami; ye sulwe ch'o zinda ibwe edio. Undavu ch'o zuminina mpona'ho.*

*Ye sulwe ch'o enda ku bakwabo, a ba puti, a ti buti : Sana mu ize mu nzila umo, tu ikale umo mu nzila, muntu yo za ku iza a wane tu chenamite menu etu. Diahano undavu ha a buka ho, a wani sulwe chi wa enda. A ti : Sulwe wa ya hi? A endi ni mukondo wa kwe, a ka wani ha zi hanzakana inzila, a wani elu meno budio. Ye ch'o ti : Suno na wana zintu za ni lweza.*

*Diahano a sumpi zinyologi zonse zo mu nkanda; diahano ha z'iza, ndavu a ti ku zinyolozi izo : Sana mu ntondeze muntu wa ngu hana, usulwe. Bo ni ba ti : Ka tu mu izi iswe, muntu wa ko. Ba ti buti kwa ndavu : Twa kangwa, iswe, ku ku tondeza muntu wa ko, usulwe. Ha ba amba budio, chi ba bona umfuzu a siki ha kati ka bo. Undavu a ti buti : U ntondeze mnntu wa ngu, usulwe. Ye umfuzu a ti buti : Muntu wa ko ndjuzo; aba bonse basulwezana; ye muntu wa ko ndjuzo, u ina ha kati ka bo. Diahano ha ba zubwa budio, ba tii; inkwela ba mu sii.*

*Undavu a ti : Diahano uzo sulwe mbo ni mu chitile mano a hi? Diahano naye a endi ha zi hanzakana inzila. Diahano a siki, a d'ihiki mu chizungu chikando. Diahano sulwe ch'o wana inyama i bila. A ti : Suno mbo ni hale, mbo ni die inyama. A wani ka h'ena muntu. Ch'o ti : Bene b'enyama ba ya hi? Ha a amba budio, ye ch'o dia; a sumpi, n'a katala budio. Diahano ch'o ihula, a twadi hana, a di. Diahano a ti : Ni chi ka nywa menzi.*

*Diaho usulwe ha a sika ha menzi ao, ch'o zubwa : Iwe, sulwe, ni zwile hi? Usulwe ye a ti : Nanta. Undavu ye : Ni zwille h'evumu ? Usulwe : Nanta! ivumu la bantu. Ye ndavu a ti : Ha mutwi? Sulwe : Nanta! mutwi wa bantu. Undavu : Ku musana? Sulwe : Nanta! musana wa bantu! Undavu : Diahano ni zwa. Usulwe : Nanta! A chi amba budio, undavu a zwidi h'evumu la kwe; ch'o zwila ho. Usulwe diahano a fwi.*

*Mpo zi manina za sulwe ni ndavu.*

## 1. — Le lion et le lièvre[1].

Le lièvre allait un jour dans la plaine; il dit : Quelle ruse me

1. Le *lièvre* qui joue dans ce conte et les suivants un rôle si important se retrouve un peu partout dans le folklore africain. Voir particulièrement dans le domaine bantou; *Le Roman du Lièvre* (Junod, *Contes des Ba-Ronga*); *Le lièvre dans la peau du lion*, et *L'arbre du roi des animaux* (Revue des Trad. popul., 1895 : *Contes de Gaza*); *Le petit lièvre* (Jacottet, *Contes des Bassoutos*), *Pinyané* et *Le lièvre dans la peau du lion* (A. Sekese, *Mekhoa ea ba-Sotho, le Maele, le J'sómo*); *L'histoire du lièvre* (Theal, *Kaffir Folk-Lore*). Dans d'autres contes bantou, dont quelques-uns sont probablement empruntés aux Hottentots, c'est le *chacal* qui prend la place du lièvre; cf. *Le chacal* (Rev. des Trad. pop., 1895 : *Contes de Gaza*); *Le chacal et la source*; *Le chacal, la colombe et la panthère* (Jacottet, *Contes*

faut-il faire pour tuer un grand animal? Le lièvre creusa un trou profond. Quand il eut fini, il apporta de l'herbe, il recouvrit son trou avec cette herbe ; il le fit soigneusement. Puis, quand il eut fini, il accrocha sa hache (à un arbre) au-dessus (du trou). Quand il vit que tout était prêt, il dit : Lequel des animaux de la plaine me faut-il prendre par ruse ? De plus, il faut dire que sa hache était accrochée tout près de ce trou.

Alors il vit le lion. Il lui dit : Mon frère aîné, décroche pour moi ma hache ; moi je suis (trop) court ; j'ai voulu tuer un oiseau, mais ma hache est restée accrochée (à l'arbre). Le lion dit : En effet, toi tu es tout petit. Quand le lion décrocha la hache, il tomba dans ce trou. Il en sortit vite d'un bond, saisit le lièvre, et s'écria : Qu'as-tu voulu me faire, toi gamin ? Le lièvre lui dit : Laisse-moi, mon frère aîné, je te procurerai de la viande. Le lion le laissa aller [1].

Ensuite (le lièvre) vit un buffle ; il lui dit : Mon frère aîné, dé-

---

des Bassoutos) ; L'histoire du petit chacal (Theal, Kaffir Folk-Lore) ; Le chacal et la hyène (Büttner, Zeitschrift für afrikanische Sprachen, 1888). D'autres contes bantou remplacent parfois le lièvre ou le chacal par d'autres animaux, soit la tortue et la rainette ; cf. La légende de la tortue (Jacottet, Contes des Bassoutos) ; L'épopée de la rainette (Junod, Contes des Ba-Ronga). Chez les Zoulous et les Cafres-Xosa, c'est un être humain, rusé et malfaisant, nommé Uhlakanyana, qui joue le même rôle ; cf. Uhlakanyana (Callaway, Stories of the Zulus) et Hlakanyana (Theal, Kaffir Folk-Lore). Pour le folklore hottentot, où le chacal prend régulièrement la place du lièvre, cf. La part du lion ; La femme du chacal ; Qui était le voleur? (Bleek, Reynard the Fox in South Africa) ; L'histoire d'un élang ; Lion et chacal (Folk Lore Journal du Cap, 1879 et 1880). Le conte même du Lion et du lièvre que je donne ici, ne se retrouve nulle part ailleurs sous cette forme ; mais plusieurs des incidents qu'il rapporte ressemblent à ceux relatés dans les contes cités ci-dessus. Un conte louyi, qu'on trouvera dans la troisième partie de cette publication, lui ressemble beaucoup.

1. La ruse du lièvre racontée ici n'est racontée dans aucun autre conte bantou à moi connu. L'alliance du lièvre et du lion est, par contre, très répandue dans le folklore africain. Dans le conte souto Du petit lièvre, etc. et dans le conte louyi, le lièvre se sert d'une ruse toute différente pour obtenir de la viande pour lui et le lion ; il fait accroire aux animaux que le lion est mort, ceux-ci viennent dans l'enclos pour voir son cadavre, et le lion les tue sans peine.

croche-moi ma hache. Quand le buffle voulut la décrocher, il tomba lui aussi dans le trou. Le lièvre appela le lion; celui-ci vint. Ils tuèrent le buffle. Le lièvre agit ensuite de la même manière avec d'autres animaux. Quand le lièvre eut fini (sa chasse), ils allèrent se bâtir une hutte (de branchages). Quand ils l'eurent bâtie, ils apportèrent leur viande dans leur hutte. Quand le lion s'aperçut que quelques-uns des animaux (tués) étaient maigres, il dit (au lièvre) : Voilà les tiens, lièvre. Le lièvre dit : Bien [1].

Quand le lièvre vit que le lion lui donnait la viande maigre, il se dit : Quelle ruse faut-il que je fasse à mon frère aîné? Un jour le lion dit au lièvre : Mon garçon, viens chercher mes poux. Le lièvre y consentit. Mais, tout en cherchant les poux, le lièvre creusait un trou. Quand il eut fini (de le creuser), il y plaça la queue du lion, l'attacha (à une racine) avec une corde, prit un pieu et (remplit le trou de terre) qu'il battit (avec son pieu) pour assujettir fortement la queue (du lion). Alors le lion dit au lièvre : Va me chercher de l'eau [2]. Le lièvre y alla. (Il resta longtemps), parce que l'eau était loin, et que d'ailleurs le lièvre s'était fabriqué un tambour là près de l'eau. Ensuite, quand il revint, il revint avec son tambour, il allait chantant sa chanson et disant :

Ndi! ndi! ndi! nous avons battu le lion,
Le petit lièvre nous le cacherons dans le tambour!

Le lion essaya de se lever, mais il trouva que le lièvre lui avait attaché (la queue). Alors il cria : Lièvre! lièvre! Le lièvre (fit semblant) de ne pas entendre. Alors le lion arracha sa queue (de la racine où elle était attachée), il en laissa la peau dans le trou. Quand le lièvre vit que le lion s'était enfui, il arriva, lia (en paquets) sa viande et celle du lion, puis s'en alla avec la viande du lion [3].

1. Dans les contes souto, louyi et du pays de Gaza, ainsi que dans ceux des Hottentots, le lion garde également pour lui les animaux gras et ne donne à son compagnon que de la viande de rebut.

2. Cette même ruse du lièvre se retrouve au n° VIII : *Le lièvre et le singe*, et dans le conte louyi déjà cité, ainsi que dans la fable zouloue : *Les babouins et le léopard* (Callaway, p. 368). Les détails (le lièvre cherchent les poux du lion) sont identiques. Dans le conte ba-souto du *Petit lièvre* (Jacottet, p. 20), ainsi que dans celui du pays de Gaza : *Le lièvre dans la peau de lion* (*Rev. des Tr. pop.*, 1895, p. 381), c'est aux lattes de la hutte que le lièvre attache la queue du lion.

3. Le lion entendant le bruit du tambour croit que c'est un ennemi qui arrive.

Lorsqu'il arriva près de l'eau, il bâtit une petite terrasse[1]. Quand il eut fini de la bâtir, il y monta avec sa viande. Quand il voyait un animal venir à l'eau, lui le lièvre disait à cet animal : Cette eau est à moi, il n'est pas (permis) d'en boire ainsi, mais seulement si tu m'amènes ta sœur. Il faisait ainsi à tous les animaux[2].

Un jour le lion vint lui aussi. Le lièvre lui dit : Cette eau est à moi, il n'est pas (permis) d'en boire ainsi, mais seulement si tu m'amènes ta sœur. Le lion regarda en haut, et vit que c'était le lièvre qui était là haut. Il lui dit : C'est toi qui m'as trompé. Le lièvre lui dit : Quoi ! c'est toi, mon frère aîné ; attends un peu, je te fais cuire du pain pour que tu manges. Le lion répondit : C'est bien. Quand le lièvre vit que le feu avait (déjà chauffé) à rouge la pierre (qu'il y avait mise), il dit au lion : Ouvre (la bouche), que je te donne mon pain. Le lion ouvrit (sa bouche), et le lièvre y lança cette pierre. Le lion (mourut) et se dessécha là sur place[3].

Quant au lièvre il alla vers ses frères, les assembla et leur dit : Venez donc là-bas sur la route, et asseyons-nous-y ; si quelqu'un passe il faut qu'il nous trouve là (la bouche ouverte) et montrant nos dents. Quand le lion revint à la vie[4], il trouva que le lièvre était parti. Il se dit : Où est allé le lièvre ? Il suivit sa piste, et là où se croisent les routes, il regarda et vit qu'il n'y avait que des dents (devant lui). Il s'écria : Aujourd'hui je vois quelque chose d'étonnant[5].

Alors il appela tous les animaux de la plaine ; quand ils furent

---

1. L'*ingalane* est une estrade de branchages que se bâtissent, pour y passer la nuit, les Zambéziens en voyage.
2. C'est une ruse pour effrayer les animaux.
3. Cet épisode de la pierre chauffée à blanc et lancée par le lièvre dans la gueule du lion, est fréquent dans les contes zambéziens. On le retrouve également dans le folklore hottentot (cf. Bleek, *Reynard the Fox*, pp. 8 sq. et *Folk Lore Journal*, 1880, p. 56). Dans un conte herero (*Zeitsch. f. afr. Spr.*, 1888, p. 209), c'est pour briser les dents de l'hyène que le chacal lui lance la pierre dans la gueule.
4. Pareille résurrection est très fréquente dans les contes du Zambèze.
5. Le même épisode se retrouve dans le conte louyi parallèle. Le lion est effrayé et étonné de voir toutes ces dents ; il croit sans doute qu'il y a là de la sorcellerie. Pour un épisode qui rappelle un peu celui-ci, cf. le conte angolais : *Le chacal et le lièvre* (Châtelain, p. 209).

venus, le lion dit à ces animaux : Montrez-moi, là-bas, mon serviteur le lièvre. Ils lui dirent. Nous ne le connaissons pas ton serviteur. Ils dirent (encore) au lion : Nous ne pouvons pas, quant à nous, te montrer ton serviteur le lièvre. Comme ils parlaient ainsi, ils virent la tortue ; la tortue arriva au milieu d'eux. Le lion dit : Montre-moi mon serviteur, le lièvre. La tortue lui dit : Le voilà là-bas ton serviteur ; tous ceux (qui sont) ici près ce sont de petits lièvres ; le voilà là-bas ton serviteur, au milieu d'eux. Quand (les lièvres) entendirent cela, ils s'enfuirent, et laissèrent le lion (bien loin) en arrière[1].

Le lion dit : Maintenant quelle ruse employer contre ce lièvre-là ? Alors lui aussi alla là où se croisent les chemins. Il arriva là, et se fit cuire lui-même dans un grand pot[2]. Ensuite le lièvre (vint) et trouva la viande qui cuisait. Il dit : Aujourd'hui je vais vivre, je mangerai de la viande. Il vit qu'il n'y avait là personne ; il dit : Où sont allés les maîtres de la viande ? Tout en parlant ainsi, il se mit à la manger ; il appela, mais se fatigua inutilement. Alors il sortit (la viande du pot), la mit de côté et la mangea. Ensuite il dit : Je vais boire de l'eau.

Mais au moment où il arriva près de l'eau, le lièvre entendit dans son corps quelqu'un qui disait[3] : Hé lièvre, par où dois-je sortir ? Le lièvre répondit : Non ! non ! Le lion (dit) : Dois-je sortir par ton ventre ? Le lièvre : Non ! c'est un ventre humain ! Le lion dit : Par ta tête ? Le lièvre : Non ! c'est une tête humaine[4]. Le

1. Dans le conte louyi la tortue joue le même rôle qu'ici. Elle tient d'ailleurs une place importante dans le folklore bantou ; cf. les nos IX, X et XII de cette collection ; chez les Ba-Souto, *La légende de la tortue* (Jacottet, p. 42) ; dans le pays de Gaza, *La tortue, le lièvre et le léopard* (Rev. des Trad. pop , 1895, p. 390) ; chez les Hereros : *L'éléphant et la tortue* (Brincker, Wörterbuch des Otji-Herero, p. 336), etc. Chez les Hottentots, il en est de même ; cf. le conte de *La girafe et la tortue*, et celui de *La tortue et les autruches* (Bleek, Reynard the Fox, p. 30 et 32).

2. Cet incident se retrouve plusieurs fois dans les contes zambéziens ; cf. entre autres n° XVIII, et aussi n° LXIII, où il est question de docteurs zambéziens qui font quelque chose de pareil.

3. Ce curieux incident se retrouve assez fréquemment au Zambèze ; cf. par ex. notre n° XVII. En dehors du Zambèze, je ne le rencontre que dans le conte angolais : *La femme qui désirait manger du poisson* (Châtelain, p. 83).

4. Une tête *humaine*, les animaux sont naturellement personnifiés.

lion : Par ton dos? Le lièvre : Non! c'est un dos humain. Le lion : Maintenant je sors. Le lièvre : Non! non! Comme il parlait encore, le lion sortit par le ventre du lièvre; c'est par là qu'il sortit. Alors le lièvre mourut.

C'est ici que finit l'histoire du lièvre et du lion.

## II. — Zo mukwame n'unsa.

*Mukwame a b'ena n'iwa ; a dimi iwa la kwe, a di byadi. Diahano zidio za kwe zi meni, zi kudi; a ba byadile n'inyangu. Diahano ha zi ba kudile, bumwe busiku unsa, ye a siki ku iwa lo mukwame ; me a wani zidio zi kudile n'inyangu. A ti buti : Ni die inyangu izi? A ti buti. Ni chi sola izi zidio. Unsa a twadi inyangu imwe, a di, a zubwi bulotu bwa yo. Diahano a di zingi. Diahano a ka di ungudi mu mani.*

*Lokulunza mukwame a endi ku luwa lwa kwe, a wani unsa wa dia inyangu zonse. Mukwame a ti buti : Kanyolozi nzi aka ka dia inyangu za ngu? A bodi ku muzi. A ti buti ku mwanakazi wa kwe : Na ka wana kanyolozi ka dia inyangu za ngu zonse zonse, ka zi mana. Mwanakazi a ti buti : Insana kana wa k'ehaya nchechi nzi? Mukwame a ti buti : Kana na ka wana. Mwanakazi a ti buti : Ka ya kuhi? Mukwame : Ka di ungula mu mani. Mwanakazi a ti buti : Mbo ka chiwe buti? Mukwame : U ka leki; mbo ni ka tee ni maswa, ni ka chese. Mwanakazi : Ī, isana u eleke ku tea ni maswa. Mukwame a zumini.*

*Diahano mukwame a hosi maswa a kwe ; diahano a endi ku iwa. Diahano a wani kanyolozi ako chi ka dia inyangu za kwe. Diahano mukwame uzo a sanguni ku tea maswa a kwe. Diahano a endi ku muzi. Mwanakazi a ti buti : K'ena hi ako kanyolozi? Mukwame uzo a ti buti : Inkwela ka dia inyangu zetu. Mwanakazi a ti buti : Uzo unsa mbo a chitwe buti? Mukwame. Mbwita.*

*Inkwela mukwame a endi ku ka bona maswa a kwe ; a ka wani a teitwe onse. Inkwela a wani unsa wa dia inyangu. Inkwela a bodi ku muzi. Inkwela mwanakazi a mu bozi, a ti buti : Inkwela kana wa ka chesa na? Mukwame : Nanta! Kana na ka chesa. Inkwela mwanakazi a ti buti : Kana ka dia na? Mukwame a ti buti : Ka dia. Mwanakazi a ti buti : Suno u ka di ungule mu mani. Mukwame : Ni ka lale ko? Mwanakazi : Ī. Mukwame : Ka ni saki.*

Diahano mukwame a endi inkwela ku maswa a kwe. Inkwela a ka wani a teitwe onse. Diahano a boni usulwe chi wa sika. Mukwame a ti buti : U zwa hi, iwe, musisu? Usulwe a ti : Na bona kanyolozi ka ku dila inyangu za ko. Mukwame a ti buti: Wa ka bona dihi? Usulwe a ti : Na ka bona masiku. Mukwame : Ha u za ku ka bona suno, u ni ondele nkako. Usulwe a ti buti : Ī, mbo ni ka onde. Mukwame a bodi ku muzi wa we. Diahano mwanakazi wa kwea ti buti : K'ena hi? Mukwame a ti buti : Kana na ka bona ; na wana usulwe, wa ti kwa ngu, mbo a ka onde. Mwanakazi a ti buti : Mbo a ka ole? Mukwame a ti : Mbwita.

Diahano usulwe a boni unsa chi wa sıka. Usulwe a ti buti : U zwa hi, iwe? Unsa a ti : Ni zwa mu nkanda. Usulwe : Diahano u ya hi? Unsa : N'iza momona umo. Usulwe : U chita nzi? Unsa : N'iza budio umo mu iwa. Usulwe : U iza ku twala nzi? Unsa : Ni hita budio umo mu iwa. Usulwe : Mbobo, mwangu.

Diahano usulwe a ti buti : Eawe, tu lukane mataku. Unsa a zumini. Usulwe a ti buti : Ime, u ni luke ni lwabo. Unsa a zumini. Inkwela usulwe a ti buti ku unsa : Iwe, mbo ni ku luke ni lusinga lo munyolozi. Unsa a zumini. Inkwela usulwe a ti buti : Diahano ha tu za ku mana ku di sumina, nangu tu di sumunune diahano. Diahano unsa a ti buti : Ī, mwangu. Diahano usulwe a ti buti : Ku sangune ime. Unsa a ti buti : U ize, ni ku luke. Diahano usulwe a leti mataku a kwe ku unsa. Diahano unsa a mu luki ni lwabo ; a ba di ku luka n'indonga. Unsa ha a ba mani ku luka, usulwe naye a ti buti ku unsa : U lete mataku a ko, ni ku luke.

Diahano unsa a twadi mataku a kwe. Diahano usulwe a someki indonga ya kwe, a leti lusinga ; a someki. Diahano usulwe a mu tuludi, a mu luki haholo, a suminisi haholo ; a tuludi, a sumini. A luki, a sinkanisi miluko ya kwe. Diahano usulwe a ti buti ku unsa : Na itumela, mulob'a ngu. Unsa naye a ti buti : Na itumela mulob'a ngu. Diahano usulwe ye a endi hana, a nii. Unsa naye ha a bona budio, a ti : Name ni chi ka nia. Usulwe a ti buti : Ni chi nia ime, u lolelele ime sankwini. Diahano usulwe a siki, ekadi hansi ; diahano mabwana a kosoki onse. Unsa naye a ti buti : Name wa ngu muluko mb'u kosoke. Usulwe a ti buti : U ende, u ka eleke. Diahano unsa a eleki ku nia, a wani lusinga lwa kwe lu kozite haholo. Diahano unsa a didi, a ti : mee! mee! mee!

Diahano usulwe a ti buti : Nz'enyangu za bantu. Diahano unsa a ti buti : Eawe, u ize, u ni sumunune, na fwa. Usulwe a ti buti : Ka

*ni saki ku ku sumununa. Diahano unsa a ti buti : Diaho zile u ni chengelela. Usulwe : Izona, ni ba ambidi mwini w'ewa kuti : Mbo ni ku ondele kanyolozi aka; diahano chi na ku onda; diaho ngowe u ba di ku dia inyangu za bantu; suno na ku chesa. Diahano chi ni ka sumpa beni b'ewa edi. Unsa a ti buti : Ni ku kambidila, mulob'a ngu, kanzi u endi ku muzi. Usulwe a ti buti : Ĩhĩ, chi ni enda.*
*Diahano usulwe ye a endi ku ka sumpa mukwame. Mukwame a wani kanyolozi ako ka kwete ka dila. Mukwame a siki, a ka kabi ni muhini w'embezo ya kwe. A ti buti : Diaho nkakanyolozi aka ka mana inyangu za ngu. Mukwamè a itumedi kwa usulwe, a ti buti : Na itumela haholo. Diahano mukwame a ka kudiki, a ka twadi ku muzi wa kwe. A siki ku mwanakazi wa kwe, a ti buti : Nkakanyolozi ka ba di ku dia inyangu zetu. Mwanakazi a itumedi haholo. Diahano ba k'ehiki, ba ka di ni mwanakazi wa kwe.*
*Mpo zi manina zo mukwame n'unsa.*

## II. — L'homme et la gazelle[1].

Un homme avait un champ; il bêcha son champ et le sema. Son sorgho poussa et grandit; il y avait aussi semé des arachides. Quand son sorgho fut devenu grand, un certain jour une gazelle vint au champ de cet homme; elle y trouva du sorgho déjà grand et des arachides. Elle dit : Mangerai-je de ses arachides? Elle ajouta : Je veux en goûter. Alors la gazelle prit une arachide, la mangea et la trouva bonne. Ensuite elle en mangea d'autres, puis elle se cacha dans l'herbe.

Le lendemain, l'homme se rendit à son champ; il trouva que la gazelle avait mangé toutes les arachides. L'homme demanda : Qui est cet animal qui mange mes arachides? Il retourna chez lui. Il dit à sa femme : J'ai trouvé qu'un animal avait mangé toutes mes arachides, il les a toutes finies. Sa femme lui dit : Pourquoi ne l'as-tu pas tué? L'homme dit : Je n'ai pu le trouver.

1. Je ne connais pas d'autres contes semblables. Je vois cependant, par une note de M. R. Basset, dans la *Revue des Trad. pop.*, que M. Elmslie, missionnaire au lac Nyassa, a publié en 1892 dans *Folk-Lore*, un conte du Nyassa, intitulé : *The man and the reed-Buck*. Il est fort probable que c'est le même que celui-ci.

La femme demanda : Où est-il allé? L'homme : Il s'est caché dans l'herbe. La femme dit : Que lui feras-tu? L'homme : Laisse seulement; je vais tendre des rets pour le prendre. La femme : C'est bien, essaie de la prendre avec des rets. L'homme consentit.

Alors l'homme tissa des rets, puis alla à son champ. Il trouva que cet animal avait de nouveau mangé ses arachides. Alors cet homme se mit à tendre ses rets. Puis il retourna chez lui. La femme lui demanda : Où est-il cet animal? Cet homme répondit : Il a de nouveau mangé nos arachides. La femme dit : Que feras-tu donc à cette gazelle? L'homme : Je ne sais pas.

L'homme alla de nouveau voir ses rets; il trouva qu'ils étaient encore tous tendus; il trouva aussi que la gazelle avait mangé les arachides. Il retourna chez lui. Sa femme lui demanda : Cette fois-ci ne l'as-tu pas prise? L'homme : Non! je ne l'ai pas prise. La femme demanda encore : N'a-t-elle pas mangé (nos arachides)? L'homme dit : Elle les a mangées. La femme dit : Aujourd'hui cache-toi donc dans l'herbe. L'homme demanda : (Tu veux donc) que j'y passe la nuit? La femme : Oui! L'homme : Je n'en veux rien faire.

Alors l'homme retourna de nouveau vers ses rets; il les trouva encore tous tendus. Alors il vit un lièvre qui s'approchait. L'homme lui demanda : D'où viens-tu, gamin? Le lièvre répondit : J'ai vu l'animal qui mangeait tes arachides. L'homme demanda : Quand l'as-tu vu? Le lièvre dit : Je l'ai vu cette nuit. L'homme : Si tu le vois aujourd'hui, attrape-le pour moi. Le lièvre dit : Oui! je l'attraperai. L'homme retourna chez lui. Alors sa femme lui demanda : Où est-il (cet animal)? L'homme dit : Je ne l'ai pas vu, mais j'ai trouvé un lièvre qui m'a dit qu'il l'attraperait. La femme dit : Sera-t-il assez fort (pour cela)? L'homme répondit : Je ne sais pas.

Ensuite, le lièvre vit approcher la gazelle. Il demanda : D'où donc sors-tu, toi? La gazelle dit : Je viens de la plaine. Le lièvre : Et maintenant où vas-tu? La gazelle : Je viens ici même. Le lièvre : Qu'y fais-tu? La gazelle : Je viens seulement dans ce champ-ci. Le lièvre : Que viens-tu y chercher? La gazelle : Je ne fais que passer près de ce champ. Le lièvre : C'est bien, mon amie.

Alors le lièvre dit : Amie, cousons-nous réciproquement le derrière. La gazelle y consentit. Le lièvre dit : Pour moi, couds-moi avec des (fils de) palmes. La gazelle consentit. Ensuite le lièvre lui dit : Pour toi, je te coudrai avec des tendons d'animaux. La gazelle consentit. Le lièvre ajouta : Quand nous aurons fini de nous coudre, alors nous nous découdrons. La gazelle répondit : C'est bien, mon ami. Alors le lièvre dit : C'est moi qui commencerai. La gazelle répondit : Viens donc, que je te couse. Le lièvre tourna son derrière contre la gazelle ; la gazelle le lui cousit avec des filaments de palmier ; elle cousait avec des aiguilles. Quand la gazelle eut fini de coudre, le lièvre lui dit à son tour : Approche ton derrière, que je te couse[1].

Alors la gazelle approcha son derrière. Le lièvre enfila son aiguille, prit de (forts) tendons, enfila son aiguille. Il lui transperça les chairs, il cousit fortement, il fit de forts nœuds ; il lui transperça (les chairs) et noua fortement. Il cousit, noua tous ses points. Alors le lièvre dit à la gazelle : Je te remercie, mon enfant. La gazelle elle aussi lui dit : Je te remercie, mon enfant. Alors le lièvre alla là-bas et y déposa des crottes. Quand la gazelle le vit, elle dit : Moi aussi, je vais déposer mes crottes. Le lièvre lui dit : Je vais déposer mes crottes ; regarde-moi bien d'abord. Alors le lièvre s'approcha, s'accroupit à terre ; les filaments de palmier se cassèrent tous. La gazelle dit : Mes fils à moi aussi se casseront (ainsi). Le lièvre lui dit : Va donc essayer. La gazelle essaya alors de faire ses crottes, mais elle s'aperçut que les tendons qui l'attachaient étaient fortement noués. Alors elle se mit à pleurer, criant : Mee ! mee ! mee !

Alors le lièvre lui dit : C'est la faute des arachides des gens (que tu as mangées). La gazelle lui dit : Mon ami, viens et détache-moi, (ou) je suis morte. Le lièvre dit : Je n'ai nulle envie de te détacher. Alors la gazelle dit : C'est donc que tu as voulu me tromper. Le lièvre : Hier, j'ai dit au maître de ce champ : Je t'attraperai cet animal ; maintenant je t'ai attrapée ; c'est donc toi qui mangeais les arachides des gens ; aujourd'hui je t'ai attrapée. Maintenant je vais appeler les maîtres de ce champ. La gazelle dit : Je t'en supplie, mon garçon, ne va pas au village. Le lièvre répondit : Certainement j'y vais.

1. Cette ruse du lièvre ne se retrouve pas dans les autres contes bantou, qui en connaissent à leur tour d'autres un peu différentes. Ainsi chez les Ba-Souto et les Ba-Ronga, le lièvre propose au lapin ou à la gazelle de jouer à se brûler ou à se faire cuire mutuellement, afin de pouvoir ainsi la tuer pour s'emparer des objets qu'il convoite.

Alors le lièvre alla appeler l'homme. L'homme trouva la gazelle qui criait encore. Il arriva, et la frappa avec le manche de sa hache. Il dit : C'est donc là cet animal qui a fini toutes mes arachides. L'homme remercia le lièvre; il lui dit : Je te remercie beaucoup. Alors l'homme chargea cet animal (sur ses épaules), et le porta chez lui. Il arriva vers sa femme et lui dit : Voici l'animal qui mangeait nos arachides. La femme s'en réjouit beaucoup. Ils firent alors cuire la gazelle, et la mangèrent, lui et sa femme.

C'est ici que finit l'histoire de l'homme et de la gazelle.

### III. — Za ndavu ni sulwe.

*Usulwe u ba di muhikana wa ndavu. Ndavu ha a bona usulwe, a ti wa bona musisu yo za ku mu kwatila bana ba kwe, ba ku zana naye. Bana ba ndavu ba ba di bosanwe. Diahano ndavu a mu ha bana ba kwe kuti a ba lele bulotu. Diahano sulwe a zumini, a ti : Mbo ni ba lele bulotu, unkosi'a ngu. Ndavu n'a ti : Me ni chi ya mu nkanda. Diaho ku isule la kwe sulwe ch'o ihaya mwana wa ndavu.*

*Ha a ka bola mu nkanda ndavu a wani usulwe chi w'ehika inyama. A wani wa mu bikila. A siki; ch'o mu ha inyama yo mwana wa kwe. Ndavu ch'o dia. Ndavu ch'o ti : Iwe, sulwe, inyama wa i wana hi? Sulwe a ti : Bantu ba hita hano, ba ni ha inyama. Diahano ndavu ch'o ti : U lete bana ba ngu, ni ba nyonse. A endi, a ka ba leti. Ha a bona kuti diahano chiwa mana, a leti mwana umwe kobele.*

*Inkwela bumwe busiku; undavu a endi mu nkanda. Inkwela sulwe ehai umwe. Inkwela a chiti bwinga pele. Ndavu ha a bola, a wani inyama. Inkwela ndavu a ti : Inyama wa i wana hi? Sulwe inkwela a ti : Bantu ba hita hano, ba ni ha inyama. Inkwela ndavu a ti : U lete bana, ba nyonke. Sulve n'a ba leta ; ha a bona kuti diahano chi wa mana, a leti mwana umwe kotatwe.*

*Bumwe busiku inkwela a wani wa b'ehaya, a wani inyama; a mu hi inyama, a di. A wani usulwe wa tiya, a ti : Kanzi u ti buti bana ba ko na ba dia ne nena ; diaho twa diaho twa dia tu bonse.*

III. — La lionne et le lièvre[1].

Le lièvre était le serviteur de la lionne. Quand la lionne vit le lièvre, elle se dit qu'elle avait trouvé un garçon pour lui garder ses enfants et jouer avec eux. Les petits de la lionne étaient (au nombre de) cinq. La lionne lui confia ses enfants pour qu'il en prît soin. Le lièvre consentit et dit : J'en prendrai grand soin, ma sœur aînée. La lionne dit : Moi je m'en vais dans la plaine. Mais dès qu'elle fut partie, le lièvre tua un des petits de la lionne.

A son retour de la forêt, la lionne trouva que le lièvre avait fait cuire de la viande, et en avait mis de côté pour elle. Le lièvre s'approcha et lui donna à manger la chair de son petit. La lionne mangea. La lionne dit : Lièvre, où as-tu trouvé cette viande? Le lièvre répondit : Des gens qui ont passé par ici m'ont donné de la viande. Alors la lionne dit : Amène-moi mes enfants, que je les fasse téter. Le lièvre alla et les amena. Quand il eut fini d'amener (les quatre qui restaient), il fit approcher un des enfants deux fois.

Un autre jour la lionne retourna dans la plaine. Le lièvre tua de nouveau l'un (des petits); il fit comme la première fois. Quand la lionne fut de retour, elle trouva de la viande. Alors la lionne demanda : Où as-tu trouvé cette viande? Le lièvre dit de nouveau : Des gens qui ont passé par ici m'ont donné de la viande. La lionne lui dit de nouveau : Amène-moi mes enfants, qu'ils tettent. Le

1. Cette ruse du lièvre est connue par plusieurs autres contes bantou. Ainsi chez les Zoulous c'est Uhlakanyana (Callaway, p. 24) qui mange de cette manière les petits d'un léopard ou d'une gazelle; dans le conte cafre Hlakanyana en agit de même envers une lionne (Theal, p. 105). Chez les Ba-Souto, c'est une panthère (ou mieux un léopard), dont il dévore les dix petits que le chacal trompe ainsi cruellement (Jacottet, pp. 38-40). Ce qui dans le conte soubiya rend la ruse du lièvre plus cruelle, c'est qu'il fait manger à la lionne la chair de ses petits, ce qui ne se retrouve pas dans les autres récits. Ce dernier trait est cependant très répandu dans d'autres contes; voir, par ex., dans notre collection les n°ˢ XI et XVIII; chez les Zoulous l'histoire de Uhlakanyana (Callaway, p. 20) ; chez les Ba-Souto celle de Raseretsana (Rev. des Trad. pop., 1890; plusieurs contes inédits provenant de la même région le possèdent aussi) ; chez les Angolais le conte du Léopard et du chevreau (Châtelain, p. 195).

lièvre les amena. Quand il les eut fini d'amener (les trois), il fit approcher un des enfants trois fois.

Un autre jour, la lionne trouva de nouveau de la viande (parce que le lièvre en avait de nouveau tué un). Il lui donna de la viande; elle mangea. Alors elle vit s'enfuir le lièvre qui lui cria : Ne dis pas que c'est moi seul qui ai mangé tes enfants, puisque nous les avons mangés ensemble[1].

### IV. — Sulwe ni luwawa.

*Usulwe a b'ena ni makwenyane. Bumwe busiku a ti kwa luwawa : Iwe, mwangu, tu ende ku bukwenyane bwa ngu. Luwawa ye n'a ti : Tu ende mulob'a ngu. Diahano ba endi. Ha ba enda-enda, ha ba sika hafohi ni muzi, ba sanguni ku sia madindi; usulwe naye ni wa kwe, luwawa naye ni wa kwe. Diahano ha ba enda-enda, usulwe ch'o ti ku mwakwe ; Iwe, mwangu, na zibala imbezo ya ngu; sana u siale hano ; mbo ni ku wane. Ye luwawa ch'o zumina.*

*Ye sulwe ch'o enda ; a ka siki, ku wana imbezo ya kwe ; diahano ha a bona kuti luwawa wa siala, ch'o sinka mudindi wa kwe. Diahano ha a mang, ch'o enda ku mwakwe. Diahano ba endi. Diahano ba ka sika ku bukwenyane bwa kwe. Ha ba sika, usulwe ch'o ti kwa luwawa : U ende, u ka teke menzi. Ye luwawa ch'o enda. A ka sika ku menzi; ch'o teka menzi; diaho chizangwa cha kwe ka ch'izi ku teka menzi. Ha bona budio ch'o bola, nanta ni menzi. Diahano a sika. Ye sulwe ch'o mu ha inkoko, a di.*

*Diahano matengu usulwe ch'o ti kwa mwakwe : Ive, mwangu, tu ihae impene yo bukwenyane bwa ngu. Ye luwawa a zumini, a ti : I. Diahano b'e ihiki. Usulwe ch'o ti ku mwakwe : U lale. Naye n'a ladi. Usulwe ha a bona kuti luwawa wa lala, ch'o dia inyama y'empene; a i mani. Mwakwe, luwawa, ha a buka, ku wana usulwe chi wa dia inyama yonse. Luwawa a ti : Inyama i k'ena hi? Usulwe a ti : Neme na ti u lale? Ye luwawa a tontodi budio.*

*Diahano beni ba yo, ha ba i saka, chi ba ti buti : Mbabona bakwenyane betu. Ye sulwe ch'o ti : Ndjen'ozo, luwawa. Ha ba zubwa budio chi ba ba tandanya. Ye sulwe a siki, endjidi mu mudindi wa kwe. Ye luwawa a siki, a wani usulwe a sinka ko. Bantu bo chi ba mu ihai.*

1. Cette sanglante raillerie se retrouve dans la plupart des contes que je viens de citer.

## IV. — Le lièvre et le chacal[1].

Le lièvre avait des beaux-parents. Un jour il dit au chacal : Mon frère, allons vers mes beaux-parents. Le chacal lui dit : Allons-y, mon garçon. Ils partirent. Comme ils marchaient et étaient arrivés près du village, ils se mirent à creuser des terriers ; le lièvre creusa le sien, le chacal le sien. Ensuite comme ils continuaient à marcher, le lièvre dit à son frère : Ah, mon frère, j'ai oublié ma hache ; reste seulement ici, je t'y rejoindrai. Le chacal y consentit.

Le lièvre partit ; il arriva, et trouva sa hache. Puis, quand il se fut assuré que le chacal était resté (en arrière), il boucha le terrier de celui-ci. Quand il eut fini, il retourna vers son frère. Ils continuèrent leur route, et arrivèrent enfin chez les beaux-parents. Arrivés là, le lièvre dit au chacal. Va chercher de l'eau. Le chacal partit ; arrivé près de l'eau, il se mit à puiser, mais sa calebasse ne pouvait garder l'eau[2]. Quand il vit cela il s'en retourna sans eau. Il arriva ; le lièvre lui donna du pain, il le mangea.

Ensuite vers le soir, le lièvre dit à son frère : Mon frère, tuons une des brebis de mes beaux-parents. Le chacal consentit, et dit : Oui ! Ils (la tuèrent et) la firent cuire. Le lièvre dit à son frère : Dors seulement. Il se mit à dormir. Quand le lièvre vit que le chacal dormait, il mangea la viande de la brebis, il la finit toute ? Quand son frère, le chacal, se réveilla, il vit que le lièvre avait déjà mangé toute la viande. Le chacal demanda : Où est la viande.

1. Je ne donne que la première moitié du conte ; dans la seconde partie, le lièvre joue un tour identique à une autre variété de chacal ou de renard, le *chinono*. Il était inutile de la reproduire. Un conte de l'Angola, *Le léopard, l'antilope et le singe* (Châtelain, pp. 161 et 173), repose sur la même donnée. Le léopard fait par ses ruses tuer l'antilope ; dans une seconde partie, le singe venge l'antilope en usant envers le léopard du même procédé. Dans le conte angolais l'épisode du terrier bouché par le lièvre ne se trouve pas.

2. La ruse consistant à envoyer quelqu'un puiser de l'eau avec une cruche fêlée (comme c'est probablement le cas ici) est assez commun dans le folklore bantou ; cf. par ex. le conte ba-souto de *Tselané* (Jacottet, p. 74, note), etc.

Le lièvre répondit : Est-ce moi qui t'ai dit de dormir? Le chacal se tut.

Quand les maîtres (de la brebis) voulurent la chercher, ils se dirent : Ce sont nos beaux-enfants (qui l'ont volée). Le lièvre leur dit : Oui! c'est celui-là, le chacal. Quand ils l'entendirent (parler) ainsi, ils se mirent à les poursuivre. Le lièvre arriva à son terrier et y entra. Quand le chacal arriva près du sien, il trouva que le lièvre l'avait bouché. Alors ces gens le tuèrent.

### V. — Z'ongwe ni sulwe.

*Ungwe u ba di ku ina ni bukwenyane bwa kwe. Bumwe busiku ungwe a ti buti kwa usulwe : Iwe, u mulab'a ngu, tu ende ku mukwenyane wa ngu. Usulwe a zumini, a ti : T'u ku ya, unkosi' a ngu. Inkwela ba ba di ku ina ni banyin'a bo. Diahano ba endi; ungwe ni banyina, naye usulwe ni banyina.*

*Ba ba di ku enda; bumwe busiku usulwe a ti ku ungwe : Iwe, unkosi'a ngu, tu ihae bamayw'etu; iwe u ihae banyoko, name n'ihae bamayo. Ungwe a zumini. Bwene inkwela banyin'a bo kana ba ba di ku ikala hantu honke ni bana ba bo. Diahano ha ba mana ku amba budio, chi b'enda ku k'ehaya banyin'a bo. Ungwe a siki, a ihai banyina; diaho ye sulwe wa mu chengelela. A siki ku banyina, a ba twadi kungi. Diahano ha a bona kuti wa ungula banyina, diahano ch'o hweza musamo (uwo musamo u sumpwa mulombe); diahano a u hwezi, ku wana mudinga wa kwe wa subila china malaha ene. Diahano a endi ku chilao cha bo, a wanani ni nkosi wa kwe, ungwe. Usulwe ch'o ti buti : Ime, na k'ehaya bamayo. Naye ungwe a ti buti : Name na ka b'ehaya bamayo. Diahano ba zwi ho, ba endi. Inkwela ba ka sika hamwe. Inkwela ba zaki chilao. Ye usulwe ch'o ti kwa mwakwe : Ime, ni chi ya ku ka saka impoka. Ungwe ch'o ti : U ende.*

*Usulwe a endi, a siki, a temi impoka; ha a mana, ch'o twadila banyina. A siki, a mu hi; a di. Inkwela a ka bodi kwa mwakwe, ungwe. Inkwela lokulunza ba endi. Inkwela ha ba enda, he ba bona kuti ch'a ba matengu, chi ba zaka chilao. Inkwela usulwe ch'o enda ku ka saka impoka. Inkwela a zi wani; ch'o tema. Inkwela ha a mana ch'o twadila banyina. Inkwela usulwe ni banyina chi ba dia.*

*Ha ba mana ku día, usulwe ch'o bola kwa mwakwe. Ye ungwen'a ya bo ihaiwa ni nzala.*
  *Bumwe busiku usulwe ch'o ti buti : Ni chi enda mu nkanda. A endi. Diaho naye ungwe wa dimbolula; a endi mu isule la kwe. A boni ch'o tema buchi; a boni ch'o enda, ku banyina. A siki, a hi banyina; diahano ba di. Ye ungwe u di ungudite mu chisamo. Diahano usulwe, ha a mana ku dia, ch'o enda ku chilao. Ungwe naye ch'o sika, a twadi banyin'a sulwe, a ba biki mu chitebe, a chi sumini ni luzizi. Diahano ha a mani, a endi ku chilao cha bo. A siki, a biki hana. Lokulunza ha ba buka, diahano chi ba enda. Inkwela ha ba bona kuti diahano matengu, chi ba zaka chilao. Inkwela usulwe ch'o chita bwingu pele; a ka wani nyina ka ch'ina ho. A ka bodi, n'a swabite budio. Ungwe a mu bozi, a ti buti : Iwe, mwangu, suno wa zubwa chinzi ha u swabite buti? Usulwe : Nanta! Ye ungwe mu chizuba cha kwe : Na ku wanina mano suno. Ni ba ya bo enda budio, usulwe u kudikite banyina.*
  *Bumwe busiku usulwe a ti ku ungwe : Ni chi ya bo enda-enda kumbadi ni nzila. A endi; ch'o wana impoka. Icho chitebe a chi biki hansi; ch'o tema impoka za kwe. Ch'o zubwa : Iwe, sulwe, neme nyoko; kanzi u ni nyimi buchi ubu. Usulwe ha a zubwa budio, ch'o ti : Inkwela chi amba chi nzi? Ch'o sumununa chitebe, ku wana ndji nyina; ch'o mu leka, cho mu ha buchi; a di. Ha a mana, diahano a endi. Diahano usulwe a leti inzoka n'impoka ; ch'o bika mu chitebe umo. Diahano a endi kwa mwakwe. Diahano ba siki ku bukwenyane bwa kwe. Diahano ba ba lume disi; ba ba hi ni ku dia; ba di. Diahano masiku, ungwe ch'o indjila mu nzubo, a ka ladi; ch'o ti kwa sulwe : U lete chitebe cha ngu. Diaho ye usulwe a sumina mudiango. Diahano ha a mana, a mu hi. Diahano ungwe a ti a sumunune, ku wana inzoka n'impoka. Diahano zi mu sumi. Chi ba zubwa bantu u dila; ch'o fwa momona umo mu nzubo. Ye sulwe a tii.*
  *Mpo zi manina.*

## V. — Le léopard et le lièvre [1].

Un léopard avait des beaux-parents. Un jour, le léopard dit au

1. Une donnée semblable à celle de ce conte se trouve dans un conte héréro (*Zeitsch. für afrik. Spr.*, 1888, pp. 198, etc.). Le chacal et la hyène décident de tuer leurs mères; le chacal cache la sienne a l eu de la

lièvre : Allons, mon garçon, visiter mon beau-père. Le lièvre consentit et dit : Allons-y, mon frère aîné. Tous deux avaient leurs mères. Ils partirent, le léopard avec sa mère, le lièvre aussi avec sa mère.

Ils voyagèrent ainsi. Un jour le lièvre dit au léopard : Mon frère aîné, tuons nos mères; toi tu tueras ta mère, moi je tuerai la mienne. Le léopard consentit. Leurs mères ne demeuraient pas au même endroit que leurs enfants. Lorsqu'ils eurent parlé ainsi, ils partirent pour tuer leurs mères. Le léopard arriva vers sa mère et la tua. Quant au lièvre, il usa de ruse; il arriva vers sa mère et alla la cacher dans un autre endroit. Quand il vit qu'il avait bien caché sa mère, il perça de son assagaie un arbre qui s'appelle *moulombe*; il le perça tant que son assagaie fut aussi rouge que (si elle avait été trempée dans) de vrai sang [1]. Il retourna à la hutte et y retrouva son chef, le léopard. Le lièvre lui dit : Moi j'ai tué ma mère. Le léopard lui aussi dit : Moi aussi j'ai tué ma mère. Ensuite ils partirent et continuèrent leur route. Ils arrivèrent à un autre endroit, et y bâtirent une hutte. Le lièvre dit à son ami : Moi je vais chercher du miel. Le léopard dit : Vas-y.

Le lièvre partit; il arriva et dénicha du miel; quand il eut fini, il le porta à sa mère. Il arriva, le lui donna, elle mangea. Puis il retourna vers son frère, le léopard. Le lendemain ils partirent de nouveau. Tout en continuant leur route, quand ils virent que c'était le soir, ils bâtirent une hutte. Le lièvre retourna de nouveau chercher du miel. Il en trouva et le prit. Quand il eut fini, il le porta à sa mère; le lièvre et sa mère le mangèrent ensemble. Quand ils eurent fini de manger, le lièvre retourna vers son ami. Quant au léopard, il mourait de faim.

Un autre jour le lièvre dit encore : Je vais dans la forêt. Il y

---

tuer. Dans le conte héréro la hyène, s'apercevant de la ruse de son compagnon, tue la mère du chacal. La dernière partie de notre récit ne se trouve pas dans le conte héréro. Ce dernier donne une raison pour le meurtre de leurs mères par le chacal et la hyène; c'est que ceux-ci ayant beaucoup de viande à manger veulent chercher un bon prétexte pour faire une grande fête. Ce sera la fête des funérailles de leurs mères.

1. Le suc du *moulombe* est rouge. Le lièvre veut faire croire de cette façon au léopard qu'il a réellement tué sa mère.

alla. Mais cette fois le léopard se cacha, et suivit le lièvre. Il le vit dénicher du miel et se rendre auprès de sa mère. Arrivé là (le lièvre) en donna à sa mère ; ils mangèrent ensemble. Le léopard, lui, s'était caché dans un buisson. Quand il eut fini de manger, le lièvre retourna, à la hutte. Alors le léopard vint, prit la mère du lièvre, l'attacha avec une corde entre deux écorces d'arbre. Quand il eut fini, (il la prit), retourna à la hutte, et mit son fardeau de côté.

Le lendemain à leur réveil, ils partirent. Quand ils virent que le soir était là, ils bâtirent une hutte. Le lièvre fit comme auparavant, mais vit que sa mère n'était plus là. Il revint tout attristé. Le léopard lui demanda : Mon ami, qu'as-tu appris aujourd'hui que tu sois si triste ! Le lièvre dit : Ce n'est rien. Le léopard se dit dans son cœur : Aujourd'hui, c'est moi qui t'ai joué ! Ils marchèrent ainsi (plusieurs jours), le lièvre portant (le paquet qui contenait) sa mère.

Un jour, le lièvre dit au léopard : J'ai envie de marcher en m'écartant un peu de la route. Il alla et trouva du miel. Alors il déposa son paquet à terre, et dénicha son miel. Il entendit : Mon fils, mon fils, c'est moi ta mère ; ne me prive pas de ce miel. Quand le lièvre entendit cela il se dit : Qu'est-ce donc qui parle ? Il détacha son paquet, et trouva que c'était sa mère. Il la délivra, lui donna du miel ; elle en mangea. Quand elle eut fini, elle s'en alla. Alors le lièvre prit des serpents et des abeilles, et les cacha dans son paquet. Puis il retourna vers son compagnon.

Ensuite, il arrivèrent chez les beaux-parents du léopard. Ceux-ci les saluèrent, leur donnèrent de la nourriture ; ils mangèrent. La nuit arrivée, le léopard entra dans sa hutte et se coucha ; il dit au lièvre : Apporte-moi mon paquet. Mais le lièvre (commença par) fermer fortement la porte ; quand il eut fini, il lui donna (son paquet). Quand le léopard voulut l'ouvrir, il le trouva plein de serpents et d'abeilles qui le piquèrent. Les gens l'entendirent crier. Il mourut là-même dans cette hutte. Le lièvre, lui, s'enfuit[1].

C'est ici que finit l'histoire.

---

1. Encore un incident très répandu dans les contes bantou, que le sac rempli en route, à l'insu du propriétaire, d'insectes et d'animaux venimeux, qui finissent par tuer le propriétaire du sac. On le retrouve chez les Zoulous, dans les contes d'*Uhlakanyana* (Callaway, p. 33) et dans

## VI. — Usulwe ni ntoo.

Usulwe a ba bodite bwato bo ku ya nabo mu isidia. Diahano a sumpi ingwena a mu twale mu isidia. Diahano ingwena ya mu twala mu isidia, ni ya mu ibala mu musana wa yo, ni ya mu lotisa. Me usulwe ha a di ha katí ko lwezi, diahano usulwe a ti : Iwe, mukwame uzo u nunka. Usulwe a zwi mati. Ingwena i ti : U amda nzi? Usulwe a ti : Ni di ambila, ni ti bwato bulotu. Diahano ba siki ku idizo.

Usulwe a ti ku ingwena : U ye mu itope, mbo ni ka ku sakile inyama. A waní luwawa. Usulwe a ti : Na k'o saki inyama? Luwawa a ti : Ka ni saki inyama y'engwena. Diahano i tilanini untoo. Ha a zubwa, a ti : Tu ku ya mulab'a ngu. Diahano ha ba sika, a ti butí : Ndjii inyama ya ko. Diahano a i ondi, a ti : Ni die? Usulwe a ti : U sunze, i zwile itope. A ti : U twale ku menzi male. Untoo a twala ku menzi male. Diahano ingwena ni ya onda ntoo, i mu di.

## VI. — Le lièvre et la hyène.

Le lièvre n'avait pas de canot pour aller à l'autre bord. Alors il appela le crocodile pour le conduire à l'autre bord. Alors le crocodile le conduisit à l'autre bord, il le porta sur son dos, il le fit passer (le fleuve). Lorsque le lièvre fut au milieu du fleuve, le lièvre dit : Pouah! cet homme sent mauvais. Le lièvre cracha. Le crocodile dit : Que dis-tu? Le lièvre dit : Je me parlais à moi-même, disant que c'est un bon canot. Alors ils arrivèrent au rivage.

Le lièvre dit au crocodile : Va dans le sable, je vais te chercher de la viande. Il trouva le chacal. Le lièvre dit : Ne veux-tu pas de viande? Le chacal dit : Je n'aime pas la viande de crocodile. Puis il alla vers la hyène. Quand elle eut entendu, elle dit : Allons-y, mon garçon. Quand ils arrivèrent, il dit : Voilà ta viande. La hyène saisit (le crocodile) et dit : Mangerai-je? Le lièvre dit : Lave-la,

celui d'*Usitungusobenhle* (ibid., p. 77); chez les Cafres-Xosa dans celui de *Demane* (Theal, p. 113); chez les Ba-Souto dans celui de *Tsélané* (Jacottet, pp. 74, etc.); chez les Héréros dans celui de *La vieille femme qui jette les enfants dans son sac* (Zeit. für afr. Spr., 1888, pp. 193-194), etc.

elle est pleine de sable. Il dit : Porte-la dans l'eau profonde. La hyène traîna (le crocodile) dans l'eau profonde. Alors le crocodile se saisit de l'hyène et la mangea.

### VII. — Ntoo ni usulwe.

*Ntoo a wani usulwe u tutuma. Unto : U tutuma nzi? Sulwe a ti : Ha u mbona ha ni tutuma buti, ni b'ehaite bantoo bobele; uzo u ni za ku ihaya suno, ngwa tatu. Untoo ha a zubwa budio, a tii.*

### VII. — La hyène et le lièvre.

La hyène trouva le lièvre qui tremblait. La hyène lui dit : Pourquoi trembles-tu? Le lièvre dit : Si tu me vois trembler ainsi, c'est que j'ai tué deux hyènes; celle que je tuerai aujourd'hui, ce sera la troisième. Lorsque la hyène entendit cela, elle s'enfuit.

### VIII. — Usulwe ni umpombwe.

*Usulwe a ti ku ipombwe : Unkosi'a ngu, tu ichidile banzovu. Impombwe ni la ti : Tu ku ya, mulob'a ngu. Ni ba enda bobele. Ba wani banzovu. Usulwe n'a ti : Unkosi'a ngu, tu indjile mu kati ka banzovu. Diahano ni b'endjila mu maulo enzovu; diaho ye sulwe mufohi-fohi, ye ipombwe mule-mule. Diahano banzovu ni ba bona ipombwe, ni ba mu tandanya; ba mu shupi n'inchupa. A tanti mu chisamo, ba mu hangudi n'inchupa, a widi hansi. A tii, a ba sii. Diaho usulwe a di ungudite mu chivuna.*

*Inkwela ba wanani n'ipombwe ni usulwe. Ipombwe di ti kwa sulwe : Ngowe u ba nchengeledi kuti tu ende ku banzovu. Usulwe a ti : Ki neme, ndj'ungi; k'o mbwene me, ingubo ya ngu ka i ina mibala. Ipombwe ni la ti : Ki ngowe. Inkwela usulwe a ti ku ipombwe : Unkosi'a ngu, me na ka bona insomvwa uko, unkosi'a ngu. Diahano ipombwe chi di ti : Tu ende, mulob'a ngu. Ba siki. Usulwe a ti : Nzizo zidio za ko. Usulwe a ti : Ime ni muhwile munini, ka ni wodi ku tanta; mbo u be ku ni sohela hansi, mbo ni totole; me kanzi u i h'ezi z'ina hafohi, u ende ku ina mutabi mule-mule, ko ku ina zi buzwite. Diahano ipombwe chi di tanta mu iyulu; diaho mu ina mavo, a sumi ipombwe. Ipombwe ni la wila hansi. Usulwe ha a bona kuti ipombwe la wa, a tii, a di ungudi mu idindi. Ipombwe ha di sika, chi di wana usulwe chi w'endjila. Ipombwe chi di dila, di ti : Hom! usulwe u fwe mu idindi la ko.*

*Inkwela bumwe busiku ipombwe di wani usulwe u ikele, di ti : Ngowe u ba nchengeledi kuti ni tante ku iyulu. Usulwe a ti : Ki neme, ndji ungi; ime k'o bwene ingubo za ngu zo muhikana budio; ni fwa impeho, ni tutuma. Ipombwe ni la ti : Ki ngowe, mulob'a ngu. Usulwe n'a ti ku ipombwe : Na ka bona indongo ku bankuye. Ipombwe ni la ti : Tu ku ya, mulob'a ngu. Ni ba enda. Usulwe n'a ti : U ikale mu chisamo, mbo ni ku nyukwele indongo. Usulwe a ti ku ipombwe : Ni ku twene indjina mu mutwi, u die bulotu. Ipombwe : Ĩ. Diaho usulwe u sia idindi. A wani muyanda we chisamo, a sumini ipombwe muchila. Usulwe n'a ti. Ngowe, ipombwe, u mana indongo. Ipombwe ni la ti : U amba nzi, usulwe? Usulwe a ti : Ni di ambila, ni ti insuki za ko indotu haholo. Ba tontodi.*

*Usulwe diahano a suminisi muchila w'epombwe. Ha a bona kuti diahano wa suminisa, a sumpi banyina-kutwe, a ti : Indongo zenu za manwa ni ipombwe. Diahano ba k'eza ni minsi. Usulwe a tii, a ka zimi kule, a ti : Na ku onda; ngowe u mana indongo zi bankuye. Bantu ba siki h'epombwe, ba di kabi ni minsi. Di chopodi muchila wa dio. A tii, a ba sii, a i mu muzuka. Bantu ba itumedi usulwe.*

## VIII. — Le lièvre et le singe[1].

Le lièvre dit au singe : Mon frère aîné, allons à la chasse des éléphants. Le singe dit : Allons-y, mon garçon. Ils allèrent tous deux ensemble et rencontrèrent des éléphants. Le singe dit : Mon frère aîné, glissons-nous au milieu des éléphants. Ils se glissèrent entre les jambes des éléphants. Comme on le sait, le lièvre est très petit, tandis que le singe est très long. Quand les éléphants virent le singe, ils le poursuivirent et le frappèrent à coups de bâtons; il grimpa sur un arbre; les éléphants l'en firent descendre à coups de bâtons. Il tomba à terre et s'enfuit bien loin d'eux. Quant au lièvre, il s'était caché dans les broussailles.

1. On peut comparer à ce conte, quoiqu'il en soit très différent pour le reste, la première partie d'un conte cafre : *La tortue et le singe* (Torrend, *Outline of a Xosa-Kafir Grammar*, Grahamstown, 1886); la tortue fait grimper le singe sur un arbre et réussit par sa ruse à le tuer.

Plus tard le singe et le lièvre se rencontrèrent de nouveau. Le singe dit au lièvre : C'est toi qui m'as mis dedans en voulant que nous allions chasser les éléphants. Le lièvre lui dit : Ce n'est pas moi, c'est un autre ; est-ce que tu ne vois pas que je n'ai pas des habits bariolés[1]? Le singe lui dit : En effet ce n'est pas toi.

Ensuite le lièvre dit au singe : Mon frère aîné, j'ai découvert des fruits là-bas[2]. Le singe lui dit : Allons-y, mon garçon. Quand ils furent arrivés, le lièvre dit : Les voilà, tes fruits. Le lièvre ajouta : Je ne suis qu'un tout petit garçon, je ne sais pas grimper ; c'est toi qui me les jetteras à terre, et je les rassemblerai. Mais ne va pas à ceux-ci, ici près ; va plutôt là-bas, à la plus haute branche, c'est la qu'il y a des fruits mûrs. Alors le singe monta tout au haut (de l'arbre). Mais il y avait là des frelons qui piquèrent le singe. Il tomba à terre. Lorsque le lièvre vit que le singe était tombé, il s'enfuit et se cacha dans un trou. Quand le singe y arriva, il trouva que le lièvre était déjà entré (au fond du trou). Le singe se mit à pleurer : *Hom! Hom!* quant à toi, lièvre, puisses-tu mourir au fond de ton trou !

Une autre fois le singe rencontra de nouveau le lièvre. Il lui dit : C'est toi qui m'as mis dedans en me faisant grimper sur l'arbre. Le lièvre lui répondit : Ce n'est pas moi, c'est un autre. Ne vois-tu pas que mes habits sont ceux d'un esclave? je meurs de froid, je suis tout tremblant. Le singe dit alors : En effet ce n'est pas toi, mon garçon.

Alors le lièvre dit au singe : J'ai découvert des arachides chez ma tante. Le singe lui dit : Allons-y, mon garçon. Ils y allèrent. Le lièvre dit : Assieds-toi au pied de cet arbre, je t'y apporterai des arachides. Le lièvre dit encore au singe : Laisse-moi enlever les poux de ta tête, tu mangeras avec plus de plaisir. Le singe dit : Oui. Alors le lièvre creusa un trou, et trouva une des racines de l'arbre ; il y attacha la queue du singe. Le lièvre dit alors : C'est toi, singe, qui manges toutes les arachides. Le singe lui ré-

---

1. Le lièvre veut dire : Ne vois-tu pas que je ne suis qu'un esclave mal habillé? Comment étant tel pourrais-je tromper un chef comme toi? *La même chose est dite un peu plus bas d'une manière un peu différente. Le singe se laisse sottement prendre à cette flatterie.*

2. Les *insomvwa*, comme d'ailleurs tous les fruits dont il est fait mention dans ces contes, me sont totalement inconnus.

pondit : Que dis-tu, lièvre? — Le lièvre dit : Je me parle à moi-même, je dis que tes cheveux sont fort beaux. Ils cessèrent de parler. Alors le lièvre attacha encore plus fortement la queue du singe.

Quand il eut fini de l'attacher, il appela sa grand'mère et les siens, il leur dit : Voici le singe qui mange toutes vos arachides. Les gens vinrent avec de gros gourdins. Le lièvre courut, s'arrêta à une certaine distance et cria : Je t'ai attrappé, singe; c'est toi qui manges les arachides de ma tante ! Les gens arrivèrent auprès du singe et le frappèrent avec leur gourdins. Le singe arracha sa queue (de telle façon que la peau resta attachée à la racine de l'arbre). Il s'enfuit, bien loin d'eux, et alla dans la forêt. Les gens remercièrent le lièvre [1].

### IX. — Nakala n'usulwe.

*Ba ba di ku chela michelo; ha ba di ku chita, ba ba di ku zika michelo ya bo mu ivu. Ha ba manite ku zika ba bodi ku muzi. Ha ba k'ekala, usulwe ch'o ka bola ku zichelo za bo ; a siki, a di za kwe, a ibi ni za mwakwe. Diahano ha a manite ku iba, ch'o ya ku muzi. Inkwela a siki ku muzi; ch'o ti kwa nakala : Tu ye zichelo zetu. Ye nakala k'ezi kuti ye sulwe u zwa ku iba zichelo za kwe.*

*Diahano ba endi; diahano chi ba ka wana elu madindi budio. Ye sulwe ch'o ti buti : Ndj'eni wa iba zichelo zetu? Inkwela nakala naye ch'o amba budio; diaho sulwe a zi ungudi. Diahano ba i ku muzi. Sulwe wa ti buti kwa nakala : Mwangu, ngowe wa iba infudimuninga za ngu. Ye nakala ch'o ti buti : Nanta! Diahano sulwe ch'o zimba, ch'o ti :*

*Ndj'eni wa dia muchelo wa ngu.*
*U ba zwi ku lutabi lule-lule?*

*Ha a zimba buti, ch'o fwa. Ye nakala ch'o wu ha za kwe; ha a mu ha, ch'o buka.*

*Diahano wa enda ku bamwe bantu. Inkwela ba simudia inyama Ye sulwe ch'o ti buti : Diaho inywe mu dia inyama; nguwo muchelo,*

1. Le même incident a déjà été noté dans le conte du *Lion et du lièvre* (n° I, note 4). On remarquera la grande place que tient l'*épouillement* dans les conte du Zambèze, comme d'ailleurs dans la vie de ces peuplades. On en parle comme d'une chose tout ordinaire.

*mu die. Lokulunza sulwe ch'o ba boza, a ti buti : Muchelo wa ngu u k'ena hi? Inkwela ba ti : U ba tu hedi nzi izona ? Inkwela ch'o zimba luzimbo lwa kwe; ch'o fwa bwinga pele. Diahano chi ba mu ha inyama.*

*Inkwela ch'o ya ku bantu bangi ba sa mu izi; a wani ba sondola ni maboba. Diahano a ba hi mudimba, wa ti buti : Nguwo mutibelo, mu sondole nao. Diahano ba u twala mutibelo uo. Inkwela ha ba buka, sulwe a ti : Mu ni he mutibelo wa ngu. Bo ba ti kwa kwe : U ba tu hedi nzi? Inkwela ch'o fwa. Diahano chi ba mu ha inswi.*

*Inkwela ch'o hita, u ya ku bantu bangi. Inkwela a wani bantu ba dia inkoko i s'ena buzane. Inkwela wa ti buti kwa bo : Ka mu saki buzani bw'enswi ? Bo chi ba ti : U tu he mpaho. Ye ch'o ba ha ; bo ba itumela. Inkwela ha ba buka, sulwe ch'o ti : Mu ni he inswi za ngu. Bo chi ba ti : Tu ba zi di izona. Inkwela ch'o fwa. Bo ba mu ha inkoko.*

*Ch'o enda ku bamwe ba sa mu izi; ch'o wana bantu ba dia masanza budio a s'ena inkoko. Inkwela sulwe ch'o ti : Ka mu saki inkoko? Bo ba ti : U te he. A ba hi inkoko. Bo chi ba dia. Inkwela ha ba buka, sulwe ch'o ti : Mu ni he inkoko ya ngu. Bo chi ba ti : Tu ba di izona inkoko ya ko. Inkwela a fwi. Bo ba mu hi masanza, zitene zobele.*

*Diahano a ya mu nkanda mu s'ena bantu, ch'o kudika zitene za kwe. A endi-endi; ch'o tanta h'eyulu le chulu, ch'o tezumuka, ch'o wa; zitene za kwe za fwa. Ch'o fwila chulu; a ti buti nacho chulu chi mu he masanza. Ch'o fwa; ch'o buka, wa wana ka k'ena chintu. Inkwela ch'o bola u fwa. Chulu ni cha mu ha tuhoka, a biki mu tufuzu twa kwe.*

*Diahano a endi; a wani banzovu, a ti a ba kangile nzizo. Ba ti : u chite, mulob'etu. Ha a manite ch'o ba ha. Chi ba dia. Diahano chi u ba kwa bo; chi ba enda naye. Diahano ha ba lele, sulwe ch'o ti : Ni amba inkani imwe; kanzi ni mu ihai. Unzovu a ti : Nanta! u ambe. Diahano : Ni bika mulao umwe ; yo za ku nia masiku ehaiwe; ni ni be me, mu ni ihae. Unzovu a ti : I, mulao mulotu.*

*Diahano ha ba lele, sulwe a zubwi ivumu la kwe di sasama. — Mbo ni ye ku ani? — Kwa ndavu? — Nanta! — Ku mbizi? — Mbo i ni lahe. — Kwa nyati? — Mbo i ni hweze. — Ku nsefu ? — Mbo i ni sume. — Unsukulu? — Mukadi! — Ungwe ? — U suma? — Ku nzovu ? — Nanta! ni eleke ku enda.*

*Ch'o enda; a siki, a ti ntwii ! Ku mataku enzovu; a tii, a ka zimi* hana. Diahano a ti : Ch'o lele. A siki; diahano ch'o nia. Ch'o di zambola bulotu, a zamoki ni kasamo tuzi twa kwe, a singi ku mataku enzovu. A endi, a ladi. Bonse ni ba buka, ba ti : Sulwe u lele buti? A sotoki, a ka zimi hana, a ti : Na lala china simwini. Diahano dia zwa izuba; tu di bone ku mataku etu; mu ize kwa ngu, mu bone nandi neme na nia. Ba wani ka ku ina tuzi. Diahano ye sulwe a ti : Tu bone ku mataku enzovu. Ba wani tuzi. A ti : Ndj'ozu, ndji wa nia. Diahano ba mu kwati, ba mu ihai. — Ndj'eni yo za ku kudika mutwe? Sulwe a ti : Neme. Undavu n'a ti : Mbo u kangwe ku kudika mutwi w'enzovu. Sulwe a ti : Ka ni simwini.

Diahano sulwe a nyamuni mutwi w'enzovu. Ba endi; mu nzila sulwe ch'o zimba, u ti buti :
Ba ni hindisa mutwi mukulu,
Ka b'ezi kuti neme na nia,
Ba ti ndjinzovu wa nia, diaho neme.

Undavu a ti : Sulwe u amba nzi? Sulwe a ti :
Ni ti buti na lemenwa mutwi wa nkosi,
Kwa bodika mukulwane yo u kudika.

Undavu a ti : U lete, mbo ba u kudike. Sulwe a ti : Ka ni saki; ni tabite ha ni zimba budio. A ti : Tu ende.

Diahano ni ba enda. Inkwela ba zubwi ch'o ya bo zimba luzimbo lwa kwe :
Ba ni hindisa mutwi mukulu,
Ka b'ezi kuti neme na nia,
Ba ti ndjinzovu wa nia, diaho neme.

Ha ba sika, ba tudi, ba ti : Tu sie menzi. Diahano zinyolozi ni za ti : U ende iwe, sulwe, iwe munini; intaka za ko zi sia menzi. Ye a ti : Ka ni saki, na lemenwa ni mutwi w'enzovu. Ba ti : Mbo tu ku nyime menzi etu. A ti : Ni mu ni nyima, ka ku ina mulandu; mbo ni nywe. — Mbo u a hewe n'eni? A ti : Mbo ni nywe ime.

Ha ba mani ku sia, ba nywi. Sulwe a ti : Mu ni he name menzi, ni nywe. Ni ba ti : Ka tu saki ku ku ha menzi etu. A twadi chifuzu cha kwe, a endi mu nkanda, a saki inzuki. Ha a saka, u zimba; n'a ya buti :
Fo! k'o leta! fo! k'o leta!

A sumpi kazuni. Ni ka zubwa mulodi wa kwe, ni k'eza kwa kwe, ni ka mu twala ku nzuki. A siki, a temi, a biki buchi mu chitene cha kwe. A bodi, a vani ba mu dindila ha menzi. A wani ingwe.

Ha i mu bona, ch'i benga. A ti : U bike bulotu; kanzi u ni ihai, *ni ku letela zidio zilotu. Sana u zubwe umo mu katene ka ngu masumina luzizi. Mukulwana k'a zubwi. Ha a zuhwa, a ti : U ni sumine, sulwe. Sulwe a mu sumina. Sulwe a ti : Zile u nkanisa menzi a ko. Diahano a sumpi bakwabo, zinyolozi kunina kwe. Ha zi za, chi zi wana usulwe wa sumina ungwe. Bakwabo chi ba ti : Uzu muntu muholo : u chita z'ina buti ? nchechinzi ha u leka usulwe kuti a ku chita budio ?*

*Diahano chi ba bika undavu. Ye a ti : Mbo ni mu bone suno. Inkwela ha a ka bola, ch'o wana undavu u ikele ha menzi; naye a mu sumini budio.*

*Bumwe busiku, sulwe a wani inyati. Ni ya ti kwa sulwe : U zwa hi, iwe, musisu ? Usulwe a ti : Iwe u zwa kuhi ? Inyati ya ti : Iwe, musisu, k'o zubwi. Usulwe a ti : Ngowe u sa zubwi. Inyati ni ya ti : Mbo ni ku kabe. Usulwe a ti : Ha u nkaba, name mbo ni ku kabe name. Inyati a ti : Nko ku sa zubwa kwa ko. Diahano a ti : Nawe, nko ku sa zubwa kwa ko. Nyati a ti : Mbo ni ku ihae suno. Usulwe n'a ti : Name mbo ni ku ihae. Inyati ni ya ti : U ku tiya bakulwana. Usulwe naye a ti : U ku tiya bahwile. Usulwe inkwela n'a mu ha mu chifuzu cha kwe, a ti : U zubwe umo, unkosi 'a ngu. Naye a zubwi. Inkwela unyati a ti : U nsumine name. Naye a mu sumina naye. Usulwe a ti : Zile u ni bindite menzi a ko. A teki menzi, a endi. A sumpi bakwabo, banyolozi kunina kwe.*

*Diahano ni ku iza umfuzu. Ba ti : U ya hi ? echita umfumw'a ko a ba mu sumini. Ba bona umfuzu u enda ku chidobe. Bo ni ba ti : Mbo a i djiche inyama ya kwe. Umfuzu ni a ya mu menzi. Usulwe ha a sika ku ku teka menzi, umfuzu n'a mu binda. A ti : Chinzi ch'ina mu menzi umo ? Ba bika nzi suno ? A boni umfuzu, a ti : Mbo ni ku djiche suno ; nandi ngowe u ba bika mu menzi umo kuti u dindile sulwe ? U ndeke, ni teke.*

*Diahano usulwe ha a ti ni teka menzi, a boni chifuzu cha kwe umfuzu u chi tabola. Diahano ha a ti ni twale ianza, i mu kwati ianza la kwe. Ye a ti : U ni leke, mbo ni kue ihae ; u bona ianza idi ; mbo ni ku ihae, ha ni ku kaba nalo. A kaba umfuzu ni ianza. Umfuzu n'a di onda. Usulwe n'a ti : U ndeke, mbo ni ku lahe ni itende la ngu. Nadio a di kwati. Inkwela a ti : U ndeke, ni ende ; idi mbo di ku ihae. Nadio a mu lahi. Umfuzu n'a di onda. Diahano umfuzu n'a zwa kunze.*

*Ye a sumpa banyolozi, ni a ti : Zinyolozi kunina ngu, mu ze kuno. Diahano ha ba zubwa budio : U zubwe, ungwe, musisu wa ko wa*

mu twala sulwe. Ha ba sika, ba wani umfuzu u ina h'eyulu, usulwe u
ina kunsi. Diahano ba siki, ba mu ondi. Umfuzu n'a mu leka. Unzovu
n'a mu twala, a ti : Ni mu ihae, wa tu sukulula. Sulwe a ti : Kanzi
u ni kabi ha chisamo, nandi h'ebwe; u ni zindile ku iyulu, ni ka wile
h'esekeseke, mb'u wane no ba busu. Diahano a mu zinda h'esekeseke.

Diaho zile h'en'edindi; endjidi mu kati. Diahano ha b'eza ba wani
idindi budio, usulwe wa enda. Ba siki, ba si idindi idio kuti ba mu
wane mo; diaho ye wa ka zwa uko ku mudindi ungi. A k'ezi ebu ndji
simwini, u ya bo kaba kañombio ka kwe; a siki, a zimani, a ti : Mu
chita nzi aho? Banzovu ba ti : Tu sia usulwe. Usulwe a ti : Uzu
muntu u mu sukulula; mu lete kuno, name ni sie. Ni ba mu ha; a si
ni ihamba. Usulwe ha a sia, a ti :

Uzu u ba sia umo ba ti ndj'eni.
Ba sia, ba sola, ba ti ntwii!
Ka b'ezi kuti neme.

Ihamba ni la koka, ni la wila hansi. Usulwe a di twadi, a ti :
Ndj'eni mukulwana u tu za ku kaba-kaba ihamba letu. Ndji nzovu.
A mu hi kulo. Usulwe n'a kaba-kaba bulotu; ihamba ni la onda. Inkwela sulwe n'a sia. Inkwela ihamba la kwe di koki. Inkwela a ti :
U lete. Unzovu a leti kulo kwa kwe. Usulwe a mu temi kulo. Usulwe
endjidi momono mo ba sia. Inkwela ba sia kuti diahano ba mu onde
uzo mulozi yo tu sukulula buti. Diahano a k'ezi u kudikite midinga,
a ti : Mu sia nzi umu? Ba ti : Nanda! Simwini, tu sia mulozi ya tu
sukulula. A ti : Mu leke, keti mu mu bone. Ba leki.

Ba endi; ba ka wani zichelo, ba ti : Ndj'eni yo za ku enda ku ka
boza kuti izi zidio zi diwa na kwa Leza? Ba tumi unsa. A endi, a ti :
T'wa wana zidio zimwe; nandi zi diwa? Leza a ti : Mu ka die, bundelemoo. Unsa a bodi, a wi. Ha a buka, a zibadi. Ha a sika ku bakwabo, chi ba ti : Umfumw' etu wa ti nzi! Unsa ch'o ti. Na zibala.

Diahano ba tumi selotambwe, ba ti : Mu tuma chintu ch'ina buti;
mbo chi ka bole dihi? Mbo i wane twa fw'enzala. I endi bulotu; i
ka siki kwa Leza, i ti : Zidio nzi izi? Leza n'a ti : Bundelemoo, yo za
ku iza diahano, mbo ni mu ihae. A bodi, u ya bo enda bulotu. Naye
a wi, azibadi, a siki ku bakwabo. Ni a ti : Na zibala.

Diahano ni kwa enda sulwe. Ha a sika, a ti : Ba zibala izi zidio
kuti zidio nzi. Leza a ti : U bone matwi a ko makulu, mubidi munini; u ize kuno. A mu ondi kutwi, a ku suki. — Zile ni ti yo za ku
iza diahano mbo ni mu ihae; iwe na ku ondela. A ti : Bundelemoo.

Usulwe a ka bodi u ya bo zimba :

*Mu ka die bundelemoo bwa Leza.*

*A endi, u ya bo zimba kuti : Bundelemoo bwa Leza mu ka die, banansefu, bananyati, ni banantoo, ni banambizi, ni bananzovu, ni banandavu, ni banangwe. — Kungkutuku! a hwedi ku buka, a ti : Bundelemoo bwa Leza, mu ka die. Ch'o sika. Ba ti : Chi nzi? Ye ch'o ti : Ka n'izi. Ba ti : O-o-o. Ba ti : Mbo tu fwe nzala. Usulwe a zimi, a ti : Mbo mu fwe nzala; ime mbo ni ka die. Ba bona u dia, ba ti : Sulwe u izi. Wa ti : Bundelemoo bwa Leza tu die. Diahano nabo ba ti : Diaho bundelemoo. Chi wa fwa.*

## IX. — La grue huppée et le lièvre [1].

Le lièvre et la grue huppée avaient été cueillir des fruits ensemble; lorsqu'ils les eurent cueillis, ils cachèrent leurs fruits dans le sol. Après les y avoir cachés, ils retournèrent chez eux. Pendant que les autres dormaient, le lièvre retourna vers leurs fruits : il les déterra et mangea les siens, et vola aussi ceux de sa compagne.

Après les avoir volés il retourna au village. Quand il y fut arrivé, il dit à la grue huppée : Allons à nos fruits. Or la grue ne savait pas que le lièvre venait de voler les fruits. Ils allèrent ensemble; mais ils trouvèrent qu'il n'y avait plus rien que des trous.

Le lièvre dit : Qui a volé nos fruits? La grue huppée, elle aussi, parla de la même façon; c'était le lièvre qui les avait cachés. Ils retournèrent chez eux. Le lièvre dit à la grue : Sœur, n'est-ce pas toi qui as volé mes fruits? La grue répondit : Non! Alors le lièvre se mit à chanter ainsi :

Qui donc a volé mes fruits,
Qui provenaient de la plus haute branche?

Quand il eut chanté ainsi, il fit le mort. Alors la grue huppée lui donna de ses fruits à elle; lorsqu'elle les lui eut donnés, il revint à la vie.

Ensuite le lièvre s'en alla visiter d'autre gens. Il les trouva qui

1. Le titre de ce conte, le plus long et sans doute aussi le plus remarquable de l'épopée animale au Zambèze, n'est pas très exact, puisqu'il n'est question de la grue huppée qu'aux premières lignes. Je le conserve tel qu'il m'a été donné par les conteurs.

mangeaient de la viande, sans aucun autre apprêts. Le lièvre leur dit : Vous ne mangez que de la viande ! voici du fruit, mangez-le.

Le lendemain le lièvre leur demanda : Où est mon fruit ? Ils lui répondirent : Alors pourquoi nous l'avais-tu donné hier ? Alors il chanta sa chanson, et fit le mort comme auparavant. Ils lui donnèrent de leur viande [1].

Ensuite le lièvre s'en alla vers d'autres gens qui ne le connaissaient pas. Il les trouva occupés à tuer des poissons avec des roseaux pointus. Il leur donna sa plume et leur dit : Voilà le dard avec lequel vous pouvez tuer des poissons. Ils prirent ce dard. Le lendemain, quand ils furent levés, le lièvre leur dit : Rendez-moi mon dard. Ils lui répondirent : Pourquoi alors nous l'avais-tu donné ? Il fit le mort ; alors ils lui donnèrent un poisson [2].

Il continua sa route et alla vers d'autres gens. Il trouva des gens qui mangeaient leur pain sec. Alors il leur dit : Ne voudriez-vous pas du poisson comme condiment [3] ? Ils lui répondirent : Donne-nous le donc ! Il le leur donna ; les gens l'en remercièrent. Le lendemain, quand ils furent levés, le lièvre leur dit : Rendez-moi mon poisson. Ils lui répondirent : Nous l'avons mangé hier. Il fit le mort ; alors ils lui donnèrent de leur pain.

1. Ce genre de contes, où il est question de toute une série d'échanges successifs, semble aussi populaire en Afrique qu'en Europe. On en trouvera un exemple plus complet encore dans les contes louyi. Les Ba-Souto ont dans ce genre le conte (encore inédit) de *Mamoholane* ; les Héréros celui de *l'eingi* (Brincker, p. 341, et Bleek, *Reynard the Fox*, p. 90) ; les Zoulous et les Cafres ont aussi un épisode de ce genre dans l'histoire d'*Uhlakanyana* (Callaway, p. 34 ; Theal, p. 95), cf. aussi quelque chose de pareil dans le conte ba-souto de *Raseretsana* (*Revue des Trad. pop.*, 1890). [Cf., sur les randonnées de ce genre dans la littérature populaire mes *Contes populaires berbères*, Paris, 1887, in-18, note 96, p. 197-200 ; mes *Nouveaux contes populaires berbères*, Paris, 1897, in-18, note 96, p. 240. R. B.]

2. La série des échanges est incomplète. Il y a très probablement (à en juger par le conte parallèle en louyi) une interversion ; il faut admettre que c'est la grue huppée qui aura donné la plume au lièvre. — Les pêcheurs se servent de cette plume comme du dard barbelé avec lequel les Zambéziens prennent les poissons.

3. Au Zambèze on n'a pas coutume de manger un mets seul ; on aime toujours le manger en même temps qu'un autre. C'est celui-là qui sert, pour ainsi dire, de condiment ou d'assaisonnement (*buzane*).

Il alla ensuite vers des gens qui ne le connaissaient pas ; il les trouva qui mangeaient leur lait sans pain. Le lièvre leur demanda : Ne voudriez-vous pas de pain? Ils dirent : Donne-nous en. Il leur donna son pain. Ils le mangèrent. Le lendemain lorsqu'ils furent levés, le lièvre leur dit : Rendez-moi mon pain. Ils lui répondirent : Nous l'avons mangé hier, ton pain. Il fit le mort. Alors ils lui donnèrent de leur lait, deux calebasses pleines.

Ensuite il alla dans la campagne là où personne n'habite. Il marchait en portant ses calebasses. Il monta sur une termitière; il glissa et tomba; ses calebasses se cassèrent. Il fit le mort, là devant la termitière, pour qu'elle lui rendît son lait. Lorsqu'il se releva il trouva qu'on ne lui avait rien donné. Il fit le mort une seconde fois. Al la termitière lui donna des termites; il les mit dans ses calebasses brisées.

Il alla plus loin et rencontra des éléphants; il leur offrit de leur faire griller ses termites[1]. Ils lui répondirent : Fais-le, notre garçon. Quand il eut fini, il les leur donna; les éléphants les mangèrent. Maintenant il resta avec ces éléphants, ils allèrent avec lui.

Lorsqu'ils se couchèrent, le lièvre dit : J'ai quelque chose à dire ; mais ne me tuez pas. L'éléphant lui dit : Bien, parle. Alors il dit : Je fais cette loi-ci, que quiconque fera des ordures pendant la nuit devra être tué; même si c'est moi, tuez-moi. L'éléphant dit : Bien, bien! Cette loi me plaît.

Comme ils dormaient, le lièvre eut mal au ventre. (Il se dit :) Vers qui irais-je? — Vers le lion? — Non! — Vers le zèbre? — Il me lancerait une ruade. — Vers le buffle ? — Il me percerait (de ses cornes). — Vers l'élan? — Il me mordrait. — Vers le rhinocéros? — Il est trop sauvage. — Vers le léopard? — Il mord. — Vers l'éléphant ? — Soit; j'essaierai d'y aller.

Il s'approcha et fit *ntuii!* contre les fesses de l'éléphant. Puis il s'enfuit et se tint là-bas. Alors il se dit : Il dort. Il s'approcha et déposa ses ordures. Il se lava soigneusement, ramassa ses ordures avec de petites baguettes et en frotta les fesses de l'éléphant. Puis il retourna (à sa place) et s'endormit.

---

1. Les termites grillées sont un régal favori de plusieurs tribus africaines.

Lorsque les animaux furent réveillés, ils dirent : Comme le lièvre dort longtemps. Il se leva, et se tint à distance : puis il dit : J'ai dormi comme un roi. Maintenant que le soleil est levé, regardons nos fesses. Venez vers moi et regardez si c'est moi qui ai fait des ordures. Ils virent qu'il n'y avait pas d'ordures. Alors le lièvre dit : Examinons les fesses de l'éléphant. Ils y trouvèrent des ordures. Il dit : C'est donc lui qui a fait des ordures. Alors ils le frappèrent et le tuèrent[1].

(On demanda :) Qui portera la tête de l'éléphant? Le lièvre s'écria : Ce sera moi. Le lion répondit : Tu ne saurais porter la tête de l'éléphant. Le lièvre dit : Je ne suis pas un chef[2].

Alors le lièvre se chargea de la tête de l'éléphant. Ils partirent tous. En route le lièvre se mit à chanter ainsi :

    Ils m'ont donné à porter cette immense tête,
    Ils ne savent pas que c'est moi qui ai fait des ordures ;
    Ils disent que c'est l'éléphant qui a fait des ordures ; mais c'est moi.

1. Le méchant tour joué par le lièvre à l'éléphant, et qui a comme résultat la mort de ce dernier, se retrouve plusieurs fois dans les contes africains; ainsi dans les contes des tribus du pays de Gaza; cf. le *Roman du lièvre* (Junod, *Contes des Ba-Ronga*), et *L'arbre du roi des animaux* (*Revue des Trad. pop.*, 1896, p. 382). Dans ces deux récits, qui ne sont que des variantes d'un seul et même conte, la mort de l'éléphant est en rapport avec l'incident de l'arbre dont il ne faut pas manger les fruits; le lièvre les mange en cachette et cache les noyaux sous les aisselles de l'éléphant. Pour découvrir le coupable, on fait sauter tous les animaux soit au-dessus d'une ficelle, soit au-dessus d'un fossé. La ruse du lièvre est donc un peu différente de ce qu'elle est ici. Dans le conte souto du *Petit lièvre* (Jacottet, p. 13, et Casalis, *Les Bassoutos*), le lièvre use d'un stratagème tout pareil à celui-ci; il frotte avec de la boue les genoux et le museau du lapin pour faire croire que c'est lui qui a bu l'eau du roi. Une ruse toute pareille est racontée dans un conte du pays de Gaza : *La vieille femme et son gendre* (*Revue des Trad. pop.*, 1895, p. 475), et dans un conte zoulou, presque identique : *Ugungku-Kubantwana* (Callaway, p. 169), ainsi que dans un conte hottentot (Bleek, *Reynard the Fox*, p. 18), où le chacal est le coupable et l'hyène la victime. (La ruse du lièvre est la même que celle du renard pour convaincre le loup d'avoir mangé le pot de beurre qu'ils ont volé, dans plusieurs contes d'Europe. R. B.)

2. Dans le conte ronga, le lièvre doit également porter une partie de la dépouille de l'éléphant.

Le lion lui demanda : Lièvre, que dis-tu ? Le lièvre répondit : Je dis : Je porte un poids trop lourd pour moi, la tête du chef. Parce qu'on n'a trouvé personne d'assez fort pour la porter. Le lion dit : Apporte-la ; les autres la porteront. Il répondit : Je ne veux pas ; c'est par plaisir que je chante cette chanson.

Ils continuèrent leur route. Un peu plus loin ils entendirent le lièvre qui recommençait à chanter :

    Ils m'ont donné à porter cette immense tête,
    Ils ne savent pas que c'est moi qui ai fait des ordures ;
    Ils disent que c'est l'éléphant qui a fait des ordures ; mais c'est moi.

Lorsqu'ils furent arrivés, ils déposèrent (leurs fardeaux). Alors ils dirent : Creusons un puits. Les animaux dirent : Vas-y aussi, toi, lièvre ; tu n'es qu'un jeune garçon ; tous ceux de ton âge sont occupés à creuser le puits. Il répondit : Je ne veux pas ; j'ai eu bien assez à faire à porter la tête de l'éléphant. Ils lui dirent : Eh bien, nous ne te laisserons pas boire de notre eau. Il répondit : Quand même vous refuseriez de me laisser boire de votre eau, cela ne fait rien ; j'en boirai. — Et qui t'en donnera ? — J'en boirai moi-même [1].

Lorsqu'ils eurent fini de creuser (le puits), ils burent de l'eau. Le lièvre leur dit : Donnez-m'en à moi aussi de votre eau, que je boive. Ils lui répondirent : Nous ne voulons pas te donner de notre eau.

Alors il prit sa calebasse et alla dans la forêt chercher du miel. Tout en cherchant, il chantait :

1. Dans un conte du pays de Gaza (*Revue des Trad. pop.*, 1895, 382), et dans le conte souto du *Chacal et de la source* (Jacottet, p. 28), le chacal refuse de même de creuser un puits. Les animaux placent un des leurs au bord de l'eau, pour empêcher le chacal de venir en boire. Le chacal réussit, en leur donnant, comme ici, du miel, à tromper leur vigilance et est enfin pris par la tortue. Le même thème se retrouve dans le folklore hottentot ; cf. *Histoire d'un étang* (*Folk-Lore Journal*, 1879, p. 69). Dans un conte du pays de Gaza : *Le lièvre dans la peau du lion* (*Revue des Trad. pop.*, 1895, p. 379), c'est le *nkoula-bolongo* que veulent attraper les animaux, parce qu'il vient manger leur bouse ; le lièvre réussit à le prendre ; le même thème se retrouve dans le conte souto de *Pinyané* (A. Sekese, p. 209). Le récit cafre : *L'histoire du lièvre* (Theal, p. 168), est une variante du même récit.

Fo! fo! apporte! fo! fo! apporte¹!

Il appelait ainsi l'oiseau (à miel). Celui-ci entendit son chant, vint vers lui, et le conduisit là où il y avait du miel. Le lièvre s'empara du miel et le mit dans sa calebasse. Puis il revint ; il trouva que les (animaux) montaient la garde près de l'eau. Il y trouva le léopard.

Quand le léopard le vit, il commença à gronder. Le lièvre dit : Doucement! ne me tue pas ; je t'apporte quelque chose de bon. Sens seulement ce que j'ai dans ma calebasse, bien lié et attaché. Le grand (animal) ne flaira pas (d'abord). Lorsqu'il eut flairé, (le léopard lui) dit : Tu n'as qu'à me lier, lièvre. Le lièvre le lia, et lui dit : C'est parce que tu as refusé de me laisser boire de ton eau.

Alors le léopard appela les animaux, ses compagnons ; lorsqu'ils furent arrivés, ils virent que le lièvre avait lié le léopard. Ils lui dirent : Comment as-tu pu te laisser faire ainsi, toi qui es si grand? Pourquoi as-tu permis au lièvre de te traiter ainsi²?

Alors ils mirent le lion (comme gardien). Le lion dit : Aujourd'hui je le saisirai. Lorsque le lièvre vint, il trouva le lion assis auprès de l'eau. Il réussit à le lier de la même manière.

Le jour suivant, le lièvre y trouva le buffle. Celui-ci lui dit : D'où viens-tu, gamin? Le lièvre lui répondit : Et toi aussi, d'où viens-tu? Le buffle lui dit : Méchant gamin, tu ne veux donc pas écouter. Le lièvre répondit : C'est plutôt toi qui ne veux pas écouter. Le buffle lui dit : Je te battrai. Le lièvre lui répondit : Si tu me bats, moi aussi, je te battrai. Le buffle dit : C'est bien là ce qui montre que tu ne veux rien écouter. Le lièvre lui répondit : Et toi aussi, c'est bien ce qui montre que tu ne veux rien écouter. Le buffle lui dit : Je te tuerai aujourd'hui même. Le lièvre lui répondit : Et moi aussi, je te tuerai. Le buffle lui dit : Respecte donc les plus grands que toi. Le lièvre lui répondit : Et toi aussi respecte les plus petits que toi.

Ensuite le lièvre lui présenta ses calebasses et dit : Goûte donc, mon frère aîné. Quand le buffle eut goûté, il dit : Moi aussi, tu

---

1. L'oiseau du miel est bien connu de chacun, au moins par ouï-dire. Le lièvre siffle pour l'appeler.
2. On ne comprend pas bien pourquoi les animaux se laissent sottement ficeler ; ce trait se retrouve dans presque tous les autres récits, sans plus d'explication qu'ici.

peux me lier. Le lièvre le lia. Il lui dit : C'est parce que tu as refusé de me donner de ton eau. Puis il puisa de l'eau et s'en alla. Alors le buffle appela les animaux ses compagnons.

Ensuite ce fut le tour de la tortue. Les autres animaux lui dirent : Où vas-tu? Que feras-tu, puisque même ton chef a été lié? Ils virent que la tortue s'approchait du puits. Ils dirent encore : Bien sûr, le lièvre la cuira (et en fera) sa viande. La tortue se cacha dans l'eau.

Lorsque le lièvre arriva pour puiser de l'eau, la tortue le repoussa. Il dit : Qu'y a-t-il donc là dans l'eau? Qu'y ont-ils placé aujourd'hui? Quand il aperçut la tortue, il lui dit : Aujourd'hui je te ferai cuire. Ou bien est-ce toi qui as été placée ici pour empêcher le lièvre de boire? Laisse-moi puiser de l'eau. Au moment où le lièvre commençait à puiser de l'eau, il vit la tortue lui arracher sa calebasse et la jeter au loin. Comme il voulait la saisir avec sa patte, la tortue le saisit par la patte. Le lièvre dit : Laisse-moi, je vais te tuer; vois cette autre patte, c'est avec elle que je te frapperai et te tuerai. Il frappa la tortue de sa patte. La tortue saisit la patte. Le lièvre lui dit : Laisse-moi ou bien je vais te frapper à coups de pieds. La tortue saisit un de ses pieds. Le lièvre dit de nouveau : Laisse-moi, je vais te tuer avec mon autre pied. Il la frappa de son pied. La tortue saisit son pied. Ensuite la tortue sortit de l'eau.

Elle appela les animaux : Animaux, mes compagnons, venez ici. Quand ils l'entendirent, ils dirent : Tu entends, léopard? Ta fillette, la tortue, a vaincu le lièvre. Lorsqu'ils arrivèrent, ils trouvèrent la tortue debout sur le lièvre abattu. Ils se saisirent de lui; alors la tortue le lâcha[1].

L'éléphant se saisit du lièvre et lui dit : Je vais te tuer : tu nous as trop tourmentés. Le lièvre lui dit : Garde-toi bien de me jeter contre un tronc d'arbre ou contre une pierre. Mais jette-moi dans les airs de façon que je retombe sur le sable. Si on me jettes contre

---

1. Dans les autres récits le lièvre est également pris par la tortue; la version hottentote raconte que la tortue s'était enduite de cire et que le lièvre y est resté collé. Dans un conte ronga, *Le Roman du lièvre*, très différent d'ailleurs de celui-ci, le lièvre est pris à un mannequin enduit de glu (Junod, *Contes des Ba-Ronga*); le même trait se retrouve dans un conte de l'Angola : *Le léopard, le singe et le lièvre* (Châtelain, p. 183).

un arbre, je ne mourrai pas; sur le sable je mourrai, tu me relèveras (moulu aussi fin que de la) farine. Alors l'éléphant le jeta contre un banc de sable [1].

Dans ce sable il y avait un trou, vite le lièvre y entra. Lorsque les animaux y arrivèrent, ils trouvèrent que le trou était vide; le lièvre avait disparu. Ils se mirent à creuser au fond du trou pour le déterrer. Mais il était allé ressortir bien loin par un autre trou. Il vint vers eux, déguisé en chef, et jouant de son *kangombio*. Il s'arrêta près d'eux, et leur demanda : Que faites-vous ici? L'éléphant lui dit : Nous cherchons le lièvre. Le lièvre leur dit : Il vous a, en effet, fait assez de mal; donnez-moi (la houe), que je creuse moi aussi. Ils la lui donnèrent; il creusa avec la houe. Tout en creusant, il disait :

    Celui qu'ils cherchent ici, ils demandent qui c'est,
    Ils creusent, ils se salissent, ils font *ntuii!*
    Ils ne savent pas que c'est moi.

La houe se démancha et tomba à terre. Le lièvre la ramassa et dit : Lequel d'entre vous est assez fort pour emmancher notre houe?

C'est l'éléphant. Celui-ci lui prête son pied, le lièvre frappa doucement jusqu'à ce que la houe soit bien emmanchée. Ensuite il se remet à creuser. Sa houe se démanche de nouveau. Il dit à l'éléphant : Amène (ton pied). L'éléphant présenta son pied. Alors le lièvre, (d'un coup de houe,) lui coupe le pied. Puis il s'introduit dans le trou même qu'ils ont creusé.

Les animaux continuèrent à creuser pour atteindre le sorcier

---

1. La ruse du lièvre pour n'être pas tué est racontée de différentes façons. Ainsi dans le conte ronga, il demande qu'on le tue sur le dos du chef à coup d'assagaies; il saute à terre au bon moment, et le chef est tué à sa place. Dans la version du pays de Gaza, ainsi que dans le conte hottentot, le chacal dit qu'il faut enduire sa queue de graisse et le saisir par là pour lui briser le crâne sur le sol; la queue du chacal glisse entre les mains des animaux, et le chacal s'échappe. Dans un conte de l'Angola (Châtelain, p. 153) la tortue fait accroire qu'elle ne peut être tuée qu'en étant jetée dans l'eau; elle sauve sa vie par cette ruse. [Une version de ce conte, pareille pour le fonds, mais différente pour les détails, existe chez les nègres de la Louisiane. Cf. A. Fortier, *Louisiana Folk-tales*, Boston et New-York, 1895, in-8, conte IV, p. 18 : *Compair Lapin et compair l'Ours*; conte XIII, p. 32 : *Filleule compair Lapin*. R. B.]

qui leur avait fait tant de mal. Pendant qu'ils creusent, le lièvre revient armé d'une assagaie, et dit : Que creusez-vous donc là? Ils lui répondirent : Chef, nous creusons pour atteindre le sorcier qui nous a fait tant de mal. Il leur dit : Abandonnez la partie; vous ne le trouverez pas.

Ils l'écoutèrent et partirent avec lui. (Dans la forêt) ils trouvèrent des fruits. Ils demandèrent : Lequel d'entre nous ira demander à Leza si ce sont là des fruits que l'on peut manger[1]? Ils envoyèrent l'antilope; elle alla et demanda : Nous avons trouvé certains fruits; pouvons-nous les manger? Leza lui dit : Vous pouvez les manger, on les appelle *boundelemoo*. Au retour l'antilope fit une chute; quand elle se releva, elle avait oublié (le nom des fruits). Lorsqu'elle arriva vers ses compagnons, ils lui demandèrent : Qu'a dit notre chef? L'antilope répondit : J'ai oublié.

Alors ils envoyèrent le caméléon. Quelques-uns d'entre leur dirent : Si vous envoyez un animal aussi paresseux; quand sera-t-il de retour? Il nous trouvera tous déjà morts de faim. Le caméléon partit lentement, lentement; il arriva vers Leza et lui

---

1. *Leza* est le nom que les Ba-Soubiya donnent à Dieu. Pour ce qui le concerne, voir n<sup>os</sup> XXXII et XXXIII. L'arbre dont on ne peut manger qu'avec la permission de son maître, et à condition également qu'on en connaisse le nom, se retrouve ailleurs ; les incidents du récit sont partout assez pareils. Ainsi dans le pays de Gaza, cf. *Le Roman du lièvre* (Junod, Contes des Ba-Ronga), et *L'arbre du roi des animaux* (Revue des Trad. pop., 1895, p. 382); chez les Ba-Souto, cf. *La légende de la tortue* (Jacottet, p. 42); chez les Cafres; cf. *Hlakanyana* (Theal, 107). La différence principale entre tous ces récits, c'est que dans tous les autres, le lièvre (ou bien la tortue, ou bien Hlakanyana) enfreint la défense et mange de ces fruits, tandis que dans le nôtre, tous, une fois le nom connu, en peuvent manger sans enfreindre aucune défense; de plus dans notre conte c'est Dieu (Leza) qui est le maître de l'arbre, tandis qu'ailleurs c'est ou bien le roi des animaux, ou bien une femme au sujet de laquelle rien de précis n'est indiqué. Il est probable que sur ce dernier point la version du Zambèze est la plus exacte; peut-être avons-nous le reste d'une ancienne légende religieuse. En tous cas, il y a des rapprochements très faciles à faire avec les premiers chapitres de la *Genèse*, ce qui ne veut nullement dire que notre récit soit dû à une influence orientale. Il semble plutôt qu'il y ait ici une tradition originale.

demanda : Que sont ces fruits? Leza répondit : On les appelle *boundelemoo*; celui qui maintenant reviendra (me le demander), je le tuerai. Le caméléon partit et s'en retourna lentement, lentement. Il tomba lui aussi et oublia. Il arriva vers les autres animaux et leur dit : J'ai oublié[1].

A la fin alla le lièvre. Lorsqu'il arriva, il dit (à Leza) : Ils ont tous oublié le nom de ces fruits. Leza lui dit : Voyons ça; tu as de grandes oreilles et un tout petit corps; viens ici. Il lui saisit l'oreille et la secoua. Puis il dit : Bien que j'aie déclaré que, si dorénavant quelqu'un venait, je le tuerais, quant à toi je te fais grâce. Il ajouta : (Les fruits s'appellent) *boundelemoo*[2].

Alors le lièvre se remit en route en chantant :

Vous pouvez manger les *boundelemoo* de Leza.

Il trottait en chantant ainsi : C'est le *boundelemoo* de Leza, vous pouvez en manger, vous élans, buffles, hyènes, zèbres, éléphants, lions et léopards. — *Koungkoutoukou!* (le voilà par terre). Il se relève à la hâte en disant :

Vous pouvez manger le *boundelemoo* de Leza.

Quand il arriva, les animaux lui demandèrent : Qu'est donc (le nom de ces fruits)? Il répondit : Je ne sais pas. Ils se mirent à pleurer : o! o! o! et dirent : Nous allons donc mourir de faim. Le lièvre leur répondit : Quand même vous mourrez de faim, quant à moi je mange de ces fruits. Ils le virent commencer à en manger. Alors ils dirent : Le lièvre les connaît. Il se mit à chanter :

Nous pouvons manger du *boundelemoo* de Leza.

Alors tous les animaux se mirent à dire : *Boundelemoo*, c'est donc là (le nom de ces fruits).

Puis il mourut[3].

1. L'incident de la chute du messager, qui lui fait oublier le nom de l'arbre, se retrouve dans les récits souto et cafre; seules les versions de Gaza ne le connaissent pas.

2. Le nom de l'arbre : *boundelemoo*, n'a pas de signification à moi connue; les conteurs n'ont pu me l'expliquer.

3. Cette formule pour la fin d'un conte ne se trouve qu'ici.

## X. — Umfuzu n'ansa.

Unsa a ti buti ku umfuzu : Ha tu zungana kuti chi ni ku siya. Umfuzu a ti buti : Mb'u fwa, u ni siye. Unsa a ti buti : Mpaho tu eleke ku zungana. Umfuzu a ti buti : U leke, ni chi di bakanya. Unsa a ti buti : U ende u ka di bakanye. Diaho unsa k'ezi buti umfuzu u ina mano.

A endi ku ka sumpa bakwabo, a ba puti bonse bonse; a ti buti : Bakwetu, mu hwelese ku koloka, unsa nangu a sike. Diahano ba hwelesi ku koloka, ba tungi mulongo mule-mule. Diahano umfuzu ha a boni kuti chi wa mana, diahano a bodi ku unsa, a ti buti : Mpaho, tu zungane. Unsa a ti buti : Mpaho tu ende. Umfuzu a ti buti ku unsa : Ha tu zungana, kanzi u tüdi kungi, tu ende ni mukondo wa ngu. Unsa a ti buti : I, eawe. Diahano umfuzu a itoki, a ti buti : Neme se-bana-bangi. Unsa ha a ba zubwi budio, a ti buti : Mb'u fwa, u ni siye. Umfuzu a ti buti : Inzulu, mbo ni ku siye. Unsa : Inzulu we; u ina mapa iwe, cho ichi mbo chi fohihala. Ye umfuzu a ti : Ka ku ina mulandu, ni ni fohihala. Diahano unsa a ti buti : Mpaho tu tiye-tiye.

Diaho unsa k'ezi kuti umfuzu wa siala mpahon'aho zile h'a b'ekele. Diahano unsa ha a tiya, ch'o zubwa umfuzu zumwe a ti: ha! Diahano unsa ha a zubwa budio, ch'o ondesa ku tiya-tiya haholo, a chili mbona budio, ku wana ludimi lwa kwe lwa lengelela. Ha a tiya-tiya bulotu, ch'o zubwa zumwe umfuzu mbwinga aha, ch'o ti : ha! Diahano unsa ha a zubwa budio, ch'o ondesa ku tiya-tiya. Unsa a katadi budio, a ti : Uzo muntu u ina buti ya sa siwa? Unsa a ñatuki lubilo budio, a fwi.

Unsa kan'a b'ezi kuti bamfuzu bangi bangi.
Mpaho mpo zi manina za bamfuzu n'unsa.

## X. — La tortue et la gazelle[1].

La gazelle dit à la tortue : Si nous luttons à la course, je l'emporterai sur toi. La tortue répondit : Tu mourras plutôt que de l'em-

---

1. La lutte entre la tortue et la gazelle se retrouve dans un conte de Gaza (*Revue des Trad. pop.*, 1895, p. 390) avec les mêmes incidents qu'ici ; on y voit de plus que le léopard venge la gazelle en découvrant la ruse de la tortue et en la tuant. Elle existe aussi chez les Ba-Souto (dans un conte encore inédit). En Kabylie c'est le hérisson qui lutte avec le

porter sur moi. La gazelle dit : Eh bien, luttons ici même à la course. La tortue répondit : Laisse seulement que je me prépare. La gazelle dit : Va donc te préparer. Mais la gazelle ne savait pas que la tortue était rusée.

Celle-ci alla appeler ses compagnes; elle les rassembla toutes et leur dit : Mes amies, hâtez-vous de vous mettre en ligne les unes après les autres; la gazelle va venir. Elles se hâtèrent de le faire, elles se mirent en ligne (à la suite les unes des autres) sur un très long espace. Quand la tortue vit qu'elle avait fini, elle retourna vers la gazelle et lui dit : Maintenant, courons. La gazelle dit : Partons. La tortue lui dit : Quand nous courrons, ne t'éloigne pas, mais reste dans ma piste. La gazelle dit : C'est bien, ma sœur. Alors la tortue chanta son chant de louanges et dit : C'est moi la mère de nombreux enfants. Quand la gazelle l'entendit parler ainsi, elle dit : Tu mourras plutôt que de l'emporter sur moi. La tortue dit : En vérité, je l'emporterai. La gazelle : Certainement pas; tu mens, toi, tu n'es qu'une toute, toute petite chose! La tortue : Qu'est-ce que cela fait, si je suis petite? Alors la gazelle dit : Maintenant courons.

Mais la gazelle ne s'aperçut pas que la tortue était restée là même où elles étaient. Comme elle courait, la gazelle entendit une des tortues qui disait : Ha! Entendant cela, la gazelle s'efforça de courir plus fort, elle courut ainsi (toujours, toujours plus fort); tant et si bien que sa langue pendait (hors de sa bouche). Comme elle courait plus doucement, elle entendit une des tortues là tout près (litt. : comme ici), qui disait : Ha! Entendant cela, la gazelle se mit à courir encore plus fort. Elle fut (bientôt) à bout de forces, et se disait : Comment donc est cette personne que je ne puis dépasser? La gazelle creva d'avoir couru trop vite; elle mourut.

La gazelle ne s'était pas aperçu qu'il y avait là beaucoup de tortues.

C'est ici que finit l'histoire des tortues et de la gazelle.

chacal (R. Basset, *Contes berbères*, n° VI, *Le Hérisson et le Chacal*); en Bretagne c'est le colimaçon (Sébillot, *Littérature orale de la Haute-Bretagne*, p. 237-238). [Cf. sur la même fable à Madagascar, en Chine, en Italie, au Brésil, dans l'Archipel, en Syrie, dans les Vosges, dans l'Annam, chez les Aïnos, en Gascogne, etc., les notes de mes *Contes populaires berbères*, p. 129, et de mes *Nouveaux contes populaires berbères*, p. 195-197. R. B.].

## XI. — Za sulwe ni mwanakazi.

Uzo mwanakazi u ba di ku dima iwa la kwe. Bumwe busiku ha a dima iwa la kwe, ch'o bona muntu uzo; muntu uzo a ba di mukazana. A sika, a tí k'ozo mwanakazi : Sana u lete kuno mwana wo ko, ni ku kwatile mwana wa ko, u sebeze bulotu. Naye uzo mwanakazi ch'o zumina, ch'o mu ha mwana wa kwe. Diaho ndjusulwe a sanduki mukazana. Diahano ha a mana ku mu ha, a endi naye mu zivuna.

Ha a ka sika ku ziteo a mu djichi. Ha a bona kuti diahano banyina ba mana ku dima, ch'o ibal'etanga. Diahano a sika ku banyina bo mwana. Ba ti butí : U mu lete, a nyonke. Ye sulwe ch'o tí : Nanta! u die inyama iyo sankwini. Diahano ha a mana ku día, ch'o sumununa ingubo; itanga chi di wila hansi. Ye sulwe ch'o tiya; ch'o zimba, ch'o tí : Kanzi mu n'ihai; kanyama twa día tu bonse. Mwanakazi uzo n'a endi ku muzi n'a swabite.

Bumwe busiku ndjen' ozo sulwe, cho'ti : Ni chi enda, ni ka bone ku nzubo yo mwanakazi u ni didi mwana wa kwe. Diahano ch'o enda. A sika; ch'o wana ka k'ena muntu. Ch'o tí : Beni be nzubo ba ya hi? budjwala bwa bo bw'etika. Ha a amba budio, diaho ye a nywi. Ch'o tí : Ba ya hi beni be zidio izi? ni chi di eleka ingubo za kwe. Ha a manite ch'o lala ha bulo. Mukwame a mu wani u lele. Ch'o sika ni muhini w'embezo, ch'o mu kaba ha mutwi, a mu ihai, a mu biki mu chizungu.

Ch'o tí ku mwanakazi wa kwe : Kanzi u iyudi mu chizungu umo. Mwanakazi n'a tí : I. Mukwame ye ch'o zwa. Mwanakazi y e a siadi, n'etila menzi mu chizungu. Diahano mwanakazi a tí butí : Diahano ni iyule. Diaho k'eni ku fwa, u chi hala. Ch'o sotokela mwanakazi, a mu ondi, a mu biki mu chi : zungu, a twadi ingubo za kwe, ni maseka a kwe, n'insipi za kwe, ch'o mu bika mu chizungu, chi u ibisa mudilo; mwanakazi ch'o bila.

Mukwame ha a sika, a wani chi wa buzwa. Ch'o ti butí : Sana sulwe wa buzwa na? Mwanakazi ch'o tí : I. Chi b'ehula. Mwanakazi chi u ihika inkoko. Mukwame ch'o bona mwanakazi u ka leta mudinga. Mukwame ch'o tí : U twala hi mudinga? Inkwela mwanakazi a ka leti mwinsi. Mukwame inkwela a ti : Ndji sulwe u wa kokola na? Diahano a ka leti muhungu; a sikí, a konisi ku muchila wa o. Inkwela mukwane a mu bengedi. Hu a mana ku ihika inkoko, ehudi n'inyama yo mwanakazi. Diahano ba twadi hana, ba di.

Mukwame ha a ha mwan'a kwe inyama, mwana ch'o ti : Ka ni

*saki inyama i bamayo. Mukwame ch'o tí : U ti nzi? Sulwe ch'o tí : U tí : Ka ni saki inyama indotu. Inkwela ch'o mu ha. Inkwela a ambi budio. Ha ba manite, ba ka ladi. Mwanakazi u lala kuna, mukwame u lala kuna. Inkwela mukwame ch'o tí : Na ndji sulwe u wa dia h'o chita budio? Inkwela a sanduki. Inkwela a ambi budio. Diahano ch'o mu leka. Ch'o zwa sulwe, u tiya. Inkwela ch'o zimba, ch'o tí butí : Wa dia mwanakazi wa ko. Ch'o fwila mpahon'aho.*

## XI. — Le lièvre et la femme[1].

Cette femme bêchait son champ. Un jour comme elle bêchait son champ, elle vit cette personne-là (c'est-à-dire le lièvre); cette personne-là était une jeune fille. Elle arriva et dit à cette femme : Donne-moi ton enfant; j'en prendrai soin afin que tu puisses travailler aisément. Cette femme consentit, et lui donna son enfant. (Ce n'était pas une jeune fille), mais le lièvre qui s'était transformé en jeune fille. Quand (la femme) lui eut donné l'enfant, (le lièvre) alla avec lui dans des buissons[2].

Arrivé dans les taillis, (le lièvre) (tua l'enfant) et le cuisit. Ensuite quand il vit que la mère avait fini de bêcher, il mit une gourde sur son dos[3]; il alla vers la mère de l'enfant. (La mère) dit : Apporte-le, qu'il tette. Le lièvre dit : Non! mange d'abord cette viande. Quand elle eut fini de manger, (le lièvre) détacha sa couverture; la gourde tomba à terre. Le lièvre s'enfuit; il se mit à chanter et à dire : Ne me tue pas; cette viande nous l'avons mangée ensemble. La femme retourna chez elle toute triste.

1. Bien qu'une femme joue un rôle important dans ce conte, c'est cependant un vrai conte d'animaux. Le lièvre y est le personnage principal et y conserve son caractère traditionnel.

2. On retrouve souvent ce trait de la femme qui donne son enfant à garder à un animal qui ensuite le mange; voir ici-même n° XVIII, et dans le folklore des Ba-Souto le conte de *Rasérétsana* (Revue des Trad. pop., 1890) et celui de *Setlatlo-mayoe* (A. Sekese, p. 218).

3. Les femmes africaines portent leurs enfants sur leur dos, enveloppés dans une couverture. Le lièvre, pour faire croire que l'enfant est encore là, met une citrouille à sa place. La même ruse se retrouve souvent, ainsi par exemple, dans les contes cités à la note précédente, et dans plusieurs contes inédits des Ba-Souto.

Un autre jour, c'est lui, le lièvre qui dit : Je vais voir (ce qu'il y a) dans la hutte de cette femme dont j'ai mangé l'enfant. Il alla. Il arriva, et vit qu'il n'y avait personne. Il dit : Où sont allés les maîtres de la hutte? Leur bière se répand (à terre). Tout en parlant ainsi, il la but. Il dit : Où sont allés ceux à qui appartient cette nourriture? Je vais essayer les habits (de cette femme). Quand il eut fini (de les revêtir), il se coucha dans son lit. L'homme l'y trouva qui dormait. Il vint (armé) d'un manche de hache, le frappa à la tête, le tua, et le mit dans le pot.

Il dit alors à sa femme : N'ouvre pas ce pot. La femme dit : C'est bien. Alors le mari sortit. La femme resta, et versa de l'eau dans le pot. Ensuite la femme dit : Maintenant je vais ouvrir. Mais (le lièvre) n'était pas encore mort; il vivait encore. Il sauta sur la femme, la prit et la jeta dans le pot; puis il prit ses couvertures, ses bracelets et ses anneaux. Il la mit dans le pot, il alluma un grand feu; la femme fut (vite) bouillie [1].

Le mari arriva, il trouva qu'elle était déjà cuite. Il dit : Est-ce que le lièvre est cuit? La femme répondit : Oui. Ils sortirent (la viande du pot). La femme fit cuire du pain. Le mari vit sa femme apporter une assagaie. Il lui dit : Où portes-tu cette assagaie? Ensuite la femme apporta un pilon. Le mari lui dit alors : Est-ce

[1]. L'incident du lièvre qui sort du pot, y jette la femme et l'y fait cuire est également très répandu. Le Zoulou *Uhlakanyana* joue le même tour à une vieille femme (Callaway, p. 20); dans un conte souto (A. Sekese, p. 193) *Madiépétsane* en agit de même envers la mère du cannibale. Dans le folklore angolais, c'est le chevreau qui fait ainsi cuire le léopard (Châtelain, p. 191). Dans tous ces contes, on donne à manger la viande de la personne tuée à ses proches parents. Dans les contes zoulou et souto, les enfants reconnaissent comme ici que c'est la chair de leur propre mère qu'on leur donne à manger et refusent d'y toucher. [On peut rapprocher de cette donnée un épisode d'un conte berbère : *Mekid'ech et l'ogresse aveugle*, Mouliéras, *Légendes et contes populaires de la Grande-Kabylie*, t. I, fasc. II, Paris, 1894, in-8, p. 194 : cf. aussi la version marocaine en dialecte du Tazeroualt, Stumme, *Märchen der Schlûh von Tazeroualt*, n° XXIII : *L'Kijst numîm dumîn*, p. 58 et 178 : la version arabe *ap.* Delphin, *Textes pour l'étude de l'arabe parlé*, Paris et Alger, 1891, in-12 et dans Socin et Stumme, *Der Dialekt der Houwara*, Leipzig, 1894, in-8, n° X, p. 52-53, 114. Max Müller a déjà signalé la similitude de ce trait avec celui d'un conte écossais, *Essai de mythologie comparée*, tr. Perrot, Paris, 1874, in-12, p. 258. René Basset].

à cause du lièvre que tu es ainsi ivre? Alors elle apporta la spatule; elle arriva et se mit à remuer le pain avec le manche (de la spatule). Le mari se mit de nouveau en colère contre elle. Lorsque (le lièvre) eut fini de cuire le pain, il le sortit (du pot) avec la viande de la femme. Ils prirent leur nourriture et la mangèrent[1].

Comme l'homme donnait de la viande à son enfant, l'enfant dit : Je ne veux pas (manger) la viande de ma mère. L'homme demanda : Que dis-tu? Le lièvre répondit : Il dit : Je n'aime pas cette bonne viande. Il lui en donna de nouveau. L'enfant parla de la même manière. Quand ils eurent fini, ils se couchèrent. La femme se coucha d'un côté, le mari de l'autre. Alors le mari lui dit : Est-ce à cause du lièvre que tu as mangé, que tu fais ainsi? La femme se tourna (contre la paroi). Le mari parla de nouveau ainsi, puis la laissa tranquille. Alors le lièvre sortit et s'enfuit. Il se mit à chanter et à dire : Tu as mangé ta femme. L'homme mourut là-même.

### XII. — Za banyolozi.

*Banyolozi ba ba kozitwe n'impeko. Diahano zinyolozi izo zi ti buti: Tu ende kwa mfuzu, tu ka lete ko mudilo. Diahano la ba sanguni ku tuma imbizi. Diahano a endi; ha a ka sika ku wana ye mfuzu u ina mu idindi ni mudilo wa kwe. Ch'o ti : Iwe, umfuzu, u ni he mudilo. Umfuzu ha a zubwa budio, ch'o ti : Mudilo nguo wa u wana; u ka lete inyoko, u u twale. Uzo munyolozi ha a zubwa budio ch'o tiya.*

*Ha a ka sika ku bakwabo ch'o ti buti : Muntu u in'oko k'a zani. Inkwela ba tumi unsefu. Naye n'a enda; naye n'a zubwa budio; n'a ka tii. Diahano ba tumi unzovu mukando. Ba ti : Ye mbo a ka tiye ha a za ku mu bona. Diahano unzovu n'a enda. Ha a ka sika naye ch'o ti : Iwe, umfuzu, u ni he mudilo. Ye umfuzu ch'o ti : Mudilo nguo, wa u wana, u ka lete inyoko, u twale. Unzovu ha a zubwa budio naye ch'o tiya.*

*Ha a ka sika ku bakwabo, ch'o ti : Muntu u in'oko k'a zani. Inkwela ba tumi undavu; a endi. Naye a ka bodi, n'a ya bo tiya. Inkwela ba ti : Ku ende inyati. Ye unyati a endi. Ha a ka sika ch'o ti : Mfuzu, iwe, u ni he mudilo. Umfuzu ch'o ti : Mudilo nguo, wa u wana,*

---

1. Les sottises faites par le lièvre viennent sans doute du fait qu'il a bu trop de bière.

*u ka lete inyoko, u twale. Naye ha a zubwa budio ch'o tiya. Ha a ka sika ku bakwabo ch'o ti : Ihī, na ka kangwa.*

*Diahano ba tumi usulwe. Sulwe n'a enda. Ha a sika ch'o ti : Iwe umfuzu, u ni he mudilo. Ye umfuzu ch'o ti : Mudilo nguo ; wa u wana, u ka lete inyoko, u twale. Ye sulwe naye ch'o zimba budio. Diahano usulwe ha a sunzela, ku wana ndjumfuzu u ina mu idindi ; ch'o twala umfuzu ni mudilo. Diahano ha a ka sika ku zinyolozi kunina kwe, diahano za tumbusa mudilo. Ye mfuzu ba mu südi idindi, ba mu biki mo.*

*Mpo zi manina mpaho.*

### XII. — Les animaux[1].

Les animaux mouraient de froid. Alors ces animaux dirent : Allons vers la tortue, et cherchons-y du feu. Ils commencèrent par envoyer le zèbre. Il partit ; lorsqu'il fut arrivé il trouva que la tortue était cachée dans son trou avec son feu. (Le zèbre) dit : Tortue, donne-moi du feu. Quand la tortue l'entendit, elle dit : Voici du feu, tu l'as trouvé ; apporte-moi ta mère et tu le prendras. Quand cet animal entendit cela, il s'enfuit[2].

Quand il fut de retour auprès des siens, il leur dit : La personne qui est là-bas ne plaisante pas. Alors on envoya l'élan. Il partit ; lui aussi entendit la même chose et s'enfuit. Alors ils envoyèrent le grand éléphant ; ils se dirent : La tortue aura peur quand elle le verra. Alors l'éléphant partit. Arrivé là, il dit : Tortue, donne-moi du feu. La tortue répondit : Voici le feu, tu l'as trouvé ; ap-

---

1. Peut-être ce conte devrait-il plutôt être rangé au nombre des légendes. Je me demande, en effet, s'il ne veut pas expliquer l'origine du feu, détenu d'abord par la tortue et qui devient, grâce au lièvre, l'apanage commun à tous. Au sujet de l'importance du feu dans l'esprit des Bantou, et le fait qu'il est considéré comme appartenant de droit au chef, cf. une note instructive de Junod, dans le conte de *Piti, le berger* (Junod, *Contes des Ba-Ronga*). On a déjà vu plus haut que la tortue joue un rôle à part dans le folklore africain (cf. note 11 ; aux récits indiqués dans cette note, il faut ajouter le conte cafre de la *Tortue et les singes*. Torrend, *Outline of a Kafir-Xosa Grammar*).

2. Cf. une parole semblable du lièvre (conte n° I) pour faire peur aux animaux.

porte-moi ta mère, et tu le prendras. Quand l'éléphant entendit cela, il s'enfuit.

Quand il revint vers les siens il leur dit : La personne qui est là-bas ne plaisante pas. Alors ils envoyèrent le lion. Il partit. Lui aussi revint courant tout effrayé. Alors ils envoyèrent le buffle. Le buffle partit. Arrivé là, il dit : Tortue, donne-moi du feu. La tortue dit : Voici le feu, tu l'as trouvé ; apporte-moi ta mère, et tu le prendras. Quand le buffle entendit cela, il s'enfuit. Quand il arriva vers ses compagnons, il dit : En vérité, je n'ai pu (le prendre).

Alors ils envoyèrent le lièvre. Le lièvre partit. Quand il fut arrivé, il dit : Tortue, donne-moi du feu. La tortue dit : Voici le feu, tu l'as trouvé ; apporte-moi ta mère, et tu le prendras. Le lièvre lui continuait seulement à chanter ; quand le lièvre regarda (dans le trou) il vit qu'il n'y avait là dans le trou que la tortue. Il emporta la tortue avec son feu. Quand il arriva vers les animaux ses compagnons, ceux-ci allumèrent un grand feu. Quant à la tortue, ils creusèrent pour elle une fosse et l'y enterrèrent[1].

C'est ici que finit l'histoire.

### XIII. — Selotambwe ni tjula.

*Selotambwe ni tjula ba ba di ku enda hantu honke. Diahano utjula a ti buti kwa selotambwe : Eawe, mukwame, tu ku saka banakazi. Selotambwe a zumini. Diahano ba saki banakazi; diahano ba ba wani. Diahano mukwenyane wa bo a ti buti : Mu ende, mu ka sebeze ku mawa, mu tuntubule mateo. Diahano utjula n'a ti buti : T'u ende, u ka tu tondeze. Diahano a ba tondezi mawa ao a ba ba elele ku dima.*

*Diahano ba odi mahamba n'imbezo ; bonse ba odi mahamba, ni selotambwe a odi naye. Diahano ha ba mani ku chita budio, utjula a ti buti kwa selotambwe : Eawe, tu ku ya, tu ka dime iwa lo mukwenyane wetu. Selotambwe a zumini, a ti buti : T'u ku ya, unkosi 'a ngu. Diahano ba endi bobele ni mahamba a bo. Ba siki ku iwa. Diahano ba sanguni ku tuntubula, ba tuntubudi mawa a bo.*

*Ku wana chibombwe wa mana ku tuntubula mateo ku iwa la kwe,*

---

1. Dans le conte souto, *La légende de la tortue*, la tortue est également enterrée dans un trou ; elle en sort pour manger les fruits de l'arbre. Il semble probable que le récit soubiya est incomplet ; on s'attend à apprendre ce que la tortue a fait dans son trou et comment elle en est sortie.

chi la ba ikando. Selotambwe ye chi nga bo a sika, u tuntubula chisunsu icho budio. Diahano ba mani ku dima, ba bodi ku muzi wa
bo ku mukwenyane wa bo.

A ba hi zidio, ba di; a ba tabedi haholo; k'ezi kuti umwe mukwelume wa kwe u ina bukata. Inkwela ba boledi ku ku dima. Inkwela
ba siki ku musebezi wa bo, ba sanguni ku dima. Naye selotambwe
a i ku iwa la kwe, a siki mpahona ha chisunsu cha kwe; naye
chimbutwe a siki h'ewa la kwe, a tuntubudi. Selotambwe ye a
zinguluka chiteo chonke budio. Chibombwe ye a dimi iwa ikando
haholo. A bi matengu; chimbutwe ezi kwa selotambwe, a ti buti :
Tu ku ya ku muzi. Selotambwe a ti buti : Tu ku ya unkosi 'a ngu.
Diahano ba endi.

Isesi ni la bona kuti selotambwe k'a hwelese; isesi ni la ti : Mukwame, u hwelese, izuba chi l'emina. Ba siki ku muzi. Mukwenyane
wa bo n'a ba ha zidio; ba di, ba ladi. Inkwela lokulunzu ba endi
bobele. Inkwela isesi ni la enda kwa dio, naye selotambwe n'a enda
ku la kwe. Selotambwe a i mpahona ha chisunsu cha kwe.

Isesi ni la bola kwa makokoneka, a wani u chi dima chisunsu chonke
budio; selotambwe a b'ena bukata haholo. Kanga-makokoneka ka
bodi ku muzi, ka ya bo kokoneka bulotu-bulotu. Ba siki ku muzi ku
banakazi ba bo.

Diahano mukwenyane wa bo a ti buti : Ni chi ka bona ku mawa a
bakwelume ba ngu. A endi-endi, a siki ku iwa la chimbutwe, a wani
iwa ikando-kando; a itumedi haholo kwa chimbutwe. Inkwela a
endi ku iwa la makokoneka, a wani chisunsu chonke budio. A ti buti :
Ha! mpo a dima mpahon'aha na? Chimbutwe a ti : I, mpo a dima
mpahon'aha. Mukwenyane wa bo a tandi makokoneka, a ti buti : U
zwe ku mwana wa ngu, u ina bukata. Diahano chimbutwe ye n'a siala
ku mwanakazi wa kwe.

Mpo zi manina za chimbutwe ni selotambwe.

### XIII. — Le caméléon et la grenouille[1].

Le caméléon et la grenouille demeuraient ensemble. La grenouille dit au caméléon : Allons, mon compagnon, chercher des

1. Dans le folklore africain, le caméléon, à cause de sa démarche lente
et hésitante, joue le rôle du paresseux; cf. surtout n° XXXV (avec les
notes) et aussi la dernière partie du conte du *Lièvre et de la grue huppée*

femmes (à épouser). Le caméléon y consentit. Alors ils allèrent chercher des femmes. Ils en trouvèrent. Ensuite leur beau-père leur dit : Allez travailler aux champs ; arrachez les buissons. Alors la grenouille dit : Allons, montre-nous tes champs. Il leur montra les champs qu'ils devaient labourer.

Alors ils achetèrent des houes et des haches ; tous (deux) en achetèrent, le caméléon aussi en acheta. Lorsqu'ils eurent fini de les acheter, la grenouille dit au caméléon : Allons maintenant labourer les champs de notre beau-père. Le caméléon y consentit, et dit : Allons, mon frère aîné. Alors ils y allèrent tous deux avec leurs houes. Ils arrivèrent aux champs. Alors ils commencèrent à débroussailler, ils débroussaillèrent leurs champs.

La grenouille (persévéra) jusqu'à ce qu'elle eut fini d'arracher les broussailles de son champ ; c'était un très grand champ. Quant au caméléon, depuis qu'il était arrivé, il était (toujours) à enlever la même touffe d'herbe. Ils quittèrent le travail, et retournèrent à leur village, chez leur beau-père.

Il leur donna à manger, et les reçut fort bien ; il ne savait pas qu'un de ses beaux-fils était un paresseux. Ils retournèrent encore labourer. Arrivés là où ils travaillaient ils commencèrent à labourer. Le caméléon alla à son champ, et se rendit à sa même touffe d'herbe ; la grenouille arriva à son champ, et se mit à défricher. Le caméléon lui était toujours autour de sa seule touffe. Quant à la grenouille elle laboura un très grand champ. Le soir vint. La grenouille alla vers le caméléon et lui dit : Allons au village. Le caméléon répondit : Allons-y, mon frère aîné. Ils partirent.

Comme la grenouille vit que le caméléon ne se pressait pas, elle

(n° IX). Dans un conte ronga : *La sagesse du caméléon* (Junod, *Contes des Ba-Ronga*), le caméléon réussit, par contre, par sa lenteur sage et réfléchie, à se procurer une femme. C'est la contre-partie du conte soubiya.

Quant à la grenouille, elle ne paraît qu'ici dans nos contes. Dans un important conte ronga, la *rainette* joue un rôle très important, le même que le lièvre dans nos contes ; elle est sage et rusée. Ici, par contre, elle est représentée comme diligente et travailleuse. Un fait curieux, c'est que dans cette pièce elle paraît sous quatre noms différents (*tjula, chimbombwe, chimbutwe, isesi*) ; le caméléon a également deux noms, celui de *selotambwe* qu'il porte d'ordinaire, et celui de *makokoneka*, qui semble un surnom que lui a valu sa démarche hésitante (*ku kokoneka* signifie : aller lentement, marcher d'une manière hésitante).

lui dit : Dépêche-toi donc, homme; le soleil se couche déjà. Ils arrivèrent au village. Leur beau-père leur donna à manger; ils mangèrent, et se couchèrent. Le lendemain ils y retournèrent ensemble. La grenouille alla à son champ, le caméléon alla au sien. Le caméléon se rendit toujours à sa même touffe.

Ensuite la grenouille retourna vers le caméléon, et le trouva toujours occupé à arracher la même touffe; le caméléon était très paresseux. Le paresseux petit animal retourna au village, se traînant lentement, lentement. Ils arrivèrent au village chez leurs femmes.

Alors leur beau-père dit : Je vais aller voir les champs de mes beaux-fils. Il y alla; il arriva au champ de la grenouille, et vit que c'était un très, très grand champ; il remercia beaucoup la grenouille. Ensuite il alla au champ du caméléon, il ne vit qu'une seule touffe (arrachée). Il demanda : Quoi! c'est bien ici-même qu'il a défriché? La grenouille répondit : Oui! c'est ici-même. Leur beau-père chassa le caméléon; il lui dit : Pars d'auprès de ma fille, tu n'es qu'un paresseux[1]. Quant à la grenouille elle resta auprès de sa femme.

Ici fini l'histoire de la grenouille et du caméléon.

## XIV. — Mukombwe ni umbande.

*Ba chiti chidikane bobele. Umbande a ba di ku tiya, kuti buti mukombwe mbo a mu hise, ha a bona malembwe-lembwe o mukombwe a subila. Ba ba chitite budikane bukundo. Busiku bumwe, umbande a twadi inkukuzana, a i di. Mukombwe n'a benga haholo. Diahano umbande a tii ku iza kwa kwe, mbwene a ba di ku tiya ku ti buti, h'eza kwa kwe, mbo a mu hise.*

*Diahano ku isule la mazuba ongae, umbande a di boni mulandu, a ti buti u elele ku ku kumbila ku kwatilwa. Diahano i sukidi ku mudikane wa yo mukombwe. Diahano ha i siki hafohi ni mukombwe, a ba di ku ambola indaba ze nkukuzana. Diahano umbande a ba di ku lola haholo malembwe-lembwe o mukombwe, a ba di ku tiya ku ti buti mbo a mu hise ni malembwe-lembwe a kwe, diaho nanta.*

*Diahano ha ba kwete b'ekele budio ni mudikane wa kwe mukom-*

---

[1] L'oiseau de la pluie (cf. n° XLIV) est également chassé par son beau-père pour sa paresse et sa tromperie.

bwe, umbande a boni kuti buti malembwe-lembwe o mukombwe keti a mu hise. Diahano ebu u lukila ku iyulu; diaho a chita buti kuti a mu onde bulotu. Diahano umbande a bodi n'ena n'ingozu inkando. Diahano a siki, a ondi mukombwe, a tii naye ku iyulu. N'a ya bo dila, n'a ti buti : Wa ngu u ni leke. Diahano umbande a mu ihai, a mu di, a mu mani.

*Mpo i manina aho.*

### XIV. — Le coq et l'aigle[1].

(Le coq et l'aigle) firent amitié ensemble. L'aigle craignait que le coq ne le brûlât, en voyant que la crête du coq était toute rouge. Ils s'étaient liés d'une grande amitié. Un jour l'aigle enleva un poulet et le mangea. Le coq en fut très courroucé. Alors l'aigle eut peur de revenir vers lui, parce qu'il avait peur que (le coq) ne le brûlât, s'il revenait vers lui.

Quelques jours après, l'aigle comprit sa faute, et se dit qu'il devait demander d'être pardonné. Il descendit vers son ami, le coq. Lorsqu'il arriva près du coq, il lui parla au sujet de l'affaire du poulet. L'aigle regardait toujours la crête du coq, et avait très peur que celui-ci ne le brûlât avec sa crête; cependant il n'en était pas ainsi.

Ensuite, comme il continuait à demeurer avec le coq, son ami, l'aigle vit bien que la crête du coq ne le brûlerait pas. Alors il s'envola dans les airs, et fit en sorte de pouvoir le saisir aisément. L'aigle revint (vers la terre) avec une grande force. Il arriva, saisit le coq et s'enfuit avec lui dans les airs. (Le coq) criait, disant : Mon ami, laisse-moi. Alors l'aigle le tua et le mangea tout entier.

C'est ici que finit (l'histoire).

### XV. — Za Chinamina.

*Uzo mwanakazi u b'ena ni bana botatwe, bakazana bobele, musisu*

---

1. Ce conte ressemble beaucoup à un conte de l'Angola : *Le coq et le renard* (Châtelain, p. 207). Le renard a peur du coq; il prend en effet la crête du coq pour une arme avec laquelle celui-ci pourrait le transpercer ; il s'aperçoit de son erreur et finit par tuer le coq. On peut aussi comparer : *Le cochet, le chat et le souriceau* de La Fontaine.

jenke. Uzo mwanakazi kana a ba di ku dima, a ba di ku hala zichelo zo mu nkanda, ye ni bana ba kwe.

Bumwe busiku a endi ku ka chela zichelo: a endi. Ku isule la kwe, naye Seedimwe a siki, ch'o ti buti :

Lumbo bana lu yulile, neme nyoko.

Diaho nabo bana ha ba zubwa budio; nabo chi ba ti buti :

Chindeni, tu mvwe.

Diahano ba zubwi elu mulozi : Dikiti! dikiti. Bo bana ha ba zubwa budio chi ba kana ni ku iyula ku mudiango. Diahano Seedimwe ha a bona kuti kana b'eyula, a endi; a zwa ho, Seedimwe. Chi ba zubwa nyina wa bo ch'o sika, n'a ya bo zimba, n'a ti buti :

Lumbo bana lu yulile; neme nyoko.

Bana ni ba ti : Ninywe bani? — Neme nyoko; lu yulile. — Chindeni tu mwe.

Chi ba zubwa : Cha-cha-ka, lu yulile lumbo.

Ha ba zubwa budio, chi b'eyula. Nyina ch'o indjila, ch'o ba ha impasu; ba kangi, ba di. Inkwala ha ba buka, ch'o enda.

Inkwela Seedimwe naye a siki, ch'o zimba bwinga nyina va bo. Bo bana ha ba zubwa kuti u ina ni cha-ka-cha-ka, chi ba ti ndjiye nyina wa bo. B'eyudi mudiango, ba boni ndji Seedimwe. Ye musisu ch'o sotokela ku lususwa lw'enzubo. Ye Seedimwe a siki, a di bakazana budio. Ye musisu nanta ni ku mu bona. Seedimwe a endi.

Diahano chi ku sika myina wa bo; naye a zimbi bwinga pele; a zubwi nanta ni muntu yo mu itaba. Inkwela a zani. Diahano a zubwi kazwi kanini budio; diahano ako kasisu k'eyudi. Nyina a ti : Bakwenu ba k'ena hi? Ye a ti : Seedimwe wa ba dia banchizi wa ngu; mbwita ime ni na sala, na di ungula kuna.

Diahano ha a bona budio, ba zwi ho, ba siki ha kiti k'enkanda, ba zaka ingalane inde-nde. Inkwela uzo mwanakazi a endi ku zichelo zi sumpwa masanzambodi. Inkwela naye Seedimwe, ku isule la kwe, a siki a ti :

Chinamina, banyoko ba ya hi? ĩ-ĩ, Chinamina.

Ye ch'o ti : Ba ya ku masanzambodi, wa ka ka mawe, Chinamina.

— Masanzambodi nao a diwa? ĩ-ĩ, Chinamina.

— Ng'a tu dia kwetu, wa ka ka mawe, Chinamina.

— Ni zubwe name nandi malotu, ĩ-ĩ, Chinamina.

— U zubwe u mwine, wa ka ka mawe, Chinamina.

Ha a zubwa budio chi wa dia onse. Inkwela banyina ha ba bola, ku wana nanta ni kanini k'a ch'ina ho, zonse wa zi dia. Mwanakazi a ti ku mwna wa kwe : Zichelo za ya hi? Ye mwana a ti buti : Ndjena Seedimwe, u ba di bana ba ko. Uzo mwanakazi a kani, a ti buti : Newe wa zi dia. Diahano masiku ba ladi.

Inkwela lokulunza uzo mwanakazi a endi ku ka chela michelo. Inkwela ha a zwa ho, naye Seedimwe a siki, a ti buti :

Chinamina, banyoko ba ya hi? i-i, Chinamina.

— Ba ya ku masanzambodi, wa ka ka mawe, Chinamina, etc. (bwinga pele).

Ha a zubwa ludio ch'o zi dia zonse zichelo, Ha a mana ku dia, diahano ch'o enda. Inkwela naye inyina a siki, a wani masanzambodi k'a ch'ina ho. Inkwela ch'o ti buti : Masanzambodi a k'ena hi? Ye mwana wa kwe a ti buti : Ndjiye Seedimwe wa dia masanzambodi a ko. Nyina a ti buti : Iwe, mwan'a ngu, u ni chengelela, n'o ti buti masanzambodi a diwa ni Seedimwe, diako newe, mbo ni ku kabe ime. Uzo musisu, ha a zubwa budio, a ti buti ku banyina : Iwe, mama, kanzi u ni bengedi buti, ki neme na dia zichelo za ko ; izona kanzi u i mu nkanda, u bone chintu chi dia zichelo za ko. Ye uzo mwanakazi a ti buti : I, izo inkani indotu; mbo ni ikale.

Lokulunza b'ekadi. Ye Chinamina a di ungula mu kati ke chisamo, a sii inyina ha ngalane yenke. Chi ba bona Seedimwe u k'ezite. A siki, a ti :

Chinamina, banyoko ba ya hi? i-i, Chinamina.

Nyina ch'o zubwa : Ba ya ku masanzambodi, wa ka ka mawe, Chinamina, etc. (bwinga pele). Uzo mwanakazi a bona ch'o dia diahano. Diahano ch'o ti : Chinamina, Chinamina, uzo u ikele ha ngalane ndjeni? Ye Chinamina, ch'o ti : Ka n'izi name. Ye Seedimwe ch'o hangula mwanakazi, a mu di. Diahano a ti a sake Chinamina, naye a mu die, ku wana ye wa sunduka chisamo budio; u zubwa izwi budio. Diahano Seedimwe a endi,

Ye Chinamina ha a bona kuti Seedimwe wa enda, naye a zwi umo mu chisamo. Diahano a endi kwa nalunkalamba hu ka fuza buta. Diahano a siki kwa nalunkalamba, a ti buti : N'iza kwa ko, u ni fudile buta, ni k'ehae muntu wa dia banyoko. Ye nalunkalamba, a zumina. Diahano a fudi buta bungi-bungi. Diahano ha a mana a muhi.

Diahano a endi, a siki ha menzi, a zaki ingalane. Diahano ha a mana ku zaka, a tanti, a siki, ekadi. Diahano ch'o bona imbizi i za ku ku nuwa menzi. Chinamina ch'o ti :

*Newe wa dila mayo? Chendjela!*
— *Ime si dile nyoko; ba dile nyoko nku ba di,*
*B'ena mishukwe ku mitwi.*
*Imbizi i nywi menzi; i endi. Inkwela ku zi inyati. Nayo inyati ch'i zubwa :*
*Newe wa dila mayo? Chendjela!*
— *Ime si dile nyoko; ba dile nyoko nku ba di,*
*B'ena mishukwe ku mitwi.*
*Inkwela nayo i nywi menzi. Diahano ku zi undavu; inkwela nayo ch'i zubwa :*
*Newe wa dila mayo? Chendjela!*
— *Ime si dile nyoko; ba dile nyoko nku ba di,*
*Ba si mishukwe ku mutwi*
*Nayo ch'i nywa. Ha i zwa ho, chi ku iza Seedimwe. Naye ch'o zubwa :*
*Newe wa dila mayo? Chendjela.*
— *Ime si dile nyoko, ba dile nyoko nku ba di,*
*B'ena mishukwe mu mitwi.*
*Ha a ch'amba budio, ch'o zubwa wa mu kweza ni mudinga wa kwe. Diahano ch'o fwa. Diahano Chinamina ha a bona kuti wa mu ihaya, a siki, a zimani budio. Diahano ch'o zubwa kazuni ka zimba, ka ti buti :*
*U kosole kanwi k'ena kumbadi, ako ha wa tiya.*
*Uzo muntu ha a zubwa katwitwi ka zimba budio, ch'o ti buti : Ka ni lweza aka kazuni ka zimba budio. Inkwela ha a chi amba budio, a zubwi inkwela ka ti buti :*
*U kosole kanwi k'ena kumbadi, ako ka wa tiya.*
*Diahano uzo muntu a leti mudinga wa kwe, a kosodi kanwi ako. Diahano nyina ni banchizi ya kwe chi ba zwa mpona ka kanwi ka Seedimwe. Diahano bantu bangi-bangi ba zwi, ba zaki mizi.*

### XV. — Tchinamina.

Cette femme avait trois enfants, deux filles et un garçon. Cette femme ne cultivait pas, elle vivait des fruits de la forêt, elle et ses enfants.

Un jour elle alla à la recherche des fruits. Elle partit. Quand elle fut loin, Séédimwé vint (à la hutte), et dit[1] :

1. Séédimwé est un des types les plus curieux du folklore zambézien.

Enfants, ouvrez la porte, c'est moi votre mère[1].
Mais les enfants, quand ils l'entendirent parler, dirent :
Danse et chante que nous entendions.
Alors ils entendirent que c'était un voleur, ils entendirent : di kiti! dikiti! Quand les enfants entendirent ce bruit, ils refusèrent d'ouvrir la porte. Quand Séédimwé vit qu'ils n'ouvraient pas, il s'en alla; il partit de là, Séédimwé.
Alors les enfants entendirent leur mère qui arrivait, en chantant ainsi : Enfants, ouvrez la porte, c'est moi votre mère. Les enfants dirent : C'est vous, qui? — C'est moi, votre mère, ouvrez-moi. — Danse et chante que nous entendions.
Ils l'entendirent qui dansait : Tcha-tcha-ka, ouvrez la porte. Quand ils entendirent cela, ils ouvrirent. La mère entra; elle leur donna des sauterelles, ils les grillèrent et les mangèrent. Le lendemain, à son réveil, elle partit.
Séédimwé vint de nouveau, et chanta comme leur mère. Quand les enfants entendirent qu'il faisait : tcha-tcha-ka, ils se dirent que c'était leur mère. Ils ouvrirent la porte, et virent que c'était Séédimwé. Alors le garçon sauta (se cacher) sous le toit de la hutte.

---

C'est un animal fabuleux, sorte de monstre mi-humain, mi-animal, comme il le semblerait d'après nos contes. Mais mes conteurs n'ont pu m'en donner aucune description. Il reparaît dans les deux contes suivants, et dans quelques contes louyi, ainsi que dans un récit mbounda, où il est connu sous le nom de *Nkiski*. On peut lui comparer le *Khodoumoudoumo* ou *Khanyapa* des Ba-Souto (cf. *Revue des Trad. pop.*, et Casalis, *Les Bassoutos*), et les divers animaux monstrueux que nous font connaître les contes zoulous de Callaway.

1. On peut comparer le conte ba-souto de *Tsélané* (Jacottet, p. 69), où la mère, pour se faire ouvrir, doit chanter une chanson spéciale, connue de sa fille. Un cannibale se fait ouvrir en imitant la voix de la mère. Dans un conte cafre (Theal, p. 111) *Demane* se fait ouvrir de la même manière par sa sœur *Demazana*. Il ne s'agit ici que d'une formule pour se faire reconnaître, formule qui n'a rien de magique. Dans le conte zoulou *La jeune fille et le cannibale*, il est, par contre, fait mention d'une formule magique qui rappelle le : Sésame, ouvre-toi, du conte d'*Ali-Baba*; la formule n'agit, cependant, que si la jeune fille le veut bien. On peut comparer aussi à cet incident le conte européen de *La bique et les biquets*.
Les mots chantés par la mère sont en *totela* dans le texte.

Séédimwé entra et mangea les deux fillettes. Quant au garçon, il ne put le trouver. Puis Séédimwé s'en alla.

Leur mère arriva; elle chanta comme la première fois, mais n'entendit personne lui répondre. Elle se mit alors à danser. Elle entendit cette fois une toute, toute petite voix, et le garçon lui ouvrit (la porte). La mère dit : Où sont tes sœurs? Il dit : Séédimwé les a mangées, mes sœurs; moi je suis resté tout seul; je me suis caché là-bas.

Lorsqu'elle vit ce (qui était arrivé), ils partirent de là, arrivèrent au milieu de la forêt, et y bâtirent une très haute terrasse. Ensuite cette femme alla à la recherche de fruits appelés *masanzambodi*. Quand elle fut loin, Séédimwé arriva et dit :

— Tchinamina, où est allée ta mère? In-in, Tchinamina. Il répondit. Elle est allée chercher des *masanzambodi*. Hélas! hélas! Tchinamina.

— En peut-on manger de ces *masanzambodi*? In-in, Tchinamina.

— Ce sont ceux qu'on mange chez nous. Hélas! hélas! Tchinamina.

— Je veux goûter moi aussi s'ils sont bons. In-in, Tchinamina[1].

— Goûtes-en toi-même. Hélas! hélas! Tchinamina.

Quand Séédimwé entendit cela il mangea tous les fruits. Quand la mère revint, elle trouve qu'il n'y en avait plus pas un; Séédimwé les avait tous mangés. La femme demanda à son enfant : Où sont allés nos fruits? L'enfant répondit : C'est lui, Séédimwé (qui les a pris), celui qui a mangé tes enfants. Cette femme ne voulut pas (le croire), et dit : C'est toi qui les as mangés. Quand la nuit (fut là), ils dormirent.

Le lendemain cette femme alla de nouveau chercher des fruits. Quand elle fut partie, Séédimwé arriva et dit :

— Tchinamina, où est allée ta mère? In-in, Tchinamina.

— Elle est allée chercher des *masanzambodi*? Hélas! hélas! Tchinamina (etc. comme plus haut). Quand Séédimwé entendit cela, il mangea tous les fruits. Quand il eut fini de manger il s'en alla. Ensuite la mère revint elle aussi, et trouva qu'il n'y avait plus de *masanzambodi*. Elle demanda : Où sont mes *masanzambodi*? Son

---

1. L'air des paroles chantées est donné en notation musicale dans l'Appendice; le texte est en soubiya, et non pas en totela, comme ci-dessus. Les fruits nommés *masanzambodi* ne me sont pas connus.

enfant lui dit : C'est Séédimwé qui a mangé tes *masanzambodi*. La mère dit : Mon enfant, tu me trompes, lorsque tu dis que les *masanzambodi* ont été mangés par Séédimwé, quand c'est toi (qui les as mangés); je vais te battre. Quand il entendit cela, le garçon dit : Maman, ne te fâche pas ainsi pas contre moi; ce n'est pas moi qui ai mangé tes fruits; demain, ne va pas dans la forêt, tu verras alors l'animal qui mange tes fruits. Cette femme dit : Oui, ce conseil est bon; je resterai.

Le lendemain, ils restèrent (là). Tchinamina se cacha dans un arbre, laissant sa mère seule sur la terrasse. Ils virent Séédimwé qui venait : Séédimwé arriva et dit :

— Tchinamina, où est allée ta mère? In-in, Tchinamina.

La mère entendit : Elle est allée chercher des *masanzambodi*. Hélas ! hélas ! Tchinamina (etc. comme auparavant)... La femme le vit alors manger (les fruits). Ensuite (Séédimwé) demanda : Tchinamina, Tchinamina, qui est cette personne qui est là sur la terrasse. Tchinamina répondit : Je ne la connais pas non plus. Alors Séédimwé descendit la femme et la mangea. Ensuite il voulut chercher Tchinamina pour le manger lui aussi, mais il trouva que (c'était comme si) il avait été changé en arbre; il ne pouvait entendre que sa voix[1]. Alors Séédimwé partit.

Quand Tchinamina vit que Séédimwé était parti, il quitta lui aussi son arbre. Puis il alla vers la *mantis religiosa* pour se faire forger des flèches. Arrivé vers la *mantis*, il lui dit : Je suis venu vers toi, forge-moi des flèches que je tue la personne qui a mangé ma mère. La *mantis* y consentit. Elle forgea un grand nombre de flèches. Quand elle eut fini, elle les lui donna[2].

1. Il ne s'agit sans doute pas ici, comme le montre la suite, d'une transformation réelle; le conteur veut vraisemblablement dire que Tchinamina s'est si bien caché dans l'arbre qu'il semble faire corps avec lui et que Séédimwé ne peut le découvrir. Souvent dans ces contes, il est impossible de savoir s'il est question de transformations réelles ou seulement apparentes.

2. Le *natunkalamba*, ou *mantis religiosa* joue un rôle très remarquable dans les contes du Zambèze. C'est le devin, celui qui dit l'avenir et jette les osselets (cf. les contes *louyi* de notre troisième partie). Ici la *mantis* est le forgeron, ce qui correspond au même caractère, l'art du forgeron ayant quelque chose de demi-magique aux yeux des Africains. Dans un conte ronga, la *rainette* (Junod, *Contes des Ba-Ronga*) va de la même ma-

Alors il partit, arriva près de l'eau et y bâtit une terrasse. Quand il eut fini de la bâtir, il y monta; arrivé là, il s'y assit. Ensuite il vit le zèbre qui venait boire de l'eau. Tchinamina lui dit :

— Est-ce toi qui as mangé ma mère? Prends garde à toi[1].

— Ce n'est pas moi qui ai mangé ta mère; ce sont d'autres (animaux) qui ont mangé ta mère.

Ceux qui ont des crinières sur leurs têtes.

Le zèbre but de l'eau et partit. Ensuite vint le buffle. Lui aussi entendit Tchinamina chanter :

— Est-ce toi qui as mangé ma mère? Prends garde à toi.

— Ce n'est pas moi qui ai mangé ta mère; ce sont d'autres (animaux) qui ont mangé ta mère,

Ceux qui ont des crinières sur leurs têtes.

Lui aussi but de l'eau. Ensuite vint le lion. Celui-ci aussi entendit :

— Est-ce toi qui as mangé ma mère? Prends garde à toi.

— Ce n'est pas moi qui ai mangé ta mère; ce sont d'autres qui l'ont mangée,

Ceux qui n'ont pas de crinières sur leurs têtes.

Lui aussi but. Quand il fut parti, Séédimwé vint (à son tour). Lui aussi entendit :

— Est-ce toi qui as mangé ma mère? Prends garde à toi.

nière se faire forger des flèches pour percer l'éléphant, mais il n'est pas dit là que ce soit la *mantis* qui fasse l'office de forgeron. Les contes zambéziens sont les seuls à moi connus qui, dans le domaine bantou, donnent à la *mantis* une place aussi importante. Mais on sait, par les recherches de Bleek (Bleek, *Brief report on Bushmen folklore*, que dans le folklore des Bushmen cet insecte joue un rôle très considérable. C'est, en fait, la figure centrale de leur mythologie. Les Ba-Souto la nomment souvent : *Molimo wa ba-Rwa*, le dieu des Bushmen. Sa forme si curieuse, ses deux pattes de devant, qui lui ont valu d'ailleurs le nom qu'elle porte chez nous de *mantis religiosa*, sa tête étrange, tout cela devait frapper l'imagination. Il est fort possible qu'il y ait ici une influence du folklore des Bushmen sur celui du Zambèze, une tribu bushmen, les Ma-Sarwa, étant établie au sud de ce fleuve.

1. C'est probablement une incantation magique. Les paroles sont en *totela*, ainsi que la réponse du zèbre.

— Ce n'est pas moi qui ai mangé ta mère; ce sont d'autres qui l'ont mangée,
Ceux qui ont des crinières sur leurs têtes.
Comme il chantait encore, Séédimwé sentit que Tchinamina le perçait de ses flèches. Il mourut. Quand Tchinamina vit qu'il l'avait tué, il s'approcha et demeura debout (près du cadavre). Il entendit un petit oiseau chanter ainsi :
Coupe le petit doigt de côté, celui dont tu avais peur [1].
Quand Tchinamina entendit le petit oiseau chanter ainsi, il dit : Cet oiseau m'émerveille à chanter ainsi. Comme il disait cela, il l'entendit chanter encore :
Coupe le petit doigt de côté, celui dont tu avais peur.
Alors Tchinamina prit son assagaie et coupa le petit doigt (de Séédimwé). Alors sa mère et ses sœurs sortirent de là, du petit doigt de Séédimwé. Ensuite il sortit aussi un grand nombre d'hommes, qui se mirent à bâtir leurs villages [2].

### XVI. — Seedimwe.

*Seedimwe u ba di munyolozi u swenya bantu. Bantu ba ba di ku chesa zinyolozi ni maswa, me ha ba zi chesite, bantu chi ba ka zi leta ku muzi, chi b'ehika mu zizungu. Me bantu chi ba ti ku Seedimwe : Tu die. Ye ch'o ti : Tu ikusi. Diaho u ba chengelela kuti a die ye yena masiku. Bantu ha ba lele, ha di zwa, chi ba wani wa imina ni zizungu zonse. Bantu chi ba ti : Ndj'eni uzo yo tu dila zidio. Inkwela ba endi ku maswa a bo, ba wani zinyolozi. Inkwela ba zi leti ku muzi, ba z'ihiki, Lokulunza chi ba wani w'emina ni zizungu zonse. Busiku bumwe ba ka leti inyama, ya zinyolozi, chi ba zi ihika. Me sulwe a di ungudi, a ti : Mbo ni mu bone suno uzo nkosi u iba inyama ya bantu.*

*Me masiku, ha ba lele, sulwe a lala hafohi ni iziko, a ti : Mbo ni*

1. L'oiseau révélateur est très commun dans le folklore bantou; cf. les notes des n°ˢ XIX et XX.
2. Dans les contes des Ba-Souto, *Masilo* coupe ainsi le doigt du pied de la vieille femme qui le poursuit; il en sort un troupeau de vaches (Jacottet, p. 51, et Casalis, *Les Bassoutos*, où c'est la jambe d'un vieillard que coupe Masilo). La fin de notre conte ressemble beaucoup à celle du conte suivant (cf. les notes qui s'y rapportent).

mu bone. Diahano Seedimwe ha a buka ku ti : Ni die inyama ya ngu, sulwe ch'o ti : Dinso la ngu, sukulu. Seedimwe ch'o tiya, ch'o bola u lala. Inkwela ch'o buka ha a bona kuti ba lala; diaho sulwe kana a lala. Seedimwe ha a kola, sulwe : Dinso la ngu, sukulu. Dia zwa n'a chita budio. Ha di zwa, Seedimwe na wa lwala, a ladi. — U buke, tu die nyama. A ti : Ni lwala, ka ni saki. Ba di nyama, ba i mani. Ha a buka, ch'o wana mu zizungu ka mu ina chintu. A buka; a mini sizungu budio, ni bantu hamwe. Sulwe a di ungudite mu mani. Diahano ha a mana ku mina bantu ni mazubo a bo, a di endela. Diahano sulwe a puti zinyolozi zonse kuti ba mu ichilele, ba ka mu ihae. Ni kwa sanguna unsefo n'imbizi. Ni ba enda, ni ba ka bona isuko budio. Ni ba bola, ba ti : Kana twa mu bona. Diahano ni kwa enda undavu n'ingwe; nabo kana ba ka mu bona. Ku isule ni kwa enda inyumbo ni kakotombwe. Ku isule ni kwa enda unsa ni kamunda. Nabo ni ba bola budio; kana ba ka mu bona. Ku isule ni kwa enda diakanyane ni untoo. Bo ni ba ka mu wana. Diakanyane : Uoo! na lutanduna lule, na sa tyanga, bansefo, ni banyati, ni banzovu, ni bansa, ni bantoo, ni bandavu, ni bangwe. Diakanyane ni la mu hweza ni muzu. Untoo naye a zimba; naye a mu hwezi, a fwi. Diahano ni ba ka sumpa bamwe, ni ba ka ba leta bonse, ni ba puta ni zizuni zonse. Ni kwa sanguna umbande, ni a ti :

*Tjolo! ntjo-ntjo-ntjo-ntjo!*
*Mulomo wa ngu wa choka,*
*Wa ka zwa kwa Samokunga,*
*Kwa Samokunga wa Leza.*

*Mulomo wa kwe ni wa choka.*
Inkwazi nayo ya chita budio, ya ti :
*Tjolo! ntjo-ntjo-ntjo-ntjo!* etc. (bwinga pele).
*Mulomo wa kwe ni wa choka.*
Ni ku iza mulombwe; naye a zimbi budio, a ti :
*Tjolo! ntjo-ntjo-ntjo-ntjo!* etc. (bwinga pele).
Ni ku iza ikuki d'izi ku tulula zinyolozi; nadio la zimba, la ti :
*Tjolo! ntjo-ntjo-ntjo-ntjo!* etc. (bwinga pele).
*Mulomo wa dio ni wa choka.*
Diahano ni ku iza kazunizana, katwitwi. Ni ba ti : *Mulomo wa ko u munini haholo.* Nako ni ka zimba, ni ka ti :

*Twele! ntwentwe-ntwentwe!*
*Kalomo ka ngu ka choka,*
*Ka ba zwi kwa Samokunga,*

*Kwa Samokunga wa Leza.*

*Diahano a tulula kalomozana. Ni ba bona kalomozana kanini, ba ti : U zwe, ku ize mukando.*

*Ni ku iza nalokapwa; naye a zimbi, a ti :*

*Tjolo! ntjo-ntjo-ntjo-ntjo! etc. (bwinga pele).*

*Mulomo wa kwe ni wa choka; ni kwa sinka kalomozana.*

*Inkwela ni ba sumpa ako kazunizana, katwtwi. Ni ka sika, ni ka ti :*

*Twele! ntwentwe-ntwentwe! etc. (bwinga pele).*

*Diahano ni kwa zwa mulomo mukando. Inkwela ni ka zimba, ka ti :*

*Twele! ntwentwe-ntwentwe! etc. (bwinga pele).*

*Diahano ni ka tulula. Zonse zintu zi na mu ivumu ni za zwa kunze, ni mazubo, ni zizungu, n'iñombe, ni bantu. Diahano ni ba zaka mizi.*

### XVI. — Séédimwé[1].

Séédimwé était un grand animal qui faisait du mal aux hommes. Un jour que les hommes avaient été tendre des pièges aux animaux, et qu'ils en avaient pris dans leurs pièges, ils les apportèrent au village et les firent cuire dans des pots. Alors ils dirent à Séédimwé : Mangeons (maintenant). Mais (Séédimwé) leur répondit : Je suis rassasié. C'était un mensonge pour qu'il pût manger seul pendant la nuit. Ils s'endormirent; au lever du soleil ils trouvèrent que (Séédimwé) avait avalé pendant la nuit tous les pots. Ils demandèrent : Qui a mangé notre viande? Ensuite ils retournèrent à leurs pièges, et y trouvèrent des animaux. Ils les apportèrent au village et les firent cuire. Le lendemain ils virent que Séédimwé avait de nouveau avalé tous les pots.

Le jour suivant, ils apportèrent encore la viande des animaux et la firent cuire. Cette fois-ci le lièvre se cacha et dit : Je verrai bien aujourd'hui (si c'est notre) chef qui mange toute notre

---

1. Il est difficile de décider si l'on a affaire dans ce conte à des êtres humains ou à des animaux. Le terme de *bantu* (hommes) pouvant dans le conte animal s'appliquer aussi aux animaux. Il semble cependant plus probable qu'il s'agit ici des hommes; dans ce cas-là on devrait donner à Séédimwé une figure semi-humaine.

viande. La nuit pendant qu'ils dormaient, le lièvre était couché près du foyer, se disant : Je le verrai bien. Aussi lorsque Séédimwé se leva pour manger la viande, le lièvre se mit à dire : Je te vois, oncle maternel. Séédimwé eut peur et se recoucha. Ensuite il se leva de nouveau, pensant que tous dormaient; mais le lièvre, lui, ne dormait pas. Comme Séédimwé éternuait, le lièvre cria : Je te vois, oncle maternel. Il continua de faire ainsi jusqu'au matin [1]. Lorsque le soleil fut levé, Séédimwé était couché, malade. On lui cria : Lève-toi et mangeons de la viande. Il répondit : Je n'en veux pas; je suis malade. Les gens mangèrent la viande, ils la mangèrent toute. Quand (Séédimwé) se leva, il trouva qu'il n'y avait plus rien. Alors il avala les pots et les hommes avec. Le lièvre, lui, s'était caché dans l'herbe.

Quand (Séédimwé) eut fini d'avaler les gens et leurs maisons, il s'en alla. Alors le lièvre rassembla tous les animaux pour lui donner la chasse et le tuer. Les premiers qui allèrent, ce furent l'élan et le zèbre. Ils allèrent, mais ils ne virent que de la poussière. Ils revinrent disant : Nous ne l'avons pas vu. Ensuite allèrent le lion et le léopard; eux aussi ne purent l'atteindre. Ensuite allèrent le gnou et le gnou bleu. Ensuite allèrent l'antilope et la gazelle. Eux aussi revinrent sans avoir rien vu. Ensuite allèrent le chien sauvage et l'hyène. Ceux-ci surent trouver Séédimwé. Le chien sauvage se mit à crier : C'est vous qui l'avez poursuivi au loin, sans succès, vous élan, buffle, éléphant, antilope, hyène, lion et léopard [2]. Alors le chien sauvage perça Séédimwé d'une flèche; l'hyène aussi le perça. (Séédimwé) mourut. Alors (le chien sauvage et l'hyène) allèrent appeler les autres animaux et les amenèrent là; ils rassemblèrent aussi tous les oiseaux [3].

1. Séédimwé ne veut pas manger, tant que quelqu'un veille et peut le voir.
2. Il y a ici dans le texte quelques mots inexplicables : *na sa tyanga*. Je les ai traduits un peu au hasard par : inutilement. C'est probablement un archaïsme. On trouve assez souvent dans les contes de ces restes de vieux mots ou de vieilles tournures, qui sont une des preuves les plus précieuses de l'antiquité des contes populaires et de la fidélité avec laquelle ils ont été transmis de génération en génération.
3. De même, dans le conte souto *Le petit lièvre* (Jacottet, p. 3), les animaux essaient successivement de percer le ventre de la femme qui a bu l'eau du roi.

L'aigle vint le premier et dit :

    Tjolo, ntjo, ntjo, ntjo, ntjo
    Mon bec est cassé,
    Celui que m'a donné *Samokounga*,
    *Samokounga* de *Leza*.

Comme il disait cela son bec se cassa.
Le martin-pêcheur vint ensuite et dit :

    Tjolo, ntjo, ntjo, ntjo, ntjo, etc., etc.

Son bec aussi se cassa.
Vint ensuite le héron; lui aussi chanta :

    Tjolo, ntjo, ntjo, ntjo, ntjo, etc., etc.

Vint ensuite le vautour qui s'entend à dépecer les animaux. Lui aussi chanta :

    Tjolo, ntjo, ntjo, ntjo, ntjo, etc., etc.

Son bec à lui aussi se cassa.
Alors vint un tout petit oiseau, le *katuitui*. (Les animaux) dirent : Son bec est trop petit. Le petit oiseau se mit à chanter[1] :

    Tuere ! tuentue ! ntuentue !
    Mon petit bec est brisé,
    Qui m'a été donné par *Samokounga*[2],
    *Samokounga* de *Leza*.

Alors il fit un tout petit trou. Quand ils virent le petit trou, ils dirent au (*katuitui*) : Va-t'en, qu'il vienne un plus grand (oiseau).
La grue vint alors et se mit à chanter :

    Tjolo, ntjo, ntjo, ntjo, ntjo, etc.

Son bec se cassa. En même temps le petit trou (fait par le *katuitui*) se referma.
Alors ils rappelèrent ce tout petit oiseau, le *katuitui*. Il revint et se mit à chanter :

    Tuere ! tuentue ! ntuentue ! etc.

---

1. Le *katwitwi* est, à ce que l'on m'a expliqué, un tout petit oiseau. Encore ici, c'est le faible qui réussit à accomplir ce que les plus forts n'ont pu faire.

2. *Samokounga* (parfois prononcé aussi *Salokounga*) signifiait : chef, roi. C'est probablement un nom propre, peut-être même le nom propre de Leza. Dans ce cas cela voudrait dire : Samokounga qui est Leza. En tous cas ce nom même n'est plus compris de ceux qui racontent le conte, autre preuve de l'antiquité de celui-ci.

Il se fit alors une plus grande ouverture (au cadavre de Séédimwé). (Le petit oiseau) se mit de nouveau à chanter :
Tuere! tuentue! ntuentue! etc.
Alors il ouvrit (le ventre de Séédimwé). Tout ce qui était dans son ventre en sortit, maisons, pots, bétail et hommes. Alors ceux-ci bâtirent des villages[1].

## XVII. — Seedimwe ni basisu botatwe.

*Basisu abo ba ba i mu ku zana; ba endi ni zivuna, ba sii muzi kule. Diahano di bi isekele; ba fwi inzala. Diahano ba ti buti : Tu ku ya ku muzi, tu ka die zidio. Diahano ba endi-endi. Diaho ba enda mu nkanda budio, ba ya mu kati ko muzuka. Diahano umwe musisu a ti buti : Twa zoba, bakwetu. Diahano bakwabo ba ti buti : Nanta! kana twa zoba. Mbo ba ch'amba budio, izuba di imini.*

*Diahano kamwe kasisu ka b'ena mano, ka ti buti ku bakwabo : Bakwetu, kanzi tu ladi hansi. Bakwabo ba ti buti : Ku ina nzi? Diahano iye a ti buti : Bumwe busiku ni ba zuhwi tayo n'a ti buti, umwe munyolozi mu ina mu nkanda, yo mina bantu. Diahano bo ba ti buti : Inkwela mbo tu lale hi? Iye a ti buti : Tu tante mu chisamo. Diahano bo ba ti buti : Tu tante. Diahano ba tanti mu izulu le chisamo. Diahano a boni bakwabo chi ba sukula, bwene inkwela ba ba fwidi inzala haholo. Diahano ako kasisu ka b'ena mano, ka ti buti ku bakwabo :*

---

1. L'épisode de gens et d'animaux sortant tout vivants d'un homme ou d'un animal qui les a dévorés est très fréquent. Dans le conte zoulou d'*Unana-boselese* (Callaway, p. 331), c'est d'un éléphant que sortent ainsi une femme et ses enfants; en cafre (Theal, pp. 161 et 165) c'est d'un monstre sans nom, ou bien aussi du grand chef des animaux. Les Ba-Souto racontent la même chose du monstre *Khodoumodoumo* ou *Khanyapa*, que tue le héros *Senkatana* ou *Dituolane* (*Revue des Trad. pop.*, 1888; Casalis, *Les Bassoutos*), ainsi que de *Rahlabakvané* dans le conte de *Koumongsé* (Jacottet, p. 205). Dans la mythologie bushmen (Bleek, *Brief Report*, p. 8) un monstre apparenté à la *mantis*, et nommé *Xkhwai-hemm* (χ représente le son de claquement latéral, ou *avulsive* latérale), dévore tous les animaux, y compris la *mantis* elle-même. Il finit par être tué, et tous les animaux en sortent. [Dans le conte allemand de *Rothkäppchen*, ap. Grimm, *Kinder-und Hausmärchen*, Berlin, 1880, in-8, Le Petit Chaperon rouge et sa grand' mère sortent également du ventre du loup qui les a dévorés quand il a été tué par le chasseur. R. B.]

*kanzi mu sukuli budio, nangu mu we. A ti buti : Mu onde ku mitabe ye chisamo. Diahano ba chiti budio.*

*Diahano ba zubwi Seedimwe chi wa sika, u ya bo ti buti : Na bola bana, ni die. Diahano kasisu ka busi bakwabo ; diahano bakwabo ba ti buti : Munyolozi nzi? Ye a ti buti : Ndjumunyuluzi zile u ni amba. Diahano Seedimwe a siki mu ikonde le chisamo, n'a zana munsi ni chisamo icho, n'a zimba kuti : Na bola bana, ni die. A zani mbona budio, mane izuba di zwe. Diahano Seedimwe ha a ba bona kuti buti izuba dia zwa a di endedi.*

*Diahano basisu abo ba suki hansi. Diahano ba ti buti : Tu ku ya ku muzi. Diahano ba endi-endi. Kasisu ako ka bona zichelo zimwe, ka ti buti : Izi zichelo ni ba zi di kwa tayo. Diahano ba si zichelo izo ; diahano ba di, b'ekuti; zimwe ba zi hindi. Diahano ba ti buti : Tu ku ya ku muzi. Diahano ba endi-endi. Di bi isekele. Ba tudi, ba di zichelo za bo. Inkwela ba boni ni menzi. Diahano ba nywi; ba ti buti : Mbo tu hindile hi menzi etu; ha tu za ku nywa mu nzila? Kasisu ako ka ti buti : Tu beze chichelo chimwe. Diahano ba pokodi chichelo icho, b'etidi mo menzi. Ba boni k'a zwizi. Diahano ba teki menzi a bo. Inkwela ba boni zimwi zichelo; inkwela ba di. Diahano ba endi-endi; izuba di imini.*

*Ba ti buti : Suno mbo tu lale hi? Diahano ba wani chisamo chimwe ch'ina n'impako inkando-kando i'na kadiango kanini. Diahano b'endjidi mo. Kasisu ako ka ti buti : Tu sake chiyalo, di chi di diahano. Ba leti chisamo chikando-kando, ba chi ziameki ha mudiango. Diahano ba di zichelo za bo. Diahano kasisu ako ka ti buti : Kanzi mu ladi haholo, Seedimwe nangu a sike hetu. Diahano Seedimwe a siki umo zile mu ba lele pele, a wani ka mu ina bantu. Diahano Seedimwe a ti buti : Aba basisu ba ya hi! Diahano a boni mukondo wa bo. Diahano a ba tondi mukondo.*

*Diahano a siki hafohi nabo. Diahano a ti buti : Na bola mwana, ni mu die. Diaho kasisu ako kana ka b'eni ku lala. Ka busi bakwabo, ka ti buti : Mu zubwe, Seedimwe chi wa sika. Diahano ba zubwi mpahona ha mudiango wa bo : Na bola mwana, ni mu die. Diahano Seedimwe a ti buti : Mumu ina umo mu chisamo na? Bo ba ti buti : Ĭ. Diahano a seki, a ti buti : Ha! ha! ha! na bola bana, ni die.*

*Diahano ba zubwi ch'o temaona chisamo; a chi temaoni chonse, chi widi hansi. Diaho aho zile ha a seka, kasisu ako zile ka sia mudindi mule-mule. Diahano k'endjizi mo bakwabo. Seedimwe uzo n'a wisa chisamo budio, bo kana ba ba mu ina mu chisamo umo. Diahano*

Seedimwe a zwisi chisamo cha kwe, a ka chi biki hana. Diahano a bodi ku bantu ba kwe, a wani ka ba k'ena. Diahano Seedimwe a ti buti : Aba bantu ba ya hi? Diahano a boledi chisamo cha kwe, a ti buti : B'ena momona umo mu chisamo umo. Diahano Seedimwe a chi ñatudi chonse chonse ni mitabe ya cho. A wani ka mu ina bantu.

Diahano a ti buti : Aba basisu ba ya hi? Diahano izuba di zwi; Seedimwe a di endedi. Diahano basisu abo ba zwidi hanze; inkwela ba endi-endi. Izuba di imini. Diahano basisu abo ba tanti mu chisamo chile-chile, ba k'ekadi kumpela-matanze. Inkwela Seedimwe a siki aho zile ha ba lele; a lodi-lodi, a wani ka k'ena muntu. A boni ni chidindi cha bo zile mu ba lele. Diahano Seedimwe a boni mano a bo; diahano a ti buti : Ha ni ka ba wana suno, mbo ni ba die. Diahano a widi mukondo wa bo, a siki mu chisamo umo; a zimi, a ti buti : Momona umo mu ba tanta. Diahano a nunki chisamo icho ni izulo dia kwe. A zubwi ba nunka ko. Diahano a ti buti : Ha! ha! ha! na bola inyama, ni die.

Diahano basisu abo ba mu zubwi; diahano ba zubwi Seedimwe u temona chisamo icho. Diahano ba ti buti: Suno, mbo a tu die. Diaho ako kasisu ka b'ena mukwakwe yo sumpwa chihungu. Diahano chihungu ch'ezi hafohi-fohi ni chisamo icho. Ye Seedimwe u kwele u tema chisamo icho. Diahano Seedimwe a chi kosodi; diahano chihungu ha chi zubwa chisamo chi chita : koo! Diahano chihungu chi twadi musisu uzo. Diahano bamwe ba widi hansi. Diahano Seedimwe a ba boni, a ti buti : Ha! ha! ha! na bona inyama suno. Diahano a ba di. A saki wa tatu, a mu bodi, a ti buti : Wa ya hi? Diahano chihungu chi twadi musisu uzo ku banyina, chi ti buti : Ndjuzu mwan'enu. Diahano banyina ba itumedi haholo. Diahano chihungu chi di endedi. Diahano banyin'a bana b'ezi k'ozo musisu; diahano ba ti buti : Bana betu b'ena hi? Musisu uzo a ti buti : Seedimwe wa ba dia bonse. Diahano ba didi.

Inkwela Seedimwe a siki aho h'a ba didi bana abo, a lodi-lodi, a wani ka h'ena chintu. Diahano Seedimwe a zubwi mukondo we chihungu. Diahano a tii-tii mu mukondo wa bo. Diahano a siki umo musisu mu endjila. Diahano ba zubwi Seedimwe u seka mpahona ha mudiango w'enzubo, n'a ti buti : Na bola bana, ni die. Diahano mukwame a zwi ni midinga ya kwe, a zindi Seedimwe; diahano Seedimwe a tiidi mu nkanda.

Mpo i manina aha.

XVII. — **Histoire de Séédimwé et de trois garçons.**

Ces garçons avaient été jouer; ils allèrent dans la brousse et s'éloignèrent du village. Le soir vint; ils mouraient de faim. Alors ils dirent : Allons au village, nous y trouverons à manger. Ils marchèrent longtemps, mais ils ne faisaient qu'aller dans la forêt, au fond des taillis. Alors un des garçons dit : Nous sommes perdus, amis. Ses amis dirent : Non, nous ne sommes pas perdus. Ils parlaient encore que le soleil se coucha.

Alors le plus petit de ces garçons, qui était rusé, dit à ses amis. Mes amis, ne dormons pas à terre. Ses amis lui dirent : Qu'y a-t-il donc? Il leur dit : Un jour, j'ai entendu mon père dire qu'il y a ici dans la forêt un animal qui mange les gens. Ils lui dirent : Alors où dormirons-nous? Il leur dit : Montons sur un arbre. Alors les autres dirent : Montons-y. Ils montèrent au haut d'un arbre. Le petit garçon s'aperçut alors que ses compagnons s'endormaient, parce que d'ailleurs ils mouraient de faim. Alors ce petit garçon qui était rusé dit à ses compagnons : Ne vous endormez pas ainsi, vous pourriez tomber. Il ajouta : Accrochez-vous fortement aux branches de l'arbre. Ils firent ainsi.

Alors ils entendirent Séédimwé qui arrivait en disant : Je cherche des enfants pour les manger. Le petit garçon réveilla ses compagnons. Ses compagnons demandèrent : Quel est cet animal? Il répondit : C'est l'animal dont je parlais. Séédimwé arriva au pied de l'arbre, et se mit à danser au-dessous de cet arbre, et à chanter ainsi : Je cherche des enfants pour les manger. Il chanta ainsi à ce même endroit jusqu'au lever du soleil. Alors, quand Séédimwé vit que le soleil était levé, il partit de là.

Ces garçons descendirent alors à terre. Ils dirent : Retournons au village. Ils marchèrent longtemps. Le petit garçon vit des bulbes sauvages et dit : Ce sont là des bulbes que je mangeais chez mon père. Ils les déterrèrent, les mangèrent et furent rassasiés. Ils en emportèrent quelques-unes. Ils dirent ensuite : Retournons au village. Ils marchèrent longtemps. Le soir arriva. Alors ils déposèrent à terre leurs bulbes et les mangèrent. Ils trouvèrent aussi de l'eau et burent. Ils demandèrent : Dans quoi porterons-nous notre eau pour pouvoir la boire en route? Le petit garçon dit : Creusons une de nos bulbes. Ils creusèrent une des bulbes et la remplirent d'eau; ils virent qu'elle ne coulait pas. Ils puisèrent donc de l'eau. Ils trouvèrent encore d'autres bulbes et les mangèrent. Puis ils marchèrent encore assez longtemps. Le soleil se coucha.

Ils demandèrent : Où coucherons-nous aujourd'hui ? Alors ils trouvèrent un arbre (dont le tronc) présentait une large cavité, dont l'ouverture était très étroite. Ils y entrèrent. Ce petit garçon lui dit : Cherchons quelque chose pour boucher (l'ouverture), pendant qu'il fait encore jour. Ils trouvèrent un gros tronc, et le placèrent devant l'ouverture; puis ils mangèrent leurs bulbes. Alors le petit garçon leur dit : Ne dormez pas profondément; Séédimwé va arriver sur nous. Séédimwé alla d'abord là où ils avaient dormi la première fois, mais trouva qu'il n'y avait personne. Alors Séédimwé se dit : Où sont allés ces garçons? Il trouva la trace de leurs pas, et suivit leur piste.

Il arriva près d'eux, et dit : Je cherche un enfant pour le manger. Mais le petit garçon n'était pas encore endormi; il réveilla ses compagnons, et leur dit : Écoutez, Séédimwé est arrivé. Ils l'entendirent qui disait là, droit devant leur porte : Je cherche un enfant pour le manger. Séédimwé demanda : Êtes-vous donc là dans cet arbre? Ils lui répondirent : Oui ! Alors Séédimwé se mit à rire et s'écria : Ha ! ha ! ha ! je cherche des enfants pour les manger.

Ils l'entendirent ensuite qui (cherchait à) mettre l'arbre en pièces; il le mit en pièces complètement, (tant qu'il finit) par tomber. Mais au moment même où Séédimwé s'était mis à rire, le petit garçon avait creusé un trou profond (dans la terre), puis y avait fait entrer ses compagnons. Séédimwé avait fait tomber l'arbre seul, les garçons n'étaient plus là dans cet arbre. Ensuite Séédimwé enleva l'arbre de là et le mit de côté, puis retourna pour chercher les garçons; mais il trouva qu'ils n'étaient plus là. Alors Séédimwé dit : Où sont-ils donc allés ces gens-là? Il retourna à l'arbre et dit : Ils sont là-même dans cet arbre, Séédimwé déchira le tronc tout entier de l'arbre et des branches aussi, mais trouva qu'il n'y avait plus personne.

Alors il dit : Où sont allé ces garçons? A ce moment le soleil se leva; Séédimwé partit. Alors ces garçons sortirent (de leur trou), et marchèrent longtemps. Le soleil se coucha (de nouveau). Alors ces garçons montèrent sur un arbre très élevé, et s'assirent sur la plus haute branche. Séédimwé retourna de nouveau là où ils avaient dormi; il regarda, regarda, et vit qu'il n'y avait personne. Il vit aussi le trou où ils avaient dormi, Séédimwé comprit alors leur ruse et dit : Aujourd'hui, si je les trouve, je les mangerai. Il suivit leur trace et arriva près de l'arbre (où ils étaient); il s'arrêta et dit : C'est ici, ici-même, qu'ils sont montés. Alors il sentit l'arbre avec son nez, il sentit qu'ils étaient là. Alors il dit : Ha ! ha ! ha ! je cherche de la viande pour la manger.

Ces garçons l'entendirent, ils l'entendirent aussi qui brisait cet arbre. Alors ils dirent : Aujourd'hui il nous mangera. Mais le petit garçon avait pour ami un oiseau appelé *tchihoungou* [1]. Alors cet oiseau vint tout, tout près de l'arbre. (Pendant ce temps) Séédimwé continuait à briser cet arbre. Enfin Séédimwé (finit par) le faire tomber. Au moment où l'oiseau entendit l'arbre faire : *koo!* il prit le petit garçon (et l'emporta). Les autres tombèrent à terre. Séédimwé les vit et s'écria : Ha ! ha ! ha! aujourd'hui j'ai trouvé de la viande. Alors il les mangea. Puis il chercha le troisième, il ne put le trouver et demanda : Où est-il allé? L'oiseau porta ce garçon à sa mère et lui dit : Le voilà ton enfant. La mère le remercia beaucoup, puis le *tchihoungou* s'en alla. Alors les mères des (deux autres) enfants vinrent vers ce garçon, et lui demandèrent : Où sont nos enfants? Le garçon répondit : Séédimwé les a mangés tous (deux). Elles pleurèrent.

Ensuite Séédimwé revint là où il avait mangé ces garçons; il regarda, mais ne trouva rien. Alors Séédimwé sentit les traces du *tchihoungou*. Il courut, courut le long de cette piste, et finit par arriver (au village) où le garçon était entré. Alors les gens entendirent Séédimwé qui riait là-même, devant la porte de la hutte, et qui disait : Je cherche des enfants pour les manger. Alors le père sortit avec ses assagaies et les lança contre Séédimwé ; Séédimwé s'enfuit dans la forêt.

C'est ici que finit l'histoire.

---

1. Le *chihungu* (en louyi : *sibongo*) n'est pas un oiseau fantastique, comme le sont ailleurs d'autres oiseaux qui, comme lui, viennent délivrer des enfants. Je ne puis donner son nom en français. On peut lui comparer dans le folklore ba-souto l'oiseau *Tlatlasotle* (Jacottet, p. 129 et le conte de *L'oiseau qui fait du lait*), ainsi qu'un oiseau de même nature dans deux contes chwana (*Folk-Lore Journal*, 1879, p. 15 et Theal, p. 45).

XVIII. — **Kawakeuntu ni mukwame ni mwanakazi.**

*Mukwame ni mwanakazi ba ba di ku dima iwa la bo. Bumwe busiku ba tuntubodi iwa la bo; ba endi ku muzi wa bo. Me kantu ako ha ka bona kuti chi ba ya ku muzi, chi ka busa mateo; me ha ka busa mateo budio ka zimba, ka ti : Chi vutuke, chi be chole! Ziteo chi zi zimana.*

*Me busiku bumwe mwini w'ewa a ti : Na kanyolezi aka ka nsukulula buti? A di ungudi mu ibibi; a zubwa chi ka sika ka ya bo zimba, ka ti buti : Na chi vutuke, chi be chole! Zisano chi zi zimana. Diahano a ka ondi. Ka ti : Ime n'izi ku lela mwana. Me u ka leki.*

*Ha ba sika ku iwa, chi ka twala mwana ku nkanda, ka mu djichi, ka di, ka letedi banyina kulo, diaho k'ebele itanga. Diahano ha ka bona kuti banyina ba dia, chi ka ti : Kanzi u ni ihaidi kanyama, twa dia tu bonse. Me ise a di kabidi mu chizungu.*

*Ka sika, ka dia, ka ti : Inyama ndji' ani? Beni b'enyama ba k'ena hi? Inyama ya bo ya kia. Diahano ha ka manite ku dia, mu ivumu inyama i ka dia ya sanduka muntu. A ti : Ni zwile hi? Ni zwile h'evumu? — Nanta! ivumu la bantu. — Ni zwile ha mutwi? — Nanta! mutwi wa bantu. — Ni zwile ku musana? — Nanta! musana wa bantu. — Diahano chi ni zwa. A tuludi ivumu la ko; diahano ka fwa.*

XVIII. — **Le kawa-keountou** [1].

Un homme et une femme labouraient leur champ. Un jour ils débroussaillèrent leur champ; ils retournèrent chez eux. Quand

---

1. Le *kawa-keountou* est un être fantastique, probablement à figure humaine. Il est de très petite taille, comme l'indique le préfixe *ka*, qui est le signe du diminutif. Mais le sens étymologique du mot lui-même reste obscur pour moi.

Le commencement de ce conte rappelle beaucoup celui du conte de *L'oiseau qui fait du lait*, que nous connaissons par diverses versions zoulous (Callaway, p. 99), cafres (Theal, p. 29; Torrend, *Comparative Grammar*, p. 296; *Folk-Lore Journal*, 1879, p. 126), chwana (Theal, p. 39) et souto (Jacottet, p. 123). Dans toutes ces versions paraît un petit oiseau qui par son chant réduit à néant, comme ici, le travail d'un homme et de sa femme. L'homme réussit à le prendre en se cachant sous des broussailles ou des herbes.

ce petit être (le *kawa keountou*) vit qu'ils étaient retournés chez eux, il fit recroître les broussailles; en les faisant ainsi recroître, il chantait, disant : Qu'elles recroissent, que cela redevienne brousse. Les taillis reparurent.

Un jour le maître du champ dit : Quel est cet animal qui me tracasse ainsi? Il se cacha sous des fagots. Il l'entendit qui venait, en chantant ainsi : Qu'elles recroissent, que cela redevienne brousse. Les taillis reparurent. Alors il se saisit de lui. Le petit être dit : Je puis prendre soin de ton enfant. Alors (l'homme) le laissa (vivre).

Quand ils arrivèrent au champ, le petit être emmena l'enfant dans la forêt, et le fit cuire. Il en mangea et porta une jambe à la mère (de l'enfant); il avait mis une citrouille sur son dos. Lorsqu'il vit que la mère avait mangé (cette viande), il dit : Ne me tue pas à cause de cette viande, nous l'avons mangée ensemble. Alors le père se coupa (en morceaux et se jeta) dans un pot[1].

Le petit être arriva, il mangea (de cette viande), et dit : A qui est cette viande? Où sont les propriétaires de cette viande? Leur viande va brûler. Puis, quand il eut fini de manger, la viande qu'il avait mangée redevint homme dans son ventre. (Cet homme) dit : Par où sortirai-je? Sortirai-je par ton ventre. — Non! c'est un ventre humain. — Sortirai-je par ta tête? — Non! c'est une tête humaine. — Sortirai-je par ton dos? — Non! c'est un dos humain. — Maintenant je sors. (L'homme sortit) en déchirant le ventre (du *kawa-keountou*); alors celui-ci mourut[2].

### XIX. — Za Monga.

*Monga u b'ena ni bakwabo. Bumwe busiku izo ntaka za kwe zi ti buti kwa Monga : Iwe, mwetu, tu ende mu nkanda, tu ka sake zinyolozi. Ye a ti buti : Tu ende, bakwetu. Diahano ba ti buti : Momo, mwetu. Diahano ba di bakanyi; diaho iye Monga u b'ena n'ombwa. Diahano lokulunza ba endi; diahano uzo umbwa a endi nabo.*

*Diahano inkwela abo bantu ha ba ka sika ha kati k'enkanda, ba siki, ba ti buti : Tu ihae mwetu. Ni ba ti : I, tu mu ihae; ha tu za*

---

1. Cf. p. 14, note 1, au sujet d'un incident analogue.
2. C'est absolument le même épisode que celui qui termine le conte (n° 1) du *Lion et du lièvre*; cf. p. 7, note 3.

*ku sika ku muzi, mbo tu ka ti buti, u ba zobi mu nkanda. Diahano
chi ba mu ihaya. Diahano ba sami inyama ya kwe, ni b'ehika mafoha, ni ba dia. Diaho iye umbwa wa kwe u ba bwene, ni ba amba
inkani iyo n'a ba zubwite. Diahano ha ba bona kuti inyama ya bo
ya zuma, diahano ba i sumini makata ; diahano ba kudiki, ba endi.*

*Diahano naye umbwa a twadi itende la mfumw'a kwe; diahano
naye a endi, a ka ba wani ni ba sundikite. Iye ch'o zimba, ch'o ti : Ha
ni ya ku sika ku muzi, ni k'ambe, ni ka ti buti : Banyin'a Monga,
Monga ba mu ihai, ba ba mu ihai ni buba, ba ti buti : Mbo tu
k'ambe, tu ka ti kuti, ha ba tu boza, iswe tu ti buti a ka zoba mu
nkanda. Diahano bantu abo ha ba zubwa budio, chi ba ti : Umbwa,
kanzi u k'ambi. Iye umbwa n'a ti buti : Ihi, mbo ni k'ambe. Inkwela
abo bantu ba ti : Nanta! mbo tu ku nyime inkoko izona. — Ihi,
mbo ni k'ambe; bakwetu ba ni ha. Diahano bantu ha ba zubwa budio,
naye ba mu ihai. Diahano ha ba mana, chi ba enda.*

*Inkwela umbwa ch'o buka, a twadi ikondo la kwe. Inkwela a ka
ba wani. Inkwela ch'o zimba bwinga pele. Diahano iye umbwa a ba
sii, a ka siki ku muzi. Bantu chi ba boni i hindite ikondo lo muntu;
chi ba ti : Uzo umbwa wa di wani hi edi itende? Diahano chi ba
zubwa u zimba bwinga pele. Bantu abo ha ba sika, chi ba zubwa
bantu ba ba boza ba ti : Mwenu u k'ena hi? Bo chi ba ti : U ba zobi
mu nkanda. Bo chi ba ti : Mu ina mapa ; umbwa a ti buti, mu ba
mu ihai, a leti n'itende la kwe. Diahano ba b'ehai nabo.*

*Mpo ni zi zibila ime, aho.*

## XIX. — Histoire de Monga [1].

Monga avait des compagnons. Un jour ses compagnons dirent
à Monga : Allons, ami, dans la forêt chasser des animaux. Il leur

---

1. Le conte de *Monga* est très semblable à celui de *Mutelembe et Ngunga*,
dans le folklore de l'Angola (Châtelain, p. 127). La seule différence, c'est
que le conte angolais parle de deux chiens, tandis que dans le nôtre il
n'y en a qu'un. On peut en rapprocher aussi le conte zoulou des *Deux
frères* (Callaway, p. 219), le conte cafre d'*Unyengebule* (*Folk Lore Journal*,
1879, p. 75) et le conte souto et chwana de *Masilo et Masilonyane* (Jacottet,
p. 47; Casalis, *Les Bassoutos*; *Folk Lore Journal*, 1879, p. 138) où le
meurtre est révélé par un petit oiseau. Dans tous ces contes les coupables
essaient de tuer l'animal révélateur (oiseau ou chien), mais inutilement,
puisqu'il revient à la vie et finit par leur attirer leur juste châtiment;
cf. aussi le conte suivant (n° XX) et la note 78.

dit : Allons-y, mes amis. Ils lui dirent : C'est bien, ami. Alors ils firent leurs préparatifs. Mais quant à lui Monga, il avait un chien. Le lendemain ils partirent ; ce chien-là alla avec eux.

Ensuite, quand ils furent arrivés au milieu de la plaine, ces hommes-là se dirent : Tuons notre compagnon. Ils dirent : Oui, tuons-le ; quand nous arriverons au village, nous dirons qu'il s'est égaré dans la forêt. Alors ils le tuèrent. Ils découpèrent sa chair (en lanières) ; puis ils firent cuire les os, et les mangèrent. Mais ce chien-là les avait vus ; il les avait entendus quand ils parlaient ainsi. Ensuite quand ils virent que leur viande était séchée, ils la lièrent en paquets ; ils les chargèrent sur leur dos et partirent.

Alors le chien lui aussi prit une des jambes de son maître ; il partit lui aussi, et les atteignit déjà fatigués. Il se mit à chanter ainsi : Lorsque j'arriverai au village, je parlerai ainsi : Mère de Monga, ils ont tué Monga, ils l'ont tué avec un roseau ; ils ont dit : Lorsqu'on nous interrogera, nous parlerons ainsi, nous dirons qu'il s'est égaré dans la forêt. Quand ces gens entendirent cela, ils dirent : Chien, ne leur dis rien. Le chien répondit : Certainement je le leur dirai. Ils lui dirent encore : Non ! ne parle pas ; demain nous ne te donnerons pas de pain. — Certainement, je parlerai ; les gens de chez moi me donneront à manger. Alors, quand ils entendirent cela, ces gens le tuèrent. Quand ils eurent fini, ils partirent[1].

Alors le chien revint à la vie, et reprit la jambe de Monga. Il les rejoignit de nouveau, et chanta comme auparavant. Ensuite le chien les dépassa et arriva au village. Les gens du village virent qu'il portait une jambe humaine ; ils dirent : Où ce chien a-t-il trouvé cette jambe ? Alors ils l'entendirent chanter comme auparavant.

Quand ces hommes-là arrivèrent, ils entendirent les gens du village qui leur demandaient : Où est votre compagnon ? Ils répondirent : Il s'est égaré dans la forêt. Les gens du village dirent : Vous mentez ; son chien dit que vous l'avez tué ; il a apporté sa jambe. Alors ils les tuèrent, eux aussi.

C'est ce que j'en sais, moi[1].

1. Dans l'*Appendice* (n° LXVI) on trouvera un chant *totela*, qui accompagne toujours l'histoire de Monga (c'est, en effet, un conte *totela*, bien qu'il m'ait été raconté en soubiya). On y apprend entre autres que le chien s'appelait Kaoundou.

## XX. — Chobe-chobe.

*Mukwame n'inchizi ya kwe ba ba di ku enda-endu bobele mu nzila, ba ba di ku enda ku bakwabo. Izuba di b'eminini mu nzila. Diahano ba saki chilao, ba wani chisamo chi kongomene. Ba ladi munsi mwa cho. Masiku ha ba lala, mukwame a sotokedi kwa unchizi wa kwe, a ladi naye.*

*Lokulunza ha ba buka, ha ba chi zota mudilo, ba zubwi kazuni ka zimba ka ti buti:*

*Chobe, chobe, chobe!*
*Mu chisamo chi kongomene, chobe, chobe, chobe!*
*Na ku bona u lele n'inchizi ya ko, chobe, chobe, chobe!*
*— Wa mponene hi kazuni? Chobe, chobe, chobe!*
*— Mu chisamo chi kongomene, chobe, chobe, chobe!*
*— Pu! n'a ka kaba kazuni, pu! Diahano ba lungeleni zibia za bo, ba endi. Inkwela izuba d'imini, ba ladi. Nchizi ya kwe n'a zala hambadi. Inkwela masiku ezi kwa unchizi wa kwe; inkwela a ladi naye. Lokulunza ha ba buka, ba zubwi kazuni. Inkwela chi ka sika ka bo zimba, ka ti buti:*

*Chobe, chobe, chobe!*
*Mu chisamo chi kongomene, chobe, chobe, chobe, etc. (bwinga pele).*

*— Pu! n'a ka kaba kazuni, pu! A ka djichi mu mudilo, ka hi, ka bi makala. Inkwela ba endi; ba siki mu muzi. Ba zubwi kazuni chi ka sika, k'ekadi k'eyulu n'inzubo. Diahano ka zimbi, ka ti buti:*
*Chobe, chobe, chobe! etc. (bwinga pele).*

*Bantu ba ti buti : Sana mu zubwe ako kazuni; nandi ka ti nzi? Diahano ba tontodi. Inkwela ba zubwi chi ka zimba, ka ti buti :*
*Chobe, chobe, chobe! etc. (bwinga pele).*

*Diahano ba mu ondi, ba mu ihai, ba mu djichi mu mudilo. Diahano ba ti buti : Tjuntjuntjuntju! buti : Tjuntjuntjuntju!*

## XX. — L'oiseau révélateur[1].

Un homme et sa sœur allaient ensemble par un certain chemin; ils allaient vers leurs parents. Le soleil se coucha comme

---

1. L'oiseau révélateur se retrouve dans les contes souto, chwana et zoulous cités à la note 76. Ici il s'agit d'un inceste, tandis que là c'est un

(ils étaient) en route. Alors ils cherchèrent un refuge et trouvèrent un arbre aux branches entrelacées. Ils se couchèrent sous cet arbre. De nuit, comme ils étaient couchés, l'homme alla vers sa sœur et coucha avec elle.

Le lendemain, à leur réveil, comme ils se réchauffaient au feu; ils entendirent un oiseau qui chantait ainsi :

Chobe, chobe, chobe,
Sous l'arbre aux branches entrelacées. Chobe, chobe, chobe !
Je t'ai vu coucher avec ta sœur. Chobe, chobe, chobe !
— Où m'as-tu vu, oiseau? Chobe, chobe, chobe!
— Sous l'arbre aux branches entrelacées. Chobe, chobe, chobe !

Pou! il écrasa cet oiseau (avec une pierre), pou! Ensuite ils arrangèrent leur bagage, et partirent. Le soleil se coucha; ils se couchèrent. La sœur se coucha à distance. Mais de nuit (l'homme) alla vers sa sœur, et coucha de nouveau avec elle. Le lendemain, à leur réveil, ils entendent l'oiseau, qui arrive et se met à chanter :

Chobe, chobe, chobe,
Sous l'arbre aux branches entrelacées, Chobe, chobe, chobe,
etc. (comme ci-dessus).

Pou! il écrasa cet oiseau (avec une pierre); pou! Il le brûla dans le feu; (l'oiseau) fut consumé, devint cendre. Puis ils partent, arrivent au village. Ils entendirent l'oiseau qui arrivait et se posait sur le haut d'une hutte. Il se mit à chanter ainsi :

Chobe, chobe, chobe, etc. (comme ci-dessus).

Les gens disent : Écoutez donc cet oiseau ; que dit-il? Alors ils firent silence. Ils l'entendirent qui chantait ainsi :

Chobe, chobe, chobe, etc. (comme ci-dessus).

Alors ils saisirent cet homme, le tuèrent, et le brûlèrent au feu
Puis ils crachèrent à terre !

---

meurtre qui a commis. Dans un conte angolais : *La jeune femme et ses beaux-frères* (Châtelain, p. 141), l'oiseau révèle à la femme les noms de ses beaux-frères. Un conte louyi, qu'on trouvera dans notre troisième partie, raconte aussi le meurtre d'un enfant par son père, que révèle un oiseau. On remarquera la curieuse formule qui termine ce conte, et qui est, m'a-t-on dit, d'un usage assez général à la fin des contes.

## XXI. — Za bakazana n'inzoka.

*Bakazana abo ba ba di ku zana n'inzoka mu nkanda, inzoka iyo i sumpwa mulala. Iyo inzoka i ba di ku ikala mu idindi la yo, mo mu ba di mu muzi wa yo, hafohi ni muzi. Bumwe busiku bakazana abo ba ti ba ya kunze; a ba di ku ba matengu. Diahano bakazana, abo ha ba enda, ba zubwi inzoka iyo i ti kwa bo : Inywe, bakazana, mu ni letele ku dia, ni die. Diahano bakazana abo ha ba zubwa budio, chi ba ti : Chinzi ichi chi amba umo, bakwetu. Diahano ba endi kwa yo ; diahano chi ba bona i zwisa mutwi wa yo. Diahano ha ba i bona budio, chi ba ti : Bulotu bwa kwe, uzo muntu! Diahano chi ba ti : U siale, mbo tu ka ku letele inkoko izona. Diahano ba endi ku muzi, ba ladi.*

*Inkwela ha ba buka, inkwela ha ba bona kuti diahano matengu, inkwela chi ba enda. Diahano ha ba sika, ba wani i lele. Diahano ba i busi, ba i hi inkoko; ch'i i dia. Inkwela ba endi ku muzi, ba ka ladi. Inkwela ha ba buka, ba chita bwinya pele. Inkwela ha ba bona kuti diahano matengu, inkwela chi ba enda. Diaho ba enda ni musisu umwe.*

*Unchizi wa kwe a ti buti : Kanzi u endi naswe. Iye musisu a kani. Diahano ba endi naye. Ha ba sika hafohi, uzo musisu a boni inzoka iyo. Ch'o ti kwa nchizi wa kwe : U ni twale ku muzi. Iye unchizi wa kwe a ti buti : Ime na ti buti kanzi u endi naswe. Diahano uzo musisu ch'o dila. Bakwabo chi ba ti : U mu twale ku muzi, mb'u tu wane. Diahano ba endi.*

*Ha ba enda uzo musisu a ti kwa nchizi wa kwe : Tu tiye, ina inzoka inkando. Unchizi 'a kwe naye a i boni. Diahano ba tiidi ku muzi. Diahano abo bakazana i ba mini bonse.*

*Mpo i manina ya bakazana n'inzoka.*

### XXI. — Les jeunes filles et le serpent[1].

Ces jeunes filles avaient coutume de jouer avec un serpent dans

1. Ce conte, de même que le n° XXIII, raconte la stupidité de jeunes filles qui se laissent sottement tromper par des animaux. L'idée même de mariage entre hommes et bêtes, toute répugnante qu'elle est à la réflexion, semble très naturelle dans le folklore bantou et semble se rattacher au totémisme. [Cf. dans un conte bantou, le lièvre et l'hyène viennent dans un village pour chercher des femmes, Duff Macdonald, *Africana*,

la forêt ; ce serpent était appelé *moulala*[1]. Ce serpent vivait dans son trou; c'est là qu'était son habitation, près du village. Un jour, ces jeunes filles sortirent (du village) ; c'était le soir. Comme elles marchaient, elles entendirent ce serpent leur dire : Vous autres, jeunes filles, apportez-moi de quoi manger. Quand ces jeunes filles entendirent cela, elles dirent : Qu'est-ce donc qui parle là-bas, amies. Elles allèrent vers lui, et le virent qui sortait sa tête (hors du trou). Quand elles le virent ainsi, elles dirent : Qu'il est beau, cet homme-là! Elles lui dirent : Reste là, demain nous t'apporterons du pain. Elles retournèrent au village ; elles dormirent.

Le lendemain, lorsqu'elles virent que c'était à nouveau le soir, elles y retournèrent. Arrivés là, elles trouvèrent qu'il dormait. Elles le réveillèrent et lui donnèrent du pain; il le mangea. Puis elles retournèrent au village; elles dormirent. Le lendemain, elles firent comme auparavant. Quand elles virent que c'était de nouveau le soir, elles y retournèrent. Mais cette fois elles allaient avec un petit garçon.

Sa sœur lui dit : Ne viens pas avec nous. Ce petit garçon refusa (de l'entendre). Alors elles allèrent avec lui. Arrivés auprès (du trou), ce garçon aperçut le serpent. Il dit à sa sœur : Ramène-moi au village. Sa sœur lui dit : Je te disais bien de ne pas venir avec nous. Alors ce petit garçon se mit à pleurer. Les compagnes (de

Londres, 1882, 2 vol. in-8, t. II, p. 348; dans un conte du Nyassa, un lapin demande et obtient une femme en mariage, Elmslie, *Folk-lore tales of central Africa*, Folk-lore, t. III, 1892, Londres, in-8, p. 99. R. B.].

Dans certains cas, comme par exemple dans le conte louyi : *Le mariage de l'hyène* et dans plusieurs contes héréros (Brincker, pp. 329), ou hottentots (Bleek, *Reynard the Fox*, p. 61), l'animal n'épouse la femme qu'après avoir revêtu une forme humaine. Dans nos contes cela n'est pas le cas ; il n'est d'ailleurs véritablement question de mariage, ou de cohabitation, que dans le n° XXII.

1. Le serpent dont il s'agit ici est le serpent semi-fabuleux nommé *mulala*, dont on trouvera une description en *louyi* dans la troisième partie, et qui a une tête ressemblant en partie à une tête d'homme. C'est là ce qui explique, sans l'excuser, la stupidité des jeunes filles. Les Héréros connaissent un serpent du même genre, nommé *ondara* (phonétiquement le même que le *mulala* louyi), dont la tête est ornée de deux appendices ressemblant à des oreilles de chèvre et qui marche en tenant élevée toute la partie antérieure de son corps (Brincker, p. 163).

sa sœur) lui dirent : Ramène-le au village; tu nous retrouveras (ici). Ils partirent[1].

Comme ils marchaient, ce petit garçon dit à sa sœur : Fuyons, cet (être) là-bas est un énorme serpent. Sa sœur le vit, elle aussi. Ils s'enfuirent vers le village. Quant à ces autres jeunes filles, (le serpent) les avala toutes.

Ici finit l'histoire des jeunes filles et du serpent.

### XXII. — Z'enzoka ni mwanakazi.

Mwanakazi uzo a ba sesitwe n'inzoka, me inzoka iyo i ba di ku ikala ma chibumbwa. Mwanakazi a ba di ku i ka buhundu bwa mabele, ni i dia mbobo. Diahano banyina bo mwanakazi ha ba ya ku ku dima, diahano mukazana uzo ha a bona kuti baniyna ba ya ku ku dima, ch'o iyula ku mudiango we chibumbwa. Diahano inzoka ch'i zwila hanze.

Bumwe busiku banyina ha ba ba bodi ku iwa, diahano ba wani inzoka umo zile mu i enda; a boni mufunda wa yo, a ti : Chinzi cha hita umo. Mbwene i ba di inzoka inkulu. Me mukazana uzo a ba di ku zana nayo, ni ba fukana nayo, mbwene a ba di muhiabo. Bumwe busiku nyina a ti : Mwan'a ngu u zana n'inzoka nchechinzi? ichi ch'u chita buti kuti u ku zana n'inzoka? Mbo i ku sume, mwan'a ngu.

Diahano uzo mukazana ha a ba zubwi budio, a tii ku zana nayo. Bumwe busiku mukazana uzo a chiti mano. Me inzoka iyo ha i ba endite kwabo, diahano mukazana uzo a ti buti ku banyina : Diahano inzoka ha i za ku bola, mbo ni chite mano, mbo ni ti ku nzoka : Tu ende, tu ka lale mu nzubo yetu. Diahano inzoka i ka ladi ni mwanakazi wa yo. Diahano mwanakazi a buki masiku, a endi ku banyina, a ti : Mama, chi na i siya. Nyina a ti : U twale kwina, u ka bike aho zile h'o lele, u bike kwina n'ingubo ya ko. Diahano mukazana uzo a chiti budio. Ye a zwi mu nzubo, a sii inzoka yo yona mu nzubo.

Diahano mukazana uzo a twadi mudilo, a ka hisi inzubo. Diahano inzoka, ha i ba zubwa budio, i busi mwanakazi wa yo, i ti : U buke, tu liye. Inzoka i wani ku ina budio, iti : Mwanakazi wa ngu wa ya

---

1. Ce trait du petit garçon qui, tout jeune qu'il est, y voit plus clair que ses sœurs plus âgées, se retrouve également au n° XXIII.

*hi? Diahano i zimi ni muchila wa yo, i twadi mutwi wa yo ku iyulu.
Diahano mutwi wa yo u hi; i bodi hansi, i widi hansi, i fwi.
Mpo zi manina zo mwanakazi n'inzoka.*

### XXII. — Le serpent et la femme [1].

Cette femme était l'amante d'un serpent [2]; ce serpent demeurait dans le grenier. La femme lui donnait de la bouillie de sorgho; c'est là ce qu'il mangeait. Quand la mère de cette femme allait labourer (ses champs), et que la jeune fille voyait que sa mère était allée aux champs, elle ouvrait la porte du grenier; alors le serpent en sortait.

Un jour, en revenant des champs, la mère vit là où le serpent avait passé, des traces de son passage. Elle demanda : Qu'est-ce qui a passé ici? C'était en effet un très grand serpent. Et cette jeune fille avait coutume de jouer avec lui et de le caresser, puisque c'était son amant. Un jour la mère demanda : Mon enfant, pourquoi t'amuses-tu avec un serpent? Il te mordra, mon enfant.

Quand la jeune fille entendit cela, elle eut peur de s'amuser

---

1. Le conte de *La femme et du serpent* est ici très simple, et ne contient presque aucun élément de merveilleux. Dans le folklore cafre, zoulou, souto et du pays de Gaza, c'est un thème très répandu dont le type le plus connu en Europe est le conte de *La Belle et la Bête*; mais il est beaucoup plus compliqué et mélangé à nombre d'incidents merveilleux; c'est par enchantement que le mari est devenu serpent, et généralement dans ces contes la femme finit par mettre fin à cette métamorphose. Cf. chez les Cafres-Xosa le conte de *Cinq têtes* (Theal, 74); chez les Zoulous ceux de *Untombinde* (Callaway, p. 59) et de *Umambakamaqula* (*Folk Lore Journal*, 1879, p. 102); chez les Ba-Souto, celui de *Monyohé* (Jacottet, p. 214); au pays de Gaza, celui de *La femme du serpent* (*Revue des Trad. pop.*, 1895, p. 471). Il est difficile de dire si notre récit est une simplification rationaliste de ce thème, ou s'il faut y voir une histoire de même genre que celle qui la précède ou celle qui la suit. J'incline plutôt pour la première alternative, d'autant plus que l'incendie de la hutte (comme moyen de « désenchanter » le mari métamorphosé en serpent) se retrouve dans la plupart des récits cités.

2. [Cf., chez les Hottentots, la croyance relative au serpent !Ganin-!Gub. Hahn, *Tsuni ll Goam-*, Londres, 1881, in-8, p. 81. R. B.].

avec lui. Un jour elle trouva une ruse. Comme ce serpent était allé chez lui, la jeune fille dit à sa mère : Quand le serpent reviendra, j'agirai avec ruse; je dirai au serpent : Allons dormir dans notre hutte. Le serpent alla dormir avec sa femme. Mais la femme se leva pendant la nuit, alla vers sa mère et lui dit : Maman, je l'ai quitté. Sa mère lui dit : Prends un mortier (à farine) et place-le là où tu dormais, au milieu de tes couvertures. La jeune fille fit ainsi. Elle sortit de la hutte; elle laissa le serpent seul dans la hutte[1].

Alors cette jeune fille prit du feu, et mit le feu à la hutte. Lorsque le serpent entendit (le feu), il voulut réveiller sa femme. Il lui dit : Lève-toi, et enfuyons-nous. Le serpent finit par voir ce qui en était; il demanda : Où est allée ma femme? Alors il se dressa sur sa queue et leva sa tête en haut. Sa tête brûla; il retomba à terre et mourut.

C'est ici que finit l'histoire de la femme et du serpent.

### XXIII. — Za bakazana n'ingwe.

*Ungwe uzo a ba di ku zana ni bakazana bangi-bangi; ba ba di ku mu twadila zidio mu nkanda, ba ti ba boni mulombwana kuti ba ku zana naye. Ha ba sika, chi ba ti : Mulombwan'etu wa ya hi? Chi ba bona u suka mu iyulu, chi ba ti : Wa sika mulombwan'etu. A sika; chi ba mu kambila, ba ti : Mulombwana wetu mulotu, u ina ingubo indotu i ina ni mibala. Ch'o sotoka, u nyonka zumwe ibele; ch'o wila hansi. Bo chi ba ti wa zubwa bulotu haholo : ka b'ezi kuti u b'ehaya.*

*Bumwe busiku ba enda ni musisu; ba siki, ba zani. Me uzo musisu a boni ungwe u sotoka, ch'o suma zumwe. Ye a ti : Uzo munyolozi u b'ehaya. Me a ti kwa nchizi'a kwe : Iwe, inchizi'a ngu. A kangwi ni ku mu itaba. Diahano a mu sununi, a ti : Tu ku ya ku muzi. Inkwela a kani, a ti : Ka ni saki. Ha ba mana ku zana, chi ba ya ku muzi.*

*Musisu ha a sika ku muzi, ch'o ti ku ise : Aba bakazana ba zana ni munyolozi. Ise a ti : Suno tu ku ya nawe. Ni ba sika, ba ti : Haa! Ni ba tiya. A endi, a wani ungwe a b'ehai bangi. Ha a sika a wani ba fwile, ba munka; bamwe i ka ba biki mu ziteo, i ba di. A ka ba wani chi a ba mani.*

---

1. Le mortier, la pierre ou le bloc de bois, mis à la place de la femme, est un trait qui se retrouve très souvent dans les contes africains.

*A bodi ku muzi, a ti* : *Diaho ba ba di ku enda hu munyolozi yo b'ehaya*; *n'a ka wana bamwe ba fwile. Umwe mwanakazi a ti* : *Kana wa bona mwan'a ngu; izona kana ni ba mu boni. Mukwam'ozo a ti* : *Na wana u fwile. Banyina ba didi. Diahano uzo mukwame a saki bakwame kunina kwe, a ti* : *Tu ku ya ku ngwe i b'ehai bana betu. Diahano ba endi ni midinga, ni makumba, ni bambwa. Ba siki, ba wani ku munka bakazana budio. Ba ti* : *Uzo ungwe wa ya hi? Zumwe a lodi mu iyulu, a boni ungwe, a ti ku bakwabo* : *Ungwe ndj'unu mu iyulu. Ba siki, ba mu zindi ni mudinga. A sotoki, e sumi zumwe.*

*Ha ba bona budio ba tii, ba ka zimi kule. Inkwela ba bodi, ba mu zindi, a widi hansi. Bambwa ni ba mu hindika, ba ka mu tantisi mu chisamo chifohi-fohi. A siki umwe, a mu hwezi. Diahano ch'o fwa. Ba mu hindidi ku muzi. Ba siki, ba mu zuni ingubo.*

### XXIII. — Les jeunes filles et le léopard [1].

Le léopard avait coutume de jouer avec de nombreuses jeunes filles; elles lui apportaient à manger dans la forêt, disant qu'elles y avaient vu un jeune homme, avec lequel elles allaient jouer.

Lorsqu'elles arrivaient, elles disaient : Où est notre jeune homme? Elles voyaient (le léopard) descendre des arbres et disaient : Le voilà qui arrive, notre jeune homme. Lorsqu'il arrivait, elles battaient des mains en son honneur et disaient : Qu'il est beau notre jeune homme avec son bel habit aux couleurs bigarrées. (Alors le léopard) faisait un bond et saisissait une des jeunes filles par la poitrine et la jetait à terre. Les autres se disaient que c'était un jeu; elles ne savaient pas que ce léopard les tuait.

Un jour elles y allèrent avec un petit garçon; elles y arrivèrent et se mirent à jouer. Alors ce petit garçon vit le léopard bondir et mordre une des jeunes filles. Il se dit : Cet animal les tue. Alors il dit à sa sœur : (Viens ici,) ma sœur. Celle-ci ne lui répondit même pas. Alors il la prit par le bras et dit : Allons à la maison. Elle refusa, disant : Non, je ne veux pas. Quand elles eurent fini de jouer, elles retournèrent à la maison.

1. Ce conte, comme déjà le n° XXI, ne contient aucun incident merveilleux. Il n'y a là, aux yeux des Zambéziens, rien que de ce qui pourrait arriver, s'il était possible de se représenter, même en Afrique, la sottise féminine poussée si loin!

Quand il fut à la maison, le jeune garçon dit à son père : Quand elles vont jouer, c'est avec un animal qu'elles jouent. Le père dit : Aujourd'hui, nous irons là ensemble. Lorsqu'ils arrivèrent, ils crièrent: *Haa!* Elles s'enfuirent. L'homme alla (plus loin) et trouva que le léopard avait tué un grand nombre (de filles). Il les trouva mortes, sentant (déjà) mauvais : (le léopard) en avait placé quelques-unes dans les arbres où il les mangeait. (L'homme) retourna au village, et dit : C'est vers une bête féroce qui les tuait, que se rendaient nos jeunes filles. Je viens de voir que beaucoup sont déjà mortes. Une femme lui demanda : Est-ce que tu n'aurais pas vu ma fille à moi? depuis hier je ne l'ai pas vue. Cet homme répondit : Je l'ai trouvée morte. La mère se mit à pleurer.

Alors cet homme chercha les hommes ses compagnons, et dit : Allons à ce léopard qui a tué nos enfants. Alors ils y allèrent, avec des assagaies, des boucliers et des chiens. Quand ils arrivèrent à la forêt, ils sentirent l'odeur des jeunes filles (tuées). Ils demandèrent : Où est ce léopard? L'un d'eux leva les yeux en haut et vit le léopard (sur un arbre). Il dit à ses compagnons : Le voilà notre léopard, là-haut! Ils s'approchèrent et le percèrent d'une assagaie; il fit un bond et mordit l'un d'entre eux.

Quand ils virent cela, ils s'enfuirent très loin. Puis ils revinrent et le percèrent (d'une assagaie). Il tomba à terre. Les chiens s'élancèrent sur lui, il monta sur un arbrisseau. Un homme s'approcha et le perça. Alors (le léopard) mourut. Ils l'emportèrent au village, le dépouillèrent (et de sa peau firent) un manteau.

### XXIV. — Zo mukwame ni mwanakazi wa kwe.

*Mwanakazi a ti ku mukwame : U ye kwetu, u ka lete ñombe. Mbwene kana ba b'ena ñombe. Diahano mukwame uzo a endi, a ladi h'enzila. Ha di ba zwi, a ka siki ku bukwe bwa kwe. A siki, ekadi. Ba ti buti : Wa sika, mukwe wetu. Ba mu twidi inkoko, ba i ihiki, ba mu fuzelezi ni masanza. A di. A ti : Zidio zilotu haholo izi. Diahano ha ba bona kuti wa dia, a ti buti ku makwenyane a kwe : Muhi'a ngu wa ni tuma kwenu, wa ti buti ni zwe, ni twale iñombe. Bo ni ba mu tondeza ndjiyo, ba ti : Ndjii. Ba mu hi ni chitebe cha mahila. A ladi h'enzila. Ha di ba zwi, a siki h'e'tizo, endjidi mu menzi n'iñombe* ya kwe. Ha a ba siki ha kati h'ena mani, a sii iñombe ya kwe mu mani ha kati ka menzi. Ezi ni chitebe cha kwe. Ha a sika h'edizo, a ungudi chitebe cha kwe, a zubuki bubio, a endi ku muzi. Mu nzela a wani chichelo chimwe chi sumpwa, zinkundinkamba a zikodi, a suminisi zikata. Diahano a kudiki.

A ba ka sika ku muzi ku mwanakazi wa kwe; a siki, a tudi zinkundinkamba. Mwanakazi wa kwe a ti : U lumele. Ye n'a ti : Shangwe. Diahano mwanakazi a mu bozi, a ti : Iñombe yetu i ina hi? Mukwame a ti : Ba ka tu nyima, kana ba tu ha. A ti : Mu die zinkundinkamba. Ba twadi, ba di. A ladi mazuba obele. La tatu a ti : Ni chi enda ku ku sia zinkundinkamba. A endi, a ba siki ha zinkundinkamba, a zi hiti, a i ku ñombe ya kwe, a ti :

  I dile ñombe ya ngu,
  I ba zwa ku bukwe bwa ngu.

Diahano n'i mu itaba, i ti : Mbuu!

A endi, a zumuki mahila, a sidi h'ebwe, a bukudi ni mudilo, a teki menzi, a inziki h'eziko. Diahano ni a bila. A koni inkoko ya kwe, a i hudidi mu kasuba, a tilanini ku ñombe ya kwe. A siki, a zwisi namane, i lokozi, a kami masanza a kwe; a bodi h'enkoko ya kwe, a fusezi, a di. Ha a ba mani ku dia, a ungudi zintu za kwe zonse. Diahano a i ku muzi. A siki ha zinkundinkamba, a ti : Ni sila mwanakazi wa ngu, ni bana ba ngu. A kudiki, a twadi ku muzi. A siki, a hi bana ba kwe. Nabo kana ba ba di ku zi dia haholo; zi ba di ku baba.

Inkwela bumwe busiku a bodi ku ñombe ya kwe; a twi, a chiti bwinga pele. Inkwela a bodi ku muzi ni zinkundinkamba.

Bumwe busiku inkwela a ti : Ni enda ku zinkundinkamba. Mwan'a kwe n'a ti : Neme ni enda. A ti : U siale kule. Mwana a ti : Ni siala. Ise a endi. Naye mwana naye a bo enda mu isule la kwe. Mwana ha a bona kuti nangu ni mu onde, ch'o zima, u mu leka. Inkwela ch'o enda kule. A siki h'eñombe ya kwe; naye a siki, a zimi ku chisamo. A zubwi ise u ti :

  I dile ñombe ya ngu.
  I ba zwi ku bukwe bwa ngu.

A zubwi : Mbuu! Diahano a ka zamoki mahila, a siki, a twi, chiki nkoko, a endi ku ku kama masanza. A siki, a kami iñombe ya kwe. Ku isule la kwe mwana a siki, ekadi h'enkoko. Ha a ba bodi ni masanza, a boni muntu u ikele h'enkoko ya kwe, a ti : Ndjumwan'a ngu zuna zile u ti tu ende nawe. A siki h'enkoko, a ti : U zwa hi, mwan'a *ngu. Diahano mwana a mu itabi, a ti : Zile ni ya bo enda mu isule la ko. A ti : U iyule nkoko, tu die. Diahano ba fusezi.*

*Mwan'ozu a b'ena mano hakolo; inkwela a b'ena n'insuki zingizingi. Ha a dia ch'o bumba ikoto, a ti : Tayo, u bone makubi, ngana. Diahano ise a ba lodi ku makubi. Mwana a biki ikoto l'enkoko mu nsuki za kwe. Inkwela ba di. Inkwela a bumpi dimwe ikoto, a ti : Tayo, ngana makubi. Ise a lodi ho. Inkwela a biki mu nsuki za kwe. Diahano ha ba ba mani ku dia, a ti : Kanzi u ka ambi ku banyoko kuti tayo u in'eñombe ni mahila. Mwana a ti : Nanta! keti ni k'ambe. Diahano ba endi; ba siki ha zinkundinkamba, ba si, ba hindidi banyina.*

*Ha ba siki, ba ti : Nzizo zinkundinkamba. Banyina ba zi kani. Mwana a siki ku banyina, a ti buti : Mama, u ntwene indjina; za ni ihaya mu mutwi. Banyina ba kani, ba ti buti : Inzala ya n'ihaya; ka ni saki ku twena. Mwana wa kwe a ti : U ntwene, mama. Banyina ba ti : U lete kuno mutwi wa ko. A siki mwana, ekadi. Ha ba mu enona, ba wana ikoto l'enkoko. Ba di sumuni, ba di biki. Inkwela a tweni, a wani dimwe, a di sumuni. Nyina endjidi mu nzubo, a di. Ha a ba mani ku dia, a zwidi hanze. Mwan' a kwe a ti buti : Nz'a dia tayo izi, diaho a ba ka leti iñombe ni mahila ku bankuye. A ba di ku tu chengelela kuti ba ka ni nyima iñombe; suno, ime na ka i bona.*

*Ha di ba zwi izuba, a ti : Ni ya ku zinkuudinkamba. Mwan'ozo a ti ku banyina : Tu longolele, tu ku ya ku bankuye, itayo ha a chi ile ku zinkundinkamba. Diahano ba endi, ba ka siki h'eñombe, ba i zubusi ni mahila. Diahano ba biki untoo ha ba di ku ikala iñombe : ba biki isekeseke mu chitebe. Diahano ba endi, ba ka siki ku banyina.*

*Ise ha a ba bodi mu vwima zinkundinkamba, a wani chi ba endi. A ti buti : Ba ya hi? Diahano a tilanini ku ñombe ya kwe. A siki, a zwisi mahila, a wani isekeseke budio. A ti :*

*I dile ñombe ya ngu,*
*I ba zwi ku bukwe bwa ngu.*

*A zubwi : Uwee! uwee! a fwi mpo hona ho h'edizo.*

## XXIV. — Histoire d'un homme et de sa femme[1].

Une femme dit à son mari : Va chez mes parents, et ramène

1. Ce conte et les deux suivants illustrent la gloutonnerie et l'égoïsme

une vache. En effet ils n'avaient pas de vache. Alors cet homme partit ; il dormit en chemin, et le lendemain matin arriva chez ses beaux-parents. Il s'assit. Ceux-ci lui dirent : « Sois le bienvenu, notre gendre. » Ils moulurent de la farine, en firent du pain et le lui donnèrent mélangé à du lait. Il mangea et dit : Quelle excellente nourriture ! Quand il eut fini de manger, il dit à ses beaux-parents : Ma femme m'a envoyé vers vous ; elle m'a dit de venir chercher une vache.

Ils lui en montrèrent une, et lui dirent : La voici. Ils lui donnèrent aussi un panier de sorgho. Il dormit (en chemin). Le lendemain matin il arriva au bord (d'une rivière) et entra dans l'eau avec sa vache. Lorsqu'il arriva au milieu de la rivière, sur (une petite île couverte) d'herbes, il laissa là sa vache, dans les herbes, au milieu de la rivière. Il continua sa route avec son panier (de sorgho). Arrivé de l'autre côté il cacha son panier, et se rendit chez lui sans rien porter. En chemin il trouva de grosses bulbes nommées *zinkoundinkamba* et les lia en paquets qu'il mit sur son dos.

Il arriva chez lui vers sa femme ; il s'assit et déposa les bulbes. Sa femme lui dit : Bonjour. Il lui répondit : Salut ! Alors sa femme lui demanda : Où est notre vache ? L'homme lui répondit : Ils nous l'ont refusée ; ils ne nous l'ont pas donnée. Il ajouta : Mangez de ces bulbes. Ils les prirent et les mangèrent.

Il resta là deux jours, le troisième il dit : « Je retourne déterrer des bulbes. » Il partit, dépassa l'endroit où il avait trouvé les bulbes, et alla vers sa vache. Il chanta :

de l'homme, de même que les précédents montrent la sottise des jeunes filles. Les contes de ce genre sont nombreux au Zambèze ; on en trouvera quelques-uns encore dans la troisième partie. M. Junod en a plusieurs dans ses *Contes des Ba-Ronga* ; et dans le folklore cafre l'histoire de *Kenkebe* (Theal, p. 148) appartient au même groupe de récits.

Au Zambèze, les contes de ce genre n'ont que peu d'éléments merveilleux ; il y en a cependant par ci par là. Le sel de ces contes consiste dans les ruses dont on se sert pour *chengelela* (tromper) les autres. Ces ruses sont d'ordinaire bien sottes ; quelques-unes cependant sont assez amusantes. Certains incidents sont, à nos yeux, d'un goût détestable ; ainsi par exemple, dans ce conte-ci, l'incident des boulettes de pain que le jeune garçon cache dans ses cheveux, et que sa mère trouve et mange en l'épouillant. Pour les Zambéziens, cela ne semble avoir rien de choquant.

Beugle, beugle ma vache,
Que m'ont donnée mes beaux-parents.

La vache répondit : *Mbou!*

Il s'approcha, prit du sorgho, le moulut sur une pierre, alluma du feu, puisa de l'eau, la mit sur le feu. Quand son pain fut cuit, il le retira du pot, et le plaça sur une assiette en bois. Puis il alla à sa vache, délia le veau, le fit boire et se mit à traire[1]. Puis il retourna, mélangea son lait avec son pain, et se mit à manger. Lorsqu'il eut fini de manger, il cacha tous ces objets, et reprit le chemin de la maison. Il arriva là où étaient les bulbes et dit : Je vais en arracher pour ma femme et mes enfants. Il les chargea sur ses épaules et les porta. Il arriva et les donna à ses enfants. Ceux-ci ne les mangeaient qu'avec peine tant elles étaient amères.

Un autre jour encore il retourna vers sa vache ; il moulut (du sorgho) et agit comme auparavant. Puis il retourna chez lui avec une charge de bulbes. Un autre jour encore il dit : Je vais chercher des bulbes. Son enfant dit : Moi aussi j'y vais. Le père lui répondit : Non, reste en arrière. L'enfant dit : Je resterai. Le père partit ; l'enfant le suivit à distance ; lorsqu'il vit qu'il allait le rattraper, il s'arrêta un moment ; puis reprit sa marche, à distance. (Le père) arriva près de sa vache ; (l'enfant) arriva là, lui aussi, et grimpa sur un arbre. Il entendit son père chanter :

Beugle, beugle, ma vache
Que m'ont donnée mes beaux-parents.

Il entendit : *Mbou!* Alors (le père) prit du sorgho, le moulut, fit cuire du pain et alla traire son lait. Derrière lui l'enfant arriva et s'assit auprès du pain. Quand (le père) revint avec son lait, il vit que quelqu'un était assis auprès de son pain. Il se dit : C'est sans doute mon enfant qui voulait venir avec moi. Il s'approcha et lui demanda : D'où viens-tu, mon enfant? L'enfant répondit : Je t'ai suivi. Le père dit : Prends du pain et mangeons. Ils mangèrent (le pain) mélangé (à leur lait).

Ce garçon était très rusé. Il avait de très longs cheveux. Tout en mangeant il pétrissait entre ses doigts une boulette (de pain) ; il s'écria : Père, ne vois-tu pas ces vautours, là-bas? Le père ré-

---

1. Partout au sud de l'Afrique, on a coutume de laisser le veau téter la vache qu'on va traire. Les indigènes ne croient pas qu'autrement il serait possible d'avoir du lait.

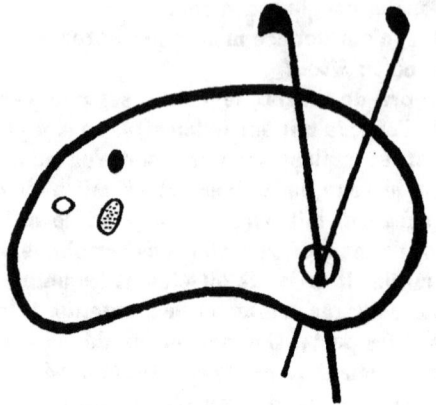

DEBUT D'UNE SERIE DE DOCUMENTS
EN COULEUR

ERNEST LEROUX, ÉDITEUR, rue Bonaparte, 28

# PUBLICATIONS DE L'ÉCOLE DES LETTRES D'ALGER

## BULLETIN DE CORRESPONDANCE AFRICAINE

I. E. Cat. Notice sur la carte de l'Ogôoué. In-8, avec carte. . . . 3 fr. »
II. E. Amélineau. Vie du patriarche Isaac. Texte copte et traduction française In-8 . . . . . . . . . . . . . . . . . . . . 5 fr. »
III. E. Cat. Essai sur la vie et les ouvrages du chroniqueur Gonzalo d'Avora, suivi de fragments inédits de sa Chronique. In-8. . . . . 2 fr. 50
IV. E. Lefébure. Rites égyptiens. In-8 . . . . . . . . . . 3 fr. »
V. René Basset. Le dialecte de Syouah. In-8 . . . . . . . . 4 fr. »
VI. A. Le Chatelier. Les tribus du Sud-Ouest marocain. In-8 . . 3 fr. »
VII. E. Cat. De rebus in Africa a Carolo V gestis. In-8 . . . . 2 fr. 50
VIII. E. Cat. Mission bibliographique en Espagne. Rapport à M. le Ministre de l'Instruction publique. In-8 . . . . . . . . . . . 2 fr. 50
IX. G. Ferrand. Les Musulmans à Madagascar et aux îles Comores. 1re partie. Les Antaimorona. In-8 . . . . . . . . . . . . . 3 fr. »
— Deuxième partie. — Zafindraminia. — Antambahoaka. — Antaiony. — Antaivandrika. — Sahatavy, etc. In-8. . . . . . . . 3 fr. »
X. J. Perruchon. Vie de Lalibala, roi d'Éthiopie. Texte éthiopien publié d'après un manuscrit du Musée Britannique et traduit en français. In-8. 10 fr. »
XI. E. Masqueray. Dictionnaire français-touareg (Dialecte des Taïtoq). In-8, en trois fascicules à 6 fr. . . . . . . . . . . . . 18 fr. »
Couronné par l'Académie des Inscriptions et Belles-Lettres. Prix Volney.
XII. René Basset. Étude sur la Zenatia du Mzab, de Ouargla et de l'Oued-Rir'. In-8 . . . . . . . . . . . . . . . . . . 10 fr. »
XIII. A. Mouliéras. Légendes et contes merveilleux de la Grande-Kabylie. Texte kabyle. — Première partie en 5 fascicules. In-8. Chaque . 3 fr. »
— Deuxième partie. Fascicules I, II, III. Chaque. . . . . 3 fr. »
XIV. René Basset. Études sur les dialectes berbères. In-8 . . . 6 fr. »
Couronné par l'Académie des Inscriptions et Belles-Lettres. Prix Bordin.
XV. René Basset. Étude sur la Zenatia de l'Ouarsenis et du Maghreb central. In-8 . . . . . . . . . . . . . . . . . 7 fr. 50
XVI. E. Jacottet, de la Société des Missions Évangéliques de Paris. Études sur les langues du Haut-Zambèse. Textes originaux, recueillis, traduits en français et précédés d'une esquisse grammaticale. — Première partie. Grammaires Soubiya et Louyi. In-8. . . . . . . . . 6 fr. »
— Deuxième partie. Textes Soubiya. Contes et Légendes, Superstitions, etc. In-8. . . . . . . . . . . . . . . . . . . 6 fr. »
XVII. G. Mercier. Le Chaouia de l'Aurès (dialecte de l'Ahmar-Khaddou). Étude grammaticale. — Textes en dialecte chaouia. In-8 . 3 fr. 50
XVIII. E. Masqueray. Observations grammaticales sur la grammaire touareg, et textes de la Tamâhaq des Taïtoq, publiés par R. Basset et Gaudefroy-Demombynes. Fascicules I, II, III. In-8. Chaque . . . . 5 fr. »
XIX-XX. René Basset. Fotouh el-Habachah. Histoire de la conquête de l'Abyssinie, par Chihâb eddin Ahmed ibn 'Abd el-Qâder 'Arab Faqih. Texte, traduction et notes. 2 vol. in-8. Chaque fascicule . . 6 fr. »
XXI. Paul Schnell. L'Atlas marocain, d'après les documents originaux, traduit avec l'autorisation de l'auteur par Augustin Bernard. Un volume in-8, avec une grande carte de la chaîne de l'Atlas . . . . 10 fr. »
XXII. A. de Calassanti-Motylinski. Le Djebel Nefousa, transcription, traduction française et notes, avec une étude grammaticale. In-8, fasc. I, II et III. Chaque . . . . . . . . . . . . . . . . 2 fr. 50

## BULLETIN DE CORRESPONDANCE AFRICAINE

1882-1886. 20 fascicules (tout ce qui a paru). 50 fr.

IMP. CAMIS ET Cie. PARIS. — SECTION ORIENTALE A. BURDIN, ANGERS.

PUBLICATIONS DE L'ÉCOLE DES LETTRES D'ALGER
BULLETIN DE CORRESPONDANCE AFRICAINE
Tome XVI, 2º Partie

# ÉTUDES
## sur les
# LANGUES DU HAUT-ZAMBÈZE

## TEXTES ORIGINAUX
RECUEILLIS ET TRADUITS EN FRANÇAIS
ET
## PRÉCÉDÉS D'UNE ESQUISSE GRAMMATICALE
PAR
### E. JACOTTET
DE LA SOCIÉTÉ DES MISSIONS ÉVANGÉLIQUES DE PARIS

**SECONDE PARTIE**

## TEXTES SOUBIYA
CONTES ET LÉGENDES, SUPERSTITIONS, ETC.

PARIS
ERNEST LEROUX, ÉDITEUR
28, RUE BONAPARTE, 28

1899

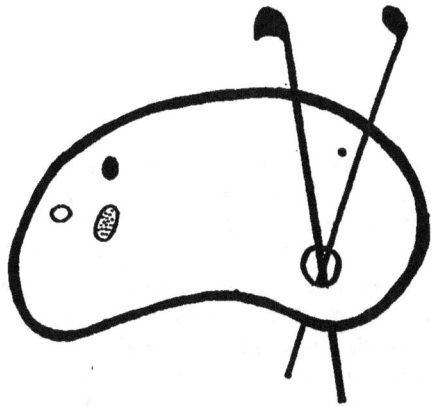

FIN D'UNE SERIE DE DOCUMENTS
EN COULEUR

garda les vautours. Alors, vite, l'enfant cacha une boulette de pain dans ses cheveux. Ils continuèrent à manger. Il pétrit une autre boulette, et dit : Père, voilà des vautours. Son père regarda de ce côté. L'enfant cacha (la boulette) dans ses cheveux. Alors, quand ils eurent fini de manger, (le père) dit : Surtout ne dis pas à ta mère que ton père a une vache et du sorgho. L'enfant dit : Non, je ne le dirai pas. Alors ils partirent, arrivèrent aux bulbes, les déterrèrent et les portèrent à la mère.

Lorsqu'ils furent arrivés ils dirent : Les voilà tes bulbes ! La mère refusa (d'y toucher). L'enfant s'approcha et lui dit : Maman, enlève-moi les poux, ils me meurtrissent la tête. La mère refusa disant : Je meurs de faim, je ne veux pas chercher tes poux. Son enfant lui répondit : Cherche mes poux, maman. Sa mère lui dit : Approche ta tête. L'enfant s'approcha et s'assit à terre ; comme elle cherchait les poux, elle trouva une des boulettes de pain ; elle la prit et la mit de côté. Elle continua à chercher les poux, et trouva une autre boulette, elle la prit. Elle entra dans sa hutte et les mangea. Après avoir fini de manger, elle sortit. Son fils lui dit : C'est là ce que mon père mange. Il a trouvé une vache et du sorgho chez mes grands-parents ; il nous a trompés en disant qu'ils avaient refusé de lui donner une vache. Aujourd'hui je l'ai vue moi-même.

Le lendemain, l'homme dit : Je vais chercher des bulbes. L'enfant dit à sa mère : Partons nous aussi, et allons chez mes grands-parents, pendant que mon père est allé à ses bulbes. Alors ils partirent. Ils arrivèrent près de la vache, et la prirent avec eux ainsi que le sorgho. A la place de la vache ils mirent une hyène ; dans le panier, ils mirent du sable. Puis ils continuèrent leur route et arrivèrent chez les parents de la femme.

Lorsque le père revint de récolter des bulbes, il trouva sa femme et son enfant partis. Il se demanda : « Où sont-ils allés? » Puis il alla vers sa vache. Arrivé là, il voulut prendre du sorgho, il ne trouva que du sable. Il se mit à chanter :

      Beugle, beugle, ma vache
      Que m'ont donnée mes beaux-parents.

Il entendit : *Uoe! uoe!* Il mourut de peur là-même au bord (de la rivière).

XXV. — **Mukwame ni bana ba kwe.**

*Uzo mukwame a ba di muvwimi we zinyolozi ni buchi. Ha a ya ku ku vwima, u ka wana buchi; a bu leti ku muzi mu chizungu, ni chi zwile buchi. Ch'o bika mu ivu, u sia idindi ha kati k'etwe. Inkwela ch'o ya mu ku vwima, u ka vwima zinyolozi. Ha a ka bola u fwile nzala, ch'o ti ku bana ba kwe : Mu nchitile luzimbozana, ni zane. Diahano chi ba ti : Tu ku ya ndanda.*

*Ha ba sika k'etwe, ch'o ti : Mu nkambile bana ba ngu. Diahano bana chi ba kamba. Inkwela chi ba zimba budio, ch'o fwa. Diaho u chengelela bana ba kwe, u nywa buchi bu ina mu chizungu chi siditwe mu ivu. Diahano ha a mana ku dia, ch'o enda mu ku vwima zinyolozi. Inkwela ha a ka bola mu ku vwima zinyolozi, inkwela ch'o ti : Mu nkambile, ni zane. Diahano chi ba mu kambila; ch'o zana n'a zimba luzimbo lwa kwe. Chi ba ti : Tayo u kota itwe. Inkwela ch'o wila mu ivu; diaho u nywa buchi mu ivu.*

*Bumwe busiku, zumwe mwana a ti : Tayo u chita nzi k'etwe hana? A ambidi bamukulw'a kwe, a ti : Sana tu ende hana ha zanina tayo. Ba endi, ba siki k'etwe. Diahano musiru uzo ch'o ti : Sana mu nkambile; inkwela mu nzimbile, mu ti : Tayo u kota itwe. Diahano a ti. Tayo u tu chengelela, diaho buchi.*

*Diahano ni ba twala chizungu ku muzi; ba sika ku banyina, ba ti : Tayo u tu chengelela, diaho buchi. Diahano ba twadi chizungu budio chi zwile menzi budio a s'ena buchi. Diahano ise ha a ka bola mu ku vwima, ch'o ti : Ndokweni, mu ka nkambile. Chi ba ti : Ndoko. Ha ba sika ch'o ti : Mu nzimbile luzimbo lwa ngu. Diahano ch'o zana, u ti : Tayo u kota itwe. A zubwi menzi budio, a fwi, a ti : Ni lwala. Bana ba kwe ba mu hindidi mu nzubo ya kwe.*

*Diahano bana ba kwe ba ti ku ise : Diaho u ba di ku tu chengelela, diaho buchi. A b'etabi, a ti : Ndj'eni wa mu tondeza kuti mu chite budio. Bo ni ba ti : Ndjumwan'a ko, ndji wa tu tondeza. Ise a ti : Uzu mwana k'a zubwi, wa ni swabisa hakolo; mbo ni mu ihae.*

XXV. — **L'homme et ses enfants** [1].

Cet homme était chasseur d'animaux et de miel. Un jour comme

---

1. Une tromperie toute pareille (un père mangeant tout seul le miel qu'il a trouvé) est raconté dans le conte ronga de *Nouamoubia* (Junod, *Contes des Ba-Ronga*, p. 208).

il était allé chasser, il trouva du miel, l'apporta chez lui (et le versa) dans un grand pot qui en fut rempli. Il cacha ce pot sous terre, au milieu des cendres, dans un creux qu'il y avait creusé. Ensuite il retourna à la chasse et y tua du gibier. Lorsqu'il revint, ayant faim, il dit à ses enfants : Chantez-moi une petite chanson, afin que je danse. Alors ils lui dirent : Allons, père. Lorsqu'il arriva sur le tas de cendres, il dit : Chantez et battez des mains. mes enfants. Les enfants battirent des mains. Comme ils chantaient ainsi, il tomba à terre comme mort. Mais c'était seulement une ruse pour tromper ses enfants; il n'était pas mort, mais buvait le miel du pot qu'il avait enfoui sous les cendres.

Ensuite, quand il eut fini de manger, il retourna chasser le gibier. Cette fois encore quand il fut revenu de la chasse, il dit : Battez des mains, que je danse. Ceux-ci battirent des mains; il dansa et chanta sa chanson. Les enfants dirent : Notre père avale de la cendre. Alors il tomba à terre, mais en réalité c'était pour boire son miel dans le sol.

Un jour l'un des enfants dit : Que fait donc notre père sur ce tas de cendres? Il dit alors à ses frères : Allons examiner l'endroit où notre père danse ainsi. Ils allèrent, et arrivèrent au tas de cendres. Alors le petit garçon dit : Battez-moi des mains et chantez en disant : Notre père avale de la poussière. Quand ils eurent fait ainsi, le petit garçon dit : Notre père nous trompait; (ce qu'il avale) c'est du miel.

Alors ils prirent le pot (de miel) et le portèrent chez eux. Ils allèrent vers leur mère et lui dirent : Notre père nous trompait; ce qu'il avale c'est du miel. Alors ils portèrent là des pots pleins d'eau seulement, sans miel.

Lorsque leur père revint de la chasse, il dit : Venez ici, et battez-moi des mains. Ils dirent : Nous y allons. Quand ils furent arrivés il leur dit : Chantez-moi ma chanson. Alors il dansa et dit : Le père avale de la cendre. Il sentit que ce n'était que de l'eau; il tomba à terre comme mort et dit : Je suis malade. Ses enfants le prirent et le portèrent chez lui.

Alors les enfants dirent à leur père : Tu nous trompais, c'était du miel. Il leur répondit : Qui donc vous a dit de faire ainsi? Ils lui dirent : C'est cet enfant-là, c'est lui qui nous l'a dit. Le père leur dit : C'est un enfant désobéissant; il me fait beaucoup de chagrin; je le tuerai.

## XXVI. — Mukwame ni bana ba kwe.

*Inkwela ha b'eni zumwe mukwame ya ba di ku chengelela bana ba kwe. Ch'o ti : Ime ni ya mu ku vwima zinyolozi. A k'ehaya ; ch'o leta ku muzi ; ch'o ti ku mwanakazi wa kwe : U ihike inyama iyo. Ch'o ihika. Ha i buzwa, ch'o i zubula mu tusuba ; i hola. K'ezi kuti muhiabo u ina mano.*

*Diahano ha ba dia, mbwene a ba di ku dia musuba onke ni bana ba kwe, diahano ye ch'o ti : Mafoha nga bambwa! — fuku-fuku!! Diaho inyama budio. Ha ba mana ku dia, ch'o enda, u ka totola inyama ya kwe, ch'o dia, ch'o bola mu ku vwima.*

*Inkwela ch'o ihaya munyolozi, ch'o mu leta ku muzi. Inkwela ch'o chita budio. Bumwe busiku, mwan'a kwe a ti : Mbo ni mu bone suno ha a za ku dia. Diahano ch'o dia, ch'o ti : Mafoha nga bambwa. Ha ba mana ku dia, mwana uzo ch'o ti : Ni ya kunze. Ha a zwa, ch'o wana mafoha, wa totola, u ka ungula. Diahano ise a ti : Ni ka totole mafoh'a ngu. Ch'o wana ka h'ena. Ch'o ti : Ndj'eni wa twala mafoh'a ngu. Ch'o fwa.*

*Bumwe busiku a ba chitidi mano. A endi mu ku vwima zinyolozi, a k'ehai chinyolozi ; a chi leti ku muzi, a sumini inyama ha chibelo, a ti nubidi wa ngu, diaho inyama. A i di ye yena, a nyimi bana ba kwe.*

*Mpo zi manina.*

## XXVI. — L'homme et ses enfants[1].

Il y avait encore un autre homme qui trompait ses enfants. Il leur dit : Je vais chasser les animaux. Lorsqu'il en eut tué un, il l'apporta à la maison et dit à sa femme : Fais cuire cette viande.

Elle la fit cuire. Quand la viande fut cuite, elle la plaça sur des plats de bois (pour la faire) refroidir. Elle ne savait pas que son mari (méditait) une ruse.

Comme ils étaient à manger, mangeant tous dans le même

---

1. Dans un autre conte ronga : *L'année de la famine* (ibid., p. 260) un père a recours à une autre ruse pour manger tout seul la viande qu'il a rapportée ; il contrefait derrière la hutte le rugissement d'un lion, toute sa famille s'enfuit effrayée. Ici, comme dans le conte précédent, les enfants paient leur père avec sa propre monnaie, et finissent par avoir le dessus : A voleur, voleur et demi !

plat (père, mère) et enfants, il dit : Les os sont pour les chiens. (Il les jeta dehors) : *fouko! fouko*. Mais en réalité c'était de (bonne) viande. Lorsqu'ils eurent fini de manger, il sortit, prit sa viande, la mangea et retourna à la chasse.

Il tua un animal et l'apporta à la maison. Il agit de même (que la première fois). Un jour un des enfants dit : Il faut que je l'observe aujourd'hui, quand il mangera. Comme il était à manger (le père dit) : Les os sont pour les chiens. Lorsqu'ils eurent fini, cet enfant dit : Je vais dehors. Dehors il trouva ces os (encore garnis de viande), les prit et alla les cacher. Ensuite le père se dit : Je vais chercher ma viande. Il trouva qu'il n'y en avait plus. Il demanda : Qui a pris mes os? et tomba à terre faisant le mort.

Un autre jour il usa d'un autre stratagème. Il alla à la chasse, tua un animal et l'apporta à la maison, ayant attaché la viande à sa cuisse, comme si c'était son corps, tandis que c'était de la viande, il la mangea tout seul, et n'en donna rien à ses enfants.

C'est ici que (l'histoire) finit.

### XXVII. — Za badisana bobele.

*Badisana bobele ba b'ena ho. Zumwe mudisana u b'ena ni musamo wa bakazana, u a ba hewa ni muntu. Bumwe busiku mwakwe a ti buti ku mwakwe : Iwe, mwangu, u leke ku enda name, ha u ya ku bakazana ; mbo ba ku kane, ba sake ime. Ye mwakwe a ti : U ina mapa, iwe, mwangu. Iye mwakwe a ti buti : U ti n'ina mapa? Ye a ti : Ī, u ina mapa. Iye a ti buti : Inzulu me, kuti n'ina mapa.*

*Diahano mwakwe a ti buti : U ende, u ka sake mukazana. Ye mwakwe a ti : Ī, mbo ni ende, inkani indotu. Diahano a endi ku ka saka mukazana. A siki, a ti : Ni saka ndjen'ozu mulotu. A endi ko, a siki, a ti : Ni saka iwe, kuti ni ku sese. Iye mukazana a zumini, a endi ku banyina, a ti buti : Iwe, mama. Ye a ti : Ni saka ku seswa n'ozu mudisana. Nyina a ti : Mbobo, mwan'a ngu. Diahano uzo mudisana ha a zubwa kuti a zumina, a endi ku bakwabo. A siki, a ti ku bakwabo : Na ka bona mukazana : Bakwabo ba ti : Momo ta.*

*Bumwe busiku uzo mulombana a ti ku mwakwe : U ntwale ku mukazana wa ngu. Uzo mwakwe a ti : Iwe, mwangu, kanzi u endi name ; ha tu enda nawe mukazana wa ko ni makwenyane a ko onse mbo a ka sake ime, iwe mbo ba ka ku kane. Diahano ye, ha a zubwa budio, inkwela a ti : Inzulu we, u ba nywi musamo nzi ? T'u ende, tu ka bone. Ye n'a tí butí : Mpaho tu ku iya. Diahano ba endi. Ha ba siki ha katí k'enzila, inkwela uzo mwakwe a tí : Iwe, mwangu, u ni siye mpona hano; ha u bona ni enda nawe, mukazana wa ko mbo a ku kane. Ye a tí : Nanta, tu ende. Ye n'a tí : Tu ende mpaho. Diahano ba endi.*

*Ba siki, b'ekadi. Ye ch'oti buti : N'iza ku mukazana wa ngu. Uzo mukazana a tí buti : Si ku saki, iwe, ni sak'ozo. Ni bukwenyane bwa kwe nabo chi ba amba bwinga mwana wa bo. Uzo muntu ch'o swba budio. Diahano ba bodí ku milaka ya bo. Ch'o tí kwa mwakwe : Iwe, mwangu, na ku ambila, ime, na tí : Kanzi u endi name. Ye a swabi budio. Diahano ye a tí buti : Diahano mu ni tiye. Diahano ba mu tiya.*

*Mpo zi manima mpaho.*

### XXVII. — Les deux bergers[1].

Il y avait deux bergers. Un des bergers possédait un philtre d'amour, que quelqu'un lui avait donné. Une nuit il dit à son ami : Ami, abstiens-toi d'aller avec moi lorsque tu vas voir les jeunes filles; elles te refuseraient et ne voudraient que moi. Son ami lui dit : Tu dis un mensonge, mon ami. L'autre lui répondit : Tu dis que je dis un mensonge? Son ami dit : Oui ! tu dis un mensonge. L'autre dit : Certainement non, je ne dis pas de mensonge.

Alors il dit : Eh bien, va et cherche une jeune fille. Son ami lui répondit : Oui, j'irai; ton conseil est bon. Il partit alors pour chercher une jeune fille. Il arriva à (un village) et dit : Je désire prendre celle-là, qui est belle. Il y alla; il arriva et dit : Je désire l'épouser. Cette fille y consentit, alla vers sa mère et lui dit : Maman! Elle ajouta : Je désire me marier avec ce berger-là. La

---

1. Ce conte nous montre à quel point les Zambéziens croient à l'efficacité des charmes ou médecines. Il y en a pour tout, absolument tout. Ici, il est question d'une médecine destinée à se faire aimer des filles. C'est le pendant du fameux philtre d'amour qui joue un rôle si considérable dans l'histoire de Tristan et Yseult. Les Ba-Souto en connaissent un semblable : c'est une pommade composée de beurre et de divers ingrédients végétaux. Quand un jeune homme s'en est frotté le corps, la première femme à laquelle il parlera tombera amoureuse de lui. Il faut donc prendre garde de ne parler à personne avant d'avoir rencontré celle dont on veut gagner l'amour.

mère dit |: C'est bien, mon enfant. Quand le berger vit qu'elle avait consenti, il retourna vers les siens. Arrivé vers eux, il leur dit : J'ai trouvé une jeune fille (à épouser). Les siens lui dirent : C'est bien.

Un jour, ce garçon-là dit à son ami : Mène-moi vers ma jeune fille. Son ami lui dit : Ami, n'y va pas avec moi; si nous y allons ensemble ta jeune fille et tous tes beaux-parents me voudront moi, toi ils te refuseront. Quand le garçon entendit cela, il dit de nouveau : Certainement pas ! Quelle sorte de médecine aurais-tu bue ? Allons, et voyons. L'autre lui dit : Eh bien, allons-y maintenant. Ils partirent. Arrivés à mi-chemin, l'ami dit : Ami, laisse-moi ici même ; si je continue ma route avec toi, ta jeune fille te refusera. L'autre dit : Non pas ! allons-y. L'ami répondit : Allons-y donc. Ils allèrent.

Ils arrivèrent (au village) et s'assirent. Le garçon dit : Je vais vers ma jeune fille. La jeune fille lui dit : Je ne t'aime pas, j'aime cet autre-là. Les beaux-parents, eux aussi, parlèrent comme leur fille. Ce garçon fut tout triste. Ils retournèrent alors à leurs pâturages. L'ami dit alors à ce garçon : Mon ami, je te l'avais bien dit, pour ma part, que tu ne devais pas y aller avec moi. L'autre était tout triste. L'ami ajouta : Dorénavant ayez peur de moi. Ils eurent peur de lui.

C'est ici que finit l'histoire.

### XXVIII. — Za basisu bobele.

*Basisu abo ba ba di badisa b'empene. Bumwe busiku ba ka disezi ku ina mahwi. Ba endi-endi, ba wani chimwe chi buzwite. Diahano umwe a tanti mu iyulu, mbwene umwe kana a b'ezi ku tanta zisamo. Diahano mwakwe a ti buti : Mbo ni be ku ku ha ? Iye a ti buti : Ï. Diahano a kobaodi mahwi, n'a sohela hansi. Diahano mwakwe n'a londika chilwi. Diahano mwakwe a suki hansi. Diahano a ti buti ku mwakwe : Tu die mahwi etu, eawe. Diahano ba di mahwi a bo; diahano ba mani ku dia mahwi a bo. Diahano ba endi ku chimwe chisamo, ba wani k'a ku ina.*

*Isekele lonse ba endi, ni ba sa boni mahwi. Diahano mwakwe a ti buti : Eawe, ime ni ba boni chimwe chisamo. Mwakwe a ti buti : Kuhi ? Ye a ti buti : China. Mwakwe a ti buti : Chisamo nzi ? Iye a ti buti : Mubula. Diahano ba endi ku chidi. Ba wani ka h'ena zidio* hansi. *Diahano mwakwe a ti buti: Mbo tu chite buti? Mwakwe a ti buti: U tante mu iyulu. Mwakwe a ti buti: Mbo ni chi ole? Mwakwe a ti buti: Sana u eleke ku tanta. Diahano mwakwe a eleki ku tanta, mbwene chisamo icho chi ba di chile-chile. Diahano mwakwe a ka siki ha kati ka cho; diahano a ka bodi chomboloke! a widi hansi.*

*Diahano mwakwe a ti buti: Kana wa choka, eawe. Iye a ti buti: Nanta, eawe. Inkwela a ti buti: Diahano tu di ungule hansi, mu chivuna. Mwakwe a ti buti: Tu di ungule nzi? Mwakwe a ti buti. Tu di ungule bantu ba za ku iza mu chisamo ichi. Mwakwe a ti buti: Ni tu di ungula, ndi tu za ku bona nzi? Ye a ti buti: Ime, hano h'o mbwene, ni sanduka ndavu. Mwakwe a ti buti: Ime, keti u ni sume. Mwakwe a ti buti: Nanta! eawe. Diahano ba di ungudi mu chivuna cha bo.*

*Diahano ba zubwi bantu ba ya bo ambola; mwakwe a ti buti: Mbabo bantu. A ti ku mwakwe: U tontole, kanzi u ambodi; mbo ba ku zubwe. Diahano ba tontodi; ba boni mukwame u ya bo enda ni bana ba kwe. Diahano ba siki mu chisamo ichi. Diahano isi'a bo a tanti mu iyulu le chisamo icho. Bakazana abo ba siadi hansi bo bona. Diahano mukwame uzo a kabi imbula, zi chaboki hansi. Diahano a suki hansi, a ti buti ku bana ba kwe: Mu siale, ime chi ni ya ku muzi.*

*Diahano ba siadi, ni ba totola imbula za bo, b'ezuzi zisoko za bo. Diahano musisu uzo a di sandudi undavu. Diahano a zwi mu chiteo, a ba tandanyi. Ba tiidi ku muzi. Diahano a sumpi mwakwe; diahano ba di zichelo za bo. Diahano ba endi ku mpene za bo.*

*Mpo zi manina.*

## XXVIII. — Histoire de deux garçons[1].

Ces (deux) garçons étaient bergers de moutons. Un jour ils gardaient (leurs troupeaux) là où se trouvaient des *mahwi*. Ils marchèrent un moment, et trouvèrent un arbre avec des fruits mûrs. L'un y monta, parce que l'autre ne savait pas monter sur les

---

[1]. C'est encore un conte de ruses (*ku chengelela*). A la fin du conte, il ne faut sans doute pas prendre à la lettre la métamorphose du garçon en lion; il faut comprendre seulement qu'il contrefait le rugissement du lion pour effrayer l'homme et les enfants, et s'emparer de leurs fruits. Mais cela n'est pas tout à fait sûr.

arbres. Il dit à son compagnon : Dois-je t'en donner? Celui-ci répondit : Oui. Il secoua les *mahwi*, et les fit tomber par terre. Son compagnon en fit un grand tas; l'autre redescendit alors à terre. Il dit alors à son compagnon : Ami, mangeons nos *mahwi*. Il les mangèrent, ils les mangèrent tous. Ils allèrent ensuite à un autre arbre, mais trouvèrent qu'il n'y avait pas (de fruits).

Ils allèrent tout le jour, sans trouver de *mahwi*. Alors l'un d'eux dit : Ami, je vois un arbre (avec des fruits). Son compagnon demanda : Où? Il répondit : Là-bas. Son compagnon demande : Quelle espèce d'arbre est-ce ? Il répondit : Un *mouboula*. Ils allèrent à cet arbre, et trouvèrent qu'il n'y avait pas de fruits à terre. L'un dit alors : Comment ferons-nous? Son compagnon dit : Monte sur (l'arbre). L'autre demanda : Est-ce que je le pourrai? Son compagnon répondit : Essaie seulement de monter. Il essaya de monter (mais avec peine), parce que cet arbre était très élevé. Quand il arriva à mi-hauteur, il glissa et tomba par terre.

Son compagnon lui demanda : Ne t'es-tu rien cassé, ami? Il répondit : Non, mon ami. Il lui dit de nouveau : Cachons-nous ici sous l'arbre, au milieu des buissons. Son compagnon dit : Pourquoi nous cacher? L'autre répondit : Cachons-nous des gens qui pourraient venir ici à cet arbre. Son compagnon : Et si nous nous cachons, que verrons-nous? L'autre dit : Quant à moi, ici comme tu me vois, je me métamorphose en lion. Son compagnon dit : Ne me mords pas, moi. L'autre répondit : Non ! mon ami. Alors ils se cachèrent dans les buissons.

Ils entendirent des gens venir en causant. L'un dit : Voici des gens. Il dit à son compagnon : Tais-toi, ne parle pas, ils pourraient t'entendre. Ils se turent. Ils virent un homme qui marchait avec des enfants; ils arrivèrent auprès de l'arbre. Le père monta au haut de cet arbre; les filles restèrent seules en bas. Alors cet homme secoua les fruits, qui tombèrent à terre. Puis il redescendit et dit à ses enfants : Restez ici, je vais au village.

Les filles restèrent; elles ramassèrent leurs fruits, et en emplirent leurs paniers. Alors ce garçon se métamorphosa en lion; il sortit des buissons et les poursuivit. Ces filles s'enfuirent au village. Alors il appela son compagnon; ils mangèrent leurs fruits, puis retournèrent à leurs moutons.

C'est ici que finit l'histoire.

## XXIX. — Zo mukwame ni mwanakazi.

*Bantu bakulu-kulu. Bantu ba tí butí bakulu-kulu ba ba di ku ina ni kudia. Ha b'ehika inkoko ha ba ti ba die, mukwame ha a bona kutí ketí ekuti, ch'o lengeleza mulamba wa kwe. Diahano ch'o sotoka inkoko ; kadaba ka kwe chi ka wila mu nkoko. Mwanakazi ha a bona budio ch'otí. Ihi, kanzi ni di ü inkoko ya wila mulamba wa ko. Ye mukwame ch'oti buti : Kanzi u kani, ikwe letu, mwangu. Ye mwanakazi a tí butí : Inzulu me, kutí ni die inkoko ü. Diahano mukwame uzo ha a bona budio, a twala inkoko hana ; a di, a i mani yonse, nanta ni kanini ka siala mu musuba.*

*Diahano bumwe busiku, naye mwanakazi naye a chiti bwinga mukwame wa kwe. Mukwame wa kwe ha a bona budio, ch'o tí : Iwe, mwangu, inkwela u chita butí ha u chita budio ? Iye mwanakazi a tí butí : Kana na chita budio ; na ku ina budio, tu die ; iwe letu, mwangu. Ye mukwame ha a zubwa budio, a tí : I, ikwe letu, mwangu ; tu die. Diahano ba di bonse.*

*Inkwela bumwe busiku, mukwame naye inkwela a chití budio. Inkwela ye mwanakazi a kani ku dia inkoko iyo. Ye mukwame ha a bona kutí k'adí, ye a di yenke inkoko iyo. Inkwela a i mani ; inkwela a sii mu kasuba nanta ni kanini ka siala mo, elu ku ka siala kasuba ka zuma budio.*

*Nzi za bantu bakulu-kulu.*

### XXIX. — L'homme et sa femme[1].

Ce sont des gens des temps anciens. On dit que les gens d'alors aimaient manger beaucoup. Un jour qu'ils avaient cuit du pain[2], et qu'ils étaient en train de manger, l'homme voyant qu'il ne serait pas rassasié détacha son pagne. Il sauta par dessus (le pot de) pain ;

---

1. Il est fort possible que nous ayons ici une *légende* plutôt qu'un conte. Il s'agit, en effet, des *bantu bakulu-kulu*, les hommes d'autrefois, des temps anciens. On nous raconte la ruse d'un homme qui voulait manger toute la nourriture, aux dépens de sa femme. Celle-ci l'imite sans succès, le mari ne faisant pas le dégoûté comme elle. La ruse est assez originale, mais d'un goût un peu douteux.

2. Le mot *inkoko* que je traduis par « pain » désigne plutôt une bouillie épaisse de farine de sorgho ; c'est dans cette bouillie encore liquide que le mari laisse tomber son pagne !

son pagne tomba dans le pain. La femme, voyant cela, dit : Certainement, je ne mangerai pas de ce pain dans lequel est tombé ton pagne. L'homme dit : Ne refuse pas, ma femme ; c'est là notre crasse à tous deux. La femme répondit : Certainement, je ne mangerai pas de ce pain. Quand l'homme vit qu'il en était bien ici, il prit le pain, le mangea ; il le mangea tout, il n'en resta pas même une miette dans le plat.

Un autre jour, la femme, elle aussi, fit comme son mari. Lorsque le mari le vit, il dit : Voyons, ma femme, qu'as-tu donc à agir ainsi ? La femme lui répondit : Je n'ai rien fait ; quoi qu'il en soit, mangeons ; c'est notre crasse à tous deux, mon mari. L'homme, entendant cela, lui dit : Oui, c'est notre crasse à tous deux, ma femme ; mangeons. Ils mangèrent ensemble.

Un autre jour, l'homme fit de nouveau la même chose ; sa femme refusa de nouveau de manger de ce pain-là. Quand le mari vit qu'elle ne mangeait pas, il mangea tout seul ce pain-là. Il le finit tout ; il ne laissa rien du tout dans le plat ; le plat resta tout vide et sec.

Ce sont là les histoires des gens d'autrefois.

### XXX. — Za bakwame bobele.

*Bakwame bobele ba ba di kuti ha ba ya mu nkanda, umwe a ti buti : Ime mbo ni ka sangune ku ihaya munyolozi. Umwe naye a ti buti : Name. Diahano ba ambidi banakazi ba bo kuti, yo za ku kangwa ku ihaya chinyolozi, eze a tandwe ni muhiabo. Diahano banakazi ba bo ba ba twidi mufaho. Diahano banakazi ba bo ba ti buti : Yo za ku kangwa ku ihaya munyolozi, ni ku nzubo ya kwe ya k'a ku siati. Diahano umwe mukwame a ti buti ku mwakwe : U zubwe, eawe. Iye a ti buti : Ni zubwe nzi ? Izo indaba za banakazi. Diahano mwakwe a ti buti : Mbobo, eawe.*

*Diahano ba endi bobele ni bantu bamwe ba za ku ka hinda inyama. Diahano umwe mukwame a ti buti ku mwakwe : Iwe, h'o ka sanguna ku ihaya munyolozi, ka ni di inyama ya ko. Diahano mwakwe a ti buti : U ti nzi? Iye a ti buti : Ni ti, h'o k'ehaya munyolozi ka ni mu di. Diahano naye a ti buti : Nawe h'o k'ehaya munyolozi ka ni mu di. Mbo ba chi amba budio, ba boni zinyolozi. Diahano umwe a ti buti : Tu ende ku banyolozi banu. Diahano ba endi, ba siki, ba zindi.*

*Diahano umwe a hangasi; umwe ehai munyolozi. Ku hangasi ya ba di ku ti : Name ni za ku ihaya pele.*
*Diahano inyama iyo ba i di, ba mu nyimi ndjiyo; a di inkoko budio i s'ena buzane. Inkwela di zwi izuba; ba endi mu ku vwima zinyolozi. Inkwela ku k'ehai ndjeno uzo wa pele. Inkwela zumwe a ka bodi budio. Inkwela ba di, ba mu nyimi. Diahano mifaho yonse i mani. Muntu uzo a fwi inzala. Diahano uzo ehai zinyolozi zingi zingi. Diahano inzala i mu ihai. Bumwe busiku a ti buti : Mu ni he inyama ni die. Diahano ba mu hi, a di. Diahano bakwabo ba ti buti : Iwe, chi tu bola ku muzi. Naye a ti buti : Tu ende.*
*Diahano ba bodi ku muzi, iye ku kangwa ni kanyama. Diahano ba siki ku muzi; ba mu seki, ba ti buti : Ngowe u ba ti kuti : mb'u k'ehaye pele chinyolozi. Diahano mwanakazi wa kwe a mu tandanyi, a ti buti : U ende, u mana budio zidio za ngu. Diahano mukwame uzo a endi.*
*Mpo zi manina.*

### XXX. — Histoire de deux hommes [1].

Comme deux hommes se rendaient à la forêt (pour chasser), l'un d'eux dit : C'est moi qui tuerai le premier un animal. L'autre dit aussi : Moi aussi. Alors ils dirent à leurs femmes que celui qui ne tuerait rien, devait être chassé par sa femme. Leurs femmes leur préparèrent de la nourriture; puis elles dirent : Celui qui ne tuera aucun animal ne pourra plus remettre les pieds chez lui. Alors un des hommes dit à son compagnon : Écoute bien, toi. Il répondit : Que dois-je écouter? cela c'est une parole de femme. Son compagnon répondit: C'est bien, mon ami.

Alors ils partirent ensemble avec d'autres hommes qui devaient porter le gibier. Un des hommes dit à son compagnon : Si c'est toi qui le premier tue un animal, (sache) que je ne mangerai pas de

---

1. Tandis que Châtelain a rassemblé dans l'Angola un nombre assez considérable de contes de chasseurs, c'est ici le seul que j'ai rencontré au Zambèze. La morale de notre conte c'est que la vantardise est punie et qu'une Zambézienne ne veut pas garder le mari qui ne lui apporte rien à manger. Il semble d'après ceci, et les n°s XIII et XLIV, que la femme puisse, au Zambèze, rompre très aisément les liens conjugaux. Le mariage y paraît moins solidement établi que dans les autres parties de l'Afrique australe.

ta viande. Son compagnon demanda : Que dis-tu? L'autre répondit : Je dis que si tu tues un animal, je n'en mangerai pas. Alors l'autre dit lui aussi : Et si toi aussi tu en tues un, je n'en mangerai pas. Comme ils parlaient ainsi, ils aperçurent du gibier. L'un deux dit : Allons vers ces animaux-là. Ils y allèrent; arrivés là ils lancèrent (leurs flèches). L'un d'eux manqua (son coup); l'autre tua un animal. Celui qui manqua c'était celui qui avait dit : C'est moi qui tuerai le premier.

Alors ils se mirent à manger cette viande, mais ils n'en donnèrent pas à cet homme; il ne mangea que son pain sec. Le soleil se leva de nouveau; ils retrouvèrent chacun des animaux. Le premier qui avait tué (un animal), en tua un autre de nouveau; l'autre revint sans rien. Ils mangèrent, mais ne donnèrent rien (à ce dernier) Toute la nourriture (qu'ils avaient emportée) finit; cet homme mourait de faim. Quant à l'autre il tua beaucoup de gibier. Le second mourait toujours de faim. Un jour il dit : Donnez-moi à manger de la viande. Ils lui en donnèrent; il mangea. Ensuite ses compagnons lui dirent : Retournons maintenant au village. Il répondit : Allons-y.

Ils retournèrent alors au village; cet homme n'avait absolument aucun gibier. Ils arrivèrent au village. Les gens se moquèrent de lui, disant : N'est-ce pas toi qui disais que tu serais le premier à tuer le gibier? Alors sa femme le chassa, disant : Pars, tu ne fais que finir (pour rien) ma nourriture. Cet homme s'en alla.

C'est ici que finit l'histoire.

### XXXI. — Z'ombwa ni muntu.

*Simwini w'ombwa uzo a ba sake a ihaiwe ni bantu. Ye n'a s'ezi kuti bantu ba za ku mu ihaya. Diaho ye umbwa wa kwe u izi kuti umfumw'a kwe mbo ehaiwe ni bantu. Bumwe busiku uzo umbwa ch'o zubwa kuti ikuta dimwe suno di sika ku ku ihaya muntu uzo. Diahano umbwa ch'o enda ko. Ha a ka sika ko, ch'o wana abo bantu. Diahano uzo umbwa ch'o b'ehaya bonse, mbwita yenke yo za ku k'amba ku bakwabo. Inkwela uzo muntu, ha a ka sika ch'o ti : Ka ku ch'ina bantu, mbwita ime, tu ba ka ihaiwe ni umbwa w'ozo mukwame.*

*Inkwela ha ba zubwa budio, bamwe inkwela chi ba ya ko nabo; inkwela nabo ba ba k'ehaiwi budio bwinga ba pele. Diaho mwanakazi umwe, diaho u mu bwene ha ehaya bantu abo budio. A sika ku mwine wa kwe; a siki, a ti buti : Uzo umbwa wa ko mukadi; mbwa yo sa zani, mbwene kandjiye n'a s'ena ho hansi hano. Ye mwine wa kwe a kani.*

*Diahano ha a zubwa budio, ch'o mu kaba. Diaho umbwa ha a bona budio ch'o enda mu nkanda, a di ungudi. Diaho lokulunza chi ba sika, ba mu ihai.*

*Mpo i manina aho yo muntu n'umbwa wa kwe.*

## XXXI. — Le chien et l'homme[1].

Le maître de ce chien manqua d'être tué par des hommes; il ne savait pas que ceux-ci venaient pour le tuer. Mais son chien sut que son maître devait être tué par des hommes. Un jour, ce chien apprit qu'une troupe d'hommes arrivait le jour même pour tuer son maître. Le chien y alla alors : lorsqu'il arriva là, il y trouva ces hommes. Alors ce chien les tua tous, si ce n'est un seul qui alla en avertir ses compagnons. Cet homme arriva vers eux, et leur dit : Il ne reste plus personne, si ce n'est moi seul; nous avons été tués par le chien de cet homme-là.

Lorsqu'ils entendirent cela, quelques-uns d'entre eux y allèrent à leur tour; eux aussi furent tués de même que les premiers. Mais une femme avait vu le chien tuer ainsi ces gens. Elle vint vers le maître du chien; arrivée (vers lui), elle dit : Ce chien-là est courageux ; c'est un chien qui ne plaisante pas; si ce n'était lui tu ne serais plus ici sur terre. Le maître du chien refusa (de la croire).

Après avoir entendu cela, il battit (son chien). Le chien, voyant cela, s'enfuit dans la forêt et s'y cacha. Mais le lendemain (ces hommes) arrivèrent et tuèrent (le maître).

C'est ici que finit l'histoire de l'homme et de son chien.

1. Il y a dans ce conte un élément de merveilleux (le chien qui parle et qui connaît l'avenir) qui manque à ceux que nous venons de donner. C'est peut-être une *légende*, plutôt qu'un conte. La fidélité du chien y est mise en lumière aussi bien que l'ingratitude de l'homme. Celle-ci, du reste, est punie comme elle le mérite. L'ingratitude punie semble un des thèmes favoris du folklore universel (cf. aussi n° XL).

# II

# LEGENDES

### XXXII. — Za Leza.

*Leza a b'ekele hansi, bantu ba ti Leza a b'ekele hansi; ba ti a ba di muntu u ina ingozu; ba ti ha a b'ekele mu nkuta ya kwe ku wana china h'ekele izuba. Ilamwe ba ba di ku mu tiya haholo. Bumwe busiku a ba tanti ku iyulu; ba ti wa tantiswa ni chibobi; ba ti chi ba hosi luzizi lule-lule, a tantidi ko.*

*Bamwe ba eleki kuti nabo ba tantile ku luzizi ulo; ba kangwi, ba widi hansi. Diahano ba ti : Tu tulule chibobi menso a cho. Ba chi ondi, ba chi tuludi. Diahano ba ti : Ka chi chi boni.*

*Diahano ba zaki butala bule-bule, ba ti : Tu ka sike ku iyulu. Ba kangwi, ba widi hansi. Inkwela ba tiya kuti mbo ba choke.*

*Ba ba zakite mu ibozu, me ba ba di ku chita misebezi umo mu ibozu. Ni ba hwila mo, ni ba ti mu a b'ekele mfumw'etu. Chi ba twala imbelele n'impene zingi, Leza a ka die. Ba siki mu ibozu. Me bumwe busiku Leza a wani mukwame mu ibozu, a ti kwa kwe : U zwa hi? A ti : Na leta impene za ko. Leza a ti : U ende ku muzi, u ka ti : Leza wa ti : Mu ku ti ha mu bona malodi mu zibe kuti ndji Leza.*

*Muntu uzo a siki ku muzi, a ambi budio. Me bumwe busiku ba boni malodi, diaho ndji Leza. Ni kwa sika ihoko, me bantu ba zibi kuti ndji Leza. Ba putani, b'ekadi mu nkuta, me Leza a siki, ekadi mu chisamo. Ba zubwa u amba, u ti buti : Neme Leza, ka mu chi mboni hansi. Ni ba lola ku iyulu, ba kangwi ni ku mu bona. Muntu ha a kumbila utombwe, u bona ingoma budio. A ba ambidi, a ti : Mu ku hwila inzubo ya ngu, ime ka mu chi mboni, ime chi na enda.*

*Mpo zi manina za Leza.*

## XXXII. — Leza (Dieu)[1].

*Leza demeurait sur la terre.* Les hommes racontent qu'il demeurait sur la terre ; ils disent que c'était un homme très vigou-

1. *Leza* est le nom de Dieu chez les Ba-Soubiya, les Ba-Totela et les Ba-Tonga ; les Ba-Nanzwa et les Ma-Kalanga (du Mashonaland) l'appellent *Reza* ou *Redja*; les Ba-Yeye du lac Ngami le nomment *Urezhwa*; au sud du lac Bangweolo, on le connaît sous le nom de *Lesa*. Ce ne sont que des formes légèrement différentes d'un seul et même nom. D'après Scott (*Manganja Dictionary*), il serait aussi connu par les Manganja sous le nom de *Mlezi*, qui serait une modification phonétique de *Leza*. *Mlezi* signifierait, d'après Scott : celui qui fait vivre. Je ne sais si cette étymologie est certaine ; en tous cas, pour le soubiya, elle est inadmissible. Les A-Louyi nomment Dieu *Nyambe*; c'est le même nom que le *Nzambi* de l'Angola et des Fiotes, l'*Anyambe* des Duallas du Cameroun, l'*Onyambe* des Ashantis. C'est, semble-t-il, le nom de Dieu le plus répandu sur toute la partie Est de l'Afrique, au nord de la rivière Counéné. [Suivant Dennet, (*Notes on the Folk-lore of the Fjort*, p. 118), *Nzambi* désigne l'Esprit de la Terre ; toutefois *Anza* désignant le Congo, *Anzambi* pourrait signifier l'Esprit de la rivière. R. B.]. Au lac Nyassa, nous trouvons également, à côté de *Mlezi*, le nom de *Mpambe*, pour désigner Dieu. Peut-être est-il étymologiquement le même que Nyambe. Chez les A-Mbounda, Dieu se nomme *Kalunga*, ce qui est exactement l'équivalent du *Karunga* des Ov'-Ambo et d'une partie des Héréros. Dans la langue de l'Angola (le *kimboundou*) *Kalunga* signifie le royaume des ombres, l'Hadès. A côté de ce nom, nous trouvons encore en mbounda, mais seulement, semble-t-il, dans la formule du serment, le nom de *Shabode*, pour désigner la divinité. Ce dernier nom n'a d'équivalent connu nulle part ailleurs. Nous avons donc dans le Haut-Zambèze, quatre noms au moins pour désigner Dieu. Les autres dialectes bantou ont pour signifier Dieu des mots très différents ; ainsi en zoulou *Unkulunkulu*, en cafre *Uthixo* (nom d'origine hottentote), en souto *Modimo*, en ronga *Shikwembo*, sur la côte ouest *Mulungu*, *Muungu*, etc. Ces derniers noms (sauf peut-être *Uthixo*) désignent plutôt les mânes des ancêtres qu'une vraie divinité. Il est difficile de savoir s'il en est de même pour *Leza*, *Nyambe* ou *Kalunga* du Zambèze. D'un côté, le culte tout entier des races bantou, y compris les peuplades du Zambèze, étant un culte rendu aux ancêtres, il est à priori probable que leur Dieu n'est en dernier ressort que leur premier ancêtre, comme c'est le cas pour *Unkulunkulu*, etc. ; certains traits des traditions que nous publions ici paraissent corroborer cette idée. Mais, d'un autre côté, il semblerait qu'il y ait ici plus qu'un ancêtre, et que Leza ou Nyambe représente le soleil. C'est une question importante, et qu'il ne paraît pas encore possible de

reux. On dit que quand il se tenait dans son *khotla*, c'était comme si le soleil y était assis. Aussi les hommes en avaient-ils grand'-peur.

Un certain jour Leza monta au ciel ; on dit que c'est une araignée[1] qui l'y fit monter. On raconte qu'elle tissa un fil très long

résoudre. Ceux d'ailleurs qui se sont occupés des peuples bantou et de leurs traditions, savent à quel point il est difficile de se rendre exactement compte de leurs idées religieuses.

1. Les *Ba-Yeye* du lac Ngami racontent de même (*Folk-Lore Journal of the Cape*, t. II, 1880, p. 36), qu'Urezhwa vivait jadis sur terre et est ensuite monté au ciel ; il n'est pas dit comment il y monta. Chose curieuse (cf. n° XXXIV, note 106), son ascension au ciel est mise par eux en corrélation avec la mort de sa femme. Un texte *louyi*, que l'on trouvera dans notre troisième partie, explique que c'est par crainte des hommes que Leza (ou Nyambe) est monté au ciel. Les *Bushmen* (Bleek, *Brief Report*, p. 9) disent que le soleil était un homme et vivait jadis sur la terre, mais ne répandait sa lumière qu'à une petite distance à l'entour de sa hutte. Quelques enfants appartenant à une race d'hommes antérieure aux Bushmen le surprirent pendant son sommeil, et depuis lors, de là-haut, il répand partout sa lumière. Cf. A. Lang. *Mythes, cultes et religions*, trad Marillier, Paris, 1896, in-8, p. 118. Il y a une évidente ressemblance entre la première partie de cette tradition et celle du Zambèze. Un fil tissé par une *araignée* est également employé, dans un très curieux conte angolais, par le messager du fils de *Kimanaueze*, pour monter au ciel et aller demander pour lui la main de la fille du Soleil et de la Lune (Châtelain, p. 131). [Dans un conte floto, Nzambi a une fille qu'il promet de donner à celui qui lui apportera le feu céleste de Nzambi Mpungu. L'araignée établit un fil solide entre ciel et terre et y fait grimper la tortue, la mouche de sable, le rat et le pic. Celui-ci perce un trou dans la voûte du ciel et ils pénètrent chez Nzambi Mpungu. C'est l'araignée qui réussit à apporter le feu céleste à Nzambi qui lui donne sa fille en mariage. Dennet, *Folk-lore of the Fjort*, p. 72-76. — RENÉ BASSET].

Dans un conte haussa, l'araignée monte aussi au ciel par son fil (Schön, *Magana Hausa*, 1885, in-16, p. 243). D'après une légende des Achantis, rapportée par Christaller (*Zeit. für afr. Spr.*, p. 55), c'est au moyen d'une chaîne que seraient descendus à terre, et remontés au ciel, les sept premiers humains. Dans le conte ronga de *La route du ciel* (Junod, *Contes des Ba-Ronga*, p. 237), c'est au moyen d'une ficelle qu'y monte une jeune fille ; le conte zoulou de *La jeune fille et le cannibale* (Callaway, p. 182) raconte qu'une fille et son frère y arrivèrent en montant tout au haut d'un arbre, ce qui rappelle le conte européen bien connu de *Cosse en Cosse*.

et que c'est par là qu'il monta. Quelques-uns essayèrent eux aussi de monter le long de ce fil. Ils ne réussirent pas et tombèrent à terre. Alors ils dirent : Crevons les yeux de l'araignée. Ils se saisirent de celle-ci, et lui crevèrent (les yeux). On dit que (depuis lors) l'araignée ne voit plus[1].

Ensuite les hommes dressèrent un échafaudage très élevé, et dirent : Arrivons jusqu'au ciel. Mais ils ne réussirent pas, et tombèrent à terre. Alors ils (y renoncèrent), ayant peur d'être brisés[2].

Ils avaient jadis demeuré (avec Leza) sous un grand arbre[3], et c'est là sous cet arbre qu'ils accomplissaient leurs cérémonies religieuses. C'est là qu'ils faisaient leur culte, disant que là demeurait leur chef. Ils y amenaient des chèvres et des moutons en grand nombre pour que Leza eût à manger ; ils les amenaient sous cet arbre.

Un jour Leza rencontra un homme sous cet arbre, et lui dit : D'où viens-tu? Il répondit : J'amène tes chèvres. Leza lui dit : Retourne au village et dis : Ainsi parle Leza ; lorsque vous verrez une grande poussière vous saurez que c'est Leza[4].

Cet homme retourna au village et parla ainsi. Un certain jour les hommes virent une grande poussière ; c'était Leza. Un ouragan arriva ; les hommes surent que c'était Leza. Ils s'assemblèrent et s'assirent dans la place publique. Leza arriva et se tint sur un arbre. Ils l'entendirent parler ainsi : C'est moi, Leza ; vous ne me verrez plus sur la terre. Ils regardèrent en haut, mais ne pouvaient le voir. Même un homme qui lui demandait du tabac, ne put voir que la tabatière. Leza leur parla ainsi : Rendez un culte

1. Les Zambéziens croient que les araignées ne voient pas.
2. Pour d'autres essais des hommes d'arriver jusqu'au ciel, cf. n°* XXXVI et XXXVII.
3. Cet arbre nommé *ibozu* croît ordinairement isolé des autres ; il y en a généralement un tout près des villages. Ce sont là les arbres sacrés sous lesquels les Zambéziens déposent leurs offrandes.
4. Ces visites de Leza à son peuple ont cessé depuis longtemps. Les Ov'Ambo racontent, par contre, qu'aujourd'hui encore il arrive que *Kalunga* et sa femme *Musisi* descendent quelquefois vers les hommes ; celui qu'ils visitent ainsi ne peut les voir, mais il les entend lui ordonner de leur sacrifier un bœuf noir. Quand le bœuf a été sacrifié, *Kalunga* devient alors visible (*Folk-Lore Journal of the Cape*, 1880, p. 96).

à ma maison ¹. Quant à moi vous ne me verrez plus, je m'en vais maintenant.

Ici finit la tradition concernant Leza.

### XXXIII. — Za Leza ni mwanakazi wa kwe.

*Bantu ba ba ti kuti a b'ena mwanakazi. Diahano bo chi ba ti u ina ni mwanakazi wa kwe ku iyulu uko ku a ba endi. Inkwela ba ti u ina mwana wo mukwame. Inkwela ba ti Leza ha a benga kuti ehae b'ena hansi hano, mwanakazi wa kwe ch'o kana. Leza ch'o zubwa mwanakazi wa kwe, ch'o leka. Inkwela bumwe busiku naye mwanakazi ch'o benga kuti ehae banakazi kunina kwe. Naye mukwame ch'o kana. Inkwela bumwe busiku mwana naye ch'o ti ehae bahwile kunina kwe. Banyina ni bese chi ba mu bengela, ba mu shupa n'inchupa; ch'o dila.*

*Diahano ha ba bona ineyenyezi i enda mu iyulu, chi ba sumpwidila, ba ti ndji Leza wa bo u ya bo bala bana ba kwe b'ekele hansi hano; bwene bo ba ti kana ba ba bumbwa, ba ba wi mu chisamo chi zumite.*

*Leza a ambidi mwanakazi umwe : Ngowe u za ku ba nyin'a bo bonse; u za ku fwa, nawe mbo ba be ku hwila ikumbo la ko.*

*Diahano ha ba hwila ni ba twala malungu a subila, chi ba ti Leza wa bo u ba zubwa. Ako ha ba hwidila ba chi tutalaza. Ha ba hwila buti, ba kambidila, ba ti buti : Tu ku kambidila, mfumw'etu, u tu he mpaho; oshoo! oshoo! mankwe! mankwe! u nkosi mukando yo ha ni maianza obele. Ha ba kambidila buti ba twala mitwi hansi ni maianza ku iyulu. Ha ba manite ku kambidila ba ya ku muzi. Inkwela ba ka bodi, chi ba ti : Oshoo! oshoo! mankwe! mankwe! tu ku kambidila mfumw'etu. Chi ba twala maianza mu iyulu ni mitwi hansi.*

### XXXIII. — Leza et sa femme ².

Les hommes racontent que (Leza) avait une femme. Ils disent

---

1. La maison de Leza c'est l'arbre (*ibozu*) sous lequel il demeurait jadis.
2. La femme de Leza, se nomme *Nasilèlè*. Je n'ai rencontré nulle part ailleurs ce récit de la colère de Leza, de sa femme et de son fils, contre

qu'il a une femme au ciel, là où il est monté. De plus ils disent qu'il a aussi un fils. On dit aussi que comme Leza dans sa colère voulait tuer tous ceux qui étaient ici-bas, sa femme s'y opposa. Leza écouta sa femme, et abandonna (son dessein). Une autre fois, la femme (de Leza) dans sa colère voulut, elle aussi, tuer les femmes, ses compagnes. Son mari s'y opposa à son tour. Une autre fois encore le fils lui aussi voulut tuer les enfants, ses compagnons. Son père et sa mère se mirent en colère contre lui, et le frappèrent de verges. Il se mit à pleurer.

Aujourd'hui lorsque les hommes voient des étoiles qui traversent le ciel, ils poussent des cris, et disent que c'est Leza, leur chef, qui vient examiner ses enfants qui demeurent ici-bas[1]. Ils disent qu'ils n'ont pas été créés (par lui), mais qu'ils sont tombés d'un arbre desséché[2].

les hommes, les femmes et les enfants. Il est très curieux. Il ne m'a pas été possible d'obtenir plus de détails à ce sujet. De même que Leza est très probablement le soleil (cf. un texte *louyi* dans la troisième partie), de même sa femme Nasilèlè représente vraisemblablement la lune.

1. Il s'agit des étoiles filantes et autres météores. Les Ba-Yeye racontent également (*Folk-Lore Journal of the Cape*, 1880, p. 36) qu'on voit souvent passer Urezhwa dans les cieux; on y entend également sa voix. Quand il passe dans les cieux, il passe très rapidement, et répand une grande lumière (cf. aussi n° LI).

2. C'est peut-être à cause de cette tradition que les Zambéziens possèdent des arbres sacrés, où se fait leur culte (à moins que ce ne soient précisément ces arbres sacrés qui aient donné naissance à cette tradition). Les *Héréros* qui ont également des arbres sacrés racontent de même que les premiers hommes (un seul couple) sont descendus d'un arbre nommé *omumborombonga* (*Folk-Lore Journal of the Cape*, 1880, p. 93), le nom de la première femme serait *Kamangundu*. D'après les *Manganja*, les hommes et les animaux seraient descendus du ciel (Scott, *Manganja Dictionary*, pp. 215 et 589). Les Achantis racontent que Dieu créa d'abord sept humains qui descendirent du ciel au moyen d'une chaîne (cf. note 95). Ces traditions assez diverses sont semblables en ceci qu'elles font toutes descendre les hommes du ciel; sans doute c'est de là qu'ils sont arrivés sur l'arbre dont il est question dans notre texte.

Si, par contre, la tradition zambézienne et héréro doit être comprise dans ce sens que les hommes sont vraiment sortis d'un arbre, il faut en rapprocher la tradition commune aux Zoulous, Ba-Ronga et Ba-Souto qui fait sortir l'homme du roseau ou d'un marais (*umhlanga* en zoulou,

Leza dit à une certaine femme : C'est toi qui seras la mère de tous les hommes; tu mourras, et alors ils rendront aussi un culte à ton tombeau [1].

Aujourd'hui, lorsqu'ils rendent leur culte (à Leza), ils apportent des perles rouges, et ils disent que Leza, leur chef, les entend. Là où ils lui rendent un culte ils dressent de petites tables. Lorsqu'ils lui rendent un culte, ils frappent dans leurs mains, et disent : Nous te rendons un culte, ô notre chef, exauce-nous : *Oshoo, oshoo; mankué, mankué!* Toi le grand chef, toi qui donnes avec tes deux mains. Lorsqu'ils font ainsi leur culte, ils baissent leurs têtes vers la terre et lèvent leurs mains vers le ciel. Lors-

*lchlaka* en souto); cf. à ce sujet un intéressant article de Morensky sur les noms de Dieu chez les peuples Bantou (*Allgemeine Missions Zeitschrift*, 1895). [D'après les Zoulous (Callaway, *Izinyanga Zokubula*, Natal, 1890, in-8, Part. I. *Unkulunkulu*, p. 40-41), Unkulunkulu sortit d'un lit de roseaux et une femme en sortit après lui. Tous deux portaient le même nom. Unkulunkulu dit : Vous voyez comme nous sommes sortis du lit de roseaux, en s'adressant aux gens qui étaient venus après lui. L'on dit que tous les hommes descendent de lui parce qu'il sortit le premier du lit de roseaux. Umvelinqangi est le même qu'Unkulunkulu. D'après une variante, le premier homme et la première femme qui portaient tous deux ce nom naquirent d'un roseau qui avait été fait par Umvelinqangi. Cette version est généralement répandue chez les Ba-Soutos (cf. Casalis, *Les Bassoutos*, p. 254) à ce point qu'un roseau fiché sur une hutte est le symbole auquel on a recours pour annoncer la naissance d'un enfant. Cette tradition avait cependant ses contradicteurs, car le missionnaire Casalis parle d'un homme qu'on appelait *le Père Roseau*, parce qu'il ne cessait d'invectiver contre la notion généralement reçue, prétendant qu'il était impossible que des roseaux produisissent un homme. Cf. sur ce sujet A. Lang, *Mythes, cultes et religions*, p. 162 et suiv. — RENÉ BASSET].

D'après les Ov'Ambo, Kalungu aurait directement créé les hommes (trois couples d'où seraient sortis les Ov'Ambo, les Héréros et les Namaqua); la tradition achantie citée plus haut dit également que Dieu a créé les hommes. Il est possible cependant qu'il ne s'agisse pas là d'une création réelle et qu'on n'ait affaire qu'à une accommodation à notre manière de parler.

1. Je n'ai rien pu apprendre de plus sur cette femme; c'est probablement la femme du premier homme, celle qui correspondait à *Kamangundu* de la tradition héréro. Les Zambéziens font encore des cérémonies religieuses sur les tombeaux de leurs chefs; il est donc probable qu'il s'agit ici de leur premier ancêtre.

qu'ils ont fini leurs supplications, ils retournent chez eux. Ils reviennent de nouveau et disent : *Oshoo, oshoo; mankué, mankué!* nous te rendons un culte, ô notre chef. (Ils parlent ainsi) en baissant leurs têtes vers la terre et en levant leurs mains vers le ciel [1].

## XXXIV. — Zo mukwame ni mwanakazi.

*Mukwame a b'ena umbwa, me umbwa wa kwe a fwi. Mukwame a ti : Bawe, mwangu, tu haze umbwa wetu. Mwanakazi etabi, a ti : U ti nzi? Mukwame a ti : Ni ti tu haze umbwa wetu. Mwanakazi a ti : Nanta! kanzi u mu hazi mbwene si mu saki; ka ni saki umbwa uzo kuti a hale, bwene u iba; si suni; a ka sohiwe. Mukwame kana a ba ambi chintu, a ba tontodi budio. Umbwa uzo n'a ba sohiwa mu nkanda; ba ka mu biki mu chidindi, ba ka mu si mo. Ba bodi ku muzi.*

*Bumwe busiku ku fwi banyina bo mwanakazi uzo; me a didi, ha a bona kuti banyina ba fwi. A ti ku mukwame : Bamayo ba fwa, u ba buse. Mukwame a ti : Ka ni saki name; iwe u ba kanini nzi umbwa wa ngu ha a ba fwile ni ba sake ni mu buse? Iwe ni wa kana; name ka ni saki kuti ni buse banyoko; nabo tu ka ba sohe bwinga umbwa wa ngu. Mwanakazi n'a ti : Ni ku kambidila, u buse bamayo. Mukwame n'a zumina. A ti : U mu twale ku nzubo ya kwe. A mu twadi, a ka mu biki mo; a endi ku musamo, a ku u leli; a siki, a u ihiki mu chizungu; a mu hi, a di. Ha a mana ku dia, a buki, ekadi, n'a di mukando-kando. Mukwame a ti ku mwanakazi : Kanzi u iyudi mu nzubo umo. Mwanakazi a zumini, a ti : 7. Mukwame a ti : Ha u iyula umo mu nzubo unyoko mbo a bole a fwe. A pinki ku nzubo, a endi ku ka sia musamo umwe.*

*Ku isule la kwe mwanakazi eyudi mu nzubo, a wani banyina b'ekele mu nzubo. Ha a ba boni mwan'a kwe a zwi nkulo, a bodi a fwi. Mukwame a ba bodi ku ka sia musamo, a wani inkwela wa fwa. A ti ku mwanakazi wa kwe kuti : Kana w'eyula mu nzubo umo?*

1. C'est une description de certaines pratiques religieuses des Zambéziens; ils déposent des offrandes sous les arbres sacrés, ces offrandes sont placées sur de petites tables en bois. Elles sont généralement offertes soit à Leza, soit aux mânes. On remarquera qu'ici, comme ailleurs, quand il s'agit de cérémonies religieuses, c'est de perles *rouges* qu'il est question.

*Mwanakazi a ti : Inzulu me! Mukwame a ti inkwela : Ndjeni w'eyula mu nzubo umo? Mwanakazi a ti : Mhwita. Mukwame n'a ti : Diahano ka ni chi busi nyoko.*

*Mwanakazi a ti : Ni ku kambidila, u mu buse. Mukwame a ti : Inzulu me! na suntika ku busa muntu, si saki diahano; u mu zike. Diahano ba mu ziki. Mukwame a ti : Mbo ba be ku fwa budio bantu bonse bwinga nyoko mbo a fwa.*

*Mbabantu bakulu-kulu ba ba sanguni ku bumbwa Leza Nzinkani zo mwanakazi ni mukwae wa kwe.*

### XXXIV. — Le (premier) homme et la (première) femme [1].

L'homme avait un chien; son chien mourut. L'homme dit : Femme, ressuscitons notre chien. La femme répondit : Que dis-tu? L'homme dit : Je dis qu'il nous faut ressusciter notre chien. La femme répondit : Non, ne le ressuscite pas, je n'en veux rien ; je ne veux pas que ce chien vive, c'est un voleur. Je n'en veux rien; il faut le jeter dehors. Le mari se tut et ne répondit rien. Quant au chien, on le jeta dehors; on le jeta dans un trou, on l'y enterra. Puis ils retournèrent chez eux.

Un autre jour la mère de cette femme mourut [2]. Elle pleura lors-

1. Il s'agit ici soit du premier homme et de sa femme, soit plutôt encore de Leza lui-même et de son mari (dans un récit *louyi* parallèle que m'a fourni Kabouko, il est, sans aucun doute, parlé de Nyambe lui-même et de Nasilèlè). Dans la tradition des Ba-Yeye (cf. note 95), qui rappelle beaucoup celle-ci, il est, en effet, question de *Urezhwa* lui-même; sa femme étant malade, il partit en canot pour chercher une médecine. Pendant son absence, elle mourut, et les Ba-Yeye jetèrent le cadavre au lieu de le garder; à son retour Urezhwa leur déclara que, s'ils avaient suivi ses instructions, sa femme aurait revécu; tandis que maintenant de même qu'elle était morte pour de bon, eux aussi quand ils mourraient ce serait pour de bon. Là-dessus il les aurait quittés, et serait allé demeurer au ciel.

Les deux jeunes Zambéziens, de qui je tiens ce très remarquable récit, m'ont dit eux-mêmes qu'il y avait certains détails dont ils ne se souvenaient pas, et que d'ailleurs il y avait connexité entre ce récit et le suivant. Tout cela, joint à divers indices qu'on trouvera à la note 110, me fait croire qu'il s'agit bien ici de Leza, sa femme et sa belle-mère.

2. Les sceptiques, s'il y en avait, au Zambèze, demanderaient d'où vient la belle-mère, puisque nous avons ici affaire aux premiers êtres

qu'elle vit que sa mère était morte, et dit à son mari : Ma mère est morte, ressuscite-la. Le mari répondit : Je ne veux pas, moi non plus. Pourquoi, lorsque mon chien était mort et que je voulais le ressusciter, t'y es-tu opposée? C'est toi qui t'y es opposée ; moi à mon tour je ne veux pas ressusciter ta mère. Nous la jetterons dehors, elle aussi, comme on l'a fait pour mon chien.

La femme dit : Je t'en supplie, ressuscite ma mère. L'homme consentit, et dit : Porte-la dans sa hutte. Elle la prit et la mit dans sa hutte. (L'homme) alla chercher une médecine, et l'apporta ; quand il fut arrivé, il la fit cuire et la donna (à sa belle-mère). Lorsque celle-ci eut finit de manger (la médecine,) elle ressuscita, et s'assit ; elle était grasse, grasse. Alors l'homme dit à sa femme : N'ouvre pas (la porte) de cette hutte : La femme consentit et dit : Oui. Le mari ajouta : Si tu ouvres cette hutte, ta mère mourra de nouveau. Il assujettit fortement (la porte) de la hutte, et s'en alla déterrer une nouvelle médecine.

A peine était-il parti que la femme ouvrit la hutte ; elle vit sa mère assise au milieu de la hutte. Lorsque celle-ci vit sa fille, son cœur sortit, elle mourut pour la seconde fois.

Quand le mari revint avec la médecine qu'il avait été chercher, il trouva (sa belle-mère) morte de nouveau. Il demanda à sa femme : N'as-tu pas ouvert (la porte) de la hutte? La femme répondit : Certainement ce n'est pas moi. L'homme ajouta : Qui donc a ouvert ette hutte? La femme répondit : Je ne sais pas. L'homme dit alors : Je ne ressusciterai plus ta mère.

La femme lui dit : Je t'en supplie, ressuscite-la. L'homme répondit : Certainement pas! Je suis fatigué de ressusciter ta mère ; je ne le veux plus maintenant ; enterre-la! Alors ils l'enterrèrent. Puis l'homme dit : Dorénavant tous les hommes mourront ainsi, comme ta mère est morte [1].

---

vivants (qu'il s'agisse de Leza et de sa femme, ou du premier couple humain sorti de l'arbre dont il a été question plus haut). Mais chacun sait que dans des légendes de ce genre il faut prendre les choses comme elles sont, et ne pas trop presser les détails.

1. Cette légende est, sauf les quelques mots relatifs à une tradition du même genre chez les Ba-Yeye, unique jusqu'ici dans le folklore africain. Elle est extrêmement remarquable et porte bien l'empreinte du pur esprit indigène. Elle raconte, infiniment mieux que la légende sui-

Ce sont là les gens des temps très anciens, les premiers que Leza a créés.

C'est là l'histoire de la (première) femme et de son mari ¹.

### XXXV. — Za selotambwe ni sazibumbo.

*Bantu ba ti buti selotambwe ng'u ba tumwi kwa Leza kuti a k'ambe kuti: Bantu, ni mu bona muntu yo fwa, kanzi mu ti buti wa fwidila; nanta, kana n'a fwidila; mbo ba be ku bola. Diahano selotambwe a endi.*

*Ha a ka sika ha kati k'enzila, inkwela Leza ch'o ti kwa sazibumbo: Iwe u ende, u ka ti buti : Bantu mbo ba be ku fwa, kanzi ba bodi; u ende, ha u ka wana selotambwe wa sika, kanzi u k'ambi; ha u wana k'eni ku sika, u k'ambe kuti ba fwididile, kanzi ba bodi. Diahano sazibumbo ha a zwi ho, n'a yo bo tiya-tiya, ku wana selotambwe u chi ya bo kokoneka, k'eni ku sika ni ku muzi.*

*Diahano sazibumbo a hitididi, n'a ya bo tiya-tiya. A siki ku bantu, a ti buti. Leza wa ti buti : Mu fwididile, kanzi mu bodi inkwela. Diahano a bodi ku Leza. A siki, a ti : Na ka wana selotambwe k'eni ku sika ku muzi. Ye Leza a itumedi ; nandi selotambwe wa ka fwila nku kona uko. — Ime s'izi zingi.*

*Mpo zi manina.*

### XXXV. — Le caméléon et le lézard ².

Les gens disent que c'est le caméléon qui a été envoyé par Leza vante, qui en est, d'ailleurs, la suite, l'origine de la mort dans l'humanité. On remarquera que, comme dans la Bible, c'est la désobéissance de la femme qui a attiré sur les hommes la mort sans espoir de résurrection. Mais les détails et tout l'ensemble de l'histoire sont trop différents pour qu'il y ait lieu d'y voir un écho lointain d'une tradition musulmane ou chrétienne arrivée jusqu'au Zambèze.

1. Ici il est parlé de création (litt. : ils ont été formés, façonnés) des hommes par Leza, tandis qu'auparavant il a été dit (cf. note 103) que ceux-ci sont tombés d'un arbre desséché et n'ont pas été créés. Il y a, ou bien deux traditions différentes, ou bien plutôt accommodation dans cette phrase-ci à notre manière de voir et de parler ; j'incline d'autant plus à admettre cette seconde opinion, qu'il est probable que l'homme dont il est question ici est probablement Leza lui-même.

2. La légende de l'*Origine de la mort*, ainsi qu'on l'appelle d'habitude, est une des plus connues et des plus répandues dans l'Afrique tout en-

pour dire : Vous hommes, quand vous verrez quelqu'un mourir,

tière, bien au-delà du domaine bantou. On la retrouve chez les Bantou, les Hottentots, les Bushmen et les Haussas du Soudan. Christaller a rassemblé plusieurs de ces traditions dans ses *Negersagen von der Goldküste* (*Zeits. für afr. Spr.*, 1887, pp. 48 sq.) ; d'autres s'y sont jointes depuis. Les Ba-Souto (*Revue des Trad. pop.*, 1889, p. 396 ; Casalis, *Les Bassoutos*, p. 256, où par erreur les deux messagers sont confondus ; comme partout, c'est le caméléon qui est le premier et le lézard le second), les Zoulous (Bleek, *Reynard the Fox*, p. 58 ; Döhne, *Zulu-Kafir Dict.* Cape-Town, 1857, p. 247), les Ba-Ronga (Junod, *Contes des Ba-Ronga* ; voir la note en tête du conte intitulé : *La sagesse du caméléon*, p. 136 ; *Les Ba-Ronga*, Neufchâtel, 1898, in-8, p. 402, les Manganja du Zambèze (Scott, *Manganja Dict.*, p. 419) et les Haussas (Schön, *Hausa Reading Book*, et Christaller, *loc. cit.*) racontent tous la chose de la même manière ; partout le caméléon est le messager paresseux qui n'arrive qu'après le lézard. Il y a cependant entre ces divers récits une différence assez importante : chez les Ba-Souto et les Zoulous, le caméléon est seul envoyé avec le message : « Vous mourrez et ressusciterez », et le lézard va de lui-même, par pur désir de mal faire, porter aux hommes un message différent ; tandis que chez les Ba-Ronga, les Manganja et les Zambéziens, c'est Dieu lui-même qui envoie les deux messagers. Le premier message que les hommes recevront sera le vrai. Il est très probable que c'est cette version qui est la vraie ; elle est infiniment plus compréhensible que l'autre. Leza, ne pouvant se décider entre la vie et la mort, laisse à la chance le soin de décider pour lui. Si, comme mes conteurs me l'ont affirmé, il y a un lien entre le récit précédent et celui-ci, cela s'explique mieux encore. Leza veut, par ce moyen, décider si la mort de sa belle-mère doit être définitive ou non. Scott et Junod ajoutent à ce récit un détail intéressant, c'est que les Manganja et les Ba-Ronga, pour se venger du caméléon, chaque fois qu'ils en rencontrent un, le tuent en lui jetant dans la bouche une pincée de tabac.

Le récit achanti est très semblable à ceux que nous venons de passer en revue. Dieu envoie une chèvre et un mouton avec le même message : « Vous mourrez, puis ressusciterez. » Le mouton parti le dernier arriva le premier, mais dit le contraire de ce qui lui avait été ordonné. — D'après une autre version de même origine, le mouton arriva trop tard avec le message de vie, tandis que la chèvre, envoyée elle aussi par Dieu avec le message de mort, arriva la première. La première version se rapproche de celle des Ba-Souto et des Zoulous ; la seconde reproduit celle de Zambèze, des Manganja et des Ba-Ronga (cf. Christaller, *loc. cit.*).

Le mythe hottentot est donné par Bleek (*Reynard the Fox*, p. 54 et ne dites pas qu'il est vraiment mort; non, il n'est pas vraiment mort; (les hommes) ressusciteront. Alors le caméléon partit.

*Brief Report*, p. 10) dans trois versions un peu différentes les unes des autres. Dans toutes c'est *la lune* qui envoie dire aux hommes : « De même que je meurs et vis en mourant, de même vous mourrez et vivrez en mourant. » Dans la première version le messager est un insecte; en chemin, il rencontre le lièvre, qui se charge d'aller à sa place porter aux hommes le message de la lune; mais il leur dit : « De même que je meurs et mourant meurs réellement, de même vous aussi mourrez réellement. » Dans la deuxième version, il n'y a qu'un messager, le lièvre, qui s'acquitte de son message ainsi qu'on vient de le voir. Dans les deux versions, la lune se venge du lièvre en lui frappant le nez, qui se fend (depuis lors le lièvre a le nez fendu); le lièvre en colère égratigne le visage de la lune (de là viennent les taches de la lune). Les vieux Nama-qua, au dire d'Alexander (cité par Bleek, *loc. cit.*) ne voulaient pas manger de lièvre à cause du mal que celui-ci avait causé au genre humain.

D'après la troisième version hottentote, la mère de la lune serait morte par suite du message mensonger porté par le lièvre; c'est là ce qui aurait provoqué la colère de la lune. Cette version est très intéressante pour nous, surtout si on la rapproche de ce qui est dit à la note 107. Elle semble prouver qu'il y a, en effet, un rapport étroit entre la mort de la belle-mère de Leza et le message envoyé aux hommes par le lézard et le caméléon. Tout cela montre aussi l'unité fondamentale de la tradition hottentote et de la tradition bantou.

La légende bushmen est un peu différence de celle-ci, mais cependant s'en rapproche sur bien des points (Bleek, *Brief Report*, p. 9). La lune (qui est un homme aux yeux des Bushmen) frappe le petit lièvre (dont la mère est morte, en lui disant de pleurer bien haut, parce que sa mère est morte, et ne reviendra plus comme elle la lune qui ne meurt que pour renaître. — Une autre version du même mythe raconte qu'au contraire la lune a dit au petit lièvre de ne pas pleurer; en effet sa mère reviendra à la vie. Le petit lièvre refuse de le croire, et continue à sangloter disant que la lune le trompe. La lune là-dessus se met en colère. Le narrateur de qui Bleek tient cette seconde version, ne l'a pas terminée; mais la fin du conte devait très probablement expliquer que le manque de foi du lièvre, en excitant la colère de la lune, a eu pour effet de condamner hommes et animaux à une mort sans résurrection.

Toutes ces ressemblances et différences sont également curieuses. Il ne l'est pas moins de voir cette légende répandue du Cap de Bonne-Espérance jusqu'au Sahara. Il serait intéressant d'en posséder des versions provenant des autres parties de l'Afrique. [Dans un conte asandé (nyam-nyam) rapporté par Casati (*Dix années en Equatoria*, Paris, 1892, in-8,

Quand il fut arrivé à mi-chemin, Leza dit encore au lézard : Toi, va, et dis : Les hommes mourront et ne ressusciteront pas ; pars, si tu trouves le caméléon déjà arrivé, ne dis rien ; si tu trouves qu'il n'est pas encore arrivé, dis-leur qu'ils mourront véritablement et ne ressusciteront pas. Quand le lézard partit de là, il alla en courant, courant, et trouva (en route) le caméléon qui marchait lentement, lentement, et n'était pas encore arrivé au village (des hommes).

Alors le lézard le dépassa, il allait en courant, courant. Il arriva vers les hommes et leur dit : Leza dit que vous mourrez véritablement, et ne ressusciterez pas. Puis il retourna vers Leza. Il arriva et dit : J'ai trouvé que le caméléon n'était pas encore arrivé vers les hommes. Leza le remercia. Quant au caméléon (je ne sais) s'il n'est pas mort là (en route). Pour moi je n'en sais pas davantage.

C'est ici la fin.

### XXXVI. — Za bantu bakulu-kulu.

*Bantu bakulu-kulu ba ba di ku ti ha ba bona mwezi, chi ba ti buti : Ndjina impande. Chi ba sia masamo hansi. Ha ba mana ku sia, chi ba bika mo masamo male-male, kuti ba tantile ko. Ba endi, ba tanti; ni ba sumina ko angi masamo. Diahano a bi male-male; ch'a wila hansi. Bantu ba ba di ku ina ko chi ba fwa. Ni ba fwa budio, ka ba tii.*

*Inkwela bamwe nabo chi ba tanta; nabo ba enda, ni ba ya bo sumina ku'ya ku iyulu. Nabo ha ba sika hafohi ni iyulu, diaho masamo ch'a ba bodi ku isule la bo; inkwela ch'a chokoka. Diahano ba widi hansi. Ha ba sika hansi, chi ba fwa bonse.*

p. 163) un vieillard vit un mort sur lequel tombait la clarté de la lune. Il réunit un grand nombre d'animaux et leur dit : Lequel de vous, mes braves, veut se charger de passer le mort ou la lune de l'autre côté de la rivière. Deux tortues se présentèrent : l'une, qui avait de longues pattes, prit la lune et arriva avec elle saine et sauve sur la rive opposée ; l'autre, qui avait de petites pattes, emporta le mort et se noya. C'est pour cette raison que la lune morte reparaît tous les jours, et que l'homme mort ne reparaît jamais. Cf. sur ce sujet un important article de M. Goblet d'Alviella : *Coïncidences mythiques : l'intervention des astres dans la destinée des morts, Bulletin de Folk-lore wallon*, 1892, 2ᵉ semestre, p. 183-192. — René BASSET].

*Inkwela ni ba fwa, kwa bo nanta! ch'i lele. Inkwela chi ku tanta bamwe. Inkwela chi ba zimaniza masamo a bo. Inkwela nabo ha ba ka sika kule, ba wila hansi, nabo chi ba fwa.*

*Diahano ha ba boni. Kuti chi ba mana, diahano chi ba leka.*

### XXXVI. — Les hommes d'autrefois [1].

On dit que lorsque les hommes d'autrefois virent la lune, ils crurent que c'était un *impandé* [2]. Alors ils plantèrent des pieux dans le sol. Lorsqu'ils les eurent plantés, ils y assujettirent (d'autres) pieux très longs afin de monter par là (jusqu'au ciel). Ils se mirent à grimper, en y attachant encore d'autres pieux. Ce fut alors un mât très, très long. Ces pieux tombèrent à terre. Les gens qui étaient dessus moururent. Bien qu'ils fussent ainsi morts, (les autres) ne s'effrayèrent pas.

Ensuite d'autres encore grimpèrent; eux aussi montèrent, en attachant continuellement (d'autres pieux), afin d'arriver jusqu'au ciel. Lorsqu'eux aussi furent tout près (d'arriver) au ciel, (il se trouva) que les pieux derrière eux (c'est-à-dire les pieux d'en bas) étaient (déjà) pourris, et se brisèrent. Alors les gens tombèrent à terre; ils moururent tous.

Bien qu'ils mourussent ainsi, pour les autres, non! cela ne faisait rien (litt. : le pays dormait, c'est-à-dire c'était la paix). D'autres encore essayèrent de monter. Ils plantèrent de nouveau des pieux. Eux aussi, arrivés très loin, tombèrent à terre et moururent.

Alors quand ils virent qu'ils seraient (bientôt) tous morts, ils abandonnèrent la partie.

---

1. Cette légende a une lointaine analogie avec l'histoire de la Tour de Babel dans le livre de la *Genèse*; mais la ressemblance est purement fortuite, comme le montrent les autres légendes zambéziennes qui racontent de la même manière l'essai fait par les premiers hommes d'escalader le ciel. Il y a quelque chose de remarquable dans cette aspiration vers le ciel, le siège de la lumière; on la trouve chez plusieurs peuples africains, mais nulle part aussi nettement exprimée qu'ici.

2. L'*impande* (en louyi : *mande*) est un gros coquillage rond, d'une éclatante blancheur, qui est au Zambèze un ornement très apprécié des chefs. Je ne sais d'où on les tire. Un bel *impande* s'achète au même prix qu'une tête de bétail.

## XXXVII. — Zo muntu mukulu-kulu.

*Bantu ba ti buti u ba di muntu u zwa ku iyulu; naye u ba di muntu mukulu-kulu. Bantu ba ti uzo muntu u ba di muntu u zwa hansi hano. Inkwela ye a ba uluki ku ya ku iyulu yenke.*

*Diahano Leza ha a benga, ch'o tuma uzo muntu ku bakwabo; uzo muntu ha a k'eza ku bantu, ka ba mu boni ni ku a zwila; ba bona ch'o ikele nabo. Chi ba ti : Uzo muntu u zwila ki? Ye n'a ti : Ni zwila ku iyulu kwa mfumw'etu Leza. Chi ba ti buti : Ye Leza u ti nzi? Ye ch'o ti : Leza wa ti, suno u bengite, kana mwa sebeza bulotu misebezi ya kwe. Inkwela uzo muntu ha a mana ku amba budio, ch'o ti : Sana mu ndole, diahano ni enda kwa mfumw'a ngu. Chi ba mu lolelela, ch'o enda. Nabo ha ba bona buti, chi ba eleka nabo ku uluka, chi ba ti : Naswe iu ende kwa mfumw'etu Leza. Diaho chi ba kangwa ku uluka; chi ba ti : Tu uluke, tu ka onde mazoba. Chi ba kangwa, chi ba leka.*

## XXXVII. — Histoire d'un homme d'autrefois [1].

On raconte qu'il y avait un homme qui venait du ciel; lui aussi c'est un homme des anciens|temps. Ils disent que c'était un homme qui venait (d'abord) d'ici-bas, et qui s'était envolé tout seul pour aller au ciel.

1. La tradition de l'homme qui monte au ciel et en redescend avec un message de Leza, est très curieuse, et, semble-t-il, unique dans le foklore bantou. On pourrait se demander, avec plus de raison que pour les légendes précédentes, s'il n'y a pas ici une influence indirecte des idées chrétiennes, un écho de l'histoire de Jésus-Christ. Bien que les habitants du Haut-Zambèze aient été, jusqu'à Livingstone, entièrement isolés du monde chrétien, ils ont pu avoir de temps en temps, et au moins indirectement, des rapports avec les noirs ou les métis des colonies portugaises de l'Angola ou du Mozambique. Il y a même eu au XVIIe siècle, des missions catholiques sur le Bas-Zambèze, jusqu'à Zumbo, ainsi que dans le Mashonaland (le Monomatapa des Portugais). D'un autre côté, cette légende ressemble tant à la précédente qu'elle pourrait fort bien aussi être complètement indigène. Des recherches faites sur place permettront seules de formuler une conclusion certaine. Il peut fort bien y avoir des détails que je ne connais pas et qui changeraient toute la question.

Ensuite comme Leza était courroucé, il envoya cet homme vers les siens; quand cet homme vint vers les hommes, ils ne virent pas d'où il venait; ils le virent seulement quand il était assis avec eux. Ils demandèrent : D'où vient cet homme? Il dit : Je viens du ciel, de chez notre chef, Leza. Ils dirent : Et que dit Leza? Il répondit : Leza dit qu'aujourd'hui il est courroucé, parce que vous ne pratiquez pas bien les cérémonies de son culte. Puis, quand cet homme eut fini de parler ainsi, il dit : Regardez-moi ; maintenant je m'en retourne vers mon maître. Ils le regardèrent attentivement; il s'en alla. Lorsqu'ils virent cela, ils essayèrent eux aussi de voler, disant : Allons, nous aussi, vers Leza, notre maître. Mais ils ne purent pas voler. Ils disaient cependant : Volons, et atteignons les nuages. Ils ne purent pas et abandonnèrent la partie.

### XXXVIII. — Za bakwame ni banakazi bakulu-kulu.

*Bantu ba ti butí bantu bakulu-kulu, bakwame ni banakazi kana ba zakite muzi onke. Bakwame ba b'ena wa bo, nabo banakazi ni wa bo. Bakwame ba b'ena n'iñombe za bo, nabo banakazi ba b'ena ni za bo. Ba ba di ku hala budio bantu bakulu-kulu, ni ba s'ena banakazi. Ba ba di ku zota mafumba eñombe.*

*Bumwe busiku mudilo wa bo ni wa ba zimina. Chi ba ti : Mudito mbo tu wane hi, suno, bakwetu? Chi ba ti : Zumwe a ende ku mudilo ku banakazi. Diahano chi ba tuma zumwe mukwame. Ha a sika a wani muzi wa banakazi muloto. Banakazi chi ba ti : Sana tu ku soze zidio zetu zi tu dia iswe? A zubwi bulotu, ekadi; k'a chi bodi ku bakwabo. Inkwela a sesi mwanakazi.*

*Diahano ha ba bona kuti mwabo k'a chi bodi, chi ba tuma zungi ; naye ch'o k'ekala budio. Bumwe busiku bonse chi ba k'eza ku muzi wa banakazi, chi ba zaka muzi onke.*

*Banakazi ba b'ena iñombe; iñombe za banakazi mbabanyati. Bumwe busiku ha badisa ba nyonsa bana ba bo, zo iñombe za bo chi zi enda. Chi ba ti zumwe : U ende u ka zi chinge. A ti butí : Name ni nyonsa mwan'a ngu. Ba ti : U ende. Diahono a endi. Chi zi ka saka zi mu Hweza. Ch'o ka tiya, a bodi ku bakwabo. Diahano ba zi leki, chi zi enda. Zo za bakwame nzezi zi ch'ina ho suno. Nziñombe zine.*

XXXVIII. — **Les hommes et les femmes d'autrefois** [1].

On raconte que les premiers humains, les hommes et les femmes, ne demeuraient pas ensemble. Les hommes avaient (leur village) à eux; les femmes le leur, à elles. Les hommes avaient leur bétail à eux; les femmes aussi avaient le leur propre. Ils vivaient ainsi, les premiers hommes, seuls, éloignés des femmes; ils se chauffaient à du feu fait avec de la bouse de vache.

Un jour leur feu s'éteignit. Ils dirent : Où trouverons-nous aujourd'hui du feu? Ils dirent : Il faut que quelqu'un aille (demander) du feu au village des femmes. Ils envoyèrent alors un homme. Lorsque celui-ci fut arrivé, il vit que le village des femmes était très beau. Les femmes lui dirent : Ne veux-tu pas goûter de notre nourriture, celle que *nous*, nous mangeons? Il la trouva excellente. Alors il resta là et ne retourna pas vers ses compagnons. Il épousa l'une de ces femmes.

Quand les hommes virent que leur compagnon ne revenait plus, ils en envoyèrent un autre. Lui aussi resta comme (le premier). Petit à petit tous les hommes vinrent au village des femmes; ils habitèrent un même village.

Les femmes possédaient du bétail; leur bétail c'étaient des buffles. Un jour, comme les bergères allaitaient leurs enfants, leurs buffles s'enfuirent. Elles dirent à l'une d'entre elles : Va vite les arrêter. Elle répondit : Moi aussi, j'allaite mon enfant. Elles répondirent : Vas-y. Elle y alla alors. Les buffles voulurent la percer (de

1. Cette tradition porte l'empreinte non méconnaissable de son origine purement africaine. Elle peut être comparée à la légende des Ba-Souto : *Les quatre jeunes gens et la femme* (Jacottet, p. 253), qui raconte également que dans les premiers temps les hommes vivaient séparés des femmes. Dans le récit des Ba-Souto, c'est la femme qui aurait la première trouvé le feu et le moyen de préparer les aliments ; dans la légende zambézienne, le feu des hommes s'éteignant, ceux-ci ne peuvent le rallumer qu'au moyen de celui des femmes. Dans l'un et l'autre des deux récits, ce qui amène les hommes à vivre avec les femmes, c'est que celles-ci seules savent bien préparer les aliments. C'est l'histoire de l'origine du mariage, fondé sur les services réciproques que les hommes et les hommes se rendent. Au sujet de l'origine du feu, cf. une curieuse tradition *ronga* sur la manière dont le clan Hlengwé aurait obtenu le feu (Junod, *Grammaire Ronga*, Lausanne, 1896, p. 13).

leurs cornes); elle eut peur et retourna vers ses compagnes. Alors les femmes abandonnèrent (leurs buffles) et les laissèrent partir. Quant (au bétail) des hommes, c'est celui qui est encore là aujourd'hui ; ce sont les vrais bœufs [1].

### XXXIX. — Za bantu bakulu-kulu.

*Bantu bakulu-kulu ba ba di ku dia buongo ba mahila. Ha ba ka zwa ku kutula, ha ba sika chi chi b'ehika buongo ba mahila, chi ba dia. Diahano ha ba kaba mahila, chi ba ulusa mahila, ba twala buongo, ba siya mahila. Ba ka bika buongo mu zibombwa za bo, chi ba ti ngamahila ; diaho ka b'ezi kuti a ba siya ku luwa ngamahila.*

*Bumwe busiku umwe mwanakazi a zadi mwana, a boni k'a wodi ku dia buongo, a ti ku banyina : Ime na kangwa ku dia buongo. Banyina ba ti : Inkwela mbo u die nzi ? Ye a ti : Leza wa ti kanzi ni di buongo ba mahila. Mwanakazi bumwe busiku, a eleki ku twa mahila, a twi, ehiki bukombazana, a sodi, a wani zidio zilotu.*

*A sumpi banyina ; b'ezi, nabo ba sodi, ba wani bulotu, ba ti ku mwan'a bo : Tu ku ya, mwan'a ngu, ku ka zolele mahila ; mbo tu ende, ba chi lele. Ba endi masiku, ba ka zoledi mahila onse a bantu bonse, ba leti ku muzi. Ba siki, ba zwisi buongo bonse, ba biki mahila. Diahano ba twi inkoko inkando, b'ehiki ; i buzwi, b'ehudi mu tusuba.*

*Diahano ba sumpi bantu, ba ti : Mu ize, mu sole izi zidio. B'ezi, ba sodi, ba wani bulotu, ba ti : Diaho izi nzezidio zilotu. Diahano nabo ba ti : Tu ende, tu ka zolele mahila etu. Ba wani chi ba zolela onse. Ba ti : Ndj'eni wa twala zidio zetu ? Diahano b'ezi ku mwanakazi uzo, ba ti : Ngowe wa twala zidio zetu? Ye a ti : Ki neme. Ba ti : Mbo u tu lele tu bonse ; tu bonse tu be bahikana ba ko, mbo tu be ku twila, ni ku ku tekela menzi. Ye a ti : Mbobo.*

---

[1]. Les Héréros racontent au sujet des Nama-qua (Ova-Kuena) une légende analogue (*Folk-Lore Journal of the Cape*, 1880, p. 94). Comme les Nama-qua voulaient faire entrer leurs bestiaux dans le *kraal* (enclos où les bestiaux passent la nuit), ceux-ci s'y refusèrent. Les Nama-qua se fâchèrent, et se mirent à lancer leurs flèches contre leur bétail, qui, pris de peur, s'enfuit dans le désert et y redevint sauvage. Les antilopes, les gnous, les zèbres, les buffles, etc. sont les descendants de ces bœufs redevenus libres.

## XXXIX. — Les hommes d'autrefois[1].

Les hommes d'autrefois mangeaient la balle de sorgho. Lorsqu'ils venaient de la récolte, arrivés (à la maison), ils cuisaient la balle du sorgho et la mangeaient. De plus lorsqu'ils battaient le sorgho, ils laissaient tomber le sorgho et emportaient la balle. Le sorgho, ils le laissaient (là). Ils rassemblaient la balle dans leurs greniers, disant que c'était là le sorgho; ils ne savaient pas que ce qu'ils laissaient dans le champ c'était le vrai sorgho.

Un jour une femme accoucha d'un enfant; elle vit qu'elle ne pouvait manger de la balle et dit à sa mère : Quant à moi, je ne puis manger de la balle. Sa mère lui dit : Alors que mangeras-tu ? Elle dit : Leza a dit que je ne mange pas de la balle de sorgho. Un jour cette femme essaya de moudre du sorgho, elle le moulut, fit cuire de la bouillie, la goûta et trouva que c'était une excellente nourriture.

Elle appela sa mère; celle-ci vint, goûta elle aussi, trouva cela bon, et dit à sa fille : Allons, mon enfant, chercher du sorgho; allons-y pendant que les gens dorment. Elles allèrent pendant la nuit, rassemblèrent tout le sorgho des gens et l'apportèrent chez elles. Elles arrivèrent, sortirent (de leurs vases) toute la balle et y mirent le sorgho. Puis elles moulurent une grande quantité de farine, la cuisirent; quand elle fut cuite, elles la firent refroidir sur des plats.

Ensuite elles appelèrent les gens, disant : Venez et goûtez cette nourriture. Ils vinrent, goûtèrent, trouvèrent cela bon et dirent : C'est en effet cela qui est une nourriture excellente. Puis ils dirent, eux aussi : Allons, et rassemblons notre sorgho. Ils trouvèrent qu'on l'avait déjà tout pris. Ils demandèrent : Qui donc a pris notre nourriture? Alors ils vinrent vers cette femme et

---

1. Les Ba-Souto (cf. Casalis, *Les Bassoutos*, et A. Sekese, p. 215), et les Zoulous (cf. Merensky, *Allgemeine Missions Zeitschrift*, 1895, article cité) ont une tradition pareille. Les premiers hommes ne se seraient nourris que de bouse de vache; une femme, voulant tuer sa rivale, lui donna à manger du sorgho (qu'on regardait jusqu'alors comme la nourriture du bétail seul); elle pensait que sa rivale en mourrait. Voyant qu'au contraire celle-ci n'en devenait que plus grasse, elle en mangea, elle aussi, et apprit aux hommes à en manger.

lui demandèrent : Est-ce toi qui as pris notre nourriture ? Elle répondit : Ce n'est pas moi. Ils dirent : Tu prendras soin de nous tous ; nous tous serons tes serviteurs, moudrons pour toi et puiserons ton eau. Elle dit : C'est bien [1].

## XL. — Za Sikulokobuzuka.

Sikulokobuzuka muntu ya b'ena musamo halolo ; a ba di kutí ha a wana iñombe za bantu, ch'o zi sibila mulozi. Diahano ha zi zubwa budio, zonse chi zi tilanina kwa kwe zonse, ku kangwa ni zi siala ku badisana. Diahano iye Sikulokobuzuka ch'o zi kaba. Diahano zi wila inzila i ya ku idizo. Diahano bantu ha ba bona budio, chi ba mu hindika. Diahano mwanakazi wa kwe u ina ku muzi ch'o ya ku idizo. Dia : hano mukwame wa kwe ch'o sika n'iñombe zingi-zingi. Diahano mwanakazi wa kwe ch'o ambila lwizi, a lu kabi ni kadaba. Diahano lwizi chi lu hanzakana. Diahano Sikulokobuzuka ch'o hita n'iñombe za kwe : diahano lwizi chi lu bola lu sinkana. Diahano bantu zile ba tandanya Sikulokobuzuka chi ba zima h'edizo ; diahano chi ba di bolela ku muzi wa bo.

Diahano iye Sikulokobuzuka ch'o aba inyama mbwene a b'ena banakazi botatwe. Mazina a bo ngana : zumwe ndji Bumba, ni Mozo, ni Kubeza. Diahano mwanakazi uzo ya ba di ku mu vuna, ndj'a ba di ku dia makondo eñombe. Abo ba ba di ku ikala budio, ba ba di ku dia inyama i monite ya mafuta. Inkwela bumwe busiku a endi. Inkwela a ka leti zimwe iñombe ; inkwela ba mu tandanyi. Inkwela mwanakazi uzo a ñatudi lwizi ; diahano inkwela a hiti n'iñombe za kwe. Inkwela ha a siki ku muzi, ch'o ha makondo mwanakazi wa kwe, inyama ch'o ha bangi.

Diahano mwanakazi wa kwe a ti buti : U mu leke suno. Diahano mukwame a endi, a ka saka iñombe ; diahano a ka zi wani. Diahano a zi twadi. Diahano bantu ba mu hindiki ; diahano a zi sibidi mulozi. Diahano a siki ha lwizi. Diahano Sikulokobuzuka a sumpi mwanakazi wa kwe kuti eze, a kabe menzi ni kadaba ka kwe. Ye a kani ku kaba

---

1. Cette femme devient leur reine. Aurions-nous ici la tradition africaine de l'origine de la royauté ? En tous cas c'est bien ainsi que les Africains le comprennent ; le chef est, somme toute, dans leur conception primitive (aujourd'hui bien changée), le propriétaire ou le détenteur de tout ce qui fait vivre (bétail, sol, etc.).

*menzi. Diahano bantu ba mu ondi, ba mu ihai, ba twidi iñombe za kwe, ba di endedi nazo.*

*Diahano banakazi ba ti buti : Ndj'eni yo za ku busa mukwame wetu? Diahano uzo ya ba di ku dia makondo eñombe, bumwe buziku mwanakazi uzo a ti buti : Tu buse uzo mukwame wetu. Diahano a twadi bulongo, a bumb mubidi ; diahano a sanduki muntu. Diahano a buki. Inkwela a endi ku ka leta iñombe. Mwanakazi wa kwe ha a bona kuti iñombe za sika, ch'o kaba lwizi ni kadaba ka kwe; lwizi chi lu hanzakana. Sikulokobuzuka ch'o hita n'iñombe za kwe. Inkwela ha a ka sika ku muzi ch'o ihaya iñombe imwe. Inkwela ch'o ha makondo mwanakazi uzo.*

*Diahano mwanakazi a ti buti : Suno mbo ba mu ihaidile. Diahano a endi, a ka zi leti; mwanakazi a kani ku kaba lwizi. Diahano ba mu ondi, ba mu ihaididi.*

*Mpo zi manina.*

## XL. — Légende de Sikoulokobouzouka [1].

Sikoulokobouzouka est un homme qui avait beaucoup de médecines. Lorsqu'il trouvait le bétail des gens, il leur sifflait un certain air. Lorsque le bétail l'entendait, tous couraient vers lui; pas un seul bœuf ne restait auprès des bergers. Alors Sikoulokobou-

---

1. **Sikoulokobouzouka** (litt. : l'homme à la jambe de cire) est un être fantastique qui vit dans les forêts; tout un côté de son corps est en cire. On en trouvera, au n° XLVII, une description complète (voir aussi les notes qui s'y rapportent). Ici il s'agit d'une curieuse légende qui le concerne. Cette légende, qui semble provenir des Ma-Mbounda, m'a été également donnée _ mbounda sous une forme un peu différente ; on la trouvera dans la troisième partie de cet ouvrage. [L'épisode du sifflet merveilleux existe aussi dans les contes européens ou africains Cf. le conte berbère : *Le berger joueur de flûte* (Creuzat, *Essai de dictionnaire français-kabyle*, Alger, 1873, in-12, XLVI-LI; Rivière, *Contes populaires de la Kabylie du Jurjura*, Paris, 1884, in-18, p. 90); le conte breton : *Les trois fils de la veuve* (Luzel, *Contes populaires de la Basse-Bretagne*, Paris, 1887, 3 v. petit in-8, t. II, p. 161; la première partie d'un conte de Lorraine, *Le sifflet enchanté* (Cosquin, *Contes populaires de Lorraine*, Paris, 2 vol. in-8, s. d., t. I, p. 263); dans un conte magyar, *Les lièvres du roi* (Klimo, *Contes et légendes de Hongrie*, Paris, 1898, pet. in-8, p. 167). R. BASSET].

zouka les conduisait ; ils prenaient une route qui menait au bord (du fleuve). Les gens, voyant cela, se mettaient à sa poursuite. Alors sa femme qui était demeurée au village, venait au bord (du fleuve). Son mari y arrivait avec un grand nombre de bœufs. Alors la femme parlait au fleuve, et le frappait avec son pagne[1]. Le fleuve alors se divisait, et Sikoulokobouzouka passait avec ses bœufs; puis le fleuve revenait à sa place. Les gens qui poursuivaient Sikoulokobouzouka s'arrêtaient au bord (du fleuve), puis s'en retournaient à leur village.

Alors Sikoulokobouzouka distribuait sa viande ; il avait, en effet, trois femmes. Voici leurs noms : l'une est Boumba, l'autre Mozo, l'autre Koubeza[2]. Celle de ses femmes qui l'avait aidé, n'avait à manger que les pieds des bœufs. Celles qui étaient restées tranquillement (chez elles) avaient à manger la viande la plus grasse. Un jour Sikoulokobouzouka partit de nouveau. Il enleva de nouveau du bétail, de nouveau on le poursuivit. Sa femme partagea de nouveau le fleuve ; il passa de nouveau avec son bétail. Arrivé chez lui, il ne donna à cette femme que les pieds (des bœufs), la viande il la donna aux autres[3].

1. L'incident du fleuve que l'on frappe pour le diviser, et qui rappelle le récit de la traversée de la mer Rouge par Moïse et les Israélites, n'est pas isolé dans le folklore bantou ; il ne faut donc pas y voir les traces d'une origine arabe ou orientale. Ce trait se retrouve chez les Ba-Ronga, dans le conte de *La jeune fille et la baleine* (Junod, *Contes des Ba-Ronga*) ; chez les Zoulous dans les contes d'*Usitungusobenhle* (Callaway, p. 78) et d'*Ulangalasenhla* (ibid., p. 87), ainsi que chez les Cafres-Xosa dans le conte de *Côte-de-fer et sa sœur* (Theal, p. 124) Dans le folklore souto, certains personnages ont le pouvoir analogue de faire croître ou baisser les eaux d'un fleuve, par exemple, dans le conte de *Morongwé et Morongwenyané* (A. Sekese, p. 199).

2. Dans la version mbounda, les noms sont différents, mais la signification est la même ; ils ont, en effet, une signification plus ou moins mythologique. Boumba, c'est le verbe *ku bumba*, *façonner*, modeler (comme de l'argile) ; Mozo, signifie (en totela) *vie* ; Koubeza, c'est le verbe *ku beza*, *sculpter*, tailler (du bois). Dans la version mbounda, les noms s'expliquent d'eux-mêmes par le rôle que joue chacune des femmes dans la résurrection de Sikoulokobouzouka.

3. Encore un trait d'ingratitude masculine qui ne peut manquer d'être puni.

Alors sa femme se dit : Laisse-le aujourd'hui (dans la difficulté). Son mari partit; il chercha du bétail et en trouva. Il l'emmena. Les gens le poursuivirent. Il appela le bétail en sifflant. Il arriva près du fleuve. Alors Sikoulokobouzouka appela sa femme, pour qu'elle vînt frapper l'eau avec son pagne. Elle refusa de frapper l'eau. Alors les gens le prirent, le tuèrent, se saisirent de leurs bœufs et partirent avec eux.

Les femmes de Sikoulokobouzouka dirent alors : Qui ressuscitera notre mari ? Alors celle qui n'avait à manger que les pieds des bœufs, un jour cette femme dit : Ressuscitons notre mari. Elle prit de l'argile, façonna un corps ; ce corps devint un homme. Alors il ressuscita[1]. Il retourna chercher du bétail. Quand sa femme vit que le bétail arrivait, elle frappa l'eau avec son pagne ; le fleuve se divisa. Sikoulokobouzouka passa avec son bétail. Arrivé au village il tua un bœuf; de nouveau il n'en donna à sa femme que les pieds.

Alors la femme dit : Aujourd'hui, ils le tueront pour tout de bon. Il partit de nouveau, et amena du bétail. La femme refusa de frapper le fleuve. Alors les gens le prirent et le tuèrent pour tout de bon[2].

C'est ici la fin.

## XLI. — Z'embizi.

*Bantu ba ti banyolozi ba ba di ku s'ena maziya; ba ba bumbwa budio, ni ba s'ena maziya; ni ba dia budio mani. Bumwe busiku zi sumpilwi maziya, bwene Leza u ba ti buti : Yo sa hwedi ku sika mbo a fwa a wane, mbo a wane k'a ch'ina ho maziya. Diahano zinyolozi zonse za sumpwa.*

1. Dans le récit mbounda, plus complet que le nôtre, les trois femmes ont chacune leur part à la résurrection du mari ; mais c'est également la troisième (*Mbounge* = cœur, en mbounda) qui y joue le rôle décisif. Sans elle Sikoulokobouzouka ne peut revivre.
2. Cette fois-ci la femme en a assez ; elle refuse de faire revivre son mari. Chose curieuse, Sikoulokobouzouka, que la légende fait mourir, existe toujours au Zambèze. C'est, m'ont expliqué mes conteurs, qu'il y a eu plusieurs Sikoulokobouzouka successifs. Il faut bien s'en tenir à cette réponse. En folklore d'ailleurs, le plus sage est de ne pas vouloir tout comprendre et de renoncer à chercher toujours et partout à concilier des récits divergents ou contradictoires.

*Diahano zinyolozi zonse, ha zi zubwa budio, chi zi enda, banzovu, ni banyati, ni bansefo, ni banchimpepele, ni zinyolozi zonse izi z'ina ni maziya. Diahano zimwe ha zi bola, zi wani umbizi. Zi ti kwa kwe : Iwe u chi chita chinzi? Bakwenu ba ku nyima maziya. Ye umbizi ch'o ti : Ni chi dia mani a ngu malotu. Inkwela umwe a mu wani; inkwela naye a ambi bwinga wa pele. Inkwela imbizi i ti : Ni chi dia mani a ngu malotu.*

*Diahano ha i enda ko, i wani k'a ku ch'ina maziya. Ba amba budio kuti zinyolozi zi s'ena maziya zi ba chengelelwa ni ku dia. Izi z'ina maziya nzezi ba kwedi ku enda ku zi ba di ku sumpwa ni simwini wa zo.*

**Mpaho mpo zi manina aho.**

### XLI. — L'histoire du zèbre [1].

On raconte que les animaux n'avaient pas de cornes; ils avaient été créés ainsi, sans cornes; ils mangeaient seulement de l'herbe. Un jour ils furent appelés pour recevoir des cornes; en effet Dieu dit: Celui qui ne se hâte pas d'arriver, il mourra sans avoir de cornes, il trouvera qu'il n'y a plus de cornes. Tous les animaux furent appelés.

Alors tous les animaux, lorsqu'ils entendirent cela, y allèrent; les éléphants, et les buffles, et les élans, et les rhinocéros, tous les animaux qui ont des cornes aujourd'hui. Quelques-uns à leur

1. Cette légende étiologique, destinée à expliquer pourquoi le zèbre n'a pas de cornes, a son pendant chez d'autres peuples Bantou. Chez les Zoulous (Callaway, p. 355) et les Ba-Souto (*Revue des Trad. pop.*, 1889), c'est l'hyrax ou daman (petit pachyderme rongeur vivant dans les rochers) qui n'a pas de queue, parce qu'au lieu d'aller lui-même chercher la sienne, alors que Dieu les distribuait à tous les animaux, il s'est contenté d'envoyer quelqu'un la chercher pour lui. Les Ba-Souto ont là-dessous un proverbe très populaire : *Pela e ne e hloke mohatla ke ho romeletsa* : le daman n'a pas de queue, parce qu'il a envoyé (quelqu'un la chercher pour lui). Au lac Nyassa, on raconte au sujet du *bvimbi* (un insecte semblable à la sauterelle, avec un très gros ventre et pas d'ailes) une légende analogue (Scott, *Mangaja Dictionary*, p. 27). Quand Dieu distribuait des ailes aux insectes et aux oiseaux, le *bvimbi* s'attarda à manger en chemin il arriva quand toutes les ailes disponibles étaient déjà distribuées. Dieu ne put que lui donner, en place d'ailes, le gros ventre qui le distingue des autres insectes.

retour rencontrèrent le zèbre. Ils lui dirent : Que fais-tu donc, toi ? Tes compagnons te privent de tes cornes. Le zèbre répondit : Je suis occupé à manger ma bonne herbe. Un autre animal le rencontra de nouveau ; lui aussi parla comme le premier. Le zèbre lui répondit encore : Je continue de manger ma bonne herbe. Ensuite quand il alla là-bas, il trouva qu'il n'y avait plus de cornes.

On raconte ainsi que les animaux qui n'ont pas de cornes sont ceux qui sont restés à manger. Ceux qui ont des cornes, ce sont ceux qui se sont hâtés de se rendre là où ils étaient appelés par leur chef.

C'est ici que l'histoire finit.

### XLII. — Za bangwena n'imbolo.

*Ba ba di ku zana bobele n'ingwena n'imbolo. Ba endi h'esekeseke, ba siki, ba ladi. Imbolo ni ya ti ku ngwena : Tu sambe. Ingwena ni ya ti : Tu ku ya. Diahano ni b'endjila mu menzi, ni ba samba. Imbolo i ti ku ngwena : Tu zubuke, eawe. Diahano ba zubuki ; ba siki h'esekeseke, ba ladi.*

*Inkwela ba buki. Imbolo ni ya ti ku ngwena : Eawe, u lete ludimi lwa ko, ni bone. Ingwena ni ya mu ha. Imbolo i biki mu kaholo ka yo, i chiti madimi obele ni l'engwena. Diahano imbolo a tii ni madimi obele ni l'engwena. A endi mu menzi. Ungwena ni a ti : U ni he ludimi lwa ngu. Umbolo a kani, a ti : Ka ni saki. Me ingwena ni ya ti : Diaho zile u ni chengelela. Diakano umbolo a ka di ungudi mu mani ; ingwena i kangwi ni ku mu bona. Ch'i s'ena ludimi ; ingwena i ba nyangwa n'imbolo.*

*Ingwena i mina budio inswi, ka i tafuni.*

*Mpaho mpo zi manina.*

### XLII. — Le crocodile et l'iguane[1].

Ils étaient à jouer ensemble, le crocodile et l'iguane. Ils allèrent sur le sable ; arrivés là, ils s'y couchèrent. L'iguane dit au crocodile : Baignons-nous. Le crocodile dit : Allons-y. Alors ils entrè-

---

1. Pour *iguane*, il serait probablement plus exact de mettre *varan*. Les Zambéziens prétendent que cet amphibie a deux langues et que le crocodile n'en a point.

rent dans l'eau et se baignèrent. L'ignane dit au crocodile : Sortons, ami. Ils sortirent de l'eau; arrivés sur le sable, ils y dormirent.

A leur réveil, l'iguane dit au crocodile : Ami, apporte ici ta langue que je la voie. Le crocodile la lui donna. L'iguane la plaça dans sa bouche : il eut ainsi deux langues, la sienne et celle du crocodile. Alors l'iguane s'enfuit avec les deux langues, la sienne et celle du crocodile Il entra dans l'eau. Le crocodile lui dit : Donne-moi ma langue. L'iguane refusa; il dit : Je ne veux pas. Le crocodile dit : C'est donc que tu me jouais un mauvais tour! Alors l'iguane se cacha au milieu de l'herbe. Le crocodile ne put pas l'y trouver. Il n'a plus de langue, le crocodile en a été privé par l'iguane.

Le crocodile avale simplement les poissons; il ne peut les mâcher. C'est ici la fin.

### XLIII. — Z'epombwe n'inzovu.

*Ipombwe ba ti kuti u ba di muntu, a ba tii ku dima. Nch'a ba sanduki munyolozi w'enkanda. Ch'a ba endi mu nkanda ku ku ya zichelo z'omo. Nch'a ba bi munyolozi yo hala tuhoka. Ba amba budio bantu bakulu-kulu, ni suno ba chi amba budio. U ba di chonki ku mataku ni muhungu w'enkoko; ch'a ba sanduki munyolozi w'enkanda, ch'a ba endi ni maulo one, ch'a ba meni buza ha mubidi, ni ku matende, ni ku maianza. N'a chiti budio. Kan'a ba sanduki ni maianza, ni matende, ni buso, ni ku ikala; zonse zo nza bantu.*

*Nayo inzovu ba ti u ba di muntu; naye i ba tii ku dima, nch'a ba sanduki munyolozi mukando. Ye ndiye ya ba sanduki munyolozi mwine; ni maianza, ni matende, ni maziya, ni matwi ki nga bantu; mbwita maabele, ni munwe, ni mulomo, zonse nza bantu. Bantu ha ba dima zidio za bo, chi zi k'eza ku dia zidio za bo; ha ba bona buti, chi ba dinda mawa a bo. Banzovu ha ba sika, ba wana beni be zidio. Diahano ba ti : Mbaba ba tii ku dima, ni ba fenya ni zidio.*

*Mpaho mpo zi manina indaba za bo.*

### XLIII. — Le singe et l'éléphant[1].

On dit que le singe était un homme qui eut peur de labourer.

1. Les Zoulous (Callaway, *Nursery tales and traditions*, p. 178) ont une

C'est alors qu'il fut changé en un animal sauvage, et qu'il alla dans la forêt pour y trouver sa nourriture. Il devint un animal qui se nourrit d'insectes. C'est ce que racontent les gens d'autrefois, et aujourd'hui ils le racontent encore. Il se piqua les fesses avec la spatule à (remuer) la bouillie; il marcha sur ses quatre pattes, et il lui crut des poils sur le corps, sur les jambes et sur les bras. C'est ainsi qu'il a fait. Ses bras, ses jambes, son visage, sa manière de s'asseoir, cela n'a pas changé; pour tout cela c'est un homme.

L'éléphant lui aussi était un homme; lui aussi eut peur de labourer, c'est alors qu'il fut changé en un grand animal. Mais lui, c'est lui qui est devenu un vrai animal; ses bras, ses jambes, ses défenses, ses oreilles, tout cela n'est pas humain; mais quant à ses mamelles, à son doigt et à sa bouche, cela est d'un homme. Lorsque les hommes cultivent leur grain, les éléphants viennent à leurs champs; quand les hommes voient cela, ils font la garde près de leurs champs. Quand les éléphants arrivent, ils y trouvent les propriétaires du grain. Alors les gens disent : Les voici ceux qui ont peur de labourer, et qui gâtent notre grain.

C'est ici que finit l'histoire du singe et de l'éléphant [1].

### XLIV. — Mukwe-Leza.

*Bantu ba ti buti mukwe-Leza a b'ena mwanakazi wa kwe. A ti buti ku mukwame umwe : Ni sesa mwana wa ko. Mukwame uzo a ti buti : U mu sese. Diahano mukwe-Leza a sesi mwanakazi uzo. Diahano makwenyane a kwe, mbwene ba ba fwila inyota haholo, diahano ba ti buti ku mukwelume wa bo : U ka tu tekele menzi. Diahano a*

légende analogue au sujet du singe. Selon eux, quelques membres du clan des *Ama-Tousi*, une des branches de la tribu des *Ama-Fene* (dont le singe est le *totem* ou *isibongo*), sont devenus singes parce qu'ils ne voulaient pas travailler. Ils s'attachèrent au bas du dos les manches de leurs houes; ce sont leurs queues. Une légende semblable se trouve chez les Arabes : Salomon rencontre, en allant de Jérusalem à Mareb, des singes descendants des Juifs qui ont profané le jour du sabbat. Cf. Weil, *Biblische Legenden der Musulmaenner*, Frankfurt a. M., 1845, in-12, p. 268-269.

1. Je n'ai pas retrouvé ailleurs cette tradition relative à l'éléphant. Le *doigt* de l'éléphant, c'est sa trompe. Ce qui est dit des *mamelles* étonnera; mais les Ba-Souto prétendent aussi que les éléphants femelles ont des mamelles semblables à celles des femmes.

endi, a ka siki ku menzi; a siki, a nywi. Ha a ba mani ku nywa, a ti buti : Mbo ni chite mano ahi ? Diahano a ti buti : Mbo ni bike isekeseke.

Diahano a biki tonse tufuzu twa kwe isekeseke, a leti menzizana manini, a biki h'eyulu l'esekeseke. Diahano a twadi ku muzi wa kwe; a siki, a hi makwenyane a kwe. Ha ba ba boni tutene tukando ba tabi haholo. Ba ti buti : Suno mbo tu nywe menzi mangi haholo. Diahano ba twadi tufuzu twa bo mu nzubo ya bo. Ba ti buti : Twa itumela. Mukwe-Leza ye a ti buti : 1. Diahano mukwe-Leza a ti buti : Na ba chengelela.

Inkwela mwanakazi wa kwe a ti buti : Menzi ena hi ? Mukwame a ti buti : Na twala ku makwenyane a ngu. Diahano mwanakazi wa mukwe-Leza a ti buti : U n'itidile menzi mu lukumbwe. Diahano mwanakazi a tenzeki kafuzu ka menzi, a bona twenzi tu ina h'eyulu tu widi mu lukumbwe, ni tu di tunini budio. Mwanakazi a ti buti ku mukwame wa kwe : Ka mu ina menzi, isekeseke budio; ka mu ina menzi.

Mukwenyane a sumpi mukwelume wa kwe, a ti buti : Wa ka tu tekela isekeseke nchechi nzi ? Mukwe-Leza a ti buti : Ni sake ni teke, mbwene zile h'ena isekeseke dingi-dingi, nchi l'endjila mu tutene twa ngu. Mukwenyane a ti buti : Inzulu, wa tu chengelela. Mukwe-Leza a ti buti : Ihi, kana na mu chengelela. Mukwenyane wa kwe a mu tandanyi, a ti buti : U zwe ku mwana wa ngu. Inkwela a ti buti : Diahano k'o chi nywi menzi o lwizi; mb'u be ku nywa lume budio lw'envola. Nchechi ch'a sa nywi menzi o lwizi, elu lume budio.

Mpo zi manina za mukwe-Leza.

### XLIV. — L'oiseau de la pluie[1].

On dit que l'oiseau de la pluie avait une femme. Il dit à un homme : J'épouse ta fille. L'homme lui répondit : Épouse-la. Alors l'oiseau de la pluie épousa cette femme-là. Alors ses beaux-parents, parce qu'ils mouraient de soif, dirent à leur gendre : Va nous puiser de l'eau. Il alla, arriva près de l'eau et but. Quand il eut fini de

---

1. *Mukwe-Leza* ou *Mukw'a-Leza* signifie : le gendre de Leza. Il est donc naturel d'admettre que l'homme dont l'oiseau de la pluie épouse la fille est Leza lui-même. On trouvera au n° LIV une description de cet oiseau dont notre texte raconte la légende.

boire, il se dit : Quel tour pourrais-je leur jouer? Alors il se dit : Je mettrai du sable (dans les calebasses).

Alors il remplit de sable toutes ses calebasses, puis prit un tout petit peu d'eau, et la versa sur le sable. Puis il porta (l'eau) au village; arrivé là, il la donna à ses beaux-parents. Ils furent tout joyeux en voyant ces grandes calebassses. Ils dirent : Aujourd'hui, nous aurons beaucoup d'eau à boire. Puis ils portèrent leurs calebasses dans leur hutte. Ils dirent : Nous te remercions. L'oiseau de la pluie dit : C'est bien. Alors l'oiseau de la pluie se dit : Je leur ai joué un bon tour.

Sa femme lui demanda : Où est l'eau? Son mari répondit : Je l'ai portée à mes beaux-parents. Alors la femme de l'oiseau de la pluie dit : Verse-moi de l'eau dans ma tasse. La femme (la belle-mère) inclina la calebasse d'eau; elle vit que le peu d'eau qui se trouvait dessus tomba dans la tasse, et qu'il n'y en avait que fort peu. Alors elle dit à son mari : Il n'y a pas d'eau, ce n'est que du sable; il n'y a pas d'eau.

Le beau-père appela son gendre et lui dit : Pourquoi nous as-tu puisé du sable (au lieu d'eau)? L'oiseau de la pluie dit : J'ai essayé de puiser (de l'eau); mais il y avait là beaucoup de sable, c'est ainsi qu'il est entré dans mes calebasses. Le beau-père lui dit : En vérité, tu nous as joué un mauvais tour. L'oiseau de la pluie répondit : Certainement, je ne vous ai pas joué de mauvais tour. Son beau-père le chassa, et dit : Pars d'auprès de mon enfant. Il ajouta : Dorénavant tu ne boiras plus l'eau du fleuve, tu ne boiras plus que l'eau de la pluie. C'est pourquoi il ne boit plus l'eau du fleuve, mais seulement la rosée (et la pluie) [1].

Ici finit l'histoire de l'oiseau de la pluie.

### XLV. — Z'ombwa ni luwawa.

*Bantu ba ti buti umbwa ni luwawa ba b'ekele bantu honke, ni ba*

---

[1]. Il paraît que cet oiseau ne se montre jamais au bord du fleuve, mais seulement dans les forêts et le désert. Cette jolie légende n'a pas, que je sache, de parallèle chez un autre peuple bantou. Il y a probablement, au Zambèze, où le folklore animal est très développé, beaucoup de légendes de ce genre au sujet d'autres animaux ; il serait intéressant d'arriver à les connaître toutes.

*dia zidio zonke. Bumwe busiku, baluwawa ba ti buti ku umbwa :
U ende ku muzi wa bantu, u ka bone ko, nandi ku ina buti. Diahano
umbwa a endi ku muzi; a siki, a wani mafoha enyama; a twadi
chimwe, a chi kukuni, n'a zubwa bulotu bwe zifoha. Diahano bantu
ba mu ondi, ba mu ledi. Diahano ezebedi ku bantu, k'a chi zezi ku
bakwabo.*

*A bi mazuba mangi mangi. Bumwe busiku umbwa a bodi ku bakwabo;
a siki ku bakwabo. Ba ti buti : Wa ka wana buti? Umbwa a
ti buti : Na ka wana kulotu haholo; ha mu ni zubwa ha ni ti :
nkwai! ndi ni dia mafuta. Diahano umbwa a ti buti : Na bakwetu,
mbo mu ize suno na? Bo ba ti buti : I : m̦bo tu ize masiku; tu ize,
tu bone ko naswe; tu ende, u ka tu bikile inyama.*

*Diahano umbwa a bodi ku muzi; a siki ku bamfumw'a kwe. Ba
ti buti : Zile u endile hi? Ye a ti buti : Zile ni endile ku bakwetu.
Bantu ba ti buti : Mbabani bakwenu? Umbwa a ti buti : Mbabaluwawa.
Bantu ba ti buti : B'ena hi? Diahano ye a ti buti : Na ba
siya. Bo ba ti buti : Mbo b'eze dihi? Umbwa : Mbo b'eze suno.*

*Diahano a bi masiku. Diahano baluwawa, masiku b'ezi ku muzi.
Ba siki, ba di mafoha. Ha ba mana ku dia, ba tiidi mu nkanda.*

*Nchechi chi ba ti buti bantu, baluwawa mbambwa.*

### XLV. — Le chien et le chacal [1].

On dit que (jadis) le chien et le chacal demeuraient ensemble,
et mangeaient la même nourriture. Un jour, les chacals dirent au
chien : Va au village des hommes, et vois s'il y fait beau (vivre).
Le chien alla au village (des hommes); arrivé là, il trouva des os
à viande; il en prit un, le rongea, il trouva que ces os étaient bons.
Alors les hommes le prirent et l'apprivoisèrent. Il s'accoutuma
aux hommes, et ne retourna plus vers ses frères.

1. Cette légende explique l'origine du chien qui ne serait qu'un chacal
apprivoisé. Par certains traits elle rappelle un peu notre fable du chien et
du loup. Les Angolais (Châtelain, p. 213) racontent quelque chose de tout à
fait pareil : un chacal envoyé par ses compagnons chercher du feu dans
un village y reste, et devient le chien domestique. L'origine du cochon
domestique, descendu du sanglier, est expliquée de la même façon (Châtelain,
p. 215). Les Manganja (Scott, *op. cit.*, p. 457) racontent une histoire
analogue au sujet des poules : des perdrix étant venues manger du
sorgho dans un village, alors que les femmes étaient occupées à moudre,
ont été changées en poules.

Il se passa beaucoup, beaucoup de jours. Un jour, le chien retourna vers ses frères ; il arriva vers eux. Ceux-ci lui dirent : Comment as-tu trouvé (qu'il faisait là-bas) ? Le chien répondit : J'ai trouvé qu'il y faisait très beau ; quand vous m'entendez crier : nkwai! c'est que je mange de la graisse [1]. Alors le chien dit : Et vous, frères, y viendrez-vous aujourd'hui ? Ils lui dirent : Oui ! nous irons pendant la nuit, que nous aussi nous voyons (ce qu'il y a) ; va, et mets de côté de la viande pour nous.

Alors le chien retourna au village. Il arriva vers ses maîtres. Ils lui demandèrent : Où avais-tu été te promener ? Il dit : J'étais allé vers mes frères. Les hommes lui demandèrent : Qui sont tes frères ? Le chien dit : Ce sont les chacals. Des hommes demandèrent : Où sont-ils ? Il leur répondit : Je les ai laissés (là-bas). Ils dirent : Quand viendront-ils ? Le chien : Ils viendront aujourd'hui.

La nuit vint. Alors les chacals, de nuit, vinrent au village. Ils arrivèrent et mangèrent des os ; quand ils eurent fini de manger ils s'enfuirent dans la forêt. C'est à cause de cela que les hommes disent que les chacals sont des chiens.

---

1. Le chien veut faire accroire aux chacals que lorsqu'on l'entend aboyer c'est alors qu'il mange de la viande, tandis qu'en réalité c'est quand on le bat. *Kwai* imite le glapissement d'un chien battu.

# III

## SUPERSTITIONS, CROYANCES, MŒURS

---

### XLVI. — Z'engwena.

*Bantu ba ti buti ingwena ha i onda muntu, i mu twala mu nzubo ya yo, ch'i mu bika mo. Diahano ha i bona kuti nangu a ende, c'hi mu cholola maulo ni maianza. Diahano ch'i mu bika aho ha i lala. Diahano ingwena chi ya mu ku saka inswi. Diahano ha i ihaya inswi, ch'i mu letela; i sika, i mu ha, ni zi di mbisi. Ch'i ti buti kwa kwe : U die. Bwene bantu ba ti buti : H'o bona wa kana inswi za yo, ch'i ku ihaya, i ti buti : Diaho muntu.*

*Diahano muntu uzo n'a bona kuti buti izi zidio k'a zi di, ye ch'o dia budio. Diahano ha a mana ku dia, chi ba lala. Diahano lokulunza chi ba zwila hanze, chi ba ka zotamina izuba. Diahano mukwame ha a bona kuti chi ba mana ku zotamina kanyange, ch'o ti buti ku muntu wa yo : U sial'aho, mbo ni ku wane. Diahano ingwena ch'i enda. Diahano uzo muntu ha a bona kuti ingwena ya enda ch'o eleka ku zima. Diahano ch'o kangwa ku zima, chi u ikala mpahon'aho ha ya mu siya.*

*Diahano ingwena ha i ka mana ka ihaya inswi, ch'i bola ku muzi wa yo, ch'i wana mwanakazi wa yo, ch'i sika, i mu ha inswi izo. Diahano mwanakazi uzo ch'o bona malaha enswi, ch'o tiya ku zi dia. Diahano ingwena ch'i ti buti kwa kwe : K'o di inswi izi nchechi nzi? Diahano iye ch'o ti buti : Kwetu ka tu di inswi imbisi. Diahano ingwena ch'i ti kwa kwe : U hwelese ku dia, nangu zi bole. Diahano mwanakazi uzo ch'o zumisa inkulo ya kwe, ch'o dia inswi izo, ch'o zi mana zonse ku zi dia.*

*Inkwela a bi masiku, ba ladi; ha di ba zwi izuba inkwela ba zwidi hanze, ba ba zotamini kanyange. Inkwela ingwena i ti buti kwa kwe :*

*U sial'aho, ime ni ka vwima inswi. Diahano i endi. Mwanakazi uzo a
i mu nzubo, a endi mu u manina mudindi we ngwena. A siki, a eleki
ku zima, a boni mutwi wa hwe chi wa zwila hanze, a boni ni iyulu.
Diahano a ti buti : Chi na sika hanze.*

*Diahano a sotoki, a ka widi hansi. Diahano a sumpi bakwabo.
Diahano ba k'ezi, ha mu twadi; diahano ba boni matende ka a zimi.
Ba ti buti : Uzo muntu u ina buti suno? Diahano ba mu sakidi mu-
samo, ba mu kandi. Diahano maulo a kwe a ololoki.*

*Diahano ingwena ha i ba bodi, i wani muntu wa yo k'a h'ena. I
ti buti : Wa ya hi suno uzo muntu? Diahano i indjila mu mudindi,
i boni aho ha a zwila. Diahano i ti buti : Wa enda, ka ni chi mu
boni.*

*Bantu ba amba budio, kuti ingwena i ba di ku chita budio; me
iswe ka tu izi nandi mapa a bo.*

*Mpo zi manina.*

### XLVI. — Le crocodile [1].

On dit que lorsque le crocodile saisit quelqu'un, il le conduit à
sa tanière; c'est là qu'il le dépose. Puis quand il voit que cette

---

1. On pourrait se demander si cette curieuse histoire d'une femme
retenue captive par le crocodile ne doit pas plutôt être rangée au nombre
des légendes, dont elle a toute l'apparence. Elle ne m'a cependant pas été
donnée comme telle. C'est, selon mes conteurs, une histoire réelle, comme
il pourrait encore s'en passer de semblables aujourd'hui. Elle est importante, en ce qu'elle montre les idées que se font les Zambéziens des mœurs
des crocodiles. [Il est à remarquer, toutefois, que cette tradition forme le
fonds d'un conte malgache tout à fait semblable à celui-ci; cf. Ferrand,
*Contes populaires malgaches*, Paris, 1893, in-18, p. 140-141 : *La femme et
le caïman.* L'union entre femmes et caïmans est encore mentionnée ailleurs : Ferrand, *op. laud.*, p. 138. *Le caïman.* — Cette légende paraît
être venue de l'Orient chez les Malgaches : au XVIe siècle, Gautier Schou-
ten rapporte un conte du même genre, recueilli à Boro, en Malaisie. Cf.
*Voyages aux Indes orientales*, Rouen, 1725, 2 vol. in-12, t. I, p. 137 : *Le
crocodile amoureux.* Les Tagals des Philippines avaient un respect singulier pour le caïman et, quand ils en voyaient un, ils l'appelaient *nono*,
grand-père (Relation manuscrite citée par M. W. Marsden, *Histoire de
Sumatra*, Paris, 1788, 2 vol. in-8, t. I, p. 112-113, note). Cf. aussi une
note de Knappert dans la traduction française de Lang, *Mythes, cultes et*

personne va partir, il lui tord les jambes et les bras[1]; il la place à où il dort. Ensuite il va à la recherche des poissons. Quand il a tué des poissons, il les lui apporte; il arrive et les lui donne, bien qu'ils soient crûs. Il dit à cette personne : Mange. On dit que si le crocodile voit que tu refuses ses poissons, il te tue; en effet il se dit : C'est bien un être humain.

Alors cette personne, bien qu'elle vît que ce ne sont pas des choses à manger, les mangea néanmoins. Quand elle eut fini de manger, ils dormirent. Le lendemain, ils sortirent, se chauffèrent au soleil. Quand le mari (c'est-à-dire le crocodile) se fut suffisamment chauffé au soleil, il dit à sa femme (la femme qu'il retenait captive) : Reste ici, je t'y retrouverai. Alors le crocodile s'en alla. Quand cette personne-là vit que le crocodile était parti, elle essaya de se lever. Elle ne put se lever, et resta assise là même où le crocodile l'avait laissée.

Ensuite, quand le crocodile eut fini de tuer des poissons, il retourna chez lui, et y retrouva sa femme; arrivé là, il lui donna ses poissons. Quand cette femme vit le sang des poissons, elle craignit de les manger. Alors le crocodile lui dit : Pourquoi ne manges-tu pas ces poissons? Elle lui répondit : Chez nous, nous ne mangeons pas de poissons crûs. Alors le crocodile lui dit : Hâte-toi de les manger sans quoi ils seraient bientôt pourris. Alors cette femme surmonta son dégoût et mangea ces poissons-là; elle les mangea jusqu'au dernier.

La nuit vint alors; ils dormirent. Quand le soleil fut levé, ils sortirent, et se chauffèrent au soleil. Ensuite le crocodile dit à la femme : Reste ici, je vais à la chasse des poissons. Il partit. Cette femme entra dans le trou du crocodile, et alla jusqu'au fond de ce trou. Arrivé au fond, elle essaya de se dresser; elle vit que sa tête sortait hors du trou, elle vit aussi le ciel. Alors elle se dit : Je suis arrivée dehors.

*religion*, par L. Marillier, Paris, 1896, in-8, p. 391, note 2. Cette tradition, venue de Malaisie avec les Malgaches, a pu passer chez les Bantous, à moins qu'on n'y voie une conception totémique indépendante. — R. B.]

1. Il lui tord les bras et les jambes de façon à ce qu'elles ressemblent aux pattes contournées des crocodiles. Le crocodile veut faire de ses captives des crocodiles comme lui.

Alors elle sauta en l'air, et retomba sur la terre. Alors elle appela les siens. Ils vinrent, et la prirent; alors ils s'aperçurent que ses jambes n'étaient pas droites. Ils dirent : Qu'a-t-elle aujourd'hui, cette femme-là? Alors ils lui procurèrent une médecine et l'en oignirent. Alors ses jambes redevinrent droites¹.

Quand le crocodile revint, il trouva que sa femme n'y était plus. Il dit : Où est-elle allée aujourd'hui, cette personne-là? Il entra dans son trou, et vit par où elle était sortie. Alors il dit : Elle est partie, je ne la verrai plus.

Les gens racontent ainsi, que c'était là ce que faisait le crocodile; quant à nous, nous ne savons pas si c'est un mensonge (qu'ils nous disent)².

C'est ici la fin.

### XLVII. — Za Sikulokobuzuka.

*Muntu uzo u ikala mu muzuka, umo mu a dia inzuki ; ba ti muntu ya sa bonwi-bonwi; ba mu bona ba ti u ina mwanakazi ni bana. Inzubo ya kwe i zakitwe ni maziya enzovu, na makabi enzovu n'imbonua. Me u ina zidio zingi zingi; u ina ni zizungu zo buchi zikando n'inyama zingi zingi, ni mafuta mangi. Me ba ti muzi wa kwe ka u bonwa. Inkwela ba mu bona ba ti imbezo za kwe ni midinga ya kwe ndja buzuka. Inkwela ba ti, lubazu lumwe ndwa buzuka n'itende, ni ianza, ni kutwi, ni dinso, ni mutwi, n'insuki za kwe nza buzuka. Ni mwanakazi wa kwe naye u ina budio ni bana ba kwe. Inkwela ba ti matende a kwe a kola china o munyolozi, me imbezo ya kwe i cheka haholo.*

*Mukwame umwe mpo a b'ena u ba ba wanani naye. Mukwame uzo u ba di ku ya bo saka buchi mu mutemwa, a zubwi Sikulokobuzuka u ya bo sibidiza mulodi mu muzuka. Mukwame uzo a ti :*

1. Il faut entendre que la tanière du crocodile, à laquelle il arrive probablement en passant sous l'eau, est creusée sous les bancs de la rivière, et forme une sorte de grotte dont une partie au moins est à sec. Il se trouve que cette caverne-là est presqu'à fleur de terre, ce qui permet à la captive du crocodile de regagner sa liberté de la manière indiquée. La première chose que font les siens, c'est de lui remettre les membres dans leur position normale.

2. C'est une remarque faite par les conteurs, et qui dénote un scepticisme naissant chez les peuples du Zambèze.

*Ndj'eni uzo yo ya bo sibidiza uko. Mukwame a zubwi kazuni ka mu sumpi; a k'etabi, a endi-endi hanini nako, u ya bo ka sibila mulodi; ka mu tondezi inzuki, a tanti mu iyulu le chisamo, a wana z'endjila. A suki hansi, a siki mudilo. Inkwela a tanti ni mudilo wa kwe, a temi mpoka za kwe, a boni Sikulokobuzuka chi wa sika kwa kwe.*

*Mukwame uzo a suki ni buchi bwa kwe mu chihande, a siki hansi, a zubwi a ti: U lete kuno u ni he ubo buchi. Mukwame uzo a ti: Ka ni saki ku ku ha buchi bwa ngu. Diahano Sikulokobuzuka a ti: U zime, tu ondane. Mukwame a zima, ni ba ondana. Mukwame a zubwi u ina ingozu. Mukwame a ti: Mbo ni mu chitile mano ahi uzo muntu. A ti: Kanzi ni mu twale h'ena mani, ni elele ku mu twala h'esekeseke; mbwene u ti kulo kwa kwe ha ku ondela ha chisunsu, ka hu chi zwi. Diahano ba zimi h'esekeseke; ni kwa wiswa Sikulokobuzuka, a sinwi.*

*Mukwame uzo a ti kwa Sikulokobuzuka: Ni ku ihae? Sikulokobuzuka a ti: Kanzi u n'ihae, mfumw'a ngu; mbo ni ku sakile musamo wo bulozi wo ku lowa bantu. Mukwame a ti: Ka h'ena umwe? uwo ka n'u saki. A ti: Umwe mpo u ina. Mukwame a ti: Ngwa nzi? A ti: Ngw'enyama. Mukwame a ti: Ngu ni saka name. Sikulokobuzuka a ti: U ndeke mpaho, ni ka ku sakile. Mukwame uzo a mu leki; a mu tondezi misamo yonse yo ku bona zidio zingi, ni wo ku hewa ni basimwini nao a mu tondezi.*

*Diahano ba hanzakani ni Sikulokobuzuka. Mukwane a zobi isekele lonse, ni ba wanana ni Sikulokobuzuka. Diahano a ti: Ni ku twale ku muzi. A mu twadi, a ka mu tondezi inzubo ya kwe, a ti: Kanzi u ambidi muntu; ni ba ku lumedisa, iwe u tontole budio. A ti: U ende bulotu. Diahano a siki ku muzi wa kwe, ekadi hansi. Bantu ba ti buti kwa kwe. U lumele. Iye a tontodi budio. Diahano bo ni ba mu iziba, ba ti: Wa wanana ni Sikulokobuzuka.*

*Ba mu zakidi inzubo ya kwe ye yena; a lwadi mwaka onke: Sikulokobuzuka u ba di ku mu letela zidio ni musamo; bantu ha ba zwa ho, naye ch'o sika. Ha a ba hodi, a boni makubi, a ti: Makubi a ngu ngana! Bantu ba tilanini ko. Ba ka wana inyama, ba i leta kwa kwe; ba mu hi.*

*Inkwela zumwe a endi mu ku vwima n'intobolo ni bambwa ba kwe; a wanani ni Sikulokobuzuka. Mukwame uzo a mu supi n'intobolo, bwene Sikulokobuzuka u tiya intobolo ni bambwa. Diahano a mu shookizi bambwa. Sikulokobuzuka a tii; mukwame uzo adi endedi.*

*Mpaho mpo zi manina.*

XLVII. — **Sikoulokobouzouka** (l'homme à la jambe de cire) [1].

Cet homme demeure dans les forêts, c'est là qu'il se nourrit de miel. On dit que c'est un homme qu'on ne voit pas (souvent). Ceux

---

[1]. On a vu plus haut (n° XL) la légende relative à cet homme des bois. Ici, nous avons le récit d'une aventure qui serait réellement arrivée, il y a quelques années, à un homme nommé *Mashambwa*, qui l'a racontée lui-même à Kasala, de qui, à mon tour, je tiens ce récit. Sikoulokobouzouka signifie : l'homme à la jambe de cire. On le nomme ainsi, parce qu'il a, comme le dit notre récit, tout un côté du corps fait de cire, du haut en bas. C'est lui qui connaît tous les charmes et médecines ; ceux qui le rencontrent et réussissent à le vaincre deviennent, grâce à lui, de grands médecins. Mais ils paient cet avantage par une grave maladie, pendant tout le cours de laquelle il ne faut pas qu'ils parlent aux autres hommes. C'est Sikoulokobouzouka qui les soigne lui-même ; il profite probablement de ce temps de repos pour les initier à ses connaissances magiques. Un trait à relever dans notre texte, c'est que cet homme des bois a de pieds qui ressemblent à des sabots d'animal. Il ressemble donc aux satyres et aux faunes de la mythologie gréco-romaine. Comme il est, de plus, cruel et méchant et est le détenteur de secrets magiques, il rappelle aussi le démon de la conception populaire. Aussi mes jeunes conteurs étaient-ils disposés à l'identifier avec Satan. Il est fort possible que cette identification se généralise avec les progrès du christianisme au Zambèze. Mais il est certain que cette curieuse figure de l'homme de cire est tout à fait africaine et qu'il n'y a pas à lui attribuer une origine chrétienne, soit directement, soit indirectement. Elle se retrouve en effet, et décrite d'une manière identique, dans les traditions et croyances des indigènes du lac Nyassa ; pas plus là, qu'ici, il n'est possible d'admettre une influence étrangère. D'ailleurs dans toute sa manière d'être, Sikoulokobouzouka est tout à fait africain. Chez les A-Louyi on le nomme *Muenda-ndjangola*, ce que Kaboukou traduit ainsi : celui qui marche avec un soulier (ou sandale). Je ne puis donner d'explication satisfaisante, si tant est même que la traduction soit exacte. En mbounda on l'appelle *Kaendi-kamo*, l'homme à une seules jambe (probablement parce que l'autre est de cire). Les Bâ-Souhiya l'appellent parfois aussi *Chilube*, ce qui est le même nom que celui de *Chiruwi* qu'on lui donne au lac Nyassa. Ce qu'en dit un texte manganja donné par M. Scott (*Manganja Dictionary*, p. 97) reproduit exactement ce qui est raconté ici. L'apparence de Chiruwi, sa hâte, sa lutte avec les hommes qu'il tue s'il est vainqueur, sa connaissance des

qui l'ont vu disent qu'il a une femme et des enfants. Sa hutte est construite avec des défenses d'éléphant, et des peaux d'éléphant et de python. Il possède une grande quantité de nourriture ; il a de grands vases de miel et de viande, et beaucoup de graisse. On dit aussi que son village ne peut être vu. De plus ceux qui l'ont vu disent que sa hache et ses assagaies sont de cire. De plus ils disent que tout un côté (de son corps) est de cire, une jambe, un bras, une oreille, un œil, (la moitié) de la tête et des cheveux, (tout cela) est de cire. Sa femme aussi est ainsi, ainsi que ses enfants. On dit aussi que ses jambes ressemblent à celles d'un animal, et que sa hache est très acérée.

Il y avait un homme qui s'est rencontré avec lui. Cet homme avait été chercher du miel dans la forêt ; il entendit Sikoulokobouzouka qui marchait dans les bois en chantant. Cet homme dit : Qui est-ce qui chante là-bas ? Cet homme entendit un oiseau qui l'appelait ; il lui répondit, alla quelque temps avec lui, tout en lui sifflant un air. L'oiseau lui montra (un essaim) d'abeilles. Il monta sur l'arbre, et trouva que (les abeilles) étaient entrées (dans leur trou). Il descendit, et alluma du feu. Il remonta avec son feu, s'empara du miel, et vit Sikoulokobouzouka qui arrivait vers lui.

Cet homme descendit avec son miel (déposé) sur un plat de bois ; il arriva à terre et entendit (Sikoulokobouzouka) dire : Apporte ici, donne-moi ce miel. Cet homme répondit : Je ne veux pas te donner mon miel. Alors Sikoulokobouzouka dit : Lève-toi et luttons ensemble. L'homme se leva ; ils luttèrent. L'homme sentit que (son adversaire) était extrêmement fort. L'homme dit : Quelle ruse employerai-je contre cet homme. Il dit : Je ne le mènerai pas là où il y a de l'herbe, il faut que je le conduise sur le sable ; car il se disait que si le pied (de Sikoulokobouzouka) pouvait se raccrocher à une touffe (d'herbe), il n'en sortirait plus. Alors ils se tinrent sur le sable ; Sikoulokobouzouka fut jeté (à terre), il fut vaincu.

Cet homme dit à Sikoulokobouzouka : Te tuerai-je ? Sikoulokobouzouka répondit : Ne me tue pas, mon maître ; je te procurerai la médecine de la sorcellerie avec laquelle on ensorcelle (c'est-

médecines qu'il enseigne à ceux qui l'ont vaincu, tout cela ressemble trait pour trait à ce qui est dit ici de Sikoulokobouzouka. Cet être étrange et malfaisant est donc connu probablement dans toute la région du Zambèze.

à-dire tue) les gens. L'homme lui dit : N'y en a-t-il pas une autre? celle-là je ne la veux pas. Il répondit : Il y en a une autre. L'homme dit : Laquelle? Il répondit : Celle (qui procure) de la viande. L'homme dit : C'est elle que je veux moi aussi. Sikoulokobouzouka dit : Laisse-moi maintenant, je vais te la chercher. Cet homme le laissa aller. Il lui montra toutes les médecines avec lesquelles on peut se procurer beaucoup de nourriture, et celle (qui fait) qu'on reçoit des cadeaux des chefs il la lui montra aussi [1].

Alors ils se séparèrent, Sikoulokobouzouka et lui. L'homme s'égara pendant toute la journée; puis il rencontra (de nouveau) Sikoulokobouzouka. Alors il dit : Je te mènerai au village. Il le mena, lui montra sa hutte, et lui dit : Ne parle à personne; s'ils te saluent, reste silencieux. Il ajouta : Va en paix. Alors (cet homme) arriva à son village, et s'assit à terre. Les gens lui dirent : Bonjour. Il se tut. Alors ceux-ci, lorsqu'ils l'observèrent (attentivement), dirent : Il a rencontré Sikoulokobouzouka.

Ils lui bâtirent une hutte (à part) pour lui seul. Il y fut malade toute l'année. Sikoulokobouzouka lui apportait de la nourriture et de la médecine. Lorsque les gens partaient de là, c'est alors qu'il arrivait. Lorsqu'il guérit, il vit des vautours, il dit : Voilà mes vautours, là-bas! Les gens y coururent. Ils y trouvèrent de la viande la lui apportèrent et la lui donnèrent (à manger) [2].

Ensuite un autre homme alla à la chasse avec son fusil et ses chiens. Il rencontra Sikoulokobouzouka. Cet homme le coucha en joue avec son fusil; Sikoulokobouzouka craint, en effet, les fusils et les chiens. Puis il lança les chiens contre lui. Sikoulokobouzouka s'enfuit; cet homme s'en alla (plus loin).

C'est ici que finit (l'histoire).

## XLVIII. — Zo Tulala-madindi.

*Bumwe busiku muntu zumwe a mi u ku vwima, a wani unsefo, a*

---

1. Comme on l'a déjà vu, les Zambéziens croient que tout s'obtient au moyen de charmes ou de médecines.
2. C'est probablement le signe que Sikoulokobouzouka lui avait indiqué pour connaître le moment où il pourrait recommencer à parler et à vivre avec les autres hommes. — La présence des vautours indique qu'il y a là un animal tué soit par des chasseurs, soit par des fauves.

*mu hindiki, mbwene ka ba di kamwi. A mu hindiki. Izuba d'imene, a ladi mu nkanda ye yena. Inkwela di zwi, a wani unsefo wa kwe. Inkwela a mu hindiki izuba lonse. Ku matengu a tolokedi ku tuntu tumwe tu sumpwa Tulala-madindi. A wani tu ihaite zinyolozi zingi; ni twa mu ihikila inyama ya mafuta, ni twa mu ha. A di, ekuti; mbwene uto ka tu di inyama, tu dia musinga budio mbwene tu lala mu madindi. Inkwela ka tu nii tuzi. Diahano tu ti k'ozo muntu: Kanzi u nii tuzi; iswe ka tu saki tuzi ha muzi wetu. Muntu a zumini.*

*Diahano a bi masiku. A zubwa chi tu ti: ku dia wa dia, mbo tu bone h'a za ku lala. A bona chi tu indjila mu madindi a to. Muntu uzo a siadi ye yena hanze. Ha a ba boni kuti diahano ch'a ba masiku, a hangudi inyama ya to, a sumini zikata. Diahano ha a ba boni kuti chi wa mana, a endi ku mudiango wa to, a nii. Diahano ha a ba boni kuti wa nia, a nyamuni muzio wa kwe, a endi ni masiku.*

*Ha di ba zwa izuba, tulala-madindi tu wani tuzi ha mudiango wa to; tu twadi midinga ya to, ni bambwa, tu mu ichididi. Tu wana wa luta lwizi; tu siki, tu luti nato. Diahano tu mu wani, tu ti ku bambwa ba to: Shoo! Diahano bambwa ba zungani. Mbwene a b'ena n'insalume inkando. A siki zumwe umbwa; a mu kosodi mutwi, a widi hansi. Inkwela ch'o enda hanini. Ha tu sika, tu wana umbwa wa to chi wa fwa. Inwela chi tu mu wana, chi tu ti kwa kwe: Shoo! Inkwela chi ba zungana. Ba siki kwa kwe; a zimani, a ba kosodi n'insalume ya kwe. Ha tu ba boni kuti bambwa ba to ba mana, tu bodi ku muzi. Muntu uzo naye n'a di endela ku muzi.*

### XLVIII. — Les Toulala-Madindi (Les nains qui vivent dans des trous)[1].

Un homme était un grand chasseur. Un jour, comme un homme était allé à la chasse, il rencontra un élan et le poursuivit. C'était

---

1. Ce récit paraît être une légende. Au dire de mes conteurs il raconte cependant un fait qui se serait passé, il n'y a pas très longtemps; mais ils ne connaissent pas le nom du héros de l'histoire. Quoi qu'il en soit, aux yeux des Zambéziens, ces nains existent réellement, tout comme Sikoulokobouzouka. Il y a probablement le souvenir légendaire de certaines peuplades de pygmées ayant jadis vécu au Zambèze. On sait que la plupart des Bushmen ou San du sud de l'Afrique sont de très petite taille. On connaît

au milieu du jour; il le poursuivit jusqu'au coucher du soleil ;
alors il se coucha seul au milieu des bois. Au lever du soleil il vit
son élan. Il le poursuivit toute la journée. Vers le soir il arriva

aussi les pygmées du Centre africain que nous ont fait connaître Schweinfurth et Stanley. Schweinfurth leur donne le nom de *A-kka*; Stanley les appelle *Ba-Twa*. Or ce dernier nom est précisément celui même que les Zoulous donnent aux Bushmen (*Aba-Twa*); les Ba-Souto les appellent *Ba-Rwa*, ce qui est l'équivalent phonétique souto du même nom. Il est fort possible aussi que le nom *A-kka* soit le même étymologiquement. Ces ressemblances, et bien d'autres encore, tendraient à faire croire que les tribus diverses de pygmées répandues sur une grande partie de l'Afrique sont d'une seule et même race, peut-être les descendants des habitants autochtones de ce continent. Mais les *Toulala-madindi* de la légende sont naturellement très différents des pygmées ou des Bushmen aujourd'hui connus. Ce sont des êtres semi-fabuleux, des hommes qui ne ressemblent guère aux autres. On peut comparer à ce qui m'est raconté ici, ce que les Zoulous disent des *Aba-Twa* (Callaway, p. 352). Les Ba-Souto parlent, eux aussi, d'un peuple légendaire de nains qui vivraient quelque part du côté des antipodes, soit *mahlabaneng*, comme s'expriment les Ba-Souto, c'est-à-dire à l'endroit où l'on lance les ordures. On les appelle les *Liyara-marete* (scrotum ferentes). Ita nominantur quia longissimum scrotum habeant quod humeris suscipiant, ne in solo trahatur. Quand un de ces petits êtres rencontrent quelqu'un, il lui demande : Quand as-tu commencé à me voir? Si cet homme lui répond : Je t'ai vu grand quand tu étais tout là-las; il est content. Si, au contraire, l'homme lui répond : Je viens de te voir à l'instant devant mes pieds, le nain se fâche et le tue. Il croit en effet que cet homme se moque de lui à cause de la petitesse de sa taille. C'est également ce que racontent les Zoulous au sujet des Aba-Twa. Le folklore zoulou et cafre (Callaway, *Nursery tales*, p. 349) connaît également d'autres petits êtres, moitié hommes, moitié animaux, qui vivent dans les rivières et qu'on appelle *utikoloshe*. C'est tout autre chose que ceux dont il est question ici. Châtelain pense (*Tales of Angola*, p. 269) que les cannibales ou ogres des contes bantou (appelés *makishi* en ki-mboundou, *amazimu* en zoulou, *malimo* en souto, etc.) devraient être identifiés aux pygmées africains (Ba-Twa), tels du moins qu'ils apparaissent dans l'imagination de ces peuples. Je ne vois pas sur quoi se baserait cette opinion. Nulle part, que je sache, il n'est dit des *Aba-Twa*, des *Liyara-marete* ou des *Tulala-madindi* qu'ils soient anthropophages. Et quant aux cannibales du folklore bantou rien ne montre qu'on doive se les représenter comme de petits hommes; bien, au contraire, ils seraient plutôt, à l'occasion, plus grands que nature.

auprès de tout petits hommes, appelés *Toulala-Madindi*. Ceux-ci avaient tué de nombreux animaux; ils firent cuire pour lui de la viande grasse. Ils lui en donnèrent; il en mangea et fut rassasié. (Quant à ces nains), ils ne mangent pas de viande, ils ne mangent que le jus; ils dorment dans des trous, et ne font jamais d'ordures. Alors ils dirent à cet homme : Garde-toi bien de faire des ordures; quant à nous, nous ne voulons pas d'ordures dans notre village. L'homme tomba d'accord[1].

La nuit tomba. Il les entendit qui disaient : Il a mangé; nous allons voir comment il dormira. Il les vit entrer dans leurs trous pour y dormir; quant à lui, il resta seul dehors. Quand il vit qu'il faisait nuit, il décrocha la viande (des nains) et en fit des paquets. Quand il eut fini, il alla devant les trous des nains et y déposa ses ordures. Lorsqu'il eut ainsi fait, il chargea la viande sur son dos et s'en alla, marchant pendant toute la nuit. Lorsqu'il fit jour, les *Toulala-Madindi* trouvèrent des ordures devant leur trous. Alors ils prirent leurs assagaies, appelèrent leurs chiens et se mirent à la poursuite (de l'homme). Ils l'aperçurent au moment où il venait de traverser un fleuve; ils s'y jetèrent et le traversèrent, eux aussi. Ils atteignirent leur ennemi, et excitèrent leurs chiens : *Shoo!* Les chiens s'élancèrent contre lui. (Cet homme) avait une grande hache, un chien s'approcha; il abattit la tête (de ce chien), qui tomba à terre. Puis il alla un peu (plus loin).

Quand les nains arrivèrent là, ils virent que leur chien était mort. Ils le trouvèrent de nouveau et excitèrent leurs chiens : *Shoo!* Les chiens s'élancèrent et arrivèrent vers l'homme. Celui-ci s'arrêta et les abattit à coups de hache. Lorsque les nains virent que tous leurs chiens étaient morts, ils retournèrent chez eux. Cet homme lui aussi retourna à son village.

### XLIX. — *Z'engongodi.*

*Ngongodi ba ti buti inzoka inkando i ikala mu menzi. Bantu ba ti buti i'na ni bana bangi-bangi. Bantu ba ti buti bana ba yo ba*

---

[1]. Les indigènes croient que celui qui ne mange pas de nourriture solide ne fait pas d'excréments; les nains, qui ne boivent que du bouillon de viande, n'en font donc pas.

zwila ku muchila wa yo, elu ba ka zwa ku mutwi wa yo. Inkwela ba
ti buti inzoka i sa bonwi budio; ha u i bona, nawe u izibe kuti chi
wa fwa. Bantu ba i izi ba ti musiku ndi i ya ku ku dia, mbwene
iyo idia masiku. Diahano ha i zwa mu menzi, ku wana diahano
bana ba yo ba i zadite, yo i enda ha kati kabo. Diahano ku zubwa
menzi onse: tju! tju! tju! ngamenzi a chita budio.

Inkwela ba ti buti nandi i saka ku sinka lwizi, bantu ha ba enda
mu lwizi, ku wana hakati ka lwizi, ku wana elu isekeseke budio. Inkwela bantu ha ba enda ni mato, ha ba bona kuti bwato bwa bo bwa
ondwa, ka bu chi endi, chi b'eziba kuti ndjiyo inzoka yo lwizi. Chi
ba bona bwato bwa bo chi bu mina; bwato ha bu mina budio, nabo
bantu ni ba mina nabo; bantu ni b'eziba ku samba mbo ba fwa ba
sambe. Nandi muntu i nywite, ha a bona kuti ya onda bwato bwa
kwe, ye ch'o sumununa lutunga lwa kwe; ha lu kaba mu menzi,
diahano ha i zubwa budio, nayo chi leka bwato. Diahano bwato ha
bu zwa ho, bu sotoka, bu ka wila hana; chi ya bu leka ingongodi.

Inkwela ba ti beni ba ba di nywi, ha ba bona kuti ka b'ena makabi o ku nywisa bantu, bwene inkwela musamo w'enswi, diahano
chi ba enda ba i wana; bo chi ba i hweza, chi ba leta makubi a yo ku
muzi; ngao makabi a nywiswa bantu.

## XLIX. — Le ngongodi (Le grand serpent des eaux)[1].

On dit que le ngongodi est un immense serpent qui demeure
dans l'eau. Les gens disent que ses petits sortent de partout, de
sa queue jusqu'à sa tête. Ils disent aussi que c'est un serpent
qu'on ne voit pas impunément; si tu le vois, sache que tu es mort.
Ceux qui le connaissent disent que c'est de nuit qu'il va manger;
en effet, il mange pendant la nuit. Alors quand il sort de l'eau, on
le voit marcher au milieu des petits qu'il a mis au monde. Alors

---

1. Le *ngongodi* (en louyi: *lingongole*) est le grand serpent des eaux. On
verra dans la troisième partie un conte louyi où il en est question. La
description qu'en donne notre texte est assez compréhensible pour qu'il
ne soit pas nécessaire d'y rien ajouter. Dans les textes louyi on apprendra
encore à connaître un certain nombre d'animaux fabuleux. Au Zambèze la tératologie paraît être particulièrement riche. On peut comparer
dans le folklore zoulou les animaux fabuleux dont parle Callaway (*Nursery tales*, pp. 343-349) et qui sont d'ailleurs très différents de ceux-ci.

on entend toute l'eau du fleuve bruire ainsi : *tju! tju! tju!* c'est l'eau qui bruit ainsi.

On dit de plus que quand il veut arrêter le fleuve, les gens qui voyagent sur le fleuve trouvent qu'au milieu du fleuve il n'y a plus que du sable. De plus, les gens qui voyagent en canots, quand ils voient que leur canot est arrêté et ne bouge plus, ils savent que c'est (à cause de) lui, le serpent du fleuve. Ils voient leur canot s'enfoncer; quand le canot s'enfonce ainsi, eux aussi s'enfoncent avec lui. Même ceux qui savent nager, ne pourront pas nager. Mais si un homme *l'a bu*, et voit que le serpent arrête son canot, il détache sa ceinture; quand la ceinture frappe l'eau, dès que le serpent l'entend, il laisse aller le canot. Alors le canot fait comme un saut, pour sortir de là, et va tomber bien loin; le *ngongodi* l'a laissé partir.

De plus, on dit que ceux qui *l'ont bu*, quand ils voient qu'ils n'ont plus d'écailles à *faire boire* aux gens — parce que d'ailleurs c'est aussi une médecine pour la pêche, — ils voyagent jusqu'à ce qu'ils l'aient trouvé. Alors ils le percent (de leurs assagaies), ils apportent ses écailles au village; ce sont ces écailles qu'on *fait boire* aux gens[1].

### L. — Za nambwa-mutalati.

*Nambwa-mutalati ba ti ndji Leza yo ba ti buti nambwa-mutalati ndjiye yo za ku tandanya invola. Ni mu bona invola inkando, ha a zima nambwa-mutalati, ch'i tiya invola. Inkwela ye nambwa-mutalati bantu ba ti u kola chin'ombwa; ni boza, ni matende, ni mubidi onse ndjumbwa. Inkwela ba ti yo za ku enda-enda, mu misano, ch'o bona busi bwa kwe; nandi k'eni ku mu izi, ha a bona busi bwa kwe, ch'o enda kwa kwe, a mu bone. Diahano ha a za ku chutila hafohi, ch'o bona simwini we chulu.*

*Diahano nambwa-mutalati ha a bona muntu uzo, ch'o mu tilanina. Diahano ku wana busi bwa kwe bu ezula masamo onse. Diahano muntu uzo ha a bona kuti uzo munyolozi u mu tilanina, naye ch'o*

---

1. Pour l'explication des termes techniques *boire* et *faire boire*, je renvoie le lecteur aux notes du n° LVIII. On *boit* les écailles du *ngongodi*, soit pour être protégé contre lui quand on voyage sur le fleuve, soit pour pouvoir prendre à la pêche beaucoup de poisson. C'est un charme puissant.

*tiya. Inkwela ha u tiya kanzi u tiidi ku s'ena izuba, mbo a ku onde. Ha u tiya u tiile ku in'ezuba. Ha u ina ni lubala keti a ku onde, mbwene k'a lodi bulotu ku kamwi. Diahano ha a kangwa ku ku onda, c'ho ka bola ku nzubo ya kwe. Diahano ku wana ku subila, ch'o zubwa bulatu mu chulu cha kwe, ch'o zima. Diahano ha a ku onda, ch'o ku ihaya ni bana ba kwe, nambwa-mutalati.*

*Ba ti munyolozi mulotu. Nandi bantu ba mu izi, ha ba bona kuti ndjiye, ba di ungudi ku misamo. Diahano ba mu lolelela ha a za ku zwa mu chulu ni bana ba kwe; ba lolelela zintu zilotu, ku wana diahano ha a zwa china bana b'ombwa ba zana chizano chilotu. Ba ti u ina zizano zilotu, uzo munyolozi.*

### L. — L'arc-en-ciel [1].

Quant à l'arc-en-ciel, on dit que c'est Leza qui a dit que c'est l'arc-en-ciel qui fera fuir la pluie. Si vous voyez une grande pluie, lorsque l'arc-en-ciel paraît, la pluie s'enfuit [2]. De plus, les gens disent que l'arc-en-ciel ressemble à un chien; son pelage, ses jambes, son corps, tout cela (ressemble à) un chien. De plus, on dit que celui qui se promène sous les arbres et voit la fumée de l'arc-en-ciel, s'il ne la connaît pas encore, il s'approchera de lui

---

1. Le mot : *nambwa-mutalati*, est composé du préfixe de personnification *na* (cf. *Gram. soub.*, § 25), du substantif *mbwa*, chien, et du verbe *ku talata*, traverser (une étendue, une plaine). Il signifie donc : le chien qui traverse (l'étendue, s. e. du ciel). D'après les Zoulous (Callaway, *Nursery tales*, pp. 293-295), l'arc-en-ciel (*umnyama*) ressemble à un mouton ; sa demeure est dans un étang. Si quelqu'un entre dans un étang où il y a un *umnyama*, celui-ci le prend et le tue. Mais si l'homme qui y entre a reçu auparavant les charmes d'un médecin, l'arc-en-ciel le frotte d'argile coloré; puis cet homme ressort de l'étang avec des serpents enroulés tout autour de son corps. Si l'arc-en-ciel se pose sur quelqu'un (le frappe de ses rayons), c'est signe de maladie. Souvent l'arc-en-ciel sort de son étang et va se dresser sur un rocher. Il y a, on le voit, beaucoup de ressemblances entre les idées des Zoulous et celles des Zambéziens au sujet de l'arc-en-ciel.

2. [Ce passage rappelle singulièrement la promesse faite par Dieu à Noé (*Genèse*, IX, 13-16) et il est très probable que c'est un emprunt aux enseignements des missionnaires. — R. B].

pour le voir[1]. Quand il sera arrivé tout près, il verra le roi de la termitière[2].

Quand l'arc-en-ciel voit cet homme, il le poursuit; sa fumée semble alors remplir la forêt tout entière. Quand cet homme voit que cet animal le poursuit, il s'enfuit. Si tu fuis, ne t'enfuis pas du côté où il n'y a pas de soleil; il te saisirait. Si tu t'enfuis, enfuis-toi du côté où est le soleil. Si tu as de la chance, il ne t'atteindra pas, parce qu'il ne voit pas bien au grand soleil[2]. Ensuite, quand il n'a pu t'atteindre, il retourne à sa maison. Alors il est rougeâtre, il est heureux sur sa termitière, il se tient (là) debout. S'il t'atteint, l'arc-en-ciel et ses enfants te tueront.

On dit que c'est un fort bel animal. Quant aux hommes qui le connaissent, lorsqu'ils voient que c'est lui, ils se cachent dans les arbres. Alors ils le voient sortir de la termitière avec ses enfants; ils contemplent ses jeux agréables; c'est comme de jeunes chiens qui jouent agréablement. Ils disent que cet animal a des jeux agréables (à voir).

## LI. — Z'ezuba ni iyulu.

*Bantu ba ti buti izuba, ha tu di bwene buti, ha di hita budio, di ya mu chidindi cha menzi. Bantu ba ti, ha di sika, ku wana menzi onse a subidi, ku wana menzi a bila. Ao menzi k'a nywiwa, a lula; k'a nywiwa bantu. Inkwela k'ehiki zidio zi ba dia. Muntu nandi u ihika, a ende hana, ch'o kobaola; a siki, a biki mu chizungu, ch'a sanduka menzi malotu. Menzi ao a kola china zichelo ze zisamɵ[3]. Ngao a b'ehika zidio nao; inkwela nga ba nywa.*

*Inkwela ba ti buti, muntu yo buka masiku mbo a di wane di enda, ni di ya bo baladika china mudilo. Bantu ba ti buti, ka di bonwi-bonwi. Ha u di bona, nawe u zibe kuti chi wa fwa, ni bakwenu bonse, elu mu mane ku fwa. Bantu ba ti buti ha di hita masiku, di subila china mudilo; inkwela ba ti di tiisa.*

1. Seul celui-là qui ne sait pas à quel danger il s'expose ose s'approcher si près sans précautions.
2. On l'appelle ainsi parce que la termitière est le trône et la demeure de l'arc-en-ciel.
3. C'est une explication mythologique d'un phénomène très simple et qu'avec un peu de réflexion le plus ignorant peut comprendre.

*Inkwela bantu ba ti buti, umo mu di bidila izuba, nadio iyulu mo di manima. Ba ti buti iyulu ha di bola hansi, di sika hansi. Bantu ba zakite ko. Bantu ba ti buti, ha ba twa inkoko, minsi ya bo ba i zimika mpona h'eyulu.*

*Inkwela bamwe ba ti buti izuba ha di indjila budio, ba ti di endeteta, ka di chi bodi; di hita nku kona uko kunsi ni ivu. Ha u bona busiku ha bu cha, ni di sika ko. Inkwela ba ti buti nayo inkanda mpona aho mpo i zimana.*

*Nzinkani za bantu ba suno ; nandi indaba zine, nandi mapa a bo, mpo ni zi zibela ime aho.*

## LI. — Le soleil et le ciel [1].

Les gens disent que le soleil, lorsque nous le voyons passer ainsi (dans le ciel), va dans un grand trou d'eau. On dit que quand il y arriva c'est comme si l'eau était toute rouge, comme si elle était bouillante. On ne boit pas cette eau; elle est amère ; les hommes ne la boivent pas. Ils n'y font pas non plus cuire leur nourriture [2]. Quand quelqu'un veut cuire, il va là-bas, il cueille (des fruits); il arrive, il les met dans le pot, et ils deviennent de bonne eau. Cette eau a l'apparence des fruits des arbres [3]. C'est avec elle qu'ils font cuire leur nourriture; c'est aussi elle qu'ils boivent.

On dit encore que celui qui se lève au milieu de la nuit peut voir (le soleil) passer rouge et brûlant comme du feu. Mais on dit qu'on ne peut pas le voir (d'ordinaire). Si tu le vois, sache que toi aussi tu mourras avec tous les tiens ; vous mourrez tous. On dit que quand le soleil passe ainsi de nuit, il est rouge comme le feu ; on dit aussi que c'est (un spectacle) effrayant [4].

1. La conception ici relatée des phénomènes météorologiques est très curieuse ; elle rappelle sur bien des points les idées des anciens Grecs.
2. Les hommes dont il est question ici sont ceux qui demeurent aux confins de la terre (cf. n° 1, p. 149). Ils ne boivent pas de l'eau où est tombé le soleil, parce que, apparemment, elle est devenue mauvaise ou dangereuse.
3. C'est-à-dire que ce sont ces fruits même qui sont de l'eau potable. C'est là une idée des plus étranges et au sujet de laquelle il serait désirable d'avoir plus de renseignements.
4. Le soleil revient par la même voie, mais en sens inverse, à son point de départ. Cependant, est-il dit plus bas, d'aucuns estiment que le soleil revient à son point de départ par une voie souterraine. D'autres encore,

Les gens disent aussi que là où le soleil se couche, c'est là aussi que finit le ciel. Ils disent que là le ciel se recourbe vers la terre, et rejoint la terre. Des hommes demeurent là. On dit que lorsque ces hommes ont pilé leur sorgho, ils dressent leurs pilons contre le ciel [1].

De plus quelques-uns disent que lorsque le soleil entre ainsi (dans ce trou), il y entre complètement; il ne revient plus en arrière; il passe là-même sous la terre [2]. Lorque tu vois que le jour paraît, le soleil est arrivé là-bas. De plus on dit que là, c'est là aussi que la terre finit.

m'a dit Kaboukou, pensent que chaque jour c'est un nouveau soleil qui paraît. Quand le soleil repasse de nuit dans les airs, il passe comme un météore, avec un bruit terrible et une grande lumière. On a vu plus haut que le soleil c'est Leza, et qu'un météore qui passe indique sa présence. Les deux conceptions sont loin de s'exclure (cf. aussi ce qui est dit des idées des Ba-Yeye sur le même sujet). Voir le soleil passer ainsi pendant la nuit est un présage de malheur.

1. Les habitants des confins du ciel se servent de la paroi inclinée du ciel pour y appuyer les pilons avec lesquels ils pilent le sorgho dans leurs mortiers en bois. Ces pilons sont les rayons du soleil couchant; c'est là une explication mythologique d'un phénomène météorologique, inexplicable autrement pour les principes primitifs. Les Heréros racontent quelque chose de tout à fait pareil (*Folk-Lore Journal, of the Cape*, 1880, p. 95, note) : Dans les temps anciens « les cieux tombèrent » (c'est-à-dire probablement qu'il y eut une grande pluie) et presque tous les hommes furent tués. Ceux qui étaient restés en vie sacrifièrent une brebis noire. Alors les *Ovakuru meyuru* (les Anciens du ciel) retirèrent le ciel (d'où il était tombé) et le remirent en place. Tout autour de l'horizon, là où le ciel et la terre se rencontrent, ils placèrent comme gardiens des êtres étranges, afin d'empêcher les hommes de monter au ciel. Ces hommes n'ont qu'un œil, qu'une oreille, qu'une jambe, qu'un bras (ce ne sont donc que des moitiés d'hommes coupés perpendiculairement); ils n'ont également pas d'articulations dans les membres, de sorte qu'ils doivent, pour se nourrir, se faire manger les uns les autres. Ces moitiés d'hommes se retrouvent ailleurs encore dans le folklore bantou, chez les Zoulous (Callaway, *Nursery tales* p. 199), les Ba-Souto (Jacottet, *Contes populaires des Bassoutes*, p. 245) et les Ma-Koua du Mozambique (Junod, *Contes des Ba-Ronga*, ch. III).

2. [La même tradition sur le voyage souterrain du soleil existe aussi chez les Zoulous. Cf. Callaway, *Izinyanga Zokubula*, Natal, 1870, in-8, p. 398. — R. B].

Ce sont là les traditions des gens d'aujourd'hui ; soit que ce soit la vérité, soit que ce soit un mensonge, c'est là ce que moi j'en connais[1].

### LII. — Z'enyenyezi.

*Inyenyezi bantu ba ti buti menso a bantu ba ba fwi bukulu-kulu; nga k'ena ku iyulu. Bantu ba ti budio, ngamenso a bantu ba fwa hansi hano. Diahano kuna nko ku muzi wa bo, nku ba zakite. Inkwela ba ti izi zi subila ngamenso a balozi ba lowa bantu. Inkwela ba ti momona mona mu menso a bantu ba ba fwi, momo mu i zwila invola i soka hansi hano.*

### LII. — Les étoiles[2].

On dit que les étoiles sont les yeux des gens qui sont morts il y a très longtemps ; ce sont (leurs yeux)-là dans le ciel. Les gens disent que ce sont les yeux de ceux qui sont sur la terre. Là-bas, c'est là qu'est leur village, c'est là qu'ils demeurent. On dit aussi que c'est de là-même, des yeux des morts, c'est de là que sort la pluie qui tombe ici sur terre.

### LIII. — Indaba ze zisamo.

*Ba ti buti zisamo z'ina banakazi, ba ti z'ina ni bakwame ba zo. Inkwela ba ti zi zala bana ba zo. Bantu ha ba bona chi sa zadi, chi ba ti chikwame. Inkwela ba ti buti icho chi zala nche chanakazi. Ba ti buti zi wanana knnsi ni ivu ni miyanda ya zo.*

---

1. Ce sont les paroles de Samata, de qui je tiens ces détails. Il raconte ce qu'on lui a raconté, mais il ne veut pas se compromettre ; il ne sait si ou ou non il lui faut croire à tout cela.

2. Regarder les étoiles comme des yeux tournés vers la terre, cela semble très naturel. Il ne l'est pas moins de penser que ce sont des trous par où tombe la pluie. Mais les deux conceptions sont difficilement conciliables. Cela importe peu aux primitifs ; on se sert indifféremment de l'une ou de l'autre des explications, selon les cas, peut-être même, à l'occasion, des deux à la fois.

## LIII. — Au sujet des arbres [1].

On dit que certains arbres sont femelles et les autres mâles. On dit aussi qu'ils ont des enfants (les fruits). Quand les gens voient des arbres qui n'ont pas (d'enfants), ils disent qu'ils sont mâles. Quant à celui qui a (des enfants), ils disent que c'est un (arbre) femelle. Ils disent que c'est sous terre qu'ils s'accouplent par leurs racines.

## LIV. — Mukwe-Leza.

*Ba ti buti mukwe-Leza ch'o sonda invola; nandi ka ku ina invola, ha ba zubwa ka dila, chi ba ti buti, nangu i soke diahano. Inkwela nandi ku ina kamwi haholo, bantu ha ba bona invola k'e ku ina, chi ba ti buti : Ndji mukwe-Leza yosa didi. Diahano ha ba mu zubwa u dila chi ba ti : Nangu i soke, ndiona diahano. Bwene ye mukwe-Leza u dila, n'a ti buti :*
 *Ka iwa lulakalaka, ka iwa, ka iwa, ka iwa!*
 *Chodi! chodi! chodi! ka iwa lulakalaka.*
*Diahano ha ba zubwa budio, chi ba ti buti : Nangu i soke ndiona diahano; ndji mukwe-Leza, ndji wa tu ha invola. Nchi ya soka buti.*
 *Inkwela muntu ha a ka chesa, k'a k'ehai, u ka leka chi ka enda budio; k'a k'ehai. Bo ba ti kuti muntu h'a k'ehaya, ka ba chi boni invola, chi la ba ibalamwe budio, di s'ena invola ni zidio.*
 *Inkwela ba ti buti, kazuni ka ba tumwa ku bantu ni Leza ku ku sonda invola budio. Diahano ha ba bona budio, ba ka hi izina lo mukwe-Leza. Inkwela ka ka didi budio; h'o zubwa ka dila a zibe*

1. Pourquoi y a-t-il des arbres qui ne portent pas de fruits? L'esprit des primitifs devait chercher une explication satisfaisante. On la trouve ici telle qu'on la donne au Zambèze; elle est d'accord, en grande partie, avec l'histoire naturelle. Il y a des arbres mâles et des arbres femelles; c'est sous terre, par les racines, que se fait l'accouplement. L'explication donnée est basée non sur l'observation, mais sur l'analogie de la vie des arbres à celle des hommes et des animaux. On voit jusqu'à quel point les Bantou personnifient les forces de la nature et y voient des êtres animés et agissants. C'est une réfutation absolue la théorie de Bleek qui refusait aux langues « asexuelles » (ou « sans genre ») la faculté de la personnification.

*kuti invoèa ch'i ina hafohi ni ku soka. Bantu ha ba zubwa budio ka dila, bonsé chi ba dima. Diahano ha ba mana ku dima, chi ba byala zidio za bo. Inkwela chi ka dila; diahano ch'i soka yo ku menisa zidio za bo.*

*Mpo zi manina zo mukwe-Leza.*

## LIV. — L'oiseau de la pluie[1].

Ils disent que c'est cet oiseau qui jette les osselets pour la pluie. S'il n'y a pas de pluie, quand on l'entend chanter, on dit : Il pleuvra aujourd'hui. De même s'il y a une grande sécheresse, les gens disent, lorsqu'ils voient qu'il ne pleut pas encore : C'est que l'oiseau de la pluie ne chante pas. Alors quand ils l'entendent chanter, ils disent : Il va pleuvoir, aujourd'hui même. En effet, l'oiseau de la pluie, lorsqu'il chante, dit :

Qu'il pleuve une grande pluie, qu'il pleuve! qu'il pleuve! qu'il pleuve!

Tchodi! tchodi! tchodi! qu'il pleuve une grande pluie.

Quand les gens l'entendent, ils disent : Il va pleuvoir aujourd'hui même; voici l'oiseau de la pluie, celui qui nous donne la pluie. Et alors il pleut.

De plus si quelqu'un l'attrape (dans ses rêts), il ne le tue pas; mais il le laisse partir; il ne le tue pas. On dit que, si quelqu'un le tue, on ne verra plus jamais de la pluie; on ne connaîtra plus qu'une grande sécheresse, manque de pluie et famine.

On dit aussi que cet oiseau a été envoyé aux hommes par Leza pour jeter les osselets pour la pluie[2]. C'est à cause de cela qu'ils lui ont donné le nom de *Moukwé-Leza* (gendre de Leza). Il ne chante pas à l'ordinaire; lorsque tu l'entends chanter, sache que

---

1. Description des mœurs de l'oiseau de la pluie, dont on a vu la légende plus haut (n° XLIV). Le chant de cet oiseau commençant à se faire entendre à la fin des sécheresses, alors que la pluie va tomber, les Zambéziens lui attribuent naturellement le pouvoir de la produire.

2. *U ku sonda*, c'est faire de la divination, spécialement par le moyen des osselets. Dans un conte héréro (Brincker, p. 336), c'est également un oiseau, le corbeau, qui jette les osselets pour la pluie à la demande de l'éléphant. [Cf. sur la divination par les osselets chez les Basoutos, *Kou hlahlouba hi boula* : Junod, *Les Ba-Ronga*, Neuchâtel, 1898, in-8, p. 455. R. B.]

la pluie est près de tomber. Quand les hommes l'entendent chanter, ils se mettent tous à bêcher. Quand ils ont fini de bêcher (leurs champs), ils sèment leur grain. L'oiseau chante de nouveau ; c'est alors que tombe la pluie qui fera croître leur grain.

Ici finit (ce qu'on sait) de l'oiseau de la pluie.

### LV. — Z'enkuku ya Leza.

*Bantu ba ti buti Leza u ina inkuku, izina la yo inkuku-lole. I dila buti-buti : Ko! ko! gwaa! i dila masiku budio; isekele ka i bonwi. Inkwela bamwe bantu ba ti buti i seha. Inkwela bamwe bantu ba ti buti h'o bona wa i ihaya, nawe mb'u ihaiwe ni Leza.*

*Mpo ni zibela.*

### LV. — La poule de Leza[1].

Les gens disent que *Leza* a une poule ; son nom est la poule qui voit. Cet oiseau chante ainsi : Ko! ko! gwaa! il ne chante que la nuit ; on ne le voit pas pendant le jour. Quelques personnes disent qu'il est noir. D'autres disent aussi que si tu le tues, toi aussi tu seras tué par Leza.

C'est là ce que j'en sais.

### LVI. — Za mpolwe.

*Umpolwe bantu ba ti buti u ina ni luzimbo lu a zimba bakwakwe nalo; ha a zimba u ti buti :*

*Iwe ngwadi, ha u bona kaswa u di chesa-chesa;*
*Ime umpolwe, ha ni bona kaswa ni ka chencheleka.*
*Ba amba budio bantu, nandi b'ena mapa.*

### LVI. — Le mpolwe.

Les gens disent que le *mpolwe* a une certaine chanson qu'il chante à ses compagnons. Lorsqu'il chante, il dit :

Toi, perdrix, lorsque tu vois des rêts, tu t'y prends, tu t'y prends.

---

1. Nous avons ici l'explication du chant de deux oiseaux ; le premier est un oiseau de nuit, probablement un gros hibou.

Moi, le *mpolwe*, lorsque je vois des rêts, je les évite.
C'est là ce que disent les gens; peut-être est-ce un mensonge.

### LVII. — Z'empudimunyenza.

*Bantu ba ti buti, nandi h'o fwa nanta ku kisa impudimunyenza, bantu ba ti buti h'o ka sika ha Leza mb'u ka hewe zikoto z'enzi, u ka die nzizo. Inkwela n'o dia inzi budio, nanta ni kuti u ikale kwa kwe. Diahano h'o mana ku dia inzi, diahano ch'o tandanywa kwa kwe. Nandi ba ti yo tandanywa ni Leza, nandi u ya hi iye.*

### LVII. — Les impoudimounyenza [1].

On dit que si tu meurs sans t'être fait des brûlures pareilles, lorsque tu arriveras vers Leza il te donnera des pâtés de mouches, pour te les faire manger. Quand même tu les manges, tu ne peux demeurer auprès de lui. Quand tu auras fini de manger les mouches, alors tu seras chassé d'auprès de lui. Mais on ne dit pas où va celui qui est chassé par Leza.

### LVIII. — Zo ku fwa.

*Ba ti bantu ha ba fwa, me chi ba zikwa; diahano ha ba mana ku zikwa, chi ba ti mbo ba ye ku iyulu. Me ba ti ha ba ya ku iyulu, ba enda ni ba fopeme; me ha ba sika ako ha zi hanzakana inzila, chi ba ti yo enda ku nzila inkulu-kulu, wa toba inzila indotu, wa ya ku ku fwa; mbo a ka fwidile, mbwene ba ti inzila inkulu-kulu ndji sa endi bantu.*

*Inkwela ba ti, uzo yo enda n'inzila ndji enda bantu, ndjinzila i twala ku bumi. Ba ti ha a enda mu nzila, u enda n'a fopeme. Ha a enda, ch'o ka tulukila ku dibala ku ina mizi mingi mingi. Ha a ka sika u ikala h'edizo; ha a sika ch'o wana mutendema. Ch'o sumpa ba-kwakwe b'ena mu isidia. Ha a zubwa, chi u iza, u mu twala, u enda naye. Ha a sika ch'o ka wana bakwakwe, ch'o b'eziba, u wana ba zwete malungu a subila. Inkwela ba ti ba zakite mizi mingi mingi; ba ti ba zakite ku iyulu.*

1. Les *impoudimounyenza* sont des brûlures que les hommes se font au bras. Dans un texte louyi on trouvera une superstition toute pareille au sujet des trous faits aux oreilles de ceux qui refusent de se les laisser percer (*u ku chula*).

Uzo a s'ena mwakwe, ha a sika, n'a zwa mu ku sumpa, ka h'ena mukwakwe yo za ku mu itaba. Ba ti : Ngow'eni? A ti : Neme. Chi ba ti : Ka tu ku izi; inkwela ka ku ina mukwako. U fwila mpaho naho h'edizo.

Diahano nziz' enzila imwe. Ba ti buti yo ndjinzila imbi inkandokando; inkwela inde-nde, i sa sikwi umo mu i manina; me ba ti abo ba enda nayo ba zoba, ka ba bonwa umo mu ba ya, nandi ba ya hi. Inkwela bamwe ba ti ka i nywiwa menzi, inzala budio, momo bantu mu ba fwila inzala budio; ni ba ti mu i manina ka b'ezi mo.

Ha ba zwa ku nzila uko chi ba sanduka masaku; me masaku eza ku bantu, ch'a sika ku umwe mulozi, ekala ko; chi ba ba bantu ba kwe. Ha a saka ku lowa, ch'o tuma masaku a kwe k'ozo muntu u a sa mu saki. Ch'a sika kwa kwe; a mu onda-onda; muntu uzo ch'o fwa. Ha a fwa chi ba mu zwatika malungu n'insipi; ba enda, ba ka mu zika. Masiku mulozi ch'o enda, u ka vwikununa ikumbo. Ch'o twala muntu uzo, u twala munzunde wa kwe, a mu sandula isaku. Bantu ha ba fuma, chi ba wana mudindi budio; chi ba ti : Mulozi wa mu twala.

U ka mu biki mu chibombwa, kuti muntu uzo ha a fwe' nzala, uzo muntu u ina mu chibombwa, zidio ha zi za ku mana, n'a zi iunguzisa, ni zi ba zingi. Diahano bantu ha ba bona budio, chi ba ti : Zidio z'ozu muntu ka zi mani; mulozi. Ba mu twala, ba ka mu djicha.

Inkwela bamwe ba sanduka bandavu, ni ba sia ha makumbo, ni ba ti : Woo bo! woo bo! Ku nywa kwa bo, ba mina masene. Diahano ha ba mana ku mina, chi ba ti ba sanduka bandavu. Ni ba wanana ni bandavu keti ba ba sume. Ba mina masene kuti ha ba za ku fwa, masene a zwile hanze, a sanduke bandavu ni banvuvu, etc. Muntu ye ch'o enda n'inzila ya kwe; undavu ch'o enda ku mwanakazi wo mukwame uzo wa fwa. Ha a sika mu nzubo, ch'o lala, ba mu kudisa, u ba mukando-kando.

### LVIII. — Concernant la mort[1].

On dit que, quand les hommes sont morts et ont été enterrés,

---

1. Les idées des Zambéziens sur la mort et la vie future sont fort intéressantes, quoiqu'aussi un peu incohérentes, et parfois même contradictoires. J'ai déjà eu plus d'une occasion de faire cette dernière remarque. Dans un texte louyi, on trouvera un morceau semblable à celui-ci et qui y ajoute un ou deux détails nouveaux.

quand on a fini de les enterrer, alors ils vont au ciel. Ils disent que lorsqu'ils vont au ciel, ils y vont en rampant; lorsqu'ils arrivent à la croisée des chemins, ils disent que celui qui va par le grand chemin et s'écarte de la bonne route, va à la mort; c'est là qu'il mourra pour de bon; en effet, ils disent que le grand chemin est celui que les hommes ne doivent pas suivre[1].

1. Les deux chemins rappellent beaucoup la parole de Jésus-Christ sur les deux portes et les deux chemins (*Matthieu*, vii, 13-14), et l'on pourrait être tenté d'y voir un emprunt fait aux idées chrétiennes. Dans un des textes tonga donnés par Torrend (*Comparative grammar*, p. 289), l'influence des idées chrétiennes est évidente, puisque ce sont *les bons* qui vont par un de ces chemins et les *mauvais* par l'autre. L'indigène qui a fourni ces textes à Torrend a très naturellement introduit les idées chrétiennes, qu'il connaissait, dans les croyances de son peuple; Torrend aurait dû, ici comme ailleurs, faire preuve d'un peu plus de sens critique. Quant au fond même des choses, on se convaincra sans peine que dans les croyances ici exposées il n'y a qu'une ressemblance superficielle et accidentelle avec la parole du Christ, le fait seul des *deux chemins* (cf. Châtelain, p. 93). Tout le reste est absolument différent; mais dans nos textes, il n'est question ni de bons, ni de méchants; il n'est parlé ni de punition, ni de récompense. C'est, somme toute, un pur hasard et une circonstance fortuite si l'on va par un chemin plutôt que par l'autre. Et même celui qui va par le vrai chemin n'est pas toujours sûr d'arriver au but, comme on le voit plus loin. Les morts suivent ce chemin *en rampant*, naturellement sous terre, puisque c'est de leurs tombeaux qu'ils partent. On peut ici comparer avec fruit plusieurs contes de l'Angola, entre autres celui de *Subika-Mbambi* (Châtelain, 5) et celui de *Ngunza kilundu kia Ngunza* (*ibid.*, p. 249), où il est parlé de deux hommes qui se rendent, en passant par la voie du tombeau, au séjour des morts chez Kalunga-Ngombe. En général toute la conception de l'Hadès et de son roi est très remarquable dans les contes de l'Angola; il y a beaucoup de rapports avec ce qu'on croit au Zambèze. On peut se demander s'il ne faudrait pas, comme cela semble être le cas dans l'Angola, placer le séjour des morts *sous* la terre, plutôt qu'au ciel, et si cette dernière idée ne provient pas d'un emprunt fait au christianisme. Beaucoup de traits le feraient croire, et cela semble naturel, d'ailleurs, puisque c'est de la fosse qu'on part pour se rendre dans l'Hadès. D'ailleurs un texte, malheureusement trop incomplet pour que je puisse le donner ici, parle de fleuves, de villages, de champs qui se trouvaient *sous* la terre dans le royaume des ombres. D'autre part, c'est bien au ciel que règne Leza, et l'on a vu (n° LII) que les étoiles sont les

Ils disent encore que celui qui va par le chemin que les hommes doivent suivre, c'est là le chemin qui le mène à la vie. Ils disent que celui qui va par ce chemin, le suit en rampant. Dans sa course, il pénètre (par une ouverture) jusqu'à une plaine remplie de nombreux villages. Lorsqu'il y arrive, il s'assied au bord (d'un marais); lorsqu'il y arrive, il y trouve un marais. Il appelle ceux des siens qui sont à l'autre bord. Quand (un de ceux-ci) l'entend, il vient, le prend et va avec lui[1]. Lorsqu'il arrive, il y trouve les siens, il les reconnaît, il les voit couverts de perles rouges. De plus on dit qu'ils y ont bâti de nombreux villages; on dit qu'ils habitent dans le ciel.

Celui qui n'a aucun des siens, quand il arrive et a appelé, celui-là ne trouve aucun des siens qui lui réponde. (Les gens de là-bas) lui demandent : Qui es-tu? Il dit : C'est moi. Ils répondent : Nous ne te connaissons; de plus il n'y a ici aucun des tiens. Il ment là-même, au bord (du marais).

Voici maintenant ce qui concerne l'autre route. Ils disent que c'est un mauvais chemin, mais très, très large; de plus il est très long; on n'arrive jamais là où il finit. Ils disent que ceux qui le suivent s'égarent, ils ne voient pas où ils vont, ni où ils arrivent. De plus, quelques-uns disent qu'il n'y a là pas d'eau à boire, c'est la famine; c'est là que les gens meurent par la famine. Ils disent aussi qu'on ne peut savoir où il finit.

Lorsqu'ils sortent de ce chemin, ils sont changés en fantômes[2]. Ces fantômes viennent vers les hommes; ils arrivent chez un sorcier et y demeurent; ils deviennent ses serviteurs. Lorsque ce sorcier veut ensorceler, il envoie ses fantômes vers la personne

yeux des morts. Il est donc difficile de se prononcer avec certitude dans un sens ou dans l'autre, avant d'avoir des renseignements plus complets.

1. C'est en bateau qu'on traverse le marais, comme l'explique le texte louyi. On remarquera que dans ce pays des ombres, c'est de perles rouges que les morts sont parés (cf. note 105).

2. Ceux qui n'ont pu arriver dans l'Hadès sont changés en *fantômes* (sortes de formes humaines, ombres vaines) et deviennent la proie des *balozi* ou sorciers. Dans notre troisième partie, on trouvera un certain nombre de textes louyi donnant d'intéressants renseignements sur les sorciers, l'effroi des peuples primitifs. Les sorciers du Zambèze semblent se servir surtout pour leurs enchantements des fantômes des décédés.

qu'il déteste. Ils arrivent vers elle, la saisissent; cette personne meurt. Lorsqu'elle est morte, (les siens) l'ornent de perles et de bracelets; puis ils vont l'enterrer. De nuit le sorcier vient et ouvre le tombeau. Il prend cet homme, prend son ombre, et la change en fantôme[1]. Quand les gens reviennent, ils trouvent qu'ils n'y a plus rien qu'un trou; ils disent alors : Le sorcier l'a pris.

Celui-ci place (le fantôme) dans son grenier, afin que lorsque (le sorcier) aura faim, (le mort) qui est dans le grenier, alors que les vivres vont manquer, les fasse augmenter, qu'il y en ait beaucoup. Quand les gens voient qu'il en est ainsi, ils disent : Les vivres de cet homme ne sont jamais finis; c'est un sorcier. Ils le prennent et le brûlent[2].

Quelques-uns (parmi les hommes) deviennent des lions; ils creusent près des tombeaux, en hurlant : woo bo! woo bo! La médecine qu'ils avalent (litt. : *boivent*), ce sont des vers (sortis des cadavres des animaux). Lorsqu'ils les ont avalés, ils disent qu'ils sont devenus des lions. Quand même ils rencontreraient des lions, ceux-ci ne les mordent pas. Ils avalent des vers, afin que, lorsqu'ils viendront à mourir, ces vers sortent (de leurs corps), et deviennent des lions, des hippopotames, etc.[3]. L'homme, lui, va

1. Il est presque inutile de faire remarquer que cette idée d'un mort changé presque tout de suite en fantôme par le sorcier qui le déterre, est, somme toute, contradictoire à ce qui vient d'être dit. Peut-être ce mort n'a-t-il pas encore eu le temps de commencer sa course vers l'Hadès ; ou bien se serait-il déjà égaré ?

2. Comme partout en Afrique, et jadis aussi en Europe, c'est souvent la richesse qui sert de base à une accusation de sorcellerie. En général, les sorciers sont reconnus et désignés par les osselets divinatoires. Jusqu'à ces dernières années encore, au Zambèze, les sorciers étaient brûlés vifs ; on trouvera une intéressante description de la chose dans un texte tonga de Torrend (*Comparative grammar*, p. 283). L'influence de la mission chrétienne a aujourd'hui presque entièrement supprimé cette coutume barbare.

3. La croyance à la métempsychose est très répandue au Zambèze, bien qu'elle paraisse contradictoire à la conception de l'Hadès qui vient d'être exposée. Peut-être les deux conceptions proviennent-elles de tribus diverses, dont les croyances auraient été pour ainsi dire amalgamées. Peut-être aussi est-ce le *ver* seul qui devient animal, ou bien le corps seul, l'âme allant de son côté par l'un des deux chemins que l'on sait. Ou bien est-ce encore un nouvel exemple de deux conceptions qui sem-

son chemin; le lion va vers la femme de l'homme qui est mort. Lorsqu'il arrive à sa hutte, il y reste; on l'y élève, il y devient grand[1].

## LIX. — Ze muzimo wa ba-Subiya.

*Ba-Subiya ba b'ena muzimo w'enfoma; ngu ba ba di ku hwila. Umfumw'a bo u ba di Leswani. Ba ba di ku ti ha ba ya ku ku hwila, Leswani ch'o ti buti : Mu sake mwana munini uzo u tu za ku anda naye ku ku kwila. Diahano chi ba putassa bangi-bangi n'iñombe. Diahano ha ba sika ku infoma ya bo, chi ba ti : Mu ihal-iñombe. Ha ba mana ku ihaya, chi ba ti : Mu i zune.*

*Diahano ha ba mana ku zuna, Leswani ch'o ti : Mu onde muhwile, mu mu lete kuno. Chi ba saka-zaka. Ha ba wana mwanakazi u ibele mwana wa kwe, chi ba ti : U lete mwana uzo. Mwanakazi ha a ti :*

---

blent s'exclure l'une l'autre, et que cependant l'esprit des primitifs accepte sans discussion et sans critique? Voici en quelques mots l'exposition de la conception de la métempsychose au Zambèze. Ceux qui veulent revivre après leur mort dans tel ou tel animal doivent *boire* (c'est-à-dire avaler sans le mâcher, comme on boit de l'eau) le *ver* de cet animal, c'est-à-dire un ver provenant du cadavre en décomposition de cet animal. On devient ainsi lion, serpent, hippopotame, etc. Ceux qui ont *bu le ver* imitent souvent les cris de l'animal dans lequel ils revivront, faisant ainsi ce que l'on pourrait appeler l'apprentissage de leur vie future. Les animaux dont ils ont *bu le ver* ne leur feront plus de mal, puisqu'ils appartiennent dorénavant à sa race; eux aussi ne leur en feront pas. Celui, par exemple, qui a *bu le ver* du serpent ne tuera pas de serpent, etc. Cette croyance à la métempsychose est si vivace que, m'a dit M. Jeanmairet, qui a passé sept à huit ans au Zambèze, certains des gros hippopotames des environs de Seshéké portent les noms des anciens chefs morts il y a des années. Quand un hippopotame a fait chavirer un canot, on entend souvent les bateliers dire : C'est tel ou tel (nommant un ancien chef décédé) qui nous a fait chavirer.

1. Kasala, de qui je tiens les détails ci-dessus, m'a raconté, comme un fait qui se serait passé dans son enfance, qu'un homme étant mort dans le village que lui Kasala habitait, on vit arriver peu après un petit hippopotame. L'animal se rendit à la hutte du mort, et fut nourri par sa femme. Devenu grand, l'hippopotame alla se jeter dans le Zambèze; depuis lors on ne l'a plus revu.

*Ka ni saki, chi ba mu nyanga mwan'a kwe; ba mu twala kwa Leswani.*

*Ha ba sika, Leswani ch'o ti : Mu mu ihae. Chi b'ehaya mwana uzo, ba twala mlaha a kwe, ba ka singa infoma ha mubidi; ch'i subila. Me malaha ao a ba uwanganitwe ni eñombe. Diahano ha ba manite, chi ba bika mwana uzo mu infoma, ch'o bobela mo. Diahano ha ba mana chi ba di singa malala eñombe. Diahano chi ba djicha inyama y' eñombe. Ku dia kwa bo ba ba di ku zinda iyulu. Diahano ha ba mana ku dia, chi ba enda ku muzi. Invola ch'i sika, i ba soka, ba zwisa malaha ku mutwi; chi ba enda ba tabite.*

### LIX. — Le dieu des Ba-Soubiya[1].

Le dieu des Ba-Soubiya était un tambour (*infoma*); c'était à lui qu'ils rendaient un culte. Leur chef était Leswani. Lorsqu'ils allaient faire leurs cérémonies, Leswani disait : Cherchez un petit enfant, avec lequel nous irons accomplir nos cérémonies. Alors ils s'assemblaient en grand nombre avec leur bétail.

Lorsqu'ils étaient arrivés devant leur *infoma*, ils disaient : Tuez un bœuf. Lorsqu'il était tué, on disait : Dépecez-le. Lorsqu'on avait fini de le dépecer, Leswani disait : Saisissez un petit enfant, et amenez-le vers moi. Ils partaient en quête de cet enfant; quand ils trouvaient une femme qui portait un enfant sur son dos, ils lui disaient : Apporte-nous ton enfant. Si elle disait : Je ne veux pas, ils lui enlevaient son enfant et le portaient à Leswani. Quand ils étaient arrivés, Leswani disait : Tuez-le. Alors ils tuaient cet enfant, prenaient son sang, et en enduisaient les

---

1. *Muzimo* pourrait aussi bien se traduire par *fétiche* dans ce passage-ci. Il signifie ordinairement l'esprit, l'ombre, les mânes d'une personne décédée, et par extension Dieu, puisque c'est sur le culte des morts qu'est basée la religion primitive des Bantou. Je ne sais, du reste, si *muzimo* était originairement un mot soubiya, et s'il n'a pas plutôt été emprunté au soulo où il se trouve sous la forme de *molimo*. On a ici la description de certains sacrifices humains qui se faisaient au Zambèze jusqu'à ces dernières années, et dont parle, entre autres, Holub. Aujourd'hui, grâce surtout aux missionnaires protestants français qui y sont arrivés en 1884 sous la conduite de M. Coillard, ces détestables coutumes ont été abandonnées, et la fameuse *infoma*, dont il est ici question, brûlée il y a quelques années.

côtés de l'*infoma*, de sorte que celle-ci était toute rouge. Ils mélangeaient ce sang à celui du bœuf.

Quand ils avaient fini, ils plaçaient le corps de l'enfant dans l'*infoma*, où il pourrissait. Puis ils s'éloignaient avec le sang du bœuf. Ensuite ils mangeaient ensemble la viande du bœuf; avant de la manger, ils la jetaient d'abord en l'air. Quand ils avaient fini de manger, ils retournaient au village. Alors la pluie venait et tombait sur eux, elle enlevait le sang dont leurs têtes (étaient ointes). Alors ils partaient tout joyeux.

### LX. — Invola.

*Bamwe ba nywa invola, ba i nywa nayo ku i tanda, ba i nywa ni muchila wo nyumbu. Ha ba zuhwa invola i timba, chi ba amba nayo. Diahano ha i sika chi ba ti : fo-fo-fo-fo-fo! u ende uko! Ha ba bona kuti ya enda, chi ba ti ba i tanda. Inkwela ba ti invola i kola china kazuni, ha i ti : ndi-ndi-ndi-ndi! Inkwela beni ba yo ba ti, ha ba saka ku i chesa, kuti chi ba i chesa mu kaswa. Ba ti ha ba i wana, chi ba i sumununa, ba i leka i enda. Mbabeni ba yo, ba i chesa mu kaswa. Inkwela ba ba nywisa, ba ti yo saka ku nywa a twale utukwe ni bu ba bulungu. Ha a sika ch'o ha uzo yo mu nywisa invola.*

### LX. — La pluie [1].

Quelques-uns *boivent* (la médecine de) la pluie. Ils la *boivent*, afin de pouvoir la chasser; ils la *boivent* avec une queue de gnou. Lorsqu'ils entendent la pluie bruire, ils lui parlent. Lorsqu'elle arrive, ils disent : fo-fo-fo-fo-fo ! va-t'en là-bas. Lorsqu'ils voient

---

1. Il est ici question d'une médecine à prendre soit pour pouvoir faire tomber la pluie, soit au contraire pour la chasser afin de n'être pas mouillé par elle quand on est en voyage. On la *boit* avec une queue de gnou ; cela veut dire, ou bien qu'on la boit mélangée à un brouet fait avec de la queue de gnou, ou bien qu'on en asperge l'initié au moyen d'une queue de gnou en guise de goupillon.

La pluie est sans doute ici considérée comme comprenant aussi la foudre. Pour les Ba-Souto la foudre est aussi un oiseau ; c'est avec ses griffes de feu qu'il fait les blessures que l'on remarque sur ceux que la foudre a frappés.

qu'elle est partie, ils disent qu'ils l'ont chassée. De plus ils disent que la pluie ressemble à un oiseau[1] ; elle chante ainsi : ndi-ndi-ndi-ndi ! De plus, les maîtres de la pluie disent, lorsqu'ils veulent le saisir, qu'ils le saisissent avec des rêts. Ils disent que lorsqu'ils ont saisi (cet oiseau), ils le délivrent et le laissent partir. Ce sont eux les maîtres de la pluie, ceux qui l'ont prise dans leurs rêts. Ceux qui la font *boire* disent que celui qui veut la boire doit apporter soit un mouchoir, soit des perles. Lorsqu'il arrive il donne ce présent à celui qui lui fait « boire » la pluie.

### LXI. — Zo musondi.

*Bazani ba zana n'itwala. Bumwe busiku sianga a zani. Diahano a twadi mudinga wa kwe, a ti buti : Ngana masaku. Diahano a zwi mu chizano, a tandani, a siki, a hwezi dimwe ni mudinga wa kwe. Inkwela tu boni ch'o bola ni mudinga wa kwe. Diahano bantu ba ti buti. Isaku l'ena hi ? Ye a ti buti : La chopola. Bantu : Diaho wa tu chengelela.*

*Uzo musondi zile u ti buti, mbo a ka tu letele isaku, tu ize tu di bone. Musondi a ti buti : Yo saka ku bona masaku eze kwa ngu, ni mu zieze mu menso ni musamo. Diahano bamwe ba endi kwa kwe. A ba sidiki ni musamu wa kwe. Diahano ba mu kambidi. Diahano a zani. Inkwela a widi hansi. Diahano bantu ha ba bona budio chi ba kambisa. Diahano ch'o buka, ch'o zimba, ch'o ti buti : Bonse ba dima indongo, ime chi na mulezi u ndowete.*

*Diahano chi ba mu twadila zintu zingi zingi. Diahano ch'o zimba haholo. Inkwela ch'o wila hansi, ch'o dila. Diahano bantu ha ba zubwi u dila, chi ba ondisa ku kamba. Diahano ha a buka ch'o zimba, ch'o ti buti : Tanga di bole ni muchoku. Diahano ch'o zana haholo ; u in 'empene, ch'o mu ha ; mbona budio, bonse ba mu ha.*

*Mpo zi manina.*

### LXI. — Un jeteur d'osselets[2].

Ceux qui jettent les osselets dansent (ornés) de colliers. Un

---

1. Voir aussi ce qui a été dit au n° XLIV, au sujet du *Mukwe-Leza*, sans doute le même oiseau que celui dont il est question ici.
2. C'est le récit des cérémonies d'un *musondi* (devin, jeteur d'osselets)

jour, un médecin dansa. Alors il prit son assagaie et dit : Voilà des fantômes, là-bas. Il cessa de danser, courut (là-bas), s'approcha, et frappa un fantôme avec son assagaie. Alors nous le vîmes revenir avec son assagaie. Les gens lui demandèrent : Où est le fantôme. Il dit : Il s'est échappé. Les gens : Alors, tu nous trompais.

Alors ce sorcier dit qu'il nous amènerait un fantôme, afin que nous puissions le voir. Le sorcier dit : Celui qui veut voir des fantômes qu'il vienne vers moi; et je frotterai ses yeux avec une médecine. Quelques-uns allèrent vers lui. Il les frotta de sa médecine; Alors ceux-ci lui battirent des mains. Il dansa; ensuite il tomba à terre. Quand les gens virent cela, ils battirent plus fort de leurs mains. Alors il se releva, chanta et dit : Que tous sèment des haricots, quant à moi, il y a un sorcier qui m'a ensorcelé[1].

Alors ils lui apportèrent beaucoup d'objets (en présent). Il chanta; il chanta beaucoup. Puis il tomba à terre, en pleurant. Quand les gens l'entendirent pleurer, ils battirent des mains toujours plus fort. Alors, quand il se releva, il se mit à chanter, disant : Que la courge pourrisse avec la citrouille[2]. Ensuite il dansa longtemps. Celui qui avait un mouton le lui apportait, et ainsi de suite, tous lui donnaient (quelque chose).

C'est ici la fin.

### LXII. — Za Muteto.

*Bantu ba ti buti mukwame uzo a b'ena misamo mingi mingi; izina la kwe ndji Muteto. Muntu uzo a ba di ku ti buti, ،،a a mana ku dia musamo wa kwe, diahano ha a bona kuti masiku, ch'o ya mu bantu; diahano ch'o saka muntu u ina zintu zingi zingi. Ha a bona kuti ch'a*

ou *sianga* (médecin). Il voulait chasser du village les fantômes (*masaku*), dont les sorciers (*balozi*) se servent pour ensorceler ou tuer (*lowa*) les gens.

1. Exemple des ordres ridicules que donnent souvent de pareils charlatans.

2. Je donne de cette phrase une traduction certainement correcte ; mais je ne comprends pas bien moi-même ce qu'elle doit signifier. Les éjaculations des charlatans indigènes sont souvent à la fois sottes et incompréhensibles. On trouvera dans la troisième partie un certain nombre de leurs tours et de leurs cérémonies.

ba masiku ch'o enda ku adi; diahano ha a wana muntu uzo u lele, chi u indjila mu nzubo ya kwe. Ha a wana u lele ch'o zima. Diahano ch'o ti buti k'ozo muntu : U ntondeze zintu za ko. Diahano ch'o mu tondeza zonse zintu za kwe. Inkwela ch'o ti buti. Masela ena hi? Inkwela muntu uzo ch'o ti buti : U lole uku ku mbadi n'inzubo. Inkwela ch'o mu tondeza zonse zintu z'ina mu nzubo ya kwe. Inkwela Muteto ch'o ti buti : Na zintu zonse za mana umu mu nzubo na? Inkwela munt'uzo ch'o ti buti : I, za mana. Diahano Muteto ch'o zwa mo umo mu nzubo, ch'o siya muntu uzo n'a lele.

Inkwela Muteto ch'o twala zintu izo ku nzubo ya kwe. Diahano muntu uzo ha a buka ch'o wana zintu za kwe zonse wa zi twala zonse. Diahano muntu uzo ch'o ti buti : Masiku o suno, zile ni ambola ni muntu zumwe, masiku ndji wa twala zintu za ngu. Inkwela bumwe busiku a endi ku umwe muntu. Inkwela naye a mu twadidi zintu za kwe zonse, naye a mu sii n'a lele.

Diahano umwe muntu ezi kwa kwe, a ti buti : U ni nywise name. Diahano Muteto a mu nywisi. Diahano Muteto a ti buti k'ozo muntu : Masiku u ize kwa ngu, me h'o ni wana ni lele, u ni boze zintu zonse; diahano h'o mana ku boza, u twale zintu zonse za ngu. Diahano muntu uzo ezi masiku mu nzubo ya Muteto. Diahano a wani Muteto u lele. Diahano muntu uzo a mu bozi zintu za kwe zonse. Diahano Muteto a mu tondezi zonse. Diahano muntu uzo a zi twadi zonse. Diahano Muteto ha a ba buki, a wani uzo muntu chi wa zi twala. Diahano muntu uzo ezi kwa Muteto, a ti buti. Na zi twala. Muteto a ti buti : Wa ku zumina musamo wa ngu. Diahano muntu uzo a itumedi kva Muteto.

Diahano uzo muntu a endi kwabo; diahano a ka mani zintu za bantu ku zi twala. Naye ha a wana muntu u lele, ch'o twala zintu za kwe zonse. Inkwela uzo muntu n'a bona zintu zingi zingi, k'a twadi kwa Muteto. Diahano ye Muteto ha a bona budio ch'o ti buti : U mu leke. Diahano muntu uzo a endi ku bantu bamwe ba sumpwi ma-Mbadi, a ka ba wani bu lele. Diahano a siki, a zimani, n'a teka kuti buti nandi ba chi zubwa. Diahano a zubwi ka ku ina ni muntu yo ambola. Diahano a choteledi hafohi. Diahano a ba bozi, a ti buti : Zintu zenu z'ina hi? Diahano ba ba mutondeza. Diahano a zi twadi. Inkwela a ti buti : Zimwe z'ina hi? Diahano ba mu zubwi, ba buki, ba mu ondi.

Diahano ba ti buti : Diaho ngowe u tu manina zintu zetu. Diahano ye a ti buti mu nkulo ya kwe : Uwo musamo wa ni chita buti, ha wa ni ondisa bantu buti? Diaho k'ezi kuti buti, ndji Muteto wa ti buti bantu ba mu onde suno. Diahano ba mu sumini; diahano ba mu twadi kwabo. Diahano masiku ha ba lala, muntu wa bo nayé ch'o lala. Diahano ha a ba ha kati ku masiku, Muteto chi u iza kwabo masiku; diahano ch'o ba wana ba lele. Diahano ch'o sumpa musisu wa kwe. Diahano iye ch'o itaba. Diahano Muteto ch'o mu sumununa; diahano ch'o enda naye. Diahano bantu abo ha ba buka, chi ba wana muntu wa bo k'a k'ena. Diahano chi ba ti buti : Muntu wetu wa ya hi? Ni ba saka-saka, ka ba mu boni.

## LXII. — Histoire de Mouteto[1].

Les gens disent que cet homme possédait beaucoup de médecines; son nom est *Mouteto*. Lorsque cet homme avait fini d'avaler sa médecine, lorsqu'il voyait qu'il était nuit, il allait vers les (autres) hommes; il cherchait un homme qui possédât beaucoup de choses. Quand il voyait qu'il était nuit, il allait vers lui; s'il trouvait que cet homme dormait, il entrait dans sa hutte. S'il croyait que cet homme dormait, il s'arrêtait là. Puis il disait à cet homme : Montre-moi ce que tu possèdes. Alors cet homme lui montrait tout ce qu'il possédait. Ensuite il demandait : Où sont tes habits? Cet homme lui disait : Regarde là, de côté, dans la hutte. Puis il lui montrait tous les objets qui étaient dans sa hutte. Ensuite Mouteto disait : Est-ce que ce sont là tous les objets qui sont dans ta hutte? Alors cet homme disait : Oui, c'est la fin. Alors Mouteto sortait de cette hutte, et laissait cet homme toujours dormant.

Ensuite Mouteto emportait ces objets dans sa hutte. Lorsque cet homme se réveillait, il trouvait que Mouteto avait enlevé tous ses objets. Alors cet homme disait : Cette nuit-ci j'ai causé avec un homme, c'est lui qui a enlevé mes objets pendant la nuit. Un autre jour Mouteto alla de nouveau vers un autre homme; il en-

1. Ce récit est l'histoire d'un médecin indigène, nommé Mouteto, qui possédait la *médecine du vol*! Grâce à son charme, il pouvait s'emparer de nuit, sans être vu, des effets des gens, et savait même se faire indiquer par les propriétaires, pendant leur sommeil, l'endroit où ils les avaient cachés. On raconte comment il a *fait boire* cette médecine à un autre homme, et comment celui-ci a été puni, parce qu'il ne lui donnait pas une part suffisante du produit de son vol.

leva de même tous les objets de cet homme, il le quitta lui aussi toujours dormant.

Alors un homme vint vers Mouteto, et lui dis : Fais-moi *boire*, moi aussi, (ta médecine). Mouteto le fit *boire*. Alors il dit à cet homme : Viens vers moi pendant la nuit ; si tu me trouves endormi, demande-moi mes objets ; quand tu auras fini de me les demander, emporte-les tous. Alors cet homme vint de nuit dans la hutte de Mouteto. Il trouva Mouteto endormi. Alors cet homme lui demanda tous ses objets. Mouteto les lui montra tous. Alors cet homme les emporta tous. Quand Mouteto se réveilla, il trouva que cet homme les avait emportés. Ensuite cet homme vint vers Mouteto, et lui dit : Je les ai pris, Mouteto lui dit : Ma médecine a eu de l'effet sur toi. Alors cet homme remercia Mouteto.

Alors cet homme alla chez lui ; il enlevait tous les objets des gens. Lui aussi, quand il trouvait quelqu'un endormi, enlevait tous ses effets. Mais cet homme, bien qu'il s'emparât ainsi de beaucoup d'objets, ne portait rien à Mouteto. Quand Mouteto vit ce qui en était, il dit : Que (ma médecine) l'abandonne. Alors cet homme alla chez des gens appelés *Ma-Mbadi*[1] ; il les trouva endormis. Il s'approcha, s'arrêta et écouta pour voir s'ils l'entendaient. Il entendit qu'il n'y avait plus personne qui parlait. Alors il s'approcha d'eux. Il leur demanda : Où sont vos effets ? Ils les lui montrèrent. Il les prit. Il demanda de nouveau : Où sont les autres ? Cette fois ils l'entendirent, se levèrent et se saisirent de lui.

Alors ils dirent : C'est donc toi qui volais nos effets. Cet homme se disait en lui-même : Que m'a donc fait cette médecine pour permettre à ces gens de se saisir ainsi de moi ? Il ne savait pas que c'était Mouteto qui avait ordonné que ces gens le prissent aujourd'hui. Alors ils le lièrent et l'emmenèrent chez eux. Pendant la nuit, comme ils dormaient, cet homme dormit lui aussi. Alors au milieu de la nuit, Mouteto alla chez eux, de nuit ; il les trouva endormis. Alors il appela son serviteur. Celui-ci lui répondit. Alors Mouteto le délia, et partit avec lui. Quand ces hommes se réveillèrent, ils trouvèrent que leur prisonnier n'était plus là. Ils dirent alors : Où est allé notre prisonnier ? Ils eurent beau chercher longtemps, ils ne le trouvèrent pas.

1. Les *Ma-Mbadi* sont des noirs venant des possessions portugaises de la côte ouest, des marchands probablement.

## LXIII. — Za bantu ba zana.

Bantu bamwe ba ti buti, bantu ba b'ena n'aho, ba ti buti ha ba zimba, ba ti buti : Na di temona, mu n'ihae; n'a zana n'indalume. Diahano indalume iyo ch'i hewa bantu, ba i kwenga h'ebwe. Diahano chi ba inkadi. Diahano ha a zana nayo n'a ti buti : Na di temona, mu n'ihae. Ha a chita budio n'a di kanga h'evumu la kwe n'indalume. Indalume iyo k'e mu temi.

Diahano ha a saka ku di temaona zikango, ch'o ti buti ku bantu : Mu sanze zizungu, mu sake inkuni zingi zingi. Diahano bantu chi ba sanza zizungu, bamwe ba ya ku nkuni. Diahano ha ba bola ku nkuni, ch'o ti buti : Mu ni kambile. Diahano chi ba kamba; diahano ch'o zimba luzimbo lwa kwe, ch'o ti buti : Mu ni kambile, suno na d'ihaya. Diahano iye ch'o ti buti : Ha mu za ku bona na di kangaola, mu twale inyama ya ngu, mu i ihike haholo, i buzwe. Diahano ch'o twala indalume ya kwe a di temona; ch'o kosola ni mafoha a kwe. Diahano bantu chi ba twala inyama ya kwe, chi b'e ihika wu chizungu chikando. Diahano h'e buzwa, chi b'e ihula, i kola. Diahano ha i kola chi ba bona i di nonga, chi ba bona wa ba muntu. Diahano ch'o buka, a zana.

Diahano ha a mana ku zana, inkwela ch'o ti buti : Mu sake mundale mukukuto, me ha mu saka, kanzi mu nyai menzi. Inkwela ch'o ti buti : Mu sake n'inkwina ni minsi; diahano ha mu i bona, inkwela mu sake balombwana ba kozite, mba b'ena mafoha, ba nonite haholo. Diahano chi ba ba saka. Diahano ch'o salama hansi. Diahano ch'o ti buti : Mu lete inkwina; mu ni bike mu chizuba. Diahano chi ba leta inkwina uko; diahano chi ba mu bika ha chizuba cha kwe. Diahano chi ba leta mundale mukukuto, ba u itela mu inkwina. Diahano inkwela chi ba leta minsi iyo, chi ba i ha balombwana abo. Diahano ch'o ti buti : Mu nzimbile luzimbo lwa ngu, mu ti buti : Suno wa di sundola, mu ihae.

Diahano ba sanguna ku twa mundale wa bo. Diahano chi ba twa haholo mundale wa bo. Diahano ch'o buzwa, chi ba u hakola. Inkwela ba leta umwe, ba bika mo. Diahano uzo muntu ch'o tontola budio. Diahano bo bantu chi ba ti buti. Nangu a fwe, ha ba bona u tontwele. Diahano chi ba ondesa ku twa haholo, ku wana mubidi wa bo chi w'ezula izuga. Diahano inkwela mundale wa bo chi u buzwa. Inkwela chi ba u hakola. Ba bika umwe; nao chi ba u

*twa, u buzwa. Inkwela chi ba u hakola. Diahano chi ba ti buti :
Wa fwa.*

*Diahano chi ba zwisa inkwina ha chizuba cha kwe ; diahano chi
ba ti buti : Mu mu buse, tu bone nandi wa fwa. Diahano chi ba mu
busa ; diahano chi ba bona : pataka ! wa buka. Diahano chi ba ti
buti. Muntu uzo u ina buti, yo sa fwi ? Inkwela bamwe ba ti buti,
k'a hitwa ku munzunde ; k'o hita ko, kuti ch'o pulumuka, u ya mu
nkanda, u ka fwila mo.*

*Nzi za bantu bakulu-kulu. Inkwela bamwe mpo b'ena, ba chi zana
icho chizano, me ni ba zana ka ba chiti bwinga ba pele.*

*Mpo ni zi zibila aho.*

### LXIII. — Les hommes qui dansent[1].

Quelques personnes disent qu'il y avait (jadis) certains hommes ;
elles disent que ces hommes chantaient, et disaient : Je me coupe
en morceaux, tuez-moi ; je danse avec une hache de guerre. Alors
ils donnaient cette hache aux assistants, qui l'aiguisaient sur une
pierre. Elle était très tranchante. Quand le danseur se remettait
à danser avec sa hache, il disait : Je me coupe en morceaux,
tuez-moi. En parlant ainsi, il se frappait le ventre avec le tranchant de la hache ; mais la hache ne le coupait pas.

Ensuite, lorsqu'il voulait se couper en morceaux, il disait aux
assistants : Lavez les pots, et cherchez beaucoup de bois. Alors
les gens lavaient les pots ; quelques-uns allaient chercher du bois.
Lorsqu'ils revenaient (de chercher) du bois, l'homme disait :
Battez-moi des mains. Ils battaient des mains. Alors l'homme
chantait sa chanson, disant : Battez-moi des mains, aujourd'hui
je me tue. Il ajoutait : Lorsque vous verrez que je me suis coupé
en morceaux, prenez mes chairs, cuisez-les longtemps, jusqu'à ce
qu'elles soient bien cuites. Alors il prenait sa hache et se coupait
en morceaux ; il coupait aussi ses os. Alors les gens prenaient
ses chairs et les cuisaient dans de grands pots. Lorsqu'elles étaient

---

1. C'est une description curieuse de tours de magie faits par des devins ou médecins. On remarquera que les plus remarquables ils ne les
faisaient *qu'autrefois*. On verra cependant dans notre troisième partie,
par différents textes louyi, qu'actuellement encore les charlatans savent
faire au Zambèze des tours qui exigent une réelle habileté.

cuites, ils les sortaient du pot pour les faire refroidir. Lorsque la chair était froide, ils la voyaient qui se reformait, ils voyaient que c'était de nouveau un homme. Alors il se relevait et dansait.

Quand il avait fini de danser, il disait de nouveau : Cherchez du maïs bien sec; lorsque vous l'aurez cherché, ne le mouillez pas avec de l'eau. Il ajoutait : Cherchez des mortiers et des pilons; lorsque vous les aurez trouvés, cherchez de forts jeunes gens, qu'ils aient de forts os et soient gras. Ils les cherchaient. Alors ils se couchait à terre (sur le dos). Il leur disait : Apportez vos mortiez et placez-les sur ma poitrine. Puis ils apportaient les mortiers et les plaçaient sur sa poitrine. Puis ils apportaient le maïs sec et le versaient dans les mortiers. Ensuite ils apportaient les pilons et les donnaient à ces jeunes gens. Alors il leur disait : Chantez-moi ma chanson, disant : Aujourd'hui il s'abandonne, tuez-le.

Alors il commençait à piler leur maïs. Ils pilaient le maïs avec force. Quand le maïs était (pilé) suffisamment, ils l'enlevaient. Ils en apportaient d'autre et le versaient là. Pendant ce temps cet homme ne disait rien. Alors les hommes disaient : Il va mourir; car ils voyaient qu'il ne parlait déjà plus. Ils continuaient à piler toujours plus fort, tant que leur corps ruisselait de transpiration. Quand leur maïs était bien pilé, ils l'enlevaient, et en mettaient d'autre. Cet autre aussi ils le pilaient, jusqu'à ce qu'il fût bien (pilé). Alors ils l'enlevaient. Ensuite ils disaient : Il est mort.

Alors ils enlevaient les mortiers de dessus sa poitrine, et disaient : Relevez-le, que nous voyons s'il est mort. Alors ils le relevaient; ils le voyaient qui, tout à coup, se relevait. Ils s'écriaient : Comment cet homme est-il donc fait qu'il ne meure pas. Quelques-uns disent aussi qu'il ne fallait pas marcher sur l'ombre (de cet homme); celui qui y marchait devenait fou, s'enfuyait dans la forêt et y mourait[1].

Ce sont là les actions de gens des temps jadis. Il y a encore quelques personnes qui dansent cette danse; mais bien qu'ils dansent, ils n'agissent plus comme ceux d'autrefois.

C'est ce que je sais de ces choses-là.

[1]. Une superstition analogue défend aux Ba-Souto de se tenir derrière une femme enceinte; il pourrait en arriver malheur.

# APPENDICE

## TEXTES *KOLOLO* ET *TOTELA* ET CHANSONS

### LXIV. — **Mouta** (kololo).

*Ba ne ba putanela taba ea bodjwala. Djwale ba di : Bo ta niwa niwa ni ba na ni manaka; ni bona ba ta bo nwa; ba se na manaka ba se ke ba bo nwa. Difolofolo kaofela za ta; za ta kwa bodjwala, ze na ni manaka. Kanti di yena mouta u utwile ha ho bulelwa ditaba zeo za bodjwala. Djwale ni yena a bulelela moshimane wa ye diñomba, a di : U ni eze manaka; ha lu ta fita u ta na ka molao wa ka; ha u ta bona bolota ba ka bo hakoloha u ni bulelele, u di : Balota bwa hakoloha.*

*Ha ba fitile ka hal'a batu ba na ni manaka, a. na fasi. Ba kala ho nwa. Dizazi la ta, la hakolosa bolota ba mouta. Djwale diñomba la mo bulelela, la di : Bwa enyumuka; bolota bo tuha, bo wa. Mouta a sutelela mwa moloti. Hape a kala ho nwa bodjwala. Hape mouta ha a nzi mwa moloti, a utwa moshimane wa hae a di : Bwa enyumuka bolota ba manaka a hao. Mouta hape wa sutelela mwa moloti. Ha a bona hodi o kusi, a saba, a sia manaka a hae a lobeze mona fasi..*

*Ki peto, ki mo zi felela.*

### LXIV. — Le lièvre [1].

(Les animaux) s'étaient rassemblés pour (boire) de la bière. Alors ils dirent : Elle ne doit être bue que par ceux qui ont des cornes ; ce sont eux qui en boiront ; ceux qui n'ont pas de cornes

---

1. Le *kololo*, dans lequel ce conte est raconté, est un souto très corcompu (cf. 1ʳᵉ partie : Introduction, p. vii). Une ruse analogue du lièvre (les cornes de cire postiches) est attribuée au chacal dans un conte cafre (Theal, p. 177).

n'en boiront pas. Tous les animaux vinrent ; ils vinrent vers la bière, ceux qui avaient des cornes. Mais le lièvre, lui aussi, avait entendu quand on parlait de la bière. Alors lui aussi appela son serviteur, l'oiseau *dingomba*, il dit : Fais-moi des cornes ; lorsque nous arriverons, tu suivras mes ordres ; lorsque tu verras que la cire (avec laquelle le lièvre s'était fait des cornes postiches) se fond, tu me diras : La cire se fond.

Lorsqu'ils furent arrivés parmi ceux qui avaient des cornes, il s'assit à terre. Ils se mirent à boire. Le soleil se montra, il fit fondre (les cornes de) cire du lièvre. Alors l'oiseau *dingomba* lui dit: Elle se fond, elle s'en va, ta cire, elle tombe (à terre). Le lièvre se retira à l'ombre. Il recommença à boire de la bière. Ensuite, comme le lièvre était à boire à l'ombre, il entendit son serviteur lui dire : Elle se fond, la cire de tes cornes. Le lièvre retourna à l'ombre. Quand il sentit qu'il était rassasié, il s'enfuit, et laissa là ses cornes étendues à terre.

C'est tout ; c'est ici que finit (l'histoire).

### LV. — Ku dila kwa ba-Totela (totela).

*Nandi muntu wa fwa bakwame ba leta tumfuku-fuku :*
 *Ina mu ka Monga, yo! yo! kambileni Monga!*
 *Ngondo ya mu dimba; ya mu dimba budiani ?*
 *O cha dila imianda ; ina Monga, yo! yo! kambileni Monga!*
 *Ngondo ya mu dimba, ya mu dimba budiani ?*
*Nelo ba mana ku dila ba chita ichipelo busiku bonse.*

### LV. — Chant de deuil des Ba-Totela [1].

Quand une personne est morte, les hommes apportent leurs petits tambours :

Mères de Monga, hélas ! hélas ! priez pour Monga !

---

1. Ce chant, comme beaucoup d'autres du même genre, est assez peu compréhensible. On y fait une allusion évidente à l'histoire de Monga (cf. n° XIX). Je ne l'imprime que pour donner un spécimen du *totela*. Naturellement je n'affirme pas la complète exactitude des paroles soit dans cette pièce, soit dans la suivante. Je ne connais guère de *totela* que ces deux fragments.

La guerre l'a écrasé; comment la guerre l'a-t-elle écrasé?
Pleure, mon gosier; mère de Monga, hélas! hélas! priez pour Monga!
La guerre l'a écrasé; comment la guerre l'a-t-elle écrasé?
Quand ils ont fini de pleurer (ainsi), ils dansent (et chantent) toute la journée.

## LXVI. — Luzimbo lwa Monga (totela).

**PAROLES**

*Monga ba mu djaya, kangala ka nyele!*
*Monga ba mu djaya, kasauluzo ka kuba, kangala ka nyele!*
*Inge ndji w'amba, kangala ka nyele,*
*Inge ndji w'amba.*
— *Mumbwa t'u k'ambe, kangala ka nyele!*
*Mumbwa t'u k'ambe, tu la ku im'ensima mundjonza, kangala ka nyele!*
— *Inge ndji w'amba, kangala ka nyele!*
*Inge ndji w'amba.*
*Ba mus'esu ba la mpa, kangala ka nyele!*
*Inga na i loka, kangala ka nyele!*
*Inga na i loka.*
*Ba la i pe me Kaundu, kangala ka nyele!*
*Ima mu ka Monga, kangala ka nyele!*
*Ka mu ze, tu dile Monga, kangala ka nyele!*
*Monga ba mu djaya, kangala ka nyele!*
*Monga ba mu djaya kasauluzo ka kuba, kangala ka nyele!*

**MUSIQUE**

Mon-ga ba mu djaya, Ka-nga-la ka nye-le! Monga ba mu djaya,

Ka sau-lu-zo ka kuba, Ka-nga-la ka nyele! Inge ndji w'a-mba,

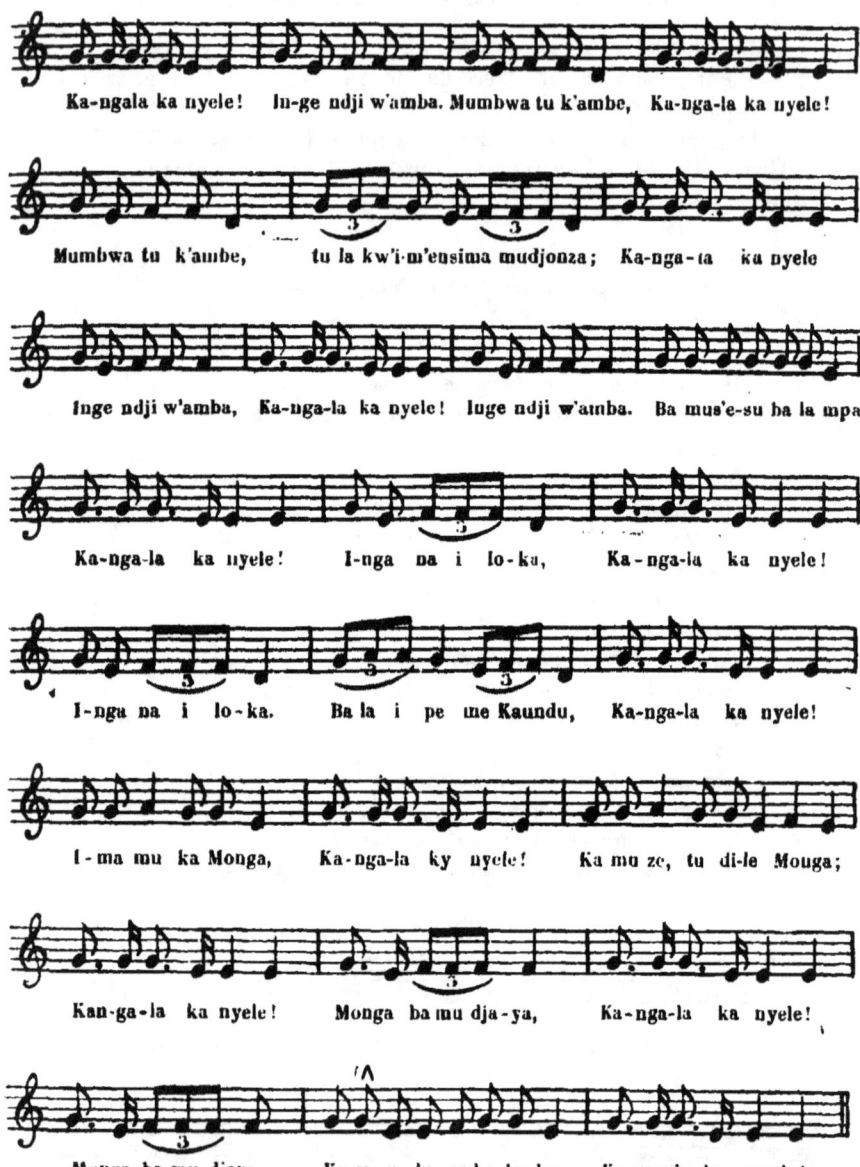

## LXVI. — Chant de Monga[1].

Monga, ils l'ont tué, kangala ka nyélé !
Monga, ils l'ont tué on le perçant avec un roseau, kangala ka nyélé !
Certainement je le dirai, kangala ka nyélé !
Certainement je le dirai !
— Toi chien, ne le dis pas, kangala ka nyélé !
Toi chien, ne le dis pas ; demain nous te priverons de pain, kangala ka nyélé !
— Certainement je le dirai, kangala ka nyélé !
Certainement je le dirai.
Les gens de chez moi m'en donneront, kangala ka nyélé !
Ne fût-ce que des miettes, kangala ka nyélé !
Ne fût-ce que des miettes.
Ils m'en donneront, à moi Kaoundou, kangala ka nyélé !
Vous, mères de Monga, kangala ka nyélé !
Venez et pleurons Monga, kangala ka nyélé !
Monga, ils l'ont tué, kangala ka nyélé !
Monga, ils l'ont tué en le perçant avec un roseau, kangala ka nyélé !

## LXVII. — Luzimbo lwa Chabalanda (soubiya).

PAROLES

*Chabalanda !*
*Tu iza ku sela, Chabalanda !*
— *Mu sela bani ? Chabalanda !*

---

1. C'est le chant intercalé dans le conte de Monga (cf. n° XIX). Il est en *totela*, tandis que le conte lui-même m'a été raconté dans une version soubiya. Il se chante avec accompagnement du *kanombio*, petit instrument de musique à moi inconnu. L'air, comme d'ailleurs les deux suivants, a été noté pour moi par M!!e Jacot. On trouvera dans le livre de Junod (*Chants et Contes des Ba-Ronga*) une excellente explication de la manière de jouer et de chanter des Africains, ainsi que nombre d'airs ronga. Quelques airs cafres et angolais se trouvent également dans les ouvrages de Torrend (*Comparative grammar*) et de Châtelain (*Folk-Tales of Angola*). Mais c'est surtout au livre de Junod qu'il convient de renvoyer celui qui s'intéresse à ces questions musicales. Rien d'aussi sûr et d'aussi complet n'a été écrit sur cette matière.

— *Ba si-dimpwo, Chabalanda!*
— *Ba ka ya ko kwabo, Chabalanda!*
— *A mu ka ba lete, Chabalanda!*
— *Mazil'a ka sinka, Chabalanda!*
— *A mu k'a sinkule, Chabalanda!*
— *Sinku, sinku, Chabalanda!*
— *Oyo ngu w'ani? Chabalanda!*
— *Mwana wa ngu, Chabalanda!*
— *Uzo ngu wa bani? Chabalanda!*
— *Uzo ngu wa ko, Chabalanda!*

**MUSIQUE**

Cha-ba-la-nda, tw'i-za ku se-la, Cha-ba-la-nda! — Mu se-la ba-u?

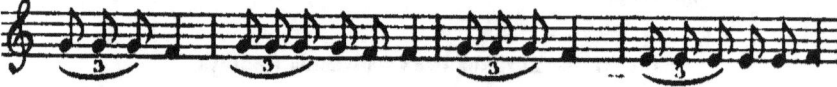

Cha-ba-la-nda! Ba si--di-mpwo, Cha-ba-la-nda! Ba ka ya ko kwabo

Chaba-la-nda! A mu ka ba le-te, Cha-ba-la-nda! Ma-zil'a ka sin-ka,

Cha-ba-la-nda! A mu k'a si-nku-le, Cha-ba-la-nda Sin-ku, sin-ku,

Cha-ba-la-nda — Oyo ngu w'a-ni? Cha-ba-la-nda! Mwana wa ngu, Cha-ba-la-nda!

U-zo ngu wa bani? Cha-ba-la-nda! U-zo ngu wa ko, Chaba-la-nda!

## LVII. — Chant de Tchabalanda[1].

Tchabalanda !
Nous venons épouser Tchabalanda !
— Lesquelles épousez-vous? Tchabalanda !
— Qu'elles m'écoutent seulement (??), Tchabalanda !
— Elles ont été chez elles, Tchabalanda !
— Amenez-les (ici), Tchabalanda !
— Les chemins sont fermés, Tchabalanda !
— R'ouvrez-les donc! Tchabalanda !
— Ils sont fermés, fermés, Tchabalanda !
— Celle-ci à qui est-elle ? Tchabalanda !
— Celle-ci est mon enfant, Tchabalanda !
— Celle-là à qui est-elle? Tchabalanda !
— Celle-là est à toi, Tchabalanda !

## LXVIII. — Musique du conte de Chinamina (n° XV)[2].

China-mi-na,   ba - nyo-ko ba ya hi?   I - - i,   Chi-na-mi-na!

ba ya ku ma-sanzambo-di,   wa ka-ka ma-we, Chinamina !  — Ma-san-zam - bo-di

1. Nous avons ici un chant composé et chanté par un nommé *Tchabalanda*; Samata, Kaboukou et Kasala l'ont entendu jouer par l'auteur à Kazoungoula, sur le Zambèze. Les paroles, comme dans tant de chants africains, ont peu d'importance. Tchabalanda cherchait femme ; c'est ce qu'il explique dans sa chanson qui reproduit un dialogue entre lui et les parents des jeunes filles. Les paroles sont en *soubiya*.
2. C'est la musique des paroles chantées par Séédimwé et Tchinamina dans le conte donné au n° XV. On en trouvera là la traduction.

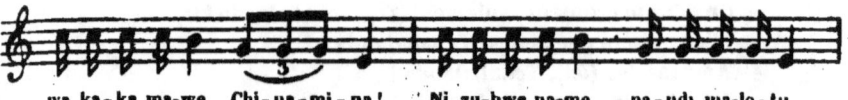

# TABLE DES MATIÈRES

Pages.

INTRODUCTION. . . . . . . . . . . . . . . . . . . . . . 1

## I. — CONTES

| | Pages. | | Pages. |
|---|---|---|---|
| I. Za ndavu ni sulwe | 1 | Le lion et le lièvre | 3 |
| II. Zo mukwame n'unsa | 8 | L'homme et la gazelle | 10 |
| III. Za ndavu ni sulwe | 13 | La lionne et le lièvre | 14 |
| IV. Sulwe ni luwawa | 15 | Le lièvre et le chacal | 16 |
| V. Z'ongwe ni sulwe | 17 | Le léopard et le lièvre | 18 |
| VI. Usulwe ni ntoo | 21 | Le lièvre et l'hyène | 21 |
| VII. Ntoo ni usulwe | 22 | L'hyène et le lièvre | 22 |
| VIII. Usulwe ni umpombwe | 22 | Le lièvre et le singe | 23 |
| IX. Nakala n'usulwe | 25 | La grue royale et le lièvre | 30 |
| X. Umfuzu n'unsa | 40 | La tortue et la gazelle | 40 |
| XI. Za sulwe ni mwanakazi | 42 | Le lièvre et la femme | 43 |
| XII. Za banyolozi | 45 | Les animaux | 46 |
| XIII. Selotambwe ni tjula | 47 | Le caméléon et la grenouille | 48 |
| XIV. Mukombwe ni umbande | 50 | Le coq et l'aigle | 51 |
| XV. Za Chinamina | 51 | Tchinamina | 54 |
| XVI. Seedimwe | 59 | Séédimwé | 61 |
| XVII. Seedimwe ni basisu botatwe | 64 | Histoire de Séédimwé et de trois garçons | 67 |
| XVIII. Kawakeuntu | 70 | Le Kawakéountou | 70 |
| XIX. Za Monga | 71 | Histoire de Monga | 72 |
| XX. Chobe-Chobe | 74 | L'oiseau révélateur | 74 |
| XXI. Za bakazana n'inzoka | 76 | Les jeunes filles et le serpent | 76 |
| XXII. Z'enzoka ni mwanakazi | 78 | Le serpent et la femme | 79 |
| XXIII. Za bakazana n'ingwe | 80 | Les jeunes filles et le léopard | 81 |
| XXIV. Zo mukwame ni mwanakazi wa kwe | 82 | Histoire d'un homme et de sa femme | 84 |
| XXV. Mukwame ni bana ba kwe | 88 | L'homme et ses enfants | 88 |
| XXVI. Mukwame ni bana ba kwe | 90 | L'homme et ses enfants | 90 |
| XXVII. Za badisana bobele | 91 | Les deux bergers | 92 |
| XXVIII. Za basisu bobele | 93 | Histoire de deux garçons | 94 |
| XXIX. Zo mukwame ni mwanakazi | 96 | L'homme et sa femme | 96 |
| XXX. Za bakwame bobele | 97 | Histoire de deux hommes | 98 |
| XXXI. Z'ombwa ni muntu | 99 | Le chien et l'homme | 100 |

## II. — LÉGENDES

| | Pages. | | Pages. |
|---|---|---|---|
| XXXII. Za Leza . . . . . . . . | 101 | Leza . . . . . . . . . . . | 102 |
| XXXIII. Za Leza ni mwanakazi wa kwe . . . . . . . . . . . | 105 | Leza et sa femme . . . . . . . | 105 |
| XXXIV. Zo mukwame ni mwanakazi. | 108 | Le (premier) homme et la (première) femme . . . . . . . . . . | 109 |
| XXXV. Za selotambwe ni saribumbo. | 111 | Le caméléon et le lézard . . . . . | 111 |
| XXXVI. Za bantu bakulu-kulu. . . | 114 | Les hommes d'autrefois . . . . . | 115 |
| XXXVII. Zo muntu mukulu-kulu . | 116 | Histoire d'un homme d'autrefois . . | 116 |
| XXXVIII. Za bakwame ni banakazi bakulu-kulu . . . . . . . . | 117 | Les hommes et les femmes d'autrefois. . . . . . . . . . . | 118 |
| XXXIX. Za bantu bakulu-kulu . . | 119 | Les hommes d'autrefois . . . . . | 120 |
| XL. Za Sikulokobuzuka . . . . . | 121 | Légende de Sikoulokobouzouka . . | 122 |
| XLI. Z'embizi . . . . . . . . . . | 124 | Histoire du zèbre . . . . . . . | 125 |
| XLII. Za bangwena n'imbolo . . . | 126 | Le crocodile et l'iguane . . . . . | 127 |
| XLIII. Z'epombwe n'inzovn. . . . | 127 | Le singe et l'éléphant . . . . . . | 127 |
| XLIV. Mukwe-Leza . . . . . . | 128 | L'oiseau de la pluie . . . . . . | 129 |
| XLV. Z'ombwa ni luwawa . . . . | 130 | Le chien et le chacal . . . . . . | 131 |

## III. — SUPERSTITIONS, CROYANCES, MŒURS

| | Pages. | | Pages. |
|---|---|---|---|
| XLVI. Z'engwena . . . . . . . | 133 | Le crocodile . . . . . . . . . | 134 |
| XLVII. Za Sikulokobuzuka . . . . | 136 | Sikouloboukozouka (l'homme à la jambe de cire) . . . . . . . | 138 |
| XLVIII. Zo Tulala-madindi . . . . | 140 | Les Toulala-madindi . . . . . . | 141 |
| XLIX. Z'engongodi . . . . . . . | 143 | Le ngongodi . . . . . . . . . | 144 |
| L. Za nambwa-mutalati . . . . . | 145 | L'arc-en-ciel . . . . . . . . . | 146 |
| LI. Z'ezuba ni iyulu . . . . . . | 147 | Le soleil et le ciel . . . . . . . | 148 |
| LII. Z'enyenyezi . . . . . . . | 150 | Les étoiles . . . . . . . . . . | 150 |
| LIII. Indaba ze zisamo . . . . . | 150 | Au sujet des arbres . . . . . . | 151 |
| LIV. Mukwe-Leza . . . . . . . | 151 | L'oiseau de la pluie . . . . . . | 152 |
| LV. Z'enkuku-ya Leza . . . . . | 153 | La poule de Leza . . . . . . . | 153 |
| LVI. Za mpolwe . . . . . . . . | 153 | Le *mpolwé* . . . . . . . . . | 153 |
| LVII. Z'empudimunyenza . . . . | 154 | Les *impoudimounyenza* . . . . | 154 |
| LVIII. Zo ku fwa . . . . . . . | 154 | Concernant la mort . . . . . . | 155 |
| LIX. Zo muzimo wa ba-Subiya . . . | 159 | Le dieu des Ba-Soubiya . . . . . | 160 |
| LX. Invola . . . . . . . . . | 161 | La pluie . . . . . . . . . . . | 161 |
| LXI. Zo musondi . . . . . . . | 162 | Un jeteur d'osselets . . . . . . | 162 |
| LXII. Za Muteto . . . . . . . | 163 | Histoire de Mouteto . . . . . . | 165 |
| LXIII. Za bantu ba zana . . . . . | 167 | Les hommes qui dansent . . . . | 168 |

**APPENDICES : Textes kololo et totela, et Chansons.**

| | Pages. | | Pages. |
|---|---|---|---|
| LXIV. Mouta (*kololo*) . . . . . . | 170 | Le lièvre . . . . . . . . . . . | 170 |
| LXV. Ku dila kwa ba-Totela (*totela*) | 171 | Chant de deuil des Ba-Totela . . . | 171 |
| LXVI. Luzimbo lwa Monga (*totela*). Air noté. . . . . . . . . . | 172 | Chant de Monga. . . . . . . . | 174 |
| LXVII. Luzimbo lwa Chabalanda (*subiya*). Air noté . . . . . . . | 174 | Chant de Tchabalanda. . . . . . | 176 |
| LXVIII. Luzimbo lwa Chinamina (*subiya*). Air noté . . . . . . | 176 | Chant de Tchinamina. . . . . . | 176 |

Imp. Camis et Cⁱᵉ, Paris. — Section orientale A. Burdin, Angers.

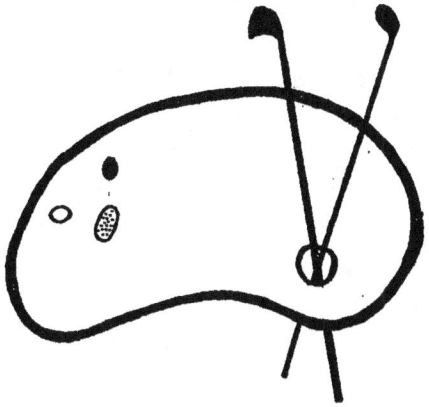

DEBUT D'UNE SERIE DE DOCUMENTS
EN COULEUR

ERNEST LEROUX, ÉDITEUR, rue Bonaparte, 28

# PUBLICATIONS DE L'ÉCOLE DES LETTRES D'ALGER

## BULLETIN DE CORRESPONDANCE AFRICAINE

I. E. Cat. Notice sur la carte de l'Ogôoué. In-8, avec carte. . . . 3 fr. »
II. E. Amélineau. Vie du patriarche Isaac. Texte copte et traduction française.
    In-8 . . . . . . . . . . . . . . . . . . . . . . . . . . . . . 5 fr. »
III. E. Cat. Essai sur la vie et les ouvrages du chroniqueur Gonzalo d'Ayora,
    suivi de fragments inédits de sa Curonique. In-8. . . . . . 2 fr. 50
IV. E. Lefébure. Rites égyptiens. In-8 . . . . . . . . . . . . . . 3 fr. »
V. René Basset. Le dialecte de Syouah. In-8 . . . . . . . . . . 4 fr. »
VI. A. Le Chatelier. Les tribus du Sud-Ouest marocain. In-8 . . . 3 fr. »
VII. E. Cat. De rebus in Africa a Carolo V gestis. In-8. . . . . . 2 fr. 50
VIII. E. Cat. Mission bibliographique en Espagne. Rapport à M. le Ministre de
    l'Instruction publique. In-8 . . . . . . . . . . . . . . . . 2 fr. 50
IX. G. Ferrand. Les Musulmans à Madagascar et aux îles Comores. 1re partie.
    Les Antaimorono. In-8 . . . . . . . . . . . . . . . . . . . 3 fr. »
    — Deuxième partie. — Zafindraminia. — Autambahoaka. — Antaiony. —
    Antaivandrika. — Sahatavy, etc. In-8 . . . . . . . . . . . 3 fr. »
X. J. Perruchon. Vie de Lalibala, roi d'Ethiopie. Texte éthiopien publié d'après
    un manuscrit du Musée Britannique et traduit en français. In-8. 10 fr. »
XI. E. Masqueray. Dictionnaire français-touareg (Dialecte des Taîtoq). In-8,
    en trois fascicules à 6 fr . . . . . . . . . . . . . . . . . 18 fr. »
    Couronné par l'Académie des Inscriptions et Belles-Lettres.
XII. René Basset. Etude sur la Zenatia du Mzab, de Ouargla et de l'Oued-Rir'.
    In-8 . . . . . . . . . . . . . . . . . . . . . . . . . . . . 10 fr. »
XIII. A. Mouliéras. Légendes et contes merveilleux de la Grande-Kabylie.
    Texte kabyle. — Première partie en 5 fascicules. In-8. Chaque. 3 fr. »
    — Deuxième partie. Fascicules I, II, III. Chaque. . . . . . . 3 fr. »
XIV. René Basset. Etudes sur les dialectes berbères. In-8 . . . . 6 fr. »
    Couronné par l'Académie des Inscriptions et Belles-Lettres. Prix Bordin
XV. René Basset. Etude sur la Zenatia de l'Ouarsenis et du Maghreb central. In-8 . . . . . . . . . . . . . . . . . . . . . . . . . . 7 fr. 50
XVI. E. Jacottet. Etudes sur les langues du Haut-Zambèse. Textes originaux,
    recueillis, traduits en français et précédés d'une esquisse grammaticale.
    — Première partie. Grammaire Soubiya et Louyi. In-8. . . . . 6 fr. »
    — Deuxième partie. Textes Soubiya. Contes et Légendes, Superstitious, etc.
    Fascicules I et II. In-8. Chaque. . . . . . . . . . . . . . 6 fr. »
XVII. G. Mercier. Le Chaouia de l'Aurès (dialecte de l'Ahmar-khaddou) Etude
    grammaticale. — Textes en dialectes chaouia. In-8. . . . . . 3 fr. 50
XVIII. E. Masqueray. Observations grammaticales sur la grammaire touareg,
    et textes de la Tamâhaq des Taîtoq, publiés par R. Basset et Gaudefroy-
    Demombynes. Fascicules, I, II, III. In-8. Chaque . . . . . . 5 fr. »
XIX-XX. René Basset. Fotouh el-Habachah. Histoire de la conquête de l'Abyssinie par Chihâb eddîn Ahmed ibn 'Abd el-Qâder 'Arab Faqîh.
    Texte, traduction et notes. 2 vol. in-8.
    — Texte arabe. Fascicule I . . . . . . . . . . . . . . . . . 6 fr. »
    —       —      Fascicule II . . . . . . . . . . . . . . . 4 fr. »
    —       —      Fascicules III-IV . . . . . . . . . . . . 12 fr. »
    —       —      Fascicule V (sous presse).
    — Traduction. Fascicule I . . . . . . . . . . . . . . . . . 6 fr. »
    —       —      Fascicule II-III . . . . . . . . . . . . . 7 fr. 50
XXI. Paul Schnell. L'Atlas marocain, d'après les documents originaux, traduit
    avec l'autorisation de l'auteur par Augustin Bernard. In-8, avec une
    grande carte de la chaîne de l'Atlas, tirée à deux tons. . . . 10 fr. »
XXII. A. de Calassanti-Motylinski. Le Djebel Nefousa, transcription, traduction
    française et notes, avec une étude grammaticale. In-8, fasc. I, II et
    III. Chaque. . . . . . . . . . . . . . . . . . . . . . . . 2 fr. 50
XXIII. Paul Ruff. La domination espagnole à Oran, sous le gouvernement du
    comte d'Alcaudete (1534-1558). In-8. . . . . . . . . . . . . 3 fr. »

## BULLETIN DE CORRESPONDANCE AFRICAINE

1882-1886. 20 fascicules (tout ce qui a paru).   50 fr.

IMP. CAMIS ET Cie, PARIS. — SECTION ORIENTALE A. BURDIN, ANGERS.

PUBLICATIONS DE L'ÉCOLE DES LETTRES D'ALGER
BULLETIN DE CORRESPONDANCE AFRICAINE
Tome XVI, 3ᵉ Partie

# ÉTUDES

SUR LES

# LANGUES DU HAUT-ZAMBÈZE

## TEXTES ORIGINAUX

RECUEILLIS ET TRADUITS EN FRANÇAIS

ET

PRÉCÉDÉS D'UNE ESQUISSE GRAMMATICALE

PAR

**E. JACOTTET**

DE LA SOCIÉTÉ DES MISSIONS ÉVANGÉLIQUES DE PARIS

---

### TROISIÈME PARTIE

## TEXTES LOUYI

CONTES, LÉGENDES, SUPERSTITIONS, Etc.
ET VOCABULAIRES

---

PARIS
ERNEST LEROUX, ÉDITEUR,
28, RUE BONAPARTE (VIᵉ)

1901

Fascicule I.

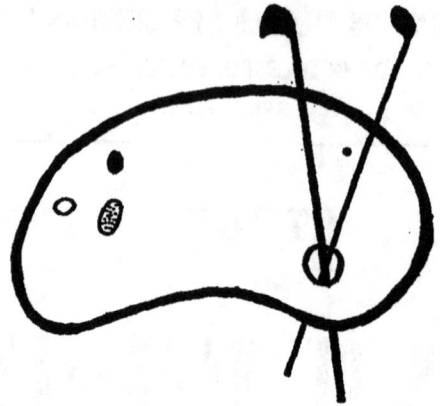

FIN D'UNE SÉRIE DE DOCUMENTS
EN COULEUR

PUBLICATIONS DE L'ÉCOLE DES LETTRES D'ALGER
BULLETIN DE CORRESPONDANCE AFRICAINE
Tome XVI, 3ᵉ Partie

# ÉTUDES

sur les

# LANGUES DU HAUT-ZAMBÈZE

## TEXTES LOUYI

CONTES, LÉGENDES, SUPERSTITIONS, ETC.
ET VOCABULAIRES

IMP. ORIENTALE A. BURDIN ET Cie, ANGERS.

# ÉTUDES

### SUR LES

# LANGUES DU HAUT-ZAMBÈZE

## TEXTES ORIGINAUX

#### RECUEILLIS ET TRADUITS EN FRANÇAIS

#### ET

## PRÉCÉDÉS D'UNE ESQUISSE GRAMMATICALE

PAR

### E. JACOTTET

DE LA SOCIÉTÉ DES MISSIONS ÉVANGÉLIQUES DE PARIS

---

#### TROISIÈME PARTIE

## TEXTES LOUYI

### CONTES, LÉGENDES, SUPERSTITIONS, Etc.
### ET VOCABULAIRES

---

### PARIS
### ERNEST LEROUX, ÉDITEUR,
28, RUE BONAPARTE (VI<sup>e</sup>)

#### 1901

# INTRODUCTION

Ayant eu de nouveau l'avantage de posséder sous mon toit, en juin et juillet 1900, deux autres jeunes Zambéziens, de la tribu des A-Louyi, *Akaende* et *Maroumo* (ou *Wambindji*), j'ai pu augmenter considérablement ma collection de textes originaux. Il m'a également été possible de revoir soigneusement avec l'un d'entre eux les textes Louyi écrits en 1895 sous la dictée de *Kaboukou*, et d'obtenir certains renseignements précieux sur des points obscurs. Aussi le travail que je publie aujourd'hui est-il certainement plus complet qu'il ne l'eût été auparavant.

Grâce aux matériaux provenant de ces deux nouveaux conteurs, mes textes *Louyi* sont aujourd'hui aussi volumineux que ceux publiés en Soubiya dans la seconde partie de ce recueil. Cette troisième partie leur sera exclusivement consacrée. Une quatrième partie, qui paraîtra, je l'espère, l'année prochaine, donnera les textes *Mbounda* recueillis en 1895, et ceux plus nombreux en *Totela* que je viens de récolter cette année-ci. Cette publication devient ainsi plus volumineuse que je ne l'avais prévu; au lieu des deux volumes dont il avait d'abord été question, elle en aura quatre au moins. Je n'ose, cependant, le regretter, puisque les nouveaux matériaux l'enrichissent considérablement, tant au point de vue du folklore qu'à celui de la linguistique proprement dite. Notre connaissance des langues et des traditions de cette importante région sera ainsi bien plus complète.

Les contes Louyi publiés aujourd'hui proviennent donc de trois conteurs différents, Kaboukou, Akaende et Maroumo. Kaboukou m'en a fourni à lui seul les trois cinquièmes ; Akaende ne m'en a fourni qu'un petit nombre. Comme il est désirable, pour des raisons linguistiques, de savoir auquel de ces trois conteurs il faut attribuer chacun des textes, je désignerai, à la Table des matières, par une initiale (A et M), ceux qui proviennent d'Akaende ou de Maroumo. Ceux qui ne seront pas autrement désignés proviennent tous de Kaboukou.

Si l'on se donne la peine d'examiner un peu attentivement les textes originaux, on s'apercevra bien vite que la distinction est nécessaire. Mes trois conteurs parlent en effet le Louyi d'une manière assez différente les uns des autres. Akaenda est, très probablement, celui qui le parle le plus purement, élevé comme il l'a été à la capitale Lia-Louyi. Kaboukou le parle à peu près comme lui ; sauf deux ou trois formes qui trahissent l'influence du dialecte *Kwangwa* (ainsi : *uku ambetji*, dire, au lieu de *uku ambatji*, d'Akaende), sa langue est aussi du Louyi presque pur. Maroumo, par contre, né et élevé parmi les *A-Kwangwa*, parle une langue passablement mélangée de tournures et de mots Kwangwa. J'ai soigneusement conservé tous ces idiotismes. Du reste, le fonds de la langue est absolument le même. Les A-Kwangwa sont, en effet, un clan Louyi ; leur langue n'est qu'un dialecte du Louyi. Elle n'en diffère qu'en certains points peu importants. Les *A-Kwangwa* (non pas *A-Kwanga*, comme il est dit à tort dans l'Introduction à la Ire partie, p. viii) sont une branche des A-Louyi qui vivent à l'ouest du Zambèze, dans les vastes forêts qui séparent le Tchobé du Zambèze. C'est sur eux que règne Moukwai, sœur du roi Liwanika, co-régente du royaume.

Il ne faut, cependant, pas considérer les textes fournis par Maroumo comme écrits en vrai dialecte Kwangwa. C'est plutôt du Louyi fortement teinté de Kwangwa. Parmi les principales divergences entre la langue de Maroumo et celle des deux autres, il faut relever que chez lui *s* se met souvent devant un *i* initial; ainsi il dira : *si na ende* (je suis venu), au lieu de *i na ende*; *sit'oe* (ton père), au lieu de *it'oe*, etc. A la 3e personne du sing. 1re cl. de la forme indéfinie du passé, il dira presque toujours : *uyo ku enda* (il alla), au lieu de *uto ku enda*, qui est la forme correcte en Louyi. Il emploira souvent la forme : *to* (plus souvent encore allongée en *too*, il dit), qu'on ne trouve presque jamais chez les autres. Il dira toujours, comme Kaboukou : *uku ambetji* (dire); jamais, comme Akaende : *uku ambatji*; il dira parfois *ndiwi* (hyène), au lieu de *siwi*: *uwina* (terrier), au lieu de *ilikwina*, etc. De même, chez lui, certains mots à radical monosyllabique sont volontiers allongés, ainsi *umbúu*, au lieu de *úmbu* (hippopotame); *siwii*, au lieu de *siwi* (hyène), etc. Enfin il emploie une ou deux formes verbales propres au Kwangwa, et que ne connaissent pas les deux autres. Mais, somme toute, ces divergences sont peu nombreuses et peu importantes; elles sont toutes de surface, la physionomie de la langue n'en est pas changée.

Ces idiotismes seront, lorsqu'il est nécessaire, indiqués

soit dans les notes du texte Louyi, soit dans l'Appendice à la Grammaire Louyi que l'on trouvera à la fin de ce volume. On trouvera également dans cet Appendice les additions qu'une étude plus complète me permet de faire à la grammaire Louyi; les matériaux nouvellement recueillis m'ont fait connaître, en effet, plusieurs formes que je n'avais pas rencontrées auparavant. Il y a également quelques corrections à faire, spécialement pour ce qui concerne le verbe négatif. J'ai pensé qu'il était nécessaire de noter soigneusement ces additions et ces corrections.

Les textes eux-mêmes se divisent, comme ceux du II° volume, en quatre parties distinctes : Contes, Légendes, Superstitions et Mœurs, Chansons et Devinettes. Dans la 1re partie, qui contient 44 *Contes*, on remarquera, comme en Soubiya, la richesse du folklore animal. Notre vieil ami, le lièvre, y conserve toujours, comme de juste, la première place. Quelques contes d'oiseaux représentent une branche du folklore qui semble assez importante dans ces parages. Les contes merveilleux, quoique relativement nombreux, sont plus rares que les contes d'animaux. Les contes facétieux, surtout les contes de ruses, viennent en bon rang. Nous avons, en plus, un certain nombre de contes de sorcellerie. Quoi qu'en dise Bleek (*Reynard the Fox*, p. xxv), qui, ici encore, s'est laissé entraîner à une trop hâtive généralisation, les contes de sorcellerie sont rares dans le folklore Bantou. Ce n'est guère que chez les Héréros qu'ils paraissent être nombreux. Parmi près de 120 contes et légendes recueillis au Zambèze, il n'y en a que 4 qui soient des contes de sorcellerie. Je possède en Souto une collection plus nombreuse encore de contes populaires;

deux seuls sont des contes de sorcellerie. Les recueils de Callaway, Steere, Junod, Châtelain, Theal, n'en contiennent pas.

Je réserve de faire, dans le IV® volume, s'il y a lieu, des remarques d'ensemble sur les Contes du Zambèze. Il faut attendre pour cela la publication des Contes Totela et Mbounda que j'ai encore en portefeuille; peut-être pourrai-je également en récolter d'autres encore. Il est un fait qui m'a frappé, et que je tiens à relever dès aujourd'hui. Comparés aux contes Zoulous, Cafres, Souto, Ronga et Angolais, les contes du Zambèze sont relativement très simples. Ils ne se composent généralement que d'un seul incident. Ceux des tribus plus rapprochés de la côte sont, par contre, infiniment plus compliqués. Quelles conclusions faut-il en tirer? Je ne m'en rends pas encore bien compte moi-même. Peut-être, d'ailleurs, ne faut-il pas s'exagérer l'importance de ce fait? Nous ne connaissons encore qu'une bien faible partie des contes zambéziens, et surtout je n'ai jamais pu consulter, à ce sujet, les hommes faits ou les femmes, qui auraient naturellement pu me fournir plus de contes et des contes peut-être plus complets.

Des onze *Légendes* que je donne en Louyi, quatre sont des variantes de légendes déjà connues par les textes Soubiya; quatre autres sont des légendes appartenant au folklore animal, dont l'une est particulièrement curieuse (n° L). Les trois autres sont des légendes historiques; l'une, celle d'Imangé, est représentée par deux versions très différentes et même inconciliables. Je regrette vivement qu'il ne me soit pas possible de reproduire une légende très curieuse sur un ancien roi des A-Louyi. Mais j'ai dû promettre à mes conteurs qu'elle ne serait pas imprimée; il est, paraît-il, interdit de la faire connaître à des étrangers. J'avoue ne pas comprendre pourquoi. Mais je dois épargner à mes jeunes amis zambéziens des ennuis qui pourraient être graves. J'ai tenu à relever le fait, pour montrer pourquoi il est souvent si difficile de connaître les idées et les traditions des primitifs. Ils tiennent à les garder pour eux et les cachent jalousement aux Européens. C'est peut-être pour la même raison qu'il ne m'a pas été possible d'enrichir de nouveaux détails la connaissance fragmentaire que j'avais pu auparavant acquérir de leurs idées religieuses et de leurs traditions sur Dieu et les origines de l'humanité.

La III° partie : *Superstitions, Croyances, Mœurs*, est beaucoup plus développée que dans les textes Soubiya. Elle ne renferme pas moins de 57 morceaux. C'est une vraie mine de matériaux pour l'étude ethnographique des peuplades du Zambèze. Ce sont, en effet, des documents de première main et de grande valeur, puisqu'ils exposent les idées, mœurs, etc., des Zambéziens dans leurs *ipsissima verba*. Malheureusement, ce ne sont que des fragments; aucun sujet n'est traité complètement. On pourra les comparer utilement soit avec le beau livre de Junod sur les *Ba-Ronga*, soit avec mon article sur les *Mœurs et Superstitions des Ba-Souto*, fait sur le même plan que cette publication; c'est-à-dire qu'il donne une traduction littérale, avec notes et explications, de textes indigènes. Il faudrait également pouvoir comparer ces textes avec tout ce qui a été publié sur l'ethnographie de tant d'autres tribus africaines. Mais les matériaux nécessaires me manquent ici; et d'ailleurs cette étude réclamerait à elle seule un gros volume.

Nos textes ethnographiques sont subdivisés en trois

parties : 1° ce qui a rapport à la *tératologie* et l'*histoire naturelle*, ainsi que quelques *petites superstitions*; 2° ce qui concerne la *maladie*, la *mort*, la *sorcellerie*, la *divination*, etc.; c'est ce qu'il a de plus complet et de plus intéressant; ce n'est, cependant, qu'une petite partie de ce que nous voudrions savoir; 3° quelques textes concernant la *vie civile* des indigènes, entre autres le *mariage* et la *fraternisation par le sang*; pour finir, deux textes nous parlent de leurs chasses. Sauf sept, tous les textes ethnographiques m'ont été fournis par Kaboukou.

La IV° partie nous donne enfin quelques *Chansons et Devinettes*; les unes et les autres sont publiées uniquement à titre de spécimens; leur valeur intrinsèque est presque nulle. Quelques-uns des textes rangés sous la rubrique de l'ethnographie pourraient aussi rentrer dans cette IV° partie (n°° LXIV, LXIX-LXXII).

Aux ouvrages à consulter indiqués dans l'Introduction au second volume, il faut ajouter avant tout le beau livre du missionnaire Coillard: *Sur le Haut-Zambèze*[1]; il contient une foule de renseignements sûrs sur l'histoire, les mœurs, la géographie, etc., des populations du Zambèze, et est d'une lecture singulièrement attachante. Je ne saurais trop le recommander à tous ceux qui s'intéressent à cette région. M. Coillard, ayant vécu au Zambèze de 1884 à 1896, est une autorité de tout premier ordre pour tout ce qui concerne ces peuples.

Il faut encore signaler quelques recueils de Contes Bantou, parus depuis 1897 et qui ne m'étaient pas connus alors.

---

1. F. Coillard, *Sur le Haut-Zambèze*, Paris (Berger-Levrault), in-4, 1898.

Ce sont : Woodward, *Stories in the Bondei Language*[1] (Est-Africain allemand); ce recueil ne contient, malheureusement, que le texte Bondei, et est ainsi inaccessible aux folkloristes. Dans le petit livre de Crisp, *The Bechuana of South-Africa*[2], on trouvera quelques proverbes et un certain nombre de contes Chwana, dont le texte original se trouve dans un abécédaire Chwana[3]. Enfin l'excellente revue africaine de Seidel : *Zeitschrift für afrikanische und oceanitische Sprachen* contient dans ses quatre premiers

---

1. H. W. Woodward, *Stories in the Bondei Language*. Londres (S. P. Ch. K.). Avec l'aide du vocabulaire Bondei de M. Woodward, malheureusement passablement incomplet (*Collections for a Handbook of the Boondei Language*), j'ai pu arriver à comprendre suffisamment les 17 contes de ce recueil. Voici une courte analyse de ceux d'entre eux qui offrent des ressemblances avec les nôtres : 1° *La tortue et l'oiseau poungou* (p. 9) ; c'est un récit très semblable à celui de la lutte à la course entre *La tortue et la gazelle* (2ᵉ partie, n° X) ; la tortue l'emporte sur son concurrent grâce à la même ruse. Puis elle épouse la fille du chef; il se trouve qu'en fait la tortue était un jeune homme métamorphosé en tortue. Il reprend ensuite sa forme naturelle. Il y a évidemment ici deux récits différents que le conteur a assez gauchement amalgamés. 2° *Le lièvre et l'hyène* (p. 17) est exactement la même histoire que le conte Soubiya : *Le lièvre et le léopard* (2ᵉ partie, n° XI) ; le meurtre de sa mère par l'hyène, la ruse du lièvre qui cache la sienne, l'hyène mettant la mère du lièvre dans un sac et la faisant porter à son fils, le lièvre délivrant sa mère et mettant les abeilles à sa place, l'hyène piquée par les abeilles et en mourant ; tout s'y retrouve, trait pour trait. 3° *Le coq et le sesekala* (p. 30) ; le *sesekala* est un petit animal carnassier ; il croit que la crête du coq est du feu et en a peur ; le coq fait la sottise de le détromper et est mangé par lui (cf. le conte Soubiya : *Le coq et l'aigle*, 2ᵉ partie, n° XIV). 4° *Les poules et les belettes* (p. 31). Je ne suis pas sûr que la traduction de *ngogo* par belettes soit tout à fait exacte. Les belettes croient que les poules ont des dents ; une poule ouvre sottement son bec devant elles ; elles voient que les poules n'ont pas de dents et les mangent (cf. 2ᵉ partie, n° XIV).

2. W. Crisp, *The Bechuana of South Africa*, Londres (S. P. Ch. K.), 1896.

3. *Sepeleta sa secoana*. Bloemfontein, 1890. La fable de *La gazelle et la tortue* (p. 53) est identique au conte Soubiya (2ᵉ partie, n° X).

volumes plus de 30 contes africains, surtout Bantou. Ce sont d'abord deux collections assez importantes, l'une de 10 contes en *Sumbwa* (Est-Africain allemand) du P. A. Capus[1]; l'autre de 10 contes *Mang'anja* (Lac Nyassa) de M[lle] A. Werner[2]. Puis nous avons 5 contes *Chwabo* (Quilimane) du P. Torrend[3]; 3 contes des *Masai* dans la langue des *Wa-Madshame* (Est-Africain allemand) de Raum[4]; 2 contes *Madshame* de Ovir[5]; 2 contes dans la langue des *Ba-Koko* (Cameroun) de Schuler[6]; un en *Ganda*[7], un en *Shambala* (Est-Africain allemand)[8], et un en *Mamba* (Kilimandjaro)[9]. Les contes d'animaux y tiennent une grande place, et parmi eux surtout ceux qui mettent en scène le lièvre (ou le lapin) ou la tortue.

Pour la partie ethnographique, je renverrai souvent, dans les notes, à mon article sur les *Mœurs et Superstitions*

1. III, 358-381. Le conte I, *Le lapin et le maître du champ*, contient beaucoup d'incidents semblables à ceux de deux contes Soubiya (2ᵉ partie, nᵒˢ IX et XI); le conte IV, *Le lapin et ses compagnons*, rappelle beaucoup l'épisode du puits que gardent les animaux et dont le lièvre réussit à boire l'eau (2ᵉ partie, n° IX).
2. II, 217-249; III, 353-357; IV, 136-145. Un de ces contes (III, 356) est une très courte version du conte Louyi : *Le lièvre et sa femme* (n° III de nos textes); un autre (III, 353) ressemble beaucoup à notre n° V (*Le lièvre sur un îlot*), et au n° VI de notre 2ᵉ partie (*Le lièvre et l'hyène*), bien que plusieurs détails en soient assez différents. Un conte fort court (II, 218) rappelle n° XXIV (*Le mariage du léopard*). Il vaut la peine de faire observer que, sur six contes d'animaux reproduits par Mlle Werner, trois ont la tortue comme personnage principal.
3. I, 243-249; II, 46-50; 245-248. Les ressemblances avec nos contes sont indiquées dans mes notes.
4. IV, 124-132.
5. III, 65-77.
6. III, 275-276.
7. III, 382-384.
8. II, 145-149.
9. IV, 337-338.

des *Ba-Souto*, paru dans le *Bulletin de la Société neuchateloise de géographie*[1], et qui est une traduction avec notes d'une partie de l'ouvrage *Souto* d'Azariele Sekese, cité dans l'Introduction à la seconde partie de ce recueil[2].

Station missionnaire de Thaba-Bosiu (Basutoland),<br>
8 octobre 1900.

---

1. IV, vol. IX (1896-1897), Neuchâtel.
2. A. Sekese, *Mekhoa ea Ba-Sotho*, Moria, 1893.

# TEXTES LOUYI

## I

## CONTES

### 1. — Ya nde na Sakame.

*Nde ta muywandi, sakame ta mubika. Nde ta moli'a iamana. Nde uto ku ambela sakame : Sakame! — Shangwe, moli'a nge! — T'u tamba ku tenda nga sibi? — Ku unu, moli'a nge? — U ka sae mboa, u mu bake ba lutu lwa nge, uto mboa no k'ola. Sakame uto u ka leta mboa, uto ku mu baka ba lutu lwa nde. Ta nde, wa amba*[1] *: Ab'o tamba ku ni baka, u ambele iamana u ambetji i na fu. Uto ku mu baka mboa, mabila a enda ba mwili wa nde.*

*Sakame uto ku tunda mu lwanda. Sakame uto ku kua umukua, uto ku ambetji : Iamana yondje yondje i kongoloke, moli'etu na fu; mu iye, tu lile moli'etu. Iamana yondje iyo ku iya, ku iyala mu lwanda. Sakame uto ku amba : Ndopu, u lese ku ingena mu lwanda, u lilele bande, u tamba ku lu yatula; iamana yondje i ingene mu lwanda. Uto ku yatila ku mwelo.*

*Sakame uto ku kua umukua. Nde ab'a inguka, uku ibaa iamana yondje i na ku ikala mu lwanda. Ab'a mana ku ibaa, uto ku isana : Sakame! Sakame : Mawe, moli'a mene. — U iye ku iamana yetu. Sakame uto ku iya. — Tu wae. Ao ku waa; ku ti wana ti yondile, uku ti ba sakame. Ito no ku nona ta nde.*

1. Litt. : c'est le lion, il parle.

Sakame uto ku enda-enda. Ab'a enda, ni mu kela ku mundi; ku wana ba lia amapu. Sakame uto ku ambetji : Mu ni yupise ku ilia. Ao ku mu yupisa. Uto ku ambetji : Ni ka lete nyama, mu ti ule? Ao ku ambetji : U utuke, u ka ti londe, u iye, tu ule. Sakame uto ku utuka. Ab'a kela kuli moli'a ye, uto ku shimeketa. Moli'a ye ab'a yupa, uto ku mu ba inyama.

N'uto sakame uto ku shimba iya ye, uku shimba ni itele. Uto ku enda. Ab'a ka kela, uto ku ula, ku ula unga. Ab'a ula, ni mu ula wa moli'a ye. Wa moli'a nge ni wa ku kena. Sakame uto ku ula wa ye unga wa litungi. Ab'a mana ku ula, uto ku enda. Ab'a kela bakatji no ndila, uto ku ba moli'a ye ilitungi, uku lema tunga tunyonyo no ku kena, uku tu baka beulu no litungi. Kame uto ku yeka tunga tunyonyo no litungi, uku baka beulu no itele ya ye. Uto ku enda.

Ab'a kela kuli moli'a ye, a tatji : Ashaa! mawe, i na mana ku katala; ainyi'a unga n'a ambetji : Mu ese ku lia mwindji, kondji usiku. Mangolwa ao ku koñela ilia; ab'e mana ku imba ao ku lia. Sakame uto ku tanga. Ab'a lia, mu ambetji : Aba ni lia mene ma Sakame, mene ni mu lia unga wa nge no ku kena, ni nyama ta nge no ku yonda; aba ni mina, ni mu tenda nkulia. Nde uto ku mu ibola : Sakame! — Shangwe, moli'a mene. — Iyi u amba ni yike? — Batili, moli'a mene, ni mu ambetji : Aba ni lia unga wa nge no litungi ni nyama ta nge no tu yonda, aba ni mina, ni mu tenda nkulia. Nde uto ku ambetji : Mene aba ni lia ndima ta nge ni nyama ta nge no ku nona, aba ni mina, ni mu tenda nkulia.

Sakame uto ku sheka : Ha! ha! ha! moli'a nge nge ndji! moli'a mene, yupe, ni mene ni lie; aba ni lia unga wa nge no ku kena ni nyama ta nge no ku yonda, aba ni mina, ni mu tenda nkulia. Nde uto ku sheka : Ha! ha! ha! sakame ndji!

Ao ku lala. Maywa mandi sakame uto ku shotaka, uto u ku bilula siywa, uto ku siya mu ito ya ye. Nde ab'a kela, uku mu isana : Sakame! Sakame : Umbuu! — Sakame, wene u li mwelo. Umbuu! Sakame ab'a na ku tunda, nde uto ku mu saa, sae, sae, sae[1]. Uto ku mu ulwa. Nde uto ku yonda; uto ku ta kuli nalukalamba.

Nalukalamba uto ku shebuluka. Ab'a shebuluka : Ni mu tenda ku shebuluka kewa nalukalamba, ni mu tenda : ngo, ngo, ngo li. Nalukalamba ab'a mana ku shebuluka, uku ambela nde, a tatji : U ka

---

1. Sae, sae, sae! manière très commune de s'exprimer dans les langues Bantou, en répétant le verbe, sans accord grammatical!

ende mu ndila tinyonyo, u tamb'o ka mu wana. Nde ab'a tunda abo bali nalukaiamba, uto ku enda, uto ku wana ndila, uto ku enda mu ndila tinyonyo. Ab'a enda mu meyi, uto ku wana ulutala lwa sakame.

Sakame ab'a mona moli'a ye, uto ku ambetji : Ni tamba ku tenda nga sibi? Sakame uto ku lema liwe, uku li yumbela mu mulilo. Ab'a kela nde, ni mu yupa Sakame : Mawe, moli'a mene, u lese ni ku be akasima kanyonyo aka. Nde ab'a yupa, uku yama. Sakame uto ku yokola liwe, uku mu ymbela mu kanwa. Nde uto ku fa. Sakame uto ku tunda bo, uto ku kongola akwaye asakame.

Nde ab'a inguka ni mu wana sakame n'ombula. Nde ab'a enda, uku wana asakame no ku pula a ikalile mu mangandila, a yanekile amaeo. Uto ku ambetji : Ni yike i na ni loyo? Uto ku isano : Iamana yondje i iye, i ni ambele iyi inu. Iamana iyo ku ambetji : Ka tu yii. Uto ku isana mbulu. Uto ku iya. Ab'a kela, uto ku ambetji : Yike? — U ni shimwete inu iyi. Mbulu uto ku ambetji : Ĩi, aya n'asakame anyonyo, uyu ta sakame mukulu. Asakame ao ku mwala. Nde ab'a mona, uto ku fa.

Nde ab'a inguka bo, uto ku ambetji : Ni tamba ku tenda nga sibi? Nde uto u ku tamba itambo, uku koñela, uku yaka ni munganda. Sakame ab'a enda-enda, uku wana anambe a ila. Uto ku isana ainy'a anambe : Mu na ti kubini? Uto ku tubulula mu katjoo, uto ku lia, to isana. Uto ku ti mana, uku shimba imitambo.

Ab'a enda, ni mu yupa : Sakame! Uto ku itana : Inyama! Kame uto ku yupa liywi : Sukame, ni banene aba ndji? — Batili, u ese ku banena aba. — Ni banene ba mutwi? — Batili, mutwi w'anu? — Sakame! — Shangwe, moli'a mene. — Ni banene ba lipumo? — Batili, lipumo li'anu. — Aba ni banena, ba lipumo. Nde uto ku banena mu lipumo. Sakame uto ku fa.

Mw'e manena iamba ya sakame na nde.


### I. — Le lion et le lièvre [1].

Le lion c'est le maître, le lièvre est le serviteur. Le lion est le roi des animaux. Le lion dit au lièvre : Lièvre! — Mon père, mon

---

1. Certains incidents de ce conte se retrouvent dans le conte Soubiya : *Le lion et le lièvre* (cf. 2ᵉ partie, n° I); d'autres se retrouvent dans des contes Souto et Ronga (cf. 2ᵉ partie, p. 3, note 1).

maître ! — Qu'allons-nous faire ? — Je ne sais, mon maître. — Cherche des champignons et mets-les sur mon corps, des champignons pourris. Le lièvre alla chercher des champignons et les étendit sur le corps du lion. Alors le lion dit : Quand tu les auras étendus sur moi, dis aux animaux que je suis mort. Il étendit sur (le lion) les champignons ; les vers (qui en sortaient) rampaient sur le corps du lion [1].

Le lièvre sortit de l'enclos. Le lièvre poussa le cri d'appel et dit : Que tous les animaux se rassemblent, notre roi est mort ; venez et pleurons notre roi. Tous les animaux vinrent, l'enclos en était rempli. Le lièvre dit : Éléphant, n'entre pas dans l'enclos, mais reste à pleurer dehors ; tu le renverserais ; que tous les animaux entre dans l'enclos. Il boucha l'entrée.

Le lièvre poussa le cri d'appel. Lorsque le lion se leva, il tua tous les animaux qui se trouvaient dans l'enclos. Quand il les eut tués, il appela : Lièvre ! Le lièvre (dit) : Ma mère, mon seigneur [2] ! — Allons vers notre gibier. Le lièvre y alla. — Écorchons-les. Ils (les) écorchèrent ; quand (le lion) en trouvait de maigres, c'était pour le lièvre. Les gras étaient pour le lion.

Le lièvre alla se promener. En se promenant, il arriva à un village, et trouva (des gens) qui mangeaient du sorgho. Le lièvre dit : Faites-moi goûter de votre nourriture. Ils lui en firent goûter. Il dit : Dois-je apporter de la viande pour que vous en achetiez ? Ils dirent : Cours la chercher, afin que nous en achetions. Le lièvre courut. Arrivé vers son maître, il le lui dit. Quand son maître eut entendu, il lui donna de la viande.

Le lièvre porta aussitôt de sa viande à lui, il la portait dans des calebasses. Il alla. Arrivé (au village), il acheta, il acheta de la farine. En achetant (ainsi), il achetait pour son maître. (La farine) de son maître était de la farine blanche. Le lièvre acheta pour lui de la farine mêlée de son. Quand il eut fini ses achats, il partit. Arrivé à mi-chemin, il versa le son (dans les calebasses) de son maître, prit un peu de belle farine et la mit sur le son ;

---

1. Dans le conte Souto parallèle, le lion fait également le mort et le lièvre fait semblant de l'enterrer. Il en est de même dans un conte Totela qui sera publié dans la 4ᵉ partie. La rainette dans le folklore Ronga (cf. Junod, *L'épopée de la rainette*).

2. Ma mère ! appellation très usitée envers un supérieur, même masculin.

puis il prit un peu farine mélangée de son, et la mit au-dessus de (de la farine dont il avait rempli) ses calebasses. Il continua son chemin¹.

Arrivé vers son maître, il dit : Ah! ma mère, je suis très fatigué; les propriétaires de la farine ont dit : Ne la mangez pas pendant le jour, mais seulement de nuit. Le soir, ils firent cuire leur nourriture; quand elle fut à point, ils mangèrent. Le lièvre commença (à manger). Tout en mangeant, il disait : Quand je mange, moi le lièvre, je mange ma farine blanche et ma viande maigre; quand j'avale je fais : *nkulia!* Le lion lui demanda : Lièvre? — Mon père! mon seigneur! — Qu'est-ce que tu dis? — Oh! mon seigneur, je dis seulement : Quand je mange ma farine mélangée de son et ma viande maigre, quand j'avale, je fais : *nkulia!* Le lion dit : Moi, lorsque je mange mon pain et ma viande grasse, quand j'avale, je fais : *nkulia!*

Le lièvre se mit à rire : Ha! ha! ha! mon seigneur! écoute, que moi aussi je mange; lorsque je mange ma farine blanche et ma viande maigre, lorsque j'avale, je fais : *nkulia!* Le lion se mit à rire : Ha! ha! ha! lièvre, ha²!

Ils dormirent. Après plusieur jours, le lièvre s'enfuit; il se métamorphosa en un hibou, qu'il laissa dans ses couvertures³. Lorsque arriva le lion, il l'appela : Lièvre! Le lièvre : Oumbou! — Lièvre, tu es un sot. — Oumbou! Après que le lièvre fut parti, le

---

1. La ruse du lièvre pour s'approprier la farine du lion ne se trouve dans aucun des parallèles à moi connus dans le folklore Bantou. Pour moudre leur grain, les Zambéziens se servent d'un mortier en bois et d'un pilon, en bois lui aussi. La farine est tamisée; ce qui reste dans le tamis, c'est-à-dire le son et la partie la plus grossière de la farine, se nomme *ilitungi*. C'est ce que je traduis par *son*.

2. Le lièvre se moquant de la sottise du lion, qui ne s'aperçoit pas qu'on le trompe, est un trait très répandu dans le folklore Bantou.

3. Le lièvre se transforme en *siywa*. C'est un mot presque intraduisible. Les sorciers (cf. n°⁸ LXXXIII-LXXVI) transforment les cadavres les morts en *ulumba* ou *siywa*. Les deux termes peuvent se traduire par *fantômes*. Ils ne sont pas cependant tout à fait équivalents. Autant que j'ai pu m'en assurer, le *siywa* aurait la forme et l'apparence du hibou. Je l'ai donc traduit ici par hibou. Pour ce qui concerne les fantômes (*silumbu*, pl. *ulumbu*; *siywa*, pl. *iywa*) cf. n° LXXXIII, et deux textes Totela qui seront publiés plus tard.

lion alla à sa recherche; il le chercha, il le chercha, il le chercha. Il ne put le trouver. Le lion maigrit; il alla vers la *mantis religiosa* [1].

La *mantis* jeta le sort (pour lui) [2]. En jetant (ses osselets) elle disait : Je pratique la divination de la *mantis*, je fais : *ngo ngo ngoli*. Lorsque la *mantis* eut jeté le sort, elle dit (au lion) : Va (là où il y a) de petits sentiers, tu l'y trouveras. Quand le lion fut parti de là, d'auprès de la *mantis*, il alla, trouva le chemin et arriva près des petits sentiers. Arrivé près de l'eau, il y trouva la hutte sur pilotis du lièvre [3].

Quand le lièvre vit son maître, il dit : Que vais-je faire? Le lièvre prit une pierre et la jeta dans le feu. Quand le lion arriva, il entendit le lièvre (qui disait) : Ma mère! mon seigneur; permets que je te donne ce petit morceau de pain. Le lion, entendant cela, ouvrit la bouche. Le lièvre prit la pierre et la lui lança dans la gueule. Le lion mourut. Le lièvre partit et alla assembler ses frères, les lièvres [4].

Quand le lion revint à la vie, il trouva que le lièvre avait disparu. Dans sa route, il trouva des lièvres en grand nombre assis à la croisée des chemins et montrant leurs dents. Il dit : Qu'est-ce là que (ce spectacle) étrange? Il appela : Que tous les animaux viennent ici, et m'expliquent ces choses. Les animaux répondirent : Nous ne savons pas. Il appela la tortue. Elle vint. Lorsqu'elle arrive, elle lui demanda : Qu'y a-t-il? — Explique-moi (ce que sont) ces choses-là. La tortue lui dit : Ceux-là ce sont les petits lièvres; celui-ci c'est le grand lièvre. Les lièvres se dispersèrent; voyant cela, le lion mourut [5].

1. Pour le rôle de la *mantis* dans le folklore zambézien, cf. 2ᵉ partie : Introduction, p. vi et p. 57; ainsi qu'en Louyi les nᵒˢ XXX et XXXI. En Totela d'autres contes lui font également jouer le même rôle.

2. Pour la divination soit par les osselets, soit autrement cf. nᵒˢ LXXXVII-XCIII. Le terme : *ku shebuluka* est très général; il signifie : consulter le sort, faire de la divination; c'est le plus souvent au moyen des osselets qu'elle se fait (cf. Junod, *Les Ba-Ronga*, p. 452-468).

3. En voyage, les Zambéziens construisent souvent des abris provisoires soit sur des pieux, soit sur des branches d'arbres, pour y être à l'abri des attaques des fauves.

4. Pour le trait assez répandu au sud de l'Afrique de la pierre chauffée à rouge et jetée dans la gueule du lion, cf. 2ᵉ partie, p. 6, note 3.

5. Le même épisode se retrouve presque identiquement dans le conte Soubiya : *Le lion et le lièvre* (cf. 2ᵉ partie, p. 6 et 7).

Lorsque le lion revint à la vie, il dit : Que ferai-je? Le lion se coupa lui-même en morceaux, fit cuire (sa propre viande) et bâtit une hutte. Le lièvre, en se promenant, trouva des pots qui bouillaient. Il appela les maîtres de ces pots : Où êtes-vous allés? Il découvrit les pots et mangea, tout en continuant à appeler. Il finit (tous les pots), il emporta les lanières de viande séchée.

Tout en marchant, il entendit (dans son ventre) : Lièvre! Il répondit : (Qu'y a-t-il,) viande? Il entendit de nouveau une voix : Lièvre, par où sortirai-je? — Oh! ne sors pas de là. — Sortirai-je par ta tête? — Non! c'est une tête humaine. — Lièvre! — Mon père! mon seigneur! — Sortirai-je par ton ventre? — Non, c'est un ventre humain. — Par où je sors, c'est par ton ventre. Le lion sortit alors du ventre (du lièvre). Le lièvre mourut [1].

Ici finit l'histoire du lièvre et du lion.

## II. — Ya sakame na nde.

*Liywa lia mutumbi, nde uto ku ikala mu mwinda no sitondo. Sakame ab'a enda-enda, uto ku mona nde mu mwinda. Sakame ab'a mona ngeso, uto ku ambetji : Ni tamba ku tenda nga sibi? Uto ku ambetji : U lumele! — Shangwe! Uto ku ambetji : Ni ku twene ndji? Uto ku ambetji : Momo! Sakame uto ku mu twena. Ab'a twena, t'o aba ilikwina. Ab'a mana ku aba, uto ku leta umusila no nde, uto ku baka mu likwina. Nde ab'a yupa ngeso, uto ku ambetji : Sakame-Shangwe, moli'a mene. — U limukile ku twena. Sakame uto ku ambetji : Mene ni limukile ku twena akulu.*

*Uto ku lema isitondo, to sindaela mu mupu umusila wa nde, uku manena mu likwina. Sakame ab'a mana ku sindaela, uto ku ambetji : Ni tamba ku tenda nga sibi? Kame uto ku ambetji : U mone siywa si kelile*[2]*, ku iya ku tu ibaa. Sakame uto ku kua umukua : Mawe! Nde ab'a yupela mo, a tatji a shotoke, uto ku kwela bandji. Ab'a ala, ku wana sakame wa baka umusila wa ye mu likwina. Nde uto ku lila. Sakame ab'a yupela mo, uto ku sheka : Ha! ha! ha! nde, ndji mukulu ni ku lila ku feka mwanuke? Sakame uto ku ambetji :*

---

1. Pour le même incident, cf. 2ᵉ partie, p. 7 et 71, et le conte Totela parallèle encore inédit; et ici même nᵒ III.
2. Litt. : il est arrivé, pour dire : il arrive, il va être là. Cet emploi du parfait est assez fréquent.

*Iyi u lila ni yike? Ab'a amba ngeso, u imanine kule. Nde uto ku lila, umusila wa ye uku patula. Sakame uto ku ta kwao.*
*Mw'a na ku tendela n'omo.*

### II. — Le lièvre et le lion [1].

Un certain jour, le lion était assis à l'ombre d'un arbre. Le lièvre, en se promenant, vit le lion assis à l'ombre. Le lièvre, le voyant ainsi, dit : Comment ferai-je? Il lui dit : Bonjour! — Bonjour! Il ajouta : Faut-il que je cherche tes poux? (! - lion) répondit : Oui. Le lièvre l'épouilla. Tout en l'épouillant, il creusait un trou. Quand il l'eut creusé, il saisit la queue du lion et la mit dans le trou. Le lion, sentant cela, dit : Lièvre! — Mon père, mon seigneur! — Tu sais fort bien épouiller. Le lièvre dit : Je sais fort bien épouiller les grands personnages.

Il prit un bâton, et (se mit à tasser) la terre, pour y enfouir fortement la queue du lion, qui fut tout entière (enfouie) dans le trou. Lorsqu'il eut bien enfoui la queue (dans le sol), il dit : Comment ferai-je? Alors il dit (au lion): Vois là-bas ce fantôme qui vient nous tuer [2]. Le lièvre se mit à pousser le cri d'appel : Hélas! hélas! Quand le lion l'entendit, il voulut s'enfuir, mais il tomba par terre. Quand il regarda, il vit que le lièvre avait enfoui sa queue dans le trou. Le lion hurla. Le lièvre, l'entendant, se mit à rire : Ha! ha! ha? lion, un homme âgé crie-t-il donc comme un enfant? Le lièvre dit : Pour quelle raison pleures-tu? En parlant ainsi, il se tenait éloigné. Le lion continua à hurler. Sa queue (finit) par se casser. Le lièvre retourna chez lui.

C'est ainsi qu'ils ont fait.

### III. — Sakame na mukat'a ye.

*Sakame ni munu wa ku nanuba. Ab'a na ku ikala, uku ulwa ni*

---

1. L'incident de la queue du lion attachée à une racine d'arbre se retrouve en Soubiya (cf. 2ᵉ partie, p. 5). En Souto (cf. *ibid.*, note 2) et en Totela, c'est aux lattes du toit de la hutte que la queue du lion est attachée. La 2ᵉ partie du conte Soubiya : *Le lièvre et le singe* (2ᵉ partie, nᵒ VIII), est identique au conte Louyi.
2. Pour fantôme (*siywa* en Louyi), cf. nᵒ I, note 6.

mukati. Uto ku ambetji : Ni ku tendele mukati. Uto ku aya sitondo sa muñwamoye. Uto ku si tenda mukati no ku waba. Ao uku yakela ndo. Liywa lia mutumbi, munu uku kela ba mundi wa sakame Ab'a kela, ku mu wana sakame k'a sa bo, na ti mu ku enda-enda, kondji mukati. Uyo munu uku mu ibanguta : Mbum'oe na ti kubini? Mukati uto ku ambetji : Na ti mu ku enda-enda. Kame uto ku mu ibanguta : Tanyi ilitina lia ye? Uto ku ambetji : Ni sakame. Uto ku ambetji : Momo, u siale bo. Mukati uto ku ambetji : Shangwe!

Ab'a kela sakame, mukati uto ku ambetji : Munu na ni wana bano. Sakame uto ku ambetji : Munu uyo ni mu tunda kubini? Mukati uto ku ambetji : Ku unu. Mukati uto ku ambetji : Na ku ibanguta ilitina li'oe, mene i na mu ambele. Sakame uto ku ambetji : Momo. Ab'a kena amasiku[1], uto ku enda-enda. Mukati uto ku ikala mu mundi. Munu uto ku kela ba mundi wa sakame. Mu lumele. — Shangwe! uku mu tunda ni kubini? Munu uku ambetji : Ni li mu tunda kuli muywandi. — E, i na yupu. — Mbum'oe na ti kubini? — Na ti mu liyungu. — Tiwe wembutji? — E, time membutji.

Munu uyo ab'a tunda bo, uto ku ta kuli muywandi. Ab'a ka kela kuli muywandi, uto ku ambetji. I na ka wana mukati no ku waba unene. Muywandi uto ku ambetji : Mukat'anyi? Uto ku ambetji : Mukat'a sakame. — Mu ende, mu ka mu mone; aba mu tamb'o ka mu mona, mu ese ku mu kanda-kanda. Ao ku enda. Aba a ka kela : Mbum'oe na ti kubini? Mukati uto ku ambetji ; Mw'a li; u tamba ku kela bano banana, mu mu tatele. Sakame uto ku kela : Mu lumele. — Shangwe. Sakame uto ku ambetji : Uku mu tunda ni kubini? Ao ku ambetji : Tu li a tunda kuli muywandi. — Momo. — Shangwe. Ao ku enda.

Aba a kela kuli muywandi : Tu na ka mu wana. Muywandi uto ku ambetji : Muwa? Ao ku ambetji : E, muwa. Muywandi uto ku ambetji : Mu ende, mu ka mu londe. Ao ku enda, ao ku mu londa; ao ku mu kela kuli muywandi. Uto ku mu kwata.

Sakame ab'a ka tunda mu liyungu, ab'a kela ba mundi, uto ku wana a na mana ku mu twala. Uto ku ambetji : Ni tamba ku tenda nga sibi? Mukat'a nge a na mu twala. Uto ku koña mukat'a ye. Ab'a kela ba namoo, uto ku kela, uto ku ambetji : Mu ni be mukat'a nge. Ao ku mu shendja.

Ab'a kela ba mundi wa ye, uto ku ambetji : Ni ka ku ayele ngoma.

1. Litt. : lorsque le matin blanchit.

*Ab'a mana ku aya, uto ku enda. Ab'a keli bali namoo, uto ku ambetji :*
*Ndindi! ndindi! ka ndindi ngoma!*
*Ka ndindi ngoma! Ka ndindi ngoma!*
*Mukati wa nge a na mu twala.*
*Uto ku ukela ba mundi wa ye. Ab'a kena amasiku, uto ku kela ko; ab'a kela ba namoo, uto ku wana mukat'a ye, uku mu yumbela bandji, ab'a mana ku mu yumbela bandji, uto ku biluka sitondo. Mw'e manena umo ya sakame na mukat'a ye.*

### III. — Le lièvre et sa femme [1].

Le lièvre est une personne intelligente. Lorsqu'il demeurait (là), il n'avait pas de femme. Alors il dit : Que je me fasse une femme. Il façonna le tronc d'un (arbre appelé) *ñwanamoye* [2]; il en fit une femme très belle. Ils se bâtirent une hutte. Un certain jour, un homme arriva au village du lièvre. Lorsqu'il arriva, il trouva que le lièvre n'y était pas; il était allé se promener, (il n'y avait là) que la femme. Cet homme lui demanda : Où est allé ton mari ? La femme répondit : Il est allé se promener. Il lui demanda de nouveau : Quel est son nom ? Elle répondit : (Son nom) est Lièvre. Il dit : C'est bien; adieu (*litt.* : reste ici). La femme dit : Bonjour (*litt.* : mon père).

Lorsque le lièvre arriva, la femme (lui dit) : Un homme est venu me trouver ici. Le lièvre dit : D'où vient-il, cet homme ? La femme dit : Je ne sais pas. La femme dit : Il a demandé ton nom; je (le) lui ai dit. Le lièvre dit : C'est bien.

Lorsque le matin parut, il alla se promener. La femme resta au village. Cet homme arriva au village du lièvre : Bonjour ! — Salut ! D'où est-ce que tu viens ? L'homme dit : Je viens de chez le

---

1. Ce conte offre de nombreuses ressemblances avec celui de *Mbalangwé* (n° XXII). A son sujet, il faut faire remarquer que les contes d'animaux au Zambèze présentent de nombreux éléments merveilleux. La même chose se retrouve aussi chez les Ba-Souto, les Ba-Ronga, etc. mais nulle part autant qu'au Zambèze. Au Nyassaland on retrouve un conte presque identique (cf. *Zeitsch. für afrikan. und ocean. Sprachen*, III, p. 356), où la grenouille prend la place du lièvre.
2. L'arbre *ñwanamoye* m'est inconnu.

chef. — Oui, j'ai entendu. — Où est allé ton mari ? — Il est allé dans la forêt. — Tu es (ici) toute seule. — Oui, je suis toute seule. Lorsque cet homme partit de là, il alla vers le chef. Lorsqu'il arriva vers le chef, il dit : J'ai trouvé une femme très belle. Le chef dit : De qui est-elle femme ? Il dit : (C'est) la femme du lièvre. — Allez, et la voyez ; lorsque vous la verrez, ne lui faites pas de mal. Ils allèrent. Lorsqu'ils arrivèrent : Où est allé ton mari ? La femme dit : Il est ici (tout près) ; il arrivera à l'instant même ; attendez-le. Le lièvre arriva : Bonjour ! — Salut ! Le lièvre dit : D'où est-ce que vous venez ? Ils dirent : Nous venons de chez le chef. — C'est bien. — Adieu ! Ils partirent.

Lorsqu'ils arrivèrent vers le chef : Nous l'avons trouvée. Le chef dit : (Est-elle) belle ? Ils dirent : Oui, (elle est) belle. Le chef dit : Allez et enlevez-la. Ils allèrent, ils l'emmenèrent ; ils l'apportèrent au chef. Il la prit (pour femme) [1].

Quand le lièvre revint de la forêt, quand il arriva au village, il trouva qu'ils l'avaient enlevée. Il dit : Comment ferai-je ? Ma femme ils l'ont emportée. Il alla à la recherche de sa femme. Lorsqu'il arriva à la place publique, il arriva, il dit : Donnez-moi ma femme. Ils le chassèrent.

Lorsqu'il arriva à son village, il dit : Je veux me façonner un tambour. Lorsqu'il l'eut façonné, il partit. Lorsqu'il arriva à la publique, il dit :

Ndindi ! ndindi ! Ka ndindi tambour !

Ka ndindi tambour ! Ka ndindi tambour !

Ma femme, ils l'ont enlevée.

Il revint à son village. Lorsque le matin fut venu, il arriva là-bas. Lorsqu'il arriva à la place publique, il (y) trouva sa femme, et la jeta à terre. Lorsqu'il l'eut jetée à terre, elle fut métamorphosée en arbre [2].

C'est ici que finit (l'histoire) du lièvre et de sa femme.

1. Ceci nous montre à quel point le pouvoir des chefs est absolu au Zambèze. Ils peuvent tout se permettre. Ils semblent avoir un droit illimité sur la personne et la propriété de leurs sujets, qui sont, en fait, des esclaves.

2. Dans le conte de *Mbalangwé* la métamorphose est la même, bien qu'amenée un peu différemment.

IV. — **Sakame na nde no mwalikati.**

Sakame n'o tjla mu enda, uto ku wana nde no mwalikati; uto ku mu ibanguta, ndji : U kwete munu u ku lemena an'oe? Unde uku mu tambuta, ndji : Si kwete munu. Sakame uyo too : U ni tole, ni ku lemene an'pe. Unde uku pumena, ndji : Sakame, u iye u leme an'a nge.

Unde, liywa lia mutumbi, uto ku ta mu liyungu, ku ta uku aula, sakame to sialile ni ana ku mundi. Ab'a kela unde, uto ku mu ibanguta, ndji : Ain'oe u a lete, tu a yamwise. Uto ku a leta. Liywa lia mutumbi, uto ku ta mu liyungu kame. Ab'a kela, uto ku ibanguta, ndji : Sakame abi ain'oe? Uto too : Kw'a li. Uyo too : U a lete, tu a yamwise. Uto ku a leta.

Liywa ilitjili, unde uku ta mu liyungu. Sakame uku lem'omwana umutjili, uto ku mu ibaa; uto ku tumbula mulilo, uto ku mu bona, uto ku mu lia. Ab'a kela unde, uto ku mu ibanguta, ndji : An'oe ni kubi a ka li? Uto ku ambetji : Kw'a li. Uyo too : U ka a lete, tu a yamwise. Uto ku leta umweya, uku iya, ku mu yamwisa. Uto ku usa. Uto ku let'omutjili, uto ku iya, ku yamwa. Ab'a mana ku yamwa, uto ku mu usa. Uto ku lem'omutjili, kv mu yamwisa. Ab'a mana ku yamwa, uto ku mu usa. Uto ku let'omutjili, uto ku mu yamwisa.

Unde uku ta mu liyungu. Amangolwa, uto ku kela. Uto ku mu ibanguta : U lete ain'oe, tu a yamwise. Uto ku a leta, uku lond'omutjili, uku mu usa. Uku leta umutjili. Ab'a mana ku yamwa, uku mu usa. U ka leta umutjili. Sakame uto ku ambela nde, ndji : Ni mu singa nyama. Unde uto ku ta mu liyungu, u ka saela sakame inyama. Sakame uto ku ibaa umwan'a nde. Uku tumbul'omulilo, uto ku mu bona, uto ku mu lia. Ab'a kela nde : Sakame, i sa ka wana nyama. Sakame too : Momo. Uyo ku mu ibanguta, ndji : Ka lete ain'oe, tu iye tu a yamwise. Sakame u ka leta umutjili, uku iya, ku mu yamwisa. Ab'a mana ku yamwa, sakame uku mu usa; uku leta kame umutjili, uku iya, uku mu yamwisa.

Liywa lia mutumbi, nde uku ta kame mu liyungu, u ka aula. Sakame uku ibaa kame umutjili. Amangolwa ab'a kela nde : U ka lete ain'oe, tu a yamwise. Sakame uku ta, u ka leta umutjili, uku iya, ku mu yamwisa. Ab'a mana ku mu yamwisa, uto ku mu usa. Uto ku ambela nde, ndji : Ni mu sing'enyama; u te mu liyungu, u ka sae nyama. Nde uto ku enda. Amangolwa, ab'a kela : U ka lete ain'oe, tu iye tu a yamwise. Sakame uku ta, u ka londa umutjili. Ab'a mana ku yamwa, uto ku mu usa. U ka leta umutjili; uto ku iya, ku yamwa, uto ku ukela. U ka londa uyu a n'eyi ku yamwisa weli. Uto ku usa uyu a n'eyi ku londa. Uto u ka londa umutjili. Ab'a mana ku yamwa, u ka londa umutjili uyu a na yamwisa weli. Uto ku mu ibanguta : Ain'oe a na bu¹ ? Uto ku pumena, uto ku ambetji : E.

Unde uto ku ta mu liyungu. Sakame uto ku ibaa umutjili, uto ku tumbula umulilo, uto ku ma bona, uku mu lia. Ab'a kela amangolwa, unde uto ku mu ibanguta, ndji : U ka lete ain'oe. U ka mu leta, ku iya, ku mu yamwisa. Uku mu usa. Uto ku mu useta kame kuli nyina. Uto ku mu usa kame. Uto ku mu useta kuli nyina kame. Uto ku mu kame. Uto ku mu twala, uto ku mu useta kame. Unde uto ku mu ibanguta, ndji : Ana bu uku yamwa? Sakame uto ku pumena : E, a na bu. Ab'a mana ku yamwa, unde uku ta mu liyungu, u ka aula. Uto ku lema uyu u na siala aba kwaye, uto ku mu ibaa; uku tumbul'omulilo, uto ku mu bona, uto ku mu lia.

Amangolwa ab'a kela nde, uto ku mu ibanguta, ndji : U ka lete ain'oe, tu iye tu a yamwise. Sakame uto ku ambisa, ndji : Ain'a nge ni ku toma a tomine. Unde uto ku imana, ku ta mu ndo a tomena an'a ye. Sakame uto ku bana, uto ku shotoka. Nde ab'a kela mu ndo, uku wana ana k'a sa mo. Unde uto ku banena ku bande, uto ku isana sakame : Sakame! Sakame! uk'u na ti ni kubi? Sakame ta na mana ku shotoka. Nde uto ku lila. Uto ku ambetji : Umu sa ni tendele ndji ni wane sakame, nga sibi?

Nde uto u ku bilula musheke muwa muwa. Sakame ab'a kela, uto ku sheka, uyo too : Nde, inguka; ab'o ku tendile musheke yanotji n'iye kuli wene? Unde uto ku inguka, uyo too : Ni ku bilule nyama. Unde u ku ibaa. Sakame ab'a kela, uyo too : Itinyama, uminy'a nyama uku a na ti ni kubi? Sakame uku sheleta ku nyama. Ab'a kela ku nyama, uyo too : Ainy'a nyama, uku mu na ti ni kubi? mu iye mu ni be ku nyama. Ainy'a nyama ku wana k'a sa bo. Sakame uto ku fulumuna ba katjoo, uto ku lema mu nyama, uto ku lia. Uyo ku lem'etjtjili, uto ku lia. Ab'a mana ku lia, uku lema ku iti no mitambo, uto ku nunga, uto ku enda.

Mu yupa unde t'o amba mu lipumo : Sakame uk'u ni twala ni kubi? Sakame uto ku ambetji : Wene u li anyi u amba nange? Uto

1. *bu* est la forme assimilée de *wa*, finir; on a parfois *wi*, au lieu de *bu*.

*ku enda. Unde uto ku amba, ndji : Sakame, uk'u ni twala ni kubi? Sakame uto ku lem'enyama no mitambo, uku yumba; uto ku lema itjili, uku yumba. Uto ku shotoka. Mu yupa nde : Sakame, uk'u ni twala ni kubi? Sakame uto ku tjila, ndii : Moli'a nge, uk'u amba ni kubi? Sakame uto ku tutumela*[1]. *Unde yo*[2] *mu ibanguta, ndji : Ni banene mu kutwi? Sakame uyo too : Kutwi kw'anu. Uyo too : Ni banene mu kanwa? Uyo too : Kanwa k'anu. Uyo too : Ni patule ba lipumo? Uyo too : Lipumo li'anu. Uyo too : Ni banene mu liyulu? Uyu too : Siyulu li'anu. Unde uto ku patela ba lipumo. Sakame b'a na fele.*

### IV. — Le lièvre et la lionne qui a mis bas [3].

Le lièvre se promenait; il trouva une lionne qui avait mis bas; il lui demanda : As-tu quelqu'un qui prenne soin de tes petits? La lionne lui répondit : Je n'ai personne. Le lièvre dit : Prends-moi, je soignerai tes petits. La lionne consentit, disant : Lièvre, viens prendre soin de mes petits.

Le lendemain, la lionne alla dans la brousse pour y chasser; le lièvre était resté au logis avec les petits. Quand la lionne revint, elle lui demanda : Apporte tes frères et sœurs, que nous les allaitions. Il les apporta. Le lendemain, (la lionne) alla de nouveau dans la brousse. A son retour elle demanda : Lièvre, où sont tes frères et sœurs? Il répondit : Ils sont ici. Elle dit : Apporte-les, que nous les allaitions. Il les apporta.

Un autre jour, la lionne alla dans la brousse. Le lièvre prit un des petits, le tua ; il alluma du feu, fit rôtir l'enfant et le mangea. A son retour, la lionne lui demanda : Où sont tes frères et sœurs? Il répondit : Ils sont ici. Elle dit : Apporte-les, que nous les allaitions. Il apporta un petit ; (la lionne) l'allaita. (Le lièvre) le reprit. Il en apporta un autre ; (le petit) vint et téta. (Le lièvre) le reprit. Il en apporta un autre ; il vint et téta. Quand il eut tété, il le reprit. Il en prit un autre ; (la lionne) vint et l'allaita. Quand il eut

---

1. *ku tutumela* est un verbe emprunté au Souto.

2. *yo* est Kwangwa, la forme Louyi est *to*.

3. Le conte Soubiya parallèle, *La lionne et le lièvre* (2ᵉ partie, nº III), est identique à celui-ci ; j'y renvoie le lecteur pour les notes et les références. La fin de notre conte est semblable à celle du nº 1 (cf. nº I, note 12).

tété, (le lièvre) le reprit. Il en apporta un autre; (la lionne) vint et l'allaita.

La lionne alla dans la brousse. Le soir, elle revint. Elle dit (au lièvre) : Apporte tes frères et sœurs, que nous les allaitions. Il les apporta; il en prit un, puis le reprit. Il en apporta un autre. Quand il eut tété, il le reprit. Il en apporta un autre. Le lièvre dit à la lionne : Je désire de la viande. La lionne alla dans la brousse pour chercher du gibier pour le lièvre. Le lièvre (pendant ce temps) tua un des petits de la lionne. Il alluma du feu, fit rôtir (le petit lionceau) et le mangea. A son retour, la lionne dit : Lièvre, je n'ai pas trouvé de viande. Le lièvre : C'est bien. Elle lui dit : Apporte tes frères et sœurs, que je les allaite. Le lièvre en apporta un; elle l'allaita. Quand il eut tété, le lièvre le reprit; il en apporta un autre, elle l'allaita.

Un autre jour, la lionne alla de nouveau dans la forêt pour chasser. Le lièvre tua de nouveau un (lionceau). Le soir, à son retour, la lionne (dit) : Apporte tes frères et sœurs, que nous les allaitions. Le lièvre alla et en apporta un; (la lionne) l'allaita. Quand elle l'eut allaité, (le lièvre) le reprit. Il dit à la lionne : Je désire de la viande; va à la forêt chercher du gibier. La lionne (y) alla. A son retour, le soir, (elle dit) : Apporte tes frères et sœurs, que nous les allaitions. Le lièvre alla, et prit un (des petits). Quand il eut tété, (le lièvre) le reprit. Il en apporta un autre; il vint et téta, puis retourna (vers le lièvre). (Celui-ci) prit (de nouveau) celui qu'il avait fait téter auparavant. Il reprit (de nouveau) celui qu'il avait apporté. Il en prit (ensuite) un autre. Quand il eut tété, il chercha (de nouveau) celui qu'il avait fait téter auparavant. (La lionne) lui demanda : Tes frères et sœurs ont-ils tous (tété)? (Le lièvre) l'affirma et dit : Oui.

La lionne alla dans la brousse. Le lièvre tua un autre (lionceau), alluma du feu, le fit rôtir et le mangea. Le soir, à son retour, la lionne lui dit : Apporte tes enfants. Il en apporta un; elle l'allaita. Il le reprit, puis le porta de nouveau à sa mère. Il le reprit de nouveau. Il le porta de nouveau à sa mère; puis le reprit de nouveau. Il le prit, et de nouveau le porta à sa mère. La lionne lui demanda : Ont-ils fini de téter? Le lièvre l'affirma : Oui, ils ont tous (tété). Quand ils eurent tété, la lionne alla dans la brousse pour chasser. (Le lièvre) prit le (lionceau) qui restait là auprès de lui, le tua, alluma du feu, le fit rôtir et le mangea.

A son retour, le soir, la lionne dit : Apporte tes frères et sœurs, que nous les allaitions. Le lièvre dit : Mes frères et sœurs sont malades. La lionne se leva et alla dans la hutte où ses petits étaient malades. Le lièvre en sortit et s'enfuit. Arrivée dans la hutte, la lionne trouva que ses petits n'y étaient pas. La lionne sortit et appela le lièvre : Lièvre ! lièvre ! où es-tu allé ? Le lièvre s'était enfui. La lionne pleura. Elle dit : Comment faut-il que je fasse pour retrouver le lièvre.

La lionne se métamorphosa en de très beau sable. Le lièvre vint et se mit à rire, disant : Lionne, lève-toi donc ! Si tu t'es métamorphosée en sable, est-ce pour que j'aille vers toi ! La lionne se releva et dit : Je me métamorphoserai en viande. La lionne se tua. Le lièvre vint et dit : (Voici) de la viande ; où est allé le propriétaire de cette viande ? Le lièvre s'approcha de la viande. Arrivé près de la viande, il dit : (Vous) les propriétaires de la viande, où êtes-vous allés ? venez et donnez-moi un peu de viande. Il trouva que les propriétaires de la viande n'étaient pas là. Le lièvre ouvrit le pot, prit de la viande et la mangea. Il en prit de nouveau un peu et la mangea. Quand il eut mangé, il prit de (la viande découpée) en lanières, la lia (en paquets) et s'en alla [1].

Il entendit la lionne qui parlait dans son ventre : Lièvre, où m'emportes-tu ? Le lièvre dit : Qui es-tu toi qui me parles ? Il (continua) sa course. La lionne dit : Lièvre, où m'emportes-tu ? Le lièvre prit de la viande en lanières, et la jeta (loin de lui) ; il en prit encore, et la jeta (loin de lui). Il courut. Il entendit la lionne : Lièvre, où m'emportes-tu ? Le lièvre s'effraye et dit : Ma maîtresse, où donc parles-tu ? Le lièvre tremblait. La lionne lui demanda : Sortirai-je par ton oreille ? Le lièvre dit : C'est une oreille humaine. Elle dit : Sortirai-je par ta bouche ? Il dit : C'est une bouche humaine. Elle dit : Déchirerai-je ton ventre ? Il dit : C'est un ventre humain. Elle dit : Sortirai-je par ton nez ? Il dit : C'est un nez humain. La lionne (sortit en) déchirant son ventre. C'est ainsi que mourut le lièvre.

---

1. Quand on a abattu du gibier, on découpe la viande en lanières qu'on fait sécher au soleil. Les blancs du Sud de l'Afrique appellent *biltong* la viande ainsi traitée ; elle se conserve presque indéfiniment.

## V. — Sakame t'o li mu sikuli.

*Iliywa ilitjili ameyi ao ku iyala, sakame t'o li mu sikuli. Ab'a kumbuluka, ameyi a mu pota ni kale mu sikuli. Sakame uto u ku ibola, ku ambatji : Ni tamba ku tenda nga sibini? Uto ku mona ungandu t'o bitile mu liambai. Uto ku ambatji : Shangwe! — Moli'a nge! — U iye u ndute mu lindja liya. Ngandu uto ku ambatji : Yikeni iy'u tamba ku ni ba? — Ni tamb'o ku ba nyama. — U iye he!*

*Sakame ab'a ingena umu mu wato, uta ku ambatji : Mawe, wato uku nuka. Ngandu uto ku mu ibola : Sakame yikeni iyi u amba? — Batili, moli'a nge, ni ambatji : wato no ku waba. Ngandu uto ku ambatji : E. Uta ku pua. — Wato wa ku nuka, ululume*[1] *lu sula. — Sakame, yikeni iy'u amba? — Batili, shangwe, n'ambatji : wato wa ku enda uwa. Sakame : Yikeni iy'u muka? — Sakame! yikeni iy'u amba, mwan'a nge? — N'ambatji : Munu ba ku limuka ku tungeka.*

*Uto ku kela ba likamba, uku ambatji : Ngandu, u iye u ku pumbe mu ndowa; u iye ku bande, u langane aba; ni si ka ku londela inyama. Sakame uto ku ta ; ab'a kela kuli siwi, uto ni mu ambatji : U iye kuno, ni ka ku be inyama. — Tibi toto? — Ito. — Ti ku pumbile. — U ti twale muya mu meyi, u ti yoise winu. Siwi uku ta ko : Ni yoise muno? — Batili, ameyi ni manyonyo, u endele ko, u te ko. Ngandu! ito ta nyama iti i na ku isanene. Ngandu uto ku twala siwi.*

*Mwa i manen'omo ya ngandu ni siwi.*

## V. — Le lièvre sur un îlot[2].

Un certain jour, il y eut une crue du fleuve; le lièvre était sur un îlot. Quand il s'en aperçut, l'eau l'entourait depuis longtemps sur l'îlot. Le lièvre se demanda : Comment ferai-je? Il vit un crocodile qui traversait le fleuve. Il lui dit : Mon père! — Mon seigneur! — Fais-moi passer sur l'autre rive. Le crocodile dit : Que me donneras-tu? — Je te donnerai de la viande. — Viens donc!

Quand le lièvre entra dans (ce) bateau[3], il dit : Oh! ce bateau

1. *ululume*, forme augmentative de *mulume*.
2. Le conte Soubiya : *Le lièvre et l'hyène* (2e partie, n° VI), est parallèle à celui-ci; mais le nôtre est un peu plus développé.
3. Le bateau, c'est-à-dire le crocodile.

sent mauvais[1]. Le crocodile lui demanda : Lièvre, que dis-tu? Oh! mon seigneur, je dis que ce bateau est beau. Le crocodile dit : Bien. Il rama. — Ce bateau sent mauvais; cet homme-là a pété. — Lièvre, que dis-tu? — Oh! mon père, je dis que ce bateau va bien. Le lièvre : Que sens-tu donc? — Lièvre! que dis-tu, mon enfant. — Je dis que cette personne-là sait bien ramer.

Il arriva au débarcadère; il dit : Crocodile, va te cacher dans la vase; sors (de l'eau), et couche-toi ici; je vais te chercher de la viande. Le lièvre alla; arrivé près d'une hyène, il lui dit : Viens ici, que je te donne de la viande. — Où est-elle? — La voici. — Elle est sale. — Porte-la là-bas dans l'eau, et lave-la bien. L'hyène y alla : Dois-je laver ici? — Non, il y a (trop) peu d'eau; va là-bas, va là-bas. Crocodile, voici ta viande, celle que je t'avais promise. Le crocodile se saisit de l'hyène.

Ici finit l'histoire du crocodile et de l'hyène.

### VI. — Sakame na luwawa.

*Sakame uto ku kwata umukati. Liywa lia mutumbi, umukat'a sakame uto ku ambetji : Ni mu singa ku ta kwatji. Sakame uku ambela luwawa ndji : Mulikane wa nge, tu ende toondje*[2], *tu te ku andjemunw'a nge. Luwawa uto ku pumena. Ao ku enda ndila timweya. Ab'a kela kuli ndjemunw'a sakame, andjemunw'a sakame uku a shwaela imbongo. Ab'a mana ku ti lia, luwawa uto ku ambela sakame ndji : Sakame, tu li a singa ku ukela kwatji. Sakame uyo too : Namba*[3] *ku ibola mukat'a nge ndji : luwawa ni mu singa ku ta ku mundi. Ab'a kena amasiku, umukat'a sakame uyo too : T'u tamba ku mona.*

*Usiku sakame ku ta, u k'eta umbongo wa andjemunw'a ye. Ab'a mana ku mu ita, uto ku mu twaleta ku ndila. Sakame uto ku ta ku liambai, u ka ku yoa. Andjemunw'a sakame, amasiku ab'a kena, ao ku mona umbongo ndji k'a sa mo mu sitanda. Ao ku mu saa. Sakame kandi ta na lamba uluwawa unyinga kn makondo ni makaa. Uyo ku ta, uku a saisa, uyo too : Imbongo muendi umulisana t'o na ka ti siya mu liyungu. Ao too : Batili, bingolwa t'o li mo. Ao ku wana*

1. On sait que le crocodile répand une odeur extrêmement désagréable.
2. Litt. : nous tous, c'est-à-dire les deux ensemble.
3. *namba* = *ni tamba*.

luwawa u iyalile unyinga; ao ku mu ibanguta. Luwawa uto ku amula ndji : Ka mene i na ku mu ibaa. Luwawa uto ku shotoka; ao ku mu koña, ni sakame uto ku mu koña. Ab'a mu wana : E, mulume, u kele kuno. Luwawa uto ku imana. Sakame uto ku kela. Ao ku endela bamweya. Ao ku wana uwina¹. Uto ku mu ambela ndji : Luwawa, umo mu likwina mu li lifumbo. Luwawa uto ku ingena mu wina. Sakame uyo ku lema itondo, ku ingenyeka ku wina. Ab'a kela a na koño luwawa, ku wana uwina u sindilwe. Ao too : A n'eman'emana aba, aluwawa na sakame. Ao ku lema uwina, uku tombola. Ao ku wana mo luwawa. Ao ku mu ibola ndji : Luwawa, sike? Luwawa too : Sakame u na ngongo ndji muno mu wina mu li lifumbo. Uto ku bana.

Ao ku koña sakame. Sakame uto ku wana ndiwi² t'o enda. Uto ku mu ambela ndji : Ndiwi, mu wina mu li nyama. Ndiwi uto ku ingena; uto ku lema itondo, uto ku sinda ku mwelo no wina. Ab'a kela anu a koñile sakame, ku wana uwina u sindilwe. Ao ku aba, ao ku wana ndiwi. Ao ku mu ibola ndji : Ndiwi, nga sibi? Ndiwi uyo too : Sakame u na ngongo ndji umu mu wina mu li nyama, naba i n'engene. Ao ku ukela ku mundi.

Sakame uto ku wana ndopu; uyo too : U ku singa ni ku singa ndji ni ku kwate. Undopu uyo too : U li wa maloya, sakame; u li mwanuke ku wana ku ni kwata. Sakame uyo too : U ku singa ni ku singa. Ndopu uto ku pumena. Ao ku enda; uku kela ba siopu. Ndopu ku mona sakame u langana. Uyo too : Sakame, inguka tu ende. Sakame uyo too : Indo ta nge. Ndopu uyo too : Sakame, u li wa maloya. Ndopu uto ku siya sakame ba ndo ta ye. Sakame uyo too : Si na mana³ u ku kwata, ab'o na kela ba ndo ta nge.

## VI. — Le lièvre et le chacal [4].

Le lièvre épousa une femme. Un certain jour, la femme du lièvre dit : Je désire aller chez nous. Le lièvre dit au chacal : Mon ami, allons ensemble chez mes beaux-parents. Le chacal y consentit.

1. *uwina* est Kwangwa; le vrai mot Louyi est *ilikwina*.
2. *ndiwi* est Kwangwa; en Louyi, *siwi*.
3. Forme Kwangwa; en Louyi, *i na mana*.
4. Le conte Soubiya : *Le lièvre et le chacal* (2ᵉ partie, n° IV), est très semblable à celui-ci; mais quelques détails sont différents.

Ils allèrent ensemble. Quand ils arrivèrent chez les beaux-parents du lièvre, les beaux-parents du lièvre leur tuèrent une chèvre. Quand ils l'eurent mangée, le chacal dit au lièvre : Lièvre, nous voulons retourner chez nous. Le lièvre dit : Je dirai à ma femme : le chacal désire retourner à la maison. Quand vint le matin, la femme du lièvre dit : Nous verrons.

Pendant la nuit, le lièvre alla et vola une des chèvres de ses beaux-parents. Quand il l'eut volée, il la porta sur le chemin (qu'il devait suivre en retournant chez lui). Le lièvre alla à la rivière et se lava. Les beaux-parents du lièvre, lorsque vint le matin, virent que la chèvre n'était pas dans l'enclos (du bétail). Ils la cherchèrent. Mais le lièvre avait frotté de sang les bras et les jambes du chacal[1]. Il vint pour les aider à chercher et dit : Peut-être le berger a-t-il laissé la chèvre dans la brousse. Ils dirent : Non; hier elle était là. Ils trouvèrent le chacal couvert de sang ; ils l'interrogèrent. Le chacal nia, disant: Ce n'est pas moi qui l'ai tuée. Le chacal s'enfuit ; ils le poursuivirent ; le lièvre aussi le poursuivit. Quand il rejoignit (le chacal, il dit) : Viens ici, mon ami. Le chacal s'arrêta. Le lièvre s'approcha. Ils allèrent ensemble, puis trouvèrent un terrier. (Le lièvre) lui dit : Chacal, dans ce terrier il y a des fruits. Le chacal entra dans le terrier. Le lièvre prit des branches et les entra dans le terrier. Quand arrivèrent ceux qui avaient poursuivi le chacal, ils trouvèrent le terrier bouché. Ils dirent : C'est ici qu'ils se tenaient, le chacal et le lièvre. Ils saisirent (les branches qui obstruaient) le terrier, et le débouchèrent. Ils y trouvèrent le chacal. Ils lui demandèrent : Qu'est-ce cela, chacal? Le chacal dit : Le lièvre m'a trompé, disant qu'ici dans le terrier il y avait des fruits. Il sortit[2].

Ils poursuivirent le lièvre. Le lièvre trouva l'hyène qui se promenait. Il lui dit : Hyène, il y a de la viande dans le terrier. L'hyène y entra. (Le lièvre) prit des branches et boucha l'entrée du terrier. Quand arrivèrent ceux qui poursuivaient le lièvre, ils trouvèrent le terrier bouché. Ils le creusèrent et trouvèrent l'hyène.

1. Dans le conte Soubiya : *Le lièvre et la grue royale* (2ᵉ partie, nᵒ IX), le lièvre se sert d'un pareil stratagème (cf. *ibid.*, p. 33, note 1, où les traits parallèles sont indiqués pour d'autres contes).

2. Dans un conte Totela parallèle : *Le lièvre et les éléphants*, on retrouve la même ruse du lièvre.

Ils lui demandèrent : Hyène, qu'est-ce cela ? L'hyène dit : Le lièvre m'a trompé, disant qu'il y avait de la viande dans le terrier. C'est pourquoi j'y suis entrée. Ils retournèrent chez eux.

Le lièvre trouva un éléphant (femelle); il lui dit : Je voudrais t'épouser. L'éléphant dit : Tu es étonnant, lièvre ; toi qui es un petit garçon tu veux m'épouser ! Le lièvre dit : Je t'aime. L'éléphant consentit. Ils allèrent; ils arrivèrent à une touffe d'herbe. L'éléphant vit le lièvre qui s'y couchait. Il dit : Lièvre, lève-toi; allons (plus loin). Le lièvre dit : C'est ma maison. L'éléphant dit : Lièvre, tu m'étonnes. L'éléphant laissa le lièvre dans sa maison. Le lièvre lui dit : Je t'avais déjà épousée, lorsque tu es arrivée à ma maison [1].

## VII. — Sakame na min'a ye.

*Sakame na nim'a ye n'a tila ku yaka mundi, ao ku kwata akati. Umwanuke too : Uyu wa ye wa mona a leya, mwan'a nge ak'a elekwa mu sito sindina, anda sito sa nde. Iliywa a na leywa, umukulu too : U lete sito no nde, ulukeke na kela, a elekwe.*

*Liywa lia mutumbi uto ku lem, etimbindji, uto ku ta mu liyungu, uto ku mona añuyi. Uto ku ta ko. U ka kela, uku wana ande a li'enyama; uto ku lema imbindji ta ye, uku yumba, uto ku a shuta; uku lema itjili, uto ku yumba, uto ku a shuta; uku lem'etjili kame, uku yumba, uku a shuta. Ande ao ku mu monena mo; ao ku mu lema, ao ku mu ibaa.*

*Iliywa uku bita, mukuhu wa ye t'o ka li ku mundi, uku aliketa min'a ye. Iliywa uku bita, amasiku uku kena, uto ku mu koña. Uto ku enda ni tenyene. Uto ku mona añuyi, uto ku ta ko, uku wa ande a li'enyama. Ande uku mu ibanguta : Uk'u tunda ni kubi ? Uto ku a tambula, ndji : Batili, ni mu tunda uku ni tunda. Ao ku mu b'enyama. Uto ku mona min'a ye t'o langanine, na mana ku fa. Ao ku mu ibanguta, ndji : K'u li ? Uyo too : Kwatji, ka tu twaelile ku lia nyama windji.*

*Ao ku mu ba akatjoo, uto ku ta mu musitu, uku saa ulutiyo, uku sa'esitako no mulilo. Uto ku tumbula, uto ku leta akatjoo, u ka suma*

---

1. La proposition faite par le lièvre à une éléphante de l'épouser ne se retrouve nulle part ailleurs, à ma connaissance. Le dernier mot du lièvre doit donner la mesure de son impudence.

ba litiko, uto ku i koñela. Ande ao ku ku iya ko, ao ku mu kumbela, too : Tu be ku nyama t'oe. Uto ku a tambula, too: Tino ita nge, ka ti liwa feela¹, anda ni ka mu saele mutondo. Ao ku pumena, ndji : U ende. Uto ku enda, uku ta mu musitu, u ka kalanga itiñenge, to ti fufula. Ab'a mana ku ti fufula, uto ku nka, uku wana ande, uto ku a isana : Mu iye kuno, mu iye, ni mu bambe. Ao ku iya; ku lem'o-mutjili, uto ku mu bamba; uto ku lema kame umutjili, uto ku mu bamba; uto ku lema kame umutjili, uto ku mu bamba; uto ku lema kame umutjili, uto ku mu bamba. Uto ku ta, u ka londa itimbindji ta ye, uto ku a ambela, ndji. Isi mu na ku ibaela min'a nge ni sike? Ande uku alula. Uto ku lema imbindji; uto ku lema umutjili, uto ku mu shwaa ; uto ku lema umutjili, uto ku mu shwaa; uto ku lema kame umutjili, uto ku mu shwaa; uto ku lema kame umutjili, uto ku mu shwaa.

Ab'a mana ku a ibaa, uto ku ukela ku mundi, uto ku a ambela ndji : Min'a nge na fu; isi si n'ebaa min'a nge, ni mene i na si ibaa., Ito ya to si ti waa; mwa i na ti siele mu liyungu. Ulukeke uyu a na ku etela iñumba ato ku fa. Umukulu uku ukela ku mundi.

## VII. — Le lièvre et son frère cadet.

Le lièvre et son frère cadet bâtirent un village; ils se marièrent. Le frère cadet dit : Quand ma (femme) accouchera, mon enfant ne sera porté que dans un manteau de peau de lion². Le jour où (l'enfant) naquit, l'aîné dit : Va chercher une peau de lion pour le porter, l'enfant est venu.

Le lendemain, le (cadet) prit des assagaies et alla dans la brousse; il vit des vautours³. Il y alla. Il arriva et trouva des lions qui mangeaient du gibier; il prit une assagaie et la lança; il les manqua. Il en prit une autre et la lança, il les manqua; il en prit une autre encore et la lança; il les manqua. Quand les lions l'aperçurent, ils le saisirent et le tuèrent.

1. feela est un mot Souto.
2. Les Africaines portent leurs enfants sur le dos; ils y sont solidement attachés dans un manteau de peaux d'animaux sauvages. L'orgueil du lièvre le pousse à désirer pour porter son enfant un manteau de peau de lion.
3. La présence des vautours est toujours signe qu'il y a là un animal tué.

Le jour se passa; son frère aîné était resté au village, attendant son cadet. Le jour suivant, quand le matin fut venu, il alla à sa recherche. Il alla tout seul. Il vit des vautours et alla de ce côté; il trouva des lions qui mangeaient de la viande. Les lions lui demandèrent : D'où viens-tu? Il répondit : Je viens d'où je viens. Ils lui donnèrent de la viande. Il vit son cadet couché là, déjà mort. Ils lui demandèrent : Tu ne manges pas? Il dit : Chez nous nous n'avons pas coutume de manger la viande crue.

Ils lui donnèrent un pot; il alla dans la forêt, chercha deux bâtons pour faire du feu[1]. Il alluma (du feu), prit le pot, le plaça sur le foyer et se mit à cuire. Les lions vinrent là et lui dirent : Donne-nous de ta viande. Il leur répondit : Cette viande ne peut être ainsi mangée, à moins que je ne vous cherche une médecine. Ils consentirent, disant : Va (la chercher). Il alla, entra dans la forêt, déterra des racines flexibles, et les prépara[2]. Quand il les eut préparées, il revint, trouva les lions et leur dit : Venez ici, venez que je vous lie[3]. Ils vinrent. Il prit un (lion) et le lia; puis il en prit un autre et le lia; puis il en prit un autre et le lia; puis

1. Le lièvre fait du feu à la manière indigène, au moyen de deux baguettes : l'une, plus petite, en bois dur; l'autre plus grande, en bois tendre. En Louyi la première de ces baguettes s'appelle *ulutiyo*, la deuxième *isitako*. Le morceau de bois nommé *isitako* est maintenu à terre par les pieds de celui qui veut faire du feu; celui-ci prend ensuite le *ulutiyo* et le fait tourner rapidement dans ses mains; le bout de l'*ulutiyo* est placé dans une des encoches rondes dont est muni l'*isitako*. Au bout de quelques minutes, le feu jaillit.

2. Les Zambéziens préparent des liens ou fortes cordelettes au moyen des racines flexibles de certains arbres.

3. Le trait des animaux qui se laissent lier par le lièvre se retrouve souvent; ainsi chez les Ba-Soubiya (cf. 2e partie, p. 35), au pays de Gaza : cf. *Revue des Trad. pop.*, 1895, p. 384 et 385), chez les Ba-Souto (cf. Jacottet, p. 31), etc. Ici la chose est un peu mieux expliquée qu'ailleurs. Le lièvre fait croire aux lions qu'ils ne peuvent manger de cette viande impunément qu'à la condition d'avoir été auparavant liés. Cela est tout à fait dans le courant des idées indigènes; les charmes ou médecines employés pour se guérir ou se protéger contre certains dangers n'agissent qu'à condition qu'on observe fidèlement toutes les instructions, quelque saugrenues qu'elles soient, qu'il a plu au médecin de vous imposer. C'est ce qui explique comment les lions se laissent ainsi lier, sans soupçonner la ruse du lièvre.

il en prit un autre et le lia. Il alla, prit ses assagaies et dit (aux lions) : Pour quelle raison avez-vous tué mon frère cadet? Les lions s'agitèrent (pour briser leurs liens). Il prit une assagaie, saisit un (lion) et le tua; il en saisit un autre et le tua ; puis il en saisit un autre et le tua ; puis il en saisit un autre et le tua.

Quand il les eut tués, il retourna au village; il dit (aux gens du village) : Mon frère cadet est mort; ceux qui ont tué mon frère cadet, je les ai tués. Mais je n'ai pas enlevé leurs peaux ; je les ai laissées dans la forêt. Le petit garçon (lièvre), pour lequel (son père) avait pris toute cette peine, mourut. Le frère aîné retourna chez lui.

### VIII. — Sakame na mbulu.

*Sakame n'o tila mbumu, uyo ku isana iamana yondje, uyo too : Time mbumu. Iamana yondje uku pumena ndji sakame ni nanu. Ao ku enda, ao ku wana umutondo u kwete ilia i mama. Iamana uku ambela sakame ndji : Ino ilia mu mutondo. Sakame uto ku iya, uku mona ndji ilia iwa-wa. Uto ku a kumbela : Mu ni yekele ko, ndji ni lie, mene ni yupe npji silie. si mama. Isiamana isitjili iso ku mu yangwela. Sakame uto ku lia, uto ku wana ndji ilia iwa-wa. Ao ku i yangula; ao ku i lia.*

*Ao ku enda; uku wana mbulu na mundi wa ye, ao too : Uyo ni mbulu, ba mundi wa ye, t'o kwete n'anu na ye. Sakame uto ku kela ku nyunga no mundi wa mbulu, uto ku wana mbulu t'o kwete n'ingoma ta ye. Uto ku tunda mu mundi wa ye, ku ta mu mundi wa mbulu. Uyo too kuli mbulu. U ni be ku ngoma t'oe, ni pete bo. Mbulu uto ku mu ba; uto ku peta. Sakame uku ambetji : T'ino itingoma tiwa.*

*Uto ku ukela ku mundi wa ye. Anu a mbulu ao ku mona sakame ndji nanu, ao ku ta kuli sakame, ku siya moli'oo¹. Liywa lia mutumbi, sakame uku lema ku iamana itjanana, uto ku i ibaa; uto ku ba inyama ikulu iamana. Itjana iyo too : Isi tu fela ni sike? Ku ikulu aba yā ihawa yanotji b'enene bile². Iamana itjili uku ukela kuli moli'a yo mbulu, ndji : Iyi tu na ku yumbela moli'etu ni yi-*

---

1. *moli'oo* = *moli'a o*.

2. *b'enene bile* = *ba inene*; pour cette curieuse construction avec le *ba* locatif, voir § 50, note.

keni? Mbulu uto ku a pumena, ndji : Mu iye kuno, an'a nge. Ao ku ikala.

Sakame, liywa lia mutumbi, uto ku a kuli mbulu, ndji : U ni be ku ngoma t'oe, ni pete bo. Mbulu uto ku mu ba. Liywa lia mutumbi, sakame uto ku ta mu liyungu, n ka ku bilula siamana sinene sinene. Ab'a kela kuli mbulu, uyo too : Mbulu, u ni be ku ngoma t'oe. Mbulu uto ku ambetji. Uyo munu no ku neneba, no ku nanuba. Anu a mbulu ao ku ambetji : Ta sakame. Mbulu uto ku kana, ndji : Sakame ni ka liywa a na neneba ngesi? Mbulu uto ku mu ba ba ngoma. Tamana iyo ku ambisa, ndji : Uyu moli'etu ni nanu nga sibi!

Sakame, liywa lia mutumbi, uyo ku iya ba mundi wa mbulu, uto ku wana bo nyama. Mbulu uto u ka li mu liyungu, u ka aula. Uy'u na ku siala ba mundi ni ñoto. Sakame ab'a kela kuli ñoto, uyo too : U ni be ku nyama. Uñoto uto ku kana. Sakame : Ñoto, tu langane. Ñoto uto ku langana. Sakame uto ku lema ku nyama, uto ku ita. Ab'a kela mbulu, ku wana inyama ti na bu. Uyo ku ibanguta ñoto, ndji : Inyama uku ti na ti ni kubi? Ñoto uto ku ambisa ndji : Sakame t'o na ngongo, ndji : u langane ; naba si na langana t'o na ti twala. Ao ku mu toyanga, ndji : Ñoto, u li mwelo ; sakame ni ku onga munu?

Liywa lia mutumbi, mbulu uku siya ndjefu, ndji : U siale ba mundi, u libelele ito inyama. Mbulu uto ku enda n'anu a ye, ku ta mu liyungu. Sakame uto ku kela kuli ndjefu, uyo too : Ndjefu, u ni be ku ngoma, ni pete. Ndjefu uto ku kana, ndji : Si singi, uminy'a ngoma k'a sa bo; mu liyungu a na ti. Sakame uto ku kumbela kuli ndjefu, ndji : Ndjefu, u ni be ku nyama. Ndjefu uto ku kana ndji : Nyama ta mbulu. Sakame uto ku onga ndjefu, ndji : Tu langane. Ndjefu uto ku langana; sakame uto ku it'enyama. Ab'a kela mbulu, ndji : Ndjefu, inyama ni kubi ti na ti? Ndjefu uyo too : Sakame t'o na ngongo, ndji ni langane. Mbulu uto ku mu toyanga ndji : Ndjefu, u li mwelo; sakame ni ku onga munu?

Liywa lia mutumbi, mbulu uto ku siala ba mundi. Tamana uku ta mu liyungu. Ab'a kela sakame yo[1] : T'oyu na lielo, t'o na siala ba mundi. Uyo ku ambisa, ndji : Mbulu, u ni be ku nyama. Mbulu uto ku kana. Sakame ku iya, ku lema mbulu abo, ni mu ingenyeka isikaa sa ye mu kanwa ka mbulu. Mbulu uto ku mu uma. Sakame uto ku nyungumuna ndji mbulu mb'a kwi; mbulu to mu umine. Sakame uto ku nyungumuna kame ndji mbulu mb'a kwi abo; mbulu

1. Kwangwa pour to.

*to mu umine. Ab'e kela iamana, ku wana mbulu to lemine sakame.
Iamana iyo ku ambisa ndji : Balelo ba mundi ba na siala mulume.
Iamana iyo ku lema sakame, iyo ku mu ibaa.*

### VIII. — Le lièvre et la tortue [1].

Le lièvre était un chef; il appela tous les animaux et leur dit :
C'est moi le chef. Tous les animaux y consentirent, parce que le
lièvre était intelligent. Ils allèrent et trouvèrent un arbre de fruits
excellents. Les animaux dirent au lièvre : Il y a des fruits sur cet
arbre. Le lièvre alla et vit que c'étaient de très beaux fruits. Il
leur demanda : Veuillez m'en cueillir, pour que j'en mange et voie
si c'est de bonne nourriture. Un animal lui en cueillit. Le lièvre
en mangea et les trouva excellents. Ils les cueillirent et les mangèrent.

Ils allèrent (plus loin); ils trouvèrent la tortue dans son village;
ils dirent (au lièvre) : C'est la tortue, elle est dans son village avec
ses gens[2]. Le lièvre alla près du village de la tortue, il trouva la
tortue avec ses tambours. Il dit à la tortue : Donne-moi un de tes
tambours que j'en joue. La tortue lui en donna (un), il en joua.
Le lièvre lui dit : Ces tambours sont beaux[3].

---

1. Ce conte est très certainement incomplet, comme le montre la mention, dès les premières lignes, de l'arbre à fruits excellents. On s'attendrait à en entendre parler plus longuement, mais le conteur ne le mentionne qu'incidemment. Au sujet de cet arbre, cf. 2ᵉ partie : *Le lièvre et la grue royale*, p. 38 et 39 et les notes qui s'y rapportent.

2. La tortue a généralement, dans le folklore Bantou, un rôle important : c'est elle seule qui peut l'emporter sur le lièvre; cf. 2ᵉ partie : *Le lièvre et la grue royale* (p. 36), *La tortue et la gazelle* (p. 40); par contre dans le conte des *Animaux* (p. 46) la tortue est vaincue par le lièvre; cf. également 2ᵉ partie, p. 7, et l'épisode parallèle en Louyi (nᵒ I). Dans le pays de Gaza, cf. *Le chacal et La tortue, le lièvre et le léopard* (*Revue des Trad. pop.* 1895, p. 385 et p. 390), chez les Héréros : *L'éléphant et la tortue* (Brincker, p. 336); chez les Ba-Souto : *Le chacal et la source* (Jacottet, p. 32 et 33), etc. Au Nyasaland les contes où paraît la tortue semblent être aussi très nombreux (cf. *Zeit. für afr. und ocean. Spr.*, IV, 136-145).

3. Le lièvre convoitant les tambours de la tortue et essayant de s'en emparer par ruse, c'est de nouveau un trait très répandu. Mais généralement les tambours sont remplacés par des flûtes; ainsi chez les Ba-Souto où le lièvre (dans un conte inédit) s'empare par ruse des flûtes

Il retourna chez lui. Les gens de la tortue virent que le lièvre était intelligent; ils allèrent vers le lièvre et abandonnèrent leur chef. Un certain jour, le lièvre prit quelques-uns des petits animaux et les tua; il donna leur viande aux grands animaux. Les petits animaux dirent : Pourquoi mourons-nous ainsi? Si on ne tue pas les grands animaux, c'est (sans doute) parce qu'ils sont si grands! Les autres animaux retournèrent alors vers leur chef, la tortue, disant : Pourquoi avons-nous abondonné notre chef? La tortue les accueillit, disant : Venez ici, mes enfants. Ils demeurèrent (avec elle).

Le lièvre, un certain jour, alla vers la tortue; il lui dit : Donne-moi un de tes tambours, que j'en joue. La tortue lui en donna un. Un autre jour, le lièvre alla dans la brousse, et se métamorphosa en un grand animal. Lorsqu'il arriva vers la tortue, il dit : Tortue, donne-moi un de tes tambours. La tortue dit : Cette personne-là est très grande et très intelligente. Les gens de la tortue lui dirent: C'est le lièvre. La tortue ne voulut (pas le croire), et dit : Quand jamais le lièvre a-t-il été si grand? La tortue lui donna un de ses tambours. Les animaux disaient : Combien notre chef (le lièvre) est intelligent!

Un autre jour, le lièvre vint au village de la tortue; il trouva qu'il y avait de la viande. La tortue était allée dans la brousse pour y chasser. Celui qui était resté au village c'était le buffle. Quand le lièvre arriva près du buffle, il lui dit : Donne-moi de la viande! Le buffle refusa. Le lièvre (dit) : Buffle, dormons. Le buffle dormit. Le lièvre prit de la viande et la vola. Quand la tortue arriva, elle trouva que la viande était finie. Elle demanda au buffle : Où est allée la viande? Le buffle lui répondit : Le lièvre m'a trompé, disant que je dorme; pendant que je dormais, il a emporté (la viande). Ils se moquèrent de lui, disant : Buffle, tu es un sot ; comment quelqu'un se laisse-t-il tromper par le lièvre[1]?

---

de la grenouille, ou bien de celles du lapin (cf. *Contes des Bassoutos*, p. 7, note); chez les Ba-Ronga, c'est l'hippopotame qui veut enlever la flûte de la rainette (Junod, *Contes des Ba-Ronga*); chez les Zoulous, un iguane part avec la flûte de *Uhlakanyana* (Callaway, p. 22), etc. Dans notre conte l'incident des tambours est probablement incomplet.

1. Dans le conte Soubiya : *Le lièvre et la grue huppée* (2ᵉ partie, p. 34-37) le lièvre réussit également à boire l'eau des animaux; cf. chez les Ba-

Un autre jour, la tortue laissa l'élan (au village), disant : Reste au village et veille sur notre viande. La tortue partit avec ses gens pour aller dans la brousse. Le lièvre vint vers l'élan, et lui dit : Élan, donne-moi un des tambours, que j'en joue. L'élan refusa, disant : Je ne veux pas; mon maître n'est pas là, il est allé dans la brousse. Le lièvre demanda à l'élan : Élan, donne-moi de la viande. L'élan refusa, disant : C'est la viande de la tortue. Le lièvre trompa l'élan, lui disant : Dormons. L'élan dormit. Le lièvre vola la viande. La tortue, à son retour, dit : Élan, où est allée la viande? L'élan dit : C'est le lièvre qui m'a trompé, en me disant de dormir. La tortue se moqua de lui, disant : Élan, tu es un sot; comment quelqu'un se laisse-t-il tromper par le lièvre?

Un autre jour, la tortue resta au village. Les animaux allèrent dans la brousse. Le lièvre arriva et dit : Voilà l'imbécile, c'est lui qui est resté au village! Il dit (à la tortue) : Tortue, donne-moi de la viande. La tortue refusa. Le lièvre vint, saisit la tortue et lui mit sa patte de devant dans la bouche. La tortue la saisit (fortement entre ses lèvres). Le lièvre agita sa patte en l'air afin que la tortue en tombât; mais la tortue continuait de le mordre. Le lièvre agita de nouveau sa patte pour faire tomber la tortue; mais la tortue continuait de la tenir fortement (entre ses lèvres). Quand arrivèrent les animaux, ils trouvèrent que la tortue avait pris le lièvre. Les animaux s'écrièrent : Celui qui était resté au village aujourd'hui, c'est vraiment un *homme*. Les animaux prirent le lièvre et le tuèrent [1].

### IX. — **Mandamba na Satjikubunga**.

*A na ku tila ku yaka mundi, Mandamba na min'a ye Satjikubunga, Mandamba na nyina wa ye, Satjikubunga na nyina wa ye. Kas'anu,*

Ronga : *Le Roman du lièvre* (cf. *Contes des Ba-Ronga*), et dans le pays de Gaza le conte du *Chacal* (*Revue des Trad. pop.*, p. 1895, p. 384-385), et celui du *Lièvre dans la peau du lion* (*ibid.*, p. 379-380); chez les Ba-Souto : *Le chacal et la source* (Jacottet, p. 30-33), le conte de *Pinyane* (A. Sekese, p. 209), etc.

1. Dans les contes parallèles chez les Ba-Souto, Ba-Ronga, Ba-Soubiya, au pays de Gaza, etc., la tortue pourrait également s'emparer du lièvre. Mais, généralement, le lièvre réussit à s'échapper grâce à ses ruses, tandis qu'ici il est tué.

*asakame. Ao ku ambetji : Tu ibae anyina wetu* [1], *aloti. Mandamba uyo ku ta, uku shweka nyina mu mako no mutondo; Satjikubunga uto ku lema nyina, uto ku mu ibaa. Mandamba uto k'ayua amakua no mushi, uto ku a baka mu katjoo, uto ku a koñela. Satjikubunga uto ku koñela nyina.*

*Liywa lia mutumbi, Mandamba too : Tu mone itinyama tetu. Satjikubunga ku fulumuna ba katjoo, uto ku ambetji : Mawe! na mana ku imba. Ao ku telula, ao ku lia. Ab'a mana ku lia, Satjikubunga uyo too : Mandamba, u fulumune ba katjoo k'oe, tu mone ndji li n'embu* [2]. *Uyo ku fulumuna, uku wana nyina k'a s'imba. Satjikubunga uyo too : Mandamba, nyoko ni muloti, t'o na ku tu loa. Uto ku baka ko itiñunyi, uyo ku fukela ko, akatjoo ako ku ila. Liywa lia mutumbi, uyo too : Fulumuna ba katjoo, tu mone ndji k'a s'imba. Uku wana k'a s'imba. Satjikubunga uyo too : Mandamba, nyoko ni muloti, t'o na ku tu loa. Ab'a kena amasiku, uku wana anyin'a Mandamba k'a s'imba. Ao ku a longola mu katjoo, uku eteka ndji tu lie, uku wana amakua isamba a na kukutela. Ao ku a yumba ndji : Tu ese ku lia inyama ya muloti.*

*Ab'a kena amasiku, ao ku ta mu musitu, u ka ku saela ulia, ilitina li'eyo ilia mupondobela. Satjikubunga uto ku lema iliyongo, uyo ku ta, uku uya mupondobela. Ab'a kela kuli Mandamba uto ku mu ba, ndji : Yeka uwo mupondobela, u lie; mene u na mana ku nyibaa* [3] *mu lipumo. Mandamba uto ku lema, uto ku lia. Ilitjili iliywa. Mandamba uto ku lema iliyongo,'uto ku ta, u ka uya mupondobela. Aba abo ni mu ta kuli nyina. Ab'a kela kuli nyina, uto ku a isana, ndji : Mu iye. Nyina wa ye uto ku bana, ku mu letela ilia; uto ku lia. Ab'a mana ku lia, uto ku tuma min'a ye ndji : U te u ka uye mupondobela, angu ni shimbele uyo muloti. Ab'a mana ku keta umupondobela, uyo ku ambela nyina na sit'a ye n'ain'a ye, uyo too : Mu ingene mu ndo tenu, ni mi yatilele* [4], *niende. Ao ku ingena.*

*Mandamba uto ku enda, ku wana Satjikubunga ilishebo li mu kwete. Uyo too : Satjikubunga, uno mupondobela, u lie mo. Satji-*

---

1. Dans *anyina wetu*, on a la particule possessive du sing. 1ʳᵉ cl. *wa*, non pas celle du pluriel *a*. Il en est de même dans la plupart des langues Bantou pour les mots signifiant *père*, *mère*, etc.
2. Forme assimilée irrégulière de *ku imba*, être cuit à point.
3. *nyibaa = ni ibaa*.
4. Kwangwa pour : *ni mu yatilele*.

kubunga uto ku lia. Ab'a kena amasiku, Satjikubunga uto ku lema eliyongo, uto ku ta mu mupondobela. Ab'a kela, uto ku lia, uto ku yangela umutjili mu liyongo, uto ku ukela ku mundi, ku wana Mandamba ilishebo li mu kwete. Uyo too : Mandamba, uno mupondobela, u lie mo. Mandamba uto ku lia.

Ab'a kena amasiku, Mandamba uto ku ta mu mupondobela. Ab'a enda, Satjikubunga uto ku mu koña; Satjikubunga na mana ku limuka, ndji : Uyu umukw'a nge umu maywa ni ku iya to ikutile; muendi na ku tila mu ngonga ndji tu ibae anyina wetu. Satjikubunga uto ku kela ku nyunga no ndo ta m'a Mandamba[1]. Ab'a kela Mandamba, uto ku isana nyina ndji : Ma, mu bane. Uto ku bana; uto ku mu baniseta ilia, uto ku lia. Satjikubunga uyo too : Mawe, u mone uy'umuloti, na ku tila mu ngonga ndji tu ibae anyina wetu, andi tenyene na ku tila mu iya mu shweka nyina. Satjikubunga uto ku ukela ku mundi. Mandamba uto ku tuma min'a ye, ndji : U ende u ka uye mupondobela, ni shimbele uyo muloti. Min'a Mandamba uto ku enda, u ku uya mupondobela. Ab'a kela, uto ku ambela mukulw'a ye, ndji : Umupondobela i sa k'o wana, anda mutjanana i na ku wana. Mandamba ab'a mana ku lia, uto ku ambela anyina na sit'a ye, ndji : Mu ingene mu ndo tenu, ni mi yatilele, uku enda kwa nge. Ao ku ingena. Uto ku a yatilela mu ndo. Mandamba uto ku ta, to ikutile ilia a na li kuli nyina.

Ab'a kela kuli Satj"ibunga, uto ku mu ambela, ndji : Satjikubunga, uwo mupondobela, u lie mo, mene u na ka nyibaa mu lipumo. Satjikubunga uto ku tina, uto ku lia mo. Mandamba uto ku mu ibanguta, ndji : Satjikubunga, isi u tinenine ni sike? Satjikubunga, ku toma u tomine? Satjikubunga uyo too : Batili, u ku ikalela ni ku ikaletile. Satjikubunga, ab'a kena amasiku, uto ku lem'eliyongo, uto ku ta mu mupondebela. Ab'a kela kuli nyin'a Mandamba, uto ku a isana : Ma! mu bane. Ao ku bana. Uto ku lem'omulamu, uto ku ibaa nyin'a Mandamba, ni sit'a ye n'ain'a ye; uto ku saa imioti, uto ku funga nyin'a Mandamba mu ndingo; uyo ku saa umutondo, uku mu tineka kuwilu. Uyo kame uku saa umutjili umuoti, u ku funga sit'a ye mu ndingo, uto ka saa umutonda, uku mu tuleka, Uto ku saa imitjili imioti, uku lema ain'a Mandamba, uto ku a tuleka aondje ku mitondo.

Uto ku lema ilia ya Mandamba, uto ku i lia, uto ku ta ku mupon-

---

1. m'a Mandamba = nyin'a Mandamba.

*dobela. Ab'a mana k'uya, uta ku ta ku mundi to ikutile. Ab'a kela
kuli Mandamba, uyo too : Mandamba, uno mupondobela, mene ni
ku nyibaa mu lipumo. Mandamba uto ku lia, uto ku mu ambela,
ndji : Biunda, ni mu meneka, ni mu ta mu mupondobela. Ab'a kena
amasiku, Mandamba uku lema iliyongo, uku ta mu mupondobela.
Ab'a ka kela, ku isana nyina ndji : Mandi, mu bane. Uto kame ku
isana ndji : Mandi, mu bane. Nyina wa ye isamba a na ondoka. Ab'a
k'ala kuwilu no mitondo, uku wana nyina na sit'a ye a yendelela ku
mitondo. Mandamba uto ku lila, ndji : Mawe, uyo muloti na mana
ku iya ku ibaa nyina wa nge, na sit'a nge n'ain'a nge; uyu ni nga
sibi sa ni mu tende?*

*Uto ku ta ku mupondobela, uto ku k'oya tupondobela tutjanana,
uto ku ukela ku mundi, t'o lila ndji : Uyu mufu*[1]*, nde wa ku mu lia.
Ab'a kela kuli Satjikubunga, uku mu yumbela eliyongo, kame ak'a
amba naye. Satjikubunga uto ku mu ibanguta, ndji : Mandamba, ku
toma u tomine ? Mandamba isamba a na ku ondokela. Uyo kame
uku mu ibanguta : Mandamba, ku toma u tomine? Mandamba isamba
a na ku undokela. Amangolwa, iliywa aba li ika, ao ku langana.
Mandamba uto ku tumbul'omulilo, uku fumekela Satjikubunga mu
ndo. Uto ku shotoka. Mw'a na biela Satjikubunga umo mu ndo.*

### IX. — Mandamba et Satjikoubounga[2].

Mandamba et son cadet Satjikoubounga avaient construit un village; Mandamba avait sa mère (avec lui), Satjikoubounga aussi avait la sienne. C'étaient des lièvres, non pas des hommes. Ils se dirent : Tuons nos mères, ce sont des sorcières. Mandamba alla et cacha sa mère dans le creux d'un arbre; Satjikoubonga prit sa mère et la tua. Mandamba prit des écorces de *moushi*, les mit dans le pot et les fit cuire. Satjikoubounga cuisit sa mère[3].

1. Litt. : ce mort, si un lion le mangeait! = si seulement il pouvait mourir mangé par un lion!
2. Ce conte est, m'affirment mes conteurs, un conte d'animaux, Mandambe et Satjikoubounga étant, malgré leurs noms propres, des lièvres et non pas des hommes. Et il est certain que leurs actions sont aussi celles que le folklore zambézien attribue ordinairement aux animaux; cf. la note suivante.
3. Pour le meurtre des mères, cf. 2ᵉ partie : *Le lièvre et le léopard*, n° V, et la note donnée *ibid.*, p. 18. Chez les Bondei, le conte : *Le lièvre et l'hyène* (Woodward, *Bondei Stories*, p. 17) est très semblable au récit

Le lendemain, Mandamba dit : Regardons notre viande. Satjikoubounga découvrit son pot et dit : Ah! elle est cuite! Ils sortirent (la viande), et la mangèrent. Quand ils eurent mangé, Satjikoubounga dit : Mandamba, découvre ton pot, que nous voyons si la viande est cuite. Il découvrit (le pot) et trouva que sa mère n'était pas encore cuite. Satjikoubounga dit : Mandamba, ta mère était bien une sorcière, c'est elle qui nous tuait (par ses maléfices). Il entassa du bois (sous le pot), alluma (un grand feu); le pot se mit à bouillir. Le lendemain, il dit : Découvre ton pot, que nous voyons si (ta mère) est cuite. Ils trouvèrent qu'elle n'était pas encore cuite. Satjikoubounga dit : Mandamba, ta mère était bien une sorcière, c'est elle qui nous tuait. Quand vint le matin, ils trouvèrent que la mère de Mandamba n'était pas encore cuite. Ils sortirent (la viande) du pot, et essayèrent de la manger, mais ils trouvèrent des écorces toutes sèches. Ils les jetèrent disant : Nous ne mangerons pas la chair d'une sorcière.

Quand vint le matin, ils allèrent à la forêt chercher de la nourriture, (des fruits) nommés *moupondobela*[1]. Satjikoubounga prit un panier, alla et récolta de ces fruits. Quand il arriva vers Mandamba, il lui en donna, disant : Prends de ces *moupondobela*, manges-en; pour moi ils m'ont fait mal au ventre. Mandamba en prit et en mangea. Un autre jour, Mandamba prit le panier, et alla récolter de ces fruits; mais en réalité il allait vers sa mère. Quand il arriva vers sa mère, il l'appela, disant : Venez. Sa mère sortit et lui apporta à manger; il mangea. Quand il eut mangé,

Soubiya. On y retrouve le meurtre de leurs mère conseillé par le lièvre, la ruse de celui-ci qui cache sa mère et fait croire à l'hyène (en enduisant son assagaie du sang d'une chèvre) qu'il l'a vraiment tuée; l'hyène découvre la mère du lièvre et la met dans un sac qu'il fait porter au lièvre : celui-ci, s'apercevant du tour que lui a joué l'hyène, fait sortir sa mère du sac et y met des abeilles à la place. Quand l'hyène (qui était un médecin) voulut défaire son sac pour y chercher des médecines, les abeilles en sortirent et la tuèrent. Dans notre récit, la raison que donnent les deux lièvres du meurtre de leurs mères, c'est que ce sont des sorcières; il faut les tuer et les faire bouillir. Si la chair de l'une d'elles ne peut bouillir, c'est preuve qu'elle est véritablement une sorcière.

1. Les fruits nommés *moupondobela* me sont totalement inconnus; ils sont, me dit-on, assez médiocres; on ne les mange que quand on n'a rien d'autre. On les appelle souvent aussi *mubonda*.

il envoya son frère cadet, disant : Va et récolte des *moupondobela*, que je les porte à ce sorcier-là[1]. Quand (le cadet) eut récolté les fruits, (Mandamba) dit à sa mère, à son père et à ses frères et sœurs : Rentrez dans votre maison, que je vous y renferme et que je m'en aille. Ils y rentrèrent.

Mandamba s'en alla et trouva Satjikoubounga affamé. Il lui dit : Satjikoubounga, voici des *moupondobela*, manges-en. Satjikoubounga en mangea. Quand vint le matin, Satjikoubounga prit le panier et alla (chercher) des fruits. Il y arriva, en mangea et en cueillit dans son panier pour son compagnon; il revint à la maison, et trouva Mandamba affamé. Il lui dit : Mandamba, voici des *moupondobela*; manges-en. Mandamba en mangea.

Quand vint le matin, Mandamba alla aux fruits. Comme il y allait, Satjikoubounga le suivit; il avait remarqué, en effet, ceci : Mon compagnon revient toujours rassasié; ne m'aurait-il peut-être pas trompé en disant que nous devons tuer nos mères? Satjikoubounga arriva derrière la hutte de la mère de Mandamba. Quand Mandamba arriva, il appela sa mère : Mère, sortez. Elle sortit et lui apporta à manger; il mangea. Satjikoubounga se dit : Ah ! voyez-donc ce sorcier qui m'a trompé en disant que nous tuions nos mère, mais quant à lui il a été cacher sa mère. Satjikoubounga retourna à la maison. Mandamba envoya son frère cadet, disant : Va et recueille des *moupondobela*, que je les porte à ce sorcier. Le frère de Mandamba alla et recueillit des fruits. Quand il revint, il dit à son frère aîné : Je n'ai pas trouvé de *moupondobela*; je n'en ai trouvé que fort peu. Quand Mandamba eut mangé, il dit à sa mère et à son père : Rentrez dans votre hutte, que je vous y enferme; c'est le moment de partir. Ils y rentrèrent; il les enferma dans leur hutte. Mandamba alla, rassasié par la nourriture qu'il avait mangée chez sa mère.

Quand il arriva vers Satjikoubounga, il lui dit : Satjikoubounga, voici des *moupondobela*, manges-en; pour moi ils m'ont fait mal au ventre. Satjikoubounga mangea de mauvaise humeur. Mandamba lui demanda : Pourquoi es-tu de mauvaise humeur, Satjikoubounga? Es-tu malade? Satjikoubounga lui dit : Non, je suis en bonne santé. Lorsque vint le matin, Satjikoubounga prit le panier

1. *Sorcier*; c'est un terme de mépris, la plus grande injure qu'on puisse faire à quelqu'un.

et alla aux fruits. Arrivé auprès de la mère de Mandamba, il l'appela : Mère, sortez. Ils sortirent. Il prit un bâton et tua la mère et le père et les frères et sœurs de Mandamba ; il chercha des liens, et les passa autour du cou de la mère de Mandamba, puis il choisit un arbre et l'y pendit. Il chercha d'autres liens, les passa autour du cou du père, choisit un arbre et l'y pendit. Il chercha d'autres liens, prit les frères et sœurs de Mandamba et les pendit à des arbres.

Il prit la nourriture de Mandamba et la mangea, puis il alla aux *moupondobela*. Quand il en eut cueilli, il retourna rassasié à la maison. Arrivé vers Mandamba, il lui dit : Mandamba, voici des *moupondobela*, manges-en ; pour moi ils m'ont fait mal au ventre. Mandamba lui dit : Demain je me lèverai de bonne heure et irai aux *moupondobela*. Quand vint le matin, Mandamba prit le panier et alla aux fruits. Quand il arriva, il appela sa mère : Mère, sortez. Il appela de nouveau : Mère, sortez. Mais sa mère ne lui répondait pas. Quand il regarda les arbres, il vit son père et sa mère suspendus aux arbres. Mandamba pleura, disant : Hélas ! ce sorcier est venu ici tuer ma mère, mon père et mes frères et sœurs, que lui ferai-je ?

Il alla aux fruits, récolta quelques fruits et retourna à la maison, en pleurant et disant : Puisse-t-il mourir et être dévoré par un lion ! Arrivé vers Satjikoubounga, il lui lança le panier, sans rien lui dire. Satjikoubounga lui demanda : Mandamba, es-tu malade ? Mandamba ne lui répondit pas. Il lui demanda de nouveau : Mandamba, es-tu malade ? Mandamba ne lui répondit rien. Le soir, quand le soleil fut couché, ils se couchèrent. Mandamba alluma du feu et brûla Satjikoubounga dans la hutte, puis il s'enfuit. Satjikoubounga fut brûlé là dans la hutte[1].

## X. — Kabu.

*Kabu kaiamana ka mu tjaa*[2]. *Baya ka ta ku liyungu, baya ka*

---

1. Ailleurs encore on punit quelqu'un ou l'on se venge de son ennemi en le faisant brûler dans sa hutte ; cf. n°⁸ XXVII, XXXVII (notes), CVII et dans la 2ᵉ partie, n° XXII. On punit également les sorciers par le feu ; cf. n°⁸ LXII, LXXXV.

2. Cf. § 73.

*yupa ututi twa ko tu nuka, aka shaela : Iliyungu n'anu li bia, lino iliyungu n'anu li bia. Ainy'a liyungu uku iya a utuka. Aba s'a kele uku wana ututi twa kabu. Ao ku mu ibanguta, ndji : Kabu, iliungu lietu u na toyo ndji ku bia li bia, libi ilio kame li bia? Kabu uto ku ena:*

*Iliywa ilitjili, baya a ta ku musitu, baya s'a yupe ututi twa ye tu nuka, uku kuaela, ndji : Lino liyungu lienu li bia. Ainy'a liyungu aba s'a utuke, ku wana kabu : Kabu! iliungu lietu li bia, ni kubi li bia? Kabu uku ena.*

*Umu maywa umu a tela ku musitu, anda a shaele, ndji : Lino iliyungu lienu li bia. Ainy'a iliyungu ao ku limbulula, siw'a yupu kabu a isana, kame k'a ti ko.*

### X. — L'antilope-kabou[1].

Le *kabou* est un petit animal de couleur fauve. Comme il était allé dans la brousse, et qu'il sentit ses crottes répandre une mauvaise odeur, il s'écria : La brousse des hommes brûle, la brousse des hommes brûle. Les maîtres de la brousse vinrent en courant. Arrivés là, ils trouvèrent les crottes du *kabou*. Ils lui demandèrent : *Kabou*, notre brousse que tu dis brûler, où est-ce qu'elle brûle? Le *kabou* fut honteux.

Un autre jour, comme il était allé dans la forêt, et qu'il sentit l'odeur de ses crottes, il appela, disant : Votre brousse est en feu ! Quand les maîtres de la brousse arrivèrent en courant, ils trouvèrent le *kabou* : *Kabou*, notre brousse qui est en feu, où donc brûle-t-elle? Le *kabou* fut honteux.

Chaque fois qu'il allait faire ses besoins, il appelait toujours, disant : Votre brousse est en feu. Les maîtres de la brousse s'aperçurent (de ce qui en était), et bien que le *kabou* les appelât, ils n'y allèrent plus.

1. Je ne connais pas le nom de cette antilope, très petite et très gracieuse, me dit-on. Elle cache, dit-on, très soigneusement ses excréments, ce qui a, sans doute, donné lieu à ce récit, qu'on eût tout aussi bien pu ranger au nombre des légendes qu'à celui des contes.

## XI. — Liñanga ni simbotwe.

*Liñanga ni simbotwe n'a tila u ku bakelana iñananyi, ndji : Tu lime, angu tu mone uyu s'o lima isilwa sinene. Liñanga uto ku meneka, uto ku lema ilikao lia ye, uto ku enda, uto ku kela ba ndjimu. Simbotwe iso ku meneka kame, iso ku ta, iso ku kela, uku lima, iso ku ambisa, ndji : Mbo, mbo tu lifukilile. Linanga naye uto ku lila, to imba ulusimo, to lima, ndji : Karr! karr! kenge yo! karr! karr! kenge yo! Liñanga uto ku lima mutabo munenana; simbotwe to lima sisinde simweya.*

*Liñanga ab'a kena amasiku, uto ku meneka; ab'a kela, uto ku lema ilikao lia ye, uto ku imba ulusimo, ndji : Karr! karr! kenge yo, etc. Liñanga uto ku lima ndjimu tinene, Simbotwe to lima sisinde simweya, to nenga : Mbo, mbo, tu lifukilile.*

*Liñanga ab'a kena amasiku, uto ku meneka, uto ku lema ilikao lia ye, uto ku limao to nenga ulusimo : Karr! karr! nenge yo! Liñanga uto ku lima silwa sinene sinene; simbotwe to lima sisinde simweya, to nenga ulusimo sina baweli.*

*Iliywa ilitjili liñanga uto ku ta, u k'esana anu, ndji : Mu iye, mu mone ndji simbotwe tu n'o ku bakelana*[1] *naye iñananyi, mu iye mu ka mone ilwa yetu. Anu ao ku enda, uku mona ilwa ya liñanga na simbotwe. Ab'a kela anu, ao too : Tu ende tu ka mone isilwa sa simbotwe uweli, atji angu tu ka mone isa liñanga. Ao ku ta uku mona isilwa sa simbotwe, ku wana ka ku isa silwa, anda sisinde simweya. Ao nu mu sheka, ndji : Simbotwe u li mubu. Ao ku ta kuli liñanga, oo ku wana liñanga na limi silwa sinene sinene. Ao ku ambisa, ndji : Liñanga ni mukopu. Anu ao ku yema liñanga, ndji : Muongola ab'a na limi ndjimu tinene, simbotwe mubu.*

*Liñanga uto ku sheka simbotwe, dji : Baya n'o ku bakela nange iñananyi, u ni be isi n'o ni bakela iñananyi ndji mb'u ni sii. Simbotwe uto ku mu ba ilikao lia ye a na ku limisa.*

## XI. — La pintade et la grenouille[2].

La pintade et la grenouille firent un pari, disant : Labourons (des champs), et nous verrons qui labourera le plus grand champ.

---

1. = *tu na ku ku bakelana.*
2. Ce conte rappelle beaucoup celui du *Caméléon et la grenouille* (2ᵉ par-

La pintade se leva de bon matin, prit sa houe, partit et arriva à son champ. La grenouille, elle aussi, se leva de bon matin, arriva, bêcha, disant : *Mbo! mbo!* nous nous donnons de la peine. La pintade elle aussi et chanta sa chanson, tout en bêchant : *Karr! karr! kenge yo! karr! karr! kenge yo!* La pintade laboura un grand espace ; la grenouille était toujours à ne bêcher qu'une seule motte. Quand le matin vint, la pintade se leva : lorsqu'elle arriva, elle prit sa houe et se mit à chanter sa chanson : *Karr! karr! kenge yo!* etc. La pintade laboura un grand champ ; la grenouille était toujours à ne bêcher qu'une seule motte, en chantant : *Mbo! mbo!* nous nous donnons de la peine.

Quand le matin vint, la pintade se leva, prit sa houe et bêcha tout en chantant sa chanson : *Karr! karr! kenge yo!* etc. La pintade laboura un très grand champ ; la grenouille était toujours à ne bêcher qu'une seule motte, en chantant comme auparavant.

Un autre jour la pintade alla et appela les gens, disant : Venez et voyez ; la grenouille et moi avons fait un pari, venez voir nos champs. Les gens allèrent pour voir les champs de la pintade et de la grenouille. Quand les gens arrivèrent, ils dirent : Allons voir d'abord le champ de la grenouille, ensuite nous verrons celui de la pintade. Ils allèrent voir le champ de la grenouille ; ils trouvèrent que ce n'était pas un champ, mais rien qu'une seule motte. Ils se moquèrent d'elle, disant : Grenouille, tu es paresseuse. Ils allèrent vers la pintade, et trouvèrent que la pintade avait labouré un très grand champ. Ils dirent : La pintade est une travailleuse! Les gens louèrent la pintade, en disant : C'est quelqu'un qui se donne beaucoup de peine, elle a labouré un grand champ ; la grenouille est paresseuse.

La pintade se moqua de la grenouille, et lui dit : Puisque tu avais fait un pari avec moi, donne-moi ce pour quoi tu avais fait le pari que tu l'emporterais sur moi. La grenouille lui donna la houe avec laquelle elle avait bêché.

tie, n° XIII). La pintade est représentée comme une grande travailleuse, parce qu'on la voit toujours, me disent mes conteurs, picorer diligemment dans les champs. Je ne comprends pas bien la signification de la chanson qu'elle chante en travaillant.

## XII. — Ñundu ni nyako lia ye.

*Ilywa ilitjili iñundu ni nyako lia ye[1] uto ku ambela akwaye, uto ku ambatji : Ku tamba ku bita amaywa manyonyo, atji ni nyako lia nge uku t'oko mu liyungu, tu ka ku singele inengo. Iliywa ilitjili uto ku ibola nyako lia ye, uto ku ambatji : Mawe, mu ka ni iyete inu itjili[2]. — Yikeni? — Mu ndoko. Ao ku enda.*

*Ab'a kela mu liyungu, uto ku ambela nyako lia ye, uku ambatji : Nyako lia nge, u yii uku ambatji n'e na ku bilula ngombe. Nyako lia ye uto ku ambatji : Mawe! mwanuke u kwata makwisa. Uto ku ambatji : U tende, ni tamba ku mona. Uto ku ta mu sitia. Ab'a kela ku nyunga no sitia, uto ku isana nyako lia ye, uku ambatji : U iye ba nyunga ta nge. Uto ku ambatji : U ale balino, mene u ku bilula ngombe.*

*Uto ku ambatji : Ni si ku ikutisa indowa. Uto ku ambatji : Uku lia kwa nge no ku tunda. U'o ku lia, uku lia, uku ibola nyako lia ye : Nyako lia nge, balino ni li nga sibini? — Batili, u si li munyonyo. — Ni lie? — E. Uto ku lia, ngeso, ngeso. Ab'a mana ku lia, uku ibola nyako lia ye : Balino na singa u ku bilula ngombe. — Batili, u si li munyonyo, u twale ko.*

*Iñundu uto ku lia unene, uto u ku ikutisa. Uto ku ibola nyako lia ye : Mawe, balino ni li nga sibini? Uto ku ambatji : U si li kule; u twale kuso. Uto ku lia unene. Ab'a mana ku lia, uku yupa indowa iti singa ku banena mu liyulu, ku ambatji : Mawe, balino ni li nga sibini? — Batili, mwan'a nge, u twale ko kanyonyo; uku singa u ku bilula k'oe ngombe. Iñundu uto u ku, ikutisa, uku twala kuso. Ab'a twala ko, ni mu yupa u kauka. Nyako lia ye uto ku ambatji : Mawe, mwan'a mwan'a nge na fu.*

*Uto ku ta ku mundi. Ab'a kela, uku ambela anu, ku ambatji : Mwan'a mwan'a nge na fu; mu ambele an'enu a es'oku tenda uwelo, ab'a singa u ku bilula iamana.*

1. *Nyako* est de la 5ᵉ classe, et prend toujours la part. poss. de cette classe : *nyako lia ye*, sa grand'mère; mais avec le verbe il se construit comme un nom de la 1ʳᵉ classe.

2. On se sert parfois en Louyi de la 2ᵉ pers. plur. en parlant à un supérieur.

## XII. — La grenouille et sa grand'mère [1].

Un jour, la grenouille, ayant sa grand'mère (avec elle), dit à ses compagnes : Il ne se passera que quelques jours, et moi et ma grand'mère nous irons dans la brousse, nous y jouerons comme nous le voulons. Un jour, elle parla à sa grand'mère, disant : Mère, enseignez-moi diverses choses. — Lesquelles ? — Allons. Elles allèrent.

Quand elles arrivèrent dans la brousse, elle dit à sa grand'mère : Grand'mère, sais-tu que je puis me transformer en bœuf ? Sa grand'mère lui dit : Ah ! mon enfant, tu dis des mensonges. Elle ajouta : Fais ; je verrai. Elle alla à un étang. Arrivée au bord de l'étang, elle appela sa grand'mère, disant : Viens près de moi. Elle dit : Regarde maintenant, je vais devenir un bœuf.

Elle dit : Je vais me remplir de vase. Elle dit : C'est là ma nourriture pour me faire grossir. Elle mangea (de la vase), elle mangea ; elle demanda à sa grand'mère : Grand'mère, maintenant comment suis-je ? — Oh ! tu es encore toute petite. — Dois-je manger ? — Oui. Elle mangea, elle mangea, ainsi, ainsi ! Quand elle eut mangé, elle demanda à sa grand'mère : Maintenant est-ce que je commence à devenir un bœuf ? — Non, tu es encore petite ; continue !

La grenouille mangea beaucoup, elle se remplit (de vase). Elle demanda à sa grand'mère : Mère, maintenant comment suis-je ?

---

[1]. Ce conte ressemble tellement à la fable de La Fontaine : *La grenouille qui veut se faire aussi grosse que le bœuf*, qu'il est d'emblée probable qu'il y a emprunt. Akaende, de qui je le tiens, l'a bien entendu vers 1891 de son grand-père à Lealuyi. Il le croirait volontiers original. Mais dans un livre de lecture Souto, employé au Zambèze, se trouve la fable même de La Fontaine, traduite et adaptée du français ; dans cette adaptation, c'est également, comme ici, en mangeant de la vase que la grenouille essaie de se faire enfler. Il est donc presque certain que nous avons ici la fable de La Fontaine traduite en Louyi.

J'ai hésité à la donner ici. Je me suis décidé à le faire, d'abord pour le texte lui-même, ensuite par l'intérêt même que peut avoir le fait lui-même d'une fable européenne entrant si rapidement dans le folklore zambézien. Elle est, d'ailleurs, si semblable d'allures aux contes indigènes que cette naturalisation rapide n'a rien d'étonnant. C'est, du reste, un phénomène isolé jusqu'ici dans le folklore du Zambèze.

Elle répondit : Tu es encore loin ; continue ! Elle mangea beaucoup. Quand elle eut mangé, elle sentit que la vase allait lui sortir par le nez, elle dit : Mère, comment suis-je maintenant? — Oh! mon enfant, continue encore un peu ; c'est maintenant que tu vas commencer à devenir un bœuf. La grenouille se remplit (de vase), elle continua. Comme elle continuait (à en manger), elle sentit qu'elle sautait. Sa grand'mère dit : Hélas ! ma petite-fille est morte.

Elle retourna au village. Lorsqu'elle y arriva, elle dit aux gens : Ma petite-fille est morte ; dites à vos enfants de ne pas faire la folie de vouloir se transformer en (grands) animaux.

### XIII. — Ya ñuku n'an'a ye.

*Aba a amba a-kwa-kale n'ambatji, uñuku ab'a limukile kangoti, a na ku tenda isiango na kangoti*[1]*. Iliywa ilitjili uto ku ambatji kuli ñuku : Mawe, mu ni be an'oe, ni ka enda-ende noo, tu t'o beba*[2]*. Uto ku ambatji : Si singi an'a nge ab'a enda noe. Uto ku ambatji : Yikeni iy'u tjila? U tamba ku mona umu ni tamba ku a twala. — U tamba ku a tenda nga sibini? — Batili, ni tamba ku beba noo*[3]*.*

*Iliywa ilitjili, kangoti uto ku ambatji : Ni si t'oweli mu liyungu, ni ka ku aulele iamana. Ñuku uto ku ambatji : N'o na leme siamana? — Ni tamba ku lema. — Ao! — E. — Kondji utuyunyi, t'o tamba ku tu lema; u ende. Ab'a kela mu liyungu, uto ku ambatji : Ni tamba ku tenda nga sibini? ni li mu ukela mu nyima, ni ka leme an'a ñuku.*

*Ñuku ab'a ambatji : « An'a nge ni a les'omu », uto u ka bianga. Ab'a kela mo, u wan'elia, uto ku ambatji : Ko! ko! ko! ko! Ab'a k'ala, kangoti na leme umutjili, uto ku utukela kuli an'a ye ku wana atjili k'a sa bo. Uto ku isana, uku ambatji : An'a nge, an'a nge, mu iye muno kwindji no itondo.*

*Kangoti uto ku kela amangolwa. Ab'a kela kuli ñuku, uku ambatji : Mawe, yikeni iyi mu tinenine? — Munu u n'eyi ku lema an'a nge. Uto ku mu ibola : Kasa wene ? — Batili, ku unu. — I na ku*

---

1. Litt. : ils avaient lié amitié avec l'épervier. On emploie le pluriel où nous employons le singulier.
2. = *tu te ku beba.*
3. *noo = nao.*

*mono u lema an'a nge. Uto ku ambatji : Faa samba la pa iliywa men'o ku lema mwan'oe. — Uya' munu i na mu mono ku feka wene. — Batili, kasa mene.*

*Iliywa ilio ku pa, uto u ku ingukela, uku ibola ñuku : Ni si ta ni balelo, ni ka singe inyama. — U ti wana mu maywa? — Batili, ni li mu ta u ka ku totela iongolo n'amuku. — Makwisa, u li mu tel' an'a nge. Uto ku enda. Ab'a kela mu lubuta, uto ku ikala, uku ala an'a ñuku, uku ambatji : Mu iyé kuno, anyi anuke. — Ubi toto ta mayo? — Muya mw'a na ti. Ab'a ala uku lema aili an'a ñuku. Ñuku ab'a ala ni ku yupa an'a ye a lila, a tenda : Mawe! Ab'a kela ni mu wana atu a sialile bo. Uto ku ambatji : Balelo, ni tamba ku mona uyu muloti.*

*Kangoti uto k'esana mukwaye, uto ku ambatji : Inyama mwa ti li muya. Ab'a kena ku wana ñuku to lila, uto ku ambatji : Mawe, yikeni iyi mu lila? — Mawe, an'a nge a na wi. Uto ku ambatji : Uyu ta mwabange i n'eyi naye. Ñuku uto ku ambatji : Uk'u mu twala ni kubini ? — Ña mu leta kuno, tu iye tu ikale naye. — Anyi mu ita an'a nge. Ñuku uto ku lema isitondo, uku fula kan goti. Kangoti ab'a tund'omo, uto ku ambatji : Balelo, ni tamba ku a lia an'oe. — Yikeni iy'u na mono? — Yikeni iy'u na ni fulele? — U ende ni mwaboe. Uto ku ta.*

*Iliywa ilitjili, uñuku ab'enguka*[1]*, uto ku ambatji : Ni si tambala-tambala bande. Ana uku ambatji : Uk'u ta ni kubini? — Ni bande. — Natji tu iye. — Batili, mu ikale mu ndo. Ab'a k'oka ni ku wana an'a ye oondje a na ku mana ku liwa, kondji uñuku mumweya. Uto ku ambatji : Mawe! aba ni tamba ku shema atjili, ni tamba ku a iyeta uku tjiia uyu munu mulume uy'u isanwa kangoti.*

*Uko ku bit'omwaka umweya. Mutjili ab'o twasa uto ku leya atjili, uku a ambela : An'a nge, mu mone, umuloti mwa li muno mu li-tunga uy'u isanwa kangoti; mu mu ale. Mw'a na ku tendela ñuku. Ab'a mona kangoti, uto ku ambatji : Oyo! an'a ye uku ingena mu ndo. Iyi mu mwene ñuku ab'a limukile kangoti. Uto ku mu isana ku ambatji : Kangoti mbumw'a makwitji no ku lia utumweya utuyunyi.*

1. = ab'a inguka.

## XIII. — La poule et ses poussins[1].

Les gens d'autrefois disent qu'une poule, ayant fait la connaissance d'un épervier, se lia d'amitié avec cet épervier. Un jour, l'épervier dit à la poule : Donne-moi tes enfants, afin que j'aille jouer avec eux. Elle répondit : Je ne veux pas que mes enfants aillent avec toi. Il dit : Qu'est-ce que tu crains ? Tu verras où je les mènerai. — Qu'en ferais-tu ? — Rien ; seulement je jouerais avec eux.

Un jour, l'épervier dit : Je vais d'abord dans la brousse pour y chasser du gibier. La poule lui répondit : Pourrais-tu prendre un animal ? — J'en prendrai. — Ao ! — Oui ! — Oui, seulement des petits oiseaux ; ceux-là tu sais les prendre ; va donc. Quand il arriva dans la brousse, il se dit : Comment ferai-je ? Je vais retourner en arrière, et prendre les enfants de la poule.

Après que la poule se fut dit : Je vais laisser ici mes enfants ; elle alla chercher (de la nourriture). Quand elle arriva là où elle en trouvait, elle cria : *Ko ! ko ! ko ! ko !* Quand elle regarda, elle vit que l'épervier en avait emporté un ; elle accourut vers ses poussins et trouva que quelques-uns manquaient. Elle les appela, disant : Mes enfants, mes enfants, venez ici sous les arbres.

L'épervier arriva dans la soirée. Quand il arriva vers la poule, il lui dit : Oh ! pourquoi es-tu de si mauvaise humeur ? — Quelqu'un est venu enlever mes enfants. Elle lui demanda : N'était-

---

1. On peut comparer à ce conte, bien qu'il en soit d'ailleurs très différent, le conte Soubiya : *Le coq et l'aigle,* où l'on voit, comme ici, un aigle en amitié avec un coq. Wodward donne aussi dans son recueil de *Bondei Stories* (p. 30 : *Sesekala na zogolo*) un conte presque identique à celui des Ba-Soubiya. Un petit animal carnassier nommé *sesekala* a peur du coq, croyant que sa crête est du feu ; le coq sottement le détrompe et le *sesekala* le mange. On peut en rapprocher un autre conte de la même collection (p. 31 : *Nguku na ngogo*) ; les *ngogo* (sorte de belettes) craignent d'attaquer les poules, croyant que celles-ci ont des dents ; les poules, pour ne pas détromper leurs ennemis, lors d'une fête qu'ils leur donnent, décident qu'elles n'ouvriront pas la bouche. L'une d'elles, qui n'a pas assisté au conseil, sort de sa hutte en criant : *Kekeke ! ke ! ke !* Les belettes, s'apercevant qu'elle n'a pas de dents, tombent sur les poules et les tuent.

ce pas toi ? — Certainement pas ; je ne sais rien. — Je t'ai vu enlever mes enfants. Il dit : Certainement, depuis le lever du soleil (jusqu'à maintenant) je n'ai pris aucun de tes enfants. — Celui que j'ai vu te ressemblait. — Certainement ce n'était pas moi.

Quand le jour parut, il se leva et dit à la poule : Je vais encore aujourd'hui me chercher de la viande. — N'en trouves-tu pas tous les jours ? — Non ! je vais à la recherche d'insectes et de souris. — Menteur ! tu vas pour (m'enlever) mes enfants. Il partit. Arrivé dans les broussailles, il s'arrêta et regarda les enfants de la poule. Il dit : Venez ici, vous les enfants. — Où est notre mère ? — Elle est allée là-bas. Il regarda encore et enleva deux des enfants de la poule. Quand la poule leva les yeux, elle entendit ses enfants qui criaient : Mère, mère ! Arrivée (près d'eux), elle trouva qu'il en restait (seulement) trois. Elle dit : Aujourd'hui je le verrai, ce sorcier-là.

L'épervier appela un de ses frères et lui dit : Il y a de la viande là-bas. Quand il arriva, il trouva la poule qui pleurait. Il lui dit : Pourquoi pleures-tu ? — Hélas ! mes enfants ne sont plus. Il lui dit : Voici mon frère avec lequel je suis venu. La poule répondit : Où le mènes-tu ? — Je l'amène ici, pour que nous demeurions ensemble. — C'est vous qui me volez mes enfants. La poule prit un bâton, elle battit l'épervier. L'épervier, en s'en allant, lui dit : Aujourd'hui, je les mangerai, tes enfants. — Qu'as-tu donc vu ? — Pourquoi donc m'as-tu battu ? — Pars avec ton frère. Il s'en alla.

Un autre jour, quand la poule se leva, elle dit : Je vais me promener dehors. Les poussins dirent : Où donc vas-tu ? — Dehors. — Nous aussi nous y allons. — Non, restez dans la hutte. A son retour elle trouva que tous ses enfants avaient été mangés, sauf une seule poulette. Elle dit : Hélas ! quand j'en aurai couvé d'autres, je leur apprendrai à craindre cet homme qui s'appelle l'épervier.

Une année se passa. Quand la nouvelle (année) commença, elle eut d'autres (poussins) ; elle leur dit : Mes enfants, prenez garde, il y a ici sur la terre un sorcier qui se nomme l'épervier, prenez garde à lui. C'est ainsi que fit la poule. Quand elle voit l'épervier, elle crie : Oyo ! et les poussins d'entrer dans leur nid ! C'est à cela que vous voyez que la poule connaît (aujourd'hui) l'épervier. Elle l'appelle ainsi : l'épervier, le roi des colombes, celui qui mange les petits oiseaux [1].

### XIV. — Mukuku ni sitengu.

*Mukuku, iliywa ilitjili, uto ku tambala, uku wana isitengu, uto ku mu ibola, uku ambatji : Anyi mu yii usiku, n'o limukile wino? — Ab'o ni limukile, u limukile nga sibini? — N'u yii wino. — E, mu limukile usiku. Tu tamba ku mona balelo, usiku na babelo.*

*Ao ku tenda ngeso ; usiku ab'o mana, mukuku uto ku tenda, ndji : Twi! twi! anuke oondje mu inguke, n'akulu oondje oondje mu inguke! Uto ku lunda ku ambatji : Twi! twi! mu inguke anu oondje! Sitengu ab'a yupa, uto ku ambatji : Aha! aha! ku fulamena kuwilu, masiku a na kene; ku fulamena kuwilu, masiku a na kene.*

*Ao u ku ibola. Mukuku uto ku ambatji : U na yupu ab'e na ku ambele? — E. N'oto sitengu uku ambatji : U na yupu ni wene? — E, k'u yii ku imba. — Mawe! mawe! munu wa makwisa n'oyu. Mukuku uto ku mu ibola : Iy'u amba ni yikeni? — Batili, n'ambatji u li wa ku limuka ku imba. — U li wa makwisa noe; kasa wene u ni angola? — Batili, mukulw'a nge; ka si ku angola. Ao ku ambatji : Tu na ku limuka balelo tu aili.*

### XIV. — La chouette et le « sitengou » [2].

La chouette, un jour, se promenait; elle rencontra le *sitengou*. Il lui dit : Tu sais (chanter) de nuit; je t'ai bien vu. — Si tu m'as vu, qu'as-tu vu? — Tu sais très bien (chanter). — Oui, tu sais (chanter) de nuit. Nous le verrons aujourd'hui, cette nuit même.

Ils firent ainsi; lorsque la nuit allait finir, la chouette cria : *Twi! twi!* vous tous, les enfants, levez-vous, et vous toutes les grandes personnes, levez-vous! Elle répéta : *Twi! twi!* vous tous les hommes, levez-vous. Quand le *sitengou* l'entendit, il dit : Aha! aha! vous restez couchés sur le dos, quand l'aube a déjà paru; vous restez couchés sur le dos quand l'aube a déjà paru.

Ils s'interrogèrent l'un et l'autre. La chouette dit : Tu as entendu

1. On appelle l'épervier *le roi des colombes*, parce que presque toujours quand on le voit les colombes effrayées volent de tous les côtés.
2. Le *sitengou* est un petit oiseau de nuit.

comme je te l'avais dit? — Oui. Le *sitengou* lui aussi dit : Tu as entendu, toi aussi? — Oui ; tu ne sais pas chanter. — Ah ! ah ! quelle menteuse que celle-là ! La chouette lui demanda : Que dis-tu ? — Rien ; je dis seulement que tu sais bien chanter. — Toi aussi tu es un menteur ; n'est-ce pas toi qui m'injuriais? — Non, ma sœur aînée ; je ne t'injuriais pas. Ils dirent : Aujourd'hui nous avons appris à nous connaître l'un l'autre.

### XV. — **Mulombwe.**

*Mulombwe n'o tila mbumu baweli ku akwaye ayunyi. Abay'a mona libanda uto ku ambatji : Mene ma mulombwe time mukulu no tuyunyi toondje ni mayunyi amakulu. Uto ku yoya ngeso mu miaka yondje. Aba ku mana umwaka umweya, amulombwe n'analukapwa ni mabanda oondje oondje n'iyunyi, ao u ku koña ku iya bamweya.*

*Ao ku iya ku ambola. Uko ku imana libanda, uku ambatji : Mawe! aya amulombwe yikeni iyi a amba ngesi, ab'a ambatji awa ku uyunyi yondje yondje i na mu litunga lino ? Kasa makwisa ? Nalukapwa uto ku imana, uto ku amba. Ēχēχē* [1]; *munu wa makwisa, uwa oe n'ubini ? Uku imana na sitolo, uto ku ambatji : Atji ka tu kwete iyi tu tamba ku i amba, kondji uku ambatji : Mulombwe, mene si amba sinu, mukulw'a nge, kondji uku ambatji : Wene u li muwa, kondji mulomo n'oe no unene. Mulombwe ab'a yupa ngeso, uto ku ambatji : Mulombwe ni wa lilomo, muwa ku ulwa kashendo, mulombwe n'wa lilomo.*

*Mulombwe uto ku imana, nku ambatji : Mu ende, mu ese ku ni lunga-lunga ngesi; mu ende, ni tamba ku mu mona, ku mu ibaa bano balino. Ab'a yupela mo, ao ku ungula. Aba a ta ngeso, ao ku ambatji : Mu sial' abo* [2], *anyi amulombwe n'asitolo, tu n'ombula.*

### XV. — **Le grand héron** [3].

Le grand héron était jadis le chef de ses frères, les oiseaux. Quand il rencontrait la grue bleue il lui disait : Moi, le grand héron, je suis le chef de tous les petits oiseaux et des grand oiseaux. Il

1. Imitation du cri du héron.
2. = *mu siale abo.*
3. Il s'agit ici de trois espèces de grues ou de hérons ; la *libanda* est certainement la *grue bleue* ; les autres ne me sont pas connus.

vécut ainsi de nombreuses années. A la fin d'une certaine année, tous les hérons, les grues et les grues bleues, et tous les autres oiseaux se rassemblèrent dans un même endroit.

Ils y allaient pour délibérer. La grue bleue se leva et dit : Pourquoi donc est-ce que les grands hérons parlent ainsi, disant qu'ils sont plus beaux que tous les autres oiseaux du monde? Ne sont-ce pas des menteurs? La grande grue se leva, et dit : *Ēχĕ, ĕχĕ* ; c'est un menteur; en quoi est-il beau? Le petit héron se leva, lui aussi, et dit : Pour nous, nous n'avons rien à dire, sinon ceci : Grand héron, je ne dis rien, mon chef, sinon que tu es beau; seulement ton bec est très grand. Le grand héron entendant cela dit : Moi le grand héron au grand bec, je suis beau sans aucune tache, moi le héron au grand bec.

Le grand héron se leva et dit : Partez et ne me dénigrez plus ainsi ; partez, je vous retrouverai et vous tuerai aujourd'hui même. Quand ils entendirent cela, (les oiseaux) se dispersèrent. Comme ils partaient, ils dirent : Restez-là, vous les grands et les petits hérons, pour nous, nous partons.

### XVI. — Ya sibungu na likwitji.

*Sibungu ni likwitji ao ku yaka iyaleto. Aba a mana ku yaka, ao ku shemena mo amaki. A ikala ngabo. Sibungu ab'a ka enda-enda, likwitji uto ku siala, uku ita ana a sibungu, uku lema a ye, uku baka nu ndo ta sibungu. Ab'a kela, uto ku tondomona.*

*Ab'a enda mu ku nenga, ab'a kela, likwitji uto ku ta kundina. Likwitji uto ku nengisa an'a ye. Anu ni a yupa ana a sibungu : Mu tetete akayunyi, mu ende na ngoma. Ab'a nenga, sibungu naye ni mu tenda ku mina makunde, siuyelo ku yoya.*

*Sibungu uto ku koñ' elikwitji. Ab'a ka li wana, uto ku ambetji : M'o itela ngesi¹? u ni be an'a nge ni ende, wene u siate oe. Sibungu uto ku enda, uku siya likwitji.*

*Mw'a na ku tendela sibungu na likwitji.*

1. = *mwa u itela ngesi?*

## XVI. — Le « siboungou » et la colombe [1].

Le *siboungou* et la colombe firent leurs nids ; quand ils les eurent faits, ils y déposèrent leurs œufs. Ils demeurèrent là longtemps. Comme le *siboungou* était allé se promener, la colombe restée (en arrière) vola les œufs du *siboungou*, prit ses propres œufs et les déposa dans le nid du *siboungou*. Quand celui-ci fut arrivé, ses petits sortirent (de l'œuf) [2].

Comme ils étaient allés chanter, arrivée (au lieu de la fête) la colombe alla d'un autre côté. La colombe fit chanter ses enfants. Les gens entendirent les petits du *siboungou* et dirent : Écoutez cet oiseau ; venez avec vos tambours [3]. Quand (les petits du) *siboungou* chantèrent, ils ne faisaient qu'avaler des pois, leur gésier allait et venait [4].

Le *siboungou* poursuivit la colombe. Quand il l'atteignit, il dit : Pourquoi m'as-tu volé (mes petits) ? Donne-moi mes enfants que je parte (avec eux), toi garde les tiens. Le *siboungou* partit et abandonna la colombe.

C'est ainsi que se sont conduits l'un envers l'autre le *siboungou* et la colombe.


## XVII. — Ya Mutjinda.

*Mukati uto ku fumbata umwana. Mukati ab'a enda-enda, uku angana na Seelimwe u shimbile lusa. Mukati uto ku ambetji : U ni be iyo inyama, ni tamb'o ku shemena uyu mwana ni fumbatile; aba ni tamba ku shema, mene uku mu kulisa; ab'a tamba ku kula, u*

---

1. Le *siboungou* (Soubiya : *tjikoungou*) ne m'est pas connu. C'est un oiseau grand comme le corbeau et qui lui ressemblerait assez.
2. Dans un conte Lounda (cf. Carvalho : *Methodo pratico da lingua da Lunda*, p. 275) on a un conte semblable, où un oiseau vole les œufs d'un autre ; mais le reste du conte Lounda est tout à fait différent du nôtre.
3. Les *gens* sont ici probablement les autres oiseaux. Ils vont avec leurs tambours pour prendre part à la fête.
4. Le *siboungou* n'étant pas un oiseau chanteur, les petits ne savent naturellement pas chanter, et c'est ainsi que le *siboungou* découvre le vol de la colombe.

Le texte est assez obscur et certainement incomplet. Vu la rareté des contes d'oiseaux, j'ai cru préférable, malgré ses lacunes, de le publier.

*tamba ku mu lia. Seelimwe uto ku pumena, uku mu ba nyama. Ab'a mana ku lia, Seelimwe t'o shoka. Mukati uto ku leya umwana; umwana uyo ni mwana mulume. Uto ku mu kulisa.*

*Ab'a mana ku kula, Seelimwe uto ku kela, uto ku ibanguta : Na ti kubini mwan'oe? Uto ku ambetji : ku unu, si limukile uku a na ti. Mukati uto ku ambela Seelimwe : Ni tamba ku mu tuma mu meyi, ni wene u ka ku shweke. Seelimwe uto ku pumena. Ab'a kela Mutjinda — ta litina lia ye la Mutjinda — nyina uto ku mu tuma ku meyi. Uto ku enda. Ab'a wana akwaye mu ndila, uto ku ambetji : Mu ni sindekete ku meyi. Ao ku mu sindeketa. Ab'a ka kela ba lisima, ao ku tekula. Seelimwe ab'a shotoka, uto ku isana : Mutjinda! Ao ku isana oondje, ao ku ambetji : Toondje tu li a-Mutjinda-Mutjinda. Uto ku a lesa, uto ku enda. Ao anukana ao ku ta ku mundi; ab'a kela kuli nyina, uku leta ameyi. Nyina uto ku ambetji mu mutjima : Na yoyo nga sibi?*

*Ab'a kena amasiku, Seelimwe uto ku kela kuli mukati. Uto ku ambetji : Si mu mwene mwanukana. — U te u ka ku shweke mu mopu umu a ka futela; ni tamba ku mu ba imande, ab'o mona wa mande ta Mutjinda. Uto ku enda, ku ta ku ku futa. Ab'a kela, oondje oondje ao ku shimba itimande, ao ku ikala. Ab'a kela Seelimwe : Mutjinda! Mutjinda. — Toondje tu li a-Mutjinda-Mutjinda. Uto ku uka. Ab'a kela kuli mukati, uto ku ambetji : Mwan'oe na ti kubini? Uto ku ambetji : K'a sa ko ku ku futa? Seelimwe uto ku ambetji : E, k'a sa ko. Mukati uto ku ambetji : U ka ku shweke mu sishete. Uto u ku shweka.*

*Ab'a kela Mutjinda : U ende mu sishete, u ka lete amapu. Ab'a enda, a kela ba mwelo, uto ku imana, uto ku isana mukwaye : U iye u ni be amapu. Uto ku iya, uku mu ba amapu. Uto ku enda. Ab'a kela, uku ba nyina ao amapu.*

*Kame Seelimwe uto ku iya : U ni be inyama ta nge. — Batili, u tamba ku mu lema; u ku shweke mu katjoo; ni tamba ku mu bakela mo mukushuko; ni tamba ku mu ambela, ni ambetji : U ka londe mukushuko oe mu nambe. Ab'a kela, uku imana, uto ku tumbuta umulilo, kondji ab'a yupa : U ese ku ni fumeka! Seelimwe uto ku bia, uku imba. Nyina ab'a kela, ni mu wana Seelimwe na mana ku imba. Uto ku komoka.*

## XVII. — Histoire de Moutjinda [1].

Une femme était enceinte d'un enfant. Comme cette femme se promenait, elle rencontra Séédimwé [2] qui portait une antilope. La femme lui dit : Donne-moi cette viande, je mettrai pour toi au monde l'enfant dont je suis grosse ; quand je l'aurai mis au monde, je l'éleverai ; lorsqu'il sera grand, tu le mangeras. Séédimwé consentit; il lui donna la viande. Quand (la femme) eut mangé, Séédimwé s'en alla. La femme eut un enfant ; cet enfant était un garçon. Elle l'éleva.

Lorsqu'il fut grand, Séédimwé arriva. Il demanda : Où est-il allé, ton enfant ? Elle répondit : Je ne sais pas ; je ne sais où il est allé. La femme dit à Séédimwé : Je l'enverrai à l'eau ; quant à toi, cache-toi. Séédimwé consentit.

Lorsque arriva Moutjinda. — Moutjinda, c'est le nom (de ce garçon), sa mère l'envoya à l'eau. Il y alla. Trouvant en route ses compagnons, il leur dit : Accompagnez-moi jusqu'à l'eau. Ils l'accompagnèrent. Lorsqu'ils arrivèrent à la source, ils puisèrent (de l'eau). Lorsque Séédimwé s'élança, il appela : Moutjinda ! Tous lui répondirent, disant : Nous sommes tous des Moutjinda-Moutjinda. (Séédimwé) les quitta et s'en alla [3]. Les enfants revinrent au village ; lorsqu'il arriva vers sa mère, (le garçon) rapporta de l'eau. La mère se dit dans son cœur : Comment a-t-il vécu ?

Lorsque vint le matin, Séédimwé arriva vers la femme. Il lui

---

1. A Tété, sur le bas Zambèze, on trouve un conte tout pareil, celui de de *Kaskapaleza*, que Torrend a publié en langue Chwabo (*Zeitschrift für afr. und ocean. Sprachen*, 1re année, p. 243). La première partie du conte Ronga de *Moutipi* (Junod, *Contes des Ba-Ronga*, p. 159) est aussi très semblable à notre conte. Il s'y trouve en plus un incident caractéristique qui manque dans les autres ; ce sont deux plumes magiques qui avertissent Moutipi des pièges que lui tend sa mère. Dans un autre conte Ronga, celui de *Moutikatika* (Junod, *Les Ba-Ronga*, p. 307) on retrouve la même donnée générale et la plupart des mêmes incidents.

2. Le monstre *Seedimwe* nous est déjà connu par les contes Soubiya (2e Partie : n[os] XVI, XVII et XVIII; cf. les notes qui s'y rapportent). D'après Akaende, il faudrait se le représenter comme un oiseau gigantesque (cf. n° XVIII).

3. La même ruse se retrouve dans les récits similaires.

dit : Je ne l'ai pas vu, le garçon. — Va te coucher dans l'herbe, là où il garde (le bétail) ; je lui donnerai une *imande* ; quand tu verras celui qui a une *imande*, c'est Moutjinda. (Le garçon) alla pour garder (le bétail). Lorsqu'ils arrivèrent, tous (les garçons) portaient tous des *imande* ; ils s'assirent. Quand arrive Séédimwé : Moutjinda ! Moutjinda! — Tous nous sommes des Moutjinda-Moutjinda. (Séédimwé) s'en alla. Lorsqu'il arriva vers la femme, il dit : Où est allé ton enfant ? Elle dit : N'est-il pas là-bas à garder (le bétail) ? Séédimwé répondit : Non, il n'y est pas. La femme dit : Va te cacher dans le grenier [1]. Il s'y cacha.

Lorsqu'arriva Moutjinda, (la mère dit) : Va au grenier, prends-y du sorgho. Lorsqu'il y alla, il vint à la porte, s'arrêta, et appela son frère : Viens, donne-moi du sorgho. Celui-ci vint et lui donna du sorgho. Il s'en alla. Lorsqu'il revint, il donne ce sorgho à sa mère.

Séédimwé revint encore : Donne-moi ma viande. — Non ! non ! tu le prendras bien ; va te cacher dans le pot ; c'est là que je mettrai son déjeuner ; je lui parlerai, disant : Va chercher ton déjeuner dans le grand pot. Lorsque (Moutjinda) arriva, il s'arrêta, et alluma le feu. Mais il entendit (crier dans le pot) : Ne me brûle pas ! Séédimwé brûla, il fut cuit. Lorsque la mère arriva, elle trouva que Séédimwé était cuit ; elle fut tout étonnée.

Ici finit (l'histoire).

### XVIII. — Mwanukana na nyunyi.

*Mwanukana ab'a ka tea ututwa, ni ma ka tea mu litota. Ab'a kena amasiku, uto ku tako ku tutwa twa ye. Ab'a ka kela ko, ku ulwa ni nyunyi. Uto ku uka, uto ku langana. Ab'a kena amasiku, uto ku ta ko. Ab'a kela, uto ku wana iliyunyi linene linene. Ab'a li nungula, ilio ku taaya ku imba, ilio ku ambetji :*

> *Wene mwanukana munyonyo, nyoko na ku tumu*
> *A tatji u ka tee mu litota, mwa li li iliyunyi linene.*

*Ab'a li twala ku mundi, uku li keta ku nyina. Nyina uto ku am-*

---

[1]. *sishete*, que je traduis par : grenier, est une petite hutte sur pilotis que se bâtissent les Zambéziens pour y mettre leur grain à l'abri des ravages des souris et autres rongeurs. Ils rappellent en quelque sorte les *mazots* où les montagnards du Valais conservent leur foin.

betji : *Ku ley'omoyo*[1] ; *u ende, u ka li mwete. Ab'a ka li mweta, ni mu yupa :*

*Nyoko na ku tumu, wene mwanukana munyonyo,
A tatji u ka tee mu litota, mwa li li iliyunyi linene.
U ni mwete wino.*

*Ab'a mana ku mweta, ao ku kañalela mu katjoo. Ab'a kañala, na yupu :*

*Nyoko na ku tumu, wene mwanukana nunyonyo,
A tatji u ka tee mu litota, mwa li li iliyunyi linene.
U ni kañale wi no.*

*Ab'a mana ku kañala, ao ku baka mu katjoo. Ao ku itela mo ameyi. Ni mu yupa :*

*Nyoko na ku tumu, wene mwanukana munyonyo,
A tatji u ka tee mu litota, mwa lili iliyunyi linene.
U n'itele wino ameyi.*

*Ab'a mana ku imba, ao ku telula, ao ku lia. Aba a mana ku lia, anu oondje uku fa, ku ulwa ni mumweya. Ao oondje a na ka mu lia ao ku fa.*

### XVIII. — Le jeune garçon et l'oiseau.

Comme un jeune garçon allait tendre des rêts, il les tendit dans des ruines. Quand le matin fut venu, il alla vers ses rêts. Arrivé là, il ne trouva pas un seul oiseau ; il retourna et dormit. Le lendemain, il y alla. Arrivé là, il trouva (dans ses rêts) un oiseau très, très grand[2]. Quand il le détacha, (l'oiseau) commença à chanter, disant :

Toi, le petit garçon,
Ta mère t'a envoyé, te disant de tendre (des rêts) dans les ruines,
Là, où il y a un très, très grand oiseau.

Il le porta au village, l'apporta à sa mère. Sa mère dit : C'est bien, mon enfant ; va le plumer. Comme il le plumait, il l'entendit (chanter) :

Ta mère t'a envoyé, petit garçon,

1. Litt. : c'est enfanter la vie : c'est-à-dire c'est bien !
2. D'après Akaende, cet oiseau serait Séédimwé.

> Te disant de tendre (tes rêts) dans les ruines, là où il y a
> un très grand oiseau;
> Plume-moi bien.

Quand il l'eut plumé, ils le coupèrent (en morceaux, pour le mettre) dans le pot. Pendant qu'il cuisait, ils entendirent :

> Ta mère t'a envoyé, te disant de tendre (tes rêts) dans les
> ruines,
> Là, où il y a un grand oiseau. Cuis-moi bien !

Quand ils eurent fini de le couper (en morceaux), ils le mirent dans le pot. Ils y versèrent de l'eau. Ils entendirent :

> Ta mère t'a envoyé, toi petit garçon,
> Elle t'a dit de tendre (tes rêts) dans les ruines, là où il y
> a un très grand oiseau.
> Verse-moi bien de l'eau dessus.

Quand il fut cuit à point, ils le sortirent (du pot) et le mangèrent. Quand ils l'eurent mangé, tous ces gens moururent; il n'en resta pas même un seul. Tous ceux qui l'avaient mangé moururent[1].

Ici finit (l'histoire).

## XIX. — Ya Kabwele.

*Akatana ao ku ta kuli muywandi. Aba a tunda mu mundi, ao ku enda; kanukana ako ku a koña. Aba a ka mona, ao ku ka shendja, ao ku ambetji : U ese ku enda netu. Mwanukana uto ku kana, uto ku enda. Aba a ka kela ba ndila, ao ku ambetji: U ende ku mundi, ka tu singi ku enda nawe. Aba a mana ku mu tjita, uto ku siala, uku enda mu nyima. Aba a ku temuna ku nyima, ao ku mu mona u enda. Kame ao ku mu tjita; uto ku kana ku ukela ku mundi; uto ku enda mu nyima.*

*Anu ab'a angana akatana ao, ni a ambetji : Uku mu ta ni kubini? Ao ku itana : Tu li a ta ku Lumbe, kuli Nangandu-ku-ambwa. Munu uyo ab a enda, ni mu angana Kabwele. Uto ku ambetji : Kabwele, uk'u ta ni kubini? Uto ku ambetji : Ni mu ta ku Lumbe, ni mu sindeketa akatana; time ni komba umute. Munu uto ku enda.*

---

1. De même, dans le conte Souto de *Senkatana* (cf. Revue des Trad. popul., 1888) les gens qui ont mangé le bœuf de Senkatana meurent tous, quand le bœuf revient à la vie.

*Akatana aba a enda, ni a ku temuna ku nyima, ku wana Kabwele u enda. Aba a langana, Kabwele uto ku komba umute. Ab'a mana ku komba, ao ku enda.*

*Kame aba a angana munu, uto ku a ibanguta : Akatana, mu li a ta kubini? Ao ku ambetji : Tu li a ta ku Lumbe, kuli Nangandu-ku-ambwa. Kame a wana Kabwele; uto ku ambetji : Kabwele u li mu ta kubi? Uto ku itana : Ni mu ta ku Lumbe, ni mu sindeketa akatana, ni mu enda ni to komba umute. Munu uto ku enda. Ao ku enda.*

*Ab'a ka kele mu mundi wa Nangandu, ku wana Nangandu na fu, ku wana anu oondje a iyalile a lila Munangandu-ku-ambwa. Kabwele ab'a kela, uto ku ambetji : Yike? Uto ku ambetji : Tu mone, ni bite. Ao ku mu lesa, uto ku bita. Ab'a kela, uto ku ambetji : Mu ese u ka mu pumbeka. Kabwela uto ku ta mu musitu, u ka kalanga imitondo; ab'a kela, uto ku i koñela, uku mu sita. Munangandu uto ku inguka. Anu oondje ao ku mu komoka. Mw'a na ku tendela Kabwele.*

## XIX. — Kabwélé[1].

Des jeunes filles se rendaient vers le chef; lorsqu'elles furent sorties du village, elles marchèrent; un petit garçon les suivit. Lorsqu'elles le virent, elles le chassèrent, disant : Ne viens pas avec nous. Le garçon refusa; il alla. Lorsqu'elles furent (au milieu) de la route, elles lui dirent : Va au village, nous ne voulons pas aller avec toi. Quand elles lui eurent ainsi parlé, il resta, il marcha derrière. Lorsqu'elles regardèrent derrière elles, elles le virent qui marchait. Elles le chassèrent de nouveau; il refusa de retourner au village; il marchait derrière (elles).

Lorsque des gens rencontrèrent ces jeunes filles, ils leur dirent : Où allez-vous? Elles répondirent : Nous allons au Loumbé, chez Nangandou-kou-ambwa[2]. Cet homme continuant de marcher rencontra Kabwélé. Il lui dit : Kabwélé, où vas-tu? Il répondit : Je

1. La première partie de ce conte peut être rapprochée, malgré les divergences de détail, du commencement du conte Ronga : *L'homme au grand coutelas* (Junod, *Contes des Ba-Ronga*, p. 145).
2. Le *Loumbé* est un affluent de gauche du Zambèze. *Nangandou-kou-ambwa* signifie littéralement : celui qu'on appelle l'homme-crocodile. *Mounangandou* est une autre forme du même nom.

vais au Loumbé, j'accompagne ces jeunes filles; c'est moi qui balaie les cendres. Cet homme continua sa route. Comme elles allaient, les jeunes filles regardèrent derrière elles et virent Kabwélé qui marchait. Lorsqu'elles dormirent, Kabwélé balaya les cendres. Lorsqu'il eut fini de balayer, elles continuèrent leur route.

Lorsqu'un homme les rencontra de nouveau, il leur demanda : Jeunes filles, où allez-vous? Elles dirent : Nous allons au Loumbé, chez Nangandou-kou-ambwa. Ensuite il rencontra Kabwélé; il dit : Kabwélé, où vas-tu? Il répondit : Je vais au Loumbé ; j'accompagne ces jeunes filles; je vais (avec elles pour) balayer les cendres. Cet homme continua sa route. Elles allèrent (de l'avant).

Quand elles arrivèrent au village de Nangandou, elles trouvèrent que Nangandou était mort, que c'était plein de gens qui pleuraient Nangandou-kou-ambwa. Quand arriva Kabwélé, il dit : Qu'y a-t-il? Il dit : Laissez-moi passer. Ils le laissèrent, il passa. Lorsqu'il arriva, il dit : Ne l'enterrez pas. Kabwélé alla à la forêt, il chercha des médecines; quand il revint, il les fit cuire, il en oignit (Nangandou). Mounangandou revint à la vie. Tous les gens furent étonnés de ce qu'il (faisait).

C'est là ce qu'a fait Kabwélé. C'est ici que finit (l'histoire).

### XX. — Ya Mwale.

*Anu ao ku saa umukati; aba a enda-enda, ao ku mona mukati no ku waba. Samb'a tanga k'a twi. Ao ku kela kuli nyina, ao ku ambetji : U tu be mwan'oe. Uto ku a ba. Ao ku ta naye; uto ku ta na min'a ye. Ab'a ka kela kuli nyin'a mulume uyo, uto ku a lumelisa. Uto ku ambetji : Mukat'a mwan'a nge ni wa ku waba.*

*Ao ku ikala, to lia ndima na munw'a ye. Ab'a monena mo, uto ku mu timba. Liywa lia mutumbi, mbumw'a Mwale uto ku ta mu liyungu, uku aula. Nyina ab'a mona mwan'a ye n'ombula, uto ku ambetji : Ni bandje amapu, ni ku be, u twe. Uto ku ambetji : Si limukile ku twa, samba n'a tanga ku tunda mu lipamo lia mawe, si leme mwindji. Uto ku ambetji : U twe, mene si ku twele; time mubika ndji? Uto ku ambetji : Mu ni be, ni ka twe. Uto ku mu ba amapu, ni lwalo, ni kavana, ni sinu. Uto ku londa ameyi.*

*Ab'a kela ba sinu, uto ku ambetji : Ni nyandile balelo. Uto ku a baka mu sinu, uto ku tanga uku imba, uto ku twa ni mu ambetji :*

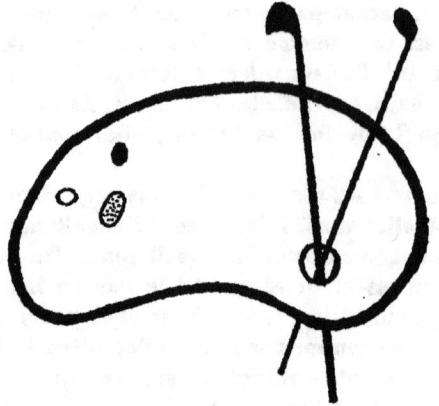

DEBUT D'UNE SERIE DE DOCUMENTS
EN COULEUR

ERNEST LEROUX, ÉDITEUR, rue Bonaparte, 28

## PUBLICATIONS DE L'ÉCOLE DES LETTRES D'ALGER

### BULLETIN DE CORRESPONDANCE AFRICAINE

I. E. Cat. Notice sur la carte de l'Ogôoué. In-8, avec carte. . . . 3 fr. »
II. E. Amélineau. Vie du patriarche Isaac. Texte copte et traduction française. In-8 . . . . . . . . . . . . . . . . . . . . . 5 fr. »
III. E. Cat. Essai sur la vie et les ouvrages du chroniqueur Gonzalo d'Ayora, suivi de fragments inédits de sa Chronique. In-8. . . . . . 2 fr. 50
IV. E. Lefébure. Rites égyptiens. In-8 . . . . . . . . . . . 3 fr. »
V. René Basset. Le dialecte de Syouah. In-8 . . . . . . . . 4 fr. »
VI. A. Le Chatelier. Les tribus du Sud-Ouest marocain. In-8 . . . 3 fr. »
VII. E. Cat. De rebus in Africa a Carolo V gestis. In-8. . . . . . 2 fr. 50
VIII. E. Cat. Mission bibliographique en Espagne. Rapport à M. le Ministre de l'Instruction publique. In-8 . . . . . . . . . . . . . 2 fr. 50
IX. G. Ferrand. Les Musulmans à Madagascar et aux îles Comores. 1re partie. Les Antaimorono. In-8 . . . . . . . . . . . . . . . 3 fr. »
— Deuxième partie. — Zafindraminia. — Antambahoaka. — Antaiony. — Antaivandrika. — Sahatavy, etc. In-8. . . . . . . . . 3 fr. »
X. J. Perruchon. Vie de Lalibala, roi d'Ethiopie. Texte éthiopien publié d'après un manuscrit du Musée Britannique et traduit en français. In-8. 10 fr. »
XI. E. Masqueray. Dictionnaire français-touareg (Dialecte des Taïtoq). In-8, en trois fascicules à 6 fr . . . . . . . . . . . . . 18 fr. »
Couronné par l'Académie des Inscriptions et Belles-Lettres. Prix Volney (1894).
XII. René Basset. Etude sur la Zenatia du Mzab, de Ouargla et de l'Oued-Rir'. In-8. . . . . . . . . . . . . . . . . . . . . 10 fr. »
XIII. A. Mouliéras. Légendes et contes merveilleux de la Grande-Kabylie. Texte kabyle. — Première parties en 5 fascicules. In-8. Chaque. 3 fr. »
— Deuxième partie. Fascicules I, II, III. Chaque. . . . . . 3 fr. »
XIV. René Basset. Etudes sur les dialectes berbères. In-8 . . . . 6 fr. »
Couronné par l'Académie des Inscriptions et Belles-Lettres. Prix Bordin (1893).
XV. René Basset. Etude sur la Zenatia de l'Ouarsenis et du Maghreb central. In-8 . . . . . . . . . . . . . . . . . . . 7 fr. 50
XVI. E. Jacottet. Etudes sur les langues du Haut-Zambèze. Textes originaux, recueillis, traduits en français et précédés d'une esquisse grammaticale.
— Première partie. Grammaire Soubiya et Louyi. In-8. . . . 6 fr. »
— Deuxième partie. Textes Soubiya. Contes et Légendes, Superstitions, etc. Fascicules I et II. In-8. Chaque. . . . . . . . . . . 6 fr. »
XVII. G. Mercier. Le Chaouia de l'Aurès (dialecte de l'Ahmar-Khaddou) Etude grammaticale. — Textes en dialectes chaouia. In-8 . . . . 3 fr. 50
XVIII. E. Masqueray. Observations grammaticales sur la grammaire touareg, et textes de la Tamàhaq des Taïtoq, publiés par R. Basset et Gaudefroy-Demombynes. Fascicules I, II, III. In-8. Chaque. . . . . 5 fr. »
XIX-XX. René Basset. Fotouh el-Habachah. Histoire de la conquête de l'Abyssinie par Chihâb eddin Ahmed ibn 'Abd el-Qâder 'Arab Faqîh. Texte, traduction et notes. 2 vol. in-8.
— Texte arabe. Fascicule I . . . . . . . . . . . . . 6 fr. »
— — Fascicule II . . . . . . . . . . . . 4 fr. »
— — Fascicules III-IV . . . . . . . . . . 12 fr. »
— — Fascicule V (sous presse).
— Traduction. Fascicule I . . . . . . . . . . . . . 6 fr. »
— — Fascicule II-III . . . . . . . . . . . 7 fr. 50
— — Fascicule IV-V.
XXI. Paul Schnell. L'Atlas marocain, d'après les documents originaux, traduit avec l'autorisation de l'auteur par Augustin Bernard. In-8, avec une grande carte de la chaîne de l'Atlas, tirée à deux tons. . . . 10 fr. »
XXII. A. de Calassanti-Motylinski. Le Djebel Nefousa, transcription, traduction française et notes, avec une étude grammaticale. In-8, fasc. I, II et III. Chaque. . . . . . . . . . . . . . . . . . 2 fr. 50
Couronné par l'Académie des Inscriptions et Belles-Lettres. Prix Volney (1900).
XXIII. Paul Ruff. La domination espagnole à Oran, sous le gouvernement du comte d'Alcaudete (1534-1558). In-8. . . . . . . . . . 5 fr. »

## BULLETIN DE CORRESPONDANCE AFRICAINE

1882-1886. 20 fascicules (tout ce qui a paru). 50 fr.

PUBLICATIONS DE L'ÉCOLE DES LETTRES D'ALGER
BULLETIN DE CORRESPONDANCE AFRICAINE
Tome XVI, 3ᵉ Partie

# ÉTUDES

SUR LES

# LANGUES DU HAUT-ZAMBÈZE

## TEXTES ORIGINAUX

RECUEILLIS ET TRADUITS EN FRANÇAIS

ET

## PRÉCÉDÉS D'UNE ESQUISSE GRAMMATICALE

PAR

### E. JACOTTET

DE LA SOCIÉTÉ DES MISSIONS ÉVANGÉLIQUES DE PARIS

---

**TROISIÈME PARTIE**

## TEXTES LOUYI

CONTES, LÉGENDES, SUPERSTITIONS, ETC.
ET VOCABULAIRES

---

PARIS
ERNEST LEROUX, ÉDITEUR,
28, RUE BONAPARTE, VIᵉ

1901

Fascicule II.

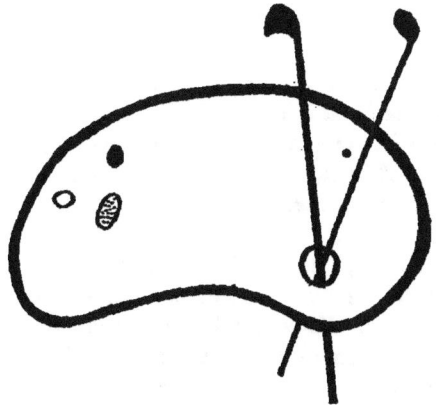

FIN D'UNE SERIE DE DOCUMENTS
EN COULEUR

TEXTES LOUYI 55

*Kwatji, i na ku al' eliywa,*
*Kuno i na biluka lindji lia ku twa, mawe.*
Sinu iso ku manena amataku mu mupu.
— *Kwatji, i na ku al' eliywa, etc.*

Maulu ao ku manena mu mupu ni tuwana twa ye, to twa, to imba :

*Kwatji, i na ku al' eliywa, etc.*

To lila. Sinu iso ku manena mu mupu, u ka siala umwindji ni mwili wa munu. Kame uto ku imba; uto ku manena ni sinu, ni mwindji. Anu aba a k'eya, a na wana n'ombula ni sinu, ni tuwana; uto ku enda. Na munw'a ye ab'a mona ngeso, uto ku ambetji : Ni tamba ku tenda nga sibi ? Mbumw'a ye ab'a tamba ku kela, ni tamba ku tenda nga sibi ?

Akayunyi ako ku ta kuli nyina — ilitina lia akayunyi ako ni nalungwana. Ab'a kela kuli nyin'a Mwale, uto ku ambetji :

*Mwale wene, kule kule! na ti kwindji no mupu, kule kule!*
*Ni lwalo lwa ye, kule kule! ni kawana ka ye, kule kule!*
*Ni sinu sa ye, kule kule! ni mwindji wa ye, kule kule!*

Ao ku ambetji : Mu tetete aka akayunyi. Ao ku teteta; ni a yupa :

*Mwale wenu, kule kule! na ti kwindji no mupu, kule kule! etc.*

Nyina ab'a yupa, uto ku lila. Min'a ye ab'a yupela mo, uto ku lila. Uto ku ta ko, uto ku ambetji : Mu ni monise ab'a na ku tela mu mupu. Ao ku ambetji : Bobo aba. Uto ku tinguluka, uto ku lila. Uto ku ambetji : Mawe, mukulw'a nge n'ombula mu mupu. Uto ku ambetji : Mwale, mukulw'a nge. Uto ku imba ulusimo, uto ku ambetji :

*Ndjobolole, ndjobolole lutanga, ndjobolole!*
*Ndjobolole lutanga, mukulw'a nge, ndjobolole lutanga*[1]*!*

Ab'a imba ngesi, uto ku mona umwindji. Kame uto ku imba :
*Ndjobolole, ndjobolole lutanga, etc.*

Uto ku mona akawana; kame uto ku imba, uku mona ulwalo. Kame uto ku imba, to lila, uto ku mona isinu; kame uto ku ongota, uto ku mona ilikaa. Kame uto ku imba, uto ku mona umutwi. Kame uto ku imba; Mwale uto ku bana mu mupu. Uto ku ta kwao.

Ab'a kela mbumw'a ye, anu ao ku ambetji : Mukat'oe n'ombula kwao; nyoko na ku mu tenda uyi, uku mu twisa; uto ku ta mu mupu,

---

1. Les paroles de la chanson sont en Totela.

*kondji min'a ye uy'u na ku mu tundisa mo; iy'a na ku tela kwao. Uto ku ena.*

## XX. — Mwalé.

Des gens allaient pour chercher femme ; allant de côté et d'autre, ils virent une femme fort belle. Depuis qu'elle était née, elle ne moulait pas (de sorgho)[1]. Ils arrivèrent vers sa mère, et lui dirent : Donne-nous ton enfant. Elle la leur donna. Ils allèrent avec elle ; elle alla avec sa sœur cadette. Lorsqu'ils arrivèrent vers la mère de cet homme, elle les salua. Elle dit : La femme de mon fils est belle. Elles demeurèrent là.

Elle mangeait le pain de sa belle-mère. (Celle-ci), voyant cela, se mit à la haïr[2]. Un jour, le mari de Mwalé alla à la forêt pour chasser. Quand la mère vit que son fils était parti, elle dit : Je vais prendre du sorgho, je le lui donnerai à moudre. (La belle-fille) dit : Je ne sais pas moudre, depuis que j'ai commencé à sortir du ventre de ma mère je n'ai pas touché de pilon. Elle répondit : Mouds seulement, moi je ne moudrai plus pour toi ; suis-je (ton) esclave ? (Mwalé) répondit : Donnez-moi que je moule. Elle lui donna du sorgho, un panier, une assiette et un mortier. Elle alla chercher de l'eau.

Lorsqu'elle vint vers son mortier, elle dit : Aujourd'hui, je suis devenue une esclave. Elle mit (son sorgho) dans le mortier et chanter tout en pilant. En pilant, elle disait :

Chez nous je (ne faisais que) regarder le soleil,
Ici je suis devenue un gros pilon à farine.

Le bas du mortier (*litt.* : les fesses) disparut dans le sol.

— Chez nous je (ne ne faisais que) regarder le soleil,
Ici je suis devenue un gros pilon à farine.

---

1. Mwalé est soumise à un *tabou*, comme *Séilatsatsi* dans les contes Souto (Jacottet, *Contes des Bassoutos*, p. 206) et *Tangalomlibo* dans les contes cafres (Theal, *Kaffir Folk-Lore*, p. 54 et Torrend, *Comparative Grammar*, p. 314. Le conte Ronga : *La sagesse du caméléon* (Junod, *Contes des Ba-Ronga*, p. 137) est très semblable au nôtre ; le tabou est le même et la catastrophe identique. La seule différence est que dans le récit Ronga la femme ne ressuscite pas.

2. La belle-mère jalouse de sa bru est un trait fréquent dans les contes de toutes les nations.

Ses jambes disparurent dans le sol, ainsi que ses assiettes. Elle pilait en chantant :

    Chez nous je (ne faisais que) regarder le soleil,
    Ici je suis devenue un gros pilon à farine, hélas!

Elle pleurait. Le mortier disparut dans le sol; il ne restait que le pilon et le corps de la femme. Elle continua à chanter, elle disparut dans le sol avec son pilon. Quand les gens revinrent, ils trouvèrent qu'elle avait disparu avec son mortier et ses assiettes; elle était partie. Sa belle-mère, elle aussi, quand elle vit ce (qui était arrivé), dit : Comment ferai-je? Comment ferai-je, quand arrivera son mari?

Un petit oiseau alla vers la mère (de Mwalé) — le nom de ce petit oiseau est *nalougwana*[1]. Lorsqu'il fut arrivé vers la mère de Mwalé, il dit :

    Mwalé de chez vous, loin, bien loin! est descendue sous terre, loin, bien loin!
    Avec son panier, loin, bien loin! et son assiette, loin, bien loin!
    Et son mortier, loin, bien loin! et son pilon, loin, bien loin!

(Les gens) dirent : Écoutez cet oiseau. Ils écoutèrent et entendirent :

    Mwalé de chez vous, loin, bien loin! etc., etc.

Quand la mère entendit (cela), elle pleura. Quand sa sœur cadette entendit cela, elle pleura. Elle alla là-bas et dit : Montrez-moi là où elle est entrée dans le sol. Ils lui dirent : C'est ici même. Elle tourna tout autour en pleurant. Elle dit : Hélas, ma sœur

---

1. L'*oiseau messager* se retrouve un peu partout dans le domaine Bantou. Dans les contes Souto, Cafre et Ronga cités plus haut (note 62), c'est un coq, comme dans beaucoup de contes européens. Ici c'est un oiseau que je ne puis identifier; il en est de même dans le conte Ronga : *L'homme au grand coutelas* (Junod, *Contes des Ba-Ronga*, p. 150) et dans le conte de *Nrille*, provenant de la tribu des *Wa-Dshame* dans l'Est-Africain allemand (*Zeitschrift für afrik. und oceanit. Sprachen*, III, p. 72). Dans un conte hottentot (Bleek, *Reynard the Fox*, p. 65) une pintade annonce également la mort de trois frères tués par leur sœur.

Il ne faut pas confondre l'oiseau messager avec l'*oiseau révélateur* qui dénonce le criminel et le fait punir (cf. n° XXVII et 2° partie, n°° XIX et XX).

aînée, tu as disparu dans le sol. Elle cria : Mwalé, ma sœur aînée.
Elle chanta une chanson, disant[1] :
    *Ndjobolole, ndjobolole, lutanga, ndjobolole*, etc.
Comme elle chantait ainsi, elle vit le pilon (qui reparaissait).
Elle chanta de nouveau :
    *Ndjolole, ndjobolole*, etc.
Elle vit l'assiette; elle chanta de nouveau, elle vit le panier.
Elle chanta de nouveau, tout en pleurant, elle vit le mortier. Elle continua encore (à chanter), elle vit une main. Elle chanta de nouveau, elle vit la tête. Elle chanta de nouveau; Mwalé sortit du sol; elle retourna chez elle.

Lorsque son mari revint, les gens lui dirent : Ta femme est retournée chez elle; ta mère a mal agi à son égard, elle l'a forcée de moudre; elle est entrée dans le sol; mais sa sœur l'en a fait sortir. C'est pour cela qu'elle est retournée chez elle. Il en fut très affligé.

C'est ici que finit (l'histoire).

### XXI. — Mwanukana na sitondo.

*Mwanukana uyo ab'a enda-enda, uto ku wana isitondo si iyalile itimande; uto ku ambetji kuli mukwaye, uto ku ambetji : U iye, u mone isi isitondo. Ab'a kela, ku si wana si kena, si ken'etimande. Ao ku ambetji : Tu tende nga sibi? Mutjili uku itana : Ku unu. Uyo miny'a sitondo, uto ku ambetji : Mene ni li mu imba, si ende.*

*Uto ku imba. Ab'a imba, ni mu ambetji : Mutwi wa nge, u enda-ende, tu mone. Iso ku enda. Uyo ab'a mona ngesi, uto ku ambetji : Sitondo sa nge. Uto ku ambetji : U si endise, tu mone. Ab'a imba, iso ku kana ku enda.*

*Uto ku ambetji : Sitondo sa nge. Uto ku imba : Mutwi wa nge, u enda-ende, tu mone. Iso ku enda. Mwabaye ab'a monena mo, uto ku ambetji : Sitondo sa nge. Uto ku ambetji : U si endise, tu mone. Ab'a imba, iso ku kana ku enda. Miny'a sitondo uto ku ambetji : Mutwi wa nge, u enda-ende, tu mone. Iso ku kela ba lilapa lia nyina, iso ku imana.*

---

1. Le chant ou incantation de la sœur de Mwalé est en Totela. Le sens exact m'en échappe; peut-être, d'ailleurs, ne faut-il pas y chercher un sens précis.

## XXI. — Le jeune garçon et l'arbre [1].

Comme ce garçon était allé se promener, il trouva un arbre tout chargé d'*imandés* [2]; il dit à son compagnon : Viens, et allons voir cet arbre. Lorsqu'ils furent arrivés, ils le trouvèrent tout blanc, tout blanc (à cause) des *imandés*. Ils dirent : Comment ferons-nous ? L'autre répondit : Je ne sais pas. Quant au propriétaire de l'arbre, il dit : Je vais chanter pour qu'il (l'arbre) marche.

Il chanta. En chantant, il disait : Ma tête [3] marche, marche, que nous voyons. (L'arbre) marcha. Lorsque (le garçon) vit cela, il dit : C'est mon arbre. Il dit : Fais-le marcher, que nous voyons. Lorsque (l'autre) chanta, (l'arbre) refusa (de marcher).

(Le premier) dit : C'est mon arbre. Il chanta : Ma tête, marche, marche, que nous voyons. (L'arbre) marcha. Quand son compagnon vit cela, il dit : C'est mon arbre. (Le premier) dit : Fais-le marcher, que nous voyons. Lorsqu'il chanta, (l'arbre) refusa de marcher. Le propriétaire de l'arbre dit : Ma tête, marche, marche, que nous voyons. (L'arbre) alla jusque dans la cour de la mère (du garçon) ; il y resta.

C'est ainsi qu'ils faisaient.

## XXII. — Mbalangwe.

*Uyo munu uto u ku saela umukati, uto ku yak'omundi. Ab'a mana ku yaka, ao ku ikala na mukat'a ye. Mulume uyo ni mute. Liywa*

---

1. Dans un conte remarquable du pays de Gaza, recueilli par moi, *Les arbres magiques* (*Revue des Trad. pop.*, 1895), il est également parlé d'arbres qui marchent, ainsi que dans un conte Totela encore inédit. Mais il n'y a, du reste, aucune ressemblance entre ces contes et celui-ci.
2. L'*imande* (Soubiya : *mpande*) est un grand coquillage blanc que les Zambéziens apprécient comme un ornement de grande valeur (cf. 2ᵉ Partie, p. 115, note). Dans le livre de Livingstone : *Explorations dans l'intérieur de l'Afrique australe* (trad. française, p. 304) on en trouvera une description et un dessin.
3. Je ne comprends pas bien moi-même la raison de cette appellation ; peut-être le jeune garçon, en appelant l'arbre *sa tête*, veut-il exprimer toute l'importance que cet arbre a pour lui. Peut-être : *ma tête* signifie-t-il *mon chef*.

lia mutumbi, uto ku ta mu liyungu, u ka aula. Anu uku kela ba mundi wa ye, ao ku ibanguta mukat'a ye. Uto ku ambetji : Na ti mu liyungu. Munu uto ku uka. Ilitina lia mulume ni Mbalangwe. Ab'a kela Mbalangwe ni nyama, mukati uto ku ambela Mbalangwe, uto ku ambetji : Ba na tundu munu aba, uto ku n'ibanguta. Ao ku li'enyama.

Kame ab'a kena amasiku, uto ku enda mu liyungu, u ka aula. Uyo munu uto u ku nungela mulangu. Ab'a enda, ni mu tenda : ngele! ngele! ngele¹! Ab'a ka li mu liyungu, kame munu uto ku kela ba mundi wa ye, uto ku wana mukati, uto ku mu ibanguta, ku ambetji : Mbum'oe na ti kubini? Uto ku ambetji : Na ti mu liyungu. Munu uto ku enda. Ab'a kela kuli muywandi, uto ku ambetji : I na ka wana mukati no ku waba. Uto ku ambetji : Mukati uyo w'anyi? Uto ku ambetji : Mukat'a Mbalangwe.

Ab'a tunda mu liyungu, uto ku feba ulwange, ku nwa ni mbote. Ab'a mana ku nwa, mukati uto ku mu ambela; ab'a mana ku mu ambela, uto ku koñela inyama; ao ku lia; ao ku langana. Ab'a kena amasiku, kame uto ku ta mu liyungu.

Muywandi uto ku tuma anu a ka mu londe. Ab'a kela, uto ku ambetji kuli mukati : Muywandi u li mu ku isana. Uto ku ambetji : Si singi ku ta kuli muywandi. Munu uyo uto ku uka. Ab'a kela kuli muywandi, uto ku ambetji : Na ka kana ku iya kuli wene. Muywandi ab'a yupela mo, uto ku ambetji : Biunda mu ka mu londe. Ab'a kena amasiku, ao ku ta ko. Ab'a wana mukati uyo, ao ku mu ibanguta : Mbum'oe na ti kubini? Uto ku ambetji : Na ti ku liyungu. Ao ku ambetji : U imane, tu ende. Uto ku kana. Ao ku mu lema, ao ku enda; ab'a enda, uto ku ambetji :

Mbalangwe na ti, Mbalangwe na ti, Mbalangwe na ti,
K'a sa mo muno, k'a sa mo muno, Mbalangwe na ti,
U ka saa inyama mu liyungu, Mbalangwe na ti,
Mukuku wa nge u lile, Mbalangwe na ti,
Mukombwe wa nge u lile, Mbalangwe na ti.

Ab'a ka yupa mulume, mutjima wa ye uku utuka; uto ku iya : ngele! ngele! ngele! Ab'a kela ba mundi, uto ku wana mukat'a ye n'ombula. Uto ku feba ulwange lwa ye. Ab'a mana ku feba, uto ku lema uta wa ye ni amasho; uto ku enda.

Ab'a mona mukat'a ye u enda kuso, mulume uto ku ambetji :

1. Imitant le bruit des anneaux de ses jambes.

*Ni yumbe, ngongolo, ni yae, ngongolo, ngongolo ta nge!*
*U ale iliywa, ngala ta nge, u enda-ende,*
*Ni mone umu ni tamba ku yumbela.*

Ab'a yumba, uto ku a ibao oondje, kondji mumweya. Uto ku mu patula ilikaa. uto ku ambetji: *U ka ambele moli'oe, mukat'a nge k'a bebe.* Uto ku twala mukat'a ye. Ab'a kela ba mundi, ao ku nwa imbote, ao ku ikala. Ab'a kena amasiku, uto ku enda mu liyungu. Ab'a ka li mu liyungu, ita iyo ku kela ba mundi wa ye. Iyo ku wana mukati, iyo ku mu twala; ita iyo ni makumi ane n'anu. Ab'a mana ku mu twala, uto ku ambetji:

*Mbalangwe na ti, Mbalangwe na ti, etc.*

Ab'a ka yupa, mutjima wa ye uwo ku utuka; uto k'eya: *ngele! ngele! nyele!* Uto ku kela ba mundi, uto ku wana mukat'a ye n'ombula. Uto ku feb'olwanye. Ab'a mana ku feba, uto ku enda. Ab'a kela, uto ku ambetji:

*Ni yumbe, ngongolo, ni yae, etc.*

Ab'a yumba ilisho limweya, uku mana anu oondje, kondji mumweya. Uto ku mu patula ilikaa; uto ku ambetji: *U k'ambe, mukat'a nge k'a bebe; ni tamba ku mu mana.*

Uto ku enda; ab'a kela kuli muywandi, uto ku ambetji: *Tu na ka manwa ku fa toondje, kondji mene, ab'o ni mona ngesi.* Muywandi ab'a yupela mo, uto ku ambetji: *Ku te ita no ku pula. Anu oondje ao ku kongoloka.* Ab'o a tala, u tamba ku wana muanda mumweya. Ao ku fumba; ao ku ambetji: *Munu mumweya ni ku kangwa anu; babelo tu tamb'o ka mu ibaa.* Ao ku enda.

Ab'a ka kela ba mundi, ao ku wana umukati; ao ku mu ibanguta. Mukati uto ku ambetji: *Na ti mu liyungu mu ku aula.* Ao ku ambetji: *U imane, tu ende, tu tamb'o ku ibaa.* Uto ku imana. Ab'a enda-enda, uto ku temuna ku nyima, uto ku ambetji:

*Mbalangwe na ti, Mbalangwe na ti, etc.*

Mbalangwe ab'a ka yupa, umutjima wa ye uku utukela muwilu. Uto ku ambetji: *A na mana ku mu twala.* Uto k'eya: *ngele! ngele! ngele!* Ab'a kela ba mundi, ku wana n'ombula. Uto ku feba ulwange. Ab'a mana ku feba, uto ku ta. Ab'a kela, uto ku ambetji:

*Ni yumbe, ngongolo, ni yae, etc.*

Ab'a yumba ilisho limweya, uto ku a mana oondje, kondji mumweya; uto ku mu patula ilikondo. Uto ku ambetji: *U ende, u k'ambetji: Mbalangwe u tamba ku mana anu.*

Munu uto ku shunguta, ku ta kuli muywandi. Ab'a kela kuli

*muywandi, uto ku ambetji: Anu oe a na ku manwa Mbalangwe, na ba mana oondje, kondji mene ab'o ni mona aba. Muywandi uto ku ambetji: Na mana anu uyo Mbalangwe. Kame uto ku tuma ita indina. Kame uto ku a mana, kondji mumweya; uku mu patula umulomo. Ab'a kela kuli muywandi, uto ku shimeketa.*

*Anukana ab'a monena mo, ao ku ambetji: Mu tu lesele, atji tu mu ibae. Akulu ao ku sheka. Ao ku tenda amata, kame ao ku shenga imishenga. Ab'a mana ku shenga, ao ku fumba. Akulu ao ku amba: Mu ikale, mu ese ku ta ko, mu mu lese, u tamba ku mu ibaa. Ao ku kana. Ao ku enda. Ab'a kela kuli mukati, ao ku ambetji: Mbum'oe na ti kubini? Uto ku ambetji: Na ti mu ku aula. Ao ku ambetji: U imane. Ao ku mu fula. Uto ku imana, uto ku enda.*

*Ab'a ku temuna ku nyima, uto ku ambetji:*
  *Mbalangwe na ti, Mbalangwe na ti, etc.*
*Anukana ao u ku shweka, amweya ku nyima, amweya kuso, amweya a endisa mukati. Mbalangwe ab'a ka yupa, uto ku iya: ngele! ngele! ngele! Ab'a k'eya ba mundi, uto ku feba ulwange. Ab'a mana ku feba, uto ku enda. Ab'a kela, uto ku limbulula, uto ku ambetji:*
  *Ni yumbe, ngongolo, ni yae, etc.*
*Ab'a ambetji a yumbe, ao ku mu yaa ni mishenga; uto ku fa. Ab'a mana ku fa, ao ku mu patul'omutwi, ao ku enda. Ab'a enda, ao ku imba ulusimo; ao ku ambetji: Aba mu na ku ambetji ka tu mu ibaa, tu na mana ku mu ibaa. Ab'a yupa ngeso, anu ao ku tunda mu mundi, ao ku ambetji: Mawe, an'etu, mu na mana ku mu ibaa.*

*Mukati wa Mbalangwe ab'a enda, uto ku imba, to ambetji: Namumbelela, isi ni sike? Uto ku imana; ao ku mu ba inu. Uto ku enda. Ab'a kela mu mundi, uto ku ta kuli muywandi. Ab'a kela kuli muywandi, uto ku imana. Ao ku let'etimande; ao ku yumbela bandji; uto ku enda. Ab'a ikala ba luluka, uto ku imana; ao ku let'eyuma, uku i yumbela ba luluka. Uto ku enda. Kame ab'a ta mu ndo, ab'a kela mu mwelo, uto ku imana. Ao ku leta inu, u ka yumbela ba mwelo. Muywandi uto ku mu kwata.*

*Liywa lia mutumbi, ao ku banena bande, muywandi uto ku ambetji: U ni twene itina. Ab'a ikala, uto ku endamena, uto ku biluka mukoma.*

## XXII. — Mbalangwé[1].

Cet homme se chercha une femme et bâtit un village. Lorsqu'il l'eut bâti, ils y demeurèrent avec sa femme. Cet homme était un chasseur. Un jour, il alla à la forêt pour y chasser. Des gens arrivèrent à son village, ils interrogèrent (la femme). Elle dit : Il est allé dans la forêt. Cet homme revint ; le nom de cet homme était Mbalangwé. Lorsque Mbalangwé revint avec du gibier, la femme parla à Mbalangwé, disant : Un homme vient de partir d'ici ; il m'a interrogée. Ils mangèrent leur viande.

Lorsque le matin vint, il alla dant la forêt pour y chasser. Cet homme s'était mis des anneaux de fer (aux pieds). Lorsqu'il marchait, cela faisait : *Ngelé! ngelé! ngelé!* Lorsqu'il était dans la forêt, cet (autre) homme arriva de nouveau à son village ; il y trouva la femme, il l'interrogea, disant : Où est allé ton mari? Elle dit : Il est allé dans la forêt. L'homme partit. Lorsqu'il arriva vers le chef, il dit : J'ai trouvé une femme fort belle. (Le chef) dit : De qui est-elle femme? (L'homme) répondit : (C'est) la femme de Mbalangwé.

Lorsque (Mbalangwé) revint de la forêt, il fuma du chanvre et but de l'hydromel. Quand il eut bu, sa femme lui raconta (ce qui s'était passé); quand elle lui eut raconté, elle cuisit la viande, ils mangèrent. Lorsqu'ils eurent mangé, ils se couchèrent. Lorsque le matin vint, il alla de nouveau à la forêt.

Le chef envoya des gens pour enlever (la femme). Lorsqu'ils arrivèrent, (l'un d'eux) dit à la femme : Le chef t'appelle. Elle dit : Je ne veux pas aller vers le chef. Cet homme s'en retourna. Lorsqu'il arriva vers le chef, il dit : Elle a refusé de venir vers toi. Quand le chef entendit cela, il dit : Demain, allez l'enlever.

Lorsque le matin vint, ils y allèrent. Lorsqu'ils trouvèrent cette femme, ils lui demandèrent : Où est allé ton mari? Elle dit : Il est allé à la forêt. Ils dirent : Lève-toi, que nous partions. Elle refusa. Ils la prirent; ils partirent. En marchant, elle disait :

 Mbalangwé est parti, Mbalangwé est parti, Mbalangwé
 est parti[2];

1. La donnée de ce conte est à peu près la même que celle du n° III, *Le lièvre et sa femme*.
2. Le chant de la femme et celui de Mbalangwé sont probablement

Il n'est plus ici, il n'est plus ici, Mbalangwé s'en est allé ;
Il chasse du gibier dans la forêt, Mbalangwé est parti,
Pleure, mon coq, Mbalangwé est parti ;
Pleure, mon coq, Mbalangwé est parti.

Lorsque son mari entendit, son cœur sauta (dans sa poitrine) ; il vint : *Ngelé! ngelé! ngelé!* Lorsqu'il arriva au village, il trouva que sa femme s'en était allée. Il fuma son chanvre. Quand il eut fumé, il prit son sac et ses flèches, il partit.

Lorsqu'il vit sa femme qui marchait en avant, le mari dit :

Que je lance (une flèche), ô mon aigrette, que je transperce (quelqu'un), aigrette, mon aigrette!
Regarde le soleil, (toi) mon plumet, agite-toi, agite-toi,
Que je voie là où je dois lancer (mes flèches).

Quand il tira il les tua tous, sauf un seul [1]. Il lui coupa le bras et (lui) dit : Dis à ton chef que ma femme ne plaisante pas. Il emmena sa femme. Quand il arriva au village, ils burent de l'hydromel, puis se couchèrent.

Lorsque le matin vint, il alla à la forêt. Quand il fut dans la forêt, une troupe (de guerriers) arriva à son village. Ils trouvèrent la femme, ils la prirent. Cette troupe était (forte) de quarante hommes. Lorsqu'ils l'eurent prise, elle dit :

Mbalangwé n'est pas ici, il est allé chasser,
Pleure, mon coq, Mbalangwé est parti,
Pleure, mon coq, Mbalangwé est parti.

Lorsque (Mbalangwé) entendit, son cœur bondit ; il vint : *Ngelé! ngelé! ngelé!* Il arriva au village. Il trouva que sa femme s'en était allée. Il fuma du chanvre. Quand il eut fumé, il partit. Arrivé (près des ravisseurs), il dit :

Toi, mon aigrette, agite, agite-toi
Que je voie où je dois lancer (mes flèches).

Lorsqu'il eut tiré une seule flèche, il les détruisit tous ces gens, sauf un seul. Il lui coupa le bras, et lui dit : Va dire que ma femme ne plaisante pas ; je vous détruirai tous.

(Cet homme) partit ; lorsqu'il arriva vers le chef, il dit : Nous

---

des incantations magiques, comme cela est fréquent dans les contes populaires.

1. On retrouve un peu partout le trait du seul survivant, qui reste tout exprès pour pouvoir raconter le malheur des autres.

avons tous été tués, sauf moi (seul), et tu vois comme je suis. Quand le chef entendit cela, il dit : Qu'une nombreuse troupe y aille. Tous les gens s'assemblèrent. Si tu les comptes, tu en trouverais une centaine. Ils brandirent (leurs armes), ils dirent : Un seul homme pourrait-il l'emporter sur (tant) d'hommes? Aujourd'hui, nous le tuerons. Ils partirent.

Lorsqu'ils arrivèrent au village, ils y trouvèrent la femme. Ils l'interrogèrent. La femme leur dit : Il est allé dans la forêt pour chasser. Ils dirent : Lève-toi et partons; (ou bien) nous tuerons. Elle se leva. En marchant, elle regarda derrière (elle) et dit :

Mbalangwé n'est pas là, Mbalangwé est parti
Pour tuer le gibier dans la forêt, Mbalangwé est parti, etc.

Quand Mbalangwé entendit, son cœur bondit en haut. Il dit : Ils l'ont enlevée. Il vint : *Ngelé! ngelé! ngelé!* Quand il arriva au village, il trouva qu'elle s'en était allée. Il fuma son chanvre. Quand il eut fumé, il alla. Quand il arriva (à proximité), il dit :

O mon plumet, agite, agite-toi,
Que je voie où je dois lancer (mes flèches),

Quand il eut tiré une seule flèche, il les tua tous, sauf un seul; il lui coupa une jambe. Il dit : Vas et dis-leur : Mbalangwé tuera ainsi tous ceux (qui viendront). Cet homme alla en se traînant vers le chef, il lui dit : Tous tes gens ont été tués par Mbalangwé, il les a tous exterminés sauf moi; et tu vois ici comme je suis. Le chef dit : Il tue tous les gens ce Mbalangwé! Il envoya de nouveau une autre troupe. De nouveau il les tua tous, sauf un seul, (auquel) il coupa les lèvres. Quand celui-ci arriva vers le chef, il (le lui) annonça.

Quand les jeunes garçons virent cela, ils dirent : Laisse-nous (aller), afin que nous nous le tuions. Les hommes âgés se mirent à rire. Ils fabriquèrent des arcs, ils firent des dards aigus. Quand ils eurent fait (ces dards), ils brandirent (leurs armes). Les hommes dirent : Restez (ici), n'allez pas là-bas, laissez-le, il vous tuera. Ils refusèrent (de les écouter). Ils partirent. Lorsqu'ils arrivèrent vers la femme, ils dirent : Où est allé ton mari? Elle dit : Il est allé chasser. Ils dirent : Lève-toi. Ils la battirent. Elle se leva, elle partit.

Lorsqu'elle regarda derrière elle, elle dit :

Mbalangwé n'est plus ici, Mbalangwé est parti;
Il est allé chasser, Mbalangvé est parti, etc.

Les jeunes garçons se cachèrent, les uns en arrière, d'autres en avant, d'autres firent marcher la femme. Quand Mbalangwé entendit, il vint : *Ngelé! ngelé! ngelé!* Lorsqu'il arriva au village, il fuma du chanvre. Lorsqu'il eut fumé, il partit. Quand il arriva, il les injuria, il dit :

O mon plumet, agite, agite-toi, etc.

Quand il voulut tirer (ses flèches), ils le percèrent avec leurs dards. Il mourut[1]. Quand il fut mort, ils lui coupèrent la tête. Ils partirent. Tout en marchant, ils chantaient leur chant (de louanges). Ils disaient : Bien que vous ayez dit que nous ne le tuerions pas, nous l'avons (néanmoins) tué. Quand (les gens) entendirent cela, ils sortirent du village, ils dirent : Bien ! nos enfants, vous l'avez tué.

Tout en allant, la femme de Mbalangwé chantait, disant : Araignée, qu'est-ce que ceci [2] ? Elle s'arrêta. Ils lui firent des présents. Elle marcha. Quand elle arriva au village, elle alla vers le chef. Lorsqu'elle fut arrivée vers le chef, elle s'arrêta. Ils apportèrent des ornements, ils les jetèrent à terre (devant elle). Elle marcha. Quand elle fut arrivée sur la natte, elle s'arrêta. Ils prirent des perles et les jettèrent sur la natte. Elle marcha. De nouveau quand elle alla à la hutte et fut arrivée devant la porte, elle s'arrêta. Ils apportèrent des présents et les jetèrent devant la porte [3].

Un jour ils étaient sortis (de leur hutte). Le chef lui dit : Dé-

---

1. Les jeunes gens ou les faibles réussissant là où de plus forts ont échoué ; c'est également un des thèmes les plus populaires du folklore universel.
2. Les paroles de la femme sont assez énigmatiques. Akaende m'affirme cependant qu'elles signifient bien ce que je leur ai fait dire. Selon lui, par ces paroles, elle fait allusion au fait que ce sont de jeunes garçons qui ont tué son mari ; elle les compare à une araignée. Cela voudrait dire : Je n'aurais jamais cru qu'un homme comme Mbalangwé eût pu être tué par des gens aussi peu importants.
3. C'est là ce qui se fait au Zambèze lorsque l'épouse est conduite au domicile conjugal (cf. n° CIV). Elle s'assied à terre et refuse d'avancer jusqu'à ce qu'on lui ait donné des perles ou d'autres objets ; le même manège se reproduit à plus d'une reprise. Il en est de même chez les Ba-Souto et d'autres tribus africaines (cf. n° CIV, notes).

barrasse-moi de mes poux. Quand il se fut assis, elle se pencha en arrière et fut métamorphosée en palmier [1].

C'est ici que finit (l'histoire).

### XXIII. — Ya nyoka na mukatana.

*Liywa lia mutumbi, nyoka aba ti enda-enda, ito ku wana mukatana no ku waba; ito ku mu mona, uku ambola naye : Wene ni ku kwate ndji? Mukati uto ku ambetji : Ku unu, ndji u singa ku ni kwata, v ni kwate. Nyoka ito ku ta ku ashemi no mwana. Ab'a ti ka kela, ito ku ambetji : Ni mu singa mwan'enu. Ao ku ambetji : Momo. Mukatana ito ku mu twala ku mundi wa to. Ab'a kena amasiku, uto ku ambetji : Ni si ta kuli mawe. Nyoka ito ku pumena : U ende, mukat'a nge.*

*Ab'a kela kwao, uto ku ambetji : Mawe, mulume noyi. Nyina ab'a yupela mo, uto ku ambetji : Nga sibi? Uto ku ambetji : Ku nuka mumwe ku feka na nyoka. Ab'a si amba ngeso, munu uto ku kela : Iyi mu amba ngesi ni yike? Uto ku ambetji : Batili, mukatana uyo ni mu ambetji mulume wa ye a tatji muyi. Uto ku ambetji : Kasa munu, ni nyoka. Uto ku ambetji : Kame si ti ko. Uto ku kana.*

*Liywa lia mutumbi, ao ku ta mu ku beba. Nyoka aba ti mona mukat'oyo, ito ku iya, uku mu lema, uku mu twala ku mundi. Aba ti kela, munu mumweya uto ku ambetji : U ka langane wino, u ese ku langana unene. Nyoka aba ti mana ku langana, uto ku tunda mu ndo, uto ku lema isinu, uku si baka mu ndo. Ab'a mana ku si baka mu ndo, uto ku ta, u ka manga ku mwelo, uku lema umulilo, uku fumeka; ndo ito ku bia. Nyoka ito ku biela mo.*

### XXIII. — Le serpent et la jeune fille [2].

Un jour, comme un serpent était en course, il trouva une belle jeune fille. Il la vit, et parla avec elle : Toi, veux-tu que je t'é-

---

1. Il est fort probable que cette femme, bien que le conteur n'en dise rien, est soumise à un *tabou*, comme Mwalé, Séilatsatsi ou Tangatomlibo (cf. n° XX, notes). On peut comparer une métamorphose du même genre dans le conte Souto de *Séilatsatsi* (cf. *Contes des Bassoutos*, p. 206).

2. Le thème du mari-serpent est très répandu dans le folklore Bantou

pouse ? La femme dit : Je ne sais pas ; si tu as envie de m'épouser, épouse-moi. Le serpent alla vers les parents de l'enfant. Lorsqu'il arriva, il leur dit : J'aime votre enfant. Ils dirent : C'est bien. Il emmena la jeune fille chez lui. Le lendemain, elle dit : Je vais vers ma mère. Le serpent y consentit : Vas-y, ma femme.

Lorsqu'elle arriva chez ses parents, elle dit : Mère, mon mari ne vaut rien. Lorsque la mère entendit cela, elle dit : En quoi ? Elle dit : Son odeur sent (mauvais) comme celle d'un serpent. Comme elle parlait ainsi, arrive une autre personne : De quoi parlez-vous donc ainsi ? (La femme dit) : Oh ! cette fille parle de son mari, elle dit qu'il ne vaut rien. (L'autre) dit : Ce n'est pas un homme, c'est un serpent. (La fille) dit : Je n'irai plus là-bas. Elle refusa (d'y aller).

Un jour, ils allèrent danser. Lorsque le serpent vit sa femme, il vint, la prit et la porta chez lui. Comme il arrivait, un homme dit (à la femme) : Dors légèrement, ne dors pas lourdement. Lorsque le serpent fut endormi, (la femme) sortit de la hutte, prit un mortier et le mit dans la hutte (à sa place). Quand elle l'eut mis dans sa hutte, elle alla boucher la porte, prit du feu et la brûla ; la hutte brûla. Le serpent fut brûlé là dedans.

C'est ainsi qu'elle fit.

### XXIV. — Ya ku kwata kwa ndoo.

*Ndoo uto ku enda-enda, uto ku mona mwana-moywe no ku waba; uto ku ambetji : Ni tamba ku mu kwata. Uto ku ta kuli nyina; nyina uto ku kana ndoo. Ndoo uto ku uka. Alume no ku pula ao ku mu singa mukatan'oyo. Mukatano uku kana; uto ku ambetji : Mene ni li mu singa ndoo. Ndoo ah'a yupela mo, uto ku k'oka kuli nyina. Ah'a singa ku kana, mwanukana uto ku ambetji : Mawe, mawe, wa mona wa ni kanisa kuli ndoo, kame ka ni kwatwa. Nyina n'it'a ye ao ku pumena.*

(cf. 2e partie, n° XXII, p. 72, note). Notre conte tient le milieu entre les récits merveilleux des Cafres, Zoulous, Ba-Souto et Ba-Ronga, et la version rationaliste du conte Soubiya. Ici le mari est un serpent qui a pris la forme humaine, tandis qu'ailleurs c'est généralement le contraire. Dans tous les récits, le serpent est brûlé, soit par sa femme, soit par les parents de celle-ci.

*Ndoo uto ku mu twala kwao. Mukatana k'a limukile; ab'a mu mona uyo mulume ku feka munu, uto ku ambetji : Ka siamana, munu na luki. Ab'a kena amasiku, uto ku ambetji : Mukat'a nge, mene ni mu ta mu ku aula. Ab'a mana ku enda ni uta wa ye, aba kela ba iamana, uto u ku bilula ndoo. Ab'a mana ku ibaa iamana, uto ku ukela ku mundi. Ab'a kela, uto ku ambetji : Mene si li nyama no ku imba, kondji no windji. Mukati uto ku komoka. Uto ku tenda ngeso maywa oondje.*

*Munu uto ku iya kuli mukatana : Wene u li muyi, ab'o kwatwa ni siamana ni sike. Mukati uto ku ambetji : Mene si limukile. Ab'a si amba ngeso, likololo ilio ku kela : U iye, ni ku mine, ni ku twale kuli nyoko. Uto ku pumena. Ilio ku mu mina. Aba li mana ku mu mina, ilio ku mu twala. Aba li kela kuli nyina : Ni luse indowa ndji? Nyina ab'a monena mo : Apwaa! u twal'oko; si ku singi. Anyi anukuna, mu iy⁓, mu li ibae. Ao ku kana, Ilio ku lusa mwan'a ye! Mushemi uto ku tangalala. Mushemi no mwana-moywe uto ku li ba itingombe no ku pula.*

### XXIV. — Le mariage du léopard [1].

Le léopard alla se promener; il vit une fille fort belle. Il dit : Je l'épouserai. Il alla vers sa mère ; la mère refusa (la demande) du léopard. Le léopard partit. Beaucoup d'hommes demandèrent cette jeune fille. La jeune fille les refusa ; elle dit : Pour moi, j'aime le léopard. Lorsque le léopard l'apprit, il retourna vers la mère (de la fille). Comme la mère refusait, la fille dit: Mère, mère, si tu refuses de me (donner) au léopard, je ne me marierai jamais. La mère et le père consentirent.

Le léopard la mena chez lui. La fille ne savait pas (ce qui en était) ; comme elle voyait que son mari ressemblait à un homme, elle se disait : Ce n'est pas un animal, c'est un homme jusqu'à ses cheveux. Le matin venu, (son mari) lui dit : Ma femme, je vais

---

1. Dans les contes africains, il est fréquemment parlé de mariages entre des animaux et des femmes (cf. 2ᵉ partie, p. 76 note). Ici, comme dans plusieurs des contes Héréros de Brincker, le léopard a pris une forme humaine, et la femme croit qu'elle épouse un homme véritable. On peut comparer aussi le conte Ronga : *Doukouti, l'homme-hyène* (Junod, *Les Ba-Ronga*, p. 283).

chasser. Quand il fut parti avec son arc, et qu'il arriva là (où il y avait) du gibier, il devint un léopard. Quand il eut tué du gibier, il revint chez lui. Arrivé (chez lui), il dit : Pour moi, je ne mange pas de viande cuite, mais seulement de la crue. La femme fut étonnée. Il fit ainsi tous les jours[1].

Quelqu'un vint vers la jeune fille (et lui dit) : Tu es une mauvaise (femme) d'avoir (consenti à) être épousée par un pareil animal. La femme dit : Je ne savais pas (que c'était un animal). Comme elle parlait ainsi, une grosse grenouille arriva, (et dit) : Viens que je t'avale, que je t'emporte vers ta mère. Elle y consentit. (La grenouille) l'avala[2]. Quand elle l'eut avalée, elle l'emporta. Quand elle arriva vers la mère, (elle dit) : Dois-je vomir de la boue ? Quand la mère vit (la grenouille, elle cria) : Pouais ! va-t'en là bas, je ne veux pas de toi. Vous, les garçons, allez-la tuer (cette grenouille). Ils ne voulurent pas. Alors (la grenouille) vomit l'enfant (de cette femme). La mère se réjouit. La mère de cette fille donna (à la grenouille) beaucoup de bétail[3].

---

1. Dans un récit Héréro (cf. Brincker, *Herero Wörterbuch*, p. 329), des lions métamorphosés en hommes refusent également de manger de la viande cuite.

2. Dans le conte Ronga de *Doukouli*, c'est également une grenouille qui sauve la femme et ses compagnes ; mais, au lieu de les avaler, comme ici, elle leur fait passer une rivière sur un radeau. Dans le conte Zoulou de *Undhlubu et la grenouille* (Callaway, p. 239), et dans le récit Ronga : *L'homme au grand coutelas* (Junod, *Contes des Ba-Ronga*, p. 149), nous avons, par contre, le même incident qu'ici, la grenouille qui avale la jeune fille et la ramène à ses parents.

Il est curieux de remarquer que le nom même donné ici à la grenouille, *likololo*, pl. *makololo*, est celui que portait au Zambèze la horde soutochwana de Sebetwane. On les appelait, en effet, *Ma-Kololo*; l'origine et l'étymologie de ce nom sont encore obscures. Faut-il voir dans cette identité de nom une simple ressemblance? ou bien, au contraire, serait-ce là l'origine même du nom de *Ma-Kololo*? J'attire là-dessus l'attention de ceux qui s'intéressent à ces questions.

3. La grenouille du conte Zoulou est récompensée de la même façon ; ainsi que l'oiseau *Tlatlasolle* du conte Souto : *L'oiseau qui fait du lait* (Jacottet, *Contes des Bassoutos*, p. 123).

## XXV. — Y'akatana na lingongole.

*Akatana ao ku ta mu ku yoana. Mukatana mumweya u mu limbile; uto ku ambetji : Ni ende netu mu ku yoana. Ao ku ambetji : Ka tu singi. Uto ku enda wino ku nyima. Ab'a kela, ao ku yoana. N'oyo uku yoana mu liambai. Ab'a mu mona, ao ku ambetji : Tu ende, tu ka mu minise. Ab'a ta ko, uto ku twela kwindji na liambai; uto ku angana ni lingongole; ilio ku mu kwata, ilio ku mu baka itimande n'itinyanga. Ab'a tumuka, ao ku mu mona; ab'a mu mona, ao ku mu isana. Uto ku uka kuli mbumw'a ye. Aba a mana ku yoana, ao ku omboka, n'oto u ka omboka ni itimande ta ye, uku ta kuli nyina. Nyina ab'a mana ku mo mona, uto ku ukela kuli mbumw'a ye. Ab'a kela, uku ikala. Mbumw'a ye uto ku ambetji : U te kuli nyoko, u ka mu mone. Mukatana uto ku ta. Uto ku leya umwana; uyo mwana k'a li ilia yu ku koñela; kame k'a li isilia, kondji umwemwe wa nyina. Mukati uto ku ambetji : Ni li mu singa ku ta kwatji. Lingongole ilio ku pumena; ilio ku ambetji : U ese u ka mu lisa isilia, u tamba ku fa. Uto ku ambetji: Momo. Ilio ku mu ba itimande no ku pula. Kame ilio ku ambetji : Wa mona mwan'a nge a ka fa, ni tamb'o ku ibaa, ni tamba ku ibaa ni mundi wa kwanyi oondje. Mukati uto ku ta kuli nyina, uto ku mu ba ufumo. Kame uto ku ambetji : Mawe, u ese ku ba mwan'oyu ilia; wa mona wa mu ba u tamba ku fa. Uto ku ambetji : Momo, mwan'a nge. Liywa lia mutumbi, nyina uto ku ta ku lima. Ab'a kela ku ku lima, mwan'a ye uto ku siala ku mundi. Ab'a siala ngeso, nyako lia ye uto ku mu ba ilia, uto ku lia. Ab'a mana ku lia, nyina uto ku kela, ku mu wana u lia. Ab'a mana ku lia, uto ku ala nyina ku mioo, uto ku fa. Nyina uto ku ambetji : Balelo ni tamba ku tenda nga sibi? ni tamba ku ta kubini? mawe! mwan'a nge. Lingongole aba li yupa ngeso, ilio ku ombok . ; aba li kela ba mundi, ilio ku aba ilikwina; ameyi ao ku tund'omo mu likwina. Anu oondje ao ku manena mu meyi, ao ku fa. Ilio ku uka ni mukat'a lio; ao ku ta mu meyi.*

## XXV. — Les jeunes filles et le grand serpent des eaux[1].

Des jeunes filles allèrent se baigner. (Il y avait) une jeune fille qu'elles détestaient. Elle leur dit : Je veux aller avec vous me

1. Une description du grand serpent des eaux (*lingongole*, en Louyi;

baigner. Elles répondirent : Nous ne voulons pas. Elle alla tranquillement derrière (elles). Arrivées (au fleuve), elles se baignèrent. Elle aussi se baigna dans le fleuve[1]. Quand (les autres) la virent, elles dirent : Allons, et noyons-la. Lorsqu'elles furent là, elle plongea dans le fleuve ; elle rencontra le grand serpent. Celui-ci la prit ; il lui mit des *imandé*[2] et des bracelets. Lorsqu'elle sortit (de l'eau), (les autres) la virent ; elles l'appelèrent. Mais elle retourna vers son mari. Quand elles eurent fini de se baigner, elles sortirent (de l'eau) ; elle aussi en sortit avec ses *imandé* ; elle alla vers sa mère. Lorsque sa mère l'eut vue, (la jeune fille) retourna vers son mari. Arrivée là, elle y demeura. Son mari lui disait : Va vers ta mère, qu'elle te voie. La jeune fille y allait. Elle mit au monde un enfant ; cet enfant ne mangeait pas de nourriture cuite ; il ne mangeait aucune nourriture, si ce n'est le lait de sa mère[3].

La femme dit (un jour) : Je désire aller chez nous. Le grand serpent y consentit. Il lui dit : Ne lui donne pas à manger (d'autre) nourriture, il mourrait. Elle répondit : C'est bien. Il lui donna beaucoup d'*imandé*. Il lui dit encore : Si mon enfant meurt, je te tuerai ; je tuerai aussi tous (les habitants) du village de chez vous.

La femme alla chez sa mère, elle lui donna des présents. Elle dit aussi : Ma mère, ne donne rien à manger à cet enfant ; si tu lui donnes (à manger), il mourra. (La mère) dit : C'est bien, mon enfant. Un jour, la mère (de l'enfant) alla labourer. Lorsqu'elle alla labourer, son enfant était resté au village. Comme il était

*ngongodi*, en Soubiya) est donnée dans un texte Soubiya de la 2ᵉ partie (n° XLIX). On peut rapprocher de notre conte ceux des contes Bantou qui parlent de jeunes filles recueillies dans les eaux par un crocodile, un hippopotame, une vieille femme, etc. Ainsi parmi les Ba-Souto, ceux de *Koumongwé* (Jacottet, *Contes des Bassoutos*, p. 187) et de *Mosimodi et Mosimotsane* (ibid., p. 233 et A. Sekese, p. 205) ; chez les Be-Chwana, celui de *Kgolodihane* (*Folk-Lore Journal*, 1879, p. 110) ; chez les Bâ-Ronga, ceux du *Petit détesté* (Junod : *Contes des Ba-Ronga*, p. 170) et de la *Jeune fille et la baleine* (ibid., p. 229), etc. Dans l'idée des peuples primitifs, le fond des lacs et des fleuves est un pays qu'habitent de nombreux habitants.

1. Fleuve se dit en Louyi *liumbai*. C'est le mot, prononcé un peu différemment par d'autres tribus, dont provient le nom même du Zambèze.
2. Pour les *imandé*, cf. n° XXI, notes.
3. C'est encore un *tabou*, comme celui de *Mwalé* (cf. n° XX, notes).

ainsi resté, sa grand'mère lui donna à manger ; il mangea. Quand il eut mangé, la mère arriva; elle trouva qu'il avait mangé. Quand il eut fini de manger, il tourna ses yeux vers sa mère et mourut. La mère dit : Aujourd'hui que ferai-je? Où irai-je? Hélas! mon enfant ! Quand le grand serpent apprit cela, il sortit (du fleuve). Quand il arriva au village, il creusa un grand trou; l'eau sortit de là, de ce trou. Tous les gens disparurent dans l'eau ; ils moururent. Il s'en retourna avec sa femme ; ils rentrèrent dans les eaux [1].

### XXVI. — Sitondo se iamana.

*Iliywa ilitjili itingombe ito ku futwa, ito ku kela mu itondo no ku waba, uku wana isitondo isitjili no ku waba sã sa makolwa. Anatula n'añundi ao u ku tundisa mu tingombe, ao ku kela abo ba sitondo. Uñundi uto ku tunda mu anatula n'añundi. Ito ku si tamuna, ito ku ambatji : Uu ni mutondo w'añundi n'anatula, ka u liwa ngombe; mwa ti tunda umo mu sitondo sa ku waba-waba; mu iye, mu lie, an'a nge. Añundi ao ku iya, uku iya, ku lia, Aba ti ikuta, anatula ku iya, ku lia. — Yikeni iyi mu lia? — Ilia y'añundi ni y'anatula. — Mu na li? — Eni. — Mu iye kuno, mu ese ku ambela ku tingombe, ku ambatji : Tu na li ilia no ku waba; mu k'ambetji : ilia iyi tu na li mutondo w'anu, ka i liwa ngombe, kondji ñundi, t'o i lia n'anatula, ñundi wa lungundwe mu lubala uyu wa lia isi isitondo. Munu na ku mona ku ambatji ñundi n'wa ku lia isitondo sa ye. Aba tu li'esitondo isi n'anatula, anyi ka mu si li, mu ndoko mu ka lie umopu uu tu lia toondje; kas'esi isitondo isi mu si lia.*

*Ito ku ta ku mundi. Mukwalumbo ab'a mon'eti itingombe ti kela tembutji, uto ku ambatji : Itingombe ta nge ito uku ti na ti ni kubini? Uto ku enda-enda, ku ti singa, u ka ti wana abo ba sitondo no*

---

1. Dans les traditions populaires d'autres nations, on retrouve souvent le trait de l'inondation envoyée par Dieu ou les génies en punition d'un crime. Stanley rapporte une légende du même genre que racontent les riverains du lac Tanganyika. Le folklore africain est, semble-t-il, fort pauvre en légendes de cette espèce, mais il faut se rappeler que nous ne connaissons encore que fort peu de chose du folklore des populations riveraines du Zambèze, du Congo, du Nil, du Niger ou des grands lacs de l'Afrique équatoriale.

*ku waba. Uto ku ambatji : Ñundi wa ku lwa, yikeni iyi mu londile muno? Ñundi mutjili uto ku mu ala, uto ku ambatji : Sitondo no ku waba isi si leya itingombe, tu na si wana muno; aba tu lia, tu ikalile muno. — Mu iye, tu ende ku mundi. Uto ku ti koña, ku ti twala ku mundi. Aba ti kela ku mundi, itingombe ito ku shema angotjana no anatula. Aba ti bilula, ito ku shema itiñati itondje*[1]. *Iliywa ilitjili, iti itingombe aba ti ukela, itondje tondje ito ku fa. Uminy'a to ab'a ambatji : Ni si ka lond'etingombe ta nge, ni mu ka wana amangotjana na mwak'oyu ni a uno mwaka, n'anatula ni añundi; itingombe tondje ti na fu. Uto ku ambatji : Mawe! mawe! mene uku ni tamba ku ti wana ni kubini itingombe? Uto ku ambatji kuli miwan'a ye ni mukat'a ye : Ni tamba ku tenda nga sibini? — Toto iti, iti iwa ti na fu, iti ni itingombe. — O! o! momo; iti ni inyama, tu ka lie; mu iye, tu wae. Ao ku mana ku waa. Ab'a li'etinyamu, ta kana ku liwa. — Itinyama ta maloya! Añundi ao ku lila n'anutula, ao ku tenda : Uu! uu! uu!*

### XXVI. — L'arbre des animaux [2].

Un jour les bœufs étaient menés au pâturage; ils arrivèrent à un bel arbre, et trouvèrent que c'était un arbre inconnu qui n'avait pas de branches. Les taureaux et les bœufs se séparèrent des vaches, et s'approchèrent de cet arbre. Un taureau sortit d'entre les bœufs et les taureaux; il mangea le premier de cet arbre et dit : Cet arbre-ci appartient aux taureaux et aux bœufs, les vaches n'en mangent pas; c'est de cet arbre si beau qu'elles descendent; venez et mangez, mes enfants.

Les taureaux vinrent et mangèrent. Quand ils furent rassasiés, les bœufs vinrent et mangèrent. — Que mangez-vous là ? — La nourriture des taureaux et des bœufs.— Vous avez mangé? — Oui. — Venez ici, ne dites pas aux vaches que vous avez mangé de la nourriture excellente, mais dites-leur : la nourriture que nous

---

1. Litt. : Lorsqu'elles changèrent, elles mirent bas seulement des femelles; c'est-à-dire lorsqu'elles mirent bas une autre fois, le sexe des veaux fut différent.

2. Je ne connais aucun autre conte qu'on puisse comparer à celui-ci. L'arbre du roi des animaux des contes Soubiya (2ᵉ partie, p. 38 et 39) est tout autre que celui dont il est question ici.

avons mangée c'est l'arbre des chefs, les vaches n'en mangent pas, le taureau seul en mange avec les bœufs; le taureau au front couvert de rides, c'est lui qui mange de cet arbre. Le maître (de l'arbre) a dit que c'est au taureau à manger de son arbre. Pendant que nous mangeons de cet arbre avec les bœufs, et que vous vous n'en mangez pas, allez et mangez l'herbe que nous broutons tous; ce n'est pas un arbre dont vous devez manger.

(Les vaches) retournèrent au village. Quand le berger vit les vaches revenir seules, il dit : Où est donc allé mon bétail ? Il alla de côté et d'autres pour les chercher, il les trouva près de ce bel arbre. Il dit : Taureaux batailleurs, qu'êtes-vous venus chercher ici ? Un des taureaux le regarda et dit : Ce bel arbre-ci qui donne naissance aux vaches, nous l'avons découvert; nous sommes restés ici à le manger. — Venez et allons au village. Il les chassa (devant lui) et les conduisit au village. Quand elles furent arrivées au village les vaches mirent bas des veaux mâles. Lorsqu'elles (mirent bas) d'autres (veaux), tous étaient des femelles. Un jour, comme ces vaches devaient rentrer (au village), elles moururent toutes. Leur maître dit : Je vais chercher mon bétail; il (ne) trouva (que) les veaux de cette année et de l'année précédente, ainsi que les bœufs et les taureaux ; les vaches étaient toutes mortes[1]. Il s'écria : Hélas! hélas! où retrouverai-je des vaches? Il dit à sa femme et à son enfant : Comment ferai-je? — Si celles-là sont mortes, en voici d'autres, (ces veaux) aussi sont du bétail. — O! o! c'est bien ; (celles qui sont mortes) sont de la viande; mangeons-la; allons enlever leurs peaux. Ils allèrent les écorcher. Quand ils voulurent manger la viande on ne put la manger[2]. Ils (dirent) : Quelle chose étrange que cette viande ! Les taureaux et les bœufs pleurèrent ; ils beuglèrent : ou! ou! ou!

### XXVII. Singalamba.

*Mulume umutjili n'o tila mu ca na mwan'a ye mu liyungu, uku*

1. Ce sont les taureaux et les bœufs seuls qui vivent, puisque ce sont eux seuls qui ont mangé de cet arbre. Les veaux des deux dernières années survivent également, puisque les vaches qui les ont mis bas n'avaient été couvertes par les taureaux qu'après que ceux-ci avaient mangé de cet arbre.

2. Probablement parce qu'elle était trop coriace. Les Africains mangent

ta mu ku aula ; nab'a na ku aula, uku ulwa iamana ; nab'a na ku ibaa mwan'a ye. Uto ku yaneka inyama ta ye ; aba ti kukuta, uto ku ti nunga, uto ku ta ku mundi ; uto ku enda, mu yupa ilikwitji ili mu imba :

Teya, teya, uyu mulume, uyu mulume wa lia mwan'ende[1], te!
Aba ni ka kela ku mundi, ni ka ambetji te!
Kayama ka munu ako, Singalamba wa lia mwan'ende, te!

Uto ku tema imitondo, uku yumba; uto ku fula, uto ku lema, uto u ka tumbwela umulilo, uto u ka bona, uto ku enda,

Nab'a ka yupa kame nenya ka ka nenga kuso :
Teya, teya, uyu mulume, uyu mulume wa lia mwan'ende, te ! etc.

Uto ku tjila, uto ku tema kame, u ka yumba ; uto u ka shuta ; ako ku utuka, uku ta kuso kame. Ako ka imba, ndji :

Teya, teya, uyu mulume, uyu mulume, etc.

Aba ka tunda bo u k'ekala beulu no ndo ta ye Ako ku imba kame :
Teya, teya, uyu mulume, uyu mulume, etc.

Anu na mu mundi ab'a yupela mo, ao ku ambetji : Ka tu yupe kano akayunyi umu ka lilela. Ako ku imba kame :

Teya, teya, uyu mulume, uyu mulume, etc.

Anu na mu mundi ao ku tongoka, ndji : Itinyama muendi ta mwan'a ye. Uminy'a mwana no mukati uto ku tumena undumbana kuli nyina na sit'a ye, ndji : U ka mone uyo mwanuke u na ku let'enyama, ndji na ku kela, ndji k'a si kela. Nyina wa ye uto ku mu amula, too : Ka tu mu yii. Undumbana uku ukela ku mundi, uto ku ambetji. A tatji k'a ka kela. Nyina wa ye uku ibanguta umulume, ndji : U ngambele ndji itinyama inyama ta mwan'a nge ? Umulume uto ku kana, ndji : Umwanuke, n'inyama a na ku twala kuli nyako lia ye. Kame umukati uku tuma undumbana, ndji : U k'ebangute kuli mawe, ndji : Umwanuke u na ka leta inyama k'a si kela ? Nyina wa ye uto ku amula kame, too : Ka tu mu yii. Undumbana uku ukela ku mundi, uto u ka kela kuli nyina, ndji : A tatji ka

---

toujours le bétail mort, quelle que soit la maladie à laquelle il ait succombé. Un proverbe des Ba-Souto dit : *Bitla la khomo ke molomo* : le tombeau du bétail c'est la bouche !

1. Dans *mwan'ende*, *ende* semble être une forme archaïque du pronom possessif de la 3ᵉ pers. 1ʳᵉ cl. = *mwan'a ye*. D'après Carvalho (*Methodo pratico da Lin ua da Lunda*), le pron. possessif de la 3ᵉ pers. est *endi* en Lounda.

*a mu limukile. Umukati uku ibanguta kuli mbumu wa ye, ndji : U ngambele, ndji inyama ndji inyama ta mwan'a nge. Umulume uto ku pumena, ndji : Si na mu ibaa. Umukati uku lila. Ab'a mana ku lila, uku nung'enu ya ye ku ta kuli nyina. Anu na ku mundi ao ku komoka, ndji : Inyama tu na ku lia, inyama no mwanuke.*

## XXVII. — Singalamba.

Un homme était allé avec son enfant dans la brousse. Il allait chasser; pendant qu'il chassait, il ne rencontra aucun animal. Alors il tua son enfant. Il étendit sa chair (au soleil); lorsqu'elle fut sèche, il la lia en paquets et retourna chez lui. En chemin, il entendit un oiseau qui chantait :

    Teya, teya! cet homme-là, cet homme-là a mangé son enfant, té!
    Lorsque j'arriverai au village, je leur dirai, té!
    Que cette viande est de la chair humaine; Singalamba a mangé son enfant, té[1]!

(L'homme) prit des bâtons et les jeta (contre l'oiseau); il le frappa, le prit et fit un feu pour le (brûler); il le brûla; il continua sa route[2]. Alors il entendit de nouveau (l'oiseau) qui chantait ainsi devant (lui) :

    Teya, teya! cet homme-là, cet homme-là a mangé son enfant, té! etc.

Il eut peur; il coupa de nouveau (des bâtons), les jeta (à l'oiseau); il le manqua. (L'oiseau) vola et alla de nouveau devant lui. Il chanta, disant :

    Teya, teya! cet homme-là, cet homme-là a mangé son enfant; té! etc.

1. L'oiseau révélateur d'un crime se retrouve très souvent dans les contes africains (cf. 2ᵉ partie, p. 72, note). Aux exemples cités on peut ajouter le conte Ronga de *Nwahoungoukouri* (Junod, *Les Ba-Ronga*, p. 311). Ce dernier conte est presque identique au nôtre, à la seule différence près que dans le conte Ronga l'homme tue, non son enfant, mais sa femme.

2. Dans la plupart des contes l'oiseau révélateur est également tué par le coupable et revient à la vie pour dénoncer son crime.

Il partit de là et se posa sur la hutte (de cet homme). Il chanta de nouveau :

Teya, teya! cet homme-là, cet homme-là a mangé son enfant, té! etc.

Les gens, au village, eurent des soupçons, disant : Cette viande ne serait-elle pas la chair de son enfant? La mère de l'enfant envoya un jeune homme à sa mère et à son père, disant : Va voir si cet enfant qui apportait la viande est arrivé ou n'est pas encore arrivé. Sa mère nia, disant : Nous ne l'avons pas vu. Le jeune homme retourna chez lui et dit. Ils disent qu'il n'est pas arrivé. La mère (du petit garçon) demanda à son mari : Dis-moi si cette viande n'était pas la chair de mon enfant? Le mari nia, disant : Le garçon est allé porter la viande à sa grand'mère. La mère envoya de nouveau un jeune homme, disant : Demande à ma mère si le garçon qui lui apportait de la viande n'est pas encore arrivé. La (grand') mère nia de nouveau, et dit : Nous ne l'avons pas vu. Le jeune homme retourna au village; il arriva vers la mère (du garçon), et lui dit : Ils disent qu'ils ne l'ont pas vu. La femme demanda à son mari : Dis-moi si cette viande était la chair de mon enfant. Le mari avoua, disant : Je l'ai tué. La femme pleura. Après qu'elle eut pleuré, elle fit un paquet de ses effets, et alla chez sa mère. Les gens du village furent étonnés, et dirent : La viande que nous avons mangée était la chair du petit garçon [1].

### XXVIII. — Mulume na mukat'a ye.

*Uyo mulume na ku tila ku tunda kwao ku t'o ka aula [2]. Nab'a na ku enda muendo mule mule, nab'a na ku kela ku litunga ili ā limukile. Uto ku ŵana mwan'a mukati muwa muwa. Nab'a na ku mu singa ndji : ni mu kwate. Anyina na sit'a ye ao ku pumena, ndji : U mu kwate. Umulume uto ku mu kwata. Ao ku ikala, ao ku ikala. Umulume uto ku ambela umukati, ndji : Ni mu singa ku ta kwatji, u ambele nyima oe [3] na sit'oe, ndji : Mbumw'a nge ni mu singa ku ukela kwao. Anyiana na sit'a ye ao ku pumena.*

1. Dans une variante provenant de Kaboukou, le père coupable est brûlé dans sa hutte.
2. = *Ku ta u ka aula.*
3. Généralement : *nyoko.*

Ao ku enda, ao ku enda muendo mule mule. Ao ku wana ilishebo lindi lindi mu ndila. Umulume uku ibanguta umukati, ndji : *Nga sibi sa tu ende bano ku fa ilishebo?* Umukati uku mu tambula, ndji : *Nga sibi?* Umulume too : *Tu ibae ku an'etu mumweya.* Umukati uku kana, ndji : *Si singi an'a nge uku a ibaa.* Ao ku enda. Ab'a kela mu ndila, usiku a langanine, umulume uku lema mwana, uto ku mu ibaa. Umukati ab'a inguka, ni mu wana umulume u tamb'enyama. Umukati uku mu ibanguta, ndji : *Itinyama uk'u na ti wana?* Umulume uto ku mu tambula, ndji : *Ta mwan'etu, si n'ebaa.* Umukati uto ku lila, uto ku imba ulusimo, ndji :

*Nzee, nzee, kayunyi, munze*[1]*!*
*Kwa mawe, kwa mawe n'ule, kwa mawe n'ule, kayuni munze!*
*Ku shema likumi, ku shema likumi, ku mana, kayunyi munze!*
*Uku manena mu ndila, kayunyi munze!*

Umulume ab'a yupela mo, uto ku tjila, ndji : *Mukat'a nge muwa muwa, ni nga sibi sa ni mu tende?* Umukati uto ku ne:ga kame :

*Nzee, nzee, kayunyi munze!* etc.

Ao ku enda, ao ku enda. Ab'a kela abatjili, uto ku lema umutjili, uto ku mu ibaa. Umukati uto ku lila, ndji :

*Nzee, nzee, kayunyi munze!* etc.

Umulume uto ku tjila kame; ao ku enda. Ab'a kela kame abatjili, uto ku lema umutjili, uto ku mu ibaa. Umukati uto ku lila, uku imba ulusimo, ndji :

*Nzee, nzee, kayunyi munze!* etc.

Uto ku mana ana oondje. Ao ku isana iyunyi yondje yondje : *Anyi iyunyi uyu s'o pwatula ilipumo lia nge, mb'i mu bu*[2] *mwan'a nge, a mu kwate.* Iyunyi yondje uku iya; umulume uku alama. Siyunyi isitjili uku iya, ku iya ku tondomona ba lipumo lia mbumu. Iso ku kangwa. Isitjili iso ku iya kame, iso ku kangwa. Iyo ku iya ngeso ngeso, iyo ku kangwa. Uto ku iya kambala-matindi; uto ku iya ku tondomona ba lipumo. Uto ku pwatula; ana uku bana ba lipumo lia sit'oo. Umukati uku wabelwa ni mulume, ao ku wabelwa. Kambala-matindi uto ku saa'wa ye umukati; uto ku wana oondje n'awa. Kambala-matindi uto ku ambetji : *T"oyu sa ni wane ta namba ku twala.* Kambala-matindi uto ku lema wa ye, uku mu

---

1. Munze est peut-être un mot Totela ; je ne puis en donner la signification.
2. Kwangwa. En Louyi on aurait plutôt : *mb'i mu bi.*

twala. Nalungwana uto ku ambetji : Ni mene mu ni be ko wa nge.
Usit'a ye uto ku kana, ndji : T'oyu kambala-matindi t'e na toyo,
ndji : Uyu s'o pwatula an'a nge ta sa ni be umutjili, t'a mu kwate.
Ab'a tunda bo, ao ku enda. Ab'a ka kela mu mundi, anyin'oyu
mulume ao ku wabelwa, ao ku a shwaela itingombe ni itimbongo.
Ao ku wabelwa. Ab'a mana ku ikala, umukati uku ambela mbumw'a
ye, ndji : Ni mu singa ku ukela kwatji. Umulume to : Momo,
tu si ku tukisa. Inako[1] aba ti kela, ao ku enda. Umulume uto ku
lema umutjili, uku mu ibaa. Umukati uku lila, uto ku imba ulusimo, ndji :

Nzee, nzee, kayunyi munze! etc.

Ao ku enda; kame umulume uku lema umutjili, uku mu ibaa.
Ao ku wa'enyama. Umukati uto ku lila, ku nenga ulusimo; ndji :

Nzee, nzee, kayunyi munze! etc.

Ao ku enda, ao ku a mana oondje ngeso, kondji mumweya muwa
muwa. Ab'a kela kwao umukati mu kela to lila, ndji :

Nzee, nzee, kayunyi munze! etc.

Nyina na sit'a ye uku mu ibanguta, ndji : Isi u lilela ni sike?
Umukati uku shweka. Ao ku mu ibanguta kame, ndji : Isi u lilela
ni sike? Umukati uku shweka. Nyina uku mu ibanguta, ndji : An'oe
ni kubi a ka li? Umukati too : An'a nge aba tu na ku ta kwao,
mbumw'a nge mu a lema, uku a liela bandila. Na b'ana ku isana iyunyi
yondje, ndji : T'oyu s'o pwatula ilipumo lia nge, ta s'o kwata
mwan'a nge. Iyunyi yondje uku ungana, naba i na ku kangwa
iyondje, kambala-matindi t'o na ku pwatula ilipumo lia mbumw'a
nge; ana ao ku bana. Aba tu iy'o k'oka[2], kame uto ku a lia; naba tu
na ku isana iyunyi, atji uku ulwa siyunyi sa si pwatula ilipumo, ni
balino mwa a si li mu lipumo lia sit'oo. Umulume ao ku mu yuti-
lela mu ndo; ao ku mu yumena ilia; mw'a na ku fela umo mu ndo.
Umukati kame k'a kwatwa.

XXVIII. — Histoire d'un homme et de sa femme.

Cet homme était parti de chez lui pour aller chasser. Il fit un
long, long voyage, et arriva dans un pays qu'il ne connaissait pas.
Il y trouva une jeune fille fort belle. Alors il désira l'épouser. Son

1. *Tukisa* et *inako* sont des mots empruntés au Souto.
2. = *Iya u ka uka*.

père et sa mère consentirent, disant : Épouse-la. L'homme l'épousa. Ils demeurèrent (là), ils (y) demeurèrent. L'homme dit à sa femme : Je désire retourner chez nous, parle à ta mère et à ton père, disant : Mon mari désire retourner dans son pays. La mère et le père y consentirent.

Ils partirent, ils firent un long, long voyage. En chemin ils souffrirent beaucoup de la faim. Le mari demanda à sa femme : Pourquoi continuerions-nous à mourir ainsi de faim? La femme lui répondit : Comment (pourrions-nous faire)? Le mari dit : Tuons un de nos enfants. La femme refusa, disant : Je ne veux pas qu'on tue mes enfants. Ils allèrent (plus loin). En route, une nuit pendant qu'ils dormaient, le mari prit un des enfants et le tua. A son réveil la femme vit que son mari découpait des morceaux de viande. La femme lui demanda : Où as-tu trouvé cette viande? L'homme lui répondit : C'est (la chair) de notre enfant : je l'ai tué. La femme pleura, et se mit à chanter, ainsi :

Nzéé, nzéé! petit oiseau; hélas!
Là bas, chez ma mère, chez ma mère, chez ma mère, là-bas! hélas! petit oiseau!
J'ai enfanté dix (enfants), j'ai enfanté dix (enfants); ils ont disparu, hélas! petit oiseau!
Ils ont tous disparu sur la route, hélas! petit oiseau.

Quand le mari l'entendit (chanter) ainsi, il eut peur, et se dit : Ma femme est si belle, que pourrais-je lui faire? La femme se remit à chanter :

Nzee, nzee, hélas! petit oiseau, etc.

Ils allèrent, ils allèrent. Arrivés à un autre endroit, (le mari) prit un autre (enfant) et le tua. La mère pleura, disant :

Nzee, nzee! hélas! petit oiseau, etc.

Le mari fut de nouveau effrayé. Ils allèrent (plus loin). Arrivés de nouveau à un autre endroit, il prit un autre (enfant) et le tua. La femme pleura et se mit à chanter :

Nzee, nzee, hélas! petit oiseau, etc.

Il mangea (ainsi) tous les enfants. Ils appelèrent tous les oiseaux : Vous, oiseaux (venez); celui qui percera mon ventre, je lui donnerai mon enfant, pour qu'il l'épouse. Tous les oiseaux vinrent; l'homme se coucha sur le dos. Un oiseau vint, il vint et (essaya de) percer le ventre du mari. Il ne put pas. Un autre vint ensuite, il ne put pas. Ils vinrent ainsi (tous); ils ne purent (percer le ventre). Enfin vint le *kambala-matindi*; il vint et piqua le ventre. Il le perça; les enfants sortirent du ventre de leur père[1]. La femme s'en réjouit avec son mari; ils s'en réjouirent. Le *kambala-matindi* voulut choisir sa femme; il trouva que toutes les filles étaient belles. Il dit : Celle que je choisirai, je l'emporterai. Il prit celle (qu'il avait choisie) et l'emporta. Le *naloungwana* dit : Moi aussi, donne-moi la mienne. Le père refusa, disant : C'est au *kambala-matindi* que j'ai dit : Celui qui percera (mon ventre pour en faire sortir) mes enfants, je lui donnerai une (de mes filles), pour qu'il l'épouse.

Quand ils partirent de là, ils allèrent (plus loin). Quand ils furent arrivés au village, la mère de cet homme se réjouit, elle tua pour eux des bœufs et des moutons. Ils se réjouirent. Après qu'ils eurent demeuré (quelque temps), la femme dit à son mari : Je désire retourner chez nous. Le mari dit : C'est bien, nous nous préparerons. Quand le moment fut arrivé, ils partirent. Le mari prit (de nouveau) un (enfant); il le tua. La mère pleura et se mit à chanter :

Nzee, nzee, hélas! petit oiseau, etc.

Ils allèrent (plus loin). Le mari prit de nouveau un autre (enfant) et le tua. Ils en mangèrent la viande. La femme pleura et se mit à chanter :

Nzee, nzee, hélas! petit oiseau! etc.

Ils allèrent (plus loin), ils les (tuèrent) tous de cette manière, sauf un seul qui était très beau. Lorsqu'ils arrivèrent chez eux, la femme arriva en pleurant, et disant :

Nzee, nzee, hélas! petit oiseau! etc.

Sa mère et son père lui demandèrent : Pourquoi pleures-tu? La femme cacha (ce qui était arrivé). Ils lui demandèrent de nouveau : Pourquoi pleures-tu? Elle le cacha. Sa mère lui demanda : Où sont tes enfants? La femme dit : Lorsque nous allions chez mon mari, celui-ci a pris mes enfants, et les a mangés en route. Alors il a appelé tous les oiseaux, disant : Celui qui percera mon ventre épousera ma fille. Tous les oiseaux se rassemblèrent; mais aucun

1. De la même manière le *katwitwi* (un tout petit oiseau comme le *kambala-matindi* de notre conte) perce le ventre de *Seedimwé* (2ᵉ partie, nᵒ XVI), et tous ceux qu'il avait dévorés en sortent. Le trait est très commun dans les contes africains (cf. 2ᵉ partie, p. 64, note).

ne l'a pu faire, *c'est le kambala-matindi* qui a percé le ventre de mon mari; les enfants en sont sortis. Lorsque nous revenions (ici), (mon mari) les a de nouveau mangés; et quand nous avons appelé les oiseaux, nous n'avons pas trouvé un seul oiseau qui pût percer le ventre (de mon mari), maintenant encore ils sont dans le ventre de leur père.

Ils enfermèrent l'homme dans une hutte : ils le privèrent de toute nourriture. Il mourut là dans cette hutte. Quant à la femme, elle ne trouva plus de mari.

### XXIX. — Umulume na mukat'a ye.

*Umulume uto ku kwata mukati muwa muwa. Umukati uto ku ambetji : Ni mu singa ku ta kwatji. Umulume uto ku mu twala kwao. Ab'a kela mu ndila, uto, ku mu ambela, ndji : U ku twalete ku ndila, namb'o ka ku wana, ni si bita ku musitu*[1]. *Umulume uto u ku bilula nde, uto ku utuka maulu tinene tinene*[2] *Ab'a ka kela kuso no mukati, uto ku kela, u ku shweka ba sibukumona. Umukati ab'a k'eya to enda, ni mu mona unde to mwonena. Umukati uto ku imana, ndji : mbumu wa nge. Umulume uto ku imana, uto ku sheka, ndji : Mukat'a nge na ndjimuka*[3]. *Umulume uto ku sheka. Ao ku enda, ao ku enda. Uto kame uku mu ambela, ndji : U ku twalete kuso, namb'o ka ku wana kuso. Umulume uku yambuka, uto ku enda, uto u ku bilula nde ; uto ku utuka, u ka kela kuso no mukati, uyo u ku shweka ba sibukumona, ndji : Mukat'a nge angu a tjile ndji nde. Umukati uto ku imana, ndji : Mbumu wa nge. Umulume uto ku imana, uto ku sheka ; ndji : Mukat'a nge, K'u tjili. Ao ku enda ndila timweya. Aba a kela bakatji no ndila, ao ku ulwa ameyi ; mulume uto ku f'elinyotwa, uto ku utukela kuso, u ka ku bilula mutia. Umukati ab'a kela, uto ku nwa ; ab'a mana ku nwa, uto ku enda. Uto ku angana anu atjili, uto ku a ibanguta, ndji : Uku mu ka tunda ni kubi? Ao ku mu tambula, ndji : Tu li a tunda umu tu tunda. Umukati uto ku a ambela, ndji : Mbumu wa nge na fu, linyotwa li na mu ibaa.*

1. Je vais d'abord dans la forêt; c'est un euphémisme.
2. *maulu* est proprement le pluriel de *kuulu*, jambe ; *tinene*, forme adjective de la 9ᵉ cl. est ici employé adverbialement, dans le sens de *vite*. Litt. : il courut les jambes vite, il courut très rapidement.
3. = *na ni limuka*.

Alume ao ku mu ambela, ndji : *Tu ku sae, u ku singa tu ku singa.* Umukati uto ku kana, ndji : *Si singi, ni mu singa ku ta kwatji, na ni tunda ko kale.* Alume ao ku mu ambela, ndji : *Wa mona wa tu kana, tu li a ku ibaa, atji tu ku siye.* Umukati uto ku ambetji : *Andila ku ibaa, mu ibae.* Umukati uto ku kana. Alume ao ku mu ibanguta, a yupa mbumw'a ye yo a ibanguta, ndji. *Mukat'a nge, isi mu mu lwiseta, isi a na mi liele*[1]*?* Alume ao ku enu. Ao ku enda ndila timweya. Ao ku enda. Umukati uto ku mu ambela, ndji : *Amangolwa aba tu langana, amasiku abu sa tu inguke tu tamba ku kela ku mundi umwindji; wa mona aka tu ka kela umwindji, ba tu ka kela amangolwa.* Umulume uto ku ambetji : *U ku twalete kuso.* Uto ku enda. Ab'a ka kela kuso, umulume u ku bilula nde. Amangolwa umulume u k'eya kuso no mukati, uto ku mwonena umukati uto ku tjila. Umulume uto ku mu lema, uto ku mu ibaa, uto ku mu lia. Ab'a mana ku mu lia, uto ku enda, ku kela kwao. Liywa lia mutumbi umin'oyo mukati uto ku ta kuli mand'a ye. Ab'a ka kela, uku wana mulamw'a ye k'a sa bo. Uto ku kela, uku ikala. Amangolwa mulamw'a ye uto ku kela; uto ku mu wana na kela. Uto ku mu ibanguta, ndji : *Uk'u ka tunda ni kubi?* Umwanuke uto ku mu tambula ndji : *Ku mundi ni ka tunda, kame i na enda-ende, i na mi enda-endele.* Umulume uto ku mu ibanguta : *Ka wa si angana mand'oe?* Uto ku ambisa, ndji : *I se mu angana.* Mulume uto ku ambetji : *Biyuti a na ku tunda bano,* ndji : *Ni mu ta kwatji, naba i na ku mu sindeketa, naba i n'o k'okela ba ndila; andila k'a ka kela, ni ande a na ku mu ku lielela ba ndila*[2]*.* Mand'a ye uto ku pemuka ba mutjima, uto ku ukela kwao; uto ku enda, uku wana aba a na ku langana; ub'a tunda bo, uku wana aba a na ku mu lemena ande; uto ku wana ifuba ni mutwi. Uto ku ukela kuli mbumw'a ye no mulume, uto u ka mu ambela, ndji : *Ande a na ku mana ku mu lia* Umulume uto ku ta ko, to lila, ndji : *Mukat'a nge ande a na ku mu ku lielela ba ndila.* Ab'a kela, uku lema ifuba, u ka i abela uwina; ao ku i pumbeka. Umand'a ye uto ta ta kwao. Umulume uto ku ukela ku mundi.

1. Kwangwa. En Louyi : *isi a na mu liele.*
2. *a na ku mu ku lielela;* il y a dans cette phrase deux pronoms conjoints objectifs *mu* et *ku.* Litt. : Ils l'ont mangée pour eux (ils se sont repus d'elle).

## XXIX. — Histoire d'un homme et de sa femme.

Cet homme épousa une femme fort belle. La femme dit : Je désire aller chez nous. Le mari la conduisit chez (ses parents). En route, il lui dit : Va en avant, je te rejoindrai ; je vais dans la forêt[1]. L'homme se changea en lion et courut en avant rapidement. Arrivé avant la femme, il se cacha dans un buisson. Quant la femme y arriva, tout en marchant elle vit un lion qui grognait. Elle s'arrêta et dit : C'est mon mari. Le mari se releva, rit et dit : Ma femme m'a reconnu. Le mari se mit à rire[2].

Ils allèrent, ils allèrent, (le mari) dit de nouveau : Va en avant, je te rejoindrai là en avant. L'homme alla de côté et se changea en lion ; il courut, arriva avant la femme et se cacha dans un buisson, en disant : Ma femme aura peur, disant que c'est un lion. La femme s'arrêta disant : C'est mon mari. L'homme se releva, rit et dit : Ma femme, tu n'as peur (de rien). Ils continuèrent leur chemin ensemble.

Au milieu de la route, ils manquèrent d'eau ; le mari mourut de soif. Il courut en avant et se changea en étang. Quand la femme arriva, elle y but ; quand elle eut bu, elle partit. Elle rencontra quelques hommes ; elle leur demanda : Où allez-vous ? Ils lui répondirent : Nous venons d'où nous venons. La femme leur dit : Mon mari est mort, c'est la soif qui l'a tué. Ces hommes lui dirent : Nous désirons t'épouser, nous t'aimons. La femme refusa, disant : Je ne veux pas ; je veux aller chez nous, voici longtemps que j'en suis partie. Les hommes lui dirent : Si tu nous refuses, nous te tuerons et t'abandonnerons ici. La femme dit : Si vous voulez (me) tuer, tuez-moi. La femme (continua à) refuser. Comme ces hommes étaient à l'interroger, ils entendirent son mari qui leur demandait (dans le ventre de sa femme) : Pourquoi cherchez-vous querelle à ma femme ? que vous a-t-elle fait ? Ces hommes furent honteux[3].

1. Euphémisme très naturel pour dire : Je vais faire mes besoins.
2. La métamorphose du mari en lion doit être prise à la lettre ; mais il semble qu'il ne peut faire du mal à sa femme que si celle-ci a peur.
3. La jeune femme ayant avalé l'eau en laquelle s'était métamorphosé son mari, celui-ci se trouve naturellement dans le ventre de sa femme. C'est de là qu'il parle. Il n'est pas dit qu'il en est sorti alors : mais la suite le montre.

(Le mari et sa femme) continuèrent ensemble leur chemin. Ils allèrent. La femme lui dit : Ce soir lorsque nous nous coucherons, (nous saurons que) demain matin, quand nous serons levés, nous arriverons à la maison au milieu du jour; si nous n'y arrivons pas au milieu du jour, nous y arriverons dans la soirée. Le mari dit : Va en avant. Elle alla. Arrivé avant (elle), le mari se changea en lion. Le soir le mari parut devant sa femme, en rugissant : la femme eut peur. Le mari se saisit d'elle, la tua et la mangea.

Quand il l'eut mangée, il partit et retourna chez lui. Un jour, le frère cadet de cette femme alla (faire visite) à sa sœur. Arrivé là, il trouva que son beau-frère n'y était pas. Il arriva et s'assit. Le soir, son beau-frère arriva, et trouva que (son hôte) était arrivé. Il lui demanda : D'où viens-tu? Le jeune garçon lui répondit : Je viens de chez nous, je venais chez vous. L'homme lui demanda : N'as-tu pas rencontré ta sœur? Il lui dit : Je ne l'ai pas rencontrée. L'homme lui dit : Il y a quelques jours qu'elle est partie d'ici, disant : Je vais chez nous; alors je l'ai accompagnée et je l'ai quittée en route; si elle n'est pas arrivée c'est que des lions l'auront mangée en route. Son frère fut effrayé dans son cœur, il retourna chez lui; il alla et vit l'endroit où ils avaient couché; quand il en partit, il vit l'endroit où les lions l'avaient saisie; il y trouva ses os et sa tête. Il revint vers le mari et lui dit : Des lions l'ont mangée. Le mari s'y rendit en pleurant, et disant : Des lions ont mangé ma femme en chemin. Arrivé là, il rassembla ses os, creusa une fosse et les enterra. Le frère retourna chez lui; le mari (lui aussi) retourna à la maison.

## XXX. — Ya ñulubati.

*Anu aba a kela ba mundi wa uyo ñulubati, uto ku ambetji : Mu langane umo. Anu a iya ku saa mwan'a ye. Aba a kela : Mu lumele. — Shangwe. Ao ku ambetji : Ku saa tu saa mwan'oe. Uto ku ambedji : Momo. Ab'a mana ku pumena, ao ku mu twala.*

*Aba a ukela kuli nyako lia o, ao ku langana. Ab'a langana, aba kena amasiku, ao ku ta. Aba a kela ba mundi, anu ao ku ambetji : Mu mone mukata mwan'etu na kela. Ab'a mana ku ingena mu lilapa lia nyina, ab'a langana, mushemi uto ku bana ni mwange, ku u baka mu litiko. Ab'o mana ku bia, uto ku ta ku anu; ab'a kela, uku ibaa mumweya, uto u ka lia. Ab'a kena amasiku. Mwabetu na ti kubini? Ao ku lila; ao k'a limukile ni nyako lia o. Kame ab'a langana, uto ku kela, ku ibaa mumweya kame. Ab'a kena amasiku : Mwabetu na ti kubini? Ao ku lila kame. Ab'a langana, liywa lia mutumbi ao ku leta mwan'a ye ku nyunga. Aba ku ilola, ao ku langana. Ab'a kela, uto ku ibaa mwan'a ye. Ab'a k'oka, ku wana n'ebaa mwan'a ye. Ao ku ta kuli natukalamba. Ab'a mana ku shebuluka, uto ku ambetji : U ku bake itimasi tiili, u ka ti bake mu mioo. Aba ku ilola, ao ku langana. Ab'a langana, uto ku kela, uku yokola umwange no ku ibaisa. Ab'a singa ku ibaa munu, uto ku ambetji : Nyako lietu u na tu mana; mw'a tendela n'omo. Uto ku ena. Ao ku mu siya, ku ta kundina.*

## XXX. — La vieille femme[1].

Comme des gens arrivaient au village de cette vieille, elle leur dit : Dormez-ici. (Ces) gens étaient venus courtiser sa fille. Lorsqu'ils arrivèrent : Bonjour! — Salut. Ils dirent : Nous venons courtiser ta fille. Elle dit : C'est bien. Quand elle eut consenti, ils emmenèrent (la fille).

Quand ils allèrent chez leur grand'mère, ils dormirent (en route)[2]. Après qu'ils eurent dormi, quand le matin vint, ils continuèrent leur route. Arrivés au village, ces gens dirent : Voyez la femme de notre enfant; elle est arrivée. Quand ils furent entrés dans la cour de leur mère et qu'ils furent endormis, la mère sortit (de la hutte) avec une assagaie et la mit dans le feu. Lorsqu'elle fut chauffée, elle vint vers ces gens. Arrivée (vers eux), elle en tua un, elle (le) mangea. Quand le matin vint : Où est allé notre compagnon? Ils dormirent; ils ne savaient pas que c'était leur grand'-mère (qui l'avait mangé). De nouveau, comme ils dormaient, elle arriva et en tua de nouveau un. Quand le matin vint : Où est allé notre compagnon? Ils pleurèrent de nouveau. Comme ils allaient dormir, un autre jour, ils mirent son enfant à côté (d'eux). Quand

---

1. Ceci est un conte de cannibales proprement dit, assez différent des précédents. Les contes de cannibales sont rares au Zambèze. Ils sont, par contre, très communs chez les Ba-Souto, les Zoulous et les Ba-Ronga.

2. La jeune femme, son mari et ses compagnons reviennent faire visite à la vieille femme, sa grand'mère.

il fit sombre, ils dormirent. Quand elle arriva, elle tua son enfant. Quand elle se réveilla, elle s'aperçut qu'elle avait tué son enfant. Ils allèrent vers la *mantis*. Quand celle-ci eut jeté les osselets, elle dit : Placez-vous deux coquilles, placez-les sur vos yeux[1]. Quand il fit sombre, ils dormirent. Pendant qu'ils dormaient (la femme), vint et prit (dans le brasier) son assagaie pour (les) tuer. Comme elle voulait tuer l'un (d'eux), il dit : C'est notre grand'-mère qui nous a exterminés; c'est donc ainsi qu'elle faisait. Elle en fut tout affligée. Ils l'abandonnèrent et allèrent (vivre) ailleurs.

### XXXI. — Ya mulume na mukat'a ye.

*Mulume na ku tila muibai no iamana. Ab'a ta mu liyungu, uto ku ibaa iamana; ab'a mana ku ibaa, uto ku leta mu mundi. Ab'a mana ku kañala, uto ku baka mu katjoo. Ab'a mana ku baka mu katjoo, mukati uto ku ambetji : Biunda ni tamba ku lia inyama. Ab'a langana oondje na mukat'a ye, usiku mulume uto ku inguka, uku lia inyama ito. Ab'a mana ku lia, uto ku langana. Ab'a kena amasiku, uto ku ambetji : Mukat'a nge, inyama i na liwa ambwa. Mukati ab'a yupela mo, uto ku komoka. Kame uto ku ta mu ku waya, uto ku ibaa andombe andi andi; ab'a kela, uto ku ti baka mu katjoo. Mukati ab'a ti mona, uto ku ambetji : Biunda, ni tamba ku lia itindi. Ab'a langana, mulume uto ku inguka, uto ku ti lia, uku ti mana. Ab'a mana ku lia, uto ku langana. Ab'a kena amasiku, uto ku ta mu ku aula. Uto ku ibaa iamana. Ab'a kela ku mundi, mukat'a ye uto ku ambetji : Balelo ni tamba ku lia inyama. Mulume uto ku ambetji : Ku unu, ambwa na bano a tamba ku ti lesa ndji? Ao ku ti koñela. Ab'a langana mukati, mulume uto ku ti lia. Ab'a kena amasiku, mukati uto ku ambetji : Ti na ti kubini itinyama? Mulume uto ku ambetji : Ku unu; ambwa na bano a na ti li. Mukati uto ku ta kuli nalukalamba : Nalukalamba, u ni shebuluke*

---

1. Dans le conte, tel qu'il est ici raconté, il n'est pas clairement indiqué à quoi servent ces coquilles. Le n° XXXI l'explique. Ce sont des coquilles blanches et brillantes qui, placées sur les yeux du dormeur, font croire à la vieille qu'il est éveillé. Elle n'ose le tuer, et il finit par s'apercevoir de ce qu'elle veut lui faire. Dans une fable hottentote : *Le lion et le babouin* (Bleek, *Reynard the Fox*, p. 37), le babouin fixe derrière sa tête des coquillages brillants, qui font croire au lion que le babouin le voit. Pour le rôle de la *mantis*, cf. n°° I et XXXI.

*Nalukalamba uto ku mu shebuluka. Uto ku ambetji : Ku shebuluka kwa nalukalamba, ni mu tenda : ngo, ngo, ngoli, ngo, ngo, ngoli. Nalukalamba uto ku ambetji : U ka ku nunge itimasi mu mioo. Ab'a tunda bo, uto ku enda. Ab'a langana, uto ku ti nunga mu mioo. Mulume ab'a ingukela inyama, ab'a k'ala mukat'a ye, ku wana itimasi ti kena. Uto ku ambetji : Ku kobanga. Usiku oondje to shoka mukat'a ye, ku mu wana u kobanga. Uto ku ambetji : Ku kobanga n'oko! Usiku uku kena. Mukati ab'a inguka, ni mu wana inyama ti sumine mu katjoo. Ab'a ala mbumw'a ye, ku mu wana u langanine. Uto ku mu sunga : U inguke, tu lie inyama yetu. Uto ku ambetji : U ni lese ni langane, wene u li mwelo. Uto ku langana. Mukati uto ku lia inyama. Mw'a a na ku ku tendel'omo.*

### XXXI. — Histoire d'un homme et de sa femme[1].

Un homme était chasseur d'animaux. (Un jour) qu'il était allé à la forêt, il y tua du gibier. Quand il l'eut tué, il l'apporta au village. Quand il eut dépecé (son gibier), il le mit dans le pot. Quand il l'eut mis dans le pot, sa femme (se) dit : Demain, je mangerai de la viande. Comme ils dormaient lui et sa femme, pendant la nuit le mari se leva et mangea cette viande. Quand il eut mangé, il dormit. Quand le matin vint, il dit : Ma femme, la viande a été mangée par les chiens. Il alla ensuite à la pêche, il tua beaucoup de poissons; quand il revint, il les mit dans le pot. Quand la femme les vit, elle dit : Demain, je mangerai des poissons. Quand elle dormit, son mari se leva, il les mangea, il les mangea tous. Quand il les eut mangés, il dormit. Lorsque le matin vint, il alla à la chasse. Il tua du gibier. Quand il arriva au village, sa femme dit : Aujourd'hui je mangerai de la viande. Le mari dit : Je ne sais pas; les chiens d'ici en laisseront-ils? Ils cuisirent (cette viande). Pendant que la femme dormait, le mari la mangea. Quand le matin fut venu, la femme dit : Où est allée notre viande? L'homme dit : Je ne sais pas; les chiens d'ici l'ont mangée. La

---

1. Ce conte et les suivants (XXXII-XXXVII) sont surtout des contes de ruses; il s'agit avant tout pour les hommes de réussir à manger la part de leurs femmes et de leurs enfants. Ces contes sont fort nombreux au Zambèze (cf. 2ᵉ partie, nᵒˢ XXIV-XXVI, XXIX). Les deux premiers (nᵒˢ XXXI et XXXII) contiennent quelques éléments merveilleux.

femme alla vers la *mantis* : Mantis, jette pour moi les osselets. La mantis jeta les osselets pour (cette femme). Elle disait : Quand (moi), la mantis, je jette les osselets, je fais *ngo, ngo, ngoli, ngo, ngo, ngoli*. La mantis dit : Attache-toi aux yeux des coquilles. Quand (la femme) sortit de là, elle s'en alla. Quand elle alla dormir, elle mit (des coquilles) sur ses yeux. Comme le mari se levait pour (aller prendre) la viande, et qu'il regarda sa femme, il vit ces coquilles blanches, il dit : Elle est éveillée. Toute la nuit il surveilla sa femme, et trouva qu'elle était toujours éveillée. Il dit : Comme elle est donc éveillée ! La nuit passa[1]. Quand la femme se leva, elle trouva que la viande était (toujours) là dans le pot. Quand elle regarda son mari, elle vit qu'il dormait. Elle le réveilla : Lève-toi, allons manger notre viande. Il dit : Laisse-moi dormir, tu es une sotte. Il dormit. La femme mangea de la viande. C'est ainsi qu'ils se firent (l'un à l'autre).

### XXXII. Mbwa ni munu.

*Mbwa t'o na ku tila moli'anu. Iliywa ilitjili umbwa uto ku puluka ndji : Mene me mbwa*[2] *si limukile ku lima, si limukile u ku ibaela siamana; ni puluke unanu ku anu, ni ambetji : Munu u biluke moli'a nge, u ingene mu ndo ta nge, mene me ni banene ku bande; ab'o tendile ndji umbula siw'a loko ni u ku lokela bande; u ingene mu ndo, mene me ni biluke muwina k'oe*[3]*, wene u biluke moli'a nge. Simba ku tili weli ndji time i na ku biliku munu, men'o ku yakela indo, wene we munu wa kwete ndo, si limukile u ku limena, na bano ni fa ilishebo; balelo ni lie kuli wene we munu, u biluke u li moli'a nge. Munu uto ku pemena ndji : Momo.*

*Liywa lia mutumbi, munu uto ku ta mu liyungu, uto u ka aula, uto k'ebaa siamana. Uto ku kela ku mundi, uto ku ambela mukat'a ye ndji : Iyi iy'oe inyama, ina iya nge na ambwa a nge. Bay'a mana, uku isana ambwa a ye to yumbela inyama ku lushoko no ndo, ndji : Ifuba y'ambwa a nge. Bay'a ta ko, ni mu ta u ka lia, ambwa*

---

1. Pour le rôle de la *mantis* et les coquillages blancs que la femme se met sur les yeux, cf. n° XXX, note 98.
2. Kwangwa. En Louyi *ma mbwa*.
3. Je ne comprends pas bien cette construction. Il semble qu'il faudrait : *muwina oe*.

*a yumbelwa ifuba. Liywa lia mutumbi uto ku ta mu liyungu, uto u k'ebaa siamana; uto ku ambetji : Mukat'a nge, ito it'oe inyama. Uto ku lema itjili, ku yumbela ku lushoko ndji : Ifuba y'ambwa a nge; ifuba y'ambwa a nge. Bay'a ta ko, ni mu ta u ka lia, ambwa ku a yumbela ifuba. Iliywa lia mutumbi, uto ku ta kame mu liyungu; umwana uto ku ta ku lushoko, uto ku ambela nyina ndji : Mandi, ab'a tu onga shangwe ndji ifuba y'ambwa a ye, kandi n'inyama ta ye. Umulume ab'a kela, ku ibanguta umukati ndji : Ilia uku i ka li ni kubi? Umukati to : Ka twa si koñela, ka ku isa ilia. Umulume uku ta ku lushoko; ab'a kela ku lushoko, uto ku lia ifuba, uku isana ambwa. Umukati uku banena ku mwelo no lushoko, uto ku aliketa to lia inyama. Uto ku mu ambela, to bana ku lushoko, ndji : U mwene, tu tamba ku tenda, buya u tunda bo? mba tu koñele ilia, atji tu lie, tu ku yumene; ab'o tendile ndji inyama ni u li mu ti liela ku lushoko, natji tu tamb'o ku yemena, u ka li mu liuyungu; ab'o tu onga ndji inyama n'inyama t'ambwa oe, kandi u ti lia u ambisa ndji : inyama t'ambwa a nge, o yumena n'an'oe, natji mba tu ku yumene ilia yetu. Liywa lia mutumbi, umulume bay'a kela, uku tunda mu liyungu bay'a ibola ndji : Ilia ni kubi? na mu amulela ndji : Ka ku is'elia; iyi tu na koñele n'itjanana, tu na li, tu na ku yumene. Umulume uku tina.*

### XXXII. — Le chien et l'homme [1].

Le chien était (autrefois) le maître des hommes. Un jour, le chien réfléchit ainsi : Moi, le chien, je ne sais pas labourer, je ne sais pas tuer du gibier; (il faut) que je cherche à me tirer d'affaire au moyen des hommes ; je leur dirai : Toi, homme, deviens mon maître, entre dans ma hutte, pour moi j'en sortirai ; comme tu es (aujourd'hui), quand la pluie tombe, elle te mouille dehors; entre dans ma hutte ; moi je deviendrai ton serviteur, toi tu seras mon maître. Quoiqu'auparavant ce fût moi qui étais l'homme, et que je me fusse bâti une hutte, tandis que toi l'homme tu n'avais pas de hutte, (cependant) je ne sais pas labourer (des champs), aussi maintenant je meurs de faim. Dorénavant je mangerai de ce que tu (me donneras), toi, l'homme ; tu deviendras mon maître.

1. La première partie de ce conte ne semble avoir aucun lien nécessaire avec la seconde. C'est une fort curieuse légende; je ne connais pas de récit analogue dans le folklore des autres peuples Bantous.

L'homme consentit, disant : C'est bien. Un jour, l'homme alla dans la brousse pour chasser; il tua un animal. Il revint à la maison et dit à sa femme : Voici ta viande; celle-là est pour moi et pour mes chiens. Quand il eut fini, il appela ses chiens, en leur jetant de la viande dans la cour, disant : Ce sont les os de mes chiens. Puis il y alla, il alla y manger (sa viande); les os, il les jetait aux chiens. Un autre jour, il alla dans la brousse et tua un animal; il dit : Ma femme, voici ta viande. Il prit de l'autre (viande), et la jeta dans la cour, en disant : Ce sont les os de mes chiens; ce sont les os de mes chiens. Puis il y alla, il alla y manger (sa viande); les os, il les jetait aux chiens [1]. Un jour, il alla de nouveau dans la brousse; un des enfants vint dans la cour et dit à sa mère : Maman, notre père nous trompe, en disant que ce sont les os de ses chiens; en réalité c'est sa viande. Quand arriva le mari, il demanda à sa femme : Où est la nourriture? La femme dit : Nous n'avons pas encore cuit; il n'y a pas à manger. L'homme alla dans la cour; quand il arriva, il mangea ses os, en appelant ses chiens. La femme alla à la porte de la cour et l'observa mangeant sa viande. Elle lui dit, tout en sortant de la cour : Ne vois-tu pas ce que nous ferons, quand tu sortiras d'ici? nous cuirons de la nourriture, nous la mangerons et t'en priverons; puisque tu as fait ainsi et que tu manges (seul) de la viande dans la cour, nous aussi nous te priverons (de nourriture), quand tu seras dans la brousse; puisque tu nous trompes en disant que la viande est la viande de tes chiens, et que cependant tu la manges, en disant : C'est la viande de mes chiens, et que tu en prives tes enfants, nous aussi nous te priverons de notre nourriture. Un autre jour, comme l'homme arrivait (à la maison) en revenant de la brousse, et disait : Où est la nourriture? (la femme) refusa, disant : Il n'y a rien à manger; nous n'avons cuit que peu de nourriture, nous l'avons mangée et t'en avons privé. L'homme en fut de mauvaise humeur [2].

1. Cette ruse du mari pour manger à lui seul la meilleure partie de la viande nous est également racontée en Soubiya (2ᵉ partie, nº XXVI).
2. Dans la plupart de ces contes le père glouton finit généralement par être puni par les siens.

## XXXIII. — Ya munu no upa.

*Abay'a mona atjili a ta ku ku lima, uto ku ambatji : Ni saka ku enda-endela kuli andjingatanyi. Abay'a ta, ni ku mana imieti mindi mindi, ku kela ni ku wana ku na manwa ku lima. Ab'a kela mu ambatji : Faa, ku fa kwa nge, abaya ni ta ku anu kondji ni tome. Ao ku ambatji : Tu yupile. Ab'a mana ku a ambela ngeso, uku ta mu ndo. Atjili uku siala a mu oba, a ambatji : Munu ba ku kangwa ku lima! Ab'a yupa, ni mu ambatji : Ana aya n'aloti ; yikeni iy'a amba? t'o ku ibola tambutji. Ab'a banena ku bande, uku ibola : Yikeni iyi mu amba? — Batili, tu ambatji munu n'uyu u tamba ku fela mu ndila. — Faa! mawe! si limukile umu ni tamba ku tendela. Abaya n'ikal'onene mu mundi, ni tamba ku yupa umutjima wa nge u sing'oku enda; men'o u ku ibola, uku ambatji : Ni tamba ku tenda nga sibini? Ni lime uweli? umutjima uku ambatji : Batili, u ka ku enda-endele uweli ku aboe, u tamba ku uka, u iye u lime. Uko ku bita umwaka mutjili, to ku liela mu ana. Ab'a mona ku ambatji umebo wa mana, uto u ku ibola, ku ambatji : Uku ni tamba ku ni kubini? Uto ku ibola an'a ye, uto ku ambatji : Ni tamba ku tela ku abange a na ku ni ambela, ndji ni tamba ku iya. Ao ku mu ibola, ao ku ambatji : Shangwe, k'u limukile ndji, ku ambatji atjili a tamba ku lima bano banana. Uto ku ambatji. Ni mene kasa ku ambatji ni tamb'o ka mana amaywa mandi mandi; muendi ni tamb'o ka mana amaywa eli. Ana ab'a mu mona a ta uko ku abaye, ao ku mu ambatji : Munu b'opa. Anuke ao ku tanga ku ambatji : Mu ndoko, tu ku singele lusimo. Umutjili uto ku tanga, t'o ku imbela tambutji, t'o tenda : Muywano ni mwelo, mwelo ku li' embuto.*

*Ao ku mu ibola, uku ambatji : Wene ulo ulusimo uk'u na lu wana ni kubini? — Batili, ulu i na ku wanene mene, ulo ni ku nengela. Ao ku ambatji : Mu ndoko, tu lungeke. Ao ku ambatji :*
*Muywano w'Elonga, mwelo ku li'embuto!*
*Muywano w'Elonga, mwelo ku li'embuto.*

## XXXIII. — Histoire d'un homme paresseux.

Quand (cet homme) vit que les autres allaient labourer, il dit : Je vais aller visiter tel ou tel. Quand il fut allé, il y resta plusieurs mois, et revint pour trouver qu'on avait fini de labourer. Quand il fut arrivé, il dit : Oh! c'est (comme) une maladie à moi, chaque fois que je vais chez des gens je tombe malade. (Ses enfants) dirent : Nous avons entendu. Quand il eut ainsi parlé, il alla dans sa hutte. Quelques-uns restèrent à dire du mal de lui ; ils disaient : C'est un homme qui ne veut pas labourer ! Quand il les entendit, il dit : Mes enfants sont des canailles ! Que disent-ils ? Il se parlait (ainsi) à lui-même. Quand il sortit (de la hutte), il dit : Que dites-vous ? — Oh ! nous disions que cet homme mourra en route. — Oh ! bien ! je ne sais comment faire. Si je demeure longtemps à la maison, je sens que mon cœur désire que je parte ; alors je me demande à moi-même : Comment ferai-je ? Faut-il d'abord labourer ? Mon cœur me dit : Non ! va d'abord visiter les amis, tu viendras (ensuite) pour labourer. Une année se passa ; il mangeait (les vivres de) ses enfants. Quand il vit que l'hiver finissait, il se demanda : Où irai-je ? Il parla à ses enfants, disant : Je vais aller vers mes amis qui me disaient de venir chez eux. Ils lui parlèrent, disant : Père, ne sais-tu pas que les autres (gens) vont labourer dès maintenant ? Il dit : Mais moi aussi, cela ne veut pas dire que j'y resterai longtemps ; peut-être n'y resterai-je que deux jours. Quand ses enfants le virent (ainsi) aller chez ses amis, ils dirent de lui : C'est un paresseux. Les enfants commencèrent à dire : Venez, et trouvons une chanson. L'un d'eux commença et chanta tout seul ; il disait :

Mouywano est un sot, un sot qui mange sa graine.

Ils lui demandèrent : Où as-tu trouvé cette chanson ? — Oh ! je l'ai trouvée moi-même, je me la chante à moi-même. Ils dirent : Venez et chantons ensemble. Ils dirent :

Mouywano d'Ilonga est un sot qui mange sa graine !
Mouywano d'Ilonga est un sot qui mange sa graine[1] !

### XXXIV. — Mulume wa ku aka ku lia.

*Mwaka umutjili mulume uto ku tq u ka yelela waleto ; uto ku tea amakuko. Ab'a kela, uku ambatji : Umulonga u kwata tindi. Umutjili uto ku ambatji : U ese ku amba ngeso, ka ku isa tindi. — Mawe, u tamba ku mona, aba tu tamba ku iya biunda. Uyo mulume uto ku*

1. *Mouywano* est le nom du paresseux ; *Ilonga* le nom du pays où il est. C'est un sot qui mange sa graine, c'est-à-dire le sorgho qu'il devrait semer pour la récolte de l'année prochaine.

*inguka, uku ta mu walelo, u ka wana mu tiñuko mu iyalile amatole. Uto ku ukela kuli an'a ye, uku ambatji : Uyo mulonga ka ku isa tindi, kondji amatole a na kwā liwa anuke, kondji akulu na nyako li'oo. Uto ku ambatji ku an'a ye : Mu iye mu mone, matole ambutji. Uto ku a lia n'akulu. Anuke ao ku ibola, uku ambatji : Shangwe ku aka ku lia, u ka siya itindi ku mulonga, u ka leta amatole ambutji. Uto ku ambatji : Yikeni iyi mu amba? Anuke ao ku ambatji : Tu ambatji, itindi ka ti sa ko uko ku walelo. Ab'a ta, iliywa ilitjili, u ka wana amatole ambutji; uku ambatji ku an'a ye, ab'a kela : Mawe! ka ku isa tindi, kondji amatole. Ana ao ku ambatji : Tu tamba ku yoya nga sibini ? — Mu lie ndima yambutji. Ao ku ibola, ku ambatji : Shangwe, ku unu umu tu tamba ku tendela ; mu te mu wane undina walelo. It'oo uto ku ambatji : Ni tamb'o ka mona balelo ku mulonga. Ab'a ta, u ka wana itindi nowa-wa, kondji iliulungu. Uto ku a ibola, ku ambatji : Mawe! itindi ka ti sa ko ku walelo, kondji amaulungu a na kwā liwa mukati. — Mu ni be, ni ale mo. — Batili. Uto ku ambatji : Lesa, ni mone. Uto ku ambatji : U mona, ili ni liulungu, ka li liwa mukati ; ili ni liulungu, ka li liwa mukati. Nyina uto ku mu ibola, uku ambatji : Mwan'a nge yikeni iy'u lond'omo ? Uku mu ambela, ndji : Ka ku isa tindi iti tu ti lia, ni ilia ya alume ambutji. Iliywa ilitjili, uto ku ta ko. Ab'a kela, uku wana itindi tondje no ku waba itondje tondje tondje, kondji maulungu eli. Ab'a kela ku an'a ye ni mukat'a ye, uto ku ambatji : Mawe : umulonga kasa mulonga, na maloya. Mukati uto ku ambatji : Mawe : mulume ba makwisa! u lete, ni mone. Uto ku ambatji : Awa! awa! Mukati uto ku mu ibola : M'o liela ilia ngesi ? Mulume uto ku ambatji : U imane muno, u mone; ili ni liulungu, ili ni liulungu, ka li liwa mukati. Umukati ku utusa ili iliongo. Umulume uto ku singa u ku ibaa. Umukati ku iya, ku t'itela beulu no lishasha; uku mu ambela : Abi oo amaulungu oe ? ili liambutji ili o ambatji ku ambatji ka li liwa mukati.*

*Umukati uto ku yumba iliulungu ; umulume uto ku lila, ab'a, mona mukat'a ye na mu limbulula. Uto ku ambatji : Ni tamb'o ku lesa, ni ukele kuli shangwe. Uto ku mu lesa.*

## XXXIV. — Histoire d'un glouton.

Une certaine année, un homme alla visiter sa place de pêche; il y tendit ses filets. En arrivant, il dit : Cette place de pêche est pleine de poissons[1]. Un autre lui dit : Ne dis pas cela ; il n'y a pas de poissons. — Oh! tu verras, quand nous y viendrons demain. Cet homme se leva (le lendemain), alla à sa pêche, et trouva ses filets pleins d'*amatole*[2]. Il retourna vers ses enfants et dit. Dans ma pêche, il n'y a pas de poissons, mais seulement des *amatole* que ne mangent pas les enfants, mais seulement leurs parents et leur grand'mère. Il dit à ses enfants : Venez voir, il n'y a que des *amatole*. Il les mangea avec les parents. Les enfants dirent : Notre père est glouton ; il laisse les poissons à sa pêche et n'apporte que les *amatole*. (Le père) dit : Que dites-vous donc! Les enfants répondirent : Nous disons qu'il n'y a pas de poissons dans cette place de pêche. Lorsqu'il y alla, un autre jour, il ne trouva que des *amatole* ; il dit à ses enfants, lorsqu'il arriva : Hélas! il n'y a pas de poissons ; rien que des *amatole*. Les enfants lui dirent : De quoi vivrons-nous? — Vous mangerez du pain sec. Ils lui dirent : Papa, nous ne savons comment faire ; tâche de trouver une autre place de pêche. Le père dit : Je retournerai voir un autre jour à cette place. Quand il y alla, il trouva de très beaux poissons, (parmi eux) un seul *liouloungou*. Il dit : Hélas! il n'y a pas de poissons à ma place de pêche, mais seulement des

---

1. Je traduis par : place de pêche, les deux mots *mulonga* et *walelo*. Les Zambéziens, grands pêcheurs et qui se nourrissent surtout de poissons, pêchent le plus souvent les poissons au moyen de filets étroits et allongés appelés *amakulo* ou *itiñuko*, ou bien les percent de leurs assagaies barbelées (*umuwayo*). C'est ce qui s'appelle *uku wayela*. Pour atteindre plus facilement les poissons, les pêcheurs construisent près des berges du fleuve des sortes de digues en pierres recouvertes par les eaux ; ils y ménagent d'étroites ouvertures par où passe le courant et où s'engagent également les poissons. C'est là le *mulonga* ou *walelo*. Ils placent leurs filets (*amakuko*) à la sortie de ces ouvertures ; le poisson s'y engage et ne peut plus en sortir. C'est également là qu'ils s'embusquent pour transpercer les gros poissons qu'ils voient passer sous l'eau.
2. Les *amatole* et les *liouloungou* (plus correctement *amaouloungou*, *liouloungou* étant le singulier) sont de petits poissons. Les enfants n'ont pas le droit de manger les premiers ; quant aux *liouloungou*, les femmes aussi ne doivent pas y toucher. Il y a, chez tous les peuples africains, un certain nombre de mets dont tous, ou bien une catégorie de personnes seulement, doivent s'abstenir. Il vaudrait la peine de rassembler plus de détails sur ce sujet intéressant.

*liouloungou*, que les femmes ne peuvent manger. — Donne que je voie! — Non! (La femme) dit : Laisse-moi voir. Il dit : Vois donc : voici un *liouloungou*, les femmes n'en mangent pas; voici un *liouloungou*, les femmes n'en mangent pas. La mère (de la femme) dit : Mon enfant, qu'apportes-tu ici? (La femme) répondit : Il n'y a pas de poissons que nous (puissions) manger; ce sont ceux que seuls les hommes mangent. Un autre jour, il alla (à la pêche). Arrivé (là), il trouva toute sorte de beaux poissons, toutes (les) espèces) de poissons, et seulement deux *liouloungou*. De retour auprès de ses enfants et de sa femme, il leur dit : Hélas! cette place de pêche n'en est pas une; c'est extraordinaire! La femme dit : Oh! homme menteur! apporte (les poissons), que je voie. Il dit : Non! non! La femme lui dit : C'est ainsi que tu manges (seul notre) nourriture? L'homme répondit : Tiens-toi là, et regarde; voici un *liouloungou*, voici un *liouloungou*, les femmes n'en mangent pas. La femme renversa le panier (des poissons). L'homme voulait se tuer. La femme les versa sur une natte et dit : Où sont les *liouloungou*? Il n'y en a qu'un (de ces *liouloungou*) dont tu dis que les femmes ne mangent pas. La femme jeta le *liouloungou*; le mari pleura, quand il vit que sa femme avait découvert (sa ruse). Elle dit : Je t'abandonnerai et retournerai vers mon père. Elle l'abandonna.

### XXXV. — Ya mukati.

*Mukati uyo ni mukati wa ku aka ku lia. Uto ku ambetji : Ni tende nga sibi? Uto ku ambetji : Ni pumate akawe; a ambetji lusinga. Uto ku pumata akawe; uto ku ambetji : Na mana ku fa, ni tomine unene, ilitama lia nge li na timbi. Anu ab'a mona ilitama, ao ku ambetji : Ndjingatanyi u tomine. Oondje anu ab'a ta ku ku lima, uto ku siala mu mundi. Ab'a mona a n'ombula mu ku lima, uto ku bana mu ndo, uku bandja mu mapu; ab'a mana ku bandja, uto ku twa; ab'a mana ku twa, uto ku bonda; ab'a mana ku bonda, uto ku lia, uto ku langana. Ab'a kela anu, ao ku iya kuli mweti; ab'a mu wana, ao ku mu ibanguta; Mweti, u si tomine ndji? — Ĭ, ni si tomine. Ao ku ambetji : Tu ku isanene muyati ndji? Uto ku ambetji : Batili, si singi ku yatwa. Kame ab'a kena amasiku, anu ao ku ta mu ku lima. Kame uto ku lema akawe, u ka tundisa mu kanwa. Ab'a bandja amapu, uto ku twa; ab'a mana ku twa, uto ku koñela;*

*ab'a mona ku koñela, uto ku lia, uto ku langana. Anu ab'a kela, ao ku ambetji : Tu te kuli mweti. Ab'a kela, ao ku ambetji : Nga sibi? Uto ku ambetji : Ni si tomine. Ab'a kena amasiku, anu ao ku ta ku ku lima. Kame uto ku bandja amapu, uku twa; ab'a mana ku twa, uku koñela. Ab'a twa ngeso, ñulubati t'o aliketite. Ab'a kela anu, ñulubati uto ku ambetji : I na mono uyo munu u tomine, i na mu mono. Ñulubati uto ku ambetji : Ab'a mu tamba ku ta ku ku lima, mu ese ku ta ko, mu ku shweke, mu tamba ku mu mona umu a tamba ku tendela. Ao ku ambetji : Tu ende ku ku lima Ab'a kela ba ndila, ao u ku shweka. Mweti uto ku inguka, uto ku bandja amapu, uto ku twa. Ab'a mana ku twa, uto ku bonda. Anu ao ku shotoka, ao ku ambetji : Wene u li munganu. Uto ku ena.*

### XXXV. — Histoire d'une femme.

Cette femme aimait beaucoup à manger. Elle (se) dit : Comment ferai-je? Elle (se dit) : Je vais mettre (dans ma bouche) une pierre; ils croiront que c'est une fluxion. Elle mit une pierre (dans sa bouche). Elle dit : Je suis morte, je suis très malade; ma joue est tout enflée. Quand les gens virent (sa) joue, ils dirent : Tel et tel est malade. Quand tout le monde alla labourer, elle resta à la maison. Quand elle vit qu'ils étaient partis pour aller labourer, elle sortit de sa hutte, prit du sorgho (dans le grenier); quand elle l'eut pris, elle moulut; quand elle eut moulu, elle (mit la farine sur le feu et la) remua; quand elle eut remué, elle mangea, puis dormit. Quand les gens revinrent, ils allèrent vers la malade. Quand ils l'eurent trouvée, ils lui demandèrent : Malade, es-tu encore malade? — Oui, je suis encore malade. Ils dirent : Appellerons-nous celui qui fait incisions? Elle dit : Non! je ne veux pas qu'on me fasse d'incisions. De nouveau elle prit la pierre et l'enleva de dedans sa bouche. Quand elle eut pris du sorgho, elle le moulut; quand elle eut moulu, elle cuisit: quand elle eut cuit, elle mangea, puis dormit. Quand les gens revinrent, ils dirent : Allons vers la malade. Arrivés (vers elle), ils dirent : Comment (vas-tu)? Elle dit : Je suis toujours malade. Quand le matin fut venu, les gens allèrent labourer. De nouveau elle prit du sorgho, le moulut; quand elle eut moulu, elle cuisit. Pendant qu'elle moulait ainsi, une vieille femme l'avait vue. Quand les gens vinrent, la vieille (leur) dit : J'ai vu cette personne qui est malade, je l'ai vue! La vieille dit : Lorsque vous irez labourer, n'allez pas jusque là-bas; cachez-vous, vous verrez ce qu'elle fera. Ils dirent : Allons labourer. Quand ils furent en route, ils se cachèrent. La malade se leva, prit du sorgho et le moulut. Quand elle eut fini de moudre, elle (mit la farine sur le feu et la) remua. Les gens accoururent, ils dirent : Tu es une trompeuse. Elle fut tout affligée[1].

### XXXVI. — Ya mulume na mukat'a ye.

*Anu na kale na ku aka ku lia unene. Amangolwa ao ku koñela amalumba; aba a mana ku imba, ao ku telula, ao ku yubwela ba siandi. Mulume uku ambetji: Mu ni be ku malumba. Mukati uto ku ambetji: K'a si ombola. Mulune ku ulwa ni ku yupa. Uto ku yeka, uku lia a si bia ao. Ao ku mu fumeka. Uto ku utukela mu ndo. Ab'a ta mu ndo, uto ku ambetji : Ni te mu ndo, amakoma a ka ngwane mo. Ab'a kela, uto ku langana. Ab'a langana, uto ku fa. Mukat'a ye uto ku tuma mwan'a ye mu ndo : U ka sunge it'oe, a inguke. Ab'a enda, uto ku kela : Tate, tate, u inguke. Ab'a ala ku mioo, ni mu wana u lubukile amioo. Uto ku isana nyina: Mawe, mawe, shangwe u lubukile amioo. Ab'a k'eya, ni mu wana na fu.*

### XXXVI. — Histoire d'un homme et de sa femme.

Les hommes d'autrefois aimaient à manger beaucoup. Un soir, (certains d'entre eux) faisaient cuire des patates. Lorsqu'elles furent cuites à point, ils les sortirent (du pot) et les placèrent sur une assiette. Le mari dit : Donne-moi de (ces) patates. La femme dit : Elles ne sont pas encore refroidies. Le mari ne voulut rien entendre. Il les prit et les mangea encore toutes brûlantes. Elles le brûlèrent; il s'enfuit dans la hutte. Lorsqu'il alla dans la hutte, il dit : Je vais dans la hutte, il faut que les plus grosses (patates) viennent m'y trouver. Arrivé là, il s'endormit. Quand il fut endormi, il mourut. Sa femme envoya son enfant dans la hutte : Réveille ton père, qu'il se lève. (L'enfant) y alla; arrivé (là) : Papa, papa, lève-toi. Quand (l'enfant) regarda ses yeux, il vit que ses yeux étaient éteints. Il appela sa mère :

1. La ruse racontée dans ce conte (une femme qui feint d'avoir une fluxion) ne se retrouve également pas dans les autres contes connus.

Maman, maman, papa a les yeux éteints. Quand (la mère) vint, elle trouva qu'il était mort.

### XXXVII. — Ya mulume.

*Mulume uyo uto ku ta mu ku aula. Ab'a mana ku ibaa iamana, uto ku tamba imitambo, uto ku nunga ikungo, uto ku enda. Ab'a enda, uto ku ambetji : Aba tu tamba ku kela ku mundi, tu tule. Ab'a kela ba mundi, ao ku kungutula. Uto ku lia nyama ; ab'a mana ku lia, uto ku kunga. Ab'a enda, ab'a ka kela ba nundi mutjili, ao ku ikala. Uto ku kungutula. Ab'a mana ku kungutula, uto ku lia. Ab'a mana ku lia, uto ku kunga. Kame ab'a kela ba mundi mutjili, ao ku kunga, uku kungutula. Sikungo ku siala nyama tinyonyo. Kame ab'a kela ku mundi, uto ku kungutula. Ab'a mana ku kungutula, uto ku lia, uku ti mana ito inyama. Ab'a ka kela ku mundi, uto ku ambetji : Ka ku isa nyama. Ao anu a na ende naye, ao ku ambetji : Na ti mana mu ndila. Ao ku mu limbulula.*

### XXXVII. — Histoire d'un homme.

Cet homme alla à la chasse. Quand il eut tué du gibier, il fit du *biltong*[1] (avec sa viande), il en fit des paquets et se mit en route. Tout en marchant, il disait : Lorsque nous arriverons à un village, nous déposerons (nos charges). Quand ils furent arrivés à un village, ils défirent leurs paquets. Il mangea de la viande. Quand il eut mangé, il refit son paquet. En route, lorsqu'ils arrivèrent à un autre village, ils s'assirent. Il défit son paquet. Quand il l'eut défait, il mangea. Quand il eut mangé, il refit son paquet. De nouveau il partit. Quand il arriva à (l'endroit appelé) *Sikwa-na-malala*[2], il fit et défit son paquet. De nouveau lorsqu'il arriva à un autre village, ils firent et défirent leurs paquets. Son paquet n'avait presque plus de viande. Lorsqu'il arriva de nouveau à un village, il défit son paquet. Quand il l'eut défait il mangea, il finit toute cette viande. Quand il arriva à (son) village il dit : Il n'y a plus de viande. Les hommes qui avaient voyagé

---

1. Comme nous l'avons vu plus haut, on appelle *biltong*, au sud de l'Afrique, de la viande découpée en lanières et séchée au soleil.
2. *Sikwa-na-malala* serait une forêt du Zambèze ; je ne puis en indiquer la localité exacte.

avec lui dirent : Il l'a finie en route. Ils avaient remarqué (sa manière de faire).

### XXXVIII. — Mwanuke ni munanga.

*A-na-kale a ambatji umwanuke n'o li bo; uto ku ta ku nyunga no liambai. Ab'a kela uto u ku wayela. Ab'a mana u ku wayela, uto ku tumbula umulilo, u ku bona itindi ta ye. Ab'a mana ku bona, uto ku lia, uto ku mana. Ab'a lema umuwayo wa ye, uto ku ambatji : Brr! wa ti yupa ti lwa ti na ti! Uto ku yupa munanga u tenda : Wa ti yupa ti lwa ti na ti! Uto ku ambatji: T'iwe anyini? n'owo munanga uwo ku ambatji : T'iwe anyini? Uyo mwanuke uku ambatji: Mawe! N'owo munanga uku ambatji : Mawe! — Maloya! N'owo munanga uku ambatji : Maloya! — U li mwelo. N'owo munanga uku ambatji : U li mwelo. Ab'a ibola, uku ambatji : Wene!... n'owo munanga uku ambatji : Wene! — Ni tamb'o ka ambela shangwe. N'owo munanga uku ambatji : Ni tamb'o ha ambela shangwe. — Wene, ni tamb'o ku nyisa. N'owo munanga uku ambatji : Wene, ni tamb'o ku nyisa. Ab'a ambatji : Ni ku tele ku mundi; n'owo munanga uku ambatji : Ni ku tele ku mundi. Uyo mwanuke uto ku utukela kuli it'a ye; uto ku kela : Shangwe, munu mw'a li muya mu itondo iyi i li beulu no munanga, n'a ambatji kuli mene, aba ni ambatji ni te kuli shangwe, n'oto to amba ngeso. Ab'a mu ibola, uku mu ibola ndji : Mwanuke, ka ku isa sinu, munanga u n'amba noe. — Batili, munu na ni angola, men'o ku ambatji : U li mwelo, n'oto ku ambatji : U li mwelo; shangwe u ese ku ambatji, ka ku isa munu. It'a ye uto ku ambatji : Tu tamba ku ta tu aili biunda; u tamb'o ka yupa. Amasiku ao ku kena. Ao ku ta na mwan'a ye. Ab'a kela, uto ku ambatji : U ese ku amba, u lese mene ni ambe weli; u tamba ku yupa ndji ni munanga. Uto ku ambatji: Wene, u li munanga : N'owo munanga uwo ku ambatji : Wene, u li munanga. Ab'a mu ambela ndji : U yupile mwan'a nge? n'owo munanga uku ambatji : U yupile, mwan'a nge? Ao ku ta ku mundi; uku mu ambela ndji : U na yupu! Uto ku ambatji : I na yupu wino wino balelo.*

### XXXVIII. — Le garçon et la berge [1].

Les gens d'autrefois disent qu'il y avait un garçon; il alla au

1. Ce joli récit rappelle de loin la fable de Florian : *L'enfant et le miroir*. Il est d'un genre relativement rare dans la littérature populaire

bord du fleuve. Lorsqu'il arriva il pêcha (des poissons en les transperçant avec une assagaie). Quand il eut pêché, il alluma du feu et fit rôtir des poissons. Quand il les eut rôtis, il les mangea; il finit (de les manger). Quand il saisit son assagaie (à pêcher), il dit : Brr! quand tu sens (le poisson) se débattre, c'est qu'il est déjà parti! Il entendit la berge qui répondait : Brr! quand tu sens (le poisson) se débattre, c'est qu'il est déjà parti! Il dit : Qui es-tu, toi? et la berge, elle aussi, de répondre : Qui es-tu, toi? Le garçon dit : Oh! oh! et la berge, elle aussi, de dire : Oh! oh! Miracle! — et la berge, elle aussi, de dire : Miracle! — Tu es un fou! et la berge, elle aussi, de dire : Tu es un fou. Lorsqu'il parla (de nouveau), il dit : Toi...! et la berge, elle aussi, de dire : Toi....! — Je le dirai à mon père! et la berge, elle aussi, de dire : Je le dirai à mon père. — Quant à toi, je te battrai! et la berge, elle aussi, de dire : Quant à toi, je te battrai. Quand il dit : Je vais aller à la maison; la berge, elle aussi, de dire : Je vais aller à la maison. Ce garçon courut vers son père; il arriva (et dit): Père, il y a là-bas dans les arbres qui sont sur la berge quelqu'un qui parle avec moi; quand je dis que je vais aller vers mon père, lui aussi dit la même chose. Quand (son père) lui répondit, il lui parla ainsi : Mon fils, il n'y a rien; c'est la berge qui te parle. — Non! c'est un homme qui m'insulte; je lui ai dit : Tu es un fou; et lui aussi a dit : Tu es un fou. Père, ne dis pas qu'il n'y a personne. Son père lui dit : Nous irons tous deux demain; tu entendras. Le matin vint. Ils y allèrent, (le père) avec son fils. Quand il arriva, (le père) lui dit : Ne parle pas; laisse-moi parler d'abord, tu entendras que c'est la berge. Il dit : C'est toi la berge! et la berge, elle aussi, de dire : C'est toi la berge! Il dit (à son enfant) : Tu as entendu, mon enfant? et la berge, elle aussi, de dire : Tu as entendu, mon enfant? Ils allèrent à la maison; (le père) lui dit : Tu as entendu? Il répondit : J'ai fort bien entendu aujourd'hui.

Bantou. Chose curieuse, je n'ai jamais rencontré encore de légendes africaines sur l'écho; le nom même de l'écho est inconnu dans la plupart des langues Bantou. En Louyi on l'appelle simplement *liywi lia munanga*, la voix de la berge; c'est, en effet, surtout dans la berge du fleuve qu'on l'entend. En Souto je ne lui connais également pas de nom. [Cf. aussi la fable de Schmid, *L'écho*. R. B.]

## XXXIX. — Ya mwanukana ni silukombwe.

*Uyo mwanukana na ku ikala ni silukombwe. Nyina uto ku ba mwan'a ye mundale. Mwanukana uto ku yumbela bandji, a beba ni ñuku ya ye. Ab'a tunda bo, ñuku uto ku lia umundale wa mwanukana. Ab'a kela, ni mu wana ñuku na mana ku lia umundale. Uto ku lila, uto ku ambetji:*

*U ni be mundale wa nge, te!*
*Mundale wa nge no ku tunda kuli mawe, te!*

*Silukombwe ab'a yupela mo, uto ku tula umusila wa ye, uku mu ba umutenga. Uto ku tambula. Ab'a mana ku tambula, uto ku enda. A'ba enda, uto ku wana sifula-nyundo ; uto ku ambetji : Ni ku be umutenga ndji? Uto ku ambetji : U ni be, ni tamba ku kandelela. Uto ku mu ba. Ab'a mana ku mu ba, uto ku enda. Sifula-nyundo uto ku baka ku mutwi; ab'a fula, umutenga uwo ku bia. Ab'a kena amasiku, mwanukana uto ku kela. Ab'a kela, uto ku ibanguta; uto ku ambetji: Mu ni be mutenga wa nge. Simufula nyundo uto ku ambetji : Ab'o na ku ni ba, ufe u na ku bia. Mwanukana uto ku ambetji :*

*Sifula-nyundo, u ni be mutenga wa nge, te!*
*Mutenga wa nge wa ku ma¹ silukombwe wa nge, te!*
*Silukombwe wa nge na ku lia mundale wa nge, te!*
*Mundale wa nge wa ku ma mawe, te!*

*Sifula-nyundo uto ku mu ba ilikao; uto ku tambula; uto ku enda. Uto ku wana asimukalanga-ndandi, uto ku ambetji : Ni mu be ilikao lia nge ndji? Ao ku ambetji : U tu be. Uto ku a ba. Ab'a mana ku a ba, uto ku enda. Ao ku kalanga itindandi; ilikao ilio ku tjoka. Ab'a kena amasiku, uto ku iya, uto ku ibanguta, uto ku ambetji : Ilikao lia nge libi lolo ? Ao ku ambetji : Ab'o na ku tu ba ilikao, tu na ku li tjola. Uto ku ambetji:*

*Asimukolanga-ndandi, mu ni be ilikao lia nge, te!*
*Likao lia nge lia ku ma Sifula-nyundo, te!*
*Sifula-nyundo wa lile² mutenga wa nge, te!*
*Mutenga wa nge wa ku ma mukombwe w nge, te!*
*Mukombwe wa nge wa lile mundale wa nge, te!*
*Mundale wa nge wa ku ma mawe, te!*

*Ao ku mu ba itindandi. Ab'a tunda bo, uto ku enda Ab'a kela ku asiluka-ñenge, uto ku ambetji: Ni mu be itindandi ndji? Ao ku*

---

1. = wa ku ni ba.
2. = u lile.

ambetji : *U tu be. Uto ku a ba. Ab'a mana ku a ba, uto ku enda. Ao ku lukisa amatanda, ao ku a mana. Ab'a kena amasiku, uto ku ta ko. Ab'a kela, uto ku ambetji : Mu ni be itindandi ta nge. Ao ku ambetji : Ab'o na ku tu ba bo, tu na ti mana. Uto ku ambetji;*

*Asimuluka-ñenge, mu ni be itindandi ta nge, te !*
*Itindandi ta nge ti na ku tunda kuli asimukalanga-ndandi, te !*
*Asimukalanga-ndandi a na ku tjola ilikao lia nge, te !*
*Ilikao lia nge li na ku tunda kuli Sifula-nyundo, te !*
*Sifula-nyundo na ku lia umutenga wa nge, te !*
*Mutenga wa nge wa ku ma mukombwe wa nge, te !*
*Mukombwe wa nge na ku lia mundale wa nge, te !*
*Mundale wa nge no ku tunda kuli mawe, te !*

*Ao ku mu ba amatanda. Uto ku tambula. Ab'a mana ku tambula, uto ku enda; uto ku wana c ɩukana a suk'etindjeko. Uto ku ambetji: Ni mu be ilitanda, mu sukise ? Ao ku ambetji : E, u tu be. Uto ku a ba. Ab'a mana ku a ba, uto ku enda ; uto ku langana, Ab'a kena amasiku, uto ku ta ko. Ab'a kela, ao ku mu lumelisa : Mu lumele. — Shangwe. Uto ku ibanguta : Ilitanda lia nge li si yoya? Ao ku ambetji : Li na ku tjoloka. Uto ku ambetji: Mu ni be ilitanda lia nge. Ao ku ambetji : Li na ku tjoloka. Ao ku mu ba itindjeko ; uto yu tambula, uto ku enda. Ab'a enda, ni mu wana amañanga a iyatile. Uto ku ambetji : Ni mu be itindjeko ? Ao ku ambetji: U tu be. Uto ku a ba. Ab'a mana ku a ba, uto ku enda ; uto ku langana. Ab'a kena amasiku, uto ku meneka ; ab'a kela, ao ku mu lumelisa : Mu lumele. — Shangwe. Uto ku ibanguta, uto ku ambetji: Mu na ku mana ilia iya i na ku mu ba? Ao : E, tu na ku mana. Uto ku ambetji:*

*Mu ni be itindjeko ta nge, te !*
*Itindjeko ta nge ta ku tunda kuli asimusuka-ndjeko, te !*
*Asimusuka-ndjeko a na ku lia ilitanda lia nge, te !*
*Ilitanda lia nge lia ku tunda kuli asimuluka-ñenge, te !*
*Asimuluka-ñenge a na ku lia itindandi ta nge, te !*
*Itindandi ta nge ti na ku tunda kuli asimukalanga-ndandi, te !...*

*Ab'a tala ngeso, mañanga ao ku utuka. Uto ku ena.*

## XXXIX. — Le garçon et le coq [1].

Ce garçon avait un coq. Sa mère lui donna du maïs. Le garçon

---

1. Cette randonnée est beaucoup plus complète que celle donnée en

le jeta à terre et joua avec son coq. Quand il s'en alla, le coq mangea le maïs du garçon. Quand (celui-ci) arriva, il trouva que le coq avait mangé son maïs. Il se mit à pleurer et à dire :

Donne-moi mon maïs, té !
Mon maïs qui me venait de ma mère, té !

Quand le coq entendit cela, il abaissa sa queue et lui donna une plume. (Le garçon) la prit. Quand il l'eut prise, il partit. Comme il marchait, il trouva un forgeron, il lui dit : Te donnerai-je (ma) plume[1]. Il répondit : Donne-(la)-moi, je te remercierai. Il (la) lui donna. Quand il (la) lui eut donnée, il s'en alla. Le forgeron la mit sur sa tête ; quand il forgea, la plume (tomba dans le feu) et fut brûlée. Quand vint le matin, le garçon arriva. Arrivé (là), il demanda, disant : Donne-moi ma plume. Le forgeron dit : Après que tu me l'as donnée, elle a été certainement brûlée. Le garçon dit :

Forgeron, donne-moi ma plume, té !
Ma plume que m'a donnée mon coq, té !
Mon coq qui a mangé mon maïs, té !
Mon maïs que m'a donné ma mère, té !

Le forgeron lui donna une bêche. Il la prit et s'en alla. Il trouva des tisseurs de cordes[2]. Il leur dit : Vous donnerai-je (ma bêche)? Ils dirent : Donne-(la)-nous. Il (la) leur donna. Quand il l'eut donnée, il partit. Ils firent des cordes ; la bêche se cassa. Quand le matin vint, il revint et (leur) demanda, disant : Où est ma bêche ? Ils dirent : Après que tu nous as donné (ta) bêche, nous l'avons cassée. Il dit :

---

Soubiya dans le conte du *Lièvre et la grue royale* (2e partie, p. 30-32, cf. notes). Dans une variante que m'a donnée Maroumo, une vieille femme prend la place du petit garçon (ou de la petite fille, *mwanukana* signifiant un enfant de l'un ou l'autre sexe).

1. D'après la variante, le forgeron accepte la plume pour s'en parer ; il la met sur sa tête, et pendant qu'il forge elle tombe dans le feu et brûle.

2. Littéralement il est dit, non pas : des tisseurs de cordes, mais : ceux qui *creusent* des cordes. Les Zambéziens se servent, en effet, des racines flexibles de certains arbres pour s'en faire des cordelettes, après les avoir écorcées et assouplies (cf. n° VII, note 31). On comprend ainsi beaucoup mieux pourquoi ils désirent une bêche.

Faiseurs de cordes, donnez-moi ma bêche, té !
Ma bêche que m'a donné le forgeron, té !
Le forgeron qui a gâté ma plume, té !
Ma plume que m'a donnée mon coq, té !
Mon coq qui a mangé mon maïs, té !
Mon maïs que m'a donné ma mère, té !

Ils lui donnèrent des cordelettes. Quand il fut parti de là, il marcha. Arrivé vers des tresseurs de paniers il leur dit : Vous donnerai-je mes cordelettes ? Ils dirent : Donne-les-nous ? Il (les) leur donna. Quand il (les) leur eut données, il partit. Ils tressèrent des paniers : ils les finirent. Quand le matin vint, il alla vers (eux). Lorsqu'il fut arrivé, il dit : Donnez-moi mes cordelettes. Ils dirent : Lorsque tu nous les as données, nous les avons (employées) toutes. Il dit :

Faiseurs de paniers, donnez-moi mes cordelettes, té !
Mes cordelettes qui viennent des faiseurs de cordelettes, té !
Les faiseurs de cordelettes qui ont cassé ma bêche, té !
Ma bêche qui me provenait du forgeron, té !
Le forgeron qui a gâté ma plume, té !
Ma plume que m'a donnée mon coq, té !
Mon coq qui a mangé mon maïs, té !
Mon maïs qui me venait de ma mère, té !

Ils lui donnèrent des paniers. Il les prit.

Quand il les eut pris, il s'en alla; il trouva des enfants qui vannaient des graines[1]. Il leur dit : Vous donnerai-je un panier, pour vous aider à vanner ? Ils dirent : Oui, donne-(le) nous. Il le leur donna. Quand il (le) leur eut donné, il partit. Il dormit. Quand le matin vint, il retourna vers (eux). Arrivé (là), il les salua : Bonjour ! — Salut ! Il demanda : Mon panier est-il toujours en bon état ? Ils dirent : Il s'est déchiré. Ils dirent : Donnez-moi mon panier. Ils dirent : Il s'est déchiré. Ils lui donnèrent des graines. Il les prit et partit. En allant (plus loin), il trouva des pintades en grand nombre. Il leur dit : Vous donnerai-je (mes) graines ? Elles dirent : Donne-(les)-nous. Il (les) leur donna. Quand il les leur eut données, il partit. Il dormit. Quand le matin vint, il se hâta (de retourner vers les pintades). Arrivé (vers elles), il les

1. Ces graines nommées *itindjeko* proviennent d'une céréale sauvage que je ne connais pas et dont on peut faire du pain en temps de famine.

salua : Bonjour! — Salut! Il demanda, disant : Est-ce que vous avez mangé toute la nourriture que je vous ai donnée? Elles dirent : Oui, nous l'avons finie. Il dit :

Donnez-moi mes graines, té !
Mes graines qui viennent des vanneurs de graines, té !
Les vanneurs de graines qui ont gâté mon panier, té !
Mon panier qui venait des tresseurs de paniers, té !
Les tresseurs de paniers qui ont employés mes cordelettes, té !
Mes cordelettes qui venaient des faiseurs de cordelettes, té !...

Quand les pintades entendirent cela, elles s'envolèrent. Il en fut tout affligé [1].

C'est ici que finit (l'histoire).

### XL. — Ya muloti.

*A tatji liywa lia mutumbi, mwana uto ku fa. A tatji ka mwana no ku waba unene*[2]*. Ab'a mana ku fa, ao ku mu twala mu mayumbelo. Ab'a ka tunda ko, usiku muloti uto ku mu pumbula. Ab'a mana ku mu pumbula, uto ku mu twala ku mundi, uto ku mu eleka. Ab'a mana ku mu eleka, uto ku kela ba mwelo. Uyo mwana uto ku kana ku ingena mu ndo. A tatji a mu tulule ba muongo, uto ku kana. Uto ku ngangamana ba mwelo, to ambetji : U tunde ku muongo wa nge. Amasiku oondje to ikalile bo ba mwelo. Ab'a yupa imikombwe i lila, uto ku ambetji : U ingene mu ndo. Uto ku kana. Amasiku ao ku pa, to si li ba mwelo wa ye. Munu ab'a enda-enda, ku mu wana u imanine ni mufu ku muongo. Munu uyo ab'a monena mo, uto ku shotoka, ku ta ku anu. Ab'a ka kela, uto ku ambetji : Mu iye, mu mone isi si na ni loyo. Aba a kela, ku wana ta mwana uya u na ku fa biyuti. Ao ku ambetji : T'a muloti n'oyo. Ao ku mu lema, uku mu yumbela mu litiko; ao ku mu bona.*

1. La manière dont le conteur zambézien finit son conte est très ingénieuse. Dans le conte Héréro parallèle de l'*eiagi* (Brincker, p. 341; cf. II*e* partie, p. 31, note), un chien, en s'enfuyant, met de même fin à la série des échanges.

2. Litt. : ce n'est pas un enfant très beau! c'est-à-dire : c'est un très bel enfant.

## XL. — Histoire d'un sorcier[1].

On raconte qu'un jour un enfant mourut. On dit que c'était un fort bel enfant. Quand il fut mort on le porta au cimetière. Quand ils en revinrent, de nuit, un sorcier alla le déterrer[2]. Quand il l'eut déterré, il le porta au village; il le portait sur son dos. Après qu'il l'eut mis sur son dos, il arriva à la porte (de sa hutte); cet enfant refusa d'entrer dans la hutte. Il voulut le secouer de dessus son dos, (l'enfant) ne se laissa pas faire. (Le sorcier) resta dans la difficulté devant sa porte, disant : Descends donc de dessus mon dos. Toute la nuit (le sorcier) resta ainsi devant la porte. Quand il entendit chanter les coqs, il dit : Entre dans la hutte.

1. Pour la sorcellerie, voir surtout n°⁸ LXXXIII-LXXXVI. Comme on le verra, c'est avant tout avec les cadavres qu'on pratique la sorcellerie. Les contes de sorcellerie sont, à ma connaissance, relativement très rares dans le folklore Bantou. Au Zambèze, sur près de 120 contes et légendes récoltés par moi, seulement 4 sont des contes de sorciers. Chez les Ba-Souto, dans une collection de plus de 100 contes, je n'en ai qu'un qui soit de cette nature. Les recueils de Callaway, Theal, Steere, Châtelain et Junod n'en renferment point. Par contre le recueil de contes Héréros de Brincker en contient beaucoup. Ce sont probablement ces contes Héréros, que Bleek connaissait, qui lui ont fait affirmer, par une généralisation trop hâtive (cf. *Reynard the Fox*, p. xxv), que le folklore Bantou consiste en grande partie en histoires de sorciers, tandis que le conte d'animaux lui serait presque étranger. L'une et l'autre de ces affirmations sont absolument erronées, comme le montre notre recueil à la suite de tant d'autres.

2. Le sorcier veut en faire un fantôme (*silumbu*, cf. n° LXXXIII) qui sera son serviteur et lui procurera de la nourriture et des richesses (cf. n° XLII). On peut comparer à notre conte une histoire des Ba-Ronga (Junod, *Les Ba-Ronga*, p. 385) : une femme passant près d'un bois sacré en mangea des fruits, ce qu'il est interdit de faire. Un enfant parut, elle le prit sur son dos. Il n'en voulut plus descendre; on dut avoir recours aux bons offices d'un médecin. Cet enfant était un des *chikwembo* (mânes des ancêtres). Dans le conte Souto de *Masilo et Masilonyané* (Jacottet, *Contes des Bassoutos*, p. 47) la vieille femme reste également sur le dos de Masilonyané; il ne peut s'en débarrasser que par ruse. De même dans le conte Zoulou de *Usomamekutyo* (*Folk-Lore Journal*, 1879, p. 127), un enfant appartenant au *fast-stiking people* refuse de descendre du dos de Usomamekutyo. On peut comparer aussi le *Vieillard de la Mer* des *Mille et une Nuits*.

(L'enfant) refusa. Le matin vint, que (le sorcier) était encore devant sa porte. Comme un homme se promenait, il trouva le sorcier qui se tenait (là) avec un mort sur son dos. Quand cet homme eut vu cela, il courut et alla vers les gens. Arrivé (vers eux), il dit : Venez, et voyez ce qui m'a (tant) étonné. Lorsqu'ils arrivèrent, ils trouvèrent que c'était cet enfant qui était mort hier. Ils dirent : Cet homme-là est un sorcier. Ils le prirent et le jetèrent dans le brasier; ils le brûlèrent.

### XLI. — Ya muloti.

*A tatji liywa lia mutumbi, mwana uto ku fa. Ab'a mana ku fa, anu ao ku mu twala ku mayumbelo. Ab'a mana ku mu pumbeka mu likwina, o ku ta ku mundi. Muloti uto ku kela, uto ku mu aba mu likwina. Ab'a mana ku mu aba, uto ku leta umutondo, uku mu sita. Ab'a mana ku mu sita, uto ku ambetji : U utuke. Uto ku utuka. Kame uto ku ambetji : U uke. Uto ku uka. Kame uto ku ambetji : U utuke. Uto ku utukela ku mundi. Muloti uto ku ambetji : U uke. Uto ku utuka unene, uto ku utukela ku mundi; uto ku kela kuli nyina, uto ku yoya.*

### XLI. — Histoire d'un sorcier[1].

On raconte qu'un jour un enfant mourut. Quand il fut mort, les gens le portèrent au cimetière. Quand ils l'eurent enterré dans la fosse, ils retournèrent au village. Un sorcier arriva et le déterra de la fosse. Quand il l'eut déterré, il (alla) chercher une médecine; il l'en oignit. Quand il l'eut oint, il dit : Cours! Il courut du côté du village. Ce sorcier lui dit : Reviens. (L'enfant) courut plus vite, il courut du côté du village. Il arriva auprès de sa mère; il vécut (ainsi).

### XLII. — Muloti na mwana wa mbumu.

*Miaka iyi i na ku bita, umunu na ku ikala bo ; uto ni muloti, ta mu ulwa itingombe. Uto ku mona umwan'a mbumu ; uku ambatji : Ni loe uyu umwana. Uto ku tenda ngeso. Umwana uku fa; ab'a fa, ao ku mu twala mu liyumbelo. Muloti u ka mu londa ; ab'a kela ba*

---

1. Voir n° LXXXIII, dont notre conte est une illustration. L'aventure du sorcier est amusante et bien faite pour plaire à ceux pour qui la sorcellerie est un cauchemar continuel.

mayumbelo, uto ku fula na mulondo beulu no likwina. Umwana u
ka bana mu likwina, uto ku mu shimba, uku mu twala ku mundi.
Ab'a kela mu ndo, uku ambatji : Balelo i na wana mawe. Uku mu
ambela, ndji : Ab'e na ku londa, i na ku londele ku ambatji ni ku
bilule siywa. Uto ku mu bilula siywa sa ku londa mawe; uto ku
ambatji : U te kuli it'oe ku londa mawe. Uto ku ta miaka yondje
to londa mawe. It'a ye uto ku ambatji. Mawe, yikeni iyi londa mawe
a nage ? Anuke, ku unu. — Anyi mu a ita. — Batili, shangwe. —
Yikeni iyi a lia. Uto ku ti twala mu sikuli; n'esi siywa n'eso ku ta
nato, isi londa amawe umu maywa oondje oondje. Mbumu uku ibola
akwalumbo, ku ambatji : Balino ku li nga sibi? — Amawe k'a sa ko
ni ku tingombe; sa yamwa itingombe. — Ni tamba ku tenda nga
sibini? Mu ti lese, tu tamba ku mona ameyi ab'a tamba ku wa, tu
tamba ku utuseta ku musitu. Ao ku tenda ngeso, ku utuseta ku musitu. Aba a kela, uku langana amaywa eli. Iso ku kela, uku tenda
ngeso itingombe, isi shimba mawe ku a twala k'oyo muloti, uku
mu ba. Umbumu uyo uto ku ibola akwalumbo, ku ambatji : Balino
ni nga sibini? — Ku ikalile ngeso. Umbumu uto ku ambatji ku an'a
ye ni mukat' a ye : Ni tamba ku tenda nga Sibini? — U isane
anganga. Mbumu uku tenda ngeso, uku ta kulin ganga, uku mu ibola,
uku ambatji : Mwan'a nge u iy'o ka ni shebuluke. Uto ku ambatji ;
Shangwe, moli'a nge, si yii ku shebuluka. — U iye, mwan'a nge ;
u yii. — U ndoko tu ende. Uto ku enda. Ab'a kela, uto ku mu
ibola : Shangwe, umuloti uyu u ku loa ni munu wa mundi. — Ubi
toto ? — Batili, si mu mwene. Uto ku ambatji : U singe alume no
ikungwe i iye i leme[1] ulwiya lwa nge. Uto ku a singa. Ao ku lema
ulu ulwiya. Uto ku ambatji. Lwiya lwa nge u leme muloti. Ulo ku ta.
Uto ku ambatji ; Lwiya lwa nge u leme muloti. Ulo ku ta. Uto
ku ambatji : Lwiya lwa nge u leme muloti, ni wane ngombe.
Ulwiya ulo ku tela, ulo ku kela mu mundi, ku ingena umu mu ndo
no muloti. Ulo ku ibaa iwana, ni itjoo, n'inu yondje iyi i na ku
wanwa umo mu ndo. Uto ku tunda, uku ambatji : Yikeni iyi i na
tende[2] ? — U si ibola? U li muloti. — Mawe! ubi uloti wa nge ? —
K'u mwene? yikeni ulu lwiya aba lu ingena mu ndo t'oe ? — Uku
ingena feela kas'oloti. Unganga uto ku ambatji. Ulwiya lwa nge u

1. Le verbe est très curieusement construit avec ikingwe, et non pas
avec alume.
2. Litt. : Qu'est-ce qui fait ? = Qu'arrive-t-il ?

*iye kuno. Ulwiya ulo ku uka, uku ukela kuli moli'a lo, uku lu baka mu ndo. Uto ku ambela mbumu; mbumu uku ambatji : Momo, i na mono uyo ni muloti. Uto ku ambela anu a ye : Mu te, mu ka mu leme, mu ka mu ingenye mu ndo ta ye, n'inu ya ye, n'an'a ye, ni mukat'a ye; mu ka bake bo mulilo, mu yatile umwelo.*

### XLII. — Le sorcier et le fils du chef.

Il y a des années, il y avait un homme; c'était un sorcier qui ne possédait pas de bétail. Il vit le fils du chef et dit : Je tuerai cet enfant par (sorcellerie). Il fit ainsi. L'enfant mourut; quand il fut mort, on le porta dans sa tombe. Le sorcier alla l'y prendre; arrivé au cimetière, il répandit une médecine sur la fosse. L'enfant sortit de la fosse; (le sorcier) le mit (sur son dos) et l'emporta chez lui. Arrivé à sa hutte, il dit : Aujourd'hui, j'ai trouvé du lait. Il dit (à cet enfant) : Si je suis allé te chercher, je t'ai cherché afin de faire de toi un fantôme. Il en fit un fantôme qui lui procurât du lait, et dit : Va chez ton père me chercher du lait. Il y alla pendant plusieurs années, rapportant toujours du lait. Son père dit : Oh! qu'est-ce qui enlève mon lait? Les garçons (dirent) : Nous ne savons pas. — C'est vous qui le volez. — Non, père! — Qu'est-ce qui le mange? Il emmena (les vaches) dans une île; lui aussi le fantôme y alla avec elles. continuant chaque jour à enlever le lait. Le chef demanda aux bergers : Comment est-ce maintenant? — Les vaches n'ont (toujours) pas de lait; (le fantôme) tette les vaches. — Comment ferai-je? Laissez-les; nous verrons lorsque les eaux baisseront, nous mènerons (les vaches) dans la forêt. Ils firent ainsi, et les menèrent à la forêt. Quand (les bergers) furent arrivés là, ils dormirent deux jours. (Alors la fantôme) arriva, et fit aux vaches comme (auparavant), prenant le lait, le portant à ce sorcier et le lui donnant. Le chef interrogea les bergers : Comment est-ce maintenant? — C'est toujours ainsi. Le chef dit à ses enfants et à sa femme : Comment faire? — Appelle des médecins. Le chef fit ainsi; il alla vers un médecin, lui parla, disant : Mon enfant, consulte le sort pour moi. Il dit : Mon père, mon seigneur, je ne sais pas consulter le sort. — Viens, mon enfant; tu le sais. — Soit, allons! Ils allèrent. Arrivés (au village, le médecin) dit : Mon père, le sorcier qui te fait du mal c'est quelqu'un du village. — Qui est-il? — Oh! je ne l'ai pas vu. Il dit : Cherche des hommes robustes qui puissent tenir ma corne. Il les chercha. Ils saisirent la corne. Il dit : Ma corne, saisis le sorcier. Elle alla. Il dit : Ma corne, saisis le sorcier. Elle alla. Il dit : Ma corne, saisis le sorcier, que je reçoive un bœuf. La corne alla, elle arriva dans le village et entra dans la hutte du sorcier. Elle cassa les assiettes, les pots et tous les objets qui se trouvaient là dans la hutte[1]. (Le sorcier) sortit et dit : Qu'est-ce qui arrive? — Tu le demandes? Tu es un sorcier. — Oh! où est ma sorcellerie? — Ne vois-tu pas? pourquoi cette corne entre-t-elle dans ta hutte? — Elle y entre pour rien; il n'y a pas de sorcellerie (chez moi). Le médecin dit : Ma corne, viens ici. La corne revint, elle retourna vers son maître; il la remit dans sa hutte. Il dit au chef (ce qui était arrivé). Le chef dit : C'est bien; je l'ai vu ce sorcier. Il dit à ses gens : Allez, prenez-le, enfermez-le dans sa hutte, avec ses effets, ses enfants et sa femme; mettez-y le feu et fermez la porte[2].

### XLIII. — Ya muloti na mwan'a ye.

*Uyo munu uto ku leya ana; uyo munu ni munu wa muloti u kwete ulumba. Munu uyo ni mulume, Ab'a enda-enda, uto ku angana ni ulumba wa ye : Ni tamba ku mu ba mwan'a nge; aba ni tamba ku mu tuma mu ndinde, mu mu leme, mu k'ekale naye; aba ni tamba ku iya ku ku lima, aba ni mana, ni tamba ku pulama, ni tamba ku mu tuma, mu mu lemene abo. Ab'a uka ku ku enda-enda, uto ku kela ku mundi, uto ku ambetji : Biunda, tu ka line ndinde. Mukati uto ku ambetji : E, tamb'o ka lima. Ao ku langana. Ab'a kena amasiku, ao ku ta ku ndinde, u ka lima. Ab'a mana ku lima, uto ku siya umulepo wa ye. Ab'a ka kela bakatji no ndila, uto ku tuma umwan'a ye, a ka u londe. Mwan'a ye uto ku pumena. Ab'a kela mu ndinde, ni mu wana anu a lima. Uto ku imba ulusimo, uto ku ambetji : Anyi mu lim'omo, shangwe na pulama umulepo wa ye. Uto ku shombota. A tatji a mu leme, uto ku shotoka, uto ku leta kuli it'a ye. Kame ab'a kena amasiku, uto ku ukela ku ndinde u ka*

---

1. Pour la divination par la corne (*hwiya*), cf. n° XC où elle est expliquée.
2. Le feu était au Zambèze, jusqu'à l'arrivée de la Mission protestante, le supplice ordinaire de ceux qui étaient accusés et convaincus du crime de sorcellerie.

*lima. Ab'a mana ku lima, ao ku ta kumundi. Ab'a enda, ab'a ka kela bakatji no ndila, uto ku ambejti : Mwan'a nge, i na pulama umulepo wa nge, u ende u ka u londe. Uto ku pumena, uto ku enda. Ab'a enda, ni mu wana mu ndinde mu iyalile ulumba. Uto ku imana : Anyi mu lim'omo, shangwe na pulama umulepo wa ye. Uto ku shombota, uku utukela ku mundi; ab'a kela, uku mu ba. Kawe ab'a kena amasiku, ao ku kela ko, uku lima. Ab'a ta ku mundi, ab'a kela bakatji no ndila : Mwan'a nge, u ka ni londele umulepo wa nge. Uto ku enda. Ab'a kela mu ndinde, uto ku am betji : Anyi mu lim'omo, shangwe na pulama umulepo wa ye. Ao ku mwena. Kame uto ku ambetji : Anyi mu lim'omo, shangwe na pulama umulepo wa ye. Ab'a ambetji ni shombote*[1], *ao ku mu lema, ku twala kwao, u ka mu bilula sikumba.*

### XLIII. — Le sorcier et son fils [2].

Cette personne avait des enfants; cette personne était un sorcier qui possédait des fantômes. Cette personne était un homme. Comme il se promenait, il rencontra des fantômes; (il leur dit) : Je vous donnerai mon enfant; lorsque je l'enverrai dans le champ, saisissez-le et il demeurera avec vous. Lorsque j'irai bêcher et que j'aurai fini, j'oublierai (quelque chose), je l'enverrai (chercher cet objet); c'est alors que vous vous saisirez de lui. Lorsqu'il fut de retour de sa promenade, il arriva chez lui et dit : Demain, nous irons bêcher (notre) champ. La femme répondit : Oui, nous le bêcherons. Ils dormirent. Quand le matin fut venu, ils allèrent au champ, ils bêchèrent. Quand ils eurent bêché, (l'homme) laissa là son manteau [3]. Quand il fut arrivé à mi-

1. Litt. : Quand il dit : que j'enlève! c. à. d. quand il voulut enlever.
2. Le commencement de ce conte ressemble beaucoup à celui de *Moutjinda* (n° XVII). Les fantômes (*ulumbu*) sont les esprits des morts ressuscités par le sorcier (cf. n° LXXVIII et notes).
3. Je me demande si la traduction est réellement exacte; *umulepo* signifie : manteau; *umulepu* signifie : barbe. D'après Akaende, c'est bien *umulepo* : manteau, qu'il faudrait ici. Et cela est d'ailleurs de beaucoup le plus naturel. Mais Kaboukou, de qui je tiens le conte, m'avait laissé écrire *umulepu*, barbe, et semblait la chose toute naturelle. S'il en était ainsi, nous aurions ici un de ces traits tout à fait merveilleux qui abondent dans le folklore africain et qui, pour étranges qu'ils soient, ne

chemin, il envoya son fils pour le chercher. Son fils y consentit.
Arrivé près du champ, il y trouva des gens qui bêchaient. Il
chanta une chanson, disant : Vous qui travaillez ici, mon père
a oublié son manteau. Il s'élança. Comme (ces gens) voulaient
se saisir de lui, il s'enfuit, il apporta le manteau à son père.
De nouveau, lorsque le matin fut venu, (le père) alla au champ,
il y travailla. Quand ils eurent fini de travailler, ils retournèrent
au village. Comme ils allaient et étaient arrivés à mi-chemin, (le
père) dit : Mon enfant, j'ai oublié mon manteau ; va me le chercher.
(Le fils) consentit ; il alla. Quand il arriva, il trouva que le champ
était rempli de fantômes. Il s'arrêta (et dit) : Vous qui travaillez
là, mon père a oublié son manteau. Il s'élança, courut vers le
village ; arrivé (là), il donna (le manteau à son père). De nouveau, lorsque le matin fut venu, ils allèrent là, et bêchèrent.
Quand ils revinrent au village et furent arrivés à mi-chemin,
(le père dit) : Mon enfant, va me chercher mon manteau. Il y
alla. Comme il y allait, quand il arriva près du champ, il dit :
Vous qui travaillez là, mon père a oublié son manteau. (Les fantômes) se turent. Il dit de nouveau : Vous qui travaillez là, mon
père a oublié son manteau. Comme il voulait s'élancer, (les fantômes) se saisirent de lui, l'emportèrent chez eux et le changèrent en fantôme. Ici finit (l'histoire) de l'homme et de son enfant.

### XLIV. — Mukati na siwi.

*Liywa lia mutumbi, amangolwa, uku tenda imilema minene
minene ; munu uto ku koñela indima. Ameyi ab'a ila, uto ku akwa
unga. Siwi iso ku ingena mu ndo. Aba si ingena, k'a limukile ndji
siwi, ni mu ambetji mbumw'a ye. T'o lemine umwana. Ab'a singa ku
bonda indima ta ye, uto ku mu ba siwi, ni mu ambetji ta it'a ye.
Siwi iso ku tambula. Ab'a mana ku bonda. U ni be mwan'a nge, ni
wu yamwise. Ab'a yupa si shotoka, mwana uto ku lila : Mawe,
mandi. Nyina ab'a yupela mo, uto ku ambetji : Mave, mwan'a nge,
si na mu twala isi siwi. Mulume ab'a kela : Mwan'etu na ti kubini !
Uto ku ambetji : Si limukile ; siwi si na mu twala. Ab'e na koñele
indima ta nge, ni mu yupa si ingena mene uku ambetji wene ; men'o*

choquent ni le conteur, ni les auditeurs. Je regrette de n'avoir pas demandé à Kaboukou, avant son retour au Zambèze, des renseignements
plus précis sur ce point.

*ku ambetji : U leme umwana, ni bonde. Aba ni mana ku bonda, ni mu yupa si utuka ; mene uku yupa mwan'a nge u lila bande; aba ni bana, ku si wana na si umbula. Mw'a na fele mwan'etu n'omo.*

### XLIV. — La femme et l'hyène[1].

Un jour, vers le soir, comme il faisait très sombre, une femme cuisait du pain. Quand l'eau bouillit, elle y versa de la farine. Une hyène entra dans la hutte. Quand elle y entra, (la femme) ne s'aperçut pas que c'était une hyène, elle se dit (que c'était) son mari. Elle tenait son enfant (dans ses bras). Comme elle voulait remuer son pain, elle donna (son enfant) à l'hyène; elle se disait que c'était le père (de l'enfant). L'hyène le prit. Quand elle eut fini de remuer : Donne-moi mon enfant que je l'allaite. Quand l'enfant sentit que (l'hyène) s'enfuyait, il pleura : Hélas! ma mère. Quand la mère entendit cela, elle dit : Hélas, mon enfant! cette hyène l'a pris. Quand le mari revint : Où est allé notre enfant ? Elle dit : je ne sais pas; une hyène l'a emporté. Comme j'étais à cuire mon pain, je l'ai entendue entrer, je me suis dit (que c'était) toi; je lui ai dit. Prends l'enfant, que je remue (mon pain). Quand j'eus fini de le remuer, je l'ai entendue qui s'enfuyait; j'ai entendu mon enfant pleurer dehors; quand je suis sortie, j'ai su qu'elle était partie. C'est ainsi qu'est mort notre enfant.

1. Ce conte est soit une histoire de la vie réelle, soit un conte merveilleux dépouillé de ses éléments merveilleux. La première hypothèse est probablement la plus juste.

# II

# LÉGENDES

### XLV. — Nyambe na mukat'a ye Nasilele.

*Nyambe na ku ikala bandji na mukat'a ye Nasilele. Ab'a na ku ta ku wilu, ni mu tjila anu. Nyambe ab'a aya sitondo, anu nao uku aya; Nyambe a aye uawana, nao a aye*[1]. *Kame mbwa wa mulume uto ku fa. Mume uto ku ambetji : Mbwa wa nge a yoye. Mukat'a ye uto ku ambetji : Mene si mu singi, mbuyi. Mulume uto ku amba : Mene ni mu singa uyu mbwa wa nge. Mukati uto ku amba : Mu yumbele bande. Uto ku mu yumbela bande. Ao ku ikala. Nyina na fu; ta mukati, uto ku amba ngesi. Mulume uto ku ambetji. Batili, a felele; i na ku ambele mene, mbwa wa nge a yoye; wene uku kana, ni mene, nyoko a felele. Uto ku felela. Ao ku tuma loongolo na sakame. Ao ku ambela loongolo : Ab'o ka kela ku anu u ka ambetji : Mu yoye; ni wene sakame, ab'o kela ku anu u ambetji : Mu felele. Ao ku enda. Loongolo ab'a enda, mu ukela ku nyima; Sakame uto ku utuka, Sakame uto ku kela ku anu, uto ku ambetji, anu a felele. Sakame uto ku uka. Ana ab'a fa, ni a felela.*

### XLV. — Nyambé et sa femme Nasilèlè[2].

Nyambé demeurait (jadis) sur la terre avec sa femme Nasilèlè. Quand il monta au ciel, ce fut par crainte des hommes. Lorsque Nyambé sculptait du bois, les hommes aussi en sculptaient; lorsque Nyambé sculptait une assiette, les hommes aussi en sculp-

---

1. La forme : *a aye* semble être un temps signifiant : avoir l'habitude de faire. Je n'en connais en Louyi que cet exemple-ci.
2. Pour ce qui concerne *Nyambé* et les origines de l'humanité, cf. 2ᵉ partie, nᵒˢ XXXII-XXXV; pour le nom même de *Nyambé* (dont l'étymologie est encore obscure), cf. *ibid.*, p. 102, note. D'après notre texte, *Nyambé* aurait été l'initiateur de la civilisation humaine.

taient. Ensuite le chien du mari mourut. Le mari dit : Que mon chien vive. La femme dit : Moi je ne veux pas, c'est un voleur. Le mari dit : Pour moi, j'aime mon chien. La femme dit : Jette-le dehors. Ils le jetèrent dehors. Ils restèrent (là). La mère (de la femme) mourut. La femme parla comme (le mari avait parlé auparavant). Le mari dit : Non! qu'elle meure définitivement? je t'avais dit moi qu'il fallait que mon chien vive, tu as refusé ; moi aussi (je veux) que ta mère meure définitivement. Elle mourut Vour de bon[1]. Ils envoyèrent le caméléon et le lièvre. Ils dirent au caméléon. Quand tu arriveras vers les hommes, dis-leur : Vous pivrez! et toi, lièvre, quand tu arriveras vers les hommes, dis-leur : vous mourrez pour de bon. Ils partirent. Le caméléon, tout en marchant, retournait (à tout instant) en arrière; le lièvre, (lui), courut. Le lièvre arriva (le premier) vers les hommes, et dit que les hommes mourraient pour de bon. Le lièvre s'en retourna. Quand les hommes meurent, ils meurent pour de bon[2].

### XLVI. — Ya Nyambe.

*Nyambe ab'a na ku ikala bandji, a tatji na ku kwa ku wilu : kw'a na ku tunda, u k'eya bandji. A tatji anu, na ku tunda ku wilu. Nyambe ab'a na ku ta ku wilu, na ku tina ba liuyi. Ab'a mana ku tina, uto ku amba : Mu ni shoelele. Anu ab'a mona 'ngesi a tatji : Tu ibae Nyambe. Uto ku shotokela ku wilu. Ao ku ambetji : Tu ku*

---

1. Le texte Soubiya (2ᵉ partie, n° XXXIV) donne une version beaucoup plus complète de la même légende. Mais, dans le texte Louyi, l'identité de Nyambé et du premier homme est bien plus clairement exprimée.

2. Il semblerait (cf. 2ᵉ partie, p. 109, note 1) que c'est à la suite de la mort de la belle-mère que *Nyambé* et sa femme *Nasilélé* envoient aux hommes les deux messagers, laissant ainsi au sort le soin de décider si oui on non les hommes devront ressusciter (cf. surtout 2ᵉ partie, n° XXXV, p. 111, note 2). Dans notre récit c'est, comme chez les Hottentots, le *lièvre* qui est envoyé avec le caméléon, et non pas le *lézard*, comme dans la plupart des autres versions. D'après Akaende et Maroumo qui, malheureusement, n'ont pu me donner des détails nouveaux sur ces importantes légendes religieuses, c'est *Nasilélé* qui aurait voulu tuer les hommes, *Nyambé*, lui, désirant qu'ils vécussent (cf. 2ᵉ partie, p. 111-113, où il est dit que la femme et le fils de *Leza* ont voulu faire mourir les femmes et les enfants). Mais leurs souvenirs étaient trop vagues pour qu'on pût tirer d'eux, sur ces sujets, rien de satisfaisant.

*tendele itondo, tu ka kele ku wilu. Ao ku suma itondo, a shangela itondo, a i nunga. Aba a li kule, itondo iyo ku kwa. Anu oondje ao ku fa, oondje uku mana. A toya Nyambe, a tatji liywa. Aba li bana liywa : Mu mone moli'etu, na kela. Ao ku shoelela : Mangwe, mangwe, mangwe, moli'etu!*

### XLVI. — Nyambé.

Quand Nyambé demeurait sur la terre, on dit qu'il était tombé du ciel; c'est de là qu'il venait quand il vint sur la terre. Les gens disent qu'il venait du ciel. Quand Nyambé retourna au ciel, il monta par une toile d'araignée. Quand il fut monté, il dit : Adorez-moi. Quand les hommes le virent (faire) ainsi, ils dirent : Tuons Nyambé. Il s'enfuit dans le ciel[1]. (Les hommes) dirent : Faisons-nous des mâts pour arriver au ciel. Ils plantèrent de (longs) poteaux, ils y ajoutèrent (d'autres) poteaux les attachant (les uns aux autres). Quand ils furent (arrivés) loin (en montant le long de ces poteaux), les poteaux tombèrent. Tous les hommes (qui y étaient montés) moururent; tous finirent (ainsi)[2].

Ils disent que Nyambé c'est le soleil. Quand le soleil se lève, (ils disent) : Voilà notre roi, il a paru! Ils l'adorent, (disant) : Mangwé! Mangwé! Mangwé! notre roi[3]!

---

1. La fuite de *Nyambé* dans le ciel est expliquée ici. Il a voulu, en montant sur une toile d'araignée, se faire adorer par les hommes. Ceux-ci furieux de son orgueil ont voulu le tuer; c'est alors qu'il s'est pour de bon retiré dans le ciel, d'où il était, d'ailleurs, précédemment venu.

2. La même tradition est racontée avec plus de détail dans un texte Soubiya de la 2ᵉ partie (n° XXXVI).

3. D'après ce texte et d'autres renseignements (cf. 2ᵉ partie, p. 102 et 107) *Nyambé* est identifié avec le soleil; *Nasilèlè* serait la lune (cf. cependant n° LXI où la lune est elle aussi identifiée à *Nyambé*). D'après tout cela, il semblerait que les Zambéziens se fussent élevés jusqu'à la religion sidérale; il n'en est rien, cependant, puisque, comme partout ailleurs dans le domaine Bantou, c'est au fond le culte des ancêtres qu'ils pratiquent (cf. n°ˢ LXXX et LXXXI). Il y a, peut-être, deux conceptions d'origine différente et passablement incompatibles l'une avec l'autre. En tous cas (sauf ces prières), il ne semble pas qu'on rende un culte à *Nyambé*; les offrandes dont il est question dans plusieurs de nos textes sont bien plutôt faites aux mânes des ancêtres (cf. cependant n° LXXXII).

## XLVII. — Ya anu na kale.

*Anu na kale n'a eluba. Ab'a amba anu n'ambatji, anu na kale ab'a na ku lima itindinde, ab'a tjola amapo, n'a tenda ndji : Ilia tu tamba ku i tenda nga sibini? Ab'a mana ku tjola, uku twala ku mundi, u ka baka mu mashete. Ab'a singa uku lia, u ka shimba amatjili, ku iya, ku shengula ; uku twa. Ab'a mana ku tw'elitungi, ao ku yumbela unga, uku lia ilitungi mu maywa. Iliywa ilitjili umunu uto ku kela, uku ibola ku ambatji : Anyi mwa tenda nga sibini ilia? — T'wa tenda ngeso, twa yumba unga, atji uku lia ilitungi. — Batili, mu lie unga. — Mawe, munu u eluba u ambatji tu lie unga; wene wa lia ilitungi. — Batili, mu tende umu ni ambela. — U li wa makwisa. — O! o! si yii balino iyi ni tamba ku mu ambela. Ao ku mu ibola : Uk'u tunda ni kubini? — Na tunda kwatji. Anu ku mu ambela ndji : Mu lia iyi, u te u ka ambele ndji n'a lia ili noyi. Uto ku ambela ndji : Ilia nowa ; anyi mwa ku ibaisa timboke*[1] *ka mu tende umu i na mu ambele. Ao ku tenda ngeso. Uto ku wana uwike, uku a tendela wino, ku itela umo mu ilia; uto ku pundunga; uto ku ambatji : Mu lie. Ao ku lia. Ab'a mana ku lia, ao ku ambatji : Mawe! mawe! Silia si mamata. Uto ku ambatji : Iyenu iyo ; anyi mu na kana aba i na mu ambele, aba n'ambatji ilia iyi. Ilia iyo ti mene, mu ni limuke, time i na mu ambele ilia nowa-wa.*

## XLVII. — Les hommes des temps anciens [2].

Les hommes des temps anciens étaient des sots. Quand les gens en parlent, ils disent que les hommes d'autrefois, quand ils avaient labouré leurs champs et récolté le sorgho, disaient : Comment allons-nous faire avec cette nourriture? Quand ils avaient récolté, ils portaient (le sorgho) au village et le déposaient dans leurs greniers. Quand ils voulaient manger, ils prenaient

1. Dans ce cas-ci, c'est à *timboke*, le son, et non pas (comme ordinairement) à l'objet personnel que se rapporte le sens du causatif. Le sens est : vous faites que le son vous tue (c.-à.-dire : vous vous fatiguez inutilement à manger de mauvaise nourriture).
2. Une tradition assez semblable est déjà donnée dans les textes Soubiya (2ᵉ partie, n° XXXIX). D'après le texte Soubiya les hommes mangeaient la *balle* du sorgho ; d'après le texte Louyi c'est de *son* qu'ils se nourrissaient. Cela excepté, la tradition est sensiblement la même.

un peu (de sorgho), le vannaient et le moulaient. Quand ils avaient moulu le son, ils rejetaient la farine, ils mangeaient le son; (ils faisaient) toujours ainsi. Un certain jour, un homme arriva et parla ainsi : Que faites-vous avec votre nourriture? — Nous faisons ainsi, nous rejetons la farine et mangeons le son. — Oh! mangez (au contraire) la farine. — Ah! homme, tu es un sot de dire que nous mangions la farine; pour toi, tu manges (certainement) le son. — Non! faites ainsi que je dis. — Tu es un menteur. — Oh! oh! je ne sais pas maintenant ce que je dois vous dire. Ils lui demandèrent : D'où viens-tu? — Je viens de chez nous. Les gens lui dirent : (Vous autres), vous mangez de mauvaise (nourriture); va et dis-leur qu'ils mangent de mauvaise nourriture. Il leur dit : C'est, (au contraire), une bonne nourriture; vous vous faites du mal à manger du son; faites donc comme je vous ai dit. Ils firent ainsi. (Cet homme) trouva du miel, il (voulut) leur faire plaisir, et versa ce miel dans leur bouillie; il les mélangea et dit : Mangez. Ils mangèrent. Quand ils eurent mangé, ils dirent : Oh! oh! quelle bonne nourriture! Il (leur) dit : C'est là votre nourriture; vous refusiez (de me croire) lorsque je vous parlais et vous disais que (vous mangiez) de mauvaise nourriture. Cette nourriture-ci, c'est moi (qui vous l'ai enseignée); sachez que c'est moi qui vous ai enseigné ces excellents aliments.

## XLVIII. — Muenda-ndjangola.

*Na ku ikala mulume, ilitina lia ye ni Muenda-ndjangola; a na ku tila ku yaka mu sikuli na nyina, na sit'a ye, na mukat'a ye. Liywa lia mutumbi, uto ku ambela nyina, ndji : Mandi, ni mu singa uku ta mu liya[1] ku akwalumbo. Nyina wa ye nab'a na ku mu shalula. Uto ku enda, uku kela ku akwalumbo, Uto ku a ibanguta, ndji : Munu a wala itingombe na mu na mu leme ? Akwalumbo uku mu shenda; ao too; wa likondo limweya ak'a sii anu; ito toto. Nab'a na ku ti fula, ku ti fula ni mulamu. Itingombe uto ku ti utusa; uto ku imba ulusimo.*

*Ndolo lutjenenge, ndolo lutjenenge lwa twala, lwa twal'engombe!*

---

1. = *mu lindja liya*, au bord là-bas.

*Akwalumbo ab'a monena mo ao ku utuka, ndji : T'ingombe ti na ti. Uto ku kela ba likamba, uto ku isana nyina :*
*Nganga-mu-kasubila, ntondeze nzila ya ku lwizi* [1] :
*Nyina wa ye uto ku fula ameyi, ameyi uku alula bakatji; itingombe ito ku shatukela mu sikuli. lliywa lia mutumbi, uto ku ambela nyina, ndji. Mandi, ni mu singa ku ta mu liya. Nyina wa ye uku mu shatula. Uto ku enda, uku wana akwalumbo a li ba sitanda. Uto ku a ibanguta, ndji : Munu a twala itingombe tenu, na mu na mu leme? Akwalumbo ao ku mu shenda, ao too : Ito toto! Uto ku ti ful'omulamu; itingombe uku utuka naye. Kame uku nenga :*
*Ndolo lutjenenge, ndolo lutjenenge l wa wala, lwa twal'engombe!*
*Nyina wa ye uto ku fula ameyi, ameyi u ku kaula bakatji; itingombe ito ku luta. Liywa lia mutumbi, uto ku shwaa ingombe. Nyina wa yeuku mu b'etimati, mukat'aye uto ku li'enyama tondje. Nyina wa ye uku tina. Liywa lia mutumbi, uto ku ambela nyina kame, ndji : Ni mu singa ku shatukela mu liya. Nyina wa ye uto ku kana, ndji : Si singi, itingombe mu na ku lia mu aili na mukat'oe, mu na ku ni yumena. Babelo naba wa ambetji : ni shatule, k'u ambele mukat'oe u na ku lia naye, a ku shatule mu liya. — Mukat'a nge k'a limukile ku kaula ameyi bakatji. Liywa lia mutumbi, uto ku ambela nyina, ndji : Mandi, u ni shatule mu liya. Nyina wa ye uku mu shatula mu liya. Uto ku enda, uku wana, akwalumbo a li ba ngombe. Uto ku a ibanguta, ndji : Munu a twala itingombe tenu na mu na mu leme? Akwalumbo uku mu shenda, ndji : wa likondo limweya ak'a sii anu. Uto ku ti fula. Uto ku utuka nato, uto ku imba, ndji :*
*Ndolo lutjenenge, ndolo lutjenenge lwa twala, lwa twal'engombe!*
*Ab'a kela ba likamba, uku isana nyina, ndji :*
*Nganga-mu-kasubila, ntondeze nzila ya ku lwizi*[2]*!*
*Nyina wa ye uto ku kana. Akwalumbo uku kela; ao ku mu lema, uku mu ibanguta, ndji : Itingombe tetu uy'u na ku ambele ni anyini u ti shimbe? Akwalumbo ao ku mu lema, uku mu ibaa.*

### XLVIII. — Mouenda-ndjangola [3].

Il y avait un homme nommé Mouenda-ndjangola ; il habitait dans

1. Paroles Totela.
2. Paroles Totela (?).
3. *Mouenda-ndjangola* (celui qui marche avec une sandale?) ou *Ndjangwa-*

une île, avec sa mère, son père et sa femme. Un jour, il dit à sa mère : Mère, je veux aller à l'autre bord vers les bergers. Alors sa mère le fit passer. Il alla et arriva auprès des bergers. Il leur demanda : Si quelqu'un enlève vos bœufs, vous saisirez-vous de lui? Les bergers se moquèrent de lui, disant : Celui qui n'a qu'une seule jambe ne l'emportera pas sur les (autres) gens; les voici les bœufs)! Alors il frappa (les bœufs), il les frappa avec un bâton. (Il enleva les bœufs: il chanta une chanson :

    Celui qui n'a qu'une jambe a enlevé, a enlevé les bœufs!

Les bergers, voyant cela, se mirent à courir, disant : Les bœufs sont partis. Il arriva au gué, il appela sa mère :

    Nganga-mu-Kasubila, montre-moi la route du fleuve[1] !

Sa mère frappa les eaux; les eaux se séparèrent; les bœufs passèrent dans l'île. Un autre jour, il dit à sa mère : Je veux aller à l'autre bord. Sa mère le fit passer. Il alla et trouva des bergers près de l'enclos à bétail. Il leur demanda : Si quelqu'un enlève

---

*mouloti* (cf. n° LVI)est le même que *Sikoulokobouzouka* des textes Soubiya (cf. 2ᵉ partie, nᵒˢ XL et XLVII). La légende que nous donnons ici est la même que le n° XL de la 2ᵉ partie de ce recueil. La différence la plus considérable entre la forme de la tradition rapportée ici, et celle donnée en Soubiya, c'est qu'ici c'est la mère de *Mouenla-ndjangola* qui divise le fleuve en deux en en frappant les eaux, tandis que là c'est une de ses femmes. De plus, dans la version Soubiya, certainement plus complète, *Sikoulokobouzouka* est une première fois ressuscité par ses femmes, ce dont il n'est pas question ici. Aux exemples donnés dans la 2ᵉ partie (p. 123, note 1) de fleuves traversés de la même façon (ou en séparant miraculeusement les eaux), on peut ajouter le conte de *Masangya*, provenant de la tribu des Wa-*Madshame* dans l'Est africain allemand (cf. *Zeit. für afrik. und ocean. Sprachen*, III, 72) et une intéressante légende des Be-Chwana (*Sepeleta sa secoana*, Bloemfontein, 1890, p. 58 et Crisp, *The Bechuana of South. Africa*, Londres, 1896). Cette dernière légende rappelle si vivement la traversée de la Mer Rouge par Moïse et les Israélites qu'on est très tenté d'y voir un emprunt aux instructions missionnaires. Mais M. Crisp qui la publie, et qui est une autorité pour ce qui concerne les Be-Chwana, affirme qu'il la tient d'un vieillard qui l'avait entendue avant l'introduction du christianisme au nord de l'Orange. Il est, cependant, difficile de la croire réellement originale.

1. La chanson est en Totela; *Nganga-mu-kasubila* est peut-être le nom propre ou le *seboko* (nom qu'on se donne en chantant son chant de louanges) de la mère. *Nganga* signifie : médecin.

vos bœufs, vous saisirez-vous de lui ? Les bergers se moquèrent de lui, disant : Les voici ! Il les frappa avec son bâton ; les bœufs s'enfuirent avec lui. Il chanta de nouveau :

  Celui qui n'a qu'une seule jambe a enlevé, a enlevé les bœufs !

Sa mère frappa les eaux, les eaux se séparèrent ; les bœufs passèrent. Un jour, il tua un bœuf. Il en donna les pieds à sa mère ; sa femme mangea toute la viande. Sa mère en fut froissée. Un autre jour, il dit à sa mère : Je veux passer à l'autre bord. Sa mère refusa, disant : Je ne veux pas ; ta femme et toi, vous avez mangé à vous seuls les bœufs, vous m'avez privée (de viande). Et aujourd'hui tu me dis : Fais-moi traverser ! Pourquoi ne dis-tu pas à ta femme, avec qui tu as mangé (la viande), qu'elle te fasse passer. — Ma femme ne sait pas séparer les eaux (du fleuve). Un autre jour, il dit à sa mère : Mère, fais-moi passer à l'autre bord. Sa mère le fit passer à l'autre bord. Il alla et trouva des bergers auprès de leur bétail. Il leur demanda : Si quelqu'un enlève vos bœufs, vous saisirez-vous de lui ? Les bergers se moquèrent de lui, disant : Celui qui n'a qu'une seule jambe ne l'emportera pas sur les (autres) gens. Il les frappa avec son bâton, s'enfuit avec eux et chanta :

  Celui qui n'a qu'une seule jambe a enlevé, a enlevé les bœufs.

Arrivé au gué ; il appela sa mère :

Nganga-mu-Kasubila, montre-moi la route du fleuve !

Sa mère refusa. Les bergers arrivèrent, se saisirent de lui et lui demandèrent : Qui t'a donné l'ordre de venir enlever nos bœufs ? Les bergers le prirent et le tuèrent.

### XLIX. — **Mbu na mulilo.**

*Mbu na mulilo n'a tila ku tenda umbusha. Liywa lia mutumbi, mbu na ku enda-endela mulilo ; umbu nab'a na k'oka. Umbu, ilitjili iliywa, uto ku ambetji : Mulilo, u ngenda-ngendele. Mulilo to : Na ku enda-endela mb'u shotoka. Mbu to : Batili. Mulilo uku mu enda-endela ; mulilo u k'eya u tumbuka. Umbu uku ala ku ndila ; uto ku mona ndji mbush'a ye na kela. Umulilo uku kela kuli mbu, uwo ku mu fumeka uoya. Umbu uku ambetji : Mbush'a nge, iso u mbu-*

*mekela*'? *Umulilo u ku ambetji : Baya i n'o ku ambela* ndji, na ku enda-endela mb'u shotoka. Umbu uto ku yupa uku bia, uku shotokela mu liambai. Kame ak'a banene kuli mbush'ange; u ku mu tjila uku mu fumeka; u ku bilula siamana sa mu meyi, kandi uweli ni siamana si na ku ikala bandji; balino ni siamana sa mu meyi.*

## XLIX. — L'hippopotame et le feu [3].

L'hippopotame et le feu avaient lié amitié. Un jour, l'hippopotame alla visiter le feu, puis il s'en retourna. L'hippopotame, un autre jour, dit : Feu, viens me visiter. Le feu dit : Si je vais te visiter, tu seras effrayé. L'hippopotame répondit : Non! Le feu alla le visiter; le feu venait tout allumé. L'hippopotame regardait du côté du chemin et vit que son ami arrivait. Le feu arriva près de l'hippopotame et lui brûla les poils. L'hippopotame dit : Mon ami, pourquoi me brûles-tu? Le feu répondit : Je t'avais bien dit que, si je venais te visiter, tu serais effrayé. L'hippopotame sentit qu'il brûlait et s'enfuit dans le fleuve. Il n'en sort plus jamais (pour venir) vers son ami ; il a peur que celui-ci le brûle ; il est devenu un animal des eaux, tandis qu'auparavant c'était un animal qui demeurait sur la terre; aujourd'hui c'est un animal des eaux.

## L. — Nalungwana.

*A tatji nalungwana ni mbumu; n'o tila mu wana Nyambe t'o umba munu. Nyambe to : Tu patwele munu mu kwaba. Nalungwana uku kana, to : Munu k'a fanenine ku patwela mu kwaba, a patwele ku mataku. Ana nab'a na ambetji, nalungwana ni mbumu, ab'a na siulula Nyambe. Munu n'a na ti nga sibi ku bande? Wa oba mbumu, nalungwana t'o ikalile bo, u tamb'o ka ambela mbumu, ndji : Ndjingatanyi t'o na ku obo.*

1) = *U ni fumekela.*
2) C'est ainsi que je t'avais dit. *Baya* est ici = *mwa.*
3. Je possède de cette curieuse légende deux versions absolument pareilles. Celle que je donne provient de Maroumo. C'est une légende étiologique destinée à expliquer pourquoi l'hippopotame vit dans l'eau et n'a pas de poil.

## L. — L'oiseau naloungwana[1].

On dit que le *naloungwana* est un chef. (Jadis) il trouva *Nyambé* en train de façonner l'homme. *Nyambé* dit : Nous ferons à l'homme une ouverture sous l'aisselle. Le *naloungwana* s'y opposa, disant : Il ne faut pas faire à l'homme une ouverture sous l'aisselle, il faut lui en faire une aux fesses. C'est pourquoi les gens disent que le *naloungwana* est un chef, puisqu'il a (ainsi) conseillé *Nyambé*. Comment (sans ce conseil) l'homme aurait-il fait ses besoins? Si (aujourd'hui) tu dis du mal du chef, le *naloungwana* se trouvant là, il parlera au chef, disant : Tel et tel a dit du mal de toi[2].

## LI. — Siwi.

*Siwi n'o tila mbwa baweli; siwi ab'a mona anu a mu tend'oyi, uto ku ambatji : Ni tamba ku tenda nga sibini? Uto u ku ibola; uku ambatji : Ni si kwita uku lema akwange ambwa. Uto ku tenda ngeso. Aba ku lema, uto ku mu kwisa bandji. Uto ku ambatji : Ni si kwita ni mu utusete mu musitu. Ab'a kela mu lubuta, uto ku ambatji : Ni si yupa itinyama no mwabange. Ab'a mana ku lia, uto ku ukela kuli mundi. Umunu uto ku mona, ndji : Uyu mbwa kasa mbwa, na maloya. Anu ao ku ambatji : Mu ibae aya ambwa no malimba no ku ilola no ku kena; mu t'ibae; kas'ambwa, ni iamana. Ab'a yupela mo, siwi uku ingukela mu liyungu mu maywa oondje. Ab'a kela, kondji amangolwa, uto ku lema ñuku; uto ku tenda, ndji : Kwee! Kwee! anu ao ku bana mu malapa, uku utukela ku ñuku uy'u tenda : Kwee! Mw'a na ku tila siwi mu liyungu.*

---

1. Le *naloungwana* est un petit oiseau semblable à la bergeronnette. D'après cette légende *Nyambé* serait véritablement le créateur de l'homme (cf. 2ᵉ partie, p. 106 et 111, notes). Le *naloungwana* est un bienfaiteur de l'humanité puisque, sans lui, *Nyambé* eût placé l'anus sous l'aisselle de l'homme!

2. Un proverbe Souto dit, en parlant d'un secret dont on ne veut pas dire de qui on l'a entendu : *Ke boleletswe ke lehlokwa*, j'en ai été averti par un brin d'herbe; ou bien : *Ke boleletswe ke lekhwaba*, j'en ai été averti par un corbeau.

## LI. — La hyène[1].

La hyène était auparavant un chien. Comme la hyène voyait que les hommes la maltraitaient, elle dit : Que ferai-je? Elle se parla à elle-même, disant : Je vais essayer de saisir mes camarades les chiens. Elle fit ainsi. Comme ils se battaient, (la hyène) jeta (le chien) par terre. Elle dit : Je vais essayer de l'emporter dans la forêt. Arrivée dans les buissons, elle se dit : Je vais goûter la chair de mon camarade. Quand elle l'eut mangé, elle retourna au village. Quelqu'un la vit et dit : Ce chien n'est pas un chien; il est extraordinaire. Les gens dirent : Tuez ces chiens à couleur noire et blanche; tuez-les, ce ne sont pas des chiens, ce sont des animaux sauvages. Entendant cela la hyène s'enfuit dans la brousse pour toujours. Quand elle revient (dans les villages), ce n'est que de nuit pour voler les poules. (La poule) crie : *kwee! kwee!* les gens sortent des cours de (leurs huttes) et courent vers la poule qui crie : *kwee!* C'est ainsi que la hyène est devenue (habitante des) forêts.

## LII. — Mbula n'ondopu.

*A tatji ndopu k'a tjili mbula. Liywa lia mutumbi mbula uto ku ambetji: Wene ndopu u li munyonyo kuli mene. Ndopu ab'a yupela mo, uto ku ambetji : Ni mene ni li mukulu. Mbula uto ku ambetji : U ende kule kule, u ka lile; aba ni tamb'o ku yupa, tiwe mukulu, aba nā ku yupu, tiwe mwanuke. Ndopu uto ku pumena. Uto ku enda, n'oyo mbula kame uto ku enda kule kule. Ndopu uto ku tanga; ab'a lila, ni mu ambetji :Haa! haa! Aba ti lila ngeso, mbula ku ulwa ni ku yupa. Mbula uto ku ambetji : Mwabange na tende nga sibi? Uto ku kunga, to esa, to puma. Ab'a puma, ni mu ambetji : Ndu, ndu, ndu, ndu! Ndopu ab'a mona ngeso, uto ku shotoka. Mbula uto ku ambetji : U ese ku shotoka, time mukwa-manyinga oe. Mbula ito ku lenga ndopu ba muongo. Ndopu uto ku lema indowa, uku ti baka ba muongo.*

---

1. Une légende Soubiya (2ᵉ partie, n° XLV) dit que les chiens sont des chacals domestiqués; celle-ci fait, au contraire, de la hyène un chien redevenu sauvage.

## LII. — La foudre et l'éléphant [1].

On dit que l'éléphant n'a pas peur de la foudre. Un jour la foudre dit : Toi, éléphant, tu es mon inférieur. Quand l'éléphant entendit cela, il dit : C'est moi qui suis ton supérieur. La foudre dit : Va très, très loin et crie; si je t'entends, c'est toi le supérieur; si je ne t'entends pas, c'est toi l'inférieur [2]. (L'éléphant) alla; la foudre elle aussi alla très, très loin. L'éléphant commença; il cria, disant : Haa! haa! Bien qu'il criât ainsi, la foudre ne put l'entendre. La foudre dit : Que fait donc mon camarade? Alors elle se mit à bruire, à faire des éclairs, à tonner. En tonnant elle disait : Ndou! ndou! ndou! ndou! L'éléphant, entendant cela, eut peur. La foudre lui dit : N'aie pas peur; c'est moi ton frère par le sang [3]. La foudre frappa l'éléphant sur le dos. L'éléphant prit de la boue et la mit sur son dos.

## LIII. — Imange.

*A tatji Imange ta muywandi no kale, a tatji muywandi munene na mand'a ye, ao ku tenda aywandi aili. Ab'a na ku ikala, anu oondje a na ku tila anu amweya. A tatji Imange uto ku yaka mu Luyi, a tatji uta wa mand'a Imange ab'o tjoka, ilitunga ilio ku shanduka. Liywa lia mutumbi, akat'a Imange ao ku ambetji : Tu ibae mbumw'etu; aba tu tamba ku mu ibaa, tu ambetji na fu. Ab'a mana ku amba, ao ku ikala. Muywandi ab'a kela, uto ku ingena mu ndo. Ab'a langana, akati ao ku ambetji : Tu mu fuke ito, atji tu mu ibae. Muywandi ab'a yupa, uto ku ambetji, tu li a beba. Ao ku mu pungela mu ito; uto ku fa. Ab'a mu ibaa ngesi, kakombwa ka ye ka aliketite. Ab'a kena amasiku, ao ku ambetji : Mawe, moli'etu na fu. Anu oondje ao ku kongoloka, ku iya, ku lila. Sikombw'eso aba si lila, ni si ambetji : Mawe, mawe, ab'a mana ku ibaa moli'a*

---

1. Le mot que je traduis par foudre (*mbula*) signifie également la pluie. Dans les langues du Zambèze les deux notions n'en font qu'une. On dit que la foudre ne tue jamais l'éléphant; quand elle le frappe, il se contente de mettre de la boue sur sa blessure; cela suffit pour l'en guérir.
2. Dans un conte Chwana: *Le lion et l'autruche* (*Folk-Lore Journal*, Cape-Town, 1879, p. 10), le lion et l'autruche essaient également de savoir lequel a la voix la plus forte (cf. Bleek, *Bushmen Folk-Lore*, p. 12 la fable du *Lion jaloux de la voix de l'autruche*).
3. Pour la *fraternisation par le sang*, cf. n° CVIII.

nge, anu n'añole a tatji na fu, a-Luyi ni añole. Anu ab'a yupa, ao
ku teteta unu a lilela mwanukana uyo. Ao ku ambetji : Ni mu lila
nga sibi ? Kame ab'a lila, ni mu ambetji : Mawe, mawe, akati ni
añole ku n'ibaela moli'a nge, a-Luyi a-kwa-malimi ku alula; biunda
na bandele mu ese ku yaya, aba ni tamba ku amba. Mand'a ye ab'a
ka yupa, uto ku iya; ab'a kela, uto ku tjola uta, ao ku mwala.

## LIII. — Imangé[1].

On dit qu'Imangé était un ancien chef, on dit (que c'était) un
grand chef, lui et sa sœur; c'étaient deux chefs[2]. Quand ils
étaient là, tous les hommes formaient une seule nation (litt. de
mêmes hommes). On dit qu'Imangé demeurait dans l'Ou-Louyi;
on dit que lorsque l'arc de la sœur d'Imangé se brisa, le peuple se
dispersa[3]. Un jour les femmes d'Imangé dirent : Tuons notre mari;

1. La légende d'*Imangé* est une des seules traditions historiques des
A-Louyi qu'il m'ait été possible de recueillir. On en trouvera plus loin
une autre version absolument différente et inconciliable avec celle-ci.
D'après la version de Kabouko, *Imangé* aurait été un chef, d'après celle de
Maroumo c'eût été, au contraire, une reine. Il est probable que c'est
Maroumo qui a raison, et que la légende que m'a donnée Kaboukou se
rapporte à autre chose. En tous cas, elle porte bien le cachet d'une antiquité relativement haute.
2. Maintenant encore, il y a dans l'empire des A-Louyi deux grands
chefs, le chef-masculin (*mbumu no mulume*) et le chef-féminin (*mbumu no
mukati*); le chef-féminin est d'habitude la sœur du chef-masculin, dont
elle dépend d'ailleurs. Aujourd'hui le grand chef est *Léwanika* qui demeure
à *Lia-Luyi*; le chef-féminin est sa sœur *Moukwai*, qui réside un peu plus
au sud à *Nalolo*, sur la rive droite du Zambèze.
3. Kaboukou n'a pu me donner aucune explication bien nette sur cet
arc qui se brise; c'est vraisemblablement l'écho d'une antique tradition,
aujourd'hui obscurcie. Le peuple (ou le royaume) se dispersa : cela fait
probablement allusion au partage du royaume en deux parties, l'une
comprenant les *A-Louyi* proprement dits sur la rive gauche du Zambèze,
l'autre comprenant la tribu des *A-Kwangwa* sur la rive droite. Aujourd'hui
l'empire de l'*Ou-Louyi* (*Ba-Rotsi*) est de nouveau réuni; mais la double
royauté du chef-masculin et du chef-féminin (ce dernier régnant surtout
sur les *A-Kwangwa*) est, sans doute, un vestige de l'ancienne séparation.
D'après M. Coillard, mieux placé que n'importe qui pour être bien
informé, les A-Louyi viendraient du Mashonaland actuel. S'il a raison (ce
qui ne me paraît pas encore tout à fait sûr), il ne pourrait s'agir que de

quand nous l'aurons tué, nous dirons qu'il est mort (de mort naturelle). Quand elles eurent parlé, elles restèrent (là). Quand le chef arriva, il entra dans sa hutte. Quand il fut couché, les femmes dirent : Couvrons-le avec des couvertures, afin que nous le tuions. Quand le chef entendit cela, il (se) dit : Ce n'est qu'un jeu. Elles l'étouffèrent avec (leurs) couvertures ; il mourut. Quand elles le tuaient ainsi, son petit page avait (tout) vu¹. Quand le matin vint, elles dirent : Hélas ! notre chef est mort. Tous les gens se rassemblèrent, vinrent et pleurèrent. Le petit page, en pleurant, disait : Hélas ! hélas ! quand elles ont tué mon maître, ces femmes cruelles ont dit qu'il était mort (naturellement), ces A-Louyi sont cruelles. Quand les gens l'entendirent, ils écoutèrent attentivement comment pleurait ce jeune garçon. Ils dirent : Comment pleure-t-il ? De nouveau, quand il pleura, il dit : Hélas ! hélas ! ces femmes sont cruelles, elles ont tué mon chef ; ces A-Louyi à la langue trompeuse ! Demain et après demain, ne refusez pas (de me croire), lorsque je parlerai. Quand sa sœur entendit (cela), elle s'en alla ; quand elle arriva (chez elle), elle brisa son arc ; les gens se dispersèrent. C'est ainsi qu'elle a agi.

### LIV. — Imange.

*Imange ni mbunu wa mukati, n'o tila ku leywa ni mand'a ye no mbumu no mulume. Umbumu no mulume uyo ku timba umbumu no mukati. Umbumu no mukati uyo ku shotoka, ku ta u ka yaka mu a-kwangwa. Ugo mbumu no mukati uto ku a timba. A-Kwangwa ao ku tongoka : Uyo moli'etu na lutimbo, mb'a fu ka mwaka ? Umbumu uto ku toma, nab'a na ku fa. Ao ku mu twala Ituku, ndji ku ta u ka mu pumbeka. Ilitjili iliywa uto ku bana mu likwina ; uko ku inguka mebo munene munene ; uto ku enda to tjola itondo. Nab'a na ku kela*

la famille régnante proprement dite. Le gros des A-Louyi ne peut provenir, en effet, de cette région. La langue qu'ils parlent permet de les ranger dans le même groupe que les tribus de l'Ouest (Héréros, Ov'-Ambo, A-Mbounda, etc. cf. 1ʳᵉ partie : Introduction, p. xxxvi).

1. Le *Kakombwa* ou *Sikombwa* est un serviteur attaché à la personne du roi ; c'est généralement un jeune garçon. Il y en a toujours un grand nombre à la Cour. Ils tiennent la place des pages ou chambellans des cours européennes.

*uku Ikwitji. Uto ku ingena mo, ni tingombe ta ye, n'anu a ye; umo tenda mu mundi wa ye.*

*Anu, iliywa ilitjili, li a loya[1], ni ku yupa itingombe iti lila; atjili ni ku yupa anu à amba; atjili ni ku yupa a shaa itipala: atjili ni ku mona itingombe iti enda. Wa mona u ti mona itingombe, u limuke ndji uku fa k'oe. Atjili wa mona a yupa iiipala ti lila, u limuke ndji uku fa k'oo.*

### LIV. — Imangé[2].

Imangé était le chef-féminin; elle avait pour frère le chef-masculin. Le chef-masculin haïssait le chef-féminin. Le chef-féminin s'enfuit et alla habiter chez les A-Kwangwa. Ceux-ci se mirent à haïr le chef-féminin. Les A-Kwangwa (disaient en) se plaignant : Notre reine est cruelle; quand mourra-t-elle? La reine tomba malade, puis elle mourut. Ils la portèrent à Itoukou, ils y allèrent et l'enterrèrent. Un jour elle sortit de son tombeau; il s'éleva un très grand vent. (C'était Imangé) qui allait en brisant les arbres (sur son passage). Alors elle arriva à Ikwitji. Elle entra (dans le lac) avec son bétail et ses gens; ce fut là son village[3]. Un certain jour, (dans ce lac il se passa des choses) qui étonnèrent les gens. On entendit des bœufs qui beuglaient; d'autres entendirent des gens qui parlaient; d'autres entendirent des flûtes jouer; d'autres y virent marcher des bœufs. si tu vois (là) des bœufs, sache que tu mourras; si d'autres entendent des flûtes jouer (là) tu sauras qu'ils mourront[4].

1) Sous entendu : *litia*: ce lac les étonna.
2. Cette seconde forme de la légende est également très curieuse. *Imangé* y est représentée comme une reine cruelle des *A-Kwangwa*.
3. *Itoukou* et *Ikwitji* sont deux localités, situées près de deux lacs profonds aux eaux noires, dans les vastes forêts qui séparent le Zambèze du Tchobé ou Linyanti supérieur.
4. Le folklore universel parle de gens, de bétail, etc., vivant au fond des eaux; cf. entre autres, n° XXV (notes). Mes deux conteurs, Akaende et Maroumo, disent qu'aujourd'hui encore on entend des bruits mystérieux dans le lac d'*Itoukou*; bien des gens prétendent y avoir vu du bétail au fond des eaux, ou tout au moins en avoir entendu les beuglements.

## LV. — Sabwiza na min'a ye.

*A tatji Sabwiza ni munu no ku waba unene; kame ni mute no iamana. Liywa lia mutumbi, uto ku ta na min'a ye mu ku aula itindopu. Min'a ye ku timba a mu timbile. Uto ku ambetji : Balelo ni tamba ku mu ibaa umukulw'a nge. Ab'a mana ku amba ngeso, uto ku mona itindopu. Min'a ye ab'a mona ngeso uto ku tangalala. Ab'a kokala, min'a ye uto ku kokala kame ku nyima. Ab'a kela bebi uto ku ambetji : Tu tamba ku ibaa ndopu timweya balelo. Mukulu wa ye ab'a nona idobolo, a tatji a yumbe, min'a ye uto ku yuluketa mu likoshi, uto ku mu ibaa. Ab'a mana ku mu ibaa, uto ku uka ku mundi. Ab'a kela, uto ku ambetji; Sabwiza na fu. Ao ku lila oondje. Aba a ala ku wilu, ao ku mu mona u enda ba likumbi, u ta ku mundi wa ye ku wilu, to shimbile ni musila wa ye, to enda. Ab'a manena mo, uto ku enda. Mw'a na ku tendela n'omo. Kame ao ku lema min'a ye, ku mu baka ba mundi wa ye, ku mu tenda shwana; uto ku yola inu ya ye, ni mukat'a ye uto ku mu kwata, Ab'a mana ku mu kwata, min'a ye ab'a ikala na mukat'a ye. Sabwiza uto ku kela. Min'a ye uto ku shotoka. Kame ab'a lia ilia ya ye, uto ku mona Sabwiza na kela, to shotoka usiku, k'a langana. N'oyo min'a ye uku fa.*

## LV. — Sabwiza et son frère cadet[1].

On dit que Sabwiza était un homme très beau ; c'était aussi un chasseur d'animaux. Un jour il alla avec son frère cadet chasser des éléphants. Son cadet le haïssait. Il se dit : Aujourd'hui je le tuerai, mon aîné. Quand il eut ainsi parlé (en lui-même), il vit des éléphants. Le frère cadet, voyant cela, fut tout réjoui. Quand (Sabwiza) se mit à ramper; son cadet rampa aussi derrière lui. Lorsqu'ils arrivèrent près (des éléphants), il dit : Nous tuerons aujourd'hui un éléphant. Quand l'aîné eut armé son fusil et voulut tirer, son frère cadet le visa à la nuque, et le tua. Quand il l'eut tué, il retourna au village. Quand il arriva, il dit : Sabwiza est mort. Ils pleurèrent tous. Comme ils regardaient vers le ciel, ils virent (Sabwiza) qui marchait sur un nuage, allant à son

[1]. C'est une légende provenant des *Ma-Totela*. Le meurtre d'un frère est très connu dans le folklore universel; cf. entre autres le conte Souto de *Masilo et Masilonyane* (*Contes des Bassoutos*, p. 47) et le conte Zoulou des *deux frères* (Callaway, *Nursery Tales*, p. 217).

village dans le ciel, marchant et portant son chasse-mouches[1]. Quand il eut fini (d'apparaître dans le ciel), il disparut. C'est ainsi qu'il a fait. Ensuite ils prirent son frère cadet pour le placer sur le village (de son aîné), et le lui donner comme héritage. Il hérita aussi de ses effets; il épousa aussi sa femme. Après qu'il l'eut épousée, quand lui le cadet était avec sa femme, Sabwiza arrivait; son cadet en était tout effrayé. De même lorsqu'il mangeait sa nourriture, Sabwiza arrivait; (son cadet) était effrayé pendant (toute) la nuit et ne dormait plus. Lui aussi le frère cadet mourut. C'est ainsi qu'il a fait.

1. Ce trait montre que les Zambéziens ne se représentent pas seulement les morts vivant *sous* la terre, mais aussi, à l'occasion, dans le *ciel* (cf. n° LXXIX et 2e partie, p. 150, note 2; p. 156, note 1). Il est assez difficile de voir ici, sur ce point, un emprunt fait aux idées chrétiennes.

# III

## SUPERSTITIONS, CROYANCES, MŒURS, ETC.

### 1. — Tératologie, histoire naturelle, petites superstitions, etc.

#### LVI. — Ndjangwa-Muloti.

*Ndjangwa-muloti uto ku wana umunu t'o li mu liyungu bakatji no musitu; umunu ab'a yupa Ndjangwa-muloti to tenda : tsoo! tsoo! uto ku ambatji : Kayunyi ka ku limuka ku imba. Uto ku utukela ko. Ab'a kela, uto ku alanga : Ako kayunyi kabi koko aka ka nenga? — Kayunyi, k'o imbe, ni yupe. Ndjangwa-muloti uto ku mu ala, umunu uto k'a mu mwene. Umunu uto ku ta ko hame. Ab'a enda uku ukela mu nyima, uto ku yupa : dioo! dioo! uto ku ambatji : Aka kayunyi ka maloya. Uto ku ala ko, u ku wana Ndjangwa-muloti t'o imanine. Uto u ku ibola : Isi ni sikeni? Uto ku ambatji : Mawe! t'oyu umunu uyu a mu amba, ku ambatji ta Ndjangwa-muloti, uyu u lemine ilikondo limweya. Uto k'eya : ndjo! ndjo! ndjo! Uto ku ambatji : Mbwa wa nge uiye kuno. Uto ku ambatji : Wene u ese ku isana ambwa, ni tamb'o ku monisa imitondo no nyama n'uloti, ni mutondo n'anu. — Batili. Ndjangwa-muloti ab'a mona uyu munu wa tenda : foo! uto ku mona ndji, ku ambatji uyu munu k'a kwete ambwa. Uto ku mu ibola : Ubi toto ta mbwa oe? Uto ku ambatji : U iyile*[1]. *— A! k'u kwete mbwa. Uto ku mu lema. Ab'a ku kwata uku wana uyo mulume u ongolile, uku lema. Ndjangwa muloti, u ku mu kwisa bandji. Ab'a singa ku ambatji a mu ibae, uto ku ambatji : Ni lese, ni ka ku be imitondo iyondje iy'u i singa. Uto ku mu lesa. Ab'a kela uku mu ingenyeka, uku mu monisa mitondo iyondje yondje iy'a i singa. Ab'a mana ku mu ba, uto ku mu baniseta, uto ku ambatji : U ende, u te ku mundi. Umunu ab'a enda, uto ku wela, uto ku kua : Ku mundi ni kubini? Ku*

---

1. Litt. : il est venu, c.-à-d. il vient, il va être là.

*mundi ni kubini? Uto ku langanena mukatji no musitu. Ab'a kena amasiku, ab'a ala ngesi, ku wan'omundi, u langanine bebi noo¹. Ab'a kela mu mundi, anu ao ku mu ibola, uku ambatji : Kubini u ku tunda? — I na ku lemwa Ndjangwa-muloti. Ab'a mana ku amba, umunu uyo uto ku toma, uku mana maywa amandi mandi, uku bita miaka miatu. Ku mwaka mutjili uto ku tunda musali, uto ku ambatji : Mu iye, ni mu ambele ya Ndjangwa-muloti. Uto ku ambela ndji : Mawe! isamba na she.nwa, si mono umunu uy'u fekile Ndjangwa-muloti; ilikondo ilitjili n'oka. Ao ku mu ibola : Yikeni iy'a na ku ambele. Uto ku ambela anu, uku ambatji : Wa mona u singa mutondo, u te kuli Ndjangwa-muloti, t'o lemine imitondo mindi mindi no uloti, no wike; n'inyama, ni mutondo na anu u tamba ku wana kuli Ndjangwa-muloti.*

### LVI. — Ndjangwa-mouloti¹.

(Un jour) *Ndjangwa-mouloti* trouva un homme dans la brousse, au milieu de la forêt ; quand cet homme entendit Ndjangwa-mouloti qui faisait : *tsoo! tsoo!* il se dit : Voilà un oiseau qui sait (bien) chanter ! Il courut de ce côté. Quand il y arriva, il regarda attentivement (et dit) : Où est cet oiseau, qui chantait ? Oiseau, chante, que je t'entende. Ndjangwa-mouloti le regardait, mais l'homme ne le voyait pas. L'homme s'en alla de nouveau là-bas. Il alla et revint en arrière; il entendit : *dioo! dioo!* il dit : Cet oiseau est extraordinaire. Il regarda là et vit Ndjangwa-mouloti arrêté là. Il se demanda : Qu'est-ce que cela ? Il se dit : Hélas ! c'est cet homme dont on parle, nommé Ndjangwa-mouloti, qui n'a qu'une seule

1. noo = na uo.
2. *Ndjangwa-mouloti* est le même que *Mouenda-Ndjangola* ou *Sikoulokobouzouka* (cf. n° XLVII). Ce récit est identique au texte Soubiya qui traite du même personnage (2ᵉ partie, n° XLVII). Je renvoie donc le lecteur aux notes qui y sont jointes. La ressemblance des deux textes, bien qu'ils proviennent de deux conteurs différents, montre qu'il s'agit bien ici d'un récit traditionnel, et non pas, comme le prétendent les conteurs (cf. 2ᵉ Partie, p. 138, note 1), d'une aventure que quelqu'un pourrait donner comme lui étant réellement arrivée. Quant au nom lui-même, je ne m'explique pas ce que signifie *Ndjangwa* (qui semble cependant de la même racine que *Ndjangola* dans *Mouenda-Ndjangola*) ; *mouloti* signifie : *sorcier*, ce qui s'explique très bien par ce qui est dit de cet homme des bois.

jambe. (Ndjangwa-mouloti) s'approcha, faisant : *ndjo! ndjo! ndjo!*
(L'homme) cria : Viens ici, mon chien. (Ndjangwa-mouloti) dit :
N'appelle pas les chiens ; je te donnerai la médecine de la viande
et celle de la sorcellerie, et la médecine des hommes[1]. — Non !
(je n'en veux pas). Quand Ndjangwa-mouloti vit cet homme faire :
*foo!* (siffler) il vit que cet homme n'avait pas de chiens. Il lui demanda : Où est ton chien ? (L'autre) dit : Il vient. — Ah ! tu n'as
pas de chiens. Il le saisit. Quand ils se battirent, il se trouva que
cet homme était très fort ; il saisit Ndjangwa-mouloti et le jeta à
terre. Comme il voulait le tuer, celui-ci dit : Laisse moi aller, et
je te donnerai toutes les médecines que tu désires. Il le laissa
aller. Arrivé (à sa hutte), (Ndjangwa-mouloti) l'y fit entrer et lui
montra toutes les médecines qu'il désirait. Quand il les lui eut
données, il le fit sortir, disant : Va-t-en, retourne chez toi. Cet
homme s'en alla ; il se perdit et cria : Où est le village ? Où est
le village ? Il dormit au milieu de la forêt. Quand vint le matin
et qu'il regarda (autour de lui), il trouva que c'était là le village, il
avait dormi tout près. Quand il arriva au village, les gens lui demandèrent : D'où viens-tu ? — J'ai été pris par Ndjangwa-mouloti. Après avoir parlé, cet homme tomba malade ; il (fut malade)
longtemps, longtemps ; trois années se passèrent. La (quatrième)
année le malade sortit (de sa hutte), et dit : Venez que je vous raconte ce qui concerne Ndjangwa-mouloti. Il leur dit : Oh ! depuis
que je suis né, je n'ai pas encore vu quelqu'un qui ressemblât à
Ndjangwa-mouloti ; une de ses jambes est de cire. Ils lui demandèrent : Que t'a-t-il dit ? Il dit aux gens : Si tu désires une médecine, il faut aller vers Ndjangwa-mouloti ; c'est lui qui possède
des médecines de toute sorte, celle de la sorcellerie, celle du miel ;
tu trouveras également chez Ndjangwa-mouloti (la médecine) de
la viande et celle des hommes[1].

### LVII. — Liombe-kalala.

*Ito inyoka iNtina lia to la Liombe-Kalala, a tatji ti na ku tenda
ndji, mbumu abay'a bakwa ba mulonga, uku mu leta, ndji ti mu*

---

1. Comme nous l'avons vu, il y a des médecins ou charmes pour toute
sorte de choses ; celle du vol (cf. 2e partie n° LXII), celle qui permet de
se procurer de la viande, du miel, etc. La *médecine des hommes* est celle
qui fera de celui qui la possède un chef ; elle lui permettra, en effet, de

*lase. Abaya ti mana ku mu lasa, ku mu useta ku mundi. Anu naba
s'a mu limuke ndji mbumu. Ito inyoka n'inyoka ta mu meyi, nyoka
tinene tinene ; ka ti monwa-monwa. Wa mona u ti mona, u limuke
ndji maloya. A na ku ti mona, u limuke ndji aya na ku leta ko
mbumu, ndji ti mu lase.*

### LVII. — Le liombe-kalala[1].

C'est un serpent, son nom est *liombe-kalala* ; on dit qu'il fait
ainsi : lorsqu'un chef est placé sur le pays, on amène (ce chef)
pour que (le liombe-kalala) le lèche. Quand il l'a léché, on ramène
(le chef) à son village. C'est alors que les gens savent qu'il est
leur chef. Ce serpent est un serpent des eaux, c'est un très grand
serpent ; on ne le voit pas (d'habitude). Si tu le vois, sache que
c'est un miracle. Ceux qui l'ont vu, sache que ce sont (seulement)
ceux qui avaient mené (le chef) là-bas, pour que le (liombe-kalala)
le lèche[2].

### LVIII. — Ngondwa twiya.

*Ngondwa-twiya ni kaiamana ka mu meyi, ititana la ko ; ni ka u!a
masinde. Aba ka kela ba liambai, uku ula iliambai liondje, ni ku
ula. Wa mona ka ku mona, u tamba ku fa, ka tamb'o ku ibaisa
ameyi*[3], *ka ka aba iliambai. Aba ka aba, ameyi ni ku sheloka ; lusa
wa mu meyi. A tatji ka monwa ni twiya twa ko tu li bakatji no
mutwi ; nako ka tjilisa. Kaiamana kandina, no ku ibaa.*

se procurer des serviteurs et des clients ; la médecine de la sorcellerie est
celle qui permet de devenir un sorcier (cf. n° LXXXIV).

1. Dans les textes Soubiya, nous avons déjà appris à connaître le
*grand serpent des eaux* (*ngongodi* ou *lingongole*; cf. n° XXV et 2° partie,
n° XLIX). Les n°° LVII-LIX nous font connaître d'autres animaux fabuleux vivant dans le Zambèze. Pour les animaux fabuleux du folklore Zoulou cf. Callaway, *Nursery Tales*, p. 343-351.

2. *Liombe* (formé avec le suffixe augmentatif *li*, et le radical : *ombe*, cf.
*ngombe*, bœuf) signifie : un grand bœuf. Je ne me représente pas exactement ce que signifie le mot *kalala*. On donne à ce grand serpent le nom
de *liombe* parce qu'il mugit comme un taureau. Jadis un roi n'était considéré comme réellement installé sur son trône que lorsque le *liombe-
kalala* était allé le lécher sur une île du Zambèze.

3. Il fera que l'eau te tue ; cf. n° XLVIII, note.

## LVIII. — Le ngondwa-twiya [1].

Le *ngondwa-twiya* est un petit animal des eaux; c'est là son nom. Il creuse les berges (du fleuve). Quand il arrive dans le fleuve, il creuse partout (le long) du fleuve, il creuse. S'il te voit, tu mourras; il te fera périr dans l'eau, en creusant dans le fleuve. Quand il creuse, l'eau jaillit; c'est l'antilope des eaux. On dit que, lorsqu'on le voit avec ses petites cornes sur la tête, il est effrayant. C'est un animal extraordinaire, qui tue (les gens).

## LIX. — Ndondo.

*A tatji ndondo ni siamana na mu liambai; a tatji wa mona u si mona ni maloya. Aba si ku loya. iso ku tjimbuka. Ab'o si mona, ku feka ndondo. Ab'o enda mu meyi, wa mona ti singa ku ku ibaa, ito ku lema ameyi, wato uku tika, anyi uku fela mo umu liambai.*

## LIX. — Le ndondo [2].

On dit que le *ndondo* est un animal qui vit dans le fleuve; on dit que si tu le vois, c'est (un spectacle) étonnant. Quand (sa vue) t'étonne ainsi, il saute (comme un poisson). Si tu le vois, (tu trouves) qu'il ressemble à un pot d'argile. Lorsque tu voyages sur l'eau, s'il veut te tuer, il attire l'eau et le canot s'enfonce; vous mourez là dans le fleuve.

## LX. — Mulala.

*Mulala ni liyoka linene; aba li li mu mako, a tatji u tamba ku wana itinyunyi ti iyalile mwindji. Ab'o kela wene, uku ta mwindji, ti tamb'o ku ibaa. A tatji umulepu wa lio ku feka umulepu wa ñuku. A tatji ilio ka no ku leba. Wa mona li ku mona, li tamb'o ku shendja. Aba li ku lema, ilio ku ku ngongola ba mutwi. Aba li ikala ku sitondo, isitondo ku iyala. A tatji liyoka linene linene.*

1. Le *ngondwa-twiya* a la forme d'une grande antilope vivant dans les eaux. Elle est ainsi appelée à cause des petites cornes (*twiya*) qu'elle a sur sa tête.
2. *Ndondo* est un pot d'argile assez profond et de la forme d'une carafe dont le goulot serait très large. L'animal fabuleux dont il est ici question, ayant la forme d'un *ndondo*, en a naturellement pris le nom. C'est sans doute la personnification des nombreux tourbillons si dangereux aux canots dans les rapides du Zambèze.

## LX. — Le moulala[1].

Le *moulala* est un très grand serpent ; quand il est dans le creux (d'un arbre), on dit qu'à terre c'est tout plein d'oiseaux. Si tu t'approches et passes dessous (son trou), il te tuera. On dit qu'il a une barbe semblable à la crête d'un coq. On dit qu'il est très, très long. S'il te voit, il te poursuivra. S'il t'atteint, il te frappe sur la tête. Quand il se couche dans un arbre, il remplit l'arbre (tout entier.) On dit que c'est un très grand, très grand serpent.

## LXI. — Kweti.

*A tatji kiweti aba ti li ngesi[2], ni a ambetji, aba ti ta ku mulema, a tatji : Nyambe na kulubala. Aba ti fa, a tatji : na tundu bo. Aba ti pa uku, a tatji na ku ingena umubya.*

## LXI. — La lune[3].

On dit quand la lune est ainsi, ils disent lorsqu'elle va s'obscurcir, ils disent : Nyambé est devenu vieux. Quand elle meurt, ils disent : (Nyambé) est parti. Quand elle paraît là-bas, ils disent qu'un nouveau (Nyambé) est venu.

## LXII. — Nambwa-mutalati.

*Nambwa-mutalati ab'a ikalile ngesi, u tjilisa : ab'a mu mona u k'eya, ao ku shotoka. Wa mona a ku mona, u tamb'o ku ibaa. Ab'a imanine kuwilu, ni mu ka suma ba nalumbwa, uto ku aba ilikwina. Wa mona a ikala ba itondo, u tamba ku bia amamuna a itondo. Siamana sinene, si kuma ba luwawa, ni musila ku feka luwawa. Ab'a iya mu mundi, anu ao ku lema iamo ni makao, ao ku ngongola ba makao. Ab'a yupa a 'ngongola, iso ku tjila, si yupa iondo i ku fula. Kame k'a si iyi mu muddi.*

---

1. Pour le *moulala*, le grand serpent des forêts, cf. ce qui en est dit dans la 2ᵉ partie, p. 77, note 1.
2. Le mot *kweti*, lune, peut être traité comme appartenant soit à la 9ᵉ, soit à la 15ᵉ (*ku*) classe.
3. Quoique la lune représente généralement *Nasilèlè*, la femme de *Nyambé* (cf. nᵒˢ XLV et XLVI), elle est ici considérée comme étant *Nyambé* lui-même (cf. ce qui est dit d'un texte Soubiya du soleil et du ciel, 2ᵉ partie, n° 41).

## LXII. — L'arc-en-ciel[1].

Lorsque l'arc-en-ciel se dresse ainsi, terrible, lorsque (les gens) le voient venir (vers eux), ils s'enfuient. S'il te voit, il te tuera. Lorsqu'il se dresse dans le ciel, il se tient sur une termitière, il se creuse un terrier. S'il se pose sur des arbres, il brûlera les feuilles des arbres. C'est un grand animal, il est grand comme un chacal, (il a) une queue comme (celle du) chacal. Quand il vient dans un village, les gens prennent des houes et des bêches et frappent sur leurs bêches. Quand il les entend frapper, il a peur, en entendant les fers qui frappent (les uns sur les autres). Alors il ne vient pas dans ce village.

## LXIII. — Nulubati na ku wilu.

*A tatji ab'o ala ku wilu mwindji oondje, u tamba ku mona ñulubati u shimbile ututele, u tu kulekile ku mutio ; uto ku iya kuli wene. Wa mona wa mu mona, u tamba ku fa.*

## LXIII. — La vieille femme dans le ciel[2].

On dit que si tu regardes vers le ciel toute la journée, tu verras une vieille femme qui porte des gourdes, qu'elle a attachées à un bâton. Elle vient de ton côté. Si tu la vois, tu mourras.

## LXIV. — Mbula.

*Mbula mu ambwa sañata wi lokele a mu lilela, kondji añumbeti n'amilwe: mbula longolola nanda, ku ba mnndale ulubunga, ku ba litjila ku teleko, ku ba likunde mulambula. B'o na loko Nalitongo, kame k'u tjili wa ñundwe. Iwa li loko Mulima isitjima sa lio ba Liondo li'éñua lia silila ñeke: ameyi bebi, la mulilo kule. Kakungu uñundupula[3] mwā-mu-ikuta[4] k'a mu lia, mwā-mu-kuna k'a mu*

---

1. Cf. 2ᵉ partie, n° 4, une description plus détaillée de l'arc-en-ciel.
2. D'autres disent que c'est dans la lune que l'on voit cette vieille femme; dans presque tous les pays on explique ainsi les taches de la lune (cf. pour les Ba-Ronga : Junod, les *Ba-Ronga*, p. 453, note).
3. Je ne traduis ces deux mots que par un à peu près.
4. *mwa-mu-ikuta* est probablement un substantif formé au moyen du verbe négatif signifiant : le non rassasié.

*lima. Iwa li ka loko Mulina, isitjima sa lio ni ba Liondo li'eñua lia silila ñeke* ¹.

### LXIV. — La pluie ².

La pluie est souvent appelée celle qui ne tombe pas pour ceux qui la désirent, mais seulement pour ceux qui l'implorent et la produisent; la pluie qui fait croître les citrouilles, qui donne au maïs sa fleur mâle, qui fait fructifier les courges, qui donne aux haricots leur gousse. Quand tu tombes à Nalitongo, tu ne crains pas non plus celui (qui est enduit) d'ocre ³. Si même elle tombe dans les lieux écartés, son cœur est à Liondo, là où l'on pousse les cris d'appel, où pleurent les enfants ; l'eau y est tout près, le feu en est loin ⁴. La grande pluie du commencement (de l'année), celui qui ne s'en est pas rassasié n'en a pas eu, celui qui n'a pas semé (quand elle tombait) n'a pas labouré ; celui qui ne s'en est pas rassasié n'en a pas eu ⁵. Si même elle tombe dans les lieux écartés, son cœur est à Liondo, là où l'on pousse les cris d'appel, où pleurent les enfants.

### LXV. — Mulunga.

*Mulunga ni moli'eyunyi. Ambumu na kale a na ku singa mulunga, naba a na ku ambela anu, ndji : Mulunga ni moli'eyunyi ; any'-*

---

1. *si lila* est un subst. verbal de la 7ᵉ cl. ; des substantifs de ce genre sont surtout employés en poésie.
2. C'est le *ulushitanguti* ou chant de louanges de la pluie. Comme tous les textes de ce genre, il présente des difficultés spéciales, la langue poétique étant passablement différente du langage ordinaire.
3. Celui qui est enduit d'ocre, c'est-à-dire les indigènes en général ; c'est leur habitude de s'enduire d'un mélange de graisse et d'ocre rouge. *Nalitongo* est une localité des environs de l'*Ou-Louyi*.
4. *Liondo* est un *sitino* (cf. n° LXXXI, notes) de l'*Ou-Louyi* ou *Ba-Rotsi*; c'est la partie prise pour le tout. Le cœur de la pluie est en *Ou-Louyi*, c'est là surtout qu'elle tombera. L'eau y est tout près : c'est là que passe le Zambèze; le feu en est loin : c'est-à-dire qu'il n'y a pas de bois à brûler, il faut aller le chercher jusqu'aux collines lointaines qui bornent la plaine (*lebala*) de l'*Ou-Louyi*.
5. C'est-à-dire : elle a été si forte que si quelqu'un se plaint de n'en avoir pas eu, c'est qu'il n'était pas là au moment où elle est tombée. Si

*anu*[1]. *Simba mu wana mulunga, mu ese ku mu ibaa; mulunga ni moli'eyunyi. Naba a na ku mu baka ulushitanguti, ndji. Mwanuke u na ku loa, u na ku lia mulunga, u na ku tumbala. Anu naba a na ku u tjila, ndji : Tu isa ku u ibaa : Munu siw'a ende, uku u angana ak'a u ibaa, uku tjila ndji; na u ibaa, ambumu a ni yupa ba ni tenekisa. Munu simba a wana to enda, ni mu tjila, ndji : Mulunga ni mbumu, n'isa ku mu ibaa.*

### LXV. — Le moulounga [2].

Le *moulounga* est le roi des oiseaux. Les chefs d'autrefois aimaient le *moulounga*; c'est pourquoi ils disaient aux gens : Le *moulounga* est le roi des oiseaux; vous, les gens, si vous trouvez un *moulounga*, ne le tuez pas; le *moulounga* est le roi des oiseaux Et on a fait pour lui un chant de louanges, disant : Un enfant fit de la sorcellerie, il mangea un *moulounga*, et[3]... C'est pourquoi les gens le craignent, et disent : Ne le tuons pas. Si quelqu'un se promène et rencontre (un *moulounga*) il ne le tuera pas; il craint (de le tuer, se disant) : Si je le tue, les chefs le sauront et me mettront à l'amende. Si quelqu'un trouve (un *moulounga*) qui se promène, il craint (de le tuer, disant) : Le *moulounga* est un chef; je ne dois pas le tuer.

### LXVI. — Lisikita.

*Lisikita kwatji ni nyunyi ti tjilisa anu, nyunyi t'osiku. A tatji ti enda n'olumba. Ab'a yupa ti lila'a tatji, aba ti lila ni ti ambetji : Mu koke, mu koke. Anu ab'a yupela mo, ao ku tjila, a tatji ulumba. Wa mona munu u ti angana usiku, u tamba ku tjila, a tatji muloti. Ab'a kena amasiku, ab'a toma, a tatji : Na mana ku loiwa. Wa mona munu o tomine, ab'a ti yupa ti lila, ao ku tjila, a tatji :*

quelqu'un se plaint qu'il n'y en a pas eu assez pour lui permettre de faire ses semailles, c'est qu'il n'a pas voulu labourer.

1. *anyi anu*.
2. Le *moulounga* est un oiseau de taille moyenne vivant sur l'eau; son plumage est d'un noir brillant et forme un ornement très estimé des indigènes; généralement les chefs seuls s'en parent.
3. Mes conteurs, Akaende et Maroumo, n'ont pu me donner la signification même approximative du verbe *tumbala*. En tout cas cela veut dire qu'il est arrivé malheur à celui qui avait tué et mangé le *moulounga*.

*Ndingatanyi balelo u tamba ku fa. Ao ku tjila ni ku enda-enda amasiku.*

### LXVI. — Le hibou[1].

Chez nous le hibou est un oiseau qui fait peur aux gens, c'est un oiseau de nuit. On dit qu'il va avec les fantômes. Quand (les gens) l'entendent crier, ils disent qu'en criant il dit : Prenez-le ! prenez-le ! Quand les gens l'entendent (crier), ils ont peur et disent que ce sont des fantômes. Si un homme le rencontre de nuit, il s'effraiera, disant que c'est un sorcier. Quand vient le matin, s'il tombe malade, il dit : On m'a jeté un sort. Si quelqu'un est malade et qu'on entende (cet oiseau) crier, (les gens) ont peur et disent : Tel ou tel mourra demain. On a peur aussi de sortir au milieu de la nuit.

### LXVII. — Lundiyo.

*Lundiyo ni nyunyi ti enda usiku ; aba ti lila, ti ambetji : Mu iye, mu iye, Anu ab'a yupela mo, ao ku shotoka, a tatji : Tu na yupu muloti.*

### LXVI. — Le loundiyo[2].

Le *loundiyo* est un oiseau qui sort de nuit. Quand il crie, il dit : Venez ! venez ! Quand les gens l'entendent (crier), ils ont peur et disent : Nous avons entendu un sorcier.

### LXVIII. — Ndjolo.

*Ndjolo ni kayunyi ka musitu. Ab'o enda, u tamb'o ka yupa ka lila. Aba ka lila, ni ka ambetji : Tjeke, tjeke, tjeke. Ab'o ka yupa, wene uku siba umuloti. Aba ka yupela mo, ako ku ku twala ku wike. Aba ka kela, ako ku mwena. Ab'o mana ku tema, wene uku enda, u ka siya ba litemeno. Kame ka ka monenwa ndo ; wa mona*

---

1. Comme partout, le hibou, oiseau de nuit, est un oiseau de mauvais augure. C'est l'oiseau des *aloti*, sorciers. Les gens croient l'entendre crier : Prenez-le ! Le hibou ordonne ainsi aux fantômes (*ulumba*, cf. n° LXXXIII) qui l'accompagnent de se saisir de tel ou tel individu pour le tuer par sorcellerie.

2. Le *loundiyo* est un petit oiseau nocturne, que je ne puis identifier. Par son cri : Venez ! venez ! il appelle sans doute les sorciers.

wa ti mona, u tamba ku fuma. Ndo te ndjolo ka ti monwa. Ab'a mana ku ti mona, uto ku ti twala ku mundi. Ab'a ti twala kuli muywandi, uto ku biwa ngombe. Muywandi ab'a mana ku twala ndo ta ndjolo, uku tenda mutondo.

### LXVIII. — Le ndjolo (l'oiseau du miel)[1].

Le *ndjolo* est un oiseau de la forêt. Quand tu te promènes, tu l'entends qui chante. En chantant, il dit : *Tjéké, tjéké, tjéké!* Quand tu l'entends, tu te mets à siffler. Quand il t'entend ainsi (siffler), il te mène vers du miel. Quand il y arrive, il se tait. Quand tu as pris (le miel), tu t'en vas et tu laisses un peu de miel (pour lui). De plus, on ne voit pas son nid; si tu le vois, tu deviendras riche. Le nid du *ndjolo* n'est (que rarement) vu. Lorsque (quelqu'un) l'a trouvé, il le porte au village. Quand il le porte au chef, il reçoit des bœufs (comme récompense). Lorsque le chef a pris le nid du *ndjolo*, il en fait une médecine.

### LXIX. — Polwe.

*Polwe aba ti lila, ni ti tenda :*
*Mawe ku fa, shangwe ku fa; ku ni siya ba katongo-tongo-tongo.*

### LXIX. — Le polwé[2].

Quand le *polwé* chante, il fait :
Ma mère est morte, mon père est mort! ils m'ont laissé dans des ruines, des ruines, des ruines.

### LXX. — Nuku.

*Nuku wa moyeke y'ulwa sa ku ibaa; ikakua a mu li, mbandi mb'a mu leme; iwa ni k'oyu*[3] *mu liyungu, isitjima sa nge ni ba sinu; iwa ni k'umu*[4] *mutwi ba sala i k'elwa malunga-siku.*

1. Pour l'oiseau du miel, cf. Callaway, *Nursery Tales of the Zulus*, p. 135-140).
2. C'est la chanson que l'oiseau *polwe* (en Soubiya *mpolwe*) est censé chanter. Un texte Soubiya lui met dans la bouche une chanson un peu différente (3ᵉ partie, nº LVI).
3. = *ni ka uyu.*
4. = *ni ku umu.*

### LXX. — La poule[1].

La malheureuse (?) poule ne manque de rien de ce qui peut la tuer; si l'épervier ne la mange pas, l'aigle la prendra; si même je vais pâturer dans la brousse, mon cœur reste près du mortier (à piler le maïs); si même je place ma tête sur mes griffes, je n'oublie pas le matin[2].

### LXXI. — Ulusimo lwa sakame.

*Sakame ab'a imba ulusimo, ni mu ambetji :*
*Ndanda mwan'a sakame, kakulu ka iyalile itingana.*

### LXXI. — Chanson du lièvre[3].

Quand le lièvre chante sa chanson, il dit :
Mon père, c'est le fils du lièvre, le vieux plein d'intelligence.

### LXXII. — Ulusimo lwa luwawa.

*Uluwawa ab'a, ni mu ambetji :*
*Ndjamuna akasila, luwawa!*
*Musila wa mbwa ka'ono[4], wa ona u li ba nyama!*
*Luwawa, go! go! musila wa nde ka'ono; wa ona u li ba nyama!*

### LXXII. — Chanson du chacal[5].

Quand le chacal chante, il dit :
Je lève la queue, (moi) le chacal.

---

1. C'est une sorte de *ulushanguti* (chant de louanges) de la poule. Le style en est assez obscur et difficile.
2. C'est-à-dire qu'elle n'oublie pas, en dormant, que le jour qui va paraître ramènera pour elle les mêmes angoisses et les mêmes dangers.
3. Le lièvre est surtout renommé — tout le folklore animal en Afrique en fait foi — pour sa ruse et les inépuisables ressources de son intelligence.
4. = *ka u ono*.
5. Je ne saisis pas très bien le sel de cette chanson du chacal. Le chacal veut problablement se vanter de sa queue touffue et bien fournie; il ne comprend pas pourquoi, avec une telle queue, on ne le traite pas aussi bien que le lion ou que le chien. Mais je ne suis pas absolument satisfait de cette explication

La queue du chien n'aboie pas; s'il aboie, tu lui donnes de la viande.

Chacal! go! go! la queue du lion ne rugit pas; s'il rugit, tu lui donnes de la viande.

### LXXIII. — Kaongolo.

*Kaongolo ka usiku ba ka li. Aba ka lila, ni ka ambetji : A lia, a lia. Ab'a yupela mo a tatji mutimo. Ao ku tenda : U ende, u shimbakane, u lie nalutota.*

### LXXIII. — Le Kaongolo [1].

Il y a (un insecte) de nuit (nommé) *kaongolo*. Quand il chante, il dit : Ils mangent! ils mangent. Quand ils l'entendent (chanter) ainsi, ils disent que c'est l'esprit d'un mort. Ils disent : Va dépêche-toi et mange (l'oiseau) *naloutota* [2].

### LXXIV. — Ya mushi.

*Ab'o enda-enda mu musitu, ab'o ala ku wilu, wene uku mona sindjingatanyi sa ku feka nalumbwa. Ka si monwa-monwa. Ab'o enda, wene uku si mona, u ambetji : Balelo ni li muywandi, ni tamba ku fuma unene ; mene uku sikula ku mutondo, ku si shweka; aba ni mana ku si shweka, men'o ku ta ku abange, ni k'a ambele, ni ka ambetji : I na tolo sinu no ku waba. Ab'o ta kuli muywandi, uku mu shimweta : Ab'a mana ku yupa, uto ku ambetji : U lese weli, u ese ku ambela munu. Ab'a tamba ku ikala kanyonyo, uto ku ku isana : U iye, u si lete iso sinu. Uto ku ku ibola : Iyo u singa ni yike? Wene uku ambetji : Ni mu singa itingombe. Uto ku ku ba itingombe.*

### LXXIV. — Le moushi [3].

Quand tu erres dans la forêt, si tu regardes en haut, tu verras peut-être quelque chose qui ressemble à une termitière. Cela ne

---

1. Le *kaongolo* est un petit insecte nocturne. Comme le hibou et le *loundiyo*, il est considéré comme étant de mauvais augure. On le regarde comme un *mutimo*, soit l'esprit d'un décédé.

2. L'oiseau *nalutota* m'est inconnu. Je ne comprends pas très bien pourquoi l'on parle ainsi au *kaongolo*.

3. Je ne sais s'il faut considérer le *moushi* comme une plante parasite,

se voit (que rarement). Si en te promenant tu as la chance de le voir, tu dis : Aujourd'hui je suis un chef, je deviendrai très riche, je récolterai cette médecine, je la cacherai ; quand je l'aurai cachée, j'irai vers les miens, je leur dirai : J'ai trouvé quelque chose de très beau. Lorsque tu vas vers le chef, tu (le) lui dis. Quand il a entendu, il dit : Tiens-toi d'abord tranquille ; ne dis rien à personne. Quand il est resté assis quelque temps (le chef) appelle (cet homme) : Viens, et apporte-moi cet objet. Il lui demande : Que désires-tu ? Celui-ci dit : Je désire des bœufs. Il lui donne des bœufs.

### LXXV. — Ya sitondo.

*Wa mona wa enda, wene uku kela mu sitondo no ku neneba ; ab'o yupa si ambola, u yupa ni meyi. Ab'o teteta, ku ulwa ni ku yupa mebo u fuka, si imanine si nyanganya imitabi ni mamuna, u tamba ku yupa aba si omba. Aba si tenda ngeso, u tamba ku fuma unene, u tamba ku biluka mbumu.*

### LXXV. — Concernant un certain arbre[1].

Quelquefois quand tu te promènes, tu arrives près d'un arbre très haut. Alors tu entends qu'il parle, tu entends (aussi le bruit) des eaux. Si tu écoutes attentivement, tu n'entendras aucun vent qui souffle (et cependant, cet arbre) se dresse (là) agitant ses branches et ses feuilles. Tu l'entendras parler. Quand cet arbre fait ainsi, tu deviendras très riche, tu deviendras un chef.

### LXXVI. — Ya maeo.

*Lieo limweya ilis ku kuka, wene uku li lema, uku li yumba ni likala no mulilo ; wene uku lema ilieo, ku li yumbela mu upa umu ku bana iliywa, Kame wene uku lema ilikala, uku li yumbela mu wiko. A tatji wa mona k'u li yumbu, u tamba ku kanda-kanda amaeo oe.*

### LXXVI. — Les dents[2].

Quand une dent tombe, tu la prends et tu la lances (loin) en même temps que des charbons brûlants ; tu prends la dent, tu

dans le genre du gui, ou bien y voir le nid d'un oiseau. On en fait un charme comme du nid de l'oiseau du miel (cf. n° LXVIII).

1. Je n'ai pu apprendre rien de plus sur cet arbre mystérieux.
2. Chez les Ba-Souto, on observe quelque chose de pareil. Quand les

la lances du côté de l'orient, là d'où sort le soleil. Ensuite tu prends un charbon, tu le lances du côté de l'ouest. On dit que si tu ne la jettes pas ainsi, tes dents se gâteront.

### LXXVII. — Ya ku tyula.

*Wa mona u kana ku tjulwa, a tatji ab'o fa, u tamba ku kelela ku anu a lia itindiudi. A tatji wa mona u tjulwa, u tamba ku kelela ku anu a lia ilia no ku mamata. Ab'o ta ku wilu, u na mana ku tjulwa, u tamb'o ka kela wino ku wilu, u tamb'o ka lia ilia no ku mamata.*

### LXXVII. — Les trous qu'on se fait aux oreilles [1].

Si tu refuses de te (laisser) percer (les oreilles), on dit qu'après ta mort tu iras vers des gens qui mangent des mouches. On dit que si on te les a percées, tu iras vers des gens qui mangent d'excellente nourriture. Lorsque tu iras au ciel, après t'être (laissé) percer (les oreilles), tu arriveras heureusement au ciel, tu y mangeras d'excellente nourriture.

### LXXVIII. — Ya sitila.

*A tatji wa mona wa tanguta umwindji, a tatji nyoko u tamba ku biluka mbi na mu liyungu. Ab'a yupela mo, kume k'a tanguta mwindji, kondji usiku. Mw'a tjilela ngeso.*

### LXXVIII. — Une chose dont il faut se garder [2].

On dit que si tu racontes (des contes) pendant le jour, ta mère sera changée en zèbre sauvage. Les gens entendant (dire) cela, ne racontent plus (de contes) pendant le jour, mais seulement la nuit. C'est pour cela qu'ils craignent (d'en raconter de jour).

enfants perdent leur dents de lait, ils la lancent en l'air en disant : Épervier, épervier, donne-moi une petite dent blanche, je t'en donnerai une noire, c'est-à-dire une gâtée (cf. mon travail sur les *Mœurs, coutumes, etc. des Ba-Souto* dans *Bulletin de la Soc. de Géogr. de Neuchâtel*, vol. IX, p. 148).

1. Un texte Soubiya (2ᵉ partie, n° LVII) rapporte la même superstition au sujet de brûlures qu'on se fait aux bras.

2. Les vieux Ba-Souto prétendent de même que si quelqu'un raconte des contes pendant le jour, une gourde lui tombera sur la tête et l'assommera.

## 2. — Maladie, mort, sorcellerie, médecine.

### LXXIX. — Y'afu.

*Afu aba a fa ni a abelwa ilikwina, ab'a ka kela kwindji no mupu, ao ku enda n'a fulumana. A tatji mu enda umo mu si n'anu, kame ka ku isa meyi. Ab'a ka kela, uku wana munu mumweya u yota umulilo. Uyo munu uku mu ibanguta : U li mu tunda kubini? Uto ku ambetji : Ni li mu tunda ku mundi wa nge. — Uk'u ta ni kubini? Uyo munu uto ku ambetji : Ni mu ta kuso. Uyo munu uto ku mu ibanguta : Um'u ta akoe mw'a li ndji? Uto ku ambetji : K'a sa ko abange, ni n'a sii mu nyima. Uyo munu uto ku mu isana; uto ku ambetji : Akoe a tamba ku iya ka liywa? N'uto uto ku ambetji : Ku unu. Kame uto ku amba ; U siale bo, men'o ku enda umo ni ku tela. Ta ndila imweya.* A tatji ao a ta ku mundi, a tatji ao ni a ku bilula mwinda w'eywa. Iywa iyi i uka ku anu. A tatji mwi.. uwo ku enda mu ndila, u shetumukela ba lipe. Kame uku isana abaye a li mu lindja liya, ndji abayɛ mw'a li ao ku mu itana : Wene u li anyi? Uto ku ambetji : Ti mene ndjingatanyi. Mwabaye ab'a yupa, uto ku limuka, u ku baka iyuma no ku tjaa. Uto ku iya kuli uyo. Ab'a kela, uto ku shimba, uto ku twala ku mundi, uto ku mu kela ku mundi munene.*

### LXXIX. — Les morts [1].

Lorsque les gens sont morts on leur creuse un tombeau. Quand ils arrivent sous la terre, ils s'en vont en rampant. On dit (que le mort) va là où il n'y a personne ; il n'y a non plus pas d'eau. Quand il arrive, il trouve un homme qui se chauffe à un feu. Cet homme lui demande : D'où viens-tu? Il répond : Je viens de mon village. — Où vas-tu? Cet homme dit : Je vais en avant. Cet homme lui demande : Là où tu vas, y a-t-il (quelques-uns) des tiens?

---

1. Cf. 2ᵉ partie, nᵒ LVIII, où les mêmes renseignements se trouvent développés plus longuement. Un trait nouveau se trouve dans notre texte, celui de l'homme qui se chauffe à un feu à l'entrée du séjour des morts.

Il répond : Les miens ne sont pas là, je les ai laissés en arrière. Cet homme lui répond, disant : Quand viendront les tiens ? Celui-ci répond : Je ne sais pas. Il dit ensuite : Reste ici ; moi je vais là où je vais. C'est là une des routes. On dit que ceux qui retournent au village sont transformés en ombres de fantômes[1]. Ces fantômes retournent vers les hommes. On dit que le corps, lui, va par le chemin (souterrain), et descend au bord (d'un fleuve). Ensuite (cet homme) appelle les siens qui sont à l'autre bord ; s'il y a là des siens ils répondent : Qui es-tu, toi ? Il dit : C'est moi, tel et tel. Quand un des siens entend, il le reconnaît, il est orné de perles rouges. Il vient alors vers cet (homme). Quand il arrive, il le prend et le mène au village, il le mène à un grand village[2].

### LXXX. — Ya ku toma

*Mwanukana ab'a toma, ao ku ieta mushebuluki ; uto ku shebuluka. Ab'a mana ku shebuluka, a tatji : Mu shoelele Nyambe, u tamba ku yupa. Ab'a kena amasiku, amasiku-siku, ao ku yaka lutala, u ka baka bo ameyi ni itimbindji. Ao ku shoelela Mangwe, mangwe, moli'etu, u ni leselele mwan'a nge, a yoye. Ao ku fula mitwi bandji. Ab'a mana ku pumata ameyi, u ka mu fela ameyi. Ab'a nyanyuka, a tatji : U yoye, mwan'a nge.*

### LXXX. — La maladie[3].

Quand un enfant est malade, on cherche un devin, il consulte le sort. Quand il a consulté le sort, il dit : Invoquez Nyambé, il (vous) entendra. Quand vient le matin, de grand matin, ils

1. Le texte n'est pas très clair, comme je l'ai déjà fait remarquer à propos d'un texte Soubiya. Il faut entendre que quelques-uns seulement arrivent au séjour des morts, d'autres (ceux que les sorciers ont déterrés, cf. n° LXXXIII) deviennent des fantômes ou ombres, au service des sorciers.

2. C'est dans un bateau que le mort traverse le marécage infernal. On notera la ressemblance avec le Styx et le batelier Charon de la mythologie grecque.

3. Pour les cérémonies accomplies lors d'une maladie chez d'autres peuples africains, consulter : Junod, les *Ba-Ronga* (pp. 363, etc., 423, etc. Casalis, les *Bassoutos* (pp. 299 sq.) et mon article sur les *Mœurs, coutumes, etc. des Ba-Souto*, dans le *Bulletin de la Soc. de Géogr. de Neuchâ-*

bâtissent un autel, ils y déposent de l'eau et des assagaies[1]. Ils invoquent (Nyambé) : *Mangwé, mangwé, mangwé*, notre chef, laisse-moi mon enfant, qu'il vive. Ils frappent la terre de leurs têtes. Après avoir pris de l'eau dans leur bouche, ils crachent cette eau (sur l'enfant). Quand (l'enfant) tressaille, ils disent : Guéris-toi, mon enfant[2].

### LXXXI. — Ya ku fa kwa muywandi.

*Muywandi ab'a fa kwatji, tu li a shwaa itingombe, a tatji ti ende naye. Ab'a ka mu baka mu likwina, ku leta ameyi, uku leta iyuma ni itimande, yondje yondje inu, uku baka mu liyumbelo. Ao ku yaka lwanda, ao ku suma mo itondo, ao ku tenda sitino umu a shoelela : yoshoo! yoshoo! A tatji : Mu ku ange makata. A tatji ka ku liata ñete, kondji mwan'a mu-Luyi. Kame uku leta uluu, uku suma mu liyumbelo; uku leta amendji, uku itela mulomo wa luu. Ab'a mona mawe a uka-uka, a tatji : Na kana. Ab'a mona a telela, ao ku ambetji : Na pumene. Mwan'a muywandi ab'a toma, ao ku shebuluka. Ab'a mana ku shebuluka, a tatji : Mu ka lete ngombe no ku kena, mu i twale mu sitino. A tatji : Mu be mufu, u tamba ku lia n'an'a ye.*

### LXXXI. — La mort d'un chef.

Chez nous quand un chef meurt, nous tuons des bœufs, afin qu'ils aillent avec lui. Quand on l'a mis dans la fosse, on apporte de l'eau, on apporte des perles et des *imandés*[3], des objets de

---

tel (vol. IX, p. 107, etc.). Il m'est impossible, pour tout ce qui se rapporte à ce sujet, ainsi qu'à celui de la sorcellerie, divination, etc. de relever toutes les ressemblances ou dissemblances. Il faudrait pour cela un volume tout entier; d'ailleurs le sujet est encore trop peu connu dans ses détails pour qu'il soit possible de faire déjà un travail d'ensemble.

1. Cf. 2ᵉ Partie, n° XXXII. L'autel est généralement fait soit dans le *sitino* (cf. n° LXXXI), soit sous l'arbre sacré du village.

2. Chez les Ba-Souto, c'est généralement avec le fiel d'une chèvre que se fait la purification du malade. C'est aux mânes des ancêtres qu'on s'adresse ; tandis qu'ici il semblerait qu'on invoque *Nyambé* lui-même. D'après ce texte et d'autres, il semblerait presque que les Zambéziens se soient élevés à une conception religieuse supérieure au simple culte des ancêtres.

3. Pour l'*imandé*, cf. n° XXI, note.

toute sorte et on les dépose dans le tombeau. On bâtit un enclos, on y plante des arbres, on en fait un sanctuaire, où on l'adorera (en disant) : *Yoshoo! yoshoo*¹*!* On dit (à ceux qui sont là : Asseyez-vous les bras passés autour des genoux². On dit qu'il n'y doit pas entrer d'esclaves, mais seulement des A-Louyi. Ensuite on prend un roseau, on le plante sur le tombeau; on apporte du lait frais et on le verse dans l'embouchure du roseau. S'ils voient remonter le lait ils disent : Il l'a refusé. S'ils voient que (le lait) disparaît, ils disent : Il l'a accepté. Quand le fils d'un chef est malade, ils consultent le sort. Après l'avoir consulté, ils disent : Amenez un bœuf blanc³, amenez-le dans le sanctuaire. Ils disent : Donnez-le au mort, il le mangera avec ses enfants.

### LXXXII. — Ya ku lila.

*Kwatji wa mona ku fa munu, ndji mwan'a muywandi, ao ku leta itindobolo, ao ku ndunyona usiku oondje. Kame ab'a lila, umundi oondje uwo ku kongoloka, ku iya ku mafa. A limukile ku lila ao ku lila. Ab'a kela ao ku tuyaela. A limukile, ab'a lila, ni a ambetji : Mawe, moli'a mene, u n'atele*⁴*, u ese ku ni siya, u iy'o ndonde, ni te noe; Nyambe u li wañole, ku ni twalela muwa wa nge ; Nyambe u iy'o ndonde ni mene. Mawe! likendu-kendu lia mbangu u kenduka*⁵*, mb'o ni kenda*⁶ *mba ni shenye. Ab'a kena amasiku, malunya-siku, ao ku tanga, maywa oondje, ni tiñweti ito ku fa a lila.*

1. Cet enclos s'appelle *sitino*. C'est un bois sacré dont l'entrée est interdite aux profanes. Chaque grand chef décédé (homme ou femme) a le sien. D'après M. Coillard (*Sur le Haut Zambèze*), il y en a 25 au moins dans l'Ou-Louyi. Ces bois sacrés sont soigneusement entretenus ; ils ont leurs gardiens attitrés. Chaque fois qu'en voyageant on passe devant un *sitino* il faut faire un présent d'étoffes blanches aux mânes du chef qui y est enterré. Le chef est, en effet, devenu dieu, comme les empereurs de l'ancienne Rome. Les Ba-Ronga, et sans doute d'autres tribus encore, ont aussi leurs bois sacrés.
2. On doit s'y asseoir le corps replié sur lui-même, les bras passés autour des genoux.
3. Dans le sanctuaire (*sitino*) on ne présente que des objets *blancs*.
4. = *u ni tale*.
5. Je ne puis donner de ce ces mots qu'une traduction peu précise.
6. La particule *mba* (*mb'o ni kenda*) semble signifier ici : bien que, quoique.

## LXXXII. — Les lamentations.

Chez nous si quelqu'un meurt, par exemple un fils de chef, on prend des fusils et on tire toute la nuit. De plus quand on se lamente, le village tout entier se rassemble pour venir (mener) le deuil. Ceux qui savent pleurer pleurent ; en arrivant ils poussent des cris de deuil. Ceux qui s'y entendent pleurent en disant : Hélas ! mon chef, attends-moi, ne m'abandonne pas ; viens me chercher, que j'aille avec toi; Nyambé, tu es cruel de m'enlever mon beau (jeune chef); Nyambé, viens me prendre moi aussi. Hélas ! toi mon bien aimé qui m'as abandonné, bien que tu m'aies abandonné, je te suivrai[1]. Dès que la nuit finit, dès l'aube, ils commencent (à pleurer ainsi) tous les jours ; des mois s'écoulent qu'ils pleurent (encore).

## LXXXIII. — Ya aloti.

*A tatji aloti ab'a mona munu na fu, ao ku ambetji : Balelo tu na mono mubika no ku waba. Ab'a mu twala ku mayumbelo, ab'a mana ku mu pumbeka, ao ku tunda bo. Muloti uto ku kela, uto ku mu aba mu likwina. Uto ku saa imitondo, uku mu sita. Ab'a mana ku mu sita, uto ku yoya. Uto ku ambetji : U utuke. Uto ku utuka. Kame uto ku ambetji : U uke. Uto ku uka. Ab'a mana ku tenda ngeso, uto ku mu bilula silumba. Ab'a mana ku mu bilula, uku mu twala ku ulumba no ku pula.*

## LXXXIII. — Les sorciers[2].

On dit que quand les sorciers voient que quelqu'un est mort,

---

1. Les paroles que je traduis ainsi sont assez difficiles à comprendre ; mais c'est bien là leur sens général. Pour les A-Louyi, comme pour les anciens Grecs, les dieux sont des êtres jaloux et cruels.
2. Comme partout, en Afrique surtout, c'est au moyen des cadavres des morts que les sorciers accomplissent leur œuvre diabolique. Au Zambèze, ils déterrent les morts, et, en les frottant de charmes spéciaux, les transforment en fantômes (*ulumba*); cf. avec notre texte le conte donné plus haut, n° XL. Les sorciers se servent de ces fantômes pour se procurer du lait, du sorgho, etc. (cf. n° XLII et 2e Partie, n° LVIII, ainsi que deux importants textes Totela, qui paraîtront dans la 4e partie de cet ouvrage). D'après Scott (*Mang'anja Dictionary*, p. 345, art. *mfiti*, p. 299, art. *ma*-

ils disent : Aujourd'hui, nous avons vu (c'est-à-dire nous allons posséder) un bel esclave. Quand on a porté (le mort) au cimetière, et qu'on l'a enterré, on s'en va. Le sorcier arrive, il le déterre de sa fosse ; il va chercher de la médecine, il l'en oint. Quand il l'a oint, (ce mort) revit. (Le sorcier) lui dit : Cours. Il court. Ensuite il dit : Reviens. Il revient. Quand il a fait ainsi, il le transforme en fantôme. Quand il l'a (ainsi) transformé, il le mène vers de nombreux fantômes.

### LXXXIV. — Ya ku nwa uloti.

*A tatji munu ab'a singa ku tambula uloti, uto ku ta kuli nganga no uloti, ku uyu u limukile. Ab'a kela, uto ku ambetji : Ni mu singa ku nwa uloti. Uto ku ambetji : Wa mona wa nwa uloti, it'oe u tamba ku fa, ni mand'oe u tamba ku fa. Uto ku ambetji : Momo, ni*

*bisalila* et p. 648, art. *ufiti*), les sorciers du lac Nyassa (*mfiti* en Mang'anja) déterrent également les morts, mais pour s'en repaître (ce qui n'est pas le cas au Zambèze) comme les goûles des Arabes. Ils savent se rendre invisibles et sont connus les uns aux autres par des noms secrets. De même d'après Junod (les *Ba-Ronga*, pp. 428, etc.), les sorciers (*baloyi*) du pays Ronga tuent leurs victimes pour les manger. Les Ba-Ronga expliqueraient d'ailleurs la sorcellerie par un dédoublement de la personnalité ; pendant que le sorcier dort, son esprit sort de son corps, et va commettre le crime de sorcellerie ; c'est ce qui explique qu'un homme puisse être sorcier sans s'en rendre compte. Cette curieuse idée du dédoublement de la personnalité ne se retrouve ni chez les Zambéziens, ni chez les Ba-Souto. Je ne la trouve pas non plus dans ce que Scott raconte des idées des Mang'anja. De même je ne retrouve que chez les Mang'anja et chez les Ba-Ronga l'idée que les sorciers se repaissent de la chair de leurs victimes. Chez les Ba-Ronga (Junod, *op. cit.*, pp. 445, 446), certains esprits dont les malades sont possédés, ont un nom secret comme chez les Mang'anja. Chez les Ba-Souto, les sorciers tuent également par leurs maléfices, mais ce n'est pas, comme au Zambèze, pour se procurer des fantômes-serviteurs, ni, comme chez les Mang'anja ou les Ba-Ronga, pour manger des cadavres ; c'est uniquement, semble-t-il, par vengeance ou méchanceté qu'ils se livrent à leurs pratiques coupables. Mais pour *loéa* (tuer par sorcellerie), ils se servent souvent du sang ou des ossements des morts. Il vaut la peine de remarquer que le nom même des sorciers est le même chez les Ba-Souto, les Ba-Ronga et les A-Louyi, soit en Souto : *baloi*, en Ronga : *baloyi* ; en Louyi : *aloti*.

tamba ku mona. Ab'a mana ku mu lisa umutondo, uto ku ambatji :
Mwab'oe u tamba ku fa; wa mona a fa, u na ku pumene. Ab'a mana
ku lia uto ku ta kuli mwabaye, u ku mu loa. Mwabaye uto ku fa.
Ab'a mana ku fa, uto ku ambetji : U na ni pumene umutondo. Kame
biunda, nyina uto ku fa. Ab'a mana ku fa, uto ku ambetji : Ni ku
tendele mubika. Uto ku bilula nyina isilumka. Ab'a mana ku tenda
ngeso, uto ku ta kuli muloti mukulu, u ka nenga usiku. Ab'a kela ba
mwelo, uto ku ambetji : U tamba ku fa ka liywa? Akwenu a na fu.
Ab'a mana ku imba ngeso, uto ku lema amanyinga, ku a baka ba
muelo no ndo. Ao ku enda. Na biluka muloti no ku neneba.

## LXXXIV. — Comment on « boit » la sorcellerie[1].

On dit que lorsqu'un homme veut recevoir la sorcellerie[2], il va
vers un médecin en sorcellerie, vers quelqu'un qui la connaît bien.
Quand il arrive, il dit : Je désire « boire » la sorcellerie. (Le médecin) dit : Si tu « bois » la sorcellerie, ton père mourra, et ton frère
cadet mourra. Il répond : C'est bien; je verrai. Quand il lui a fait
manger la médecine (le médecin) dit : Ton frère cadet mourra;
s'il meurt, c'est que (la médecine) t'a convenu. Quand (l'homme) a
mangé (la médecine), il va vers son frère cadet, il l'ensorcelle[3].
Son frère cadet meurt. Quand il est mort, (l'homme) dit : La
médecine m'a convenu. De même le lendemain, sa mère meurt.
Quand elle est morte, il dit : Je m'en ferai une esclave[4]. Il transforme sa mère en esclave (fantôme). Quand il a fait ainsi, il va
vers le grand sorcier[5], il danse pendant la nuit. Quand ils arrivent

1. Pour les termes *boire* et *faire boire*, cf. n° XCIV et 2° Partie, p. 158,
note 3. Pour devenir sorcier, il faut avoir la médecine de la sorcellerie.
D'après les Mang'anja (Scott, *op. cit.*, p. 345, art. *mfiti*), c'est également
d'un sorcier qu'on obtient le pouvoir de sorcellerie. Chez les Ba-Ronga
(Junod, *op. cit.*, p. 431) le pouvoir de sorcellerie serait héréditaire dans
certaines familles.
2. C'est-à-dire devenir sorcier, avoir le pouvoir de sorcellerie.
3. De même chez les Ba-Souto, un sorcier commence généralement par
tuer son premier né, afin, dit-on, que le cœur du sorcier s'endurcisse
ainsi. Il existe à ce sujet, un conte Souto, celui de *'Mamoditsané* (A. Sekese, *Mekhoa ea Ba-Sotho*, p. 190).
4. C'est-à-dire un fantôme qui le servira (cf. n° XLII).
5. C'est-à-dire celui qui lui a fait *boire* la médecine de sorcellerie.

à la porte (de quelqu'un), ils disent : Quand mourras-tu? Les tiens sont morts. Quand ils ont ainsi chanté, ils prennent du sang, ils le placent devant la porte de la hutte[1]. Ils s'en vont. Il devient un très grand sorcier.

### LXXXV. — Ya mwati.

*Kwatji uloti ni siamba sinene. Aba tu na ku ikala K'u-Luyi, anu ni a manena mu mulilo. A-kwa-Mbunda ainy'a mwati. Ab'a mona munu u fumine, ao ku ambetji : Muloti, u kwete ulumba u mu limena ilia. Ab'a tumena munu kuli muywandi, muywandi ab'a mana ku yupa, uto ku amba : Mu ka mu bake mu katjoo-ka-maoma; ab'a tamba ku bia, mu ka mu nwise umwati; ab'a tamba ku fa, mu mu bake mu mulilo. Ab'a yupa, ao ku tangala. Ab'a kela, ao ku mu baka mu katjoo-ka-maoma. Ab'a shupuka amakaa, ao ku tangalala, ao ku mu yakela lutala lunyonyo, ao ku mu baka ba lutala, ao ku mu ba umwati, ao ku shashelela : Ndji ka wa si lia ndima ? ndji ka wa feba likaya ? ndji ka wa amba na munu ? Ab'o na amba na munu, iwa ku tili likaya, iwa ku tili silia, u ku ibae. Ab'a mu mona u na mu ingena mu mwili, ao ku saa itiñunyi, uku tumbula umulilo, uku mu lema, uku mu yumbela mu mulilo; uto ku bia. Ab'a mana ku yonga, ao ku bukula ilia ya ye. Mwa a ibaela aloti a kwatji, a-Luyana.*

### LXXXV. — L'ordalie par le *mwati*[2].

Chez nous la sorcellerie est une chose importante. Quand nous demeurions en Ou-Louyi, les gens finissaient par le feu. Les A-Mbounda sont les maîtres du *mwati*. Quand ils voient un homme riche, ils disent : C'est un sorcier, il possède des fantômes qui

1. Les sorciers Ba-Souto se servent souvent aussi de sang pour leurs maléfices.
2. L'ordalie au Zambèze, par laquelle on doit découvrir si un homme est réellement un sorcier, est double. Le premier stage est le *Katjo-ka-maoma* ; c'est un chaudron rempli d'eau bouillante. L'accusé y doit plonger les mains ; si l'eau ne les échaude pas, son innocence est prouvée ; si elles sont échaudées, c'est probablement un sorcier. Il faut dans ce cas le faire passer par l'épreuve du *mwati*. Le *mwati* est un poison, de couleur blanchâtre d'après Torrend (*Comparative Grammar*, p. 284). On le fait boire à l'accusé ; s'il vomit, il est déclaré innocent ; si au contraire

lui procurent de la nourriture¹. Ils envoient quelqu'un vers le chef; le chef, après avoir entendu, dit : Mettez (cet homme) au chaudron d'eau bouillante ; s'il a (les mains) brûlées, faites lui boire le *mwati* ; s'il en meurt, jetez-le dans le feu. Quand ils entendent (cela), ils sont tout joyeux. Quand ils arrivent, ils le mettent au pot d'eau bouillante. Si la peau de ses mains est brûlée, ils se réjouissent ; ils bâtissent pour lui un petit échafaudage, ils lui donnent (à boire) du *mwati*. Ils l'accablent de questions : Est-ce que tu n'as pas une fois mangé du pain? n'as-tu pas une fois fumé du tabac? n'as-tu pas une fois parlé à (telle ou telle) personne? Si tu as parlé à (cette) personne, soit (que tu aies fumé) du tabac, soit (que tu aies mangé) du pain, que (le *mwati*) te tue ² ! Quand ils voient que le *mwati* est entré dans son corps, ils cherchent du bois, allument un feu ; ils prennent (cet homme) et le jettent dans le feu ; il est brûlé. Quand il est entièrement consumé, ils vont piller ses provisions. C'est ainsi que les A-Louyi tuent les sorciers de chez nous.

le *mwati* l'enivre, c'est qu'il est coupable. Comme on le voit dans notre texte, l'accusé est placé sur une sorte d'échafaudage, au dessous duquel on fait du feu ; le *mwati* l'enivre et il tombe dans le feu, où il est consumé (cf. Torrend, *Comparative Grammar*, p. 284, un texte Tonga qui raconte la même chose). Si l'accusé est un chef, un de ses esclaves peut être soumis pour lui à l'ordalie (cf. Coillard, *op. cit.*, p. 246), ou même des poules. Cette épreuve par procuration se trouve chez d'autres peuples encore. L'ordalie par l'eau bouillante est également connue des Mang'anja (Scott, *op. cit.*, p. 407, art. *mwabvi*). Les Mang'anja ont aussi, comme les A-Louyi, l'ordalie par le poison, *mwabvi* (cf. *ibid.*, p. 407) qui, d'après Scott, serait de couleur rougeâtre. Les Ba-Ronga (Junod, *op. cit.*, pp. 433-438) ne semblent pas posséder l'ordalie par l'eau bouillante, mais pratiquent, par contre, quoique moins cruellement qu'au Zambèze, celle par le *mhondjo*. D'après Junod le *mhondjo* serait une plante de la famille des solanées. Cf. sur les ordalies par l'eau bouillante et le poison R. Basset, *Les Ordalies*, ch. II et III ; *Revue des Traditions populaires*, t. VI, VII, VIII, IX.

1. Comme partout où existe la croyance à la sorcellerie, toute personne que ses richesses ou d'autres avantages exposent à l'envie de la foule, est facilement accusée du crime de sorcellerie. Les chefs en profitent également pour se débarasser de ceux qui les gênent.

2. Les accusateurs cherchent naturellement des preuves du crime de l'accusé jusque dans les actions les plus ordinaires qu'il ait pu faire. Toute pierre est bonne à lui jeter à la tête.

## LXXXVI. — Ya uloti.

*Kwatji k'u-Luyi k'a ku singi unene. Ab'a mona mwabaye u fumine, uku mu timba : Uyo muloti k'a fanene ku fuma ngesi ; mene ni li mu ta kuli muywandi. Ab'a kela kuli muywandi ndjingatanyi k'a limukile ku yata : Mu ende mu ka mu biangule ba mulonga, mu ka yumbele mu meyi. Ab'a tunda kuli muywandi, ao ku enda usiku, uku mu patela; ao ku mu lema, ao ku mu nunga imioti, ku mu peka ilianda. Ao ku mu yumbela mu meyi u si yoya.*

## LXXXVI. — La sorcellerie.

Chez nous, en Ou-Louyi, (les gens) ne s'aiment pas beaucoup les uns les autres. Quand quelqu'un voit qu'un de ses compagnons est riche, ils se met à le haïr (et dit) : Ce sorcier ne mérite pas d'être ainsi riche ; je m'en vais vers le chef. Quand il arrive vers le chef tel et tel, qui ne sait pas gouverner (le chef dit) : Allez et enlevez-le de dessus la terre, jetez-le à l'eau. Quand ils sortent d'auprès du chef, ils vont de nuit et l'attaquent; ils le prennent, l'attachent avec des cordelettes, le lient (comme) un panier. Ils le jettent à l'eau tout vivant[1].

## LXXXVII. — Ya a-kwa-liala.

*A-kwa-liala ni anganga; ab'a singa ku shebuluka, ao ku lema itingoma, ku ti kangula mu litiko. Aba ti mana ku kanguka, amangolwa ao ku tanga, a fula intingoma ; ndji mukati, ab'a kela, uku imba ulusimo. Ab'a nenga, ni mu ambetji : A tili kuya ku mwak'oyu ku mbumbi. Ab'a nenga ngeso, t'o biwa inu, t'o shebuluka. Ab'a mana ku nenga, uto ku kwela bandji, uku kukutela. Munu uto ku lema imilai, uku shakasha. Ab'a shakasha, ni mu ambetji : U te, u k'oke, siwelela mbangu ; u te, u k'oke, siwelela mbangu. Ab'a yupa ngeso, uku inguka. Ab'a mana ku inguka, t'o feba umutondo, t'o tokola. Ab'a mana ku nenga, ab'a kena amasiku, uto ku imba ulusimo. Ab'a imba, ni mu ambetji :*

---

1. Dans ce cas le sorcier est condamné sans même avoir été jugé. On le jette tout vivant dans le fleuve. C'est là un procédé sommaire, jadis très fréquent au Zambèze. Aujourd'hui l'influence de la mission et la présence de quelques Européens dans le pays a fait beaucoup pour adoucir les mœurs. Les procès de sorcellerie ont presque absolument cessé.

*Mu alule mabal'a ndimba wa nge,*
*Mu alule mabal'a ndimba wa nge.*
*Ab'a mana ku tenda ngeso, uto ku mana, uku yaula. Ab'a yaula, ni mu ambetji : Itai kelile, mu ku shweke. Ab'a mana, uto ku enda ku ukela kwao. Biunda, aba yupa ita i na kele, a tatji : Munu na ku limuku ku shebuluka. Kame ab'a k'oka, ku iya, uku nenga. Ab'a mana ku nenga, ab'a kena amasiku, uku yaula. A'ba yaula, ni mu ambetji : Muywandi u tamba ku shendjwa, u tomba ku fa. Ab'a mana ku amba, uto ku ta ku mundi wa ye. Biunda na bandele, muywandi a na mu shendje. Anu ao ku komoka, a tadji : Munu na ku shemuluka unene.*

### LXXXVII. — Les devins [1].

Les *a-kwa-liala* sont des médecins ; lorsqu'ils veulent consulter le sort, ils prennent (leurs) tambours et les font sécher près du feu. Le soir, quand ils sont secs, ils commencent, ils frappent leurs tambours. Si c'est une femme (devin), lorsqu'elle arrive, elle chante une chanson. En chantant, elle dit : Si seulement c'était l'été de l'année passée ! Pendant qu'elle chante ainsi, on lui fait des présents ; elle consulte le sort. Quand elle a fini de chanter, elle tombe par terre toute rigide. Une autre prend des gourdes et les agite. En les agitant, elle dit : Va et reviens ! tu n'es qu'en léthargie ! va et reviens, tu n'es qu'en léthargie ! Quand (la première) entend cela, elle se relève. Quand elle s'est relevée, elle inhale (la fumée) d'une médecine et tousse. Quand elle a fini de danser, vers le matin, elle chante une chanson. En chantant, elle dit :

1. Les devins sont la contre-partie des sorciers ; ce sont eux qui doivent défendre la tribu contre ses malfaiteurs cachés. Il y en a de toutes les façons ; la charlatanerie joue naturellement son rôle chez eux. Mais il est certain que le plus souvent ils croient à eux-mêmes et à l'efficacité de leurs charmes. Leur principale occupation est de découvrir les sorciers, puis de guérir les maladies, prédire l'avenir, etc. Le terme général employé pour : consulter le sort est *ku shebuluka*. On shebuluka, comme nous le verrons, de bien des façons différentes, par les osselets, la corne, le manche de houe, etc. Les devins dont il est ici question se nomment *a-kwa-liala*, c'est-à-dire ceux à aigrettes, ceux ou plutôt (puisqu'ici ce sont des femmes) celles qui portent des aigrettes sur la tête. Ces femmes consultent le sort en se livrant à une sorte de danse orgiaque (cf. pour une danse de même nature chez les Ba-Ronga, Junod, *op. cit.*, p. 433).

Agitez-vous mes (peaux) bigarrées de chats-tigres !
Agitez-vous, mes (peaux) bigarrées de chats-tigres !

Après avoir fait tout cela, elle cesse et se met à jeter les osselets. Quand elle les a jetés, elle dit : Une troupe (d'ennemis) arrive; cachez-vous. Quand elle a fini, elle s'en va et retourne chez elle. Le lendemain, s'ils apprennent qu'une troupe (d'ennemis) est arrivée, ils disent : C'est quelqu'un qui sait bien consulter le sort. De nouveau, lorsqu'elle revient, elle se met à chanter. Quand elle a fini, de chanter, vers le matin, elle jette les osselets. Quand elle les a jetés, elle dit : Le chef sera chassé et mourra. Après avoir (ainsi) parlé, elle retourne chez elle. Demain ou après-demain, on avait chassé le chef. Les gens s'étonnèrent et dirent : Cette personne sait fort bien consulter le sort.

## LXXXVIII. — Ya a-kwa-liala no alume.

*Ab'a k'eya ku ku nenga, uku shimba itingoma, ku iya mu mundi. Ab'a k'eya, uto ku tanga. Ab'a nenga, uto ku manga Nasilele. Ab'a mana uku manga, uku nenga. Ab'a nenga, ni mu nyunga umutwi. Ab'a mana ku mu nengisa Nasilele, uto ku mu baka bandji, uku lema ilikumbi, uku li baka mu ndingo, uto ku nenga. Ab'a mana ku nenga, uto ku li tundisa mu ndingo, uto ku lema umunyumbe, uku u baka ku mutwi. Ab'a mana ku baka ku mutwi, uto ku ambetji : Oya wa nge, tu ende, tu mone. Kame ni mu ambetji : Likumbi lia imwandala lia kwela bandji, ni maloya. Ab'a mana ku nenga, amasiku ao ku ao ku kena, uto ku lema undimba wa ye. Anu ao ku ambetji : U tu lemene umuloti. Uto ku mu baka mu ndingo. Wa mona u oa muni, ta muloti. Mushebuluki uto ku ambetji : Aba mu na kanana, mu n'ambetji : Ka ku isa muloti, toto t'oyu. Ab'a mana ku tenda ngeso, uto ku uka ku mundi wa ye.*

## LXXXVIII. — Les devins hommes [1].

Quand ils viennent pour danser, ils apportent leurs tambours et viennent au village. Lorsqu'ils arrivent, ils commencent. Pour

---

1. Ce sont les devins hommes dont la danse orgiaque a le même caractère que celle des femmes; cf. dans Holub (*Sieben Jahre in Süd Afrika*, II, p. 257), la description et l'image de ce qu'il appelle : la danse prophétique des Ba-Soubiya.

danser, (le danseur) attache *Nasilèlè* (sur sa tête)[1]. L'ayant ainsi attachée, il danse. En dansant il agite sa tête. Après avoir (ainsi) fait danser *Nasilèlè*, il la dépose à terre, prend une crinière, la met à son cou et danse. Après avoir dansé, il l'enlève de son cou, prend (une queue) de gnou et la met sur sa tête. Après l'avoir mise sur sa tête, il dit : Mon pelage, agite-toi que nous (te) voyons. Puis il dit : Si la crinière d'*imwandala* tombe à terre, ce serait extraordinaire[2]. Quand il a fini de danser et que le matin est arrivé, il prend une (peau de) chat-tigre. Les gens disent : Attrappe le sorcier (qui) nous (fait du mal). Il jette cette (peau) sur le cou de quelqu'un[3]. Si elle étrangle cette personne, c'est lui le sorcier. Le devin dit : Bien que vous refusiez de le croire et disiez qu'il n'y avait pas de sorcier, le voici, c'est lui. Après avoir ainsi fait, il retourne chez lui.

### LXXXIX. — Ya kakulukulu.

*Kakulukulu ni sishebulukiso. Munu ab'a mona mwan'a ye ku toma a tomine, uto ku ta kuli mbuki. Ab'a kela : Mu lumele*[4]. *— Shangwe. Iyi mu endela ni yike ? Uto ku ambetji : Mwan'a nge ku toma a tomine, u ni shebuluke. Ab'o mu ba iyuma no ku kena, momo ! Ab'a i mona, uto ku pumena. Ab'a mana ku pumena, uto ku lema akulukulu ka ye, u ka baka ku siondo no ku leba, uto ku shimba ni mulai, uku shakasha. Ab'a mana ku shakasha, ako ku tinguluka, ako ku ala mu upa, kame ka ala mu wiko, ndji ka ala mu mutulo, ndji ku mboela. Aba ka kana, ako ku kana ; aba ka pumena, ako ku pumena. Ab'a mana ku shebuluka, uto ku umbela miny'a mwana : Mwan'oe u tamba ku fa. Nyina ab'a yupela mo, uto ku lila. Biunda uto ku ta kuli mutjili. Ab'a kela : Mu lumele. — Shangwe... Iyi mu singa ni*

1. Les devins appellent du nom de *Nasilèlè* (la femme de *Nyambé*, cf. n° XLV) l'aigrette qu'ils portent sur la tête.
2. Je ne sais ce que signifie *imwandala* ; c'est le nom que le devin donne à une crinière d'animal qu'il a posée sur sa poitrine. Pendant qu'il danse, la crinière, bien qu'elle ne soit pas attachée, et quoique agitée brusquement de tous les côtés, ne tombe jamais à terre.
3. Au dire de mes informants, si la personne qu'elle atteint est un sorcier, la peau de chat-tigre s'enroule si fortement autour de son cou qu'elle l'étranglerait, si le devin ne la desserrait pas.
4. On emploie souvent, comme en français, la 2° pers. plur. en s'adressant à une seule personne.

*yike? — Batili, mwan'a nge ku toma a tomine. Isi u tomine ni sike? ndji mutwi, ndji mwili? — Mwili, shangwe. Ab'a mana ku mu ambela, uto ku shebuluka. Ab'a mana ku shebuluka : Batili, mwan'oe u tamba ku yoya. Ab'o kela ku mundi, u ka wana mwan'oe u si yoya.*

### LXXXIX. — Divination par le *Kakouloukoulou*[1].

La (peau séchée du) *Kakouloukoulou* est un moyen de divination. Lorsque quelqu'un voit son enfant malade, il va vers le devin. Il arrive : Bonjour! — Mon père! Pour quelle raison venez-vous (vers moi)? Il répond : Mon enfant est malade, consulte le sort pour moi. Si tu lui donnes des perles blanches, c'est bien. Dès qu'il les voit, il consent. Quand il a consenti, il prend sa (peau de) *Kakouloukoulou* et la met (au bout) d'une longue tige de fer; puis il met (celle-ci) sur son épaule et l'agite. Quand il l'a (ainsi) agitée, (la peau de *Kakouloukoulou*) se met à tourner; elle s'incline à l'est, puis elle s'incline à l'ouest, ou bien aussi au nord, au bien au sud. Si elle refuse (de répondre), elle refuse (c'est-à-dire, c'est fini); si elle consent, elle consent (c'est bien). Après avoir consulté le sort, (le devin) dit à la mère de l'enfant : Ton enfant mourra. Quand la mère entend cela elle pleure. Le lendemain, il va vers un autre (devin). Il arrive : Bonjour! — Mon père! que désirez-vous? — Oh! mon enfant est gravement malade. — De quoi souffre-t-il? est-ce de la tête? est-ce du corps? — Du corps, mon père. Après qu'il le lui a dit, (le devin) consulte le sort. Après avoir consulté le sort, (il dit) : Oh! ton enfant vivra. Quand (le père) retourne chez lui, il trouve son enfant guéri.

### XC. — Ya lwiya.

*Ab'a shebuluka, anu ao ku isana mushebuluki no lwiya. Ab'a kela, uto ku ambetji : Iyi mu na u'isaneae ni yike? Ao ku ambetji : U tu shebuluke muloti; mw'a li muno mu mundi wetu. Ab'a nenga, ab'a mana ku nenga, uto ku ambetji : Mu iye, mu leme ulwiya. Anu ao ku iya, ku lu lema. Ab'a lu lema, uto ku ta kuli muloti; aba lu kela mu ndo, uto ku kaula amaluka, ku kaula u'inu. Aba lu mu wana mu ndo, uto ku mu tandisa mo, aku mu twala ku anu.*

1. Le *Kakouloukoulou* est une petite antilope. On se sert d'une sorte de sac fait avec sa peau séchée pour consulter le sort. Le texte explique lui-même suffisamment comment le devin agit.

## XC. — Divination par la corne[1].

Lorsqu'ils veulent consulter le sort, les gens appellent celui qui fait de la divination (au moyen) d'une corne. Quand il arrive, il leur demande : Pour quelle raison m'avez-vous appelé? Ils disent : Découvre par ta divination le sorcier (qui nous fait du mal) ; il y en a un dans notre village. Quand il chante, après avoir fini de chanter, il dit : Venez et prenez la corne. Les gens vont et la prennent. Pendant qu'ils la tiennent, elle va vers le sorcier; quand elle entre dans sa hutte, elle déchire ses nattes, elle brise ses effets. Si elle trouve (le sorcier) dans sa hutte, elle l'en fait sortir et l'amène vers les gens.

## XCI. — Ya tungu.

*Tungu ni tushebulukiso. Mene i na ku tu yupa, kame i na ku tu limbulula. Mene u ku iyeta umu a tendela, men'o ku limuka. Ab'a tenda, ni mene uku tenda. Mawe uto ku ambetji : Isi u tenda ngeso ni sike ? Men'o ku ambetji : Ni li mu ku iyeta. Ab'a kela uyu no tungu, uto ku shebuluka. Uto ku yama, aba yama, uto ku lila mu mwili, tu feka tu amba. Ab'a mana ku shebuluka, uto ku ambetji : Mwan'oe u tamba ku fa. Uto ku fa. Kame wa mona a ambetji : Mwan'oe u tamba ku yoya ; uto ku yoya.*

## XCI. — Divination par les calebasses[2].

Les calebasses (*toungou*) sont un moyen de divination. Moi-même je les ai entendues, et ai appris (à le faire). J'ai essayé d'apprendre comment ils font, et j'ai compris. Quand ils faisaient (leur divination), moi aussi je faisais (comme eux). Ma mère me dit : Que fais-tu donc ainsi? Je lui dis : J'apprends. Quand arrive (le devin) aux calebasses, il consulte le sort. Il ouvre la bouche; pendant qu'il l'ouvre, on (entend quelque chose) qui fait au fond

---

1. Cf. n° XLII où le sorcier est découvert au moyen de la corne. Des hommes doivent tenir la corne, et elle les conduit d'elle-même auprès du sorcier. On comprend combien il est facile au devin, ou à celui pour lequel il agit, de toujours saisir celui dont on veut se débarrasser.

2. Quoique le texte soit, somme toute, assez peu clair, il est facile de comprendre qu'il s'agit ici de semi-ventriloquie. Le devin fait entendre un bruit au fond de sa poitrine, et fait croire aux gens que ce sont ses calebasses qui parlent.

des (calebasses un bruit) comme quand nous parlons. Quand il a consulté le sort, il dit : Ton fils mourra. Il meurt. De même s'il dit : Ton fils se guérira ; il se guérit.

## XCII. — Ya kapui.

*Mene ab'e na ku ka mona, men'o ku ambetji. Balelo ni tamba ku mona ako kapui. Mukulw'a nge uto ku ambetji : Min'a nge, u ka n'isanene umulum'oyo. Men'o ku mu isa. Uto ku ta kuli mukulw'a nge. Ab'a kela, uto ku ambetji : Ni shebuluke. Uto ku lema akatele ako, uku shebuluka. Munu uto ku ambetji : Iyi mu mweneniхe ni yike? Tupui uto ku amba : Batili, tu li a mwena mbangu. Miny'a to uto ku ambetji : Mwan'a ye u tamba ku yoya ndji? Uto ku itana : E, u tamba ku yoya. Mukulw'a nge uto ku ambetji : Mene ni tamba ku yoya ku ukalanga ndji? Uto ku ambetji : U tamba ku yoya ku ukalanga. Aba tu mana ku amba, miny'a to ku ta kwao. Mene ni mwabaye kw'a li kwatji, mene u ku ambetji : Tu tume munu kuli mbuki. Uto ku pumena. Mene uku isana munu mumweya; men'o ku mu tuma, men'o ku ambetji : U ka mu isane, a ka lete ni tupui twa ye. Munu uto ku ta kuli mushebuluki. Ab'a kela, uto ku ambetji : ku isanwa u isanwa; a tatji u ende ni kapui k'oe. Uto ku imana, ku iya kuli mene mu mutala wetu. Atji u ka mu lumelisa : U lumele. — Shangwe. Uto ku kandelela, n'atji u ku kandelela. Atji : Batili, u tu shebuluke. Mene uku ambetji : U ni shebuluke mwabange, ndji u tamba ku toma ukalanga. Uto ku lema akapui ka ye, uto ku ambetji : U a lumelise. Mene uku yupa : Mu lumele. Atji : Shangwe. Kame ni mu yupa : Iyi mu na n'isanene ni yike ? Men'o ku ambetji : Batili, tu li a ambetji u tu shebuluke. Uto ku itana : Ni mu shebuluke yike ? Mene uku ambetji : Mwabange uyu uto ku fa ku ukalanga ndji? Ni mu yupa : Batili, k'a fu. Kame mene uku ambetji : U tamba ku toma ukalanga ndji? — Batili, k'a si tomo Mene uku ambetji : Mukulw'a nge u tamba ku fa ku ukalanga ndji? — Batili, u ese ku amba ngeso. Mene : Momo. Atji uku mu ba iyuma; uto ku enda. Kame ba ku fa kwa mukulw'a nge, uto ku shebuluka, uto ku ambetji : U tamba ku yoya. Kame uto ku ambetji : Mukat'a ye mutjili na mu loyo*[1]. *Mukulw'a nge uto ku fa.*

1. De : *ku loa.*

## XLII. — Divination par le *Kapoui*[1].

Quant à moi, lorsque je l'ai vu, je me suis dit : Aujourd'hui, je le verrai ce *Kapoui*. Mon frère aîné dit : Mon cadet, va me chercher cet homme. J'allai l'appeler. Il vint vers mon frère aîné. Quand il arriva, il dit : Que je consulte le sort. Il prit cette gourde, il consulta le sort. Cet homme demanda : Pourquoi êtes-vous (ainsi) silencieuses. Les gourdes répondirent : Rien; nous nous taisons simplement. Leur propriétaire dit : Son enfant vivra-t-il? Elles répondirent : Oui, il vivra. Mon frère aîné dit : Est-ce que je vivrai pendant la petite vérole? Elles répondirent : Tu vivras pendant la petite vérole. Quand elles eurent (ainsi) répondu, leur propriétaire retourna chez lui. Moi et mon compagnon nous étions chez nous. Je dis : Envoyons quelqu'un chez le devin. Il consentit. J'appelai un homme ; je l'envoyai, je lui dis : Appelle-le, qu'il apporte ses gourdes. L'homme alla chez le devin. Quand il arriva, il dit : On t'appelle. (Le messager) dit : Va avec tes gourdes. Il se leva pour venir vers moi dans notre cour. Nous le saluâmes : Bonjour ! — Salut ! Il frappa (des mains), nous aussi nous frappâmes (des mains). Nous : Voyons! consulte le sort pour nous. Je lui dis : Consulte le sort pour mon compagnon; sera-t-il malade de la petite vérole ? Il prit sa gourde, il (lui) dit : Salue-les. J'entendis : Bonjour! Nous (de répondre) : Salut. De nouveau j'entendis : Pourquoi m'avez-vous appelé? Je dis : Rien! Seulement nous te disons de dire le sort pour nous. (Les gourdes) répondirent : Quel sort vous dirai-je? Je dis : Mon compagnon mourra-t-il de la petite vérole? J'entends : Non, il ne mourra pas. De nouveau je dis : Sera-t-il malade de la petite vérole? — Non, il ne sera pas malade. Je dis : Mon frère aîné mourra-t-il de la petite vérole? — Non, ne parle pas ainsi. Moi : C'est bien. Nous lui donnâmes des perles; il s'en alla. De nouveau, lors de la mort de mon frère aîné, (le devin) consulta le sort et dit : Tu vivras. (Les gourdes) dirent de plus : Une de ses femmes lui a jeté un sort. Mon frère aîné mourut.

---

1. Le *kapoui* est une petite gourde. C'est elle qui est censée parler. Il y a, très probablement, ici un tour de ventriloquie. Mais il faudrait avoir assisté à ces exercices pour savoir véritablement ce qui en est. Ce doit être certainement un des tours les plus curieux des devins zambéziens.

## XCIII. — Ya mubinyi.

*Anu ab'a shebuluka, ao ku isana munu no ku limuka mubinyi. Ab'a kela, uto ku pumba-pumba mu mupu, uto ku shebuluka. Ab'a shebuluka, ndji mu shebuluka munu wa ku toma, ab'a ambetji : U tamba ku yoya ; mubinyi uto ku lema mu mupu. Aba u lema, uto ku ambetji : Ufeu tamba ku yoya. Uwo ku kakatela mu mupu ; uto ku fula, uwo ku tunda mo.*

## XCIII. — Divination par le manche de houe[1].

Quand les gens consultent le sort, ils appellent quelqu'un qui sait (dire le sort au moyen d'un) manche de houe. Quand (le devin) arrive, il enterre (le manche de la houe) dans le sol. Il consulte le sort. Quand il consulte le sort, s'il le consulte pour une personne malade, s'il dit : Tu vivras ; le manche de houe reste fortement tenu dans le sol. Quand il le saisit, il dit : Véritablement, tu vivras. (Le manche de houe) reste pris dans le sol ; il (le) frappe, le manche de houe) sort de là.

## XCIV. — Ya mabila.

*A nwisa mabila kw'ali. A tatji ab'o li nwa, u tamba ku biluka ndoo, ni nde, ni ngandu, ni ndopu, iyondje iamana. Ab'a tenda, nganga uto ku ta mu musitu, uku kalanga umutondo. Ab'a kela, uto ku baka mu sikungu no sitondo, uku kaula isitumba no nde, ndji mu kaula sa ndoo : uto ku baka mu sikungu, uto ku fulumeka bo. Aba i mana k'ola, mabila ao ku bana. Uto ku isana anu. Ab'a iya, ao ku iya ni iyuma no ku kena. Ab'a kela, uto ku banisa amabila ; ngang'oyo uto ku leta ñongolo. Munu uto ku yama ; ab'a yama, uto ku lema ilibila, uku li baka ba lulimi ; ilio ku enda. Uto ku mina. Ab'a mana ku mina, uto ku ibanguta, uto ku ambetji. U ni be la ndoo, u ni be kame la nde. Uto ku mu ba. Ab'a mana ku mina, uto ku fulumana ba mutondo, uto u ku fuka isito sinene. Ab'a tamba ku yupa munu mumweya, uto ku tondoka ; ndji mu tondoka ndoo, ndji mu tondoka siwi, ndji mu tondoka nde. Ab'a mana ku tondoka, ao ku ta ku mundi, u ka langana. K'a langana ba luluka, kondji ba mopu.*

1. C'est le devin lui-même qui tient le manche de houe enfoncé dans le sol. Parfois il ne peut plus l'en faire sortir, à moins de frapper violemment dessus avec un bâton.

*Ab'a langana ba luluka, a tamba ku fa. Kame k'a li ilia no ku bia,
ab'a i lia, a tamba ku bia. Ab'a bia, kame k'a mono ku tondoka.
Anu ab'a ta ku mafa, ao ku lila. Ab'a yupela mo, ao ku tondoka;
ndji mu lila mbula, uto ku lila; ndji mu lila ndoo, uto ku lila.*

## XCIV. — Les vers que l'on boit[1].

Il y a des gens qui font *boire* les vers. On dit que si tu *bois* (le ver) tu deviendras un léopard, un lion, un crocodile ou un éléphant, quelqu'animal que ce soit. Pour faire (son charme), le médecin va dans la forêt, il cherche une médecine. Quand il revient, il la met dans un vase de bois, coupé (en morceaux) une vieille peau de lion, ou bien coupe une peau de léopard ; il la met dans le vase et recouvre (le vase). Quand (la peau) est pourrie, des vers en sortent. Il appelle les gens. Quand ils viennent ; ils apportent des perles blanches. Quand ils sont arrivés, il prend des vers (dans le vase) ; puis le médecin apporte une coquille. L'homme ouvre (la bouche) ; pendant qu'il l'ouvre, (le médecin) prend un ver, le lui met sur la langue ; le ver y rampe. (L'homme) l'avale Quand il l'a avalé, il lui demande, disant : Donne m'en (encore) un de léopard, donne m'en aussi de lion. Il les lui donne. Quand il les a avalés, il se courbe au-dessus de la médecine et se couvre de grandes couvertures. Quand il entend quelqu'un (venir), il rugit, soit qu'il rugisse (comme) un léopard, soit rugisse (comme) une hyène ; soit qu'il rugisse (comme) un lion. Quand ils ont (ainsi) rugi, ils retournent chez eux et se couchent. Ils ne se couchent pas sur une natte, mais seulement sur l'herbe. S'ils se couchaient sur une natte, (les vers qu'ils ont *bu*) mourraient. De même ils ne mangent pas d'aliments chauds ; s'ils en mangeaient, (les vers) seraient échaudés ; s'ils sont échaudés, ils ne pourraient plus rugir[2].

1. Pour *boire* et faire *boire*, cf. aussi 2ᵉ Partie, p. 158, note 3. La croyance à la métempsychose est fortement ancrée au Zambèze ; mais pour y avoir part, il faut *boire le ver* de l'animal en qui l'on veut revivre. On *boit* aussi la pluie, la sorcellerie, etc., non plus dans un désir de métempsychose, mais pour en devenir le maître. En effet ce qu'on a *bu* ne peut plus vous faire de mal ; celui qui a *bu* la pluie ne sera pas frappé par la foudre ; celui qui a *bu* le ver du lion ne sera pas attaqué par un lion, etc.

2. Comme ils veulent devenir des animaux sauvages, ils doivent en prendre dès aujourd'hui les mœurs, ainsi coucher sur la terre dure, manger des mets froids, rugir comme des animaux, etc.

Quand les gens vont à un deuil, ils poussent des cris de deuil. Quand (ceux qui ont bu le ver) entendent (ces pleurs) ils rugissent ; si l'un fait le bruit de la pluie, il pleure ainsi ; si l'un rugit comme) un léopard, c'est ainsi qu'il pleure.

### XCV. — Ya sikweti.

*A tatji anganga. Kw'a li a banga mutondo wa timbindji. A tatji ab'o mona anu a sing'o ku ibaa, wen'o ku weta. Ab'o yupa ita i na kela, wene uku ta ko. Ab'o kela, wen'o ku amba nao. Ab'o kela : Mu lumele. — Shangwe. — Uku mu ta ni kubini? — Batili, ni mu tunda ku mundi wa ndjingatanyi. — Miny'a mundi kw'a li ndji? — E, kw'a li ku mundi wa ye. K'a limukile ta miny'a mundi uyu u amba nao. Ab'a tunda bo, uto ku ta ku mundi wa ye. Ab'a kela, uto ku ambetji : Ita i na kela. Ab'a i mona i li bebi, uto u ku bilula isitondo, ndji mopu. Kame a ingena mu ndo. Ao ku mu mona. Anu ab'a ambetji : Tu ende, tu ka mu ibae. Ab'a kela ba mwelo, n'oto uku tunda mu ndo, ku ta bande. Ab'a ambetji : Na ti kubini? n'a mu mona u enda bande. Ab'a singa ku mu ibaa, uto u ku bilula sitondo no ku bia.*

### XCV. — Charme pour se cacher[1].

On dit qu'il y a des médecins qui donnent la médecine des assagaies (c'est-à-dire de la guerre). On dit que si tu vois des gens qui veulent te tuer, tu sauras les éviter. Quand tu apprends qu'une troupe (d'ennemis) est arrivée, tu y vas ; quand tu arrives, tu leur parles. Quand tu arrives, (tu dis) : Bonjour ! — Mon père ! Où allez-vous ? — Oh ! je viens de chez tel ou tel? — Le maître du village est il là — Oui, il est dans son village. Ils ne savent pas que celui qui leur parle est le chef du village. En partant de là, il va à son village. Quand il arrive, il dit : Une troupe (d'ennemis) est venue. Quand il les voit tout près, il se métamorphose en arbre ou en herbe. Puis il entre dans sa hutte ; ils le voient. Ces gens disent : Allons et tuons-le. Quand ils arrivent près de la porte, lui-même sort de la hutte et va dehors. Au moment où ils disent : Où est-il allé ? ils le voient qui marche là dehors. Quand ils veulent le tuer, il devient un tison brûlant.

1. C'est le charme qui rend invisible, ou du moins qui vous permet de vous métamorphoser de telle sorte que vos ennemis ne puissent vous reconnaître.

## XCVI. — Ya mukulu wa mbula.

*Mbula aba ti kangile ngesi, nganga uto ku ta mu musitu. uku kalanga imitondo. Ab'a kela, ku iya, ku i baka mu sikungu Ab'a mana ku i baka mu sikungu, uto ku isana anu, ku iya ku nwa. Wa mona a mona makumbi a iya, uto ku shandjela : U iye u loke, mulongwe, mangali no ku sheta. Munu ab'a kela, ku iya ku ku nwa ; ab'a mana ku nwa, mbula aba ti loka, anu ao ku ba nganga ngombe. Ab'a mana ku mu ba, ao ku ambetji : K'a bebe, t'o limukile mbula unene. Wa mona mbula ti loka imilupe, ao ku banisa imisila, ku i pumbapumba mu mute ; ao ku i skokona. Munu ab'a mana ku shokona, uku i yaneka. Ab'a mona mbula ti na ti, uku ambetji : Ndjingatanyi ni mukulu wa mbula. Mbula aba ti tenda linanga, uku lema imisila, ku i yumbela mu meyi, Ab'a mona ilikumbi linyonyo li k'eya, uto ku ambetji : Mu iye, mu mone umusila wa nge u na mana ku isana amakumbi. Kame mbula aba ti palakata, munu uto ku bana, uto ku ambetji : Yike iyo ? u ka kwe umo, mulongwe ! u tunde umo mu mundi wetu. Ab'a yupa ti ndunduma, uto ku ambetji. Na pumene. Aba ti bita, uto ku ambetji : Munu na ku limvka mbula ! Ab'a mona mbula, k'a ambwa. A tatji : wa mona wa mu amba, u tamba ku fa mbula, ti tamb'o ku ibaa.*

## XCVI. — Le maître de la pluie[1].

Quand la pluie refuse de tomber, ce médecin va dans la forêt, il y cherche des médecines. Quand il en revient, il les dépose dans un vase en bois. Quand il les a déposées dans ce vase, il appelle les gens; (ceux-ci) viennent et *boivent*. S'il voit venir des nuages, il leur parle : Viens et tombe, pluie, toi qui tombes avec bruit. Quand quelqu'un arrive, il vient et *boit*; quand il a *bu*, si la pluie tombe, les gens donnent un bœuf au médecin. Quand ils le lui ont donné, ils disent : Il ne plaisante pas; il connaît bien la pluie. Si la pluie (doit) tomber longtemps, ils sortent leurs queues (de gnou), les mettent dans la cendre et les frottent (de cendres).

1. *Mukulu wa mbula* c'est soit : le maître de la pluie, soit : le médecin de la pluie (c'est-à-dire celui qui sait la faire *boire*). On la boit, soit pour qu'elle tombe dans nos champs, soit pour qu'elle ne vous fasse pas de mal (cf. 2ᵉ Partie, n° LX). Comme on l'a vu plus haut (n° LII) la pluie et la foudre sont comprises dans le terme *mbula*.

Après les avoir frottées, ils les étendent (sur le sol). S'ils voient que la pluie est venue, (les gens) disent : Tel et tel est le maître de la pluie. Si la pluie cesse, il prend les queues (de gnou) et les jette dans l'eau. S'il voit venir un petit nuage, il dit : Venez, vous verrez que ma queue (de gnou) a appelé les nuages. De plus si la foudre bruit, cet homme sort (de sa hutte) et dit : Qu'est-ce que ceci? va tomber là-bas, pluie! sors de notre village. S'il entend le tonnerre bruire sourdement, il dit : Il a consenti. Si (la foudre) passe (plus loin), il dit : (Ce médecin) est quelqu'un qui connaît bien la pluie. Quand on voit la pluie, on ne prononce pas (le nom de ce médecin)[1]. On dit que si tu prononces son (nom), tu mourras par la foudre, elle te tuera.

### XCVII. — Ya mulisi no tinde.

*Ab'a mona tinde ti na pulu ti lia itingombe, ao ku saa munu u ti limukile. Ab'a mana ku kala : Ni tende nga sibi? — Batili, tu li a ku isanena isi itinde ti mana itingombe tetu. Uto ku ambetji : Momo, ni yupile. Uto ku ta mu musitu, uku kalanga umutondo. Ab'a kela, uku kaula, ku baka ba lwenga, uku kukuta. Ab'o mana ku kukuta, uto ku u fumeka umulilo. Ab'a mana ku u fumeka, mwise uku ta mu tingombe ; uto ku tinga mango a mutondo, amweya no ku neneba, uku a baka mu lwanda. Uto ku lema ikulubinyi, uto ku i ungwela mu ndila. Wa mona nde i iya, iyo ku fa, ka i leme ngombe.*

### XCVII. — Le charmeur de lions[2].

Quand (les gens) voient que de nombreux lions mangent le bétail, ils cherchent quelqu'un qui sache les (détruire). Quand celui-ci arrive, (il dit) : Que dois-je faire ? — Oh, nous t'avons appelé à cause de ces lions qui détruisent notre bétail. Il répond : C'est bien ; j'ai entendu. Il va dans la forêt chercher une médecine. Quand il revient, il la coupe (en morceaux) et la dépose dans un vase (d'argile) ; elle s'y dessèche. Quand elle est sèche, il l'allume au feu. Quand elle brûle, la fumée arrive parmi le bétail; il noue des amulettes, quelques-unes sont très grandes ; il les

1. La défense de prononcer le nom de quelqu'un se retrouve souvent chez les différents peuples.
2. Litt. : celui qui fait *manger* les lions, c'est-à-dire qui donne la médecine pour se préserver des lions.

place dans l'enclos (du bétail). Il prend de vieux manches de
houes et les cache dans le chemin. Si un lion vient, il mourra et
ne prendra pas le bétail.

### XCVIII. — Ya tingandu.

*A tatji abangi no tingandu kw'a li. Wa mona munu u lia ngombe
ta ye, uto ku ta mu liambai. Ab'a ka kela, uto ku ambetji : Ngandu
u iye kuno, u ni twalele munu uya u na n'ibaele ingombe ta nge.
Ngandu ito ku yupa. Ab'a kena amasiku, uto ku yupa ngandu ti
n'ebaa munu mu liambai. Uto ku ambetji : Ja mbuyi n'oyo. Uto ku
tuma ngandu : U ende, u ka mu lie. Ngandu aba ti tunda bo, ito
ku ta kuli munu, ito ku mu lema. Aba ti mana ku mu lema, ito ku
mu twala mu liambai, u ka mu lia. Kame ka ti tjili miny'a to. Wa
mona miny'a to u tika, ito ku mu shimba, ku mu twala ku bandji.
Kame aba ti mu letela iamana, ito ku shendja siamana. Aba ti keta
ku mundi wa ye, ito ku mu ba. Ab'a enda-enda ku lipe, uto ku
wan 'esiamana si na fu. Uto ku si lema, uku si waa.*

### XCVIII. — Les crocodiles[1].

On dit qu'il y a des (médecins) qui donnent la (médecine) des
crocodiles. Si quelqu'un vole les bœufs d'un (de ces médecins, le
médecin) va vers le fleuve. Quand il y arrive, il dit : Crocodile
viens ici; va me saisir celui qui a tué mes bœufs. Le crocodile
entend. Quand le matin vient, (cet homme) apprend qu'un crocodile a tué quelqu'un dans le fleuve. Il dit : C'est le voleur. Il
envoie le crocodile : Va et mange-le. Quand le crocodile sort (du
fleuve), il va vers cet homme et le prend. Quand il l'a pris, il
l'emporte dans le fleuve et le mange. De plus (les crocodiles) n'ont
pas peur de leur maître. Si leur maître est en train de se noyer,
ils le portent (sur leur dos) et le conduisent à terre. De plus, lorsqu'ils (veulent) lui apporter du gibier, ils vont à la chasse du gibier. Quand ils apportent (le gibier) à son village, ils le lui donnent
Lorsqu'il se promène sur les bords (du fleuve), il trouve un animal déjà mort ; il le prend et le dépèce.

1. Au sujet des crocodiles et de leurs maîtres, cf. un texte Tonga dans
Torrend (*Comparative Grammar*, p. 292).

## XCIX. — Ya tinyoka.

*A tatji anganga no tinyoka kw'a li. Wa mona miny'a to to li shimbile mu ndingo; kame ab'a singa ku ibaa munu, uto ku ti tuma kuli munu uyo. Ab'a mana ku ti tuma, uto ku ambetji : U ka mu ume. Aba ti kela, ito ku mu uma. Kame uyu u ti limukile unene, uku ti saela katele; uto ku ka tjula. Ab'a mana ku ka tjula, uto ku ka baka mu ndo. T'inyoka aba ti kela, ito ku ingen'omo mu katele. Kame ab'a tunda mu ndo ta ye, uto ku manga bo, uku siya ti ikalile ba mwelo. Wa mona mbuyi u ingena mu ndo, ito ku mu sindelela mo. Miny'a to uto ku kela; ab'a kela, uto ku mu lema, uku mu fula.*

## XCIX. — Les serpents.

On dit qu'il y a des charmeurs de serpents[1]. Tu peux voir leur maître les porter autour de son cou; lorsqu'il désire tuer quelqu'un, il les envoie vers cette personne-là. Après les avoir envoyés, il leur dit : Mordez-le. Lorsqu'ils arrivent (vers cette personne-là), ils la mordent. De plus celui qui sait très bien (les charmer), leur prépare une calebasse; il fait un trou à (cette calebasse). Quand il l'a percée, il la dépose dans sa hutte. Les serpents, lorsqu'ils arrivent, entrent dans cette calebasse. Ensuite, quand (le maître) sort de la hutte, il la ferme et laisse (les serpents) étendus près de la porte. Si un voleur entre dans la hutte, ils l'empêchent (de sortir). Leur maître revient; quand il arrive, il saisit (le voleur) et le bat.

---

### 3. — Mœurs, coutumes, etc.

### C. — Ya ku tamuna.

*Kwatji aba ku liwa ilia, a na tanga weli ku shebuluka. Ab'a mana ku shebuluka, ao ku kalanga umutondo. Ab'a singa ku lia mundala, ao ku lema mutondo, uku tamuna. Kame ab'a mana ku tamuna, ao ku ba afu. Ab'a twala ba sioko, ni a ambetji : U twale, u shimba-*

[1]. Litt. : des médecins de serpents. Certains médecins au Zambèze portent des serpents enroulés autour de leur cou, comme les charmeurs de serpents de l'Inde. Il ne m'est pas possible de dire si ce sont, ou non, des serpents venimeux (cf. Torrend : *Comparative Grammar*, p. 292).

kane, u ka lie ñumba-ñumba ; mutimo ni kayunyi ! Ab'a mana ku
lia, u ku utuka, ku utukela ku wilu.

### C. — Comment on mange les prémices[1].

Chez nous, quand on mange (les prémices), on commence
d'abord par consulter le sort. Quand on l'a consulté, on cherche
une médecine. Lorsqu'on veut manger (les prémices) du maïs,
on prend cette médecine, on mange les prémices. Quand on a
mangé les prémices, on en donne aux morts. Quand on les porte
sur l'autel, on dit : Prends, accepte, mange de cette nourriture;
l'esprit (du mort) est un petit oiseau ! Quand (l'ancêtre mort) a
mangé, il s'envole, il s'envole au ciel[2].

### CI. — Ya ku kuna.

Ab'a kuna kwatji, wa mona mukati no ku fumbata u enda mu
ndinde, mukati uyo ni mwana-moywe k'a si shema umwana, munu
ab'a mu mona, ni mu ambetji : wene u li wamba-mba[3]. Ab'a mu
mona u kuna, n'oto ku lema ilikao, n'oto ku kuna. Ab'a mana ku
kuna, uto ku enda. Kame ab'a mona mbumw'a ye, uto ku mu isana ;
kame ab'a kela, uto ku lema ilikao, uku kuna. Ab'a mana ku kuna,
uto ku enda.

### CI. — Les semailles.

Chez nous, lorsqu'on fait les semailles, si une femme enceinte
va à son champ, si cette femme est une fille qui n'a pas encore eu
d'enfant[4], si quelqu'un la voit, il lui dit : Toi tu es une femme

---

1. Chez la plupart des peuples africains, on ne mange les prémices de
la récolte qu'après avoir accompli certaines cérémonies. Partout aussi
on commence par en donner aux mânes des ancêtres.

2. Je n'ai rencontré nulle part ailleurs cette idée qu'un oiseau représente
l'esprit d'un décédé. Chez les Zoulous, les Ba-Ronga, etc. C'est plutôt
sous la forme de serpents que les ancêtres se montrent à leurs descendants.

3. Probablement : wa mba-mba (une femme de ventre = qui est enceinte).

4. D'après Akaonde, cela se ferait pour toutes les femmes enceintes, et
non pas seulement pour celles qui n'ont pas eu d'enfants.

enceinte. Lorsqu'il la voit labourer, lui aussi prend une bêche, lui aussi laboure. Quand il a labouré, il s'en va. De même si elle voit son mari, elle l'appelle ; de même lorsqu'il arrive (vers elle), il prend sa bêche et laboure. Quand il a labouré, il s'en va.

### CII. — Ya muonda wa kweti.

*Kweti aba ku pa, muywandi uto ku shwaa tingombe. Ab'a mana ku shwaa, uto ku ti koñela mu katjoo. Amasiku-siku ao ku kangula itingoma. Ab'a mana ku kangula, ana a muywandi ao ku patela imisila no tindimba. Ab'a mana ku patela, ao ku iya. Ab'a kela, ao ku tanga, ngoma ito ku lila ; ao ku nenga. Ab'a nenga ni a ambetji : Ngoma, lume na mate, na kwa nengwa wa lishebo, hoko ! A nenga mwindji oondje, ku nengela ukweti. Ab'a mana ku nenga, ao ku ikala bandji, uku lia inyama. Ab'a mana ku lia inyama, ao ku mwala. Mw'a tendela n'omo. Ka ku limwa, ka ku tende munu, a tatji muonda wa kweti. Kame wa mona munu u lima, a ese ku lima ; ni kweti-sitila.*

### CII. — Le Sabbat de la nouvelle lune.

Quand la nouvelle lune paraît, le chef tue des bœufs. Après les avoir tués, il les fait cuire dans des pots. Au milieu de la nuit, ils font sécher leurs tambours. Quand ils sont secs, les enfants du chef entourent (leurs reins) de queues de chats-tigres. Quand ils s'en sont ornés, ils vont (à la fête). Dès qu'ils arrivent, ils commencent (à danser) : les tambours battent, ils dansent. En dansant, ils disent : Tambour, rosée(?) et salive[1] ; celui qui a faim ne chantera pas ! hoko ! Ils dansent toute la journée ; ils dansent en l'honneur de la lune. Après avoir dansé, ils s'assoient et mangent la viande. Après avoir mangé la viande, ils se dispersent. C'est ainsi qu'ils font ; on ne laboure pas, personne ne travaille, c'est le *sabbat* de la nouvelle lune. De plus si on voit quelqu'un labourer, il ne faut pas qu'il laboure ; c'est le chômage[2] de la nouvelle lune.

1. Beaucoup de ces chansons sont très obscures, ou même n'ont pas de sens du tout. La traduction de *lume* par : rosée, est très sûre ; *lume* pourrait peut-être mieux signifier : homme (*vir*) ; mais le sens serait plus étrange encore.

2. *Sitila*, que je traduis ici par : chômage, signifie : quelque chose

## CIII. — Ya ku fulumana.

*Mwana-moywe ab'a fulumana, na mana ku kula; ab'a enda, ndji mu enda mu liyungu, ab'a ku mona na fulumana, uto u ku shweka mu musitu. Abaye ab'a mona k'a si uka, ao ku mu saa. Ab'a mu mona, ao ku lulueta. Kame k'a ende mu mundi. Ab'a iya mu mundi, kondji amangolwa ; ab'a kela, uku langana. Ab'a mona amasiku a na mana ku kena, uto ku tunda mu mundi, uku ta mu liyungu. Akati a kulile ao ku ta ko, u ka nenga. Ab'a nenga, ni a lema itinupa, a mu fula to nenga. Ab'a mana ku mu nengisa, ao ku mu laa. Kweti aba ku fa, ao ku mu banisa, ao ku mu twala ku mundi. Uto ku waa amati ni ñundwe. Ab'a mana ku waa, uku shokona ni lukumba. Ab'a mana ku tenda, ao ku mu twala kuli mulume.*

## CIII. — La nubilité des jeunes filles[1].

Quand une fille devient nubile, elle est devenue grande. Si elle est allée se promener, si par exemple elle est allée dans la brousse, quand elle s'aperçoit qu'elle est devenue nubile, elle se cache dans la forêt. Quand ses compagnes voient qu'elle n'est pas revenue, elles vont la chercher. Quand elles la trouvent, elles poussent des cris d'appel. Elle ne retourne plus au village. Quand elle va au village, ce n'est que de nuit; quand elle y arrive, elle se couche. Dès qu'elle voit que le matin est venu, elle quitte le village et va dans la brousse. Les femmes nubiles y vont; elles y chantent. En chantant, elles prennent des bâtons, elles la frappent, pendant qu'elle aussi chante. Quand elles ont fini de la faire chanter, elles

qu'il ne faut pas faire, quelque chose d'interdit (cf. *Kou yila*, chez les Ba-Ronga, Junod, *op. cit.*, p. 477).

1. Tandis que la plupart des tribus sud-africaines ; Ba-Souto, Be-Chwana et Ba-Venda, Cafres et (anciennement) Zoulous, connaissent et pratiquent la circoncision des garçons, elle est inconnue au Zambèze. Seuls les A-Kwa-Loubale la pratiqueraient. Par contre les Zambéziens, ainsi que toutes les autres tribus sud-africaines, ont une cérémonie spéciale pour célébrer la nubilité (*menstruare*) des jeunes filles, et presque partout, elle semble se célébrer de la même manière; cf. pour les Ba-Souto *Bulletin de la Soc. de Géogr. de Neuchâtel*, vol. IX, pp. 127, etc.. A en juger par le livre de Junod, les Ba-Ronga (seuls probablement au sud de l'Afrique) ne connaîtraient aucune cérémonie spéciale pour célébrer la nubilité des filles.

lui enseignent (ses devoirs). Quand la lune meurt, elles la font sortir (de la brousse) et l'emmènent au village. Elle s'oint, de graisse et d'ocre. Quand elle s'est ointe, elle se frotte avec une poudre odoriférante. Quand elle a fait ainsi, on la mène à son mari.

### CIV. — Yu kwata kw'a-Tonga.

*A-Tonga ab'a kwata, mulume ab'a singa mwan'a munu, ab'a shemwa t'o si li lukeke, ndji mukati uyo, uto ku ambetji : Ab'a tamba ku kula, ni tamba ku mu kwata. Mulume uto ku tjaa itiñunyi. Ab'a kula, uto ku fulumana; ab'a mana ku fulumana, uto ku mu londa. Ab'a kela, uto ku leta itingombe, ni makao, ni iyuma. Ab'a enda, uto ku imana; ao ku yumbela bandji iyuma. Mulume t'o ikalile mu ndo. Anu ao ku lema mukati, uku mu yumbela mu ndo; mulume uto ku mu lema. Amasiku-siku, nyako lia ye ab'a inguka, uku ta kuti mwikuli wa ye. Ab'a kela, uto ku mu ibangula, uto ku ambetji : U na langana nga sibi? Uto ku itana : Na langana wino. Uto ku uka; ab'a kela, uto ku tangalala. Kame munu ab'a fumbatile, mulume uto ku iya; ab'a kela ba lipumo, uto ku li lema, uto ku ambetji : T'iwe mukat'a nge; iwa ku tili mulume, u tamba ku ba mwabange. Nyina ab'a shema, ndji mwan'oyo mukati, u tamba ku ba mukat'a ye, ndji mulume u tamba ku ba mwabange. Wa mona mukati a kana mulume; inu ya ye i tamba ku uka yondje. Ab'a kana ku leya umwana, uto ku tundisa ku inu ya ye.*

### CIV. — Le mariage des Ba-Tonga[1].

Lorsque les Ba-Tonga se marient, si un homme veut (épouser) l'enfant d'un autre, quand cet enfant est né et est encore petit, si c'est une fille, (cet homme) dit : Quand elle sera grande, je l'épouserai. L'homme (doit alors) rassembler (continuellement) du bois à brûler (pour ses beaux-parents)[2]. Quand elle a grandi, elle de-

---

1. Pour les coutumes matrimoniales chez les Ba-Souto et les Ba-Ronga, qui rappellent beaucoup celles que l'on trouve au Zambèze; cf. pour les Ba-Souto : *Bulletin de la Soc. Géog. Neuchâtel*, IX, pp. 112, etc.; pour les Ba-Ronga, Junod, *op. cit.*, pp. 30, etc.

2. C'est le devoir d'un gendre de travailler pour ses beaux-parents (cf. 2ᵉ partie, nᵒˢ XIII et XLIV); or cet homme, ayant retenu officiellement sa femme, est déjà le vrai gendre des parents de celle-ci.

vient nubile; après (les cérémonies de) la nubilité, il vient la chercher. Quand il vient, il amène du bétail, des bêches et des perles¹. Quand elle va (vers son mari), elle s'arrête (près du village); on lui jette des perles². Le mari, lui, est assis dans la hutte. Les gens prennent la femme et la jettent dans la hutte, ; son mari la prend. De grand matin, quand la grand'mère se lève, elle va vers sa belle-fille. Quand elle arrive, elle demande : Comment as-tu dormi? Elle répond: J'ai bien dormi. Elle s'en retourne : quand elle arrive (dans sa hutte), elle se réjouit. De même, quand une femme est enceinte, un homme vient; quand il arrive, il touche son ventre et dit : Toi tu seras ma femme; ou bien si c'est un garçon, il sera mon compagnon. Quand la mère a eu son enfant, si cet enfant est une fille, ce sera la femme (de cet homme); si c'est un garçon, il sera son compagnon. Si une femme refuse le mari (auquel elle avait été promise), tous les objets (qui avaient payé le douaire) seront renvoyés (au mari). Si elle n'a pas d'enfants, on rendra quelques-uns des objets (qui avaient payé le douaire)³.

### CV. — Ku kwata kw'a-Luyana.

*A-Luyana ab'a kwata, ndji mulume t'o singa mukatana, ab'a tamba ku mu shengula, mukati uto ku pumena. Mulume uku ta kuli nyin'a mukati ni it 'a ye. Ab'a kela : Ni mu singa mwan'etu. Ab'a pumena, uto ku lema inu ya ye, uto ku ta kuli mukati. Ab'a mana ku i amba, uto ku i siya inu, uto ku kwata mukati. Liywa ilio a kwata, ni mu shwaa ngombe, ni malopu. Ab'a mana ku shwaa ngombe ito, uku ti twala ku ainy'a mwana ; ka ti yumenwa munu ngombe ta ku kwata. Ao ku kongoloka, ku iya, ku nwa ku malopu. Kame ku iya, ku nenga. Ab'a mana ku lia, ao ku enda, akwati ku a siy'omo. Amweya k'a kwata ni itingombe, ni a kwata sina a-kwengo. Mene si limukile a tundisa kubi umu a kwatela.*

1. Le *Mariage par appropriation* ou par achat est répandu partout en Afrique; c'est même la seule forme de mariage qui y soit connue; le *douaire* se paie généralement en bétail.

2. Cf. n° XXII, le conte de *Mbalangwe*, où l'on retrouve la même coutume. Elle s'observe aussi chez les Ba-Souto et d'autres tribus africaines.

3. La même chose s'observe également chez la plupart des autres tribus sud-africaines.

## CV. — Le mariage des A-Louyi.

Quand les A-Louyi se marient, si un homme aime une jeune fille, quand il lui fera la cour, la jeune fille consent. L'homme va vers la mère et le père de la fille. Quand il arrive, (il dit) : J'aime votre enfant. S'ils consentent, il va chercher les objets (qui formeront le douaire) et va vers sa femme. Quand il a fini de compter (le douaire), il laisse là les objets (qui le composent) et épouse sa femme. Le jour du mariage, il tue un bœuf et (fait) de la bière. Quand il a tué ce bœuf, il en porte (la viande) aux parents de la fille. On ne refuse à personne (la viande du) bœuf du mariage. (Les gens) se rassemblent, ils viennent et boivent de la bière. Puis ils vont danser. Quand ils ont fini de manger, ils partent et laissent là les époux. Quelques-uns ne se marient pas en donnant du bétail, ils épousent (leurs femmes) comme les Bushmen[1]. Je ne sais pas ce qu'ils donnent (aux parents) là où ils se marient ainsi.

## CVI. — Ya ufubakati.

*Kwatji wa mona u kwata akati no ku pula, ab'o ta mu liyungu, wene uku ibaa isiamana, ab'o si keta ku mundi, wa mona u si baka mu lilapa limweya, mufubakati ab'a mona ngeso, uto ku angula. Ab'a angula, ni mu ambetji : Mawe, mene k'a ni singi ; ni mu singa mukat'a ye uya. Kame mulume ab'a ta mu ku waya, uku iba'etindi no ku pula, uto ku ti keta mu lilapa ilio; kame mufubakat'a ye ab'a yupela mo, uto ku ta mu lilapa lia ye, uku shimba ilikao. Ab'a kela, uto ku mu kañala. Ab'a mana ku mu kañala, uto ku mu tema; ao ku lwa. Wa mona k'a monwa anu, a tamba u ku ibaa, anu na mufubakat'a ye. Kame mumweya ab'a singa ku ibaa mufubakat'a ye, uto ku kumbela uluyi no ngandu, uku mu bakela mu ilia. Ab'a mana ku lia, uto ku fa. Kame wa mona mufubakat'oe u iya ku lilapa li'oe, wene u ikale wino, u tamb'o ku ibaa. Mw'a tendela umo akati.*

---

1. Comme les Bushmen, c'est-à-dire sans donner de douaire et sans aucune cérémonie. En général le lien conjugal semble plus relâché au Zambèze que nulle part ailleurs au sud de l'Afrique. On s'y prend ou on s'y quitte presque *ad libitum*; c'est presque l'union libre.

### CVI. — La polygamie[1].

Chez nous, si tu épouses plusieurs femmes, lorsque tu vas dans la brousse et tues du gibier, lorsque tu l'apportes à la maison, si tu le portes dans la cour (d'une de tes femmes), la femme rivale voyant cela viendra l'injurier. Quand elle l'injurie, elle dit : Hélas! moi, mon mari ne m'aime pas ; il aime cette femme-là. De même si le mari va à la pêche et tue beaucoup de poissons, il les apporte dans la cour (de cette femme). De nouveau lorsque sa rivale s'en aperçoit, elle se rend dans la cour de cette (femme) en brandissant une bêche. Quand elle arrive, elle la blesse. Quand elle l'a blessée, elle lui fait (encore) de fortes coupures (avec sa bêche) ; elles se battent. Si personne ne les voit, elles se tueront mutuellement, cette femme et sa rivale. De même, si l'une (des femmes) veut tuer sa rivale, elle va demander de la cervelle de crocodile, et la met dans la nourriture (de sa rivale) Quand (celle-ci) l'a mangée, elle meurt. De même, si tu vois ta rivale entrer dans ta cour, tiens-toi bien ; elle pourrait te tuer. C'est ainsi que font les femmes.

### CVII. — Ya lifuba.

*Wa mona mulume na ku saele mukati, k'a singi ku bebelwa anu. Uyu u mu bebela u tamba ku fa. Ab'a mona mulume n'ombula, uto ku ta kuli mulume mundina. Ab'a kela, uto ku ambetji : Mene ni ku singa. Mulume ab'a yupela mo, uto ku mu yanga. Ab'a k'oka miny'a mukati, ku wana na mu twala kwao. Ab'a mu koña, mulume uto ku enda wino, uto ku kokala, to shimbile itimbindji. Wa mo..na a mu wana, uto ku mu yaa. Ab'a mana ku mu yaa, uto ku mu fumeka mu ndo. Ab'a mana ku mu fumeka, uto ku twala mukat'a ye kwao.*

### CVII. — La jalousie[2].

Si un homme a épousé une femme, il n'aime pas que les gens

---

1. La polygamie donne généralement lieu à des haines et à des querelles incessantes entre les femmes d'un même mari ; cf. n° CXIV : *Chant des femmes de polygames.*

2. Chose curieuse, même là où le lien conjugal est aussi relâché qu'au Zambèze, et malgré le peu de prix qu'on met à la chasteté des femmes, l'adultère y amène aussi à sa suite des tragédies sanglantes. Elles doivent y être cependant plus rares qu'ailleurs.

se jouent de lui. Celui qui se joue de lui mourra. Quand (la femme) voit que son mari est parti, elle va vers un autre homme. Quand elle arrive, elle lui dit : Je t'aime. Quand l'homme entend cela, il l'enlève. Quand revient le mari de la femme, il trouve que (l'autre) l'a emmenée chez lui. Quand il la poursuit, le mari avance prudemment, il va en rampant, portant ses assagaies. S'il trouve (le ravisseur), il le tue (à coups d'assagaies). Quand il l'a tué, il le brûle dans sa hutte. Après l'avoir brûlé, il ramène sa femme chez lui.

### CVIII. — Y'a-kwa-manyinga.

*Kwatji ab'a singa ku suma umukoa, u ku tendela mukwa-manyinga, Ab'a mana ku mu mona munu wa ku tenda naye mukwa-manyinga, uto ku ambetji: Tu nwe amanyinga. Aba a mana ku yupana, ao ku ta ku akulu; aba a kela, a tatji: Atji tu li a singa ku nwa amanyinga. Akulu aba a yupela mo, ao ku ambetji: Momo, mu tende tu mone. Ao ku ambetji: Biunda tu tamba ku nwa. Ab'a kena amasiku, ao ku iya kuli mukulu. Aba a kela, ao ku ikala bandji. Aba a mana ku ikala, ao ku leta ni mukandanu; ao ku baka mu sishanda no katele. Mukulu uto ku a ba ulubelo, ao ku sata ba timbando ta o tusato twili. Aba a mana ku sata, ao ku leta akashanda, uku punga ni manyinga. Mukulu uto ku shandjela to lemine isikulubinyi, to si fula bandji, to ambetji: Mu ese u ku timba, uy'u timba mwabaye u tamba ku fa, umbingwa u mu tafune; ab'a shwaa ingombe t'oe, u ese ku ayula. Aba a mana ku a nwa ngeso, ao ku mana, a tatji: Wa mona wa mu tongoka, u tamba ku fa, umbingwa u tamb'o ku ibaa, u tamb'o ku patula amakaa, ni matende ni matwi oondje. Aba a mana ku suma umukoa, ao ku enda ni mukwa-manyinga wa ye. Ni mukoa munene, ka wa ku beba. Mw'a ku tendela n'oma: Ab'a singa ngombe ta ye, uto ku ti twala; ab'a singa sinu sondje, uto ku twala. Biunda ab'a ka angana mu ita, k'a mu ibaa, uku tjila amanyinga. Wa mona wa mu ibaa, u tamba ku fa umbingwa. Mw'a tjilela n'omo. Kame mukwa-manyinga ab'a fa k'a ti ko weli, ni mu saa ñuku ni iyuma no ku kena. Ab'a kela, uto ku ti patula umutwi ti si yoya, ku patula iyuma no ku kena. Wa mona wa ta ku ulwa ni ñuku, u tamba ku fa umbingwa.*

## CVIII. — La fraternisation par le sang[1].

Chez nous, si quelqu'un veut lier alliance avec un autre, il fera avec lui la fraternisation par le sang. Quand il a vu l'homme dont il veut devenir le frère par le sang, il lui dit : *Buvons* le sang[2]. Après s'être entendu, ils vont vers les médecins. Quand ils arrivent,

1. Cf. sur cette coutume et particulièrement chez les populations de race bantou, R. Basset, *La fraternisation par le sang*, *Revue des Traditions populaires*, t. VI, 1891 ; § II, p. 577, II, 578 (chez les peuples voisins du Tanganyika), t. VII, 1892 ; § V, p. 344 (chez les Balondas) ; § VI, p. 345 ; § VII, p. 345 (dans l'Ounyoro) ; § VIII, p. 345 (chez les Manyouémas) ; § IX, p. 346 (chez les Vouassoussis ; § X, p. 346 (chez les Basokos) ; § XI, p. 346 (chez les Babourous) ; § XII, p. 347 ; § XIII, p. 347 ; § XIV, p. 347 ; § XV, p. 348 ; § XVI, p. 348 (dans l'Ougalla) ; § XVII, p. 348 (chez les Ouaémbas) ; § XVIII, p. 348 (chez les Itahouas) ; § XIX, p. 348 (dans l'Oussouma) ; § XX, p. 350 (à Konko) ; § XXI, p. 350 (chez les Bayanzis) ; § XXII, p. 350 (chez les Souahilis) ; § XXIII, p. 351 (chez les Ouankorés) ; § XXIV, p. 351 (chez les Batékés), § XXV, p. 352 (chez les Bangalas) ; § XXVI, p. 352 (chez les Mobékas) ; § XXVII, p. 352 (dans l'Ibinza) ; § XXVIII, p. 352 (chez les Bakoutis) ; § XXIX, p. 353 (dans l'Irebou) ; § XXX, p. 353 ; § XXXI, p. 601 ; § XXXII, p. 601 ; § XXXIII, p. 602 (dans l'Oukengbéri) ; § XXXIV, p. 602 (chez les Assamas) ; § XXXV, p. 602 (dans le Ngannza) ; § XXXVI, p. 603 (chez les Baroumbé) ; § XXXVII, p. 603 (chez les Barouas) ; § XXXVIII, p. 603 (chez les Yalouléma) ; § XXXIX, p. 603 (à Ouranga) ; § XL, p. 604 (à Ikengo) ; § XLI, p. 604 ; § XLII, p. 604 (chez les Vouahoumba) ; § XLIII, p. 604 (dans l'Itourou) ; § XLIV, p. 605 (à Bambirah) ; § XLV, p. 605 (sur les bords du Victoria Nyanza) ; § XLVI, p. 605 (dans l'Ouhyohouah) ; § XLVII, p. 606 (dans l'Ouganda) ; § XLVIII, p. 606 (chez les Vouavinzas) ; § XLIX, p. 607 (chez les Vouényas) ; § L, p. 607 (à Mpika). — T. VIII, 1893 ; § LI-LIII, p. 532-533. — T. IX, 1894 ; § LIV, p. 657 ; § LV, p. 657 (dans le Katanga) ; § LVI, p. 657. — T. X, 1895, § LVIII, p. 197 (chez les Bonjos) ; § LIX, p. 198 (chez les Kilémas) ; § LX, p. 474. — T. XI, 1896 ; § LXI-LXIII, p. 465. — T. XII, 1897 ; § LXV, p. 692 (chez les Bougbous ; § LXVI, p. 692 (chez les Nzakras) ; § LXVII, p. 692 (chez les Agouffos) ; § LXVIII, p. 692 (chez les Alangbas) ; § LXIX, p. 693 (chez les Pat'ris) ; § LXX, p. 693 (chez les Sangos) ; § LXXI, p. 693 (chez les Yagbas) ; § LXXII, p. 693 (chez les Banziris). — T. XIV, 1899, § LXXIII-LXXV, p. 588 ; § LXXVI-LXXVIII, p. 642. — T. XV, 1900, § LXXIX-LXXX, p. 617.

2. Pour le sens de *boire*, cf. n° XCIV. Le mot que je traduis par *médecins* (*akulu*, cf. n° XCVI, note) pourrait peut-être aussi bien se traduire : *les anciens*.

ils disent : Nous désirons *boire* le sang. Quand les médecins entendent cela, ils disent : Bien, faites, et nous venons. Ils disent : Demain nous *boirons* (le sang). Quand vient le matin, ils vont vers le médecin. Quand ils arrivent, ils s'asseoient à terre. Après qu'ils se sont assis, on apporte de la bière forte, on la verse dans un vase (fait avec) une callebasse. Le médecin leur donne une lancette, ils se font deux incisions à la poitrine. Quand ils ont fait les incisions, on apporte un petit vase, on y mélange le sang. Le médecin chante en tenant (à la main) un manche de houe, frappant continuellement à terre, et disant continuellement : Ne vous haïssez pas l'un l'autre; celui qui hait son frère mourra, la lèpre le dévorera; s'il tue ses bœufs, ne te fâche pas. Quand ils ont ainsi *bu* et fini (la cérémonie de la fraternisation), (le médecin) dit : Si tu as quelque chose contre (ton frère), tu mourras; la lèpre te tuera, elle coupera tes mains, tes pieds et tes oreilles. Quand ils ont fait la fraternisation, (celui qui l'a fait) s'en va avec son frère par le sang. C'est une alliance très importante; ce n'est pas un jeu. C'est ainsi qu'ils font : si (le frère par le sang) désire les bœufs de l'autre), il les prend; s'il désire n'importe quel objet, il le prend[1]. Demain s'ils se rencontrent dans une bataille (l'un) ne tue pas (l'autre); il a peur du sang (qui les lie). S'il le tuait, il mourrait de la lèpre. C'est pour cela qu'il a peur. De même si son frère par le sang vient à mourir, il ne doit pas y aller tout de suite; mais il cherche une poule et des perles blanches. Quand il arrive (à la maison de son frère), il coupe la tête (de la poule) encore vivante, et écrase les perles blanches. S'il va sans apporter de poule, il mourra de la lèpre.

### CIX. — Ya natamoyo.

*Natamoyo t'o yoyisa anu. Muywandi ab'a amba : Munu uto mu ka mu fule; ab'a tamba ku banena ba namoo, ao ku mu twala. Ab'a singa ku mu lema, ab'a utukela kuli natamoyo, ao ku mu lesa. Kame k'a mu fulu. Ao ku ambetji : Na mana ku yoya. Kame natamoyo ab'a mona munu a singa ku mu ibaa, ab'a ambetji : Mu ese ku mu ibaa; ao ku mu lesa, uto ku yoya. Natamoyo ab'a mona munu a na*

---

1. Ceux qui ont ainsi lié alliance ont tout en commun; l'un ne peut rien refuser à l'autre, fût-ce sa femme.

*mana ku mu bamba, uto ku mu bambutula. Ta moyo w'anu oondje, ta moyo w'anu, ta nyin'a moyo.*

### CIX. — Le natamoyo[1].

Le *natamoyo* c'est lui qui fait vivre les gens. Si le chef dit : Battez cet homme, lorsque (cet homme) sortira de la place publique (les gens) se saisiront de lui. Quand ils essaient de le prendre, si cet homme s'enfuit vers le *natamoyo*, ils le laissent. Ils ne le battent plus. Il disent : il est sauvé. De même si le *natamoyo* voit un homme qu'on veut tuer, s'il dit : Ne le tuez pas, ils le laissent, il est sauvé. Quand le *natamoyo* voit un homme qu'on a lié, il le délie. C'est lui la vie de tous, c'est la vie des gens, c'est la mère de la vie.

### CX. — Ya lingolongoma.

*Anukane ab'a beba, ao ku lema mwanukana mutjili, ao ku mu fuka ito, uku mu limbelela. Ab'a mana ku mu limbelela, ao ku tanga: Iwa ku t'oko, lingongoloma li tamb'o ka ku liela ko. — Ni te ku mutulo ? — Iwa ku t'oko, lingolongoma li tamb'o ka ku liela ko. Mwan'a nge bo ? — Ni te ku mboela-mboela-mboela ? — Iwa ku t'oko, lingolongoma li tamb'o ka ku liela ko. Mwan'a nge bo ? — Ni te ku wiko-wiko-wiko ? — Iwa ku t'oko, lingolongoma li tamb'o ka ku liela ko. Mwan'a nge bo ? — Ni te ku upa-upa-upa ? — Iwa ku t'oko, lingolongoma li tamb'o ka ku liela ko. Ao ku mu limbutuka.*

### CX. — Le jeu du lingolongoma[2].

Quand les enfants jouent, ils prennent un enfant, le couvrent

---

1. L'institution du *natamoyo* est une des plus intéressantes de la vie publique chez les A-Louyi. C'est ce que l'on pourrait appeler le ministre du droit de grâce. S'il prend sous sa protection un condamné, le grand chef lui-même est obligé de lui laisser la vie. Aussi, lorsqu'il veut être absolument sûr qu'un condamné soit exécuté, a-t-il soin de le faire exécuter à l'insu du *natamoyo* (cf. Coillard : *Sur le Haut-Zambèze*). Akaende prétend que le nom même de *natamoyo* signifie : le père de la vie.

2. C'est, paraît-il, un jeu très populaire chez les petits Zambéziens. *Lingolongoma* serait, d'après Akaende, le nom Louyi du monstre fabuleux Seedimwé (cf. n° XVII et 2° partie, n°ˢ XV-XVII). C'est l'*ogre* zambézien dont les enfants jouent à s'effrayer les uns les autres.

de couvertures et s'asscoient sur lui. Une fois qu'ils sont assis, ils commencent : Si tu vas là-bas, le *lingolongoma* ira t'y manger. — Dois-je aller au nord? — Si tu y vas, le *lingolongoma* ira t'y manger. — Où (iras-tu), mon enfant? — Dois-je aller au sud, au sud, au sud? — Si tu y vas, le *lingolongoma* ira t'y manger? — Où (iras-tu), mon enfant? — Dois-je aller à l'ouest-ouest-ouest? — Si tu y vas, le *lingolongoma* ira t'y manger? — Où (iras-tu), mon enfant? — Dois-je aller à l'est, à l'est, à l'est? — Si tu y vas, le *lingolongoma* ira t'y manger. (Alors) ils descendent de dessus lui.

### CXI. — Ya likendende ili li mu site.

*Akulu aba a amba, ndji ili likendende mwa li yoya umu mu meyi, kwindji no site, mu maywa. Ab'a amba n'ambatji, ilio likendende ka li monwa-monwa. Munu wa mona a li wana t'o endisa wino wato wa ye. Iliywa ilitjili, uñulubati uto ku li wana ili li beulu no site. Aba li mu mona, ilio ku tenda ameyi : puu! ilio ku utuka ku kwela ku lindja liya. Ilio ku ingena kwindji n'ameyi. Uto ku li singa to waya kwindji, n'u ku funisa feela. Uto hu ukela ku mundi. Ab'a kela, ni mu ambela atjili alume, uku ambatji : Ni likendende mwa li li muya mu site. Aba a ta ko, n'uku wana ka li sa mo. Ao ku ukela ku mundi. Iliywa ilitjili, ameyi ku iyala, ili likendende ilio ku ambatji. Ni si ta mu lindja liya. Aba li k'oka, ni ku wana ameyi a na twala isi isite. Umunu uto ku ti wana ti Kobanga : umunu uto ku ti ibaa.*

### CXI. — Le likendende qui vit dans les roseaux[1].

Les gens âgés d'ici que le *likendende* vit dans l'eau, et (s'y cache) toujours sous les roseaux. Quand ils en parlent, ils disent qu'on ne voit que (difficilement) cette gazelle des eaux. Si quelqu'un (par hasard) la voit, c'est quand il fait aller sans bruit son canot. Un jour, un vieillard en vit une qui se tenait sur des roseaux. Dès qu'elle le vit elle fit : *pou!* dans l'eau, elle s'enfuit, en plongeant, vers l'autre bord. Elle se cacha sous l'eau. (Le vieillard) essaya de donner des coups d'assagaie sous (l'eau); ce fut fatigue inutile. Il revint chez lui. Quand il arriva, il parla aux autres hommes, leur disant : Il y a là-bas dans les roseaux une gazelle des eaux.

1. C'est le récit d'un fait réel, la chasse d'un *likendende*, petite gazelle qui vit dans les roseaux du Zambèze.

Quand ils y allèrent, ils trouvèrent aussi qu'elle n'y était plus. Ils retournèrent au village. Un certain jour les eaux grossirent; cette gazelle se dit : Je vais à l'autre bord. Quand elle y arriva, elle trouva que les eaux avaient emporté les roseaux. Un homme la trouva (qui flottait) à demi-endormie (sur l'eau); cet homme la tua.

### CXII. — Inu no lionge.

*Abaya tu ta ku ku aula ilionge, abaya tu kela, akulu ao ku ambatji. Balelo mu tende wino, mu ese ku amb'onene, lionge li tamba ku yupa. Anuke ao ku yupa. Abay'a amba, ni ku ambela bandji : Atjili ni ku aba ilikwina; ao a liwa isali uku kolololela mo. Wa mona a tenda : xoo! xoo! oondje oondje : Uyu ni anyini uy'u tenda : xoo! xoo! — Mene. — Kafu mubinyi*[1]*! tu tamb'o ku useta ku mundi. Mw'a tendela, aba a li mu liyungu, k'a li n'ilia ya ku ikala wino. Aba a ikala, iwa ku tili mebo, abay'a yupa umebo u tenda : uu! uu! ao ku ambatji : Ko! yikeni? — Lionge. — Batili, mebo. — Batili, i na yupu ku feka lionge. Atjili uku ingena mu mato, uku t'o ku ibaisa umebo. Ao ku kela ba munganda, uku ambatji : Faa mebo, kasa lionge. Ao ku langana. Umutjili uku yupa ungandu u lema itindi. Uto ku ambatji. Inguk'anyi*[2]* afu mubinyi, ilionge li'ombula. Oondje oondje uku ingena mu mato, ao ku lema ilabo. Ao ku ingena mu mato, ao ku to : pua, pua*[3]*; ni ku wana ungandu to lema itindi. Ao ku ibola : Uyu mulume munu wa makwisa. — Mu ale, mw'a na biti muno. Ao ku ambatji : Uf'o li wa makwisa. — Batili, i na yupu ku feka lionge. Ao ku langana. Ilionge ilio ku kela; u tamba ku a yupa aba ai nguka oondje ondje : Ni be mbindji ta nge! mawe! ñasi ta nge! Ao ku utukela mu mato. Aba a kela mukatji no lionge ao ku a yaa. Atjili ni u ku ibaisa ameyi k'a ka londo ko sinu. Aba a mana ku a ibaa, ao ku a lela ku mundi oo, ku a yaneka. Aba a mana ku kukuta, ao ku twalela ana ku mundi. A tenda ngeso mu maywa oondje, uku ukela ameyi ab'a wa mu liambai. Ao ku ukela ku mundi.*

1. Litt : C'est un mort par le bâton, c.-a.-d. il mourra par le bâton.
2. Au lieu de : *Mu inguke.*
3. *Ku to* : pua, pua : dire : ramer, ramer. Idiotisme très fréquent dans les langues Bantou.

## CXII. — L'antilope des eaux[1].

Quand nous allions chasser l'antilope des eaux, quand nous arrivions, les gens d'âge nous disaient : « Aujourd'hui faites tout doucement, ne parlez pas haut, les antilopes entendraient. Les enfants obéissaient. Quand ils parlaient, ils parlaient tout bas. Quelques-uns se creusaient un trou; ceux qui étaient enrhumés toussaient dans (ce trou). S'ils faisaient *Xoo, xoo* ! tous s'écriaient : « Qui est celui qui fait : *Xoo, xoo ?* — C'est moi. — Tu mourras sous le bâton! nous te renverrons à la maison. C'est ainsi qu'ils font, quand ils sont à la chasse, ils ne mangent pas leur nourriture en paix. Quand ils sont tranquilles, s'il y a du vent, s'ils entendent le vent qui fait : *ou! ou!* ils disent : Ho! qu'est-ce? — Une antilope. — Non! du vent. — Non, j'ai entendu comme une antilope. Quelques-uns entrent dans les canots, ils vont, mais ne se fatiguent que pour du vent! Ils reviennent au campement et disent : Ce n'était que du vent; il n'y avait pas d'antilope. Ils se couchent. Un autre entend un crocodile qui prend des poissons. Il dit : « Levez-vous et puissiez-vous périr sous le bâton; les antilopes sont parties. Tous entrent ensemble dans les canots, ils saisissent leurs pagaies. Ils entrent dans leurs canots, et pagaient, pagaient; pour trouver que c'est seulement un crocodile qui prend des poissons. Ils disent : Cet homme est un blagueur. — Voyez donc; elles ont passé par ici. Ils disent : Vrai, tu es un blagueur. — Non! j'ai entendu comme si c'était une antilope. Ils se couchent. Les antilopes arrivent; tu entendras (les hommes) se lever tous ensemble : Donne-moi mes assagaies! hélas! ma pagaie! Ils se précipitent dans les canots. Quand ils arrivent au milieu des antilopes, ils les percent (de leurs assagaies). Les uns ne font que se fatiguer (à frapper) l'eau; ils n'atteignent rien. Quand ils les ont tuées, ils les portent à leur campement, ils étendent (la viande au soleil). Quand (la viande) est sèche, ils la portent au village à leurs enfants. Ils font ainsi tous les jours; ils ne partent que lorsque l'eau a baissé dans le fleuve. (Alors) ils retournent au village.

1. Le *lionge* est une grande antilope qui vit en troupes dans les marécages et que les Zambéziens chassent surtout lors de la grande inondation qui recouvre chaque année la plaine de l'Ou-Louyi. Dans son livre sur le Zambèze, Livingstone l'appelle de son nom chwana, l'antilope-*léchué*. Nous avons dans notre texte le récit d'une battue d'antilopes.

# IV

## CHANSONS ET DEVINETTES

### CXIII. — Mukanga no ita.

*Ashai no mukanga kw'a li; ita aba i enda ku ku lwa, ab'a enda, ao ku fulumuna, anu ao ku fumba. Wa mukanga ab'a yupela mo, uto ku ambetji :*

*Woo! woo! woo! wa leya mwana-mulume,*
*Ka wa leya sinu, wa leya ifuba ya mualanyi,*
*Woo! woo! woo! mawe! ngombe maeo!*
*Woo! woo! woo! musitu u ndjitukule*[1],
*Ma ni mone lukeke mboo, woo! woo! woo!*
*Kayama ka lungwela mu ka yokola, ta ndume!*
*Ab'a amba ngeso, ku wana anu a na ku bilula ande.*

### CXIII. — Chant de guerre[2].

Il y a des gens qui chantent le chant de guerre; quand une troupe part pour se battre, quand ils partent ils frappent (leurs tambours); les gens brandissent (leurs assagaies). Celui qui (chante) le chant de guerre, voyant cela, dit :

Wo! wo! wo! tu as mis au monde un enfant mâle!

C'est (comme si) tu n'avais rien enfanté; rien que des ossements morts[3]!

1. = *u ni situkule*.
2. Les chants Louyi sont souvent assez difficiles à comprendre, la langue poétique étant à la fois plus concise et plus archaïque. Ils n'ont, d'ailleurs, rien de particulièrement intéressant. J'en donne un certain nombre à titre de spécimens du genre. On peut comparer au chant de guerre des A-Louyi le chant de guerre des Ba-Souto (*mokorotlo*) qui lui ressemble beaucoup (*Bull. de la Soc. de Géogr. de Neuchâtel*, vol. IX, p. 116, note 1).
3. C'est-à-dire tu as enfanté un fils qui sera tué à la guerre.

Wo! wo! wo! hélas! (la guerre) est un bœuf à (fortes) dents!
Wo! wo! wo! forêt (ouvre-toi pour) me laisser voir[1]!
Que je voie le petit enfant, wo! wo! wo!
Il saisit la viande brûlante; c'est un guerrier[2]!
Quand ils chantent ainsi, les hommes deviennent des lions[3].

### CXIV. — Lusimo lw'afubakati :

*Aba a ku mona, ni a ambetji :*
   *Nalikwindji na mbwa, mu ku aule,*
   *Mufubakati noyi, mu ku aule;*
   *Anyi mu li a ku lwa ku awa.*
*Ab'a tenda ngeso, ao u ku timbula.*

### CXIV. — Chant des femmes de polygames.

Quand elles se rencontrent, elles disent :
   Héron et chien, disputez-vous[4]!
   Vilaine rivale, disputez-vous!
   Vous qui vous disputez les beaux (hommes).
Quand elles chantent ainsi, elles se regardent avec colère.

### CXV. — Itindimo timweya.

1  *Silwale, Silwale wa Namitondo, kasa lilume lile lile;*
  *Kalume ka masomango, Silwale, Silwale!*
  *Tu ka mone mbayo la ye iti aisa makwambimba.*

### CXV. — Quelques chansons.

1.    Silwalé, Silwalé de Namitondo, n'est pas un homme de grande taille ;

1. Le guerrier désire voir l'ennemi que lui cachent les arbres de la forêt.

2. C'est-à-dire le jeune guerrier n'a pas peur; l'ennemi est comparé à de la viande brûlante qu'un enfant saisit sans avoir peur de s'y brûler les doigts.

3. C'est-à-dire qu'ils se parent de peaux de bêtes et d'ornements terribles qu'ils agitent en tous sens, de façon à se donner l'aspect de bêtes féroces.

4. Les femmes rivales se comparent elles-mêmes à un héron et à un petit chien qui se battent ensemble.

C'est un tout petit homme trapu, Silwalé, Silwalé!
Allons voir ses rabots qui font des masses de copeaux[1].

2  *Ka tuwa mbu wä Libonda, wa mona ka tjimba-tjimba,*
*Ka mona wato ba lipe, wo fulanga meyi matungu,*
*Musheke ni mu k'onga.*

2.  Il saute, l'hippopotame de Libonda quand il se promène en nageant;
Il voit un canot sur la rive, il agite l'eau dans les profondeurs;
Le sable lui (fait un abri) trompeur[2].

3.  *Malumbi, malumbi a anangala, malumbi!*
*U toye siya wa tinena, malumbi, malumbi!*
*Matuka mu wilu, malumbi!*

3.  Aigrettes, aigrettes des roseaux, aigrettes!
Dis-moi pourquoi es-tu mauvaise humeur! Aigrettes, aigrettes!
Vous qui volez dans les airs, aigrettes[3]!

4.  *Ana-likanda lia mande, ka mu tye mu ngoma;*
*A-muwa-muwa, a-muwa-muwa a shikalete ngoma!*
*Uy'uto na singi ku yoa, ni mu ka yoa mu Nalikana wato wa ye!*
*Umukoa no liambai, ka mu isa silongano umo!*
*Aya mato oondje ku shweta, ku ta mutulo sikulo sa Mwana-mbinyi.*

4.  (Vous) qui portez une ceinture (couverte) de coquillages blancs, venez (battre) du tambour!
(Vous) les beaux, les beaux, les beaux (hommes) qui portez des tambours.
Celui qui veut laver (son canot), lavera son canot à Nalikana.
Dans la confrérie du Zambèze, il n'y a pas un mauvais rameur.
Tout les canots remontent (le fleuve), ils vont vers le nord à l'arrimage de Uwsana-Ubinyi[4].

---

1. C'est le chant de louanges d'un nommé *Silwalé*, habile, paraît-il, à travailler le bois.

2. Chanson de bateliers en l'honneur de l'hippopotame. Libonda est un grand village des A-Louyi en amont de Lia-Louyi.

3. Chanson de bateliers.

4. C'est également un chant de bateliers. Nalikana est un village de

5. *Lingumbwa, lingumbwa, sinu si na li mwan'a nge sike ?*
   *Sa musila pweko ; lingumbwa, lingumbwa ! sa musila pweko ?*
   *Sinu ni ka lia balelo sike sa musila pweko ?*

5. Poisson, poisson, quel est l'animal qui a mangé mon enfant?
   Un animal à la queue bruyante; poisson, poisson ! à la queue bruyante?
   Quel animal à la queue bruyante mangerai-je aujourd'hui[1]?

6. *Y'anuke, y'anuke, y'anuke a Libonda ;*
   *Timbu ku lia mangambwa, tingulu ku lia amamu'na ngulu ;*
   *Mbu ku mwan'a lilolo, wa twelanga meyi matungu,*
   *Musheke ni mu k'onga, wa mona ka tjimba-tjimba,*

6. (Chant) des enfants, des enfants, des enfants de Libonda !
   Les hippopotames mangent les feuilles des citrouilles, les taupes mangent les feuilles des patates !
   L'hippopotame c'est l'enfant des multitudes, il plonge dans dans les eaux profondes,

   Le sable (lui fait un abri) trompeur, quand il se promène en nageant[2].

7. *Wa ndjola muongo, muongo mukulu wa ilama !*

7. Tu m'a brisé le dos, le dos large et charnu[3] !

8. *Mangwalala a iya ku ndia a na ene !*
   *Mangwalala a iya ku ndia a na ene !*

8. Les corbeaux qui viennent me manger seront déçus[4]?
   Les corbeaux qui viennent me manger seront déçus.

l'Ou-Louyi, Mwana-Mbinyi est le nom d'un des anciens chefs des A-Louyi; son *sitino* (bois sacré) est un des plus fameux du pays (cf. Coillard : *Sur le Haut-Zambèze*).

1. Chanson de pêcheurs.

2. C'est une chanson en l'honneur des hippopotames; ils mangent les roseaux et les plantes aquatiques, et on les compare aux taupes (?) qui mangent les feuilles des patates.

3. C'est également une chanson de bateliers. Comme tant d'autres du même genre, elle n'a, pour ainsi dire, aucun sens.

4. C'est la chanson que chantent les vieillards. Bientôt ils seront la pâture des corbeaux; mais ils sont si maigres que les corbeaux n'auront rien à manger.

## CXV. — Tuyumbo.

1. *Ako.* — *K'eye.* — *Tutanela twili ba mundi?* — *Tutanela twili a tatji mele no akatana.*
2. *Ako.* — *K'eye.* — *Ku ta kubu, k'uka kubu?* — *Atatji ab'o endo amasiku.* — *Siku, u tamba ku kubula umume; ab'o k'oka, u tamba ku u kubula kame.*
3. *Ako.* — *K'eye.* — *Katele ka shangwe aba ka tunda kuwilu, ako ku kwela bandji ka ka fu?* — *Katele ni limuna lia mutondo; aba li tunda kuwilu ku kwela bandji ka li fu.*
4. *Ako.* — *K'eye.* — *Katele ka shangwe no malimba?* — *Ni ndoo.*
5. *Ako.* — *K'eye.* — *Kato ka shangwe ku longa?* — *Ni likunde.*
6. *Ako.* — *K'eye.* — *Mutala no ku sumenena.* — *Ni maeo.*
7. *Ako.* — *K'eye.* — *Ashimane a ku fukile utukobela no ku kena?* — *Ni minwe.*
8. *Ako.* — *K'eye.* — *Mindji no ku twisa kwili?* — *A tatji muundu.*
9. *Ako.* — *K'eye.* — *Kanu ka lila ba likamba lia Walamba?* — *A tatji maoma.*
10. *Ako.* — *K'eye.* — *Isamba na shemwa ak'a ende ni balelo?* — *Si ka yü.* — *Sitondo.*
11. *Ako.* — *K'eye.* — *Ka ka monenwa muanda?* — *Wato.* — *Batili, muundu.*

## CXVI — Devinettes [1].

1. En voici une. — Qu'elle vienne. — Deux huttes dans un village? — Deux huttes cela veut dire les seins des jeunes filles.
2. En voici une. — Qu'elle vienne, — On la piétine en allant, on la piétine en revenant? — Cela veut dire que si tu sors de grand matin tu marcheras sur la rosée; en revenant tu y marcheras de nouveau.
3. En voici une. — Qu'elle vienne. — La calebasse de mon père, lorsqu'elle tombe d'en haut, arrive à terre sans se briser? — Cette calebasse c'est une feuille (d'arbre).

1. Je donne, à titre de spécimens, quelques devinettes que j'ai pu recueillir. Elles sont assez peu intéressantes en elles-mêmes et souvent assez peu claires. Celui qui en présente une dit : *Ako!* c'est-à-dire la voici ! On lui répond : *K'eye*, qu'elle vienne ! Il dit alors son énigme, et l'auditeur essaie de la résoudre. Le nom lui-même des devinettes *tuyumbo* signifie : ce qu'on jette, ce qu'on présente.

4. En voici une. — Qu'elle vienne, — La calebasse bigarrée de mon père? — C'est (une peau de) léopard.
5. En voici une. — Qu'elle vienne. — Le petit canot de mon père est plein? — C'est (une gousse de) pois.
6. En voici une. — Qu'elle vienne. — Un enclos (de pieux) fortement plantés? — Ce sont les dents.
7. En voici une. — Qu'elle vienne. — Des gamins revêtus de chemises blanches. — Ce sont les doigts [1].
8. En voici une. — Qu'elle vienne. — Des pilons qui pilent des deux (côtés). — Cela veut dire (l'insecte appelé) *mououndou* [2].
9. En voici une. — Qu'elle vienne. — Le petit homme qui crie à l'arrimage de walamba? — Cela veut dire les tambours (de guerre).
10. En voici une. — Qu'elle vienne. — Depuis qu'il est né jusqu'à aujourd'hui il ne marche pas? Je ne sais pas. — Un arbre.
11. En voici une. — Qu'elle vienne. — On n'en voit pas la trace? — Un canot. — Non ! (l'insecte) *mououndou*.

1. *Utokobela* ce sont les chemises ou pagnes de calicot européen. On les compare aux ongles blancs sur des doigts noirs.
2. Le *mououndou* est un grand insecte qui nage sur les eaux et qui fait des piqûres douloureuses, soit par sa bouche, soit par sa queue. Les deux dernières devinettes m'ont été données par Akaende ; les autres proviennent de Kaboukou.

# ADDITIONS ET CORRECTIONS A LA GRAMMAIRE LOUYI [1]

§ 1. *e* et *o* sont toujours ouverts. Le son de *u* se rapproche souvent de celui de *o* très fermé (ọ de Lepsius); c'est même là sa prononciation la plus usuelle. Mais il ne peut y avoir aucune hésitation; c'est bien *u* qu'il faut écrire.

*Observation.* — D'autres langues Bantou ont, par contre, deux *o* et deux *e*, ainsi le Cafre : *e* et ɛ; *o* et ɔ. Le Souto en a même trois *o, o* et ọ; *e,* ɛ et ẹ.

§ 2. Il n'y a pas deux sons différents *ch* et *tj*, mais seulement *tj*. On le prononce comme *t* suivi du *j* français. Dans le système de Lepsius on l'écrirait *tz*. *Ch* est le son aspiré correspondant. Torrend rend le son *tj* par *c*; ce signe prêtant à l'équivoque, je préfère ne pas m'en servir; d'ailleurs *tj* correspond fort bien à *dj* [2].

La prononciation de *l* comme *d* ne se trouve guère que devant *i*; comme cette prononciation est beaucoup moins distincte qu'en Soubiya, j'ai préféré conserver *l*.

§ 3. Les consonnes faibles *d, dj, g* ne se rencontrent que nasalisées, soit *nd, ndj, ng*; *b* est la seule consonne faible qui se rencontre aussi bien non nasalisée que nasalisée.

§ 4. La demi-voyelle *y* ne se rencontre qu'après *n* (ex. : *ingenya*, faire entrer); *w* semble, par contre, pouvoir suivre la plupart des consonnes (je ne l'ai cependant pas encore rencontré après *b* non nasalisé, *f, s, tj,* et *ny*).

§ 7. *n + k* devient *ñ* (non pas *ng*). Ex. : *ulukeke*, garçon, pl. *itiñeke*; *amakuko* ou *itiñuko*, filets; *kweti*, lune, mois et *itiñweti*, mois.

Le pronom conjoint objectif de la 1ʳᵉ pers. sing. *ni* se présente

1. Les paragraphes sont les mêmes que ceux de la Grammaire Louyi de la 1ʳᵉ Partie. Dans les renvois d'un paragraphe à l'autre, § 2, § 3, etc., indiquent les paragraphes de la Grammaire proprement dite; § 2, § 3, etc., indiquent les paragraphes des Additions et Corrections.

2. En Soubiya, il faudrait également écrire *tj* au lieu de *ch*, le son étant exactement le même qu'en Louyi. Je regrette de ne pas y avoir fait suffisamment attention auparavant.

quelquefois (en Kwangwa surtout) sous une forme abrégée *n*. Dans ce cas, il cause certains changements, une lettre forte ne pouvant, en effet, suivre la nasale. Ainsi :

*l*      devient      *dj* : *limuka*, reconnaître ; *u ndjimukile*, tu m'as reconnu,
            ou      *d* : *lutisa*, faire traverser ; *wa ndutisa*, tu me fis traverser ;
*s*      devient      *dj* : *sindeketa*, accompagner ; *u ndjindeketite*, tu m'as accompagné,
            ou      *d* : *sumena*, lier ; *wa ndumena*, tu me lias ;
*tj*, *sh* deviennent      *dj* : *tjila*, craindre ; *wa ndjila*, tu me craignis, *shotoka*, avoir peur ; *wa ndjotoka*, tu eus peur de moi ;
*p*, *f*      «      *b*    *fula*, battre ; *wa mbula*, tu me battis, etc.[1].

*Observation*. — Devant *a*, *o* et *e*, ce même pronom *n* ou *ni* devient souvent *ng*. Ex. : *u na ngambele*, tu m'as dit ; *u na ngongo*, tu m'as trompé ; *u na ngendele*, tu m'as visité. Devant *i* et *u*, *ni* devient souvent *ny*. Ex. : *u na nyibaa*, tu m'as tué ; *u ese ku nyutusa*, ne me fais pas courir.

§ 8. Il faut relever aussi l'attraction que les consonnes *t* et *s* exercent parfois (comme dans d'autres langues Bantou) sur un *l* qui les suit. Ainsi au parfait, les verbes (directifs ou causatifs) en *ta* changent en *-ite* le suffixe régulier *-ile*. Ex. : *keta*, amener, *ni ketite* ; *aliketa*, faire attention à, *ni aliketite*, etc.

De même le suffixe directif *-ela* devient *-eta* dans les verbes en *sa* et en *ta*. Ex. : *banisa*, faire sortir ; *baniseta*, faire sortir vers ; *keta*, amener ; *keteta*, amener à, etc.[2].

*Observation*. — Les verbes en *sa* et en *ta* qui présentent ce phénomène sont des formes causatives de verbes en *ka* et *la* (cf.

[1]. Parfois *n* + *b* devient *m*, ainsi : *ku ma* = *ku ni ba*, me donner (cf. *mande*, coquillage, Soubiya : *mpande* ; *mako*, trou d'un arbre, Soubiya : *mpako*, etc.).

[2]. Dans certains verbes en *ta*, comme *ikuta*, se rassasier ; *fumbata*, être enceinte, etc., *l* du suffixe *-ile* ou *-ela* ne devient pas *t*. Ex. : *ni ikutile*, je suis rassasié ; *u fumbatile*, elle est enceinte. C'est que dans ces cas *t* correspond à *r* du Souto et autres dialectes (*ikuta* = Souto : *khora* ; *fumbata* = Souto : *fupara*), tandis que dans les autres *t* correspond à *ts* du Souto. Il y a donc en Louyi deux *t* différents (= *r* et *ts* du Souto), bien que la prononciation ne les distingue pas.

§ 103*). Le suffixe causatif est dans ce cas probablement *ya*; *lya* devient *ta*; *kya* devient *sa*. Ex : *kela*, arriver, *keta*, faire arriver, amener; *utuka*, courir ; *utusa*, faire courir, etc.

§ 10. L'assimilation des voyelles se rencontre également après la conjonction *iwa* (cf. § 89ᵃ*; en Kwangwa *siwa* ou *simba*); aux deux formes négatives futur, *ka tu ka mono* et *aka tu mono* (§§ 84* et 87*) et en Kwangwa, au futur affirmatif en *mba* (cf. § 72*).

Elle a lieu, non seulement dans les verbes *primitifs* (exception : *kela*, arriver, fait aussi bien : *na kela* que *na kele*, il est arrivé), mais aussi dans tous les *dérivés directifs* en *-ena, -ela, -eta* (cf. § 104*) et les *dérivés causatifs* en *-eka* (cf. § 108*). Ex.: *na pumene*, il a consenti; *na endele*, il est allé vers; *na banisete*, il a fait sortir vers; *na fumeke*, il a mis le feu.

*Observation.* — En Herero les mêmes dérivés en *-ela, -ena, -eka* prennent également la forme assimilée.

§ 11. Ajouter à la liste des formes assimilées des verbes monosyllabiques : *wa*, finir ; *na bu* ou *na wi*, il est fini ; *kwa*, tomber, *na kwi*, il est tombé; *ba*, donner, *na bi*, il a donné (kwangwa : *na bu*); *pa*, se lever, *liywa li na pi*, le soleil s'est levé; *lwa*, combattre, *na lwi*, il a combattu; *nwa*, boire, *na nwi*, il a bu.

Irréguliers sont : *ulwa*, manquer de; *n'olwi* (= *na ulwi*), il a manqué de; *imba*, cuire à point (neutre); *inyama ti n'embu* (= *na imbu*), la viande est cuite à point[1].

§ 12. Voici, plus complètement exposé, ce qui concerne la contraction de deux voyelles qui se suivent :

1° *a.* — $a + u = o; a + i = e; a + a = a$. Ex. : *ab'o enda* = *aba u enda*), si tu vas ; *inyama ti n'embu*, la viande est cuite à point (= *ti na imbu*); *ab'a yupa* = *aba a yupa*), s'il entend, etc.

La contraction est *de rigueur* avec l'auxiliaire passé (cf. § 70) et imparfait (cf. § 88*) *na* (ex. : *n'embu, n'ebaa* = *na ibaa*, etc.), et *presque toujours* faite avec l'auxiliaire *ka* (cf. § 87), la conjonction *aba, abaya* (cf. 89ᵃ*) et la préposition *na* (cf. § 58).

Entre deux mots elle est *généralement* faite dans le parler rapide; dans nos textes elle est soit notée, soit laissée de côté. Ex. : *tu li a tumbul' omulilo* ou *tu li a tumbula umulilo*, nous allumons le feu.

Par contre, le *a* de la particule négative *ka* (cf. §79) tombe devant

---

1. Par contre *imba*, chanter, est régulier; *n'embi*, il a chanté.

le pron. conjoint *u* de la 2ᵉ pers. sing. Ex. : *k'u singi* (= *ka u singi*), tu n'aimes pas [1] ; mais devant les pronoms *u* de la 3ᵉ cl. et *i* des 8 et 9ᵉ cl., *a* ne tombe pas et ne se contracte pas ; ex. : *mutjima ka u singi*, le cœur n'aime pas ; *ndo ya ndjolo ka i monwa*, le nid du *ndjolo* n'est pas vu, etc.

Il en est de même de l'auxiliaire futur *mba* (Kangwa). Ex. : *mb'i mono* (= *mba i mono*), *mb'u ende*, tu iras, etc.

Le pronom conjoint subjectif *a* (1ʳᵉ, 2ᵉ et 3ᵉ cl.), ne se contracte non plus pas avec le verbe qui le suit. Ex. : *ab'a ulwa*, s'il manque de ; *ab'a imba*, s'il chante, etc. [1].

Devant *e* et *o*, *a* reste constant. Ex. : *i na ende*, je suis allé ; *u na ongo*, tu as trompé, etc.

Mais, dans un certain nombre de cas plutôt rares, *ao* peut devenir *oo* [2], c'est-à-dire que *a* s'assimile à *o*. Ex. : *nao* ou *noo*, avec eux ; *moli'a o* ou *moli'oo*, leur chef ; *it'a o* ou *it'oo*, leur père ; *aondje* ou *oondje*, tous, etc.

2º *e*. — Généralement *e* reste constant. Il se contracte, cependant, occasionnellement avec un *u* en *o*. Ex. : *u end'oko* (= *ende uko*), va là-bas. Devant *a* il s'élide parfois. Ex. : *u sial'abo* (= *siale abo*, reste là).

3º *i*. — Quand *i* est soit initial soit précédé de *n*, il devient souvent *y* devant les voyelles. Ex. : *inu ya nge* (= *ia nge*), mes affaires ; *u tamba ku nyibaa* (= *nibaa*), tu me tueras.

Précédé d'une consonne ou demi-voyelle, *i* tombe souvent devant *a* et *u*. Ex. : *iy'u amba* (= *iyi u*), ce que tu dis ; *iy'a mona* (= *iyi a*), ce qu'il voit ; *n'uto*, et celui-ci ; *n'a mona* (= *ni a mona*), ils voient, etc.

4º *o*. — *o* reste généralement constant.

5º *u*. — Quand *u* est initial, il devient souvent *w* devant une voyelle. Ex. : *mukati wa nge* (= *ua nge*), ma femme ; il en est de même, dans certains cas, lorsqu'il est précédé d'une consonne ; ex. : *mwana* (= *muana*), enfant.

---

1. J'ai cependant noté une fois la forme *ab'enguka* = *aba a inguka*, s'il se lève.
2. Deux *oo*, deux *ee*, etc. sont prononcés comme une syllabe longue plutôt que comme deux syllabes ; mais ce sont cependant deux syllabes, comme on s'en apercevra aisément si l'on fait attention à la prononciation des indigènes. L'accent, du reste, le montre.

Devant *o*, *u* est souvent soit élidé, soit assimilé. Ex. : *toondje* (= *tuondje*), nous tous ; *k'ola* (= *ku ola*), pourrir. L'élision ou l'assimilation est loin, cependant, d'être nécessaire ; ex. : *muonda*, chômage, etc.

*Observation* 1. — Les préfixes nominaux et pronominaux sont, somme toute, rarement contractés. Voici quelques cas où la contraction se fait :

1° *u* des préfixes *mu, lu, tu, u, mu* et *ku* devient généralement *w* devant *a* et *i*. Ex. : *mwana*, enfant ; *lwiya*, pl. *twiya*, corne ; *wato*, canot ; *mwindji, kwindji*, en dessous.

Devant *o* et *i*, le *u* du préfixe s'élide dans *molia* (= *muolia*), chef ; *minya* (= *muinya*), maître ; *mina* (= *muina*), cadet ; *mopu* (= *muopu*), herbe ; *moyo* (= *muoyo*), vie ; *oya* (= *uoya*), poils, etc.

Devant *o*, *u* devient parfois *o*. Ex. : *loongolo*, caméléon.

2° *a* des préfixes *a* et *ma*, se contracte en *a* avec un autre *a*. Ex. : *ana* (= *aana*), enfants ; *mato* (= *maato*), canots, etc. Devant d'autres voyelles, il est rarement élidé ou contracté. Il s'élide, cependant, dans *mele* (= *maele*), mamelles ; *mioo* (= *maioo*), yeux. Dans *eli* (= *aili*), deux (6° cl. ; cf. § 47°), nous avons l'exemple d'une contraction de $a + i = e$ ; il en est de même dans *amendji*, lait frais ; *ameyi*, eau (= probablement *amaindji, amaiyi*).

3° *i* des préfixes *li, si, ti*, tombe rarement. On trouve cependant *sala* (= *siala*), ongle.

*Observation* 2. — Devant *o* et *u*, *w* tombe souvent. Ex. : *akoe*, tes compagnons, au lieu de *akwoe*. On trouve cependant *wo* dans *mwonena*, rugir, grogner, etc.

§ 12°. — Dans certains cas, *l* ou *k* disparaissent entre deux voyelles, causant ainsi des contractions.

1° Au directif (cf. § 104°) des formes en -*ula*, le *l* de *ula* disparaît généralement, -*ulela* devenant -*wela*. Ex. : *amula*, refuser, direct. *amulela* et *amwela* ; *yangula*, cueillir, direct. *yangwela*, etc. Le même phénomène s'observe dans plusieurs autres langues Bantou.

2° Le *k* du préfixe infinitif disparaît souvent quand il est suivi soit du verbe auxiliaire *k*, soit du pron. réfléchi *ku*, soit des pron. object. conjoints *ku* (2° pers. sing.) et *ka* (12° cl.). Voici quelques indications à ce sujet, bien que ce ne soient pas des règles absolument fixes.

*a*) Au futur, lorsque le préfixe *ku* de l'infinitif est suivi de l'un ou de l'autre de ces mots, *k* disparaît toujours. Quand c'est l'auxiliaire *ka*, le pron. obj. *ka* de la 12ᵉ cl., ou le pron. obj. *ku* de la 2ᵉ pers. qui le suit, le *u* de *ku* se contracte en *o* avec l'*a* final de *tamba*. Ex. : *ni tamb'o ku mona*, je te verrai ; *ni tamb'o ka enda*, j'irai ; *kayunyi aka ni tamb'o ka ibaa*, cet oiseau, je le tuerai.

Mais si c'est le pron. réfléchi qui le suit, *u* ne se contracte pas. Ex. : *ni tamba u ku ibaa*, je me tuerai.

*b*) Dans d'autres formes où l'infinitif est employé (Passé, Passé indéfini, etc.), le *k* du préfixe infinitif tombe également régulièrement devant l'auxiliaire *ka* et les pronoms *ka* (12ᵉ cl.) et *ku* (réfléchi). Ex. : *uto u ku mona* (= *ku ku mona*), il se vit lui-même ; *uto u ka mona*, il vit ; *kayunyi aka, uto u ka mona*, cet oiseau, il le vit ; *u ku bilula*, se métamorphoser soi-même (*uku bilula*, métamorphoser un autre ; dans ce cas la différence est seulement dans la graphie). Par contre, devant le pron. obj. 2ᵉ pers. *ku* (te), le *ku* infinitif reste constant. Ex. : *uto ku ku ba*, il te donna, etc.

*Observation.* — De cette façon se distinguent les formes : *uto ku mona*, il voit ; *uto u ku mona*, il se voit ; *uto ku ku mona*, il te voit ; cf. également la différence entre : *ya ku timba*, de haïr, et : *yo ku timba* (= *ya ku ku timba*) de se haïr les uns les autres

### Substantifs.

§ 17-25. Voici quelques substantifs irréguliers :

Iʳᵉ classe : *molia*, pl. *aolia*, chef ; *minya*, pl. *ainya* ; *min'oe*, pl. *ain'oe*, tes cadets. Quelques-uns de ceux qui n'ont pas le préfixe *mu* au sing., mais prennent *a* au pluriel, sont : *mbuyi*, voleur, pl. *ambuyi* ; *ndjemunwa*, pl. *andjemunwa*, beaux-parents ; *mbusha*, ami ; *ñulubati*, vieillard ; *mbumu*, chef, pl. *ambumu* ; *undumbana*, jeune homme ; *mbuki*, devin. Ce sont des mots qui appartenaient originairement, semble-t-il, à la 9ᵉ cl., on les emploie généralement avec l'article ou particule-voyelle *u*. On peut leur adjoindre le mot *mboa*, champignon, qui se construit aussi comme appartenant à la 1ʳᵉ classe.

Appartiennent également à la 1ʳᵉ classe certains noms qui commencent en *na*, *si* ou *s*[1], et indiquent des êtres vivants, ainsi :

---

1. Ne pas confondre avec le préfixe *si* de la 7ᵉ classe ; les mots en *si* et en *na* sont des noms personnifiés, *si* signifiant : père de ; *na*, mère de. Il

*natula*, pl. *anatula*, bœuf ; *nalukalamba*, mantis religiosa ; *silukombwe*, coq ; *sakame* ; pl. *asakame*, lièvre ; *sifula-nyundo*[1], forgeron ; certains de ces noms bien qu'appartenant à la 1re classe, désignent des objets, ainsi : *nalumbwa*, termitière ; *namoo*, place publique ; *nambe*, pl. *anambe*, pot.

On peut attribuer également à la 1re classe, et généralement on le fait dans l'accord syntactique, la plupart des noms d'animaux de la 9e classe ; dans ce cas, si l'article est exprimé, on se sert généralement de l'art. *u* de la 5e classe ; ainsi : *umbwa* ou *mbwa*, chien, pl. *ambwa* ; *undopu*, éléphant ; *umbu*, hippopotame ; *umbongo*, chèvre, etc. ; *mbula*, pluie, est souvent aussi personnifié de la même façon[2]. Les noms d'animaux qui appartiennent à d'autres classes comme *luwawa* (11e cl.), chacal ; *kabu* (12e cl.), antilope ; *kangoti* (12e cl.), épervier, se construisent généralement aussi comme des noms de personnes, mais ne prennent pas l'article de la 1re classe.

IIIe cl. *umebo*, vent ; *umoyo*, vie ; *umopu*, herbe.

V et VIe cl. *lito*, œil, pl. *mioo* (ce mot est également irrégulier dans la plupart des langues Bantou) ; *liele*, mamelle, pl. *mele* ; *ameyi*, eau ; *amendji*, lait frais.

IXe cl. Quelques substantifs de cette classe n'ont pas de *n* initial, soit : *itina*, poux ; *ita*, guerre, troupe ; *ikakua*, épervier ; *pala*, flûte ; *polwe*, espèce d'oiseau ; *shwana*, héritage. D'autres commencent par une nasale pure, comme *mako*, trou dans un arbre (cf. *mpako*, Soubiya), *mande*, coquillage (cf. *mpande*, Soubiya) ; il faut se garder de les prendre pour des mots de la 6e cl.

est donc tout naturel qu'ils appartiennent à cette classe ; ce sont, en fait, presque des noms propres.

1. Au lieu de *sifula-nyundo*, on a parfois, avec le préfixe *mu* de la 1re classe, *simufula-nyundo* ; au pluriel le *mu* se maintient, ainsi : *asimufula-nyundo*. Cela se remarque aussi dans d'autres langues Bantou ; cf. également *mulombwe*, héron, pl. *amulombwe*.

2. Dans les langues de l'Est, le Swahili, par exemple, tous les noms d'animaux appartiennent à la 1re classe. Dans celles du Sud, comme le Souto, ils appartiennent par contre soit à la 9e, soit à celle où les classent leurs préfixes. Le Louyi prend une position intermédiaire. Il y a chez lui une tendance évidente à traiter tous les noms d'animaux comme des noms personnels (*mbwa*, chien, semble *toujours* appartenir à la 1re classe), mais on les trouve encore souvent traités comme appartenant à la 9e classe.

§ 19. Le pluriel de *ulwiya* n'est jamais *tilwiya*, mais bien *twiya*, soit correspondance cl. 11 à cl. 13.

§ 21. Le préfixe *ka* sert souvent à indiquer le temps, l'époque ; ainsi *kaili*, deux fois ; *kale*, jadis, etc. (cf. § 58ᵃ, *ka liywa*? *ka mwaka*? quand?).

§ 23. Aux substantifs en *ku*, de la 15ᵉ cl. on peut ajouter *kweti*, lune, mois, qui est traité tantôt comme de la 9ᵉ cl. tantôt comme de la 15ᵉ¹.

§ 24. L'article ou particule-voyelle est toujours : *a*, *i*, *u* (jamais *e* ou *o*). Cette particule se met souvent aussi devant les adjectifs, la part. possessive, etc. Elle ne semble plus avoir aujourd'hui de valeur grammaticale proprement dite ; mais, sauf dans les cas indiqués ci-dessous, elle est cependant rarement omise. Qu'on l'emploie ou non, le sens paraît être le même. C'est un des points qu'il conviendrait de pouvoir étudier de plus près.

L'article est toujours omis dans les cas suivants :

1° Après les préfixes locatifs *ba*, *mu*, *ku*. Ex. : *ba sitanda*, près du parc à bestiaux ; *mu mundi*, dans le village ; *kuwilu*, en haut²;

2° Après la particule possessive -*a* ou *no* ; ex. : *kwindji no mupu*, sous le sol ; *ngombe ta muywandi*, le bœuf du chef ;

3° Après la copule *ta* ou *ni* (*na*), et la préposition *ni* ou *na* ; ex. : *ta muywandi*, c'est un chef ; *ni kabu*, c'est une antilope ; *sakame na nde*, le lièvre et le lion, etc.

*Observation.* — Il faut se rappeler qu'à la 2ᵉ, 8ᵉ et 14ᵉ cl. *a*, *i*, *u*, ne sont pas des articles, mais bien des préfixes nominaux ; ex. : *anu*, les gens ; *iyunyi*, oiseaux ; *upa*, orient (par contre, dans *uwilu*, ciel, *uwato*, canot, *u* est l'article, le préfixe étant représenté par *w*.

### Adjectifs.

§ 31. Le préfixe invariable *no* ne s'emploie pas avec tous les adjectifs ; j'ai constaté son emploi avec -*yi*, mauvais ; -*wa*, beau ;

---

1. Il est remarquable qu'en Louyi, comme en Soubiya et d'autres dialectes du Zambèze, certains radicaux substantifs peuvent recevoir différents préfixes et appartenir à différentes classes, le sens restant le même. Ainsi : *likaa*, *sikaa*, bras ; *lutondo*, *mutondo*, *sitondo*, arbre ; *litia*, *mutia*, *sitia*, lac, étang, etc.

2. De même l'article se met très rarement devant les locatifs ; on dit presque toujours *mu maywa*, toujours, très rarement *umu maywa*.

-*nene*, grand; -*tjanana*, petit. Avec les autres adjectifs il ne semble pas qu'on puisse l'employer.

### Pronoms.

§ 36. Le pron. conj. subj. de la 1ʳᵉ pers. sing. est au passé en *na, i* (plutôt que *ni*). Ex. : *i na mono*, j'ai vu. Il en est de même au futur Kwangwa en *mba* (cf. § 72*), ex. : *m'bi mono*, je verrai.

Le pron. conjoint obj. de la même personne est souvent *n* ; dans ce cas, il cause les changements phonétiques indiqués § 7*.

§ 37. Le pronom réfléchi *ku* indique souvent aussi la *réciprocité*. Ex. : *ao u ku timba*, ils se détestent les uns les autres.

*Observation.* — Pour la différence entre *ao ku timba, ao u ku timba*, etc., cf. § 12*.

§ 38. 1° Les pronoms démonstratifs des classes en *u* et en *i* ne font jamais *eli, eti, olo, oko*, etc., mais toujours *ili, iti, ulo, uko*, etc., c'est-à-dire que *u* et *i* ne changent pas quand ils sont initiaux. Le tableau est à corriger sur ce point.

A la 1ʳᵉ cl. le pronom *uyo* est surtout employé comme démonstratif, *uto* comme pron. substantif (cf. § 76* ; en kwangwa, *uto* semble être assez rare).

2° En redoublant la seconde syllabe de la forme démonstrative en *o*, et en laissant tomber la voyelle initiale *a*, *i* ou *u*, on obtient une forme démonstrative redoublée, signifiant : celui-là même, cela même. En voici la liste : 1ʳᵉ et 2ᵉ cl. *toto, oo* ; 3ᵉ et 4ᵉ cl. *oo, yoyo* ; 5ᵉ et 6ᵉ cl. *lolo, oo* ; 7ᵉ et 8ᵉ cl. *soso, yoyo* ; 9ᵉ et 10ᵉ cl. *yoyo (toto), toto* ; 11ᵉ cl. *lolo* ; 12ᵉ et 13ᵉ cl. *koko, toto* ; 14ᵉ cl. *oo* ; 15ᵉ cl. *koko* ; 16ᵉ, 17ᵉ et 18ᵉ cl. *bobo, momo, koko*. Cette forme redoublée renforce la forme simple ; ex. : *iti toto*, ce sont ceux-ci même, etc.

*Observation.* — C'est peut-être une forme copulative analogue à celle du Soubiya.

§ 39. Au lieu de *ike*, il faut écrire *yike* (= *iike*), ex. : *ni yike ?* qu'est-ce ? *sike* est la forme sing. correspondante (7ᵉ cl.). On ne trouve pas ce pronom avec d'autres préfixes.

*Anyini ?* qui ? est aussi bien singulier que pluriel.

§ 40. Les pronoms interrogatifs *ubi, abi*, etc., peuvent, quand ils sont suivis de la forme démonstrative redoublée (cf. § 38*), signifier : où est-il ? où sont-ils ? Ex. : *munu uyo ubi toto?* où est cet homme ? *abi oo?* où sont-ils ? *kabu kabi koko* ? où est l'antilope ? etc.

§ 41. Aux classes en *a* et *u,* *ondje* est plutôt *oondje* ($=$ *uondje* et *aondje* ; cf. § 12°) ; ainsi : *toondje,* nous tous ; *moondje,* vous tous ; *aondje* et *oondje,* eux tous, etc.

§ 42. *nyene* fait à la 1re cl. *tenyene* ; 2e cl. *anyene* ; 3e cl. *senyene* ; 12e cl. *kenyene,* etc. Le radical est donc probablement -*enyene*.

Un autre pronom indéfini est -*mbutji,* seul. A la 1re et 2e pers. sing., on lui préfixe les pronoms *me* et *we* : *mémbutji,* moi seul ; *wembutji,* toi seul. A la 3e pers. on emploie la particule possessive ; ex. : *ilikwitji liambutji* ; la colombe seule ; *anu ambutji,* les hommes seuls ; *inyama yambutji,* rien que la viande, etc. A la 1re cl. on a *tambutji* (ex. : *mbumu tambutji,* le chef seul) ; à la 10e *tembutji* (ex. : *itingombe tembutji,* le bétail seul).

### Construction possessive.

§ 43. Il semble qu'il y ait une particule possessive de la 1re et 2e pers., avec un sens appositif (la construction possessive a souvent, d'ailleurs, le sens d'une apposition). Ces particules sont au sing. *ma* et *wa* (au plur. je ne les ai encore jamais rencontrées) ; ex. : *wene wa mbwa,* toi le chien ; *mene ma sakame,* moi le lièvre.

*Observation.* — En Kwangwa on dirait plutôt : *wene we mbwa, mene me sakame* ; on pourrait donc penser que nous avons ici une forme abrégée (*me* et *we*) du pronom subst. lui-même (*mene, wene*), comme cela a lieu pour les formes *name,* avec moi ; *noe* ($=nawe$), avec toi. Mais la voyelle *a* des formes Louyi leur donne bien l'apparence de particules possessives.

§ 44. L'article est toujours omis après les particules possessives ; la forme *nyama y'etingombe* est erronée ; il faut *nyama ya tingombe.*

Devant les noms en *i* de la 8e cl., le -*a* de la particule possessive devient parfois, par attraction, -*e*; ex. : *sitondo se iamana,* l'arbre des animaux, etc.

*Observation.* — Le pron. possessif *oe* (2e pers. sing.) est déjà le résultat d'une contraction, soit *a-we* $=$ *oe*.

§ 46. L'article est toujours omis après *no*; ex. : *ngombe no muywandi*, le bœuf du chef.

Devant les noms en *i* de la 8e cl., *no* devient parfois, par attraction, *ne*. Ex. : *kwindji ne itondo* ou *no itondo*, sous les arbres. Devant les noms en *a* de la 2e cl., *no* devient souvent *na* (ou mieux : *o* de *no* s'élide devant *a*). Ex. : *makumi aili n'anu* ou *no anu*, deux dizaines d'hommes.

Devant les locatifs *mu, ba, ku* et leurs formes pronominales, on a toujours la forme *na* (jamais *no*). Ex. : *ambwa na bano*, les chiens d'ici ; *anu na ku mundi*, les gens du village, etc. Devant *kale* on a soit *na* soit *no* ; ex. : *anu na kale* ou *no kale*, les gens d'autrefois[1]. De même avec les pron. possessifs on a *na* ; ex. : *anu na ye* ses gens ; *anu noe*, tes gens (mais cette construction est rare).

### Numéraux.

§ 47. A la 6e cl., *aili*, deux, est généralement contracté en *eli* (cf. § 12*) ; ex. : *makumi eli* ou *makumi aili*, vingt ; à la 2e cl. *aili* n'est presque jamais contracté ; ex. : *anu aili*, deux personnes.

Pour dire : nous deux, vous trois, etc., on se sert des pronoms conjoints suivis du numéral à la 2e cl. ; ex. : *tu aili*, nous deux ; *mu atu*, vous trois, etc.

### Locatifs.

§ ... Les locatifs sont très rarement précédés de l'article ; l'article est toujours omis après eux [1] (cf. § 24*).

*Observation*. — Il faut noter un emploi spécial du locatif, pour signifier un peu de. Ainsi : *u ni be ku ilia*, donne-moi un peu de nourriture (litt. : donne-moi vers la nourriture) ; *u ni be ba ngoma*, donne-moi un de tes tambours, etc. [2]

---

1. La forme *na* devant *kale* s'explique par le fait que *kale* a un sens à demi-locatif. C'est de la même façon qu'il faut s'expliquer la forme *angotjana na mwak'oyo*, les veaux de l'année passée. Il est probable, en effet, que *mwaka*, année, était précédemment un nom de la 17e classe (locative).

2. A noter aussi le locatif de l'infinitif, exemple : *na ti mu ku aula*, il est allé pour chasser ; *na ti ku ku lima*, il est allé pour labourer.

3. On peut aussi noter un emploi très curieux de la partie locative *ba*

§ 53. D'autres exemples de locatif sujet sont : *ba mundi ba na siala mukati*, au village était restée la femme ; *ba na tundu sakame*, de là sortit le lièvre; *muno mu li inyama*, ici il y a de la viande, etc.

§ 57. Il vaut mieux écrire *ku a-Lunde*, *ku a-Luyi* que *kwa Lunde*, *kwa Luyi*, le sens étant au fond ; chez les gens du Loundé, chez les A-Louyi.

Les particules possessives locatives *kwa*, *mwa*, *ba* donnent naissance aux locutions adverbiales : *kwange*, *mwange*, *bange*, chez moi ; *kwatji*, *mwatji*, *batji*[1], chez nous ; *kwao*, *mwao*, chez eux, etc. Les formes en *kwa* sont de beaucoup les plus fréquentes.

Au moyen de ces formes en *kwa* et des préfixes nominaux *mu* et *a* (1re et 2e cl.) on obtient les substantifs : *mukwange*, *mukoe*, *mukwaye*, *mukwetu*, *mukwenu* (plutôt que *mukwatji*, *mukwanyi*), *mukwao*, mon, ton, son, notre, votre, leur compagnon ou ami (litt. : celui de chez moi, de chez toi, etc.), pl. *akwange*, *akoe*, etc.

Il en est de même pour les formes en *ba* (ou plutôt, dans ce cas, en *aba*) : *mwabange*, *mwaboe*, *mwabaye*, etc., pl. *abange*, *aboe*, *abaye*, etc., les miens, les tiens, les siens, etc.

*Observation.* — Les formes en *mwa* ne paraissent pas pouvoir former des substantifs de ce genre.

§ 58. Contrairement à ce que je pensais d'abord, les deux formes *na* et *ni* paraissent s'employer indifféremment l'une pour l'autre ; *ni* est beaucoup plus fréquent que *na*. Le *i* de *ni* s'élide souvent devant une voyelle ; ex. : *n'uto* (= *ni uto*), lui aussi ; le *a* de *na* se contracte, ex. : *n'oto* (= *na uto*), lui aussi, *nomo* (= *na umo*), là aussi.

*Na* se joint aux pronoms possessifs ; ainsi : *nange*, avec moi ; *noe* (parfois *nawe*), avec toi ; *nao* ou *noo*, avec eux ; *netu* (= *na itu*), avec nous ; *nenu* (= *na inu*), avec vous ; *naye*, avec lui. On emploie également, et dans le même sens les formes avec le pronom substantif : *ni mene* ou *na mene*, *ni wene*, *n'atji*, *n'anyi*, etc.

*Observation 1.* — Pour exprimer : par, au moyen de, on peut

dans un sens exclamatif, généralement mauvais ! Ainsi : *munu ba makwisa* ! quel menteur ! *munu b'opa* ! quel paresseux ! etc.

1. *Kwa*, *ba*, etc. étant des particules possessives, il semble que l'on devrait avoir ici *kwetu*, *kwenu*, chez nous, chez vous, etc. Dans *mukwetu*, *mukwenu*, la forme régulière reparaît.

omettre la préposition. Ex. : *ni li mu ku fula umulamu,* je te frappe avec un bâton.

*Observation 2.* — Dans les deux formes : *ka liywa?* quand? quel jour? *ka mwaka?* quand? quelle année? *ka* peut être regardé comme une préposition; de fait c'est le préfixe de la 12ᵉ cl., qui a souvent une valeur temporelle ou locative.

Le mot *sina,* comme, ainsi que, est identique au *china* (ou plutôt *tjina*) du Soubiya (cf. Gramm. Soubiya, §. 81); ex. : *sina baweli,* comme auparavant, cf. aussi la locution avec *ba,* locatif : *u kuma ba luwawa,* il est aussi grand qu'un chacal.

*nga,* dans les formes *nga sibi?* comment? *ngeso,* ainsi, etc., peut aussi être considéré comme préposition, signifiant : à cause de.

### Adverbes.

§ 59. 1° *Adverbes de temps.* — Ils sont surtout formés avec le préfixe *ba.*

*Corrections* : *bingolwa* (non : *bangolwa*), hier ; *biunda* (non : *biyunda*[1]), demain ; *bandele,* le jour après demain, dorénavant ; *amangolwa,* le soir; *balelo,* aujourd'hui; *balino* ; (= *ba liywa lino*), à ce moment-ci.

*Adjonctions* : *biyuti,* avant-hier, auparavant; *baweli, uweli,* avant; *bano banana,* maintenant même ; *ka liywa?* quand? (quel jour?); *ka mwaka?* quand? (quelle année?); *kale,* jadis.

2° *Adverbes de lieu.* — Ajouter : *bebi,* près; *mubini? babini?* où? (cf. la construction indiquée § 40ᵉ); *kubi koko? mubi momo? babi bobo?* où donc? *ku nyunga,* à côté; *ku nyima,* derrière; *abatjili,* ailleurs; *kwindji, mwindji, bandji,* en dessous; *beulu, kuwilu,* en dessus; *bakatji, mukatji,* au milieu; *ku nyima,* derrière; *ku nyunga,* à côté ; lorsqu'ils sont employés prépositionnellement dans le sens de : en dessous de, en dessus de, etc., se construisent avec la particule possessive *no.* Ex. : *kwindji no sitondo,* sous un arbre; *beulu no ndo,* sur la hutte; *bakatji no ndila,* au milieu du chemin; *ku nyunga no mutia,* à côté de l'étang, etc.

---

1. *Bingolwa, biyuti, biunda,* semblent formés au moyen d'un préfixe spécial *bi.* Serait-ce une forme de *ba?* Je ne connais sans cela qu'un seul autre mot en *bi, bile* (cf. n° VIII), qui semble être une forme adverbiale signifiant : beaucoup (*-le* signifie : haut, long).

*Kuso, boso* (= *ba uso*), devant, font : *kuso ni mene, boso ni mene* ou bien : *kuso kuli mene, boso kuli mene*, devant moi (cf. § 56).

3° *Adverbes de manière*. — Ils sont surtout formés au moyen des préfixes *u* et *ka* ; ainsi : *uyi*, mal ; *unene*, beaucoup ; *kanyonyo*, peu, etc. On peut ajouter : *bamweya*, ensemble ; *momo*, ainsi : *mbangu*, vite, seulement ; *muendi*, peut-être, etc.

Aux formes en *nga*, ajouter : *ngabo*, ainsi.

*Observation* 1. — *ndji* est en réalité une forme verbale (cf. § 60*), qu'on emploie le plus souvent comme une conjonction signifiant : que, *ndji* n'a le sens de : est-ce que? que lorsqu'il est à la fin de la phrase. Au commencement de la phrase *ndji....ndji* signifie souvent : soit que... soit que.

*Observation* 2. — *Kuunu*[1], je ne sais pas ; *batili*, non ! oh ! etc. (= *ba*, pron. locat. conjoint et le verbe *tila*, être), peuvent être également rangés ici. Pour être complet, on peut y joindre les exclamations : *e* ou *i*, oui ! *mawe* ! hélas ! oh ! ouais ! *apwa* ! pouah ! etc.

### Verbes.

§ 60. Il faut écrire *ambetji, a tatji* (parfois *a ndatji*), au lieu de *ambedji, a taddji*. En Louyi proprement dit, on a *ambatji* plutôt que *ambetji*, qui est probablement une forme Kwangwa[1].

*Observation.* — *Ndji* prend souvent la place de *ambatji* ; c'est une forme nasalisée de *tji*, une sorte de substantif-adverbe (cf. en Ganda, *nti*, qui joue exactement le même rôle). *T'ji* est probablement un verbe, correspondant à *re* du Souto et à *ti* (dire) de nombreux dialectes. *Ambatji, a tatji, ndji*, se mettent toujours devant le discours direct[2].

Une autre forme du verbe : dire, est *to* (*too* en Kwangwa), qui

---

1. *Ku unu* fait à certains égards l'effet d'un verbe (2° pers. sing. du présent négatif) ; il est employé comme parfois *mbwita* en Soubiya (cf. Gramm. Soubiya, § 130) pour signifier : non ! je ne sais pas, etc.

2. On pourrait aussi bien écrire *amba tji, a ta tji* en deux mots ; c'est, en effet, le verbe *amba, ta* suivi du verbe (employé adverbialement) *tji* (= *ndji*).

3. *Ta* est probablement la forme originelle de *tji* (= *ti*). Dans certains dialectes chwana on a, en effet, la forme *ra*, à côté de *re* (dire).

s'emploie toujours sans pronom ; ex. : *uyo to*, il dit (litt. celui-ci dire) [1].

§ 62. Seul le pron. de la 1re cl. (sing.) est généralement omis au Passé en *na*; celui de la 2e cl. (pluriel) est, par contre, ordinairement exprimé.

**Conjugaison affirmative.**

§ 67. Les verbes causatifs (et directifs) en *ta* font (par attraction, sans doute, cf. § 8*) le parfait en *-ite*. Ex. : *ni aliketite*, je fais attention ; *ni ketite*, j'ai apporté (de *ku aliketa* et *ku keta*).

*Observation.* — Les autres verbes en *ta* font, par contre, régulièrement *-ile* ; cf. *ku ikuta*, se rassasier, *ni ikutile* ; *ku fumbata*, être enceinte, *ni fumbatile*.

§ 68. La forme *ni mwene*, j'ai vu, s'explique probablement par une ellipse de *n* et la contraction qui en a été la conséquence ; ainsi : *ni monine* = *ni moine* = *ni mwene* (cf. § 12a*).

§ 69. Le passé formé avec l'auxiliaire *a*, a souvent le sens d'un présent. Ex. : *na tuma*, j'envoie ou j'envoyai ; *wa mona*, il voit ou il vit.

*Observation.* — Le même auxiliaire *a* est parfois employé avec le parfait. Ex. : *na limukile*, je connais. Le sens est le même qu'à la forme ordinaire.

§ 70. A la 1re pers. sing. du passé en *na*, le pronom conjoint est *i* plutôt que *ni*; ex. : *i na mono*, j'ai vu ; *i na ende*, j'allai. On peut, cependant, dire aussi : *ni na mono*, *ni na ende* (en Kwangwa : *si na mono*, *si na ende*) [2].

Le pron. *u* de la 3e pers. 1re cl. est généralement omis : *na mono*, il a vu. Quand la phrase est relative, le pronom est, par contre,

---

1. La forme *to* est très curieuse. On serait tenté d'y voir une forme abrégée du pronom substantif *uto* de la 1re classe; cf. la phrase : *Nyambe to*, Dieu dit, qui pourrait être : Dieu lui (il dit). Mais comme *to* s'emploie aussi avec le pluriel (exemple : *ao to*, ils disent) ; il est préférable, jusqu'à plus ample informé, d'y voir une forme spéciale du verbe *ta*, employée d'une manière plutôt adverbiale.

2. Ce temps : *i na mono*, j'ai vu, indique un passé très rapproché, quelque chose qui vient de se faire, ce qui lui donne souvent l'apparence d'un parfait. La forme : *i na ku mona*, je vis, indique, par contre, un passé plus reculé ; c'est la vraie forme du passé.

exprimé ; ex. : *munu u na ende,* une personne qui venait. De même quand la phrase est dépendante le pronom *a* (cf. § 78 a*) est toujours exprimé. A la 2ᵉ cl. on ne l'omet que rarement ; ex. : *a na mono,* ils ont vu.

*Observation* 1. — L'assimilation des voyelles se fait aussi dans les verbes directifs en *-ela, -eta, -ena* et les causatifs en *-eka* (cf. § 108*). Pour la forme assimilée des verbes monosyllabiques, cf. § 11 et § 11*.

*Observation* 2. — La voyelle de l'auxiliaire *na* se contracte toujours en *o* ou *e* avec un *u* ou *i* initiaux. Ex. : *n'ombula* (= *na umbula*), il est parti ; *n'ebaa* (= *na ibaa*) il a tué, etc.

§ 72. Il existe en Kwangwa un autre futur, composé au moyen de la particule *mba* ou *ba* (d'origine pronominale probablement (cf. Gramm. Soubiya, § 103), et de la forme verbale avec voyelle assimilée. A la 1ʳᵉ pers. sing. le pronom est *i*, comme au passé en *na*. Ex. : *mb'i mono,* je verrai ; *m'bu ende,* tu iras ; *mb'a yupu,* il entendra ; *mba tu ongo,* nous tromperons, etc.

*Observation.* — Pour l'élision du *a* de *mba* devant *i* et *u,* cf. § 12.

§ 73-75. Ce temps, quoique originairement un présent, est très indéfini ; il peut, selon le contexte, avoir souvent le sens soit du présent, soit du futur.

*Observation.* — Il semble que le pronom *mu* de la 1ʳᵉ cl. puisse être également employé concurremment avec les pronoms des autres classes, quand ceux-ci représentent des noms d'animaux. Ex. : *kaiamana ka mu tjaa,* un petit animal qui est fauve ; *ilikwitji ili mu imba,* une colombe qui chantait, etc.

§ 76. Il faut écrire : *uto ku enda, uwo ku enda, ilio ku enda,* etc. (au lieu de *oyo, owo, elio ku enda,* etc. ; cf. § 38*). A côté de *mene, wene ku enda,* on a souvent aussi *men'o wen'o ku enda.*

La forme correcte de la 3ᵉ pers. 1ʳᵉ cl. est : *uto ku enda,* il alla ; *uyo ku enda* ne se dit guère qu'en Kwangwa.

*Observation.* — Pour la différence entre les formes : *uto ku mona, uto u ku mona, uto ku ku mona,* cf. § 12 a*.

§ 77. La forme : *yo enda,* il va continuellement, est Kwangwa. En Louyi proprement dit, on a : *to enda*[1]. A la 3ᵉ pers. 1ʳᵉ cl. on

---

1. Il ne faut pas confondre *to imba,* il continue à chanter, avec *t'o imba,* c'est lui qui chante (cf. § 93*). La prononciation en est assez différente ; dans *to imba, to* a le ton haut (c'est-à-dire est prononcé sur un

l'emploie sans pronom conjoint[1]; ex. : *to enda*, il va continuellement; *to imba*, il est chantant. A la 1re et à la 2e pers. on emploie les pronoms conjoints devant *to*; ex. : *ni to enda*, *u to enda*, je vais, tu vas continuellement. A la 2e pers. on peut aussi dire : *o enda*, au lieu de *u to enda*. Aux autres classes on peut soit employer *to* avec les pronoms conjoints, soit plutôt se servir des pronoms : *ili, isi, aka, ulu*, etc.; ex. : *kabu aka shaela*, l'antilope appelle continuellement (continue d'appeler).

*Observation.* — *To* semble pouvoir s'employer aussi au pluriel, ainsi : *tu to enda*, nous allons continuellement. Mais c'est un point sur lequel il serait bon d'avoir plus de renseignements. *To* fait l'effet d'être une forme abrégée du pron. *uto* de la 3e pers. 1re cl., employé de la même manière que *mu* du présent indéfini, dans les formes : *ni li mu enda, u li mu enda*, etc. (cf. § 74). Dans ce cas, on ne comprendrait pas qu'on pût l'employer au pluriel; si, par contre, l'origine de *to* est différente, cet emploi se comprendrait fort bien. Il faudrait également savoir si l'on peut, ou non, s'en servir à d'autres temps. Je le crois, sans oser l'affirmer.

§ 78. A la 2e pers. du final, le pronom *u* tombe souvent lorsqu'il y a un pronom obj. conjoint; ex. : *mu kwate*, saisis le (= *u mu kwate*.

§ 78a. Les pronoms *u* et *a* de la 3e pers. 1re classe. — Le pronom de la 1re cl. est tantôt *u*, tantôt *a*. Voici ce qui semble être la règle pour l'emploi de ces deux formes :

1° On emploie toujours *u*[2] à l'indicatif de la conjugaison affirmative, quand la phrase est indépendante et que le verbe n'est précédé que de son sujet.

De même dans les phrases relatives directes (c'est-à-dire où le relatif est le sujet) ou complétives, bien qu'elles soient logiquement dépendantes (du moins au point de vue de nos langues européennes), on emploie *u*. Ex. : *i na mono munu u enda*, j'ai vu un homme qui marchait; *munu uyu u enda noe*, la personne qui va avec toi;

---

ton plus élevé que les autres mots, avec une intonation musicale différente), dans *t'o imba*, *t'o* a le ton bas. Pour cette question d'intonation, cf. § 81*, note 2.

1. A moins que *to* ne soit lui-même le pronom conjoint.
2. Ou *mu* au présent indéfini.

2° La forme *a* s'emploie : a) au négatif ; b) au final ou impératif ; c) dans toutes les phrases dépendantes, soit après des conjonctions ou particules comme *aba, iwa* ; d) dans les propositions relatives indirectes (relatif objet), parmi lesquelles il faut faire rentrer celles qu'introduisent les particules locatives *mwa, kwa, ba* et le pron. *iyi* (cf. § 89*) ; e) et en général chaque fois que la phrase commence par un adverbe ou tout autre mot que le sujet lui-même[1].

Exemples de l'emploi de *a*. a) *K'a mono*, il ne voit pas ; b) *a ende*, qu'il aille ; c) *ab'a mona*, s'il voit ; *iwa a ende*, s'il allait ; e) *munu uyu a ende naye*, l'homme avec lequel il va ; *mw'a li*, c'est là qu'il est ; *iyi a limukile*, c'est à cause de cela qu'il a connu ; f) *biyuti a na ku tenda*, auparavant il faisait ; *mu liyungu a na ti*, dans la forêt il est allé, etc.

*Observation*. — Il semblerait que dans la logique du langage il faudrait considérer comme dépendante toute phrase qui commence par un autre mot que le sujet lui-même. En Soubiya on peut observer quelque chose du même genre.

### Conjugaison négative.

§ 79. C'est par erreur que *kana* et *sa* sont indiqués comme des formes de la particule négative ; celle-ci est *ka* ou *-a*.

§ 80. A la 1<sup>re</sup> pers. sing., présent et parfait, la forme : *ka ni singi*, je n'aime pas ; *ka ni limukile*, je ne connais pas, est très rare ; la forme usuelle est *si singi, si limukile*.

*Observation*. — Cette forme s'explique par l'élision de *n*, *ka i* devenant *ki*, puis *si* (cf. le causatif en *sa* des verbes en *ka*, § 8*).

§§ 81 et 82. A la forme dépendante du présent et du parfait, la particule négative (qui se met après le pronom subjectif est *-ā*[2] (non pas : *sa*) ; *-ā* se combine avec les pronoms conjoints comme au passé de l'affirmatif (§ 69). Ex. : *aba nā mono*, si je ne vois pas ;

---

1. Cependant après la particule futur *sa* (§ 89 a*), la copule *ta* (§ 93), et l'auxiliaire imparfait *na* (§ 88*), on conserve la forme *u*, si la phrase est indépendante ou directement relative. Exemple : *uyu s'o* (= *sa u*) *pwatula*, celui qui percera ; *t'o* (= *ta u*) *enda*, c'est lui qui va ; *n'o tila mute* (= *na u tila*), il était.

2. *-a* est sans doute la particule *ka*, dont le *k* est élidé.

*aba mwā ende*, s'il ne va pas; *munu uyu ᵃ mu limukile*, l'homme qu'il ne connaît pas, etc.

La particule négative -*a* a le ton haut; je la distingue dans l'orthographe par un trait au-dessus de la lettre (*nā*, *wᵃ*, *ā*, etc).

*Observation 1.* — Cette différence d'intonation ou de ton est le seul signe qui permette de distinguer au parfait, à la 3ᵉ personne, 1ʳᵉ cl., si le verbe est affirmatif ou négatif; *uyu a mu limukile* peut, en effet, aussi bien signifier : celui qu'il aime, que : celui qu'il n'aime pas. La prononciation est la même; la différence d'intonation permet seule de faire la différence, le *a* de *a limukile*, il connaît, ayant le ton haut; le *a* de *ā limukile*, il ne connaît pas, ayant le ton bas[1].

Ce qui complique encore la difficulté (bien que les indigènes eux-mêmes ne s'y trompent jamais), c'est que ces deux formes: *uyu a limukile* et *uyu a limukile*, peuvent être aussi bien singulier que pluriel (celui qu'il connaît, celui qu'ils connaissent; celui qu'il ne connaît pas, celui qu'ils ne connaissent pas). La différence semble être qu'au singulier *a* est prononcé d'une manière plus brève qu'au pluriel. Il faudrait peut-être écrire : *uyu aa mu limukile*, celui qu'ils connaissent; *uyu āā mu limukile*, ceux qu'ils ne connaissent pas.

*Observation 2.* — En Kwangwa, à la 3ᵉ pers. 1ʳᵉ cl., le pronom de la forme dépendante est parfois *wi* ou *i* (*y* devant une voyelle), au lieu de *ā*. Ex. : *mbula mu ambwa wi lokele*, la pluie est appelée celle qui ne tombe pas; *ñuku y'ulwa sa ku mu ibaa*, la poule qui ne manque pas de ce qui peut la tuer.

§ 83. Le passé négatif prend la particule *ka* (non pas : *kana*).

---

1. Dans certaines langues nègres, entre autres le Tshi ou Ashanti, la différence de ton ou d'intonation musicale joue un grand rôle. Ces différences se remarquent aussi, quoique à un moindre degré dans les langues Bantou. Endemann est le seul qui jusqu'ici ait attiré là-dessus l'attention (*Versuch einer Grammatik des Sotho*, Berlin, 1878). En Louyi je n'ai remarqué la chose que pour la forme dépendante du négatif et dans le cas de *to enda* (cf. § 77*); mais il est probable que ce phénomène s'y fait sentir dans nombres d'autres cas. Mon oreille est malheureusement assez peu apte à le reconnaître. [Le ton de la voix est aussi en mpougwé, langue du groupe bantou de l'Ouest, une des trois manières par lesquelles on exprime la négation. Cf. Le Berre, *Grammaire de la langue pongouée*, Paris, 1875, in-12, p. 107. R. BASSET.]

Ex. : *ka twa enda*, nous n'allâmes pas ; *ka wa enda*, il n'alla pas, etc. La 1ʳᵉ pers. est *sa enda* ($=$ *ka na enda*), je n'allai pas (en Kwangwa : *i sa enda* [1]).

Un autre passé négatif, signifiant : pas encore, est formé au moyen d'un auxiliaire en -*e*. Ex. : *ka we yupa*, tu n'as pas encore entendu ; *k'e yupa* ($=$ *ka e yupa*), il n'a pas encore entendu ; *ka twe yupa*, nous n'avons, etc. La 1ʳᵉ personne est *se yupa* ($=$ *ka ne yupa*), je n'ai pas encore entendu (Kwangwa : *i se yupa* [2]).

§ 84. Il existe aussi une forme spéciale pour le futur négatif, soit la forme verbale assimilée précédée de la particule négative *aka*. Ex. : *ak'u yupu*, *ak'a yupu*, *aka tu yupu*, etc., tu, il, nous n'entendrons pas, etc.

La 1ʳᵉ pers. est *isi* ou *esi yupu* ($=$ *aka ni yupu*), je n'entendrai pas.

*Observation.* — Dans *esi* ou *isi yupu*, le premier *e* ou *i* provient sans doute de l'attraction de l'*i* final (*aka* $=$ *ni esi*). Le sens de ces temps est parfois celui d'un passé ; c'est un négatif très fort.

§ 85. En Kwangwa, la 1ʳᵉ pers. du final fait parfois *isa* [3] au lieu de *ese* ; ex. : *n'isa ku ibaa*, *tu isa ku ibba*, que je ne tue pas, que nous ne tuions pas.

*Observation.* — Le final a souvent le sens d'un futur.

§ 85ᵃ. Il existe aussi un infinitif négatif, formé au moyen de la particule négative -$\bar{a}$ (cf. § 81*) ; ainsi : *kwa enda*, ne pas aller. On semble ne s'en servir que joint attributivement à un substantif au moyen de la particule possessive ordinaire, ou de *na* qui la remplacerait (cf. § 46*). Ex. : *sitonda sa kwa liwa*, un arbre dont on ne mange pas (litt. : de ne pas être mangé) ; *amatole a na kwa liwa*, des *amatole* (sorte de poissons) dont on ne mange pas (litt. : des poissons eux de ne pas être mangés [4]).

1. Je ne m'explique pas la présence de l'*i* initial dans les formes *i sa enda* et *i se yupa*.
2. La forme *ka ne yupa* s'entend aussi quelquefois.
3. *Isa* est probablement la forme négative du verbe : avoir (cf. § 97*) ; dans ce cas *n'isa ku ibaa* signifierait : je n'ai pas à tuer.
4. Cet emploi de l'infinitif précédé de la particule possessive dans un sens attributif, est très fréquent en Louyi ; ainsi : *munu wa ku toma*, un homme malade (litt. : de être malade) ; *sitondo sa ku leba*, un arbre long

### Verbes auxiliaires et conjonctions.

§ 87. Employé avec le présent négatif, *ka* donne à celui-ci le sens d'un futur ; il y a deux formes de ce temps, avec ou sans assimilation de voyelles. Ex. : *k'u ka mono* ou *k'u ka mona*, tu ne verras pas ; *k'a ka mono* ou *k'a ka mona*, il ne verra pas, etc. La 1re personne est : *isi ka mono* ou *isi ka mona*[1] (= *ka ni ka mona*), je ne verrai pas (parfois en Kwangwa : *i ka mona*).

*Observation.* — Comme on peut le voir par les exemples ci-dessus, quand l'auxiliaire *ka* s'emploie dans des temps à forme assimilée, l'assimilation peut soit tomber, soit subsister.

§ 88. *si*. — Voici les formes du négatif avec *si* :

Présent : *si si yupu* (= *ka ni si yupu*), *k'u si yupu*, *k'a si yupu*, je n'entends plus ; tu — : il — etc.

Passé : *sa si yupa*[2] (= *ka na si yupu*), *ka wa si yupa*, etc., je, n'ai pas encore entendu, tu —;

*Observation.* — Au passé, surtout à la forme dépendante, on retranche *ka* devant le pronom et le *a* du pronom devient $\bar{a}$ (c'est-à-dire prend le haut ton, cf. § 81*) : *aba wā si yupa*, si tu n'as pas encore entendu.

§ 88. Il faut noter encore les verbes auxiliaires suivants :

1° *na*. — On le place devant le présent, le parfait, le passé en *na* et le futur, pour former des imparfaits ou des conditionnels ; ainsi :

Imparfait ou cond. présent : *na ni yupa*, *n'o yupa*, *n'o yupa* etc., j'entendais ; tu —; il — ou : j'entendrais ; tu —; il —

Cond. passé : *na ni yupile*, *n'o yupile*, etc., j'entendrais, etc.

Cond. présent : *n'e na yupu*, *n'o na yupu*, *na na yupu*, j'entendrais ; tu —; il —

Cond. futur : *na ni tamba ku yupa*, *n'o tamba ku yupa*, etc., j'entendrais, etc.

2° *sa*. — Cette particule se place directement devant le pronom, soit dans les phrases relatives, soit après *aba*, si, lorsque et *nga sibi?* comment ? Le sens est celui d'un futur.

(de être long). Le relatif français est souvent exprimé de cette façon.

1. La présence de *i* devant *si* est difficile à expliquer, à moins qu'on ne la regarde comme produite par analogie avec la forme donnée § 84*.
2. En Kwangwa, parfois : *ka si yupa*.

Dans les phrases relatives le verbe finit en *a* ou en *e*; après *aba* ou *nga sibi* il semble toujours finir en *e*. Ex. *uyu s'o* (= *sa u*) *yupa*, celui qui entendra; *uyu s'o ende*, celui qui ira; *aba sa ni yupe*, au cas où j'entendrai; *nga sibi sa tu ende?* comment irons-nous?

3º *tila*. — Ce verbe signifie : être. On s'en sert comme d'un auxiliaire, surtout pour former des imparfaits. Le verbe *tila* est soit à l'imparfait, soit au passé en *na*; le verbe principal est soit au présent (3ᵉ pers. 1ʳᵉ cl. a le pronom *mu*), soit à l'infinitif. Ex. : *n'o tila mu enda*, il allait (il était allant); *na tili mu enda*, il alla, il est allé; *a na ku tila u yaka*, ils habitaient (litt. : ils avaient bâti), etc.

§ 89. *samba* a souvent aussi la forme *isamba*.

*Observation.* — A noter un curieux idiotisme : *isamba la pa iliywa, mene uku lia nyama*, litt. : depuis que le soleil s'est levé, j'ai mangé de la viande, pour dire en réalité : depuis que le soleil est levé, je *n'ai pas* mangé de la viande.

§ 89 *a*. Les conjonctions suivantes sont à noter, la plupart de formation pronominale :

1º *aba*, si, lorsque; *abaya*[1], id. avec le sens du passé. Ex. : *ab'a enda*, lorsqu'il va; *abay'a enda*, lorsqu'il allait. Avec le *ni* copulatif on a *naba, nabaya* avec le sens de : c'est alors que.

2º *mwa, ba, kwa*, où, c'est ici, etc., sont des formes pronominales locatives introduisant une proposition relative. Ex. : *mw'a li*, il est là (litt. : c'est là qu'il est); *mw'e manena mo*, c'est ici que finit.

3º *iyi*, pronom démonstr. de la 8ᵉ classe, signifie : c'est ainsi, c'est pourquoi (ce sont des choses à cause desquelles); ex. : *iyi mu mwene*, c'est à cause de cela que vous voyez, litt. : (choses) lesquelles vous voyez (à cause d'elles). Ici aussi la phrase est relative.

4º *iwa* ou *wa* (kwangwa : *siwa* ou *simba*) est probablement une forme pronominale de la 14ᵉ cl. Le sens est : au cas où, si (*ob*, allemand). Le verbe se met toujours à la forme assimilée. Ex. : *iwa ni mono*, si je vois; *iwa ku tili*, si c'est; *iwa tu ende*, si nous allons, etc.

---

1. *Aba* et *abaya* sont deux formes pronominales démonstratives de la 16ᵉ classe (locative). Au lieu de *abaya*, on a parfois *baya*. Après cette conjonction et les nᵒˢ 2 à 4 le verbe est à la forme dépendante.

5° *angu*. — On l'emploie avec le final dans le sens d'un futur ; ex. *angu a tjile*, il aura peur.

6° *anda*. — On l'emploie également avec le final ; le sens est : si ce n'est. Ex. : *umu maywa umu a tela mu musitu, anda a shaele*, toutes les fois qu'il va dans la forêt, si ce n'est qu'il crie (c.-à-d. : il crie toutes les fois, etc.). Employé avec un subst. *anda* a le même sens ; ex. : *mwan'a nge ak'a elekwa mu sito sindina, anda sito no nde*, mon enfant ne sera pas porté dans une autre peau, si ce n'est une peau de lion.

7° *kondji*[1]. — Il a le même sens que *anda*, et se construit de même. Ex. : *abaya ni ta ku anu, kondji ni tome*, lorsque j'ai été visiter les gens, si ce n'est que je suis malade (c.-à-d. : j'ai toujours été malade, lorsque...).

8° *andila*. — Sens : soit que, quant à. Ex. : *andila ku ibaa, mu ibaa*, quant à tuer (s'il s'agit de tuer), tuez ; *andila k'a ka kela*, soit qu'elle ne soit pas arrivée, peut-être n'est-elle pas arrivée.

9° *aba abo ; andi* ou *kandi* ont le même sens adversif que le Soubiya *diaho* (cf. *Gramm. Soubiya*, § 134). Ex. : *aba abo ni mu ta kuli nyina*, en réalité il va vers sa mère.

10° *Ku ambatji*, infinitif du verbe dire, est employé comme le Soubiya *kuti*, dans le sens de : que (cf. *Gramm. Soubiya*, § 136) ; il en est de même de la forme *ndji*. Ex. : *ili liambutji ili o ambatji ku ambatji ka li liwa mukati*, il n'y en a qu'un (de ces poissons) dont tu dis que les femmes ne mangent pas. La forme *yanotji* (= *ya na ku tji*, cf. § 60°) signifie : parce que. Le même emploi du verbe : dire, se retrouve dans presque toutes les langues Bantou.

§ 90. Avec la forme verbale *wa mona* (tu as vu, si tu as vu), suivie du présent, passé ou futur, on rend le sens de : si, au cas où (hypothétique). Ex. : *wa mona u amba*, si tu parles ; *wa mona u tamba ku amba*, au cas où tu parlerais ; *wa mona aka tu ka kela*, au cas où nous n'arriverions pas.

Le même sens se rend au moyen du passé en -*a* (§ 69). Ex. : *na enda*, si je vais ; *wa yupa*, si tu entends.

---

1. *Kondji* est probablement formé de la racine verbale *ndji*, ainsi (cf. § 60°), et de la particule négative ; mais il ne m'est pas possible d'expliquer pleinement sa formation.

### Les verbes être et avoir.

§ 93. Les deux formes de la copule *ta* (ou *ti*) et *ni* (parfois *na*) ne s'emploient pas indifféremment. Voici les règles qu'on peut indiquer :

1° La forme *ti* ne s'emploie qu'avec les pronoms de la 1re et de 2e pers. du singulier; ainsi : *time* ou *ti mene*, c'est moi; *tiwe* ou *tiwene*, c'est toi. Aucune autre forme de la copule n'est admise avec ces deux pronoms,

2° La forme *ta* ne s'emploie qu'avec les *substantifs* (au singulier) et de la 1re et de la 9e cl., et les *pronoms* de la 1re cl. On ne l'emploie jamais avec les adjectifs, les adverbes, ni avec les substantifs ou les pronoms des autres classes, ni avec les pronoms de la 1re et 2e personnes. Ex. : *ta mubika*, c'est un serviteur; *ta muywandi*, c'est un chef; *ta it'oe*, c'est ton père; *ta ndo*, c'est une hutte; *ta ngombe*, c'est un bœuf; *t'anyi?* Qui est-ce? *t'oyu* (= *ta uyu*), c'est lui; *t'o endisa* (= *ta u endisa*), c'est lui qui conduit, etc. [1]). On peut, cependant, par exception, l'employer avec des substantifs d'autres classes, si ceux-ci indiquent des objets appartenant nécessairement à des êtres personnels ; ainsi : *ta likondo lia nge*, c'est ma jambe. Cette construction est, d'ailleurs, fort rare [2]. Il faut noter que l'article est toujours omis après *ta*.

3° *ni* peut s'employer partout où l'on emploie *ta* ; on l'emploie de plus à toutes les classes, aussi bien au singulier qu'au pluriel, et avec les substantifs, les pronoms (y compris ceux de la 1re et 2e pers. pluriel), les adjectifs, adverbes, etc. C'est donc la forme copulative la plus généralement employée. Ce n'est qu'au sing. des 1re et 2e pers. qu'on ne la trouve jamais. Après *ni*, l'article n'est jamais exprimé. Ex. : *ni liwe*, c'est une pierre; *ni aywandi*, ce sont des chefs; *ni anu* (ou *n'anu*), ce sont des gens; *n'anyi*,

---

1. Très souvent les pronoms, ou les substantifs, sont précédés de la copule *ta* sans que celle-ci conserve sa valeur intégrale. Le sens est le même que si *ta* ne s'y trouvait pas. Ainsi, *t'oyu, t'anyi?* signifient souvent simplement : lui, qui? *t'o endisa* signifie parfois simplement : il conduit. Cet emploi de la copule explique sans doute certaines formes où il semble y avoir deux copules, ainsi : *uyu ni t'anyi?* Qui est cette personne?

2. Dans des phrases comme : *itingombe ito ta maloya*, ces bœufs sont étranges, *ta* n'est pas la copule, mais la particule possessive de la 10e classe; la phrase signifiant : ces bœufs sont des bœufs d'étrangeté.

c'est vous ; *n'uto*, c'est lui ; *munu uyu ni muyi*, cette personne est méchante ; *ni kubini ?* où est-ce ? *ni sakame*, c'est le lièvre, etc. Parfois on a *na* au lieu de *ni*. Ex. : *na lielo*, c'est un sot ; *na lutimbo*, c'est une personne cruelle. La forme *na* semble fort rare.

4° La copule négative est *kasa*. Ex. : *kasa munu*, ce n'est pas un homme ; *kasa sitondo*, ce n'est pas un arbre, etc. Parfois on a simplement *ka* ; ex. : *ka siamana*, ce n'est pas un animal.

*Observation*. — *ta* s'emploie souvent d'une manière pour ainsi dire absolue au commencement de la phrase, mais il s'applique toujours par le sens à un substantif de la 1ʳᵉ ou 9ᵉ cl. Cette construction est curieuse ; en voici quelques exemples : *uyu s'o pwatula an'a nge, ta sa ni be mwan'a nge, t'a mu kwate*, celui qui fera sortir mes enfants (de mon ventre), c'est (à lui que) je donnerai mon enfant, c'est (lui qui) l'épouse ; *t'oyu t'e na toyo* (= *ta i na toyo*), c'est lui (de qui) j'ai dit, litt. : c'est lui, c'est j'ai dit (lui). Dans cette dernière phrase la construction est pléonastique.

§ 94. La forme dépendante du présent n'est pas *ni si, ni li*, mais *nā li, wā li*, etc. (cf. § 81*). Ex. : *aba nā li muyi, aba wā li muyi*, si je ne suis pas, si tu n'es pas, méchant, etc.

§§ 95 et 96. Les formes *i na bi*, je fus ; *ni tamba ku ba*, je serai, etc., sont fort rares. On se sert surtout, pour exprimer le verbe être, des verbes : *ku tenda*, faire (= devenir) ; *ku biluka*, devenir, être changé en ; *ku tila*, exister. Ex. : *ao ku tenda aywandi aili*, c'étaient ceux chefs ; *ni tamba ku tila munu*, je serai un homme ; *i na ku biluka mbumu*, je fus un chef, etc.

§ 97. Les formes avec *mwa, kwa, ba* sont, au fond, des phrases relatives ; *abaye mw'a li* signifie, en effet, quand on traduit littéralement : c'est là que sont les tiens. Il semblerait, qu'avec le verbe être, le prédicat ne puisse être un locatif. On peut dire, en effet, *muno mu li abaye*, ici sont les siens ; *mu wina mu li lifumbo*, dans le trou il y a des fruits, le locatif, étant sujet et le prédica- un substantif non locatif. Mais on ne dira pas : *abaye a li mo, lifumbo li li mu wina*[1]. A côté de *ka ku isa, ka mu isa*, on trouve

---

1. Dans un de mes textes, je trouve cependant la forme : *liyoka aba li li mu mako*, quand le serpent est dans le trou de l'arbre ; cf. aussi : *linkendende ili li mu site*, l'antilope qui était dans les roseaux. Il semblerait que dans les phrases dépendantes cette construction est possible, mais pas dans les propositions principales.

aussi *ka b'isa* (= *ka ba isa*). Quand la phrase est dépendante, on emploie la forme négative en *-ā* (cf. § 81*); ex. : *sitondo sā sa makolwa*, un arbre qui n'a pas de feuilles.

*Observation*. — *isa* ou *sa* paraît signifier : avoir.

§ 98. Je ne suis pas très sûr de l'exactitude de la forme *umo mu si n'anu*, là où il n'y a personne, bien que je la trouve dans un de mes textes; il est possible qu'elle soit due à l'influence du Soubiya.

Le verbe *ba ni*, ou *li ni*, est fort rare. Il signifie : avoir, non pas dans le sens de : posséder, mais dans celui de : être avec, avoir avec soi. Ex. : *ni li ni mbwa*, j'ai un chien (avec moi).

Avoir, dans le sens de posséder, se rend par *ku kwata*, saisir, posséder ; *ikala ni*, demeurer avec. Ex. : *ni kwete mbwa* ou *ni ikala ni mbwa*, j'ai un chien (je le possède).

*Observation*. — Le verbe *ku leya* donné dans la Grammaire signifie, en réalité, enfanter, mettre au monde. On ne peut donc l'employer que dans des cas fort restreints avec la signification de : avoir; comme, par ex., en français : elle eut un enfant.

### Propositions relatives.

§ 100. Quand le relatif est objet on peut aussi le répéter devant le verbe comme pron. object. conjoint. Ex. : *munu uyu ni mu singa*, la personne que j'aime.

Les conjonctions pronominales *mwa, kwa, ba, iyi*, etc. (cf. § 89**) sont toujours suivies de propositions relatives. Ex. : *iyi mu mwene*, c'est pour cela que vous voyez est = *ni iamba iyi mu mwene nga iyi*, ce sont les choses lesquelles vous voyez à cause d'elles.

§ 101. Un exemple de construction possessive avec relatif est : *uyu i na mono umbwa wa ye*, celui dont j'ai vu le chien.

### Formes dérivées du verbe.

§ 102. Le passif des verbes en *oa* est *oiwa*. Ex. : *ku loa*, tuer par sorcellerie, pass. *ku loiwa*.

§ 103. *Causatif*. — La plupart des verbes en *na, la, ka* font au causatif; *nya, la, sa*. Ex. : *ingena*, entrer ; *ingenya*, faire entrer ; *uka*, revenir ; *usa*, ramener ; *utuka*, courir ; *utusa*, faire courir ; *kela*, arriver ; *keta*, amener; *twalela*, porter vers ; *twaleta*, faire porter vers.

Le changement de *na*, *la*, *ka* en *nya*, *ta*, *sa*, s'explique si l'on admet que la forme du suffixe causatif est dans ces cas *ya*, non *isa*. Des permutations de même nature s'observent dans la plupart des langues Bantou, où elles doivent être expliquées de la même manière.

*Observation 1.* — Les formes *-ulu*, *-ola* ne sont pas des causatifs de *-uka*, *-oka*, mais des formes transitives parallèles aux formes neutres *-uka*, *-oka*.

*Observation 2.* — Le sens du causatif est quelquefois le même que celui de la forme simple, mais un peu renforcé ; ex. : *ongola, ongota*, se donner de la peine ; *amba*, parler ; *ambisa*, parler haut ; *tumbula, tumbuta*, allumer ; *suka, sukisa*, vanner, etc. Dans ce dernier cas, comme dans celui de : *ibaa, ibaisa*, tuer ; le causatif s'emploie pour dire qu'on se sert de quelque chose pour agir ; ainsi : *mwange no ku ibaisa*, une assagaie pour tuer.

§ 104. *Directif.* — Quand il est joint aux verbes causatifs en *sa* et *ta*, le suffixe *-ela*, devient *-eta* (sans doute par assimilation, cf. § 8°). Ex. : *banisa*, faire sortir, *baniseta* ; *usa*, ramener, *useta* ; *keta*, amener, *keteta*, etc.

Les verbes en *-ula* font généralement *-wela* (par élision du premier *l*) au directif. Ex. : *yangula*, cueillir, *yangwela* ; *amula*, refuser, *amwela* ou *amulela*.

*Observation.* — Les verbes non causatifs en *sa* font le directif régulièrement en *-ela*. Ex. : *lesa*, laisser, *lesela*.

§ 106. En Louyi la plupart des verbes en *ana* semblent être neutres.

Pour marquer la réciprocité on se sert souvent (comme dans quelques langues Bantou) du pronom réfléchi (*ku*). Ex. : *ao ku wa*, ils se battent ensemble.

§ 108. La forme dérivée en *-eka* est, en Louyi, bien plus souvent *causative* que neutre. Elle est semble-t-il, très fréquente. Ex. : *pumba*, salir en frottant de poussière, *pumbeka*, enterrer ; *langana*, se coucher ; *langeka*, coucher quelqu'un ; *tina*, monter ; *tineka*, faire monter. Le seul verbe neutre en *-eka* que j'aie rencontré est *monyeka*, être visible (de *mona*, voir).

*Observation.* — En Héréro, Ndonga, etc., on retrouve encore dans l'usage courant le causatif en *-eka* ; des traces de son existence se remarquent également dans la plupart des langues Bantou. La différence entre le causatif en *-isa* (ou *sa*, *ta*, *nya* ; cf.

§ 103') et celui en *-eka*, paraît être celle-ci : *-eka* est un causatif plutôt direct, *-isa* plutôt indirect. Ainsi : *langeka*, coucher quelqu'un, *langeta*, jeter quelque chose à terre; *tina*, monter; *tineka*, faire monter quelqu'un ; *tinisa*, faire monter quelque chose. En Héréro on retrouve la même différence. Dans *ingenyeka*, faire entrer violemment ou complètement, nous avons les deux suffixes causatifs ensemble.

§ 108ª. Les suffixes *-ula*, *-ola* (caus. *-uta*, *-ota*), *-utula* ($=$ *ula* $+$ caus. $+$ *ula*) ; *-una*, *-ona*, *-ununa*, *-uka*, *-oka* (caus. *-usa*, *-osa*) sont soit *inversifs*, soit *augmentatifs*. Des exemples d'augmentatifs sont : *ambola*, parler beaucoup, causer; *tongoka*, se plaindre.

*-ula*, *-olu* (*-una*, *-ona*, après des nasales pures; cf. § 8) sont transitifs; *-uka*, *-oka*, sont neutres; *usa*, *-osa* ($=$ *-uta*, *-ota*, sont causatifs.

*Observation*. — Il semble qu'après les radicaux en *a, i, e, u* on ait : *uka*, *-ula*, *-una*, *-usa*; après des radicaux en *o*, *-oka*, *-ola*, *-ona*, etc. ; ce serait un phénomène parallèle à celui de l'attraction des voyelles dans les suffixes Soubiya *-ela*, *-ena*, et *-ila*, *-ina* (cf. *Gramm. Soubiya*, § 10). Des formes comme *ambola* ne détruisent pas cette hypothèse ; en effet, *ambola* est très certainement *ambaula* $=$ *ambola*. En Sumbwa[1], le suffixe augmentatif *-gula* s'ajoute au verbe de la même manière (cf. aussi *Gramm. Soubiya*, §§ 166, les formes *temaona*, *kobaola*, ou plutôt, commes elles devraient être écrites : *temauna*, *kobaula*).

§ 108ᵇ. Un autre suffixe est *-anga* qui paraît renforcer l'action du verbe. Ex. : *ala*, regarder ; *alanga*, regarder attentivement; *fula*, battre ; *fulanga*, battre violemment, etc., le suffixe se retrouve dans la plupart des autres langues Bantou.

D'autres suffixes dérivatifs dont le sens ne peut être encore fixé, et qui ne sont plus d'un usage aussi courant que les précédents, sont : *-uma*, *-oma*, *ama*; *-ala* (surtout des verbes neutres); *-ata* (surtout des verbes transitifs), etc. On les retrouve aussi dans d'autres langues.

§ 110. Le suffixe *-ba* est parfois *-bala*. Ex : *kulubala*, vieillir (de *-kulu*, grand, ancien).

---

1. A. Capus : *Grammaire du Shisumbwa*, p. 59, dans *Zeit. für afrik. und ocean. Sprachen*, 4ᵉ année.

# VOCABULAIRE LOUYI

Ce vocabulaire, étant destiné avant tout à faciliter la lecture de nos textes, ne contient guère que les mots que j'y ai relevés, soit environ 1.100. Les pronoms, locatifs pronominaux, etc., ne s'y trouvent pas, la Grammaire les donnant d'une manière suffisante.

J'ai préféré donner à part les *noms* (subtantifs, adjectifs et adverbes) et les *verbes*. Pour les *substantifs*, un chiffre indique à quelle classe appartient chaque nom, il ne donne la forme du pluriel que lorsque celui-ci est plus ou moins irrégulier. On en trouvera quelques uns au pluriel seulement ; ce sont ceux dont le singulier ne m'est pas connu. Il eût été désirable de ranger les substantifs, non pas selon la forme de leurs préfixes, mais selon leurs racines (ainsi *mu-nu, mu-ywandi,* auraient été placés aux lettres *n* et *y*) ; mais, pour diverses raisons, j'ai préféré ranger les substantifs selon la formeque leur donnent leurs préfixes. Par contre j'omets toujours l'article ou particule-voyelle, ainsi j'écris : *munu, litina,* et non pas *umunu, ilitina.* Dans deux ou trois cas comme *itina, ita, undumbana,* il était difficile de savoir si *i* et *u* faisaient ou non partie intégrante du substantif lui-même ; je les ai laissés sous cette forme. Les *adjectifs* sont naturellement donnés sans aucun préfixe, ainsi : *-wa, -kulu,* etc.

Dans les *verbes*, pour autant que cela m'a été possible, je donne les formes dérivées à la suite du verbe simple, et un peu en retrait de celui-ci, même si elles sont ainsi un peu en dehors de leur ordre alphabétique. Dans le cas où la dérivation ne me semblait pas sûre, je ne l'ai pas marquée. Les verbes transitifs sont marqués *tr.* ; les neutres, *n*. Les autres sont simplement actifs. Les verbes causatifs, directifs, etc., sont marqués : *caus., direct,* etc.

Je suis naturellement l'alphabet Louyi, ainsi les mots en *ñ* suivent ceux en *n* ; ceux en *sh* suivent ceux en *s* ; ceux en *tj* suivent ceux en *t*. En effet, *ñ, sh, tj* sont des sons à part, et doivent avoir leur place à part dans le vocabulaire.

## Substantifs, adjectifs, etc.

*abangi*, 2, ceux qui donnent des médecines.
*a-kwa-liala*, 2, devins (litt. : ceux à aigrette).
*akwati*, 2, gens mariés.
*amilwe*, 2, ceux qui prient.
*andombe*, 2, sorte de poissons.
*añumbeti*, 2, ceux qui se donnent de la peine.
*añuyi*, 2, vautours.
— *atu*, adj. numér. — trois.

*bakatji*, adv., au milieu.
*balelo*, adv., aujourd'hui.
*balino*, adv., maintenant.
*bamweya*, adv., ensemble.
*bande*, adv., dehors — *ku bande*, en dehors.
*bandele*, adv., après-demain, plus tard.
*bandji*, adv., à terre.
*a-batjili*, adv., ailleurs.
*baweli*, adv., d'abord.
*bebi*, adv., près.
*beulu*, adv., au-dessus.
*bile*, adv., beaucoup.
*bingolwa*, adv., hier.
*biunda*, adv., demain.
*biyuti*, adv., avant-hier, auparavant.
*boso*, adv., devant.
*bya*, adj., nouveau.

*iamo*, 8, houes.
*ifuba*, 8, os.
*ikakua*, 1 et 9, épervier.
*ikungwe*, 8, force.
*ilabo*, 8, rames.
*ili*, adj. numér., deux.
*imwandela*, ?
*inengo*, 8, jeux.
*iongolo*, 8, insectes.
*isali*, 8, poitrine.
*ita*, 9, troupe.

*it'a ye*, *it'oe*, *it'ao*, 1, son, ton, leur père.
*itambo*, 8, lanières de viande séchée.
*itele*, 8, gourdes.
*itina*, 9, poux.
*itjoo*, 8, pots.
*iyaleto*, 8, nids.
*iyuma*, 8, perles, colliers.

*kabu*, 12, petite antilope.
*kaiamana*, 12, petit animal.
*kakombwa*, 12, page, domestique du chef.
*kakulukulu*, 12, petite antilope.
*kakundukundu*, 12, trombe de sable.
*kale*, adv., jadis.
*kalume*, 12, petit homme.
*kame*, adv., de nouveau.
*kanwa*, 12, bouche, gueule.
*kangoti*, 1 et 12, épervier.
*kanuke*, *kanukana*, 12, enfant.
*kaongolo*, 12, insecte.
*kapui*, 12, gourde.
*kasima*, 12, un peu de pain.
*kashanda*, 12, petit plat.
*kashendo*, 12, tache, défaut.
*katele*, 12, petite gourde.
*katjoo*, 12, pot.
*katjoo-ka-maoma*, 12, pot d'eau bouillante.
*katongo*, 12, ruine.
*kawana*, 12, petite assiette.
*kawe*, 12, petite pierre.
*kayama*, 12, un peu de viande.
*kondji*, adv., si ce n'est, excepté.
*kule*, adv., loin.
*kulu*, adv., grand.
*kuso*, adv., devant.
*kuulu*, 15 ; pl. *maulu*, jambe.
*kutwi*, 15 ; pl. *matwi*, oreille.
*kuwilu*, adv., en haut.
*kwaba*, 15 ; pl. *makwaba*, aisselle.

kweti, 9 et 15 ; pl. tiñweti, lune, mois.
kwindji, adv., en dessous.

liala, 5, aigrette.
liambai, 5, fleuve.
lianda, 5, gerbe.
libanda, 5, grue.
libila, 5, ver.
liele, 5, mamelle, sein.
lielo, 5, sot.
lieo, 5 ; pl. maeo, dent.
lifuba, 5, jalousie.
lifumbo, 5, espèce de fruit.
likaa, 5, bras, main.
likala, 5, charbon.
likamba, 5, gué, débarcadère.
likaya, 5, tabac.
likena, 5, blancheur.
likendende, 5, antilope des eaux.
likendu-kendu, 5, ami, aimé (?).
likololo, 5, grosse grenouille.
likondo, 5, jambe.
likoshi, 5, nuque.
likao, 5, bêche.
likumbi, 5, nuage.
likumbi, 5, queue.
likumi, 5, dix.
likunde, 5, pois.
likwina, 5, fosse, terrier.
likwitji, 5, colombe.
lilapa, 5, cour circulaire devant la hutte.
lilolo, 5, grand bruit.
lilomo, 5, grande bouche, grand bec.
limvna, 5, feuille (d'un arbre).
linanga, 5, sécheresse.
lindja, 5, bord, rivage.
lindji, 5, gros pilon.
lingongole, 5, le grand serpent des eaux.
lingolongoma, 5, grand animal fabuleux, jeu enfantin.
lingumbwa, 5, espèce de poisson.
linyota, 5, scif.
liñanga, 5, pintade.
liombe-kalala, 5, serpent fabuleux.

lionge, 5, antilope des eaux.
liongo (et liyongo), 5, panier.
lipe, 5, bord, rivage.
lipumo, 5, ventre.
lisima, 5, source, fontaine.
lisikita, 5, hibou.
lishasha, 5, natte.
lishebo, 5, faim.
lisho, 5, flèche.
litama, 5, joue.
litanda, 5, panier.
litemeno, 5, endroit où l'on a pris du miel sauvage.
litia, 5, lac, étang.
litiko, 5, foyer.
litina, 5, nom.
lito, 5, pl. mioo, œil.
litola, 5, ruines.
litunga, 5, terre, pays.
litjila, 5, citrouille.
liulungu, 5, espèce de poisson.
liuyi, 5, toile d'araignée.
liwe, 5, pierre.
liyoka, 5, grand serpent.
liyongo. 5 = liongo.
liyulu, 5, nez.
liyumbelo, 5, tombeau.
liyungu, 5, brousse, endroit non cultivé.
liyunyi, 5, gros oiseau.
liywa, 5, jour, soleil.
liywi, 5, voix.
loongolo (ou luongolo), 11 et 1, caméléon.
lubala, 11, front.
lubelo, 11, lancette.
lubunga, 11, fleur mâle du maïs.
lubuta, 11, broussailles.
lukeke, 11, pl. itineke, garçon.
luki, 11, cheveux.
lukumba, 11, poudre odoriférante.
lulimi, 11, pl. malimi, langue.
luluka, 11, natte.
lulume, 11, homme grand.
lundiyo, 11 et 1, oiseau nocturne.
lungundwe, 11, rides sur le front d'un taureau.
lusa, 11, antilope.

*lusimo*, 11 ; pl. *itindimo*, chanson.
*lushitanguti*, 11. chant de louanges.
*lushoko*, 11, grande cour entourant la hutte.
*lutala*, 11, échafaudage.
*lutimbo*, 11. haine, méchanceté.
*lutiyo*, 11, briquet pour faire le feu (bois que l'on fait tourner dans le *sitako*).
*lutu*, 11, corps.
*luu* ; 11, pl. *timbu*, roseau
*luwawa*, 11 et 1, chacal.
*lwalo*, 11, panier.
*lwanda*, 1, enclos.
*lwange*, 11, chanvre.
*lwenga*, 11, tesson.
*ma*, 1, mère de.
*mabala*, 2, couleurs.
*mafa*, 6, deuil.
*makata*, 6, — *ku anga makata*, s'asseoir les bras autour des genoux.
*maki*, 6, œufs.
*mako*, 9, trou dans le tronc d'un arbre.
*makolwa*, 6, branches.
*makoma*, 6, grosses patates.
*makua*, 6, écorces.
*makuko*, 6, filets.
*makwisa*, 6, mensonge.
*makwambimba*, 6, copeaux.
*malimba*, 6, couleurs.
*malopu*, 6, bière.
*maloya*, 6, miracle, chose étonnante.
*malumbi*, 6, aigrettes des roseaux.
*malumba*, 6, patates.
*malunga-siku*, 6, aube.
*mand'oe, mand'a ye* etc., 1, ton, son frère ; ta, sa sœur (frère d'une femme ; sœur d'un homme).
*mande*, 9, coquillage blanc servant d'ornement.
*mandi*, 1, ma mère (*Kwangwa*).
*mangambwa*, 6, feuilles des citrouilles (?)

*mangandila*, 9 (?), croisement des routes.
*mango*, 6 (?), nœuds.
*a-mangolawa*, 6, soir.
*mangwalala*, 6, corbeaux.
*maoma*, 6, tambours.
*mapu*, 6, sorgho.
*masiku*, 6, matin (pl. de *usiku*, 14, nuit).
*masinde*, 6, mottes, jardins (pl. de *sisinde*, 7, ou *ndinde*, 9).
*masomango*, 6, force (?)
*mashete*, 6, greniers (pl. de *sishete*, 7).
*mataku*, 6, fesses.
*matanda*, 6, enclos à bétail (pl. de *sitanda*).
*mate*, 6, bave, salive.
*matende*, 6, jambes.
*matengu*, 6, après-midi, soir.
*mati*, 6, graisse.
*matole*, 6, espèce de poissons.
*matungu*, 6, eaux profondes.
*maulu*, 6, pl. de *kuulu*, 15.
*mawe*, 6, ma mère (vocatif).
*mawe*, 6, lait.
*mayo*, 6, ma mère (en parlant d'elle).
*mbandi*, 9 et 1, aigle.
*mbayo*, 9, rabots, ciseau.
*mbi*, 9 et 1, zèbre.
*mbindji*, 9, assagaie.
*mboa*, 1 (et 9 ?), champignon.
*mboela*, 9, sud.
*mbongo*, et 9 et 1, chèvre.
*mbote*, 9, hydromel.
*mbu*, 9 et 1, hippopotame.
*mbuki*, 1, devin.
*mbula*, 9 et 1, pluie, foudre.
*mbulu*, 9 et 1, tortue.
*mbulu-mukuma*, 9, et 1, varan, iguane.
*mbumbi*, 9, hiver.
*mbumu*, 1, chef, mari.
*mbusha*, 1, ami, allié.
*mbuto*, 9, graine, semence.
-*mbutji*, adj. seul.
*mbuyi*, 1, voleur.

*mbwa*, 1 (et 9?), chien.
*mebo*, 3, vent, hiver.
*mele*, 6, mamelles (pl. de *liele*).
*mendji*, 6, lait frais.
*meyi*, 6, eau.
*mioo*, 6, yeux (pl. de *lito*).
*min'a nge*, *min'oe*, etc., 1, mon, ton cadet (pl. *ain'a ye*, *ain'oe*, etc.).
*miny'a nge*, *miny'a ye*, etc., 1, mon, son maître (pl. *ainya nge*, etc.).
*mishenge*, 4, bois acérés.
*mitambo*, 4, = *itambo*.
*molia*, 1, chef (pl. *aolia*).
*mopu*, 3, herbe.
*moyo*, 3, vie.
*mualanyi*, 1 ou 3, quelque chose sans vie (?)
*muanda*, 3, cent ou mille.
*mubika*, 1, serviteur.
*mubinyi*, 3, manche de houe.
*mubu*, 1, paresseux.
*muendo*, 3, voyage.
*mufu*, 1, un mort.
*mufubakati*, femme polyamique.
*muibai*, 1, tueur, chasseur.
*mukandanu*, 3, bière forte.
*mukanga*, 3, chant de guerre.
*mukatana*, 1, fille, fillette.
*mukati*, 1, femme.
*mukoa*, 3, association, amitié.
*mukoma*, 3, palmier.
*mukombwe*, 1, coq.
*mukopu*, 1, paresseux.
*mukua*, 3, cri d'appel.
*mukulu*, 1, coq ; oiseau de nuit.
*mukulu*, 1, ancien ; médecin.
*mukushuko*, 3, déjeuner.
*mukwange*, *mukoe*, *mukwaye*, 1, mon, ton, son compagnon.
*mukwetu*, *mukwenu*, *mukwao*, notre, votre, leur compagnon.
*mukwalumbo*, 1, berger.
*mukwa-manyinga*, 1, frère par le sang.
*mulai*, 3, gourde.
*mulala*, grand serpent fabuleux.

*mulambula*, 3, gousse.
*mulamu*, 1, beau-frère.
*mulamu*, 3, bâton.
*mulangu*, 3, anneaux des jambes.
*mulema*, 3, obscurité.
*mulepo*, 3, manteau.
*mulepu*, 3, barbe.
*mulikane*, 1, ami, compagnon.
*mulilo*, 1, feu.
*mulisana*, 1, berger (Souto).
*mulise*, 1, celui qui fait manger.
*mulombwe*, 1, (pl. *amulombwe*), héron.
*mulomo*, 3, bouche, lèvre.
*mulonga*, 3, place de pêche.
*mulongwe*, 3 (ou 1 ?) pluie.
*muloti*, 1, sorcier.
*muloti*, 3, sifflement.
*mulume*, homme (vir.)
*mulunga*, 1 et 3, espèce d'oiseau.
*mume*, 3, rosée.
*mumwe*, 3, odeur.
*munanga*, 3, berge.
*mundale*, 3, maïs.
*mungandu*, 3, hutte de chasseurs.
*munganu*, 1, personne rusée.
*munkundwe*, 1, hyène.
*munwa*, 1, belle-mère.
*munwe*, 3, doigt.
*munyumbwe*, 1 (et 3 ?), gnou.
*munwamoye*, 3, espèce d'arbre.
*muonda*, 3, chômage, sabbat.
*muongo*, 3, dos.
*muongola*, 1, personne active.
*muoti*, 3, lien, corde.
*mupondobela*, 3, espèce de fruits.
*mupu*, 3, sol.
*musali*, 1, malade.
*musati*, 1, scarificateur.
*musila*, 3, queue.
*musilo*, 1, sot.
*musitu*, 3, forêt.
*muso*, adv., devant.
*mushebuluki*, 1, devin.
*musheke*, 3, sable.
*mushemi*, celui qui engendre, père, mère.

*mushi*, 3, espèce d'arbre.
*mushimane*, 1, garçon, esclave (Souto).
*mutabo*, 3, portion d'un champ.
*mutala*, 3, enclos.
*mute*, 1, chasseur.
*mute*, 3, cendres.
*mutenga*, 3, plume.
*mutia*, 3, lac.
*mutimo*, 1, ancêtre mort, mânes.
*mutio*, 3, bois avec lequel on porte les fardeaux.
*mutjima*, 3, cœur.
*mutondo*, 3, arbre, médecine.
*mutulo*, 3, nord.
*mutumbi*, 3 ; -*liywa lia mutumbi*, un autre jour.
*mutwi*, 3, tête.
*muundu*, 1 et 3, espèce d'insecte qui vit sur l'eau.
*muwilu*, adv., en haut.
*muwina*, 1, serviteur.
*muyati*, 1, scarificateur.
*muyunyi*, 1, oiseau.
*muywandi*, 1, chef, roi.
*mwabange*, *mwaboe*, etc., 1, mon, ton, compagnon, parent, etc.
*mwaka*, 3, année ; -*ka mwaka ?* quand ?
*mwana*, enfant.
*mwanamoywe*, 1, fillette.
*mwalikati*, 1, femme enceinte, femelle qui a mis bas.
*mwanukana*, 1, enfant.
*mwanuke*, enfant.
*mwange*, 3, assagaie.
*mwati*, 3, poison.
*mwelo*, 1, sot.
*mwelo*, 3, porte.
*mweti*, 1, malade.
*mweti*, 3, mois.
*mwemwe*, 3, lait de femme.
*mwili*, 3, corps.
*mwinda*, 3, ombre.
*mwindji*, 3, pilon.
*mwindji* (17 ou 3 ?), milieu du jour.
*mwindji*, adv., dessous.

*mwise*, 3, fumée.

*nako*, 9, moment.
*nalikwindji*, 1, sorte d'oiseau.
*nalukalamba*, 1, caméléon.
*nalukapwa*, 1, grue.
*nalumbwa*, 1, termitière.
*nalungwana*, 1, espèce d'oiseau (bergeronnette ?)
*nalutota*, 1, espèce d'oiseau.
*nambe*, 1, pot.
*nambwa-mutalati*, 1, arc-en-ciel.
*namoo*, 1, place publique.
*namumbelela*, 1, araignée.
*nanda*, 9 (?), graine de citrouille.
*nanu* (classe ?), personne intelligente.
*natamoyo*, 1, fonctionnaire de l'Ou-Louyi.
*natula*, 1, bœuf.
*Nasilele*, 1, femme de Nyambé.
*ndandi*, 9, corde.
*nde*, 9 et 1, lion.
-*ndi*, adj., nombreux.
*ndi*, 9, poisson.
*ndila*, 9, route, chemin.
*ndima*, 9, pain.
*ndimba*, 9 (et 1), chat-tigre.
-*ndina*, adj., autre.
*ndinde*, 9 (pl. *masinde*), champ labouré.
*ndingo*, 9 (ou 3 ?), cou.
*ndindi*, 9, mouche.
*ndiwi*, 9, hyène (Kwangwa).
*ndjefu*, 9, élan (grande antilope).
*ndjeko*, 9, espèce de graminée.
*ndjemunwa*, 1, beau-père, belle-mère.
*ndjimu*, 9, champ.
*ndjingatanyi*, 1, tel ou tel.
*ndjoko*, 9 (et 1), singe.
*ndjolo*, 9 (et 1), oiseau du miel.
*ndo*, 9, hutte.
*ndobolo*, 9, fusil.
*ndondo*, 9, pot d'argile, animal fabuleux.
*ndoo*, 9 (et 1), tigre.
-*ne*, numér., quatre.

-nene, adj. grand.
-nenana, adj., assez grand.
ndopu, 9 et 1, éléphant.
ndowa, 9, boue.
ndume, 1, personne courageuse.
ŋala, 1, plumet.
ngandu, 9 et 1, crocodile.
nganga, 1 et 9, médecin.
ngili, 9, sanglier.
ngoma, 9, tambour.
ngongolo, 9, aigrette.
ngongola-tondo, 9, espèce d'oiseau, pic.
ngotjana, 1 et 9, veau.
ngulu, 9, taupe (?).
ngulu, 9, patate.
nyako, 5 et 1, grand-mère.
nyama, 9, viande.
Nyambe, 1, Dieu.
nyima, 9. — ku nyima, derrière.
nyina, 1, sa mère.
nyoka, 9, serpent.
nyoko, 1, ta mère.
-nyonyo, adj., petit.
nyundo, 9, marteau.
nyunga, 9. — ku nyunga, de côté.
nyunyi, 9, oiseau.

ñananyi, 9, pari.
ñasi, 9, pagaie.
ñeke, 9 et 1, enfant.
ñenge, 9, cordelette.
ñete, 1, esclave.
-ñole, adj., (?) cruel.
ñongolo, 9, coquille.
ñoto, 9 et 1, buffle.
ñulubati, 1, vieillard, vieille.
ñumba, 9, travail difficile, peine.
ñumba-ñumba, 9, nourriture donnée aux mânes (?).
ñundi, 9 et 1, taureau.
ñundu, 9 et 1, grenouille.

oya, 14, poil, pelage.

pala, 9, flûte, sifflet.
polwe, 9 et 1, espèce d'oiseau.

sakame, 1, lièvre.
sala, 7, ongle.
sañata, adv., souvent (Souto ?)
siamana, 7, animal des champs.
siamba, 7, affaire, chose.
siango, 7, amitié, alliance.
sibukumona, 7, buissons, broussailles.
sibungu, 7 et 1, espèce d'oiseau.
sifula-nyundo, 1, forgeron.
sikaa, 7, bras.
sikombwa, 7, page, chambellan.
sikuli, 7, île.
sikulo, 7, arrimage.
sikulubinyi, 7, vieux manche de houe.
sikungo, 7, charge, paquet.
sikungu, 7, plat en bois.
sikweti, 7, charme pour se cacher.
silia, 7, nourriture.
silingi, 7, papyrus.
silongano, 1, mauvais rameur.
siluka-ñenge, 7, vannier.
silukombwe, 1, coq.
silumba, 7 ; pl. ulumba, 14, fantôme.
silwa, 7, champ, jardin.
simbolwe, 7, grenouille.
simukalanga-ndandi, 1, faiseur de cordes.
sindjingatanyi, 7, telle et telle chose.
sinu, 7, chose.
sinu, 7, mortier à piler, moulin.
sioko, 7, autel.
siondo, 7, fer.
siopu, 7, touffe d'herbe.
sisinde, 7, motte.
sishanda, 7, plat en bois.
sishebulukiso, 7, divination.
sishete, 7, pl. mashete, 6, grenier.
sit'a ye, son père (Kwangwa).
sitako, 7, briquet pour faire le feu (bois dans lequel on fait tourner le lutiŋo).
sitanda, 7, pl. matanda, parc à bestiaux.

site, 7, roseaux.
sitengu, 7, oiseau de nuit.
sitia, 7, étang.
sitila, 7, chose qu'il ne faut pas faire.
sitino, 7, bois sacré, enclos où sont enterrés les chefs.
sitjima, 7, cœur (Kwangwa).
sito, 7, couverture, pelage préparé.
sitolo, 7, petit héron.
situmba, 7, vieille peau.
siuyelo, 7, jabot des colombes.
siwana, 7, assiette.
siwelela, 7, léthargie.
siwi, 7 et 1, hyène.
siyunyi, 7, oiseau.
siywa, 7, fantôme ayant la forme d'un hibou.
shangwe, 1, mon père, bonjour.
shwana, 9 (?), héritage.

-tano, adj. num., cinq.
tayo, 1, mon père.
timasi, 10, coquillages blancs.
timati, 10, pieds de bœuf.
timbando, 10, poitrine.
timboke, 10, son.
tindiku, 10, pl. de usiku, nuit.
tingana, 10, intelligence.
tinupa, 10, bâtons.
tinyanga, 10, bracelets.
tiñati, 10, femelles (peut-être adjectif).
tiñeke, 10, pl. de lukeke, garçons.
tiñuko, 10, filets (= makuko).
tiñunyi, 10, bois à brûler.
tiñweti, 10, pl. de kweti, lune.
-tjanana, adj., petit, peu nombreux.
-tjili, adj., un autre.
tukobela, 13, chemises, calicot.

tulundu, 13, collines de sable.
tunga, pl. de unga, farine.
tungu, 13, gourdes.
tupondobela, 13, fruits du mupondobela.
tusato, 13, scarifications.
tuti, 13, crottes.
tutwa, 13, filets (pour oiseaux et petits animaux).

ufe, adv., en vérité.
ufubakati, 14, polygamie.
ufumo, 14, richesse, objets précieux.
ukalanga, 14, petite vérole.
ulikane, 14, alliance, amitié.
uloti, 14, sorcellerie.
ulumba, 14, pl. de silumba.
uluyi, 14 (ou 11?), cervelle.
umbingwa, 14, lèpre.
umbusha, 14, alliance.
unanu, 14, intelligence.
undumbana, 1, jeune homme.
unene, 14, beaucoup.
unyinga, 14 (pl. manyinga), sang.
upa, 14, paresse.
upa, 14, orient.
usiku, 14 (pl. itindiku), nuit.
uta, 14 (pl. mata), arc.
uwa, 14, beauté.
uyi, 14, mal, méchanceté.

-wa, adj., beau.
wato, 14, canot.
weli, adv. d'abord, auparavant.
u-welo, 14, sottise.
wike, 14, miel.
wiko, 14, occident.
wilu, 14, ciel.
windji, 14, crudité, quelque chose qui n'est pas cuit.
wino, 14, bien, doucement.

## Verbes.

aba, tr., creuser. —abela, direct., creuser pour.

aisa, caus. de aya, raboter, façonner.

*aka*, tr., aimer.
*akwa*, tr., mettre (de la farine dans un pot qui bout).
*ala*, tr., regarder. — *alanga*, regarder attentivement.
*alama*, n., se coucher sur le dos.
*aliketa*, faire attention à, surveiller.
*alula*, n., s'agiter.
*alula*, n., se diviser.
*alula*, tr., tromper.
*amba*, n., parler. — *ambatji* ou *ambetji*, dire ainsi. — *ambela*, direct., parler à. — *ambisa*, caus., parler. — *ambola* ou *ambaula*, augm., causer.
*amula*, n., refuser, nier. — *amulela* ou *amwela*, direct,. refuser à.
*anga* -*ku anga makata*, s'asseoir les bras autour des genoux.
*angana*, tr., rencontrer.
*angola* ou *angula*, tr., insulter, injurier.
*aula*, chasser (du gibier). — *aulela*, direct., (du gibier). — *aya*, tr., façonner, sculpter. — *ayela*, direct., façonner pour.
*ayua*, tr., enlever (les écorces).
*ayula*, n., se fâcher.

*ba*, tr., donner (pass. *biwa*; forme assim. *bu* ou *bi*).
*baka*, tr., placer. — *bakela*, direct., placer pour. — *bakelana*, récip., placer l'un pour l'autre.
*bamba*, tr., lier, attacher. — *bambela*, direct., lier pour. — *bambutula*, délier.
*bamba*, n., être difficile, être dur.
*bana*, n., sortir. — *banena*, direct., sortir vers. — *banisa*, caus., faire sortir. — *baniseta*, direct., faire sortir vers.
*bandja*, tr., prendre (un peu de blé, dans un vase).
*banga*, tr., donner de la médecine.

*beba*, n., jouer, s'amuser. — *bebela*, direct., s'amuser.
*bia*, n., brûler. — *biela*, direct., brûler dans.
*bianga*, n., creuser (la terre avec ses ongles; se dit d'un coq ou d'une poule).
*biangula*, tr., enlever de.
*biluka*, n., devenir, être métamorphosé. — *bilula*, tr., métamorphosé, changer.
*bita*, tr., passer, dépasser.
*bona*, tr., brûler, griller. — *bonena*, direct., brûler dans.
*bonda*, tr., mettre (de la farine dans un pot qui bout).
*bukula*, tr., piller.

*eleka*, tr., porter sur le dos.
*eluba*, n., être sot.
*ena*, n., être triste.
*enda*, n., aller, voyager. — *endaenda*, fréq., se promener. — *endela*, direct., aller vers. — *endisa*, caus., faire aller.
*endamena*, n., s'appuyer en arrière.
*esa*, n., bruire, faire des éclairs.
*eteka*, n., essayer.
*etela*, n., *ku etela iñumba*, se donner beaucoup de travail.

*fa*, n., mourir (forme assim. *fu*). — *fela*, direct., mourir pour. — *felela*, intens, mourir définitivement.
*fanena*, n., être convenable, être digne.
*feba*, tr., fumer, priser.
*feka*, tr., ressembler à.
*fela*, tr., cracher sur.
*fufula*, tr., enlever (les écorces), décortiquer.
*fuka*, tr., couvrir, revêtir.
*fuka*, n. (Souto), souffler (se dit du vent).
*fukela*, rassembler (du bois sous un pot qui cuit).

*fula*, tr., battre, frapper. — *fulanga*, frapper fortement. — *fulela*, direct., frapper pour.
*fula*, tr., verser (des charmes sur un tombeau).
*fulamena*, n., être couché sur le dos.
*fulumana*, n., menstruare.
*fulumana*, n., se coucher la face contre terre.
*fulumeka*, tr., couvrir (un vase).
*fulumuna*, tr., découvrir (un vase, un pot).
*fulumuna*, battre du tambour.
*fuma*, n., être riche.
*fumba*, agiter ses armes.
*fumbata*, tr., être enceinte de.
*fumeka*, tr., brûler. — *fumekela*, direct., brûler dans, pour.
*funga*, tr., attacher.
*funisa*, tr., fatiguer.
*futa*, tr., faire paître (le bétail). — *futela*, direct., faire paître dans, pour.

*ibaa*, tr., tuer. — *ibaela*, direct., tuer pour. — *ibaisa*, caus., tuer, faire tuer.
*ibangula*, tr., interroger, demander à.
*ibola*, tr., demander.
*ika*, n., se coucher (se dit du soleil).
*ikala*, n., être assis, demeurer. — *ikala ni*, avoir. — *ikalela*, direct., — *u ku ikalela*, se bien porter.
*ikuta*, n., être rassasié. — *ikutisa*, caus., rassasier.
*ila*, n., bouillir.
*ilola*, n., être noir, faire sombre.
*ilwa*, tr., oublier.
*imana*, n., être debout.
*imba*, tr., chanter.
*imba*, n., être cuit à point (forme assim. *imbu*).
*ingena*, n., entrer. — *ingenya*, caus., faire entrer. — *ingenyeka*, caus., faire entrer (avec force).
*inguka*, n., se lever. — *ingukela*, direct., se lever pour.
*isana* tr., appeler. — *isanena*, direct., appeler pour.
*ita*, tr., voler.
*itana*, tr., répondre.
*itela*, verser dans.
*iya*, n., venir.
*iyala*, n., être rempli.
*iyeta*, tr., apprendre.

*kakalela*, tr., être adhérent, ne pas pouvoir être mû.
*kalanga*, tr., creuser, déraciner.
*kana*, tr., refuser. — *kanisa*, caus., refuser. — *kanana*, n., refuser.
*kanda-kanda*, tr., faire violence.
*kanda-kanda*, n., se gâter (d'une dent).
*kandelela*, tr., remercier, battre des mains pour.
*kanga*, n., ne pas tomber (se dit de la pluie), être sec. — *kanguka*, augm., être sec, se dessécher. — *kangula*, tr., sécher.
*kangwa*, tr., vaincre, l'emporter sur.
*kañala*, tr., couper en morceaux (de la viande). — *kañalela*, direct., couper en morceaux (de la viande).
*katala*, n., se fatiguer.
*kauka*, n., être brisé. — *kaula*, tr., briser.
*kela*, n., arriver (forme assim. *kela* ou *kele*). — *kelela*, direct., arriver vers. — *keta*, caus., faire arriver, porter. — *ketela*, direct., porter vers, à.
*kena*, n., devenir blanc, — *ab'a kena amasiku*, quand vient le matin (litt., quand le matin blanchit).
*kenda*, tr., mépriser, abandonner. — *kenduka*, inv., être aimé (?).

*kobanga*, n., être à demi réveillé.
*koka*, tr., prendre.
*kokala*. n., ramper.
*kolololela*, n., tousser.
*komba*, tr., balayer.
*komoka*, n., être étonné.
*koña*, tr., poursuivre, suivre.
*koñela*, tr., cuire.
*kua*, tr., crier. — *kuaela*, intens., pousser des cris.
*kubula*, tr., fouler aux pieds.
*kuka*, n., tomber (se dit d'une dent).
*kukuta* et *kukutela*, n., se dessécher.
*kula*, n., grandir. — *kulisa*, caus., faire grandir, élever.
*kuleka*, lier, attacher.
*kulubala*, n., vieillir.
*kuma*, n., ressembler à (avec *ba*), être grand comme (?)
*kumbela*, tr., demander, prier.
*kumbuluka*, n., réfléchir, s'apercevoir de.
*kuna*, labourer, semer.
*kunga*, tr., porter sur son dos. — *kungutula*, invers., mettre à terre (son fardeau).
*kunga*, n., bruire.
*kwa*, n., tomber. — *kuela*, direct., tomber vers. — *kwisa*, caus., faire tomber, jeter bas.
*kwata*, tr., prendre, épouser ; avoir, posséder.
*kwita*, tr., essayer (?) ; peut-être est-ce *u ku ita* (= *ku ku ita*) : s'apprendre à soi-même ?
*laa*, tr., donner des instructions.
*lala*, n., dormir, se coucher.
*langana*, n., dormir, se coucher.
*langeka*, caus., coucher quelqu'un. — *langeta*, direct. et caus., jeter (quelque chose) à terre, faire tomber.
*lasa*, t r., lécher.
*leba*, n., être long.
*lema*, tr., prendre, saisir. — *lemena*, direct., prendre pour.

*lenga*, tr., frapper.
*lesa*, tr., laisser. — *lesela*, direct., laisser à. — *leta*, tr., apporter. — *letela*, direct., apporter à.
*leya*, tr., engendrer, enfanter.
*li*, n., être.
*lia*, tr., manger. — *liela*, et *lielela*, direct., manger pour.
*lisa*, caus., faire manger.
*liata*, fouler aux pieds, marcher sur.
*libelela*, tr., attendre (Souto).
*lifukila*, se donner de la peine (?)
*lila*, n., pleurer. — *lilela*, direct., pleurer pour.
*lima*, tr., labourer, bêcher. — *limena*, dir., labourer pour. — *limisa*, caus., labourer, faire labourer.
*limbelela*, s'asseoir sur. — *limbutuka*, invers., se lever de dessus.
*limbulula*, tr., reconnaître, avoir observé.
*limuka*, tr., connaître, savoir.
*loa*, tr., ensorceler, tuer par sorcellerie (pass. *loiwa* ; forme assim. *loyo*).
*loka*, n., pleuvoir. — *lokela*, diet., pleuvoir pour.
*londo*, tr., chercher. — *londela*, direct., chercher pour.
*longa*, n., être plein.
*longola*, sortir (de la nourriture d'un pot).
*longolola*, tr., faire croître, faire sortir (les graines du sol).
*loya*, tr., étonner, émerveiller.
*loya* = *loa*, ensorceler.
*lubuka*, n., être hagard (se dit des yeux.
*luka*, tr., tresser.
*lukisa*, caus., tresser.
*lulueta*, n., pousser des cris perçants.
*lumela*, -*lumela*, bonjour ! (Souto). — *lumelisa*, caus., saluer (Souto).
*lunda*, recommencer.

*lunga-lunga*, tr., ennuyer, fatiguer.
*lungeka*, chanter ensemble (?).
*lungwela*, n., brûler, être chaud.
*lusa*, tr., vomir.
*luta*, tr., traverser, faire traverser (une rivière). — *lutisa*, caus., faire traverser.
*lwa*, n., se battre. — *lwisa*, caus., se battre contre quelqu'un, attaquer. — *lwiseta*, direct., se battre contre quelqu'un à cause de.
*mama*, n., être délicieux.
*mamata*, n., être délicieux.
*mana*, n., finir. — *manena*, direct., finir pour, vers.
*manga*, n., lier, fermer (*manga ku mwelo*, fermer une porte).
*meneka*, n., se lever de bon matin.
*mina*, tr., avaler. — *minisa*, caus., faire avaler, noyer.
*mona*, tr., voir. — *monena*, direct., voir pour. — *monisa*, caus., faire voir. — *monyeka*, neutr., être visible.
*mwala*, n., se disperser.
*mwena*, n., se taire. — *mwenena*, direct., se taire pour.
*mweta*, tr., plumer.
*mwonena*, n., gronder, rugir sourdement.
*nangela*, tr., s'attacher à, adhérer à.
*nanuba*, n., être intelligent, rusé.
*ndoko*, allons ! (impératif).
*ndunduma*, n., bruire (se dit de la pluie).
*ndunyona*, n., tirer du fusil.
*neneba*, n., être grand.
*nenga*, tr., chanter, danser. — *nengisa*, caus., faire chanter, faire danser.
*ngangamana*, n., être adhérent.
*ngongola*, tr., frapper.
*nona*, tr., armer (un fusil).
*nona*, n., être gras.
*nuka*, n., sentir.
*nunga*, tr., lier. — *nungela*, direct., lier. — *nungula*, invers., délier.
*nwa*, tr., boire (forme assim. *nwi*). — *nwisa*, caus., faire boire.
*nyanda*, n., être dans l'embarras, dans la peine.
*nyanganya*, tr., agiter.
*nyanyuka*, n., tressauter, tressaillir.
*nyunga*, tr., agiter. — *nyungumuna*, augm., agiter, violemment.
*oa*, tr., étrangler.
*oba*, tr., dire du mal de.
*ola*, n., pourrir.
*omboka*, n., sortir de (l'eau).
*ombola*, n., être refroidi (des mets).
*ona*, n., bruire, aboyer.
*ondoka*, n., se taire. — *ondokela*, direct, se taire.
*onga*, tr., tromper.
*ongola*, n., se donner de la peine, travailler ferme. — *ongota*, caus., se donner de la peine, travailler ferme.
*pa*, n., se lever (le soleil).
*palakata*, n., tomber en faisant du bruit (la pluie).
*patela*, tr., attaquer (Souto).
*patela*, tr., ceindre (un pantalon, une ceinture).
*patula* tr., déchirer. — *patwela*, direct., déchirer.
*peka*, tr., lier, ficeler.
*pemuka*, n., craindre.
*peta*, tr., jouer (de la flûte).
*pota*, tr., tourner (Souto).
*pua*, ramer.
*pula*, n., être nombreux.
*pulama*, tr., oublier.
*puluka*, penser, réfléchir.
*puma*, n., faire du bruit, tonner.
*pumata*, tr., prendre quelque chose dans sa bouche (comme de l'eau).

*pumba*, tr.; salir, frotter (de terre), mettre de la terre. — *pumbela*, direct.; salir, frotter (de terre), mettre de la terre. — *pumbeka*, caus., enterrer. — *pumbula*, inver., déterrer. — *pumbulula*, invers. et augm., déterrer complètement.
*pumena*, consentir.
*pundunga*, tr., mélanger.
*punga*, tr., mélanger. — *pungela*, direct., couvrir de.
*pwatula*, tr., percer.
*saa*, tr., chercher. — *saela*, direct., chercher pour. — *saisa*, caus., faire chercher.
*sata*, tr., inciser, scarifier.
*siala*, n., rester. — *siata*, caus., faire rester.
*siba*, tr., siffler.
*siela*, cf., *siya*.
*sinda*, tr., boucher. — *sindaela*, intens., boucher en battant fortement la terre. — *sindelela*, direct., empêcher de sortir.
*singa*, tr., aimer, vouloir, désirer. — *singela*, direct., aimer, vouloir, désirer.
*sita*, tr., oindre.
*situkela*, tr., s'écarter pour laisser voir (?)
*siulula*, tr., conseiller.
*siya*, tr., laisser, abandonner. — *siela*, direct., laisser à.
*suka*, tr., vanner. — *sukisa*, caus., vanner.
*sula*, tr., péter.
*suma*, n. et tr., être planté, planter.
*sumena*, tr., lier. — *sumununa*, invers., délier.
*sunga*, tr., réveiller.
*shaa*, tr., jouer (de la flûte).
*shaela*, crier.
*shakasha*, tr., agiter.
*shandjela*, parler beaucoup, gronder quelqu'un.
*shanduka*, n., être brisé, rompu.

*shangela*, ajouter à.
*shashelela*, n., parler beaucoup.
*shatukela*, n., traverser une (rivière). — *shatula*, tr., faire traverser.
*sheka*, n., rive.
*sheloka*, n., être agité, jaillir (de l'eau).
*shema*, tr., enfanter, engendrer. — *shemena*, direct., enfanter pour.
*shenda*, tr., se moquer de.
*shendja*, tr., chasser.
*shenga*, tr., rendre aigu, aiguiser.
*shengula*, tr., battre (du blé).
*shengula*, tr., faire la cour à (une fille).
*shenya*, tr., aller vers.
*sheta*, n., bruire.
*sheteta*, tr., faire attention à, observer.
*shetumukela*, n., faire une trouée vers.
*shikalela*, tr., porter, saisir.
*shimba*, tr., porter, emporter. — *shimbela*, direct., porter pour.
*shimbakana*, assister, se hâter.
*shimeketa*, dire, expliquer.
*shimweta*, dire, expliquer.
*shitanguta*, chanter le chant de louanges.
*shoelela*, tr., prier, adorer.
*shokona*, tr., frotter.
*shombola*, prendre vivement, enlever.
*shomeka*, tr., placer, fixer.
*shotoka*, n., sauter, fuir, avoir peur. — *shotokela*, direct., s'enfuir de, avoir peur de.
*shunguta*, n., boiter.
*shupuka*, n., peler, avoir la peau enlevée.
*shuta*, tr., manquer (en tirant).
*shwaa*, tr., transpercer, tuer (des animaux). — *shwaela*, direct., tuer pour quelqu'un.
*shweka*, tr., cacher.

*shweta,* remonter (un fleuve), suivre en montant.
*ta,* n., aller (forme assim., *ti*). — *tela,* direct., aller vers.
*tafuna,* tr., mâcher, avaler.
*tamba,* auxil. du futur.
*tambala,* n., se promener.
*tambula,* tr., accepter, répondre.
*tamuna,* manger les prémices.
*tatji -a tatji,* il dit ainsi.
*tanga,* n., commencer.
*tangalala,* n., se réjouir.
*tanguta,* dire des contes, raconter.
*tatela,* tr., attendre.
*tea,* tr., tendre (des rets).
*tekula,* tr., puiser (de l'eau).
*teleka,* porter des fruits (?)
*teluka,* n., être enlevé du feu (la nourriture). — *telula,* tr., enlever (la nourriture) du feu.
*tema,* tr., couper.
*temuna,* regarder en arrière.
*tenda,* tr., faire. — *tendela,* direct., faire pour.
*tenekisa,* tr., chasser.
*teteta,* tr., faire attention à.
*tika,* n., enfoncer (dans l'eau).
*tila,* n., être.
*timba,* n., être enflé.
*timba,* tr., haïr, détester. — *timbula,* augm., regarder avec colère.
*tina,* tr., grimper, monter. — *tineka,* caus., faire grimper quelqu'un. — *tinisa,* caus., mettre quelque chose sur.
*tina,* n., être de mauvaise humeur. — *tinena,* direct., être de mauvaise humeur pour.
*tinga,* tr., lier.
*tinguluka,* n., tourner autour.
*to,* dix.
*tokola,* tousser, râler.
*tola,* tr., ramasser quelque chose à terre. — *tolela,* direct., ramasser quelque chose à terre.
*toma,* n., être malade. — *tomena,* direct., être malade.

*tombola,* tr., creuser. — *tombota,* caus., aider quelqu'un à creuser.
*tondoka,* n., rugir.
*tondomona,* tr., percer, piquer (comme un oiseau ses œufs).
*tonga,* n., râler, souffler difficilement. — *tongoka,* augm., avoir des doutes, des arrière-pensées.
*toya,* tr., dire, nommer. — *toyanga,* augm., se moquer de.
*tubulula,* tr., découvrir (un pot), déchirer.
*tukisa,* tr., préparer (Souto).
*tula,* tr., mettre à terre un fardeau qu'on porte sur la tête.
*tuleka,* tr., faire monter. — *tuluka,* inv., descendre. — *tulusa,* inv., faire descendre.
*tulula,* tr., déchirer.
*tuma,* rtr., envoyer. — *tumena,* t., envoyer à.
*tumbala?*
*tumbuka,* n., être allumé. — *tumbula,* tr., allumer. — *tumbuta,* caus., allumer. — *tumbwela,* direct., allumer pour.
*tumuka,* n., sortir de l'eau.
*tunda,* n., sortir. — *tundisa,* caus., faire sortir. — *tundiseta,* direct., faire sortir vers.
*tutumela,* n., trembler (Souto).
*tuwa,* n., sauter.
*tuyaela,* n., pousser des cris de deuil.
*twa,* n., moudre. — *twela,* direct., moudre pour. — *twisa,* caus., faire moudre.
*twala,* tr., prendre, porter. — *twalela,* direct., porter à. — *twaleta,* caus., porter à.
*twaela,* n., avoir coutume de (Souto?).
*twasa,* n., être nouveau (lune, année, etc.).
*tweka,* tr., mettre sur sa tête.
*twela,* n., plonger. — *twelanga,*

augm., plonger profondément.
*tjaa*, n., être rouge, fauve.
*tjaa*, tr., rassembler (du bois à brûler).
*tjila*, tr., craindre. — *tjita*, caus., chasser. — *tjilisa*, caus., effrayer.
*tjimba-tjimba*, n., nager. — *tjimbuka*, augm., sauter.
*tjoka*, n., se briser. — *tjola*, tr., briser. — *tjoloka*, augm., être brisé, déchiré.
*tjula*, tr., percer (un objet).
*uka*, n., revenir. — *ukela*, direct., revenir vers. — *usa*, caus., faire revenir. — *useta*, direct., faire revenir vers.
*ula*, tr., acheter.
*ula*, tr., creuser.
*ulwa*, tr., manquer de.
*uma*, tr., mordre.
*umba*, tr., façonner, modeler.
*umbula*, n., partir.
*ungana*, n., se rassembler. — *ungula*, invers., se disperser.
*ungwela*, tr., cacher.
*usa*, cf. *uka*.
*utuka*, n., courir. — *utukela*, direct., courir vers. — *utusa*, caus., faire courir. — *utuseta*, direct., faire courir vers.
*uya*, tr., aller chercher de la nourriture.
*wa*, n., finir.
*waa*, n., se frotter, oindre.
*waa*, tr., écorcher, dépecer.
*waba*, n., être beau.
*wabelwa*, n., se réjouir.
*wana*, tr., trouver.
*waya*, n., pêcher avec une assagaie. — *wayela*, direct., pêcher avec une assagaie.
*wela*, n., se perdre.
*weta*, tr., cacher, protéger.

*yaa*, tr., transpercer.
*yaka*, tr., bâtir. — *yakela*, direct., bâtir pour.
*yama*, n., ouvrir la bouche.
*yambuka*, n., s'écarter du chemin.
*yamwa*, n., téter. — *yamwisa*, caus., allaiter.
*yaneka*, tr., étendre (sur le sol).
*yanga*, tr., enlever (une femme).
*yangela*, tr., cueillir. — *yangula*, augm., cueillir. — *yangwela*, direct., cueillir pour.
*yata*, régner, gouverner.
*yata*, tr., inciser, scarifier.
*yatila*, tr., fermer. — *yatula*, invers., ouvrir.
*yaula*, faire de la divination.
*yaya*, refuser.
*yeka*, tr., prendre un peu de. — *yekela*, direct., cueillir. — *yelela*, tr., visiter.
*yendelela*, n., pendre.
*yii, -ni yii*, je sais, je connais (même racine que *iyeta*).
*yoa*, tr., laver. — *yoana*, n., se baigner. — *yoisa*, tr., laver (quelque chose).
*yokola*, tr., ramasser à terre.
*yola*, tr., prendre, recevoir.
*yonda*, n., maigrir.
*yota-yota mulilo*, se chauffer au feu.
*yoya*, n., vivre. — *yoyisa*, ou *yoisa*, caus., faire vivre.
*yubwela*, tr., mettre un mets à refroidir sur une assiette.
*yuluketa*, tr., viser (avec un fusil).
*yumba*, tr., jeter. — *yumbela*, direct., jeter à.
*yamena*, tr., priver de nourriture.
*yupa*, tr., entendre, goûter, sentir. — *yupela*, direct., entendre pour. — *yupisa*, caus., faire entendre, faire goûter.

# ERRATA DU PREMIER VOLUME

### Introduction.

P. xxxiv, ligne 8, au lieu de : *ku zina*, lire *ku zima*
— ligne 16, au lieu de : *ku mono*, lire *ku mona*
— ligne 17, au lieu de : *na mano*, lire *na mono*.

### Grammaire Soubiya.

§ 1, ligne 14, au lieu de l'une *ou* l'autre, lire : l'une *et* l'autre
§ 4, ligne 4 : lire : Comme on le voit par la table suivante, *n* se place devant les dentales ou les palato-dentales, *m* devant les labiales et *n̄* devant les gutturales, etc.
§ 12, ligne 9, au lieu de : *b'ekik'enkoko*, lire : *b'ehik'enkoko*
§ 26, ligne 5, au lieu de : Les substantifs, lire : Les *quelques* substantifs
§ 33, ligne 7, au lieu de : *Tonga*, lire : *Thonga*
§ 38, ligne 3, au lieu de : *Muntu molotu*, lire : *Muntu mulotu*
§ 39, Observ., ligne 4, au lieu de : cf. § 37, lire : cf. § 41
§ 66, ligne 12, au lieu de : *z'ena zotatwe*, lire : *z'ina zotatwe*
§ 68, ligne 3, au lieu de *ranwe*, lire : *sanwe*
§ 94, ligne 5, au lieu de : le parfait et le *présent*, lire : le parfait et le *passé*
§ 101, ligne 2, au lieu de : *nza ku zaka*, lire : *u za ku zaka*
§ 106, ligne 2, au lieu de : *ku sa zuwbi*, lire : *ku sa zubwi*
§ 119, ligne 4, au lieu de : *mane izubazi zwe*, lire : *mane izuba di zwe*
§ 124, Observ., ligne 3, au lieu de : *ni zi ziala*, lire : *ni zi siala*
§ 128, ligne 4, au lieu de : *Mbo* ba *fwa*, lire : *Mbo* u *fwa*
§ 158, ligne 2, au lieu de : soit *ka*, lire : soit *a*
§ 165, ligne 2, au lieu de : et *-ana*, lire : et *-ununa*
§ 165, Observ., ligne 4, au lieu de : difficile de *posséder*, lire : difficile de préciser
§ 166, ligne 4, au lieu de : *temaona, kobaola*, lire : *temauna, kobaula*

### Grammaire Louyi.

§ 17, ligne 11, au lieu de : 13 *Twato*, lire : 13 *Twana*
§ 21, Observ., ligne 3, au lieu de : *kawa*, lire *kanwa*
§ 71, ligne 3, au lieu de : *na ku mona*, lire : *ni na ku mona*
§ 74, ligne 5, au lieu de : *ni li a enda*, lire : *tu li a enda*
§ 74, ligne 10, retrancher : ou *ni wu enda*.
§ 75, ligne 8, au lieu de : la particule *ri*, lire : la particule *ni*

§ 80, ligne 5, au lieu de : nous ne *n*ions pas, lire : nous ne *v*ivons pas
§ 87, ligne 5, au lieu de : *tu ka kelé ku ivilu*, lire : *tu ka kele ku wilu*
§ 96, ligne 3, au lieu de : *ku téla*, lire : *ku tila*
§ 102, ligne 4, au lieu de : *ku mowa*, lire : *ku monwa*
§ 103, ligne 3, au lieu de : *u chilisa*, lire : *ku chilisa*
§ 104, Observ., ligne 2, au lieu de : -ena ou -*e*na, lire : -*e*la ou -ena
§ 105, ligne 1, au lieu de : L'inten*t*if, lire : L'intensif.

## ERRATA DU DEUXIÈME VOLUME

Page 1, ligne 6, au lieu de : *banyo: lozi*, lire : *banyolozi*
— 2, — 8, au lieu de : *simini*, lire : *sumini*
— 3, — 6, au lieu de : *mnntu*, lire : *muntu*
— 3, — 18, au lieu de : *zwille*, lire : *zwile*
— 8, — 14, au lieu de : *mbo ba chiwe*, lire : *mbo ba chitwe*
— 9, — 7, au lieu de : *muzi wa we*, lire : *muzi wa kwe*
— 9, — 7, au lieu de : *mwanakazi wa* kwea *ti*, lire : *mwanakazi wa* kwe a *ti*
— 13, — 13, au lieu de : *chiwa mana*, lire : *chi wa mana*
— 13, — 22, enlever le premier : *diaho twa*.
— 15, — 14, au lieu de : Ha *bona*, lire : H'a *bona*
— 15, — 16, au lieu de : *Ive, mwangu*, lire : *Iwe, mwangu*
— 17, — 2, au lieu de : *mutab'a ngu*, lire : *mulob'a ngu*
— 17, — 23, au lieu de : *he ba bona*, lire : *ha ba bona*
— 18, — 27, au lieu de : *usulve*, lire : *usulwe*
— 21, — 4, au lieu de : *lwezi*, lire : *lwizi*
— 21, — 5, au lieu de : *amda*, lire : *amba*
— 21, — 11, au lieu de : *mulab'a ngu*, lire : *mulob'a ngu*
— 22, — 1, au lieu de : *Unto*, lire : *Untoo*
— 23, — 17, au lieu de : *banyina-kutwe*, lire : *banyina-kulwe*
— 25, — 15, au lieu de : *ch'o wu ha*, lire : *ch'o mu ha*
— 26, — 18, au lieu de : *u te he*, lire : *u tu he*
— 27, — 9, au lieu de : *mutwé*, lire : *mutwi*
— 27, — 38, au lieu de : *a vani*, lire : *a wani*
— 28, — 32, au lieu de : *mbo ni kue ihae*, lire : *mbo ni ku ihae*
— 29, — 5, au lieu de : *no ba busu*, lire : *na ba busu*
— 29, — 23, au lieu de : *Nanda*, lire : *Nanta*
— 42, — 3, au lieu de : *mwana wo ko*, lire : *mwana wa ko*
— 42, — 26, au lieu de : *mu chi : zungu*, lire *mu chizungu*

Page 51, ligne 2, au lieu de : *ebu u lukila*, lire : *ebu u ulukila*
— 52, — 27, au lieu de : *ni na sala*, lire : *ni na siala*
— 52, — 28, au lieu de : *ha kiti*, lire : *ha kati*
— 53, — 10, au lieu de : *ludio*, lire : *budio*
— 54, — 23, au lieu de : *ako ha wa tiya*, lire : *ako ka wa tiya*
— 61, — 4, au lieu de : *nalokapwa*, lire : *nalukapwa*
— 64, — 10, au lieu de : *munyolozi mu ina*, lire : *munyolozi u ina*
— 64, — 12, au lieu de : *mu izulu*, lire : *mu iyulu*
— 65, — 5, au lieu de : *Ndjumunyuluzi*, lire : *Ndjumunyolozi*
— 74, — 28, retrancher le second : *buti Tjuntjuntjuntju!*
— 76, — 15, au lieu de : *bwinya pele*, lire : *bwinga pele*
— 83, — 16, au lieu de : *a zumuki*, lire : *a zamoki*
— 90, — 19, au lieu de : *nubidi*, lire : *mubidi*
— 92, — 8, au lieu de : *ch'o swba*, lire : *ch'o swaba*
— 97, — 6, au lieu de : *ya k'a ku siati*, lire : *k'a ku siati*
— 100, — 2, au lieu de : *mwine*, lire : *mwini*
— 101, — 3, au lieu de : *Ilamwe*, lire : *Hamwe*
— 105, — 9, au lieu de : *ineyenyezi*, lire : *inyenyezi*
— 105, — 16, au lieu de : *ba chi tutala*, lire : *ba chita tutalazana*
— 111, — 9, au lieu de : *n'a yo bo tiya-tiya*, lire : *n'a ya bo tiya-tiya*
— 115, — 4, au lieu de : *ha ba boni. Kuti*, lire : *ha ba boni kuti*
— 117, — 6, au lieu de : *Mudito*, lire : *Mudilo*
— 117, — 19, au lieu de : *zi mu Hweza*, lire : *zi mu hweza*
— 119, — 2, au lieu de : *chi chi b'ehika*, lire : *chi b'ehika*
— 119, — 12, au lieu de : *ku ka zolele*, lire : *tu ka zolele*
— 121, — 7, au lieu de : *halolo*, lire : *haholo*
— 121, — 17, au lieu de : *i monite*, lire : *i nonite*
— 122, — 1, au lieu de : *ba twidi*, lire : *ba twadi*
— 122, — 6, au lieu de : *a bumb mubidi*, lire : *a bumbi mubidi*
— 127, — 2, au lieu de : *ku ku ya*, lire : *ku ku lia*
— 133, — 2, au lieu de : *c'hi*, lire : *ch'i*
— 134, — 6, au lieu de : *ha mu twadi*, lire : *ba mu twadi*
— 137, — 12, au lieu de : *ka hu chi zwi*, lire : *ka ku chi zwi*
— 140, — 1, au lieu de : *a mi u ku vwima*, lire : *a i mu ku vwima*
— 144, — 4, au lieu de *iyo idia*, lire : *iyo i dia*
— 146, — 5, ou lieu de : *bulatu*, lire : *bulotu*
— 148, — 10, au lieu de : *zibela*, lire : *zibila*

Page 150, lire 10, au lieu de : *knsi ni ivu*, lire : *kunsi ni ivu*
— 153, — 5, au lieu de : *zibela*, lire : *zibila*
— 159, — 3, au lieu de : *ku anda* : lire : *ku enda*
— 159, — 4, au lieu de : *ku ku kwila*, lire : *ku ku hwila*
— 159, — 4, au lieu de : *putassa*, lire : *putana*
— 159, — 5, au lieu de : *Mu ihal-iñombe*, lire : *Mu ihae iñombe*
— 159, — 6, au lieu de : *ba saka-zaka*, lire : *ba saka-saka*
— 160, — 5, au lieu de : *uwanganitwe*, lire : *vwanganitwe*
— 160, — 6, au lieu de : *bobela*, lire : *bolela*
— 160, — 7, au lieu de : *malala*, lire : *malaha*
— 160, — 10, au lieu de : *ba zwisa*, lire : *i ba zwisa*
— 162, — 12, au lieu de : *Bonse ba dima*, lire : *Bonse ba dime*
— 164, — 12, au lieu de : *Masiku o suno*, lire : *Masiku a suno*
— 167, — 4, au lieu de chi *ba inkadi*, lire : ch'i *ba inkadi*
— 167, — 16, au lieu de: w*u chizungu*, lire : m*u chizungu*
— 170, — 1, au lieu de : *Bo ta niwa* niwa, lire : *Bo ta niwa*
— 170, — 7, au lieu de : *Balota*, lire : *Bolota*

# TABLE DES MATIÈRES

|  | Pages. |
|---|---|
| Introduction . . . . . . . . . . . . . . . . . | r |
| Textes louyi . . . . . . . . . . . . . . . . . | 1 |
| Additions et corrections à la grammaire louyi. . . . . . . . . | 192 |
| Vocabulaire louyi . . . . . . . . . . . . . . . | 220 |
| Errata du premier volume . . . . . . . . . . . . | 235 |
| Errata du deuxième volume. . . . . . . . . . . | 236 |

ANGERS, IMPRIMERIE ORIENTALE DE A. BURDIN ET Cⁱᵉ.

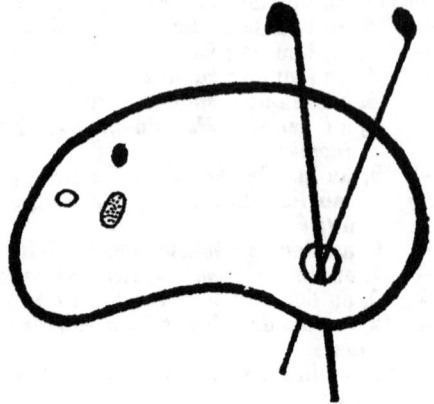

DÉBUT D'UNE SÉRIE DE DOCUMENTS
EN COULEUR

ERNEST LEROUX, ÉDITEUR, rue Bonaparte, 28

# PUBLICATIONS DE L'ÉCOLE DES LETTRES D'ALGER

## BULLETIN DE CORRESPONDANCE AFRICAINE

I. E. Cat. Notice sur la carte de l'Ogôoué. In-8, avec carte. . . . 3 fr. »
II. E. Amélineau. Vie du patriarche Isaac. Texte copte et traduction française. In-8 . . . . . . . . . . . . . . . . . . . . . . . . . 5 fr. »
III. E. Cat. Essai sur la vie et les ouvrages du chroniqueur Gonzalo d'Ayora, suivi de fragments inédits de sa Chronique. In-8. . . . . . 2 fr. 50
IV. E. Lefébure. Rites égyptiens. In-8 . . . . . . . . . . . . 3 fr. »
V. René Basset. Le dialecte de Syouah. In-8 . . . . . . . . 4 fr. »
VI. A. Le Chatelier. Les tribus du Sud-Ouest marocain. In-8 . . . 3 fr. »
VII. E. Cat. De rebus in Africa a Carolo V gestis. In-8. . . . . . 2 fr. 50
VIII. E. Cat. Mission bibliographique en Espagne. Rapport à M. le Ministre de l'Instruction publique. In-8 . . . . . . . . . . . . . . . 2 fr. 50
IX. G. Ferrand. Les Musulmans à Madagascar et aux îles Comores. 1re partie. Les Antaimorono. In-8 . . . . . . . . . . . . . . . 3 fr. »
— Deuxième partie. — Zafindraminia. — Antambahoaka. — Antaiony. — Antaivandrika. — Sabatavy, etc. In-8. . . . . . . . . . 3 fr. »
X. J. Perruchon. Vie de Lalibala, roi d'Ethiopie. Texte éthiopien publié d'après un manuscrit du Musée Britannique et traduit en français. In-8. 10 fr. »
XI. E. Masqueray. Dictionnaire français-touareg (Dialecte des Taïtoq). In-8, en trois fascicules à 6 fr . . . . . . . . . . . . . . . 18 fr. »
  Couronné par l'Académie des Inscriptions et Belles-Lettres. Prix Volney (1894).
XII. René Basset. Étude sur la Zenatia du Mzab, de Ouargla et de l'Oued-Rir'. In-8. . . . . . . . . . . . . . . . . . . . . . . . . 10 fr. »
XIII. A. Mouliéras. Légendes et contes merveilleux de la Grande-Kabylie. Texte kabyle. — Première partie en 5 fascicules. In-8. Chaque. 3 fr. »
— Deuxième partie. Fascicules I, II, III. Chaque. . . . . . . 3 fr. »
XIV. René Basset. Études sur les dialectes berbères. In-8 . . . . 6 fr. »
  Couronné par l'Académie des Inscriptions et Belles-Lettres. Prix Bordin (1893).
XV. René Basset. Étude sur la Zenatia de l'Ouarsenis et du Maghreb central. In-8 . . . . . . . . . . . . . . . . . . . . . . 7 fr. 50
XVI. E. Jacottet. Études sur les langues du Haut-Zambèze. Textes originaux, recueillis, traduits en français et précédés d'une esquisse grammaticale.
— Première partie. Grammaire Soubiya et Louyi. In-8. . . . 6 fr. »
— Deuxième partie. Textes Soubiya. Contes et Légendes, Superstitions, etc. Fascicules I et II. In-8, Chaque. . . . . . . . . . . . 6 fr. »
— Troisième partie. Textes Louyi. Contes, légendes, etc, et vocabulaires. Fasc. I et II. In.8. Chaque . . . . . . . . . . . . . 3 fr. »
XVII. G. Mercier. Le Chaouia de l'Aurès (dialecte de l'Ahmar-Khaddou) Étude grammaticale. — Textes en dialectes chaouia. In-8 . . . 3 fr. 50
XVIII. E. Masqueray. Observations grammaticales sur la grammaire touareg, et textes de la Tamâhaq des Taïtoq, publiés par R. Basset et Gaudefroy-Demombynes. Fascicules I, II, III. In-8. Chaque. . . . . . 5 fr. »
XIX-XX. René Basset. Fotouh el-Habachah. Histoire de la conquête de l'Abyssinie par Chihâb eddin Ahmed ibn 'Abd el-Qâder 'Arab Faqih. Texte, traduction et notes. 2 vol. in-8.
— Texte arabe. Fascicule I . . . . . . . . . . . . . . . 6 fr. »
—     —    Fascicule II . . . . . . . . . . . . . . . 4 fr. »
—     —    Fascicules III-IV . . . . . . . . . . . . . 12 fr. »
—     —    Fascicule V (sous presse).
— Traduction. Fascicule I. . . . . . . . . . . . . . . . 6 fr. »
—     —    Fascicule II-III. . . . . . . . . . . . . . 7 fr. 50
—     —    Fascicule IV-V . . . . . . . . . . . . . . 7 fr. 50
—     —    Fascicule VI. . . . . . . . . . . . . . . . 4 fr. »
XXI. Paul Schnell. L'Atlas marocain, d'après les documents originaux, traduit avec l'autorisation de l'auteur par Augustin Bernard. In-8, avec une grande carte de la chaîne de l'Atlas, tirée à deux tons. . . 10 fr. »
XXII. A. de Calassanti-Motylinski. Le Djebel Nefousa, transcription, traduction française et notes, avec une étude grammaticale. In-8, fasc. I, II et III. Chaque . . . . . . . . . . . . . . . . . . . . 2 fr. 50
  Couronné par l'Académie des Inscriptions et Belles-Lettres. Prix Volney (1900).
XXIII. Paul Ruff. La domination espagnole à Oran, sous le gouvernement du comte d'Alcaudete (1534-1558). In-8 . . . . . . . . . . 5 fr. »
XXIV. René Basset. Nédromah et les Traras. In-8, avec planche. . . 10 fr. »

## BULLETIN DE CORRESPONDANCE AFRICAINE
1882-1886. 20 fascicules (tout ce qui a paru).     50 fr.

ANGERS. — IMP. ORIENTALE A. BURDIN ET Cie.

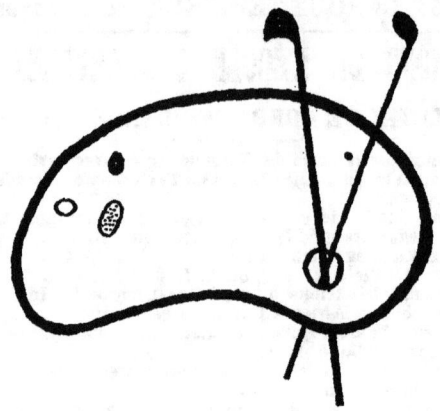

**FIN D'UNE SERIE DE DOCUMENTS
EN COULEUR**

# ERNEST LEROUX, ÉDITEUR
## Rue Bonaparte, 28,
### PARIS

---

## INSTITUT DE FRANCE
## ACADÉMIE DES INSCRIPTIONS ET BELLES-LETTRES

FONDATION EUGÈNE PIOT

# MONUMENTS
## ET MÉMOIRES
RELATIFS A L'ARCHÉOLOGIE ET A L'HISTOIRE DE L'ART

PUBLIÉS PAR

### L'ACADÉMIE DES INSCRIPTIONS ET BELLES-LETTRES

*Commissaires-Directeurs délégués :*

**MM. GEORGES PERROT** ET **ROBERT DE LASTEYRIE**
Membres de l'Institut

*Secrétaire :* **M. JAMOT**
Ancien membre de l'École d'Athènes

---

Par traité signé le 22 avril 1893 avec M. le Secrétaire perpétuel de l'Académie des Inscriptions et Belles-Lettres, en vertu de la délibération prise par l'Académie le 17 février, M. Ernest Leroux a été chargé d'éditer le *Recueil de Monuments et de Mémoires relatifs à l'Archéologie et à l'Histoire de l'Art* dont l'Académie a décidé la publication.

Le Recueil paraîtra à des époques indéterminées, par fascicules d'importance plus ou moins considérable, dont la réunion formera des volumes d'environ 30 feuilles de format in-4°, avec nombreux dessins dans le texte et des planches en héliogravure et en chromolithographie.

*On souscrit par volume au prix de :* 32 *francs pour Paris;* 35 *francs pour les départements ;* 36 *francs pour l'étranger.*

ERNEST LEROUX, ÉDITEUR

# PUBLICATIONS OFFICIELLES

MINISTÈRE DE L'INSTRUCTION PUBLIQUE ET DES BEAUX-ARTS

## BULLETINS
DU
## COMITÉ DES TRAVAUX HISTORIQUES ET SCIENTIFIQUES

### SECTION D'HISTOIRE ET DE PHILOLOGIE
#### BULLETIN HISTORIQUE ET PHILOLOGIQUE

Années 1 à 12 (1882-1893) . . . . . . . . . . . . . . . 96 fr.
Année 1893 . . . . . . . . . . . . . . . . . . . . . . . 8 fr.

### SECTION D'ARCHÉOLOGIE
#### BULLETIN ARCHÉOLOGIQUE

Années 1 à 12 (1882-1893) . . . . . . . . . . . 120 fr.
Année 1893, avec dessins et planches . . . . . . 10 fr.

### SECTION
### DES SCIENCES ÉCONOMIQUES ET SOCIALES
#### BULLETIN DES SCIENCES ÉCONOMIQUES ET SOCIALES

Années 1882-1893. Chaque . . . . . . . . . . . 5 fr.

### SECTION
### DE GÉOGRAPHIE HISTORIQUE ET DESCRIPTIVE
#### BULLETIN
#### DE GÉOGRAPHIE HISTORIQUE ET DESCRIPTIVE

Années 1 à 8 (1886-1893). Avec planches et cartes . . . . . . . . . . 80 fr.
Année 1893. Abonnement. . . . . . . . . . . . . . . . . . . . . . . . 10 fr.

### REVUE DES TRAVAUX SCIENTIFIQUES
#### Treizième année, 1893

La *Revue des Travaux scientifiques*, publiée sous les auspices du Ministère de l'Instruction publique, paraît par cahiers mensuels de format in-8 raisin.
Prix d'abonnement : Paris et départements : 15 fr. — Étranger : 17 fr. —
Un numéro : 2 fr.
Années 1 à 13 (1881-1893). . . . . . . . . . . . . . . . . . . . . 195 fr.

ERNEST LEROUX, ÉDITEUR

# PUBLICATIONS OFFICIELLES

## Archives des Missions Scientifiques et Littéraires

Choix de rapports et instructions, publié sous les auspices du Ministère de l'Instruction publique et des Beaux-Arts.

Première série. 8 volumes. (Épuisée).
Deuxième série. 6 volumes. . . . . . . . . . . . 54 fr.
Troisième série. 15 volumes . . . . . . . . . . . 135 fr.
Tome XV bis. Table générale des Archives des Missions (les 3 séries). 9 fr.

## NOUVELLES ARCHIVES DES MISSIONS SCIENTIFIQUES ET LITTÉRAIRES

Tomes I, II, III, IV, V

Chaque volume in-8, avec nombreuses figures et planches, 9 fr.

---

### HISTOIRE DES SCIENCES

## LA CHIMIE AU MOYEN AGE
### Par M. BERTHELOT
Sénateur, Secrétaire perpétuel de l'Académie des Sciences.

3 beaux volumes in-4 . . . . . . . . . . . 45 fr.

Tome I. — Essai sur la transmission de la science antique au moyen âge. — Doctrines et pratiques chimiques. — Traditions techniques et traductions arabico-latines, avec publication nouvelle du *Liber ignium* de Marcus Græcus, et impression originale du *Liber Sacerdotum*. 25 fig.

Tome II. — L'Alchimie syriaque, comprenant une introduction et plusieurs traités d'alchimie syriaque et arabe, d'après les manuscrits du British Museum et de Cambridge. Texte et traduction avec notes, commentaires, reproduction des signes et des figures d'appareils, avec la collaboration de M. RUBENS DUVAL.

Tome III. — L'Alchimie arabe, comprenant une introduction historique et les traités de Cratès, d'El-Habib, d'Ostanès et de Djâber, tirés des manuscrits de Paris et de Leyde. Texte et traduction, notes, figures, table, etc., avec la collaboration de M. O. HOUDAS.

---

### INSTRUCTIONS ADRESSÉES PAR LE
## COMITÉ DES TRAVAUX HISTORIQUES ET SCIENTIFIQUES
*Aux Correspondants du Ministère de l'Instruction publique*

I. — Littérature latine et histoire du moyen âge, par LÉOPOLD DELISLE, membre de l'Institut. In-8, avec planches en héliogravure . . . . . . . 3 fr. 50

II. — L'Épigraphie chrétienne en Gaule et dans l'Afrique romaine, par M. EDMOND LE BLANT, membre de l'Institut. In-8, avec 5 planches en héliogravure. 4 fr.

III. — Recherche des antiquités dans le nord de l'Afrique. Conseils aux archéologues et aux voyageurs, par Messieurs les membres de la Commission de l'Afrique. In-8, avec une carte et de nombreuses illustrations . . . 6 fr.
— *Le même.* Édition in-18, dans le format des Guides-Joanne . . . 5 fr.

IV. — Numismatique de la France, par M. A. DE BARTHÉLEMY, membre de l'Institut. *Première partie* : Époques gauloise, gallo-romaine et mérovingienne. In-8, fig. . . . . . . . . . . . . . . . . . . . . . . . . 2 fr. 50

PUBLICATIONS OFFICIELLES

## ALBUM ARCHÉOLOGIQUE
# DES MUSÉES DE PROVINCE

Publié sous les auspices du Ministère de l'Instruction publique et sous la direction de

**M. ROBERT DE LASTEYRIE**
Membre de l'Institut.

Cette publication est destinée à faire connaître les trésors que possèdent les Musées archéologiques des départements, les œuvres d'art et les monuments de tout genre qui y sont rassemblés. L'Album paraît en livraisons in-4°. Les planches sont exécutées en héliogravure ou en chromolithographie, et le texte est confié aux spécialistes les plus compétents.

Livraison I, accompagnée de 8 planches . . . . . . 12 fr.
Livraisons II, III, accompagnées de 16 planches. . . . 24 fr.

## COLLECTION D'INVENTAIRES

PUBLIÉS PAR LA SECTION D'ARCHÉOLOGIE DU COMITÉ DES TRAVAUX HISTORIQUES

I. **Bibliographie générale des Inventaires imprimés**, par FERNAND DE MÉLY et EDMOND BISHOP. Tome I. France et Angleterre. In-8. . . . . . . 12 fr.
II. Tome II. — Allemagne, Danemark, Italie, Espagne, etc. Première partie, In-8 . . . . . . . . . . . . . . . . . . . . . . . 10 fr.
Deuxième partie. In-8. (sous presse).
III. **Inventaire des collections de Jean, duc de Berry** (1401-1403). Publié par M. J. GUIFFREY. In-8 (sous presse). . . . . . . . . . . . . . 12 fr.
IV. **Inventaire des joyaux, livres, etc., de Jean, duc de Berry** (1413-1416). Publié par M. J. GUIFFREY. In-8 (sous presse). . . . . . . . . . . . . . 12 fr.
V. **Inventaires de l'abbaye de Notre-Dame-la Royale dite Maubuisson-lez-Pontoise**. In-8 (sous presse). . . . . . . . . . . . . . . . . 12 fr.

## PUBLICATIONS DU MUSÉE D'ETHNOGRAPHIE

### TOME I
# LES ORIGINES DU MUSÉE D'ETHNOGRAPHIE

Histoire et documents, par le Dr E.-T. HAMY, membre de l'Institut, conservateur du Musée du Trocadéro. Un volume in-8. . . . . . . . . . . . 5 fr.

## REVUE D'ETHNOGRAPHIE

Publiée sous les auspices du Ministère de l'Instruction publique et des Beaux-Arts, par le Dr E.-T. HAMY, membre de l'Institut.

Collection complète de la Revue. 8 volumes in-8, avec nombreuses figures, planches et cartes. . . . . . . . . . . . . . . . . . . 200 fr.

## MINISTÈRE DE LA MARINE ET DES COLONIES

# LE CODE ANNAMITE

Nouvelle traduction complète comprenant : les commentaires officiels du Code, traduits pour la première fois ; de nombreuses annotations extraites des commentaires du Code chinois; des renseignements relatifs à l'histoire du droit, tirés de plusieurs ouvrages chinois, etc. Par P.-L.-F. PHILASTRE, lieutenant de vaisseau, chargé d'affaires de France au Cambodge.

2 volumes gr. in-8 . . . . . . . . . . . . . . . . . . 50 fr.

IMPRIMÉ PAR ORDRE DU GOUVERNEMENT DE LA COCHINCHINE FRANÇAISE

**ERNEST LEROUX, ÉDITEUR**

PUBLICATIONS OFFICIELLES

# DESCRIPTION DE L'AFRIQUE DU NORD
### ENTREPRISE PAR ORDRE DE
### M. le Ministre de l'Instruction publique et des Beaux-Arts

## SECTION ARCHÉOLOGIQUE

## ATLAS ARCHÉOLOGIQUE DE LA TUNISIE

Édition spéciale des cartes topographiques publiées par le Ministère de la Guerre, accompagnée d'un texte explicatif par MM. E. Babelon, R. Cagnat, S. Reinach. Livraisons 1 et 2, accompagnées chacune de 4 cartes. Chaque livraison 8 fr. »

---

## MUSÉES ET COLLECTIONS ARCHÉOLOGIQUES
### DE L'ALGÉRIE ET DE LA TUNISIE

Publiés sous la direction de M. R. de la Blanchère
Inspecteur général des Bibliothèques, Musées et Archives (Algérie et Tunisie)

I. — **Musée d'Alger**. Texte par M. Georges Doublet. Un volume in-4, avec 17 planches . . . . . . . . . . . . . . . . . . . 12 fr.
II. — **Musée de Constantine**. Texte par MM. Georges Doublet et Gauckler. In-4, avec 16 planches . . . . . . . . . . . . . . . . 12 fr.
III. — **Musée d'Oran**. Texte par M. R. de la Blanchère. In-4, avec 7 planches. 10 fr.
IV. — **Musée de Cherchel**. Texte par M. Gauckler. In-4, avec 21 planches. 15 fr.
*Sous presse* : Musées de Philippeville, Tlemcen, Carthage, Prætorium de Lambèse, etc.

---

## TIMGAD
### UNE CITÉ AFRICAINE SOUS L'EMPIRE ROMAIN
#### PAR
**M. BŒSWILLWALD** | **M. RENÉ CAGNAT**
Inspecteur général des monuments historiques | Professeur au Collège de France

*Ouvrage accompagné de plans et de dessins exécutés par les soins du Service des Monuments historiques de l'Algérie.*

Publié en 9 ou 10 livraisons in-4, avec dessins et planches en héliogravure, phototypie, chromolithographie, etc.

Les livraisons I et II ont paru. Chaque livraison . . . . . 10 fr.

---

## L'ARMÉE ROMAINE D'AFRIQUE
### ET L'OCCUPATION MILITAIRE DE L'AFRIQUE SOUS LES EMPEREURS
#### Par M. RENÉ CAGNAT
Professeur au Collège de France, membre de la Commission de l'Afrique du Nord

Un beau volume in-4, avec nombreux clichés, planches en héliogravure, cartes . . . . . . . . . . . . . . . . . . . . . . 40 fr.

---

## RECHERCHES ARCHÉOLOGIQUES EN ALGÉRIE
### par M. STÉPHANE GSELL

Un beau volume in-8, illustré de nombreux dessins et accompagné de 8 planches hors texte . . . . . . . . . . . . . . . . . . . 10 fr.

---

RUE BONAPARTE, 28

# PUBLICATIONS
## DE
# L'ÉCOLE DES LANGUES ORIENTALES VIVANTES

### PREMIÈRE SÉRIE

I, II. HISTOIRE DE L'ASIE CENTRALE (Afghanistan, Boukhara, Khiva, Khoqand), de 1153 à 1233 de l'hégire, par Mir Abdul Kerim Boukhari. Texte persan et traduction française, publiés par *Ch. Schefer*, de l'Institut. 2 vol. in 8, avec carte. Chaque volume. . . . . . . . . . . . . 15 fr.

III, IV. RELATION DE L'AMBASSADE AU KHAREZM (Khiva), par Riza Qouly Khan. Texte persan et traduction française, par *Ch. Schefer*, de l'Institut. 2 vol. in-8, avec carte. Chaque volume . . . . . . . . . . . 15 fr.

V. RECUEIL DE POÈMES HISTORIQUES EN GREC VULGAIRE, relatifs à la Turquie et aux principautés danubiennes, publiés, traduits et annotés par *Émile Legrand*. 1 volume in-8 . . . . . . . . . . . . 15 fr.

VI. MÉMOIRES SUR L'AMBASSADE DE FRANCE PRÈS LA PORTE OTTOMANE et sur le commerce des Français dans le Levant, par le comte de *Saint-Priest*, publiés et annotés par *Ch. Schefer*. In-8. . . . . . . . 12 fr.

VII. RECUEIL D'ITINÉRAIRES ET DE VOYAGES DANS L'ASIE CENTRALE ET L'EXTRÊME ORIENT (publié par *MM. Scherzer, L. Leger, Ch. Schefer*). in-8, avec carte. . . . . . . . . . . . . . . . . . . . 15 fr.
Journal d'une mission en Corée avec carte (*F. Scherzer*). — Mémoires d'un voyageur chinois dans l'Empire d'Annam (*L. Leger*). — Itinéraires de l'Asie centrale. — Itinéraire de la vallée du Moyen-Zerefchan. — Itinéraire de Pichaver à Kaboul, Qandahar et Hérat (*Ch. Schefer*).

VIII. BAG-O-BAHAR. Le jardin et le printemps, poème hindoustani, traduit en français par *Garcin de Tassy*, de l'Institut. 1 volume in-8 . . . . 12 fr.

IX. CHRONIQUE DE MOLDAVIE, depuis le milieu du xiv$^e$ siècle jusqu'à l'an 1594 par Grégoire Urechi. Texte roumain en caractères slavons, et traduction par *Em. Picot*. 1 fort volume in-8, en 5 fascicules. . . . . . . . 25 fr.

X, XI. BIBLIOTHECA SINICA, Dictionnaire bibliographique des ouvrages relatifs à l'empire chinois, par *Henri Cordier*. 2 vol. gr. in-8 à 2 colonnes. 125 fr.

XI. Deuxième partie, contenant le Supplément et la table des auteurs. Fascicules I et II. In-8. Chaque. . . . . . . . . . . . . . 12 fr.
Fascicule III. (*Sous presse*.)

XII. RECHERCHES ARCHÉOLOGIQUES ET HISTORIQUES SUR PÉKIN ET SES ENVIRONS, par le docteur *Bretschneider*, traduction de *V. Collin de Plancy*. In-8, fig. et plans . . . . . . . . . . . . . . 10 fr.

XIII. HISTOIRE DES RELATIONS DE LA CHINE AVEC L'ANNAM-VIETNAM, du xiv$^e$ au xix$^e$ siècle, par *G. Devéria*. In-8, avec une carte . . . 7 fr. 50

XIV, XV. ÉPHÉMÉRIDES DACES. Histoire de la guerre entre les Turcs et les Russes (1736-1739), par *C. Dapontès*, texte grec et traduction par *Émile Legrand*. 2 vol. in-8, avec portrait et fac-similé. Chaque volume. 20 fr.

XVI. RECUEIL DE DOCUMENTS SUR L'ASIE CENTRALE, d'après les écrivains chinois, par *C. Imbault-Huart*. In-8, avec 2 cartes coloriées . . 10 fr.

XVII. LE TAM-TU'-KINH, OU LE LIVRE DES PHRASES DE TROIS CARACTÈRES, texte et commentaire chinois, prononciation annamite et chinoise, explication littérale et traduction complète, par *A. des Michels*. In-8. 20 fr.

XVIII. HISTOIRE UNIVERSELLE, par *Étienne Açoghik de Daron*, traduit de l'arménien par *E. Dulaurier*, de l'Institut. In-8 en deux parties (la seconde partie en préparation). Chaque partie . . . . . . . . . 10 fr.

XIX. LE LUC VÂN TIÊN CA DIÊN. Poème annamite, publié, traduit et annoté par *A. des Michels*. In-8 . . . . . . . . . . . . . . . 20 fr.

XX. ÉPHÉMÉRIDES DACES, par *C. Dapontès*, traduction par *Émile Legrand*, 3$^e$ vol. in-8 . . . . . . . . . . . . . . . . . . 7 fr. 50

### DEUXIÈME SÉRIE

I. SEFER NAMÉH. RELATION DU VOYAGE EN PERSE, en Syrie et en Palestine, en Égypte, en Perse et en Arabie fait par *Nassiri Khosrau*, de l'an 1045 à 1049, texte persan, publié, traduit et annoté par *Ch. Schefer*, de l'Institut. Un beau volume gr. in-8, avec quatre chromolithographies. . 25 fr.

---

**ERNEST LEROUX, ÉDITEUR**

## ÉCOLE DES LANGUES ORIENTALES

II, III. CHRONIQUE DE CHYPRE PAR LÉONCE MACHÉRAS, texte grec publié traduit et annoté par *E. Miller*, de l'Institut, et *C. Sathas*. 2 vol. in-8, avec une carte ancienne en chromolithographie. . . . . . . 40 fr.

IV, V. DICTIONNAIRE TURC-FRANÇAIS. Supplément aux dictionnaires publiés jusqu'à ce jour, par *A.-C. Barbier de Meynard*, de l'Institut. 2 forts volumes in-8 à 2 colonnes. L'ouvrage publié en 8 livraisons à 10 fr. . . . 80 fr.

VI. MIRADJ-NAMEH, récit de l'ascension de Mahomet au Ciel. Texte turc-oriental, publié, traduit et annoté d'après le manuscrit ouïgour de la Bibliothèque nationale, par *Pavet de Courteille*, de l'Institut. In-8, avec fac-similés du manuscrit en chromolithographie. . . . . . 15 fr.

VII, VIII. CHRESTOMATHIE PERSANE, composée de morceaux inédits avec introduction et notes, publiée par *Ch. Schefer*, de l'Institut. 2 volumes in-8 . . . . . . . . . . . . . . . . . . . . . . . . . . 30 fr.

IX. MÉLANGES ORIENTAUX. Textes et traductions, publiés par les professeurs de l'Ecole des langues orientales vivantes, à l'occasion du sixième congrès international des Orientalistes réuni à Leyde en septembre 1883. In-8, avec planches et fac-similé. . . . . . . . . . . . . . . . 25 fr.

<small>Notice historique sur l'Ecole des langues. — Quatre lettres missives écrites de 1470 à 1475 par Aboû'l-Hasan Aly, par H. Derenbourg. — Trois chapitres du Khitay Nameh, par Ch. Schefer. — Notice sur l'Arabie méridionale, par C. Barbier de Meynard. — L'incendie de Singapour en 1829, par l'abbé C. Favre. — Inscriptions d'un reliquaire arménien de la collection Basilewski, par A. Carrière. — Fragments inédits de littérature grecque, par E. Miller. — Mémorial de l'antiquité japonaise, par L. de Rosny. — Kim van Kieu Truyên, par A. des Michels. — La Bulgarie à la fin du XVIII° siècle, par L. Leger. — Notice biographique et bibliographique sur Nicolas Spatar Milescu, par Émile Picot. — Essai d'une bibliographie des ouvrages publiés en Chine par les Européens au XVII° et au XVIII° siècles, par H. Cordier. — Un épisode du poème épique de Sindjamani, par J. Vinson.</small>

X, XI. LES MANUSCRITS ARABES DE L'ESCURIAL, décrits par *Hartwig Derenbourg*. Tome I, Grammaire, Rhétorique, Poésie, Philologie et Belles-Lettres, Lexicographie, Philosophie. Gr. in-8. . . . . . . 15 fr.
Tome II : Morale et politique, Histoire naturelle, Géographie, Histoire, Divers, Supplément, Mélanges. In-8 (sous presse). . . . . 15 fr.

XII. OUSÂMA IBN MOUNKIDH (1095-1188). Un émir syrien au premier siècle des croisades, par *Hartwig Derenbourg*. Avec le texte arabe de l'autobiographie d'Ousâma, publié d'après le manuscrit de l'Escurial.
Première partie. Vie d'Ousâma. 1889, en 2 fascic. In-8. . . . . 20 fr.
Deuxième partie, texte arabe. 1886, in-8. . . . . . . . 15 fr.

XIII. CHRONIQUE DITE DE NESTOR, traduite sur le texte slavon-russe avec introduction et commentaire critique par *L. Leger*. In-8. . . . . 15 fr.

XIV, XV. KIM VAN KIEU TAN TRUYEN. Poème annamite, publié, traduit et annoté par *Abel des Michels*. 2 volumes en 3 parties. In-8. . . . 40 fr.

XVI, XVII. LE LIVRE CANONIQUE DE L'ANTIQUITÉ JAPONAISE. Histoire des dynasties divines, traduite sur le texte original et accompagnée d'une glose inédite composée en chinois et d'un commentaire perpétuel, par *Léon de Rosny*. Deux fascicules in-8. Chaque fascicule. . . . . 15 fr.
Première partie. La Genèse. — Deuxième partie. Le règne du Soleil. — Troisième partie. L'Exil.

XVIII. LE MAROC, de 1631 à 1812. Extrait de l'ouvrage intitulé Ettordjemân Elmo'arib'an douel Elmachriq ou'l Maghrib, de Aboulqâsem ben Ahmed Ezziâni. Texte arabe publié et traduit par *O. Houdas*. In-8. . . 15 fr.

XIX. NOUVEAUX MÉLANGES ORIENTAUX, publiés par les professeurs de l'Ecole des langues orientales vivantes, à l'occasion du Congrès des Orientalistes tenu à Vienne en 1886. In-8, avec fac-similé. . . . . 15 fr.
<small>Tableau du règne de Mouïzz eddin Aboul Harith, Sultan Sindjar, par Ch. Schefer. — Considérations sur l'histoire ottomane, par A.-C. Barbier de Meynard. — Essai sur l'écriture maghrébine, par O. Houdas. — Ousâma ibn Mounkidh, par H. Derenbourg. — Entretien de Moïse avec Dieu sur le mont Sinaï, par l'abbé P. Favre. — Voyages de Basile Vatace en Europe et en Asie, par E. Legrand. — Les noces de Maxime Tzernoïévitch, par A. Dozon. — Quelques contes populaires annamites, par A. des Michels. — Note pour servir à l'histoire des études chinoises en Europe, par H. Cordier. — Spécimen de paléographie tamoule, par J. Vinson. — Une version arménienne de l'histoire d'Assueth, par A. Carrière. — Notice biographique et bibliographique sur l'imprimeur Anthime d'Ivir, par E. Picot. — Des différents genres d'écriture employés par les Japonais, par L. de Rosny.</small>

---

RUE BONAPARTE, 28

- XX. L'ESTAT DE LA PERSE en 1660, par le *P. Raphaël du Mans*. Publié et annoté par *Ch. Schefer*, de l'Institut. In-8 . . . . . . . . . . . 20 fr.

## TROISIÈME SÉRIE

I. LA FRONTIÈRE SINO-ANNAMITE, description géographique et ethnographique, d'après des documents officiels chinois traduits par *G. Devéria*, In-8 illustré, avec planches et cartes . . . . . . . . . . . 20 fr.

II. NOZHET-ELHADI. Histoire de la dynastie saadienne au Maroc (1511-1670). par Mohammed Esseghir ben Elhadj ben Abdallah Eloufrâni. Texte arabe, publié par *O. Houdas*. In-8. . . . . . . . . . . . . . . 15 fr.

III. Le même ouvrage Traduction française, par *O. Houdas*. . . . . 15 fr.

IV. ESQUISSE DE L'HISTOIRE DU KHANAT DE KHOKAND, par *Nalivkine*, traduit du russe par *A. Dozon*. In-8, avec carte. . . . . . . . 10 fr.

V, VI. RECUEIL DE TEXTES ET DE TRADUCTIONS , publiés par les Professeurs de l'École des langues orientales vivantes à l'occasion du Congrès des Orientalistes de Stockholm. 2 vol. in-8. . . . . . . . . . . 30 fr.

Quelques chapitres de l'abrégé du Seldjouq Naméh, composé par l'émir Nassir eddin Yahia, publié et traduit par Ch. Schefer. — L'Ours et le Voleur, comédie en dialecte turc azeri, publiée et traduite par Barbier de Meynard, — Proverbes malais, par G. Marre. — Cérémonies religieuses et coutumes des Tchérémisses, par A. Dozon.— Histoire de la conquête de l'Andalousie, par Ibn Elqoutbiya, publié par O. Houdas. — La compagnie suédoise des Indes orientales au xviii° siècle, par H. Cordier. — Du sens des mots chinois, *Giáo Chí*, nom des ancêtres du peuple annamite, par A. des Michels, — Chants populaires des Roumains de Serbie, par Em. Picot. — Les Français dans l'Inde (1736-1761), par J. Vinson. — Notice biographique sur Jean et Théodose Zygomalas, par E. Legrand, etc.

VII, VIII. SIASSET NAMÉH. Traité de Gouvernement, par Nizam oul Moulk, vizir du sultan Seldjonkide Melikchâh. Texte persan et traduction française, par *Ch. Schefer*, de l'Institut. Tome I. Texte persan. In-8. . . . . 15 fr.
Tome II. Traduction française et notes. In-8. . . . . . . . . . 15 fr.

IX, X. VIE DE DJELAL-EDDIN MANKOBIRTI, par *El Nesawi* (vii° siècle de l'hégire). Tome I. Texte arabe, publié par *O. Houdas*. In-8 . . . . . . . 15 fr.
Tome II. Traduction française et notes, par *O. Houdas*. In-8. (Sous presse.)

XI. CHIH LOUH KOUOH KIANG YUH TCHI. Géographie historique des Seize royaumes fondés en Chine par des chefs tatares (302-433) traduite du chinois et annotée par *A. Des Michels*. Fasc. I et II, In-8. Chaque. 7 fr. 50
Fascicule III. (Sous presse.)

XII. CENT DIX LETTRES GRECQUES, de *François Filelfe*, publiées intégralement pour la première fois, d'après le *Codex Trivulzianus* 873, avec introduction, notes et commentaires, par *Emile Legrand*. In-8. . 20 fr.

XIII. DESCRIPTION TOPOGRAPHIQUE ET HISTORIQUE DE BOUKHARA, par *Mohammed Nerchakhy*, suivie de textes relatifs à la Transoxiane. Tome I. Texte persan, publié par *Ch. Schefer*, membre de l'Institut. In-8. 15 fr.

XIV. Tome II. Traduction française et notes, par *Ch. Schefer*, de l'Institut. (Sous presse.)

XV. LES FRANÇAIS DANS L'INDE, Dupleix et Labourdonnais Extraits des Mémoires d'Anandarangappoullé, divân de la Compagnie des Indes (1736-1761), publié par J. Vinson. In-8 avec cartes . . . . . . . . 15 fr.

XVI. KHALIL ED-DAHIRY. Description de l'Egypte et de la Syrie. Texte arabe, publié par M. Ravaisse. In-8 . . . . . . . . . . . . . 12 fr.

XVII. Le même, traduction française. In-8. (*En préparation*.)

XVIII. TABLEAUX GENEALOGIQUES DES PRINCES DE MOLDAVIE, dressés d'après les documents originaux et accompagnés de notes historiques, par Emile Picot. In-8 de 300 pages, avec environ 30 tableaux. (*En préparation*.)

XIX, XX. BIBLIOGRAPHIE CORÉENNE. Tableau littéraire de la Corée, contenant la nomenclature des ouvrages publiés jusqu'en 1890, ainsi que la description et l'analyse détaillées des principaux d'entre ces ouvrages, par Maurice Courant, interprète de la légation de France à Tokyo. 2 vol. (*Sous presse*.)

## QUATRIÈME SÉRIE

I-IV. CATALOGUE DE LA BIBLIOTHÈQUE DE L'ÉCOLE DES LANGUES ORIENTALES VIVANTES, publié par *E. Lambrecht*, secrétaire de l'École. (*Sous presse*.)

# ANNALES DU MUSÉE GUIMET

## TOME I

MÉLANGES. — Un volume in-4, avec 8 planches hors texte. . . . . 15 fr.

E. Guimet. Rapport au Ministre de l'Instruction publique et des Beaux-Arts sur sa mission scientifique en Extrême-Orient. — Le Mandara de Koô-boô-Daï-shi dans le temple de To-ô-dji à Kioto (Japon). — H. Hignard. Le Mythe de Vénus. — F. Chabas. De l'usage des bâtons de main chez les anciens Egyptiens et chez les Hébreux. — Ed. Naville. Ostracon égyptien du Musée Guimet. — E. Lefébure. Les races connues des Egyptiens. — Garcin de Tassy. Tableau du Kâli-Youg ou Age de Fer. — P. Regnaud. La Métrique de Bhârata, xvii$^e$ chapitre du Nâtya Çastra. — P. Regnaud. Le Pessimisme bràhmanique. — Rev. C. Alwyss. Visites des Bouddhas dans l'île de Lankà (Ceylan), traduit de l'anglais par L. de Milloué. — J. Dupuis. Voyage au Yun-nan et ouverture du fleuve Rouge au commerce. — Rev. E.-J. Eitel. Le Feng-shoui ou Principes de science naturelle en Chine, traduit de l'anglais par L. de Milloué. — P.-L.-F. Philastre. Exégèse chinoise. — Shidda. Explication des anciens caractères sanscrits. Traduit du japonais par Ymaïzoumi et Yamata. — Conférence entre la secte Sin-siou et la mission scientifique française, traduite du japonais par Ymaïzoumi, Tomii et Yamata. — Réponses sommaires des prêtres de la secte Sin-siou, traduites du japonais par M. A. Tomii. — Note sur les cours de langues orientales à Lyon.

## TOME II

MÉLANGES. — Un volume in-4 . . . . . . . . . . . . . . . . 15 fr.

F. Max Müller. Anciens textes sanscrits découverts au Japon, traduits de l'anglais par L. de Milloué. — Ymaïzoumi. O-mi to-King, ou Soukhavâti-vyûha-Soûtra, texte vieux sanscrit traduit d'après la version chinoise de Koumârajîva. — P. Regnaud. La Métrique de Bhârata, texte sanscrit de deux chapitres du Nâtya Çastra, publié pour la première fois et suivi d'une interprétation française. — Léon Feer. Analyse du Kandjour et du Tandjour, recueils des livres sacrés du Tibet, par Alexandre Csoma de Körös, traduite de l'anglais et augmentée de diverses additions, remarques et index.

## TOME III

Em. de Schlagintweit. LE BOUDDHISME AU TIBET, traduit de l'anglais par L. de Milloué. Un volume in-4, avec 40 planches hors texte . . . . . . . . . . . 20 fr.

## TOME IV

MÉLANGES. — Un volume in-4, avec 11 planches hors texte. . . . . 15 fr.

E. Lefébure. Le puits de Deïr-el-Bahari, notice sur les dernières découvertes faites en Egypte. — F. Chabas. Table à libations du Musée Guimet. — D$^r$ Al. Colson. Notice sur un Hercule phallophore, dieu de la génération. — P. Regnaud. Le Pancha-Tantra, ou le grand recueil des fables de l'Inde ancienne, considéré au point de vue de son origine, de sa rédaction, de son expansion et de la littérature à laquelle il a donné naissance. — Rev. J. Edkins. La religion en Chine. Exposé des trois religions des Chinois, suivi d'observations sur l'état actuel et l'avenir de la propagande chrétienne parmi ce peuple; traduit de l'anglais par L. de Milloué.

## TOME V

Léon Feer. FRAGMENTS EXTRAITS DU KANDJOUR, traduits du tibétain. Un volume in-4 . . . . . . . . . . . . . . . . . . . . . . . . 20 fr.

## TOME VI

Ph.-Ed. Foucaux. LE LALITA-VISTARA, ou Développement des jeux, contenant l'histoire du Bouddha Çàkya-Mouni depuis sa naissance jusqu'à sa prédication, traduit du sanscrit en français. Première partie. Traduction française. Un volume in-4, avec 4 planches hors texte . . . . . . . . . . . 15 fr.

RUE BONAPARTE, 28

## TOME VII

**MÉLANGES.** — Un volume in-4, avec 6 planches hors texte . . . . . 20 fr.

A. BOURQUIN. Brâhmakarma ou Rites sacrés des Brâhmanes, traduit pour la première fois du sanscrit en français. — Dharmasindhu, ou Océan des rites religieux, par le prêtre Kâshinâtha, première partie. Traduit du sanscrit et commenté. Version française par L. DE MILLOUÉ. — E. S. W. SÉNATHI-RAJA. Quelques remarques sur la secte çivaïte chez les Indous de l'Inde méridionale. — ARNOULD LOCARD. Les coquilles sacrées dans les religions indoues. — SIR MUTU COOMARA-SWAMY. Dâthâvança ou histoire de la Dent-Relique du Buddha Gautama, poème épique de Dhamma-kitti, traduit en français d'après la version anglaise, par L. DE MILLOUÉ. — J. GERSON DA CUNHA. Mémoire sur l'histoire de la Dent-Relique de Ceylan, précédé d'un essai sur la vie et la religion de Gautama Buddha, traduit de l'anglais et annoté par L. DE MILLOUÉ. — P. REGNAUD. Études phonétiques et morphologiques dans le domaine des langues indo-européennes et particulièrement en ce qui regarde le sanscrit.

## TOME VIII

**LE YI-KING OU LIVRE DES CHANGEMENTS DE LA DYNASTIE DES TSCHÉOU**, traduit pour la première fois du chinois en français, avec les commentaires traditionnels complets de T'shèng-Tsé et de Tshou-hi et des extraits des principaux commentateurs, par P.-L.-F. PHILASTRE.

Première partie. Un volume in-4 . . . . . . . . . . . . . . . . 15 fr.

## TOME IX

**LES HYPOGÉES ROYAUX DE THÈBES**, par M. E. LEFÉBURE. — Première division : Le tombeau de Séti I<sup>er</sup> publié *in extenso* avec la collaboration de MM. U. BOURIANT et V. LORET, anciens membres de la Mission archéologique du Caire et avec le concours de M. ED. NAVILLE.

Un volume in-4, avec 130 planches hors texte . . . . . . . . . . 75 fr.

## TOME X

**MÉLANGES.** — Un volume in-4, illustré de dessins et de 24 pl. hors texte. 30 fr.

**Mémoires relatifs aux religions et aux monuments anciens de l'Amérique.** La stèle de Palenqué, par Ch. RAU. — Idoles de l'Amazone, par J. VERISSIMO. — Sculptures de Santa-Lucia Cosumalwhuapa (Guatémala), par S. HABEL. Traduit de l'anglais par J. POINTET. — Notice sur les pierres sculptées du Guatemala, acquises par le Musée de Berlin, par A. BASTIAN. Traduit de l'allemand par J. POINTET.

**Mémoires divers.** — Le Shintoïsme, sa mythologie, sa morale, par M. A. TOMII. — Les idées philosophiques et religieuses des Jaïnas, par S.-J. WARREN. Traduit de l'anglais par J. POINTET. — Étude sur le mythe de Vrishabha, par L. de MILLOUÉ. — Le Dialogue de Çuka et de Rhamba, par J. GRANDJEAN. — La Question des aspirées en sanscrit et en grec, par P. REGNAUD. — Deux inscriptions phéniciennes inédites, par C. CLERMONT-GANNEAU. — Le galet d'Antibes, offrande phallique à Aphrodite, par H. BAZIN.

**Mémoires d'égyptologie.** — La tombe d'un ancien Égyptien, par V. LORET. — Les quatre races dans le ciel inférieur des Égyptiens, par J. LIEBLEIN. — Un des procédés du démiurge égyptien, par E. LEFÉBURE. — Maa, déesse de la vérité, et son rôle dans le Panthéon égyptien, par A. WIEDEMANN.

## TOMES XI ET XII

**LA RELIGION POPULAIRE DES CHINOIS**, par J.-J.-M. DE GROOT. — Les fêtes annuellement célébrées à Emoui (Amoy). Mémoire traduit du hollandais avec le concours de l'auteur, par C.-G. CHAVANNES. Illustrations par Félix Regamey et héliogravures.

2 volumes in-4, avec 38 planches hors texte. . . . . . . . . . . . 40 fr.

## TOME XIII

**LE RAMAYANA**, au point de vue religieux, philosophique et moral, par CH. SCHOEBEL.

Un volume in-4. . . . . . . . . . . . . . . . . . . . . . . . . 12 fr.

Couronné par l'Institut.

---

**ERNEST LEROUX, ÉDITEUR**

## TOME XIV
ESSAI SUR LE GNOSTICISME ÉGYPTIEN, ses développements, son origine égyptienne, par E. Amélineau.
Un volume in-4, avec une planche . . . . . . . . . . . . . . . 15 fr.

## TOME XV
SIAO-HIO. LA PETITE ÉTUDE ou MORALE DE LA JEUNESSE, avec le Commentaire de Tchc-Siuen, traduit pour la première fois du chinois en français, par C. de Harlez.
Un volume in-4, avec carte . . . . . . . . . . . . . . . . 15 fr.

## TOME XVI
LES HYPOGÉES ROYAUX DE THÈBES, par E. Lefébure. In-4 en 2 fascicules avec planches . . . . . . , . . . . . . . . . 60 fr. »
Fascicule I. — Seconde division des Hypogées. Notices des Hypogées publiées avec le concours de Ed. Naville et Ern. Schiaparelli. — Fascicule II. — Troisième division. Tombeau de Ramsès IV.

## TOME XVII
MONUMENTS POUR SERVIR A L'HISTOIRE DE L'ÉGYPTE CHRÉTIENNE au IV° siècle. Histoire de saint Pakhôme et de ses communautés. Documents coptes et arabes inédits, publiés et traduits par E. Amélineau.
Un fort volume in-4 . . . . . . . . . . . . . . . . . . . . 60 fr.

## TOME XVIII
AVADANA ÇATAKA. Cent légendes bouddhiques, traduites du sanscrit par Léon Feer.
Un vol. in-4 . . . . . . . . . . . . . . . , . . . . 20 fr.

## TOME XIX
LE LALITA-VISTARA, ou Développement des jeux, contenant l'histoire du Bouddha Çakya-Mouni, depuis sa naissance jusqu'à sa prédication, traduit du sanscrit en français par Ph.-Ed. Foucaux, professeur au Collège de France. Deuxième partie : Notes, Variantes et Index.
Un vol. in-4 . . . . . . . . . . . . . . . . . . . . . 15 fr.

## TOME XX
TEXTES TAOISTES, traduits des originaux chinois et commentés, par C. de Harlez.
Un volume in-4 . . . . . . . . . . . . . . . . . . . . 20 fr.

## TOMES XXI, XXII ET XXIV
LE ZEND-AVESTA. Traduction nouvelle avec commentaire historique et philologique, par James Darmesteter, professeur au Collège de France.
Tome I. La Liturgie (Yasna et Vispéred). Un volume in-4 . . . . . 20 fr.
Tome II. La Loi (Vendidad). — L'Épopée (Yashts). — Le Livre de prière (Khorda-Avesta). Un vol. in-4 . . . . . . . . . . . . . . . . . . 20 fr.
Tome III. Origines de la littérature et de la religion zoroastriennes. Appendice à la traduction de l'Avesta. (Fragments des Nasks perdus et Index.) Un volume in-4 . . . . . . . . . . . . . . . . . . . . . . . . 20 fr.
L'Institut a décerné en 1893 le prix biennal de 20,000 francs à cet ouvrage.

## TOME XXIII
LE YI-KING, ou Livre des changements de la dynastie des Tscheou, traduit pour la première fois du chinois en français, avec les commentaires traditionnels complets de Tsheug-Tsé et Tshou-hi et des extraits des principaux commentateurs, par P.-L.-F. Philastre.
Seconde partie. Un volume in-4 . . . . . . . . . . . . . 15 fr.

### TOME XXV
MONUMENTS POUR SERVIR A L'HISTOIRE DE L'ÉGYPTE CHRÉTIENNE. Histoire des monastères de la Basse Égypte. Vies de saint Paul, saint Antoine saint Macaire. Vies des saints Maxime et Domèce, de Jean le Nain, etc. Texte et traduction française, par E. AMÉLINEAU. . . . . . . . . . . . . . 40 fr.

### TOME XXVI (Sous presse)
LE SIAM ANCIEN, par L. FOURNEREAU. Un volume richement illustré.

### TOMES XXVII ET XXVIII (Sous presse)
HISTOIRE DE LA SÉPULTURE ET DES FUNÉRAILLES EN ÉGYPTE, par E. AMÉLINEAU. 2 volumes in-4, illustrés.

### TOMES XXIX ET XXX (Sous presse)
MÉLANGES. TERRIEN DE LACOUPERIE. Notes sur Formose. — RIGOLLOT. Les dieux de l'Égypte. — L. DE MILLOUÉ et KAWAMOURA. Etude héraldique et historique sur la malle du Shogoun Yé-yo-shi. — Colonel CHAILLÉ-LONG-BEY. Mémoire sur la Corée, etc.

## BIBLIOTHÈQUE D'ÉTUDES
### Série in-8º

I. — LE RIG-VÉDA et les origines de la mythologie indo-européenne, par Paul REGNAUD. Première partie. Un vol. in-8 . . . . . . . . . . . . 12 fr. »
II. — Le même ouvrage. Seconde partie (Sous presse). Un vol. in-8 . 12 fr. »
III. — LES LOIS DE MANOU, traduites par STREHLY. Un vol. in-8. . 12 fr. »
IV. — RECHERCHES SUR LE BOUDDHISME, par MINAYEFF, traduit du russe par M. ASSIER DE POMPIGNAN, avec une Introduction par M. Em. SENART, membre de l'Institut. In-8 . . . . . . . . . . . . . . . . . . . . . 10 fr. »
V. — SI-DO. Traité des signes mystiques du Bouddhisme ésotérique japonais, par L. DE MILLOUÉ. In-8, avec planches et dessins dans le texte (Sous presse).
VI. — LES PARSIS, avec Introduction de J. MENANT, de l'Institut. In-8, illustré, (Sous presse).

## BIBLIOTHÈQUE DE VULGARISATION
### SÉRIE DE VOLUMES IN-18 ILLUSTRÉS
### A 3 fr. 50

I. — LES MOINES ÉGYPTIENS, par E. AMÉLINEAU. Illustré.
II. — PRÉCIS DE L'HISTOIRE DES RELIGIONS. — Première partie : Religions de l'Inde, par L. DE MILLOUÉ. Illustré de 21 planches.
III. — LES HÉTÉENS. — Histoire d'un Empire oublié, par H. SAYCE ; traduit de l'anglais, avec préface et appendices, par J. MENANT, membre de l'Institut. Illustré de 4 planches et de 15 dessins dans le texte.
IV. — LES SYMBOLES, LES EMBLÈMES ET LES ACCESSOIRES DU CULTE CHEZ LES ANNAMITES, par G. DUMOUTIER. Illustré de 35 dessins annamites.
V. — LES YÉZIDIS. Les adorateurs du feu, par J. MENANT, membre de l'Institut. In-18, illustré.
VI. — LE CULTE DES MORTS dans l'Annam et dans l'Extrême-Orient, par le lieutenant-colonel BOUINAIS et PAULUS. In-18.

GUIDE ILLUSTRÉ DU MUSÉE GUIMET, par L. de Milloué. In-18. . . . 1 fr.
INTRODUCTION AU CATALOGUE DU MUSÉE GUIMET. — Aperçu sommaire des Religions des anciens peuples civilisés, par L. de Milloué. In-18 . . . 1 fr. 50

**REVUE DE L'HISTOIRE DES RELIGIONS.** 30 volumes in-8º . . . . 350 fr.

**ERNEST LEROUX, ÉDITEUR**

# MÉMOIRES
Publiés par les Membres de la
## MISSION ARCHÉOLOGIQUE FRANÇAISE AU CAIRE

### TOME I

Premier fascicule : U. BOURIANT. Deux jours de fouilles à Tell el-Amarna. — V. LORET. Le tombeau de l'Amxent Amen-Hotep. — U. BOURIANT. L'église copte du tombeau de Déga. — V. LORET. La stèle de l'Amxent Amen-Hotep. — H. DULAC. Quatre contes arabes en dialecte cairote. — V. LORET. La tombe de Kham Ha. In-4°, avec pl. noires et en couleur. 25 fr.

Deuxième fascicule : G. MASPERO. Trois années de fouilles dans les tombeaux de Thèbes et de Memphis. — U. BOURIANT. Les papyrus d'Akhmîm. — V. LORET. Quelques documents relatifs à la littérature et à la musique populaires de la Haute-Égypte. In-4°, avec 9 planches en couleur, 2 planches noires, 40 planches de musique. 40 fr.

Troisième fascicule : U. BOURIANT. Rapport au Ministre de l'Instruction publique sur une mission dans la Haute-Égypte (1884-1885). — P. RAVAISSE. Essai sur l'histoire et sur la topographie du Caire d'après Makrizi (Palais des khalifes Fatimites). Avec plans en couleur. — Ph. VIREY. Etude sur un parchemin rapporté de Thèbes. Avec une héliogravure du papyrus en 4 planches. In-4°. Prix : 30 fr.

Quatrième fascicule : LES MOMIES ROYALES DE DÉIR-EL-BAHARI, par M. MASPERO. In-4°, avec 27 planches. 50 fr.

### TOME II

LES HYPOGÉES ROYAUX DE THÈBES, par M. E. LEFÉBURE. I<sup>re</sup> partie. Le tombeau de Séti I<sup>er</sup> publié *in extenso* avec la collaboration de MM. U. BOURIANT et V. LORET, membres de la mission archéologique du Caire et avec le concours de M. Edouard NAVILLE. In-4°, avec 136 planches. 75 fr.

### TOME III

Premier fascicule : LES HYPOGÉES ROYAUX DE THÈBES, par M. E. LEFÉBURE. II<sup>e</sup> partie. Notices des hypogées, publiées avec la collaboration de MM. Ed. NAVILLE et Ern. SCHIAPARELLI. In-4°, avec planches. 35 fr.

Deuxième fascicule : LES HYPOGÉES ROYAUX DE THÈBES, par M. E. LEFÉBURE. III<sup>e</sup> partie. Tombeau de Ramsès IV. In-4°, avec planches. 25 fr.

Troisième fascicule : Al. GAYET. Les monuments coptes du Musée de Boulaq. Catalogue des sculptures et stèles ornées de la salle copte du Musée de Boulaq. Un volume in-4°, avec 100 planches, dont deux en chromolithographie. 40 fr.

Quatrième fascicule : P. RAVAISSE. Essai sur l'histoire et sur la topographie du Caire d'après Makrizi (Palais des khalifes Fatimites), II<sup>e</sup> partie avec plans. — Supplément aux monuments coptes du Musée de Boulaq, par M. GAYET. — Planches supplémentaires pour les Fouilles de Thèbes et de Memphis de M. MASPERO. 20 fr.

### TOME IV

Premier fascicule : MONUMENTS POUR SERVIR A L'HISTOIRE DE L'ÉGYPTE CHRÉTIENNE AUX IV<sup>e</sup> ET V<sup>e</sup> SIÈCLES. Documents coptes et arabes inédits, par E. AMÉLINEAU. Un fort volume in-4°. 60 fr.

Deuxième fascicule : In-4. (*Sous presse*).

### TOME V

Premier fascicule : Ph. VIREY. Le tombeau de Rekhmara. In-4°, avec pl. 40 fr.

Deuxième fascicule : Ph. VIREY. Tombeaux thébains de la XVIII<sup>e</sup> et de la XIX<sup>e</sup> dynastie. Avec planches. 40 fr.

Troisième fascicule : G. BÉNÉDITE, BOURIANT, BOUSSAC, MASPERO, CHASSINAT. Tombeaux thébains. Un volume in-4°, avec nombreuses planches en couleur. 50 fr.

QUATRIÈME FASCICULE : P. SCHEIL. Tombeaux thébains. Planches en noir et en couleur. (*Sous presse.*)

## TOME VI

PREMIER FASCICULE : G. MASPERO, membre de l'Institut. Fragments de la version thébaine de l'Ancien Testament. Texte copte. In-4°. 20 fr.

DEUXIÈME FASCICULE : MASPERO. Suite et fin des Fragments. — SCHEIL. Tables de Tell el-Amarna. — CASANOVA. Une sphère arabe. — Notices sur les stèles arabes appartenant à la Mission du Caire. In-4°. 25 fr.

TROISIÈME FASCICULE : CASANOVA. Catalogue des verres de la collection Fouquet. — Mémoires divers sur les Fatimides. In-4°. 16 fr.

QUATRIÈME FASCICULE : CASANOVA. La Citadelle du Caire, d'après Makrizi, avec planches et plans de M. HERZ (*Sous presse*).

## TOME VII

PRÉCIS DE L'ART ARABE, par J. BOURGOIN. In-4° avec 300 planches. 150 fr.

## TOME VIII

PREMIER FASCICULE : Actes du concile d'Éphèse, texte copte publié et traduit par U. BOURIANT. In-4°. 15 fr.

DEUXIÈME FASCICULE : L'éloge de l'Apa Victor, fils de Romanos. Texte copte-thébain publié et traduit par U. BOURIANT. — Recueil de cônes funéraires, par DARESSY. In-4°, avec planches. 20 fr.

TROISIÈME FASCICULE : J. DE MORGAN et BOURIANT. Les carrières de Ptolémaïs. — DARESSY. La grande colonnade du temple de Louxor. In-4, avec planches. (*Sous presse*).

## TOME IX

PREMIER FASCICULE : BAILLET. Papyrus mathématique d'Akhmîm. — BOURIANT. Fragments du texte grec du Livre d'Hénoch, et de quelques écrits attribués à saint Pierre. In-4°, avec 8 planches. 30 fr.

DEUXIÈME FASCICULE : Le P. SCHEIL. Deux traités de Philon, publiés d'après un papyrus du VI° siècle trouvés à Louxor. In-4°, avec 4 planches. 16 fr.

TROISIÈME FASCICULE : L'Évangile et l'Apocalypse de Pierre. Le texte grec du Livre d'Hénoch. Fac-similé du manuscrit reproduit en 34 planches doubles, en héliogravure. Avec une préface de M. A. LODS. 40 fr.

## TOMES X et XI (*En cours de publication*).

LE TEMPLE D'EDFOU, publié *in extenso* par M. le M<sup>is</sup> DE ROCHEMONTEIX. Avec nombreuses planches, 1<sup>re</sup> livraison. In-4°. 30 fr. 2<sup>e</sup> livraison (*Sous presse.*)

## TOME XII

PREMIER FASCICULE : D. MALLET. Les premiers établissements des Grecs en Égypte (VII° et VI° siècles). In-4°, avec dessins dans le texte. 30 fr.

## TOMES XIII et XIV (*En cours de publication*).

LE TEMPLE DE PHILÆ, par M. G. BENEDITE, et Recueil des inscriptions grecques, par M. BAILLET.

PREMIER FASCICULE : 40 fr. — DEUXIÈME FASCICULE. In-4°. (*Sous presse.*)

## TOME XV (*En cours de publication*).

LE TEMPLE DE LOUXOR, par M. GAYET. PREMIER FASCICULE. In-4, avec planches. 40 fr.

## TOME XVI

LE TEMPLE DE MÉDINET-ABOU, par U. BOURIANT. PREMIER FASCICULE comprenant environ 50 planches. (*Sous presse.*)

## TOME XVII

DESCRIPTION TOPOGRAPHIQUE DE L'ÉGYPTE ET DU CAIRE, par MAKRIZI. Traduit en français pour la première fois, par U. BOURIANT. In-4. (*Sous presse.*)

---

ERNEST LEROUX, ÉDITEUR

**TOME XVIII** (*En préparation*).
LE TEMPLE DE DÉIR-EL-MÉDINEH et LE TEMPLE DE BEHENI (WADI-ALFA) par G. BÉNÉDITE.

*Série in-8°*

# CHANSONS POPULAIRES ARABES

En dialecte du Caire, d'après les manuscrits d'un chanteur des rues

Spécimen publié par M. U. BOURIANT. Un volume in-8. . . . . . . . **10 fr.**

# BIBLIOTHÈQUE DE L'ÉCOLE DES HAUTES-ÉTUDES

## SECTION DES SCIENCES RELIGIEUSES

I. — ÉTUDES DE CRITIQUE ET D'HISTOIRE par les Membres de la Section des sciences religieuses, avec une Introduction par Albert RÉVILLE, professeur au Collège de France, président de la Section.
Sommaire du contenu : Albert RÉVILLE. Introduction. — Le sens du mot *Sacramentum* chez Tertullien. — L. DE ROSNY. Le texte du Tao-teh-king et son histoire. — PICAVET. De l'origine de la philosophie scolastique en France et en Allemagne. — Hartwig DERENBOURG. Un nouveau roi de Saba. — Sylvain LÉVI. Deux chapitres du Sarva-Darçana-Samgraha. — MASSEBIEAU. Le classement des œuvres de Philon. — AMÉLINEAU. L'hymne au Nil. — Maurice VERNES. Les populations anciennes et primitives de la Palestine, d'après la Bible. — ESMEIN. La question des investitures dans les lettres d'Yves de Chartres. — Jean RÉVILLE. Le rôle des veuves dans les communautés chrétiennes des deux premiers siècles. — Ernest HAVET. La conversion de saint Paul. — SABATIER. L'auteur du livre des Actes des Apôtres a-t-il connu les Epîtres de saint Paul? — Is. LOEB. La chaîne de la Tradition dans le premier chapitre des *Pirké Abot*.
Un beau volume in-8 . . . . . . . . . . . . . . **7 fr. 50**

II et III. — DU PRÉTENDU POLYTHÉISME DES HÉBREUX. Essai critique sur la religion du peuple d'Israël, suivi d'un examen de l'authenticité des écrits prophétiques, par Maurice VERNES, directeur-adjoint. 2 beaux volumes in-8.
Chaque volume . . . . . . . . . . . . . . **7 fr. 50**

IV. — LA MORALE ÉGYPTIENNE QUINZE SIÈCLES AVANT NOTRE ÈRE. Étude sur le papyrus de Boulaq n° 4, par E. AMÉLINEAU.
Un volume in-8. . . . . . . . . . . . . . . **10 fr.**

V. — LES ORIGINES DE L'ÉPISCOPAT, par Jean RÉVILLE.
Un volume in-8. (*Sous presse.*)

## RAPPORTS ANNUELS

I. — LA SCIENCE DES RELIGIONS ET LES RELIGIONS DE L'INDE, par Sylvain LÉVI, maître de conférences. In-8 . . . . . . . . . . . . **1 fr. »**
II. — L'ÉVANGILE DE PIERRE ET LES ÉVANGILES CANONIQUES, par A. SABATIER, directeur-adjoint. In-8. . . . . . . . . . . . . **1 fr. »**

# ANNALES DE LA FACULTÉ DES LETTRES
## DE BORDEAUX

ANCIENNE SÉRIE. — Cinq années. 5 volumes in-8 . . . . . . **50 fr.**
NOUVELLE SÉRIE. — Dix années, 1884 à 1893. 10 volumes in-8. . **100 fr.**
ABONNEMENT ANNUEL. . . . . . . . . . . . **10 Fr.**

**ERNEST LEROUX, ÉDITEUR**

## PUBLICATIONS DE L'ÉCOLE DU LOUVRE

Commencées sous la direction de M. L. DE RONCHAUD

et continuées sous la direction de M. A. KAEMPFEN

DIRECTEUR DES MUSÉES NATIONAUX ET DE L'ÉCOLE DU LOUVRE

DISCOURS D'OUVERTURE de MM. les professeurs de l'École du Louvre. In-8, illustré . . . . . . . . . . . . . . . . . . 5 fr.

LE PROCÈS D'HERMIAS, d'après les sources démotiques. Premier rapport à M. le Ministre de l'Instruction publique sur une mission en Allemagne et dans les Pays-Bas, par Eugène REVILLOUT, professeur à l'Ecole du Louvre. Première partie. In-4, autographié . . . . . . . . . 40 fr.

COURS DE DROIT ÉGYPTIEN, par Eugène REVILLOUT. Premier volume, 1ᵉʳ fascicule : L'état des personnes. In-8 . . . . . . . . 10 fr.

COURS DE LANGUE DÉMOTIQUE (1883-1884). UN POÈME SATIRIQUE, composé à l'occasion de la maladie du poète musicien hérautd'insurrection. Hor'uta, par E. REVILLOUT. In-4 avec deux planches en héliogravure. 35 fr.

EXPLICATION DES MONUMENTS DE L'ÉGYPTE ET DE L'ÉTHIOPIE, DE LEPSIUS, par Paul PIERRET, professeur à l'Ecole du Louvre, conservateur du Musée égyptien du Louvre. 1ʳᵉ livraison. In-8 . . . . . 6 fr.

LA CONDITION JURIDIQUE DE LA FEMME DANS L'ANCIENNE ÉGYPTE. Thèse présentée à l'Ecole du Louvre, par G. PATURET, élève diplômé. In-8 . . . . . . . . . . . . . . . . . . . . . 6 fr.

LES OBLIGATIONS EN DROIT ÉGYPTIEN, comparé aux autres droits de l'antiquité par Eugène REVILLOUT, professeur à l'École du Louvre, conservateur adjoint des Musées nationaux. In-8 . . . . . . . . 12 fr.

DICTIONNAIRE DES NOMS PROPRES PALMYRÉNIENS, par E. LEDRAIN, professeur à l'Ecole du Louvre, conservateur adjoint des Musées nationaux. In-8 . . . . . . . . . . . . . . . . . . 10 fr.

LES DEUX VERSIONS DÉMOTIQUES DU DÉCRET DE CANOPE, textes, étude comparative, traduction, commentaire historique et philologique, par W. N. GROFF, élève diplomé. Thèse de l'Ecole du Louvre. In-4. . 10 fr.

RITUEL FUNÉRAIRE DE PAMONTH, texte démotique, avec les textes hiéroglyphiques et hiératiques correspondants, publié par Eug. REVILLOUT. 1887-89. 1 volume en quatre fascicules in-4 . . . . . . . 20 fr.
— L'introduction, ayant pour titre : *La Morale égyptienne*, se vend séparément 3 fr.

LE CULTE DE NEIT A SAIS, étude de mythologie égyptienne, par D. MALLET, ancien élève de l'Ecole normale. Thèse de l'École du Louvre. In-8. 15 fr.

UN NOUVEAU CONTRAT BILINGUE, DÉMOTIQUE-GREC, publié et expliqué par J. BERGER, agrégé des lettres. Thèse de l'Ecole du Louvre. In-4. . . . . . . . . . . . . . . . . . . . . 7 50

LE LIVRE DES TRANSFORMATIONS, publié et traduit par J. LEGRAIN. Thèse de l'Ecole du Louvre. In-4. avec 14 planches . . . . 12 fr.

DEUX PAPYRUS DÉMOTIQUES, publiés et expliqués par Léon DENISSE. Thèse de l'Ecole du Louvre. In-4 . . . . . . . . . . . 3 50

COURS D'ARCHÉOLOGIE NATIONALE, par Alexandre BERTRAND, membre de l'Institut, professeur à l'Ecole du Louvre. 4 volumes in-8.

I. **Archéologie celtique et gauloise.** In-8 illustré de dessins, de planches et cartes en couleur . . . . . . . . . . . . . 10 fr.

II. **La Gaule avant les Gaulois.** In-8 richement illustré. 2ᵉ édition remaniée et considérablement augmentée . . . . . . . . 10 fr.

III. **Les Celtes d'après les textes et les monuments.** In-8 (*Sous presse*) . . . . . . . . . . . . . . . . . . 10 fr.

IV. **La religion gauloise.** In-8 (*Sous presse*) . . . . . . . 10 fr.

ERNEST LEROUX, ÉDITEUR

# BIBLIOTHÈQUE DE LA FACULTÉ DES LETTRES DE LYON

TOME I. — **Neuchâtel et la politique prussienne en Franche-Comté** (1702-1713), d'après les documents inédits des archives de Paris, Berlin et Neuchâtel, par Emile Bourgeois, chargé du cours d'histoire à la Faculté des lettres de Lyon. 1887. In-8, avec carte . . . . . . 5 fr.

TOME II. — **Science et psychologie**. Nouvelles œuvres inédites de Maine de Biran, publiées avec une introduction par Alexis Bertrand, professeur de philosophie à la Faculté des lettres de Lyon, 1887. In-8, avec fac-similé. Prix. . . . . . . . . . . . . . . . . . . . . . 5 fr.

TOME III. — **La Chanson de Roland**, traduction archaïque et rythmée, par Léon Clédat, professeur de langue et de littérature française du moyen âge à la Faculté des lettres de Lyon. 1887. In-8. . . . . . 5 fr.

TOME IV. — **Le Nouveau Testament**, traduit au XIII$^e$ s., en langue provençale, suivi d'un rituel cathare. Reproduction photolithographique du *Manuscrit de Lyon*, publiée avec une nouvelle édition du rituel, par L. Clédat, professeur à la Faculté des lettres de Lyon. 1888. In-8 . . 30 fr.

TOME V. — **Mélanges grecs**, par Ch. Cucuel et F. Allègre, maîtres de Conférences à la Faculté des lettres de Lyon : *Œuvres complètes de l'orateur Antiphon* (traduction). — *Une scène des Grenouilles d'Aristophane*. 1888. In-8. . . . . . . . . . . . . . . . . . . . 3 fr.

TOME VI. — **Mélanges de philologie indo-européenne**, par Paul Regnaud, professeur de sanscrit et de grammaire comparée, Grosset et Grandjean, étudiants à la Faculté des lettres de Lyon. In-8 . . . 5 fr.

TOME VII. — **Mélanges carolingiens**, par Bardot, Pouzet et Bretton, agrégés d'histoire. Préface par Ch. Bayet, professeur d'histoire. In-8. 5 fr.

TOME VIII. — **Zaïre**, tragédie de Voltaire, édition critique, préparée sous la direction de Léon Fontaine, professeur de littérature française, par Léger, Fréjafon, Couyba. In-8. . . . . . . . . . . . . 4 fr.

TOME IX. — **L'acquisition de la couronne royale de Prusse, par les Hohenzollern**, par Albert Waddington. In-8 . . . . . . 7 fr. 50

TOMES X, XI, XII. — **Histoire de la littérature allemande**, par A. Heinrich, doyen honoraire de la Faculté des lettres de Lyon. 2$^e$ édition, revue et augmentée. 3 vol. in-8. Chaque volume. . . . . . . . 7 fr. 50
  Ouvrage couronné par l'Académie française.

TOME XIII. — **Les géographes allemands de la Renaissance**, par L. Gallois, chargé de cours à la Faculté, avec reproduction de cartes anciennes. In-8. . . . . . . . . . . . . . . . . . . 8 fr.

TOME XIV. — **Étude sur la déesse grecque Tyché**, sa signification religieuse et morale, son culte et ses représentations figurées, par F. Allègre, maître de conférences. In-8. . . . . . . . . . . . 4 fr.

---

## ANNUAIRE DE LA FACULTÉ DES LETTRES DE LYON

Tomes I (1883), II (1884), III (1885). Chaque volume, publié en 3 fascicules. 10 fr.
Les trois volumes ensemble. . . . . . . . . . . . . . . 20 fr.
  En 1886, l'*Annuaire* a été remplacé par la *Bibliothèque de la Faculté*.

---

RUE BONAPARTE, 28

# RECUEIL
DE
## VOYAGES ET DE DOCUMENTS
Pour servir à l'histoire de la Géographie
depuis le XIII° jusqu'à la fin du XVI° siècle.

Publié sous la direction de MM. Ch. SCHEFER, de l'Institut, et H. CORDIER

Tiré à 250 exemplaires dont 25 sur papier de Hollande

La Société de Géographie a décerné le Prix Jomard à l'Éditeur de cette collection.

### VOLUMES PUBLIÉS

#### I

**JEAN ET SÉBASTIEN CABOT**

Leur origine et leurs voyages. Étude d'histoire critique, suivie d'une cartographie, d'une bibliographie et d'une chronologie des Voyages au Nord-Ouest de 1497 à 1550, d'après des documents inédits, par Henry HARRISSE. 1882, un beau volume gr. in-8, avec un portulan reproduit en *fac-simile* par PILINSKI. . . . . . . . . . . . . . . . . . . . . 25 fr.
Le même, sur papier vergé de Hollande . . . . . . . . . . . 40 fr.

#### II

**LE VOYAGE DE LA SAINCTE CYTÉ
DE HIÉRUSALEM**

Fait l'an mil quatre cens quatre vingtz, estant le siège du Grand-Turc à Rhodes, et régnant en France Loys unziesme de ce nom. Publié par Ch. SCHEFER, de l'Institut. 1882, beau volume gr. in-8 . . . . . . . . . 16 fr.
Le même, sur papier vergé de Hollande . . . . . . . . . . . 25 fr.

#### III

**LES CORTE-REAL ET LEURS VOYAGES
AU NOUVEAU-MONDE**

D'après des documents nouveaux ou peu connus, tirés des archives de Portugal et d'Italie, suivi du texte inédit d'un récit de la troisième expédition de Gaspard Corte-Real, et d'une carte portugaise de l'année 1502 reproduite ici pour la première fois, par Henry HARRISSE. 1883, un beau volume gr. in-8, avec une photogravure et un grand portulan chromolithographié, en un étui. 40 fr.
Le même, sur papier vergé de Hollande. . . . . . . . . . . 50 fr.

---

**ERNEST LEROUX, ÉDITEUR**

## III bis
#### SUPPLÉMENT AU TOME III
### GASPARD CORTE-REAL

La date exacte de sa dernière expédition au Nouveau-Monde, d'après deux nouveaux documents inédits récemment tirés des archives de la Torre do Tombo à Lisbonne, dont un écrit et signé par Gaspard Corte-Real, l'autre par son frère Miquel, reproduits ici en fac-similé par Henry Harrisse. In-8, avec 2 planches en fac-similé . . . . . . . . . . . . . . . 4 fr.
Le même, sur papier de Hollande. . . . . . . . . . . . . . 6 fr.

## IV
### LES NAVIGATIONS DE JEAN PARMENTIER
Publié par Ch. Schefer, de l'Institut. Gr. in-8, avec une carte fac-similé. 16 fr.
Le même, sur papier de Hollande. . . . . . . . . . . . . . 25 fr.

## V
### LE VOYAGE ET ITINÉRAIRE D'OUTREMER
Fait par Frère Jean Thenault. — Egypte, Mont Sinay, Palestine, suivi de la relation de Domenico Trevisan auprès du Soudan d'Égypte. Publié et annoté par Ch. Schefer, membre de l'Institut. Gr. in-8, avec carte et planches. 25 fr.
Le même, sur papier de Hollande . . . . . . . . . . . . . 40 fr.

## VI, VII
### CHRISTOPHE COLOMB
Son origine, sa vie, ses voyages, sa famille et ses descendants, d'après des documents inédits, tirés des archives de Gênes, de Savone, de Séville et de Madrid. Etudes d'histoire critique, par Henry Harrisse. 2 volumes gr. in-8 de luxe, avec planches . . . . . . . . . . . . . . . . . 125 fr.
Les mêmes, sur papier de Hollande. . . . . . . . . . . . . 150 fr.

## VIII
### LE VOYAGE DE MONSIEUR D'ARAMON
Ambassadeur pour le roi en Levant, escrit par noble homme Jean Chesneau, publié et annoté par Ch. Schefer, de l'Institut. Un beau volume gr. in-8 avec planches . . . . . . . . . . . . . . . . . . . . . 20 fr.
Le même, sur papier de Hollande . . . . . . . . . . . . . 30 fr.

## IX
### LES VOYAGES DE LUDOVICO DI VARTHEMA
#### OU LE VIATEUR EN LA PLUS GRANDE PARTIE DE L'ORIENT
Publié et annoté par Ch. Schefer, de l'Institut. Un beau volume grand in-8, avec carte . . . . . . . . . . . . . . . . . . . . . 30 fr.
Le même, sur papier de Hollande . . . . . . . . . . . . . 40 fr.

## X
### VOYAGES EN ASIE
### DE FRÈRE ODORIC DE PORDENONE
Religieux de l'ordre de Saint-François, publiés et annotés par Henri Cordier. In-8, orné de planches, dessins, fac-similé et d'une carte. Un fort volume. 60 fr.
Le même, sur papier de Hollande. . . . . . . . . . . . . . 80 fr.

## XI
## LE VOYAGE DE LA TERRE SAINTE

Composé par messire Denis Possot et achevé par messire Charles-Philippe, seigneur de Champermoy et Grandchamp, procureur du très puissant seigneur messire Robert de la Marck (1532). Publié par Ch. Schefer, de l'Institut. In-8, avec planches . . . . . . . . . . . . . . . . . . . 30 fr.

Le même, sur papier de Hollande . . . . . . . . . . . . 40 fr.

## XII
## LE VOYAGE D'OUTREMER DE BERTRANDON DE LA BROQUIÈRE

Premier écuyer tranchant et conseiller de Philippe le Bon, duc de Bourgogne. Publié et annoté par Ch. Schefer, membre de l'Institut. In-8, avec planches . . . . . . . . . . . . . . . . . . . . . . . . . 30 fr.

Le même, sur papier de Hollande . . . . . . . . . . . . 40 fr.

### XIII et XIV (sous presse)
### LÉON L'AFRICAIN

Publié par Ch. Schefer, membre de l'Institut. 2 forts volumes in-8.

---

# RECUEIL DE VOYAGES ET DE DOCUMENTS
### Pour servir à l'Histoire de la Géographie.

## SECTION CARTOGRAPHIQUE
#### FORMAT IN-4

### I

# CARTES ET GLOBES
## RELATIFS A LA DÉCOUVERTE DE L'AMÉRIQUE
#### DU XVI$^e$ AU XVIII$^e$ SIÈCLE

Reproduction de quarante cartes en héliogravure sur cuivre, et texte explicatif, par M. Gabriel Marcel.

Un volume in-4 de texte et un Atlas in-folio, en un carton. . . . 100 fr.

La Section cartographique formera une seconde Série du *Recueil de voyages et de documents pour servir à l'histoire de la Géographie*. Nous y donnerons, en reproduction héliographique, les anciennes cartes de l'Asie, de l'Afrique et de l'Amérique et nous choisirons de préférence des documents pouvant servir à l'histoire de la cartographie.

---

**ERNEST LEROUX, ÉDITEUR**

# GRANDES MISSIONS SCIENTIFIQUES
## ET OUVRAGES GÉOGRAPHIQUES
PUBLIÉS SOUS LES AUSPICES

DU MINISTÈRE DE L'INSTRUCTION PUBLIQUE ET DES BEAUX-ARTS

(Comité des Travaux historiques et scientifiques, section de Géographie historique et descriptive.)

*Série de volumes in-4, accompagnés de nombreuses cartes et planches*

### L'ASIE CENTRALE
TIBET ET RÉGIONS LIMITROPHES
**Par DUTREUIL DE RHINS**
Texte, un volume in-4 de 636 pages et atlas in-folio, cartonné. . . . 60 fr.

### L'ILE FORMOSE
HISTOIRE ET DESCRIPTION
**Par C. IMBAULT-HUART**
*Avec une introduction bibliographique par H. CORDIER*
Un beau volume in-4, illustré de nombreux dessins dans le texte et de cartes, vues, plans, etc. . . . . . . . . . . . . . . . . . . . . . 30 fr.

### LA SCULPTURE SUR PIERRE EN CHINE
AU TEMPS DES DEUX DYNASTIES HAN
**Par ÉDOUARD CHAVANNES**
Un vol. in-4, accompagné de 66 planches gravées d'après les estampages. 30 fr.

**MISSION J. DE MORGAN**

### MISSION SCIENTIFIQUE EN PERSE
GÉOGRAPHIE, ETHNOGRAPHIE, ARCHÉOLOGIE, LINGUISTIQUE, GÉOLOGIE

5 volumes in-4, accompagnés de 17 cartes, environ 200 planches en phototypie, ou héliogravure, et 1200 clichés dans le texte. (*Sous presse.*)
Volume I. — ÉTUDES GÉOGRAPHIQUES. In-4. . . . . . . . . . . 40 fr.

**MISSION A. PAVIE**

### EXPLORATION DE L'INDO-CHINE
MÉMOIRES ET DOCUMENTS
*Publiés par les membres de la Mission, sous la direction de M. PAVIE et de M. Pierre LEFÈVRE-PONTALIS.*

4 volumes in-4, accompagnés d'un grand nombre de cartes, planches, reproductions d'estampages et de textes, dessins dans le texte, etc. (*Sous presse.*)

Tome I. — ARCHÉOLOGIE ET HISTOIRE. 1er fascicule. Introduction. — L'Indo-Chine à l'époque préhistorique. — Inscriptions nouvelles au Siam et au Laos. 15 fr.
Tome II. — LINGUISTIQUE ET LITTÉRATURE. Fasc. 1 . . . . . . . . . . 15 fr.

RUE BONAPARTE, 28

# MISSIONS SCIENTIFIQUES

### J. DE MORGAN
## MISSION SCIENTIFIQUE AU CAUCASE
### ÉTUDES ARCHÉOLOGIQUES ET HISTORIQUES

Tome I. — LES PREMIERS AGES DES MÉTAUX DANS L'ARMÉNIE RUSSE.
Tome II. — RECHERCHES SUR LES ORIGINES DES PEUPLES DU CAUCASE.

2 volumes grand in-8°, avec nombreuses cartes, planches et dessins. 25 fr. »

### G. PARIS
## VOYAGE D'EXPLORATION DE HUÉ EN COCHINCHINE
### PAR LA ROUTE MANDARINE

Un volume in-8, avec 6 cartes et 12 gravures inédites . . . . . . 7 fr. 50

### E. DE SAINTE-MARIE
## MISSION A CARTHAGE

Grand in-8, illustré de 400 dessins inédits. . . . . . . . . . 15 fr. »

### C. E. DE UJFALVY DE MEZÖ-KÖVESD
## Expédition scientifique française en Russie, en Sibérie et dans le Turkestan

Vol. I. LE KOHISTAN, LE FERGHANAH ET KOULDJA, avec un appendice sur la Kachgarie. 1878, un beau volume in-8, avec cinq cartes, gravures sur bois, lithographies, figures dans le texte et nombreux tableaux . 15 fr. »
Vol. II. LE SYR-DARIA, LE ZÉRAFCHANE, le pays des Sept-Rivières de la Sibérie occidentale, avec quatre appendices. 1879, un beau vol. in-8, avec une carte ethnographique coloriée de la région du Pamir, le plan de Samarkand, des planches tirées hors texte, et de nombreux tableaux statistiques et anthropologiques . . . . . . . . . . . . . . . . 15 fr. »
Vol. III. LES BACHKIRS, LES VEPSES ET LES ANTIQUITÉS finno-ougriennes et altaïques, précédés des résultats anthropologiques d'un voyage en Asie centrale. 1880, un beau vol. in-8, avec 2 cartes, planches et tableaux. . . . . . . . . . . . . . . . . . . . . 15 fr. »
Atlas I. Les étoffes, bijoux, aiguières émaux, etc., de l'Asie centrale. Atlas de 25 planches, dont une en couleur. 1880, in-8. . . . . . . 15 fr. »
Atlas II. Les antiquités altaïques de la Russie et de la Sibérie. Album de 24 planches. 1880, in-8 . . . . . . . . . . . . . . 12 fr. »
Les 5 volumes pris ensemble . . . . . . . . . . . 50 fr. »
Résultats anthropologiques d'un voyage en Asie centrale, communiqués au Congrès anthropologique de Moscou (août 1879). Un vol. gr. in-8. 3 fr. 50

## VOYAGE DANS L'HIMALAYA ORIENTAL ET LES MONTS DE KARAKORUM

L'ART DES CUIVRES ANCIENS AU CACHEMIRE ET AU PETIT-THIBET. 1883, un beau volume gr. in-8, illustré de 67 dessins par B. Schmidt, chaque page encadrée d'ornements dessinés d'après les cuivres. . . . 15 fr. »

### CHARLES HUBER
## JOURNAL D'UN VOYAGE EN ARABIE
### (1883-1884)

Un fort volume grand in-8, accompagné de nombreux clichés et de cartes et croquis en couleur. . . . . . . . . . . . . . . 30 fr. »

**ERNEST LEROUX, ÉDITEUR**

RAPPORTS SUR LES TRAVAUX
DE LA
# SOCIÉTÉ DE GÉOGRAPHIE
ET SUR LES PROGRÈS DES SCIENCES GÉOGRAPHIQUES
Pendant les années 1867-1892.
### Par Ch. MAUNOIR
Secrétaire général de la Commission centrale.

3 beaux volumes in-8 de 650 pages, avec cartes, plans, dessins et planches. 15 fr.

---

### J. MOURA
## LE ROYAUME DU CAMBODGE

2 beaux volumes grand in-8, avec nombreux dessins, plans, cartes en couleur, etc . . . . . . . . . . . . . . . . . . . . . . . 30 fr.

---

### G. DEVÉRIA
## LA FRONTIÈRE SINO-ANNAMITE

*Description géographique et ethnographique d'après des documents officiels chinois traduits pour la première fois.*

In-8, avec nombreuses planches et cartes. . . . . . . . . . . . 20 fr.

---

### D<sup>r</sup>. A. LESSON
Ancien médecin en chef des établissements français de l'Océanie.
## LES POLYNÉSIENS
### LEUR ORIGINE, LEURS MIGRATIONS, LEUR LANGAGE

4 forts volumes in-8, avec cartes. . . . . . . . . . . . . . . . 60 fr.

---

### BÉRENGER-FÉRAUD
Directeur du Service de santé de la Marine.
## LES PEUPLADES DE LA SÉNÉGAMBIE
### HISTOIRE, ETHNOGRAPHIE, MŒURS ET COUTUMES, LÉGENDES

Un volume in-8. . . . . . . . . . . . . . . . . . . . . . . . 12 fr.

---

## MISSION DE LA « MANCHE »
## A L'ILE JAN MAYEN ET AU SPITZBERG
Sous le commandement du capitaine de vaisseau BIENAIMÉ

**Mémoires de MM. POUCHET, PETTIT, RABOT, R. DE CARFORT, EXELMANS, TROUESSART,** etc.

Un volume in-8, avec cartes et planches . . . . . . . . . . . 10 fr.

---

**RUE BONAPARTE, 28**

# PUBLICATIONS
# DE L'ÉCOLE DES LETTRES D'ALGER
## BULLETIN DE CORRESPONDANCE AFRICAINE

I. E. Cat. Notice sur la carte de l'Ogôoué. In-8, avec carte . . 3 fr. »
II. E. Amélineau. Vie du patriarche Isaac. Texte copte et traduction française. In-8 . . . . . . . . . . . . . . . . . . . . . . . 5 fr. »
III. E. Cat. Essai sur la vie et les ouvrages du chroniqueur Gonzalès de Ayora, suivi de fragments inédits de sa Chronique. In-8. . 2 fr. 50
IV. E. Lefébure. Rites égyptiens. In-8 . . . . . . . . . . . 3 fr. »
V. René Basset. Le dialecte de Syouah. In-8. . . . . . . . 4 fr. »
VI. G. le Chatelier. Les tribus du Sud-Ouest marocain. In-8. . 8 fr. »
VII. E. Cat. De rebus in Africa a Carolo V gestis. In-8 . . . . 2 fr. 50
VIII. E. Cat. Mission bibliographique en Espagne. Rapport à M. le Ministre de l'Instruction publique. In-8 . . . . . . . . . . 2 fr. 50
IX. G. Ferrand. Les Musulmans à Madagascar et aux îles Comores. 1<sup>re</sup> partie. Les Antaimorona. In-8. . . . . . . . . . . . . 3 fr. »
— Deuxième partie. In-8 . . . . . . . . . . . . . 3 fr. »
X. J. Perruchon. Vie de Lalibala, roi d'Éthiopie. Texte éthiopien publié d'après un manuscrit du Musée Britannique et traduit en français. In-8. 10 fr. »
XI. 1<sup>er</sup> Fascicule. — E. Masqueray. Dictionnaire français-touareg (Dialecte des Taïtoq), suivi d'Observations grammaticales, 1<sup>re</sup> partie. In-8. 6 fr. »
— Deuxième fascicule. In-8 . . . . . . . . . . . . 6 fr. »
XII. René Basset. Étude sur la Zenatia du Mzab, de Ouargla et de l'Oued-Rir'. In-8 . . . . . . . . . . . . . . . . . . . . . 10 fr. »
XIII. Mouliéras. Légendes et contes merveilleux de la Grande Kabylie. Texte kabyle. Premier fascicule. In-8 . . . . . . . . . 3 fr. »
— Deuxième fascicule. In-8 . . . . . . . . . . . . 3 fr. »

# BULLETIN
## DE
# CORRESPONDANCE AFRICAINE
### PUBLIÉ PAR L'ÉCOLE SUPÉRIEURE DES LETTRES D'ALGER

Première et deuxième années (1882-83), 6 fascicules. . . . 20 fr. »
Troisième année (1884), 6 fascicules . . . . . . . . . 20 fr. »
Quatrième année (1885), 6 fascicules . . . . . . . . . 20 fr. »
Cinquième année (1886), fascicules I et II . . . . . . . 7 fr. 50

**ERNEST LEROUX, ÉDITEUR**

## RÉCENTES PUBLICATIONS SUR L'ALGÉRIE

### ERNEST MERCIER
# HISTOIRE DE L'AFRIQUE SEPTENTRIONALE
#### DEPUIS LES TEMPS LES PLUS RECULÉS JUSQU'A LA CONQUÊTE D'ALGER
3 volumes in-8, avec cartes. . . . . . . . . . . . . . . . . . 25 fr.

### GÉNÉRAL PHILEBERT
## LA CONQUÊTE PACIFIQUE DE L'INTÉRIEUR AFRICAIN
#### NÈGRES, MUSULMANS ET CHRÉTIENS
Ouvrage richement illustré et accompagné de 3 cartes. In-8 . . . . . 12 fr.

### HENRI FOURNEL
## LES BERBERS
#### ÉTUDE SUR LA CONQUÊTE DE L'AFRIQUE PAR LES ARABES
#### D'APRÈS LES TEXTES ARABES IMPRIMÉS
2 forts volumes in-4 . . . . . . . . . . . . . . . . . . . . . 40 fr.

L'ouvrage de M. Fournel abonde en faits bien observés, et qui, indépendamment de tous les systèmes, gardent leur prix (*Journal asiatique*).

### H. D. DE GRAMMONT
## HISTOIRE D'ALGER
#### SOUS LA DOMINATION TURQUE (1515-1830)
Un volume in-8. . . . . . . . . . . . . . . . . . . . . . . . 8 fr.

## CORRESPONDANCE DES CONSULS D'ALGER
#### (1690-1742)
Un volume in-8. . . . . . . . . . . . . . . . . . . . . . . . 6 fr.

### COMTE DE SAINT-PHALLE
## LA VITICULTURE ET LA VINIFICATION EN ALGÉRIE
#### ÉTUDE ET OBSERVATIONS THÉORIQUES ET PRATIQUES
In-8. Nombreuses figures. . . . . . . . . . . . . 5 fr.

---

### GUIDES EN ALGÉRIE
#### A L'USAGE DES TOURISTES ET DES ARCHÉOLOGUES

I

# LAMBÈSE
#### Par R. CAGNAT
##### Professeur au Collège de France.
Un volume in-8, illustré de nombreux clichés et d'un plan des ruines   1 fr.50

---

RUE BONAPARTE, 28

# BIBLIOTHÈQUE ORIENTALE ELZÉVIRIENNE
### Collection de volumes in-18 raisin
Imprimés en caractères elzéviriens à 2 fr. 50 le volume et 5 fr. le volume double.

I. — LES RELIGIEUSES BOUDDHISTES, depuis Sakya-Mouni jusqu'à nos jours, par Mary Summer. Introduction par Ph.-Ed. Foucaux. In-18.   2 fr. 50

II. — HISTOIRE DU BOUDDHA SAKYA-MOUNI, depuis sa naissance jusqu'à sa mort, par Mary Summer. Préface par Ph.-Ed. Foucaux. In-18 .   5 fr.

III. — LES STANCES ÉROTIQUES, morales et religieuses de Bhartrihari, traduites du sanscrit par P. Regnaud. In-18. . . . . . . 2 fr. 50

IV. — LA PALESTINE INCONNUE, par Clermont-Ganneau. In-18 .  2 fr. 50

V. — LES PLAISANTERIES DE NASR-EDDIN-HODJA. Traduit du turc par Decourdemanche. In-18. . . . . . . . . . . . . . 2 fr. 50

VI-IX. — LE CHARIOT DE TERRE CUITE (Mricchakatika), drame sanscrit du roi Çudraka. Traduit en français, avec notes, variantes, etc., par P. Regnaud. 4 volumes in-18 . . . . . . . . . . . . . 10 fr.

X. — ITER PERSICUM ou Description du voyage en Perse entrepris en 1602 par Etienne Kakasch de Zalonkemeny, ambassadeur de l'empereur Rodolphe II à la cour du grand-duc de Moscovie et près de Chab Abbâs, roi de Perse. Relation rédigée en allemand par Georges Tectander von der Jabel. Traduction publiée par Ch. Schefer, de l'Institut. In-18, portrait et carte  5 fr.

XI. — LE CHEVALIER JEAN, conte magyar, par Alexandre Petœfi, suivi de quelques pièces lyriques du même auteur, traduit par A. Dozon, consul de France. In-18 . . . . . . . . . . . . . . . . 2 fr. 50

XII. — LA POÉSIE EN PERSE, par C. Barbier de Meynard, de l'Institut, professeur au Collège de France. In-18. . . . . . . . . 2 fr. 50

XIII. — VOYAGE DE GUILLAUME DE RUBROUCK EN ORIENT, publié en français et annoté par de Backer. In-18. . . . . . . . . . 5 fr.

XIV. — MALAVIKA ET AGNIMITRA, drame sanscrit, traduit par Ph.-Ed. Foucaux, professeur au Collège de France. . . . . . 2 fr. 50

XV. — L'ISLAMISME, son institution, son état présent, son avenir, par le docteur Perron; publié et annoté par A. Clerc. In-18 . . . . 2 fr. 50

XVI. — LA PIÉTÉ FILIALE EN CHINE, textes traduits du chinois avec introduction par P. Dabry de Thiersant, consul de France. In-18 avec 25 jolies gravures d'après les originaux chinois . . . . . . . 5 fr.

XVII. — CONTES ET LÉGENDES DE L'INDE ANCIENNE, par Mary Summer. Introduction par Ph.-Ed. Foucaux In-18. . . . . . 2 fr. 50

XVIII. — Γαλάτεια, Galatée, drame de Basiliadis, texte grec moderne, publié traduit et annoté par le baron d'Estournelles, In-18. . . . . . 5 fr.

XIX. — THÉÂTRE PERSAN, choix de téazies, ou drames, traduits par A. Chodzko, professeur au Collège de France. In-18. . . . . 5 fr.

XX. — MILLE ET UN PROVERBES TURCS, recueillis, traduits et mis en ordre par J.-A. Decourdemanche. In-18 . . . . . . 2 fr. 50

XXI. — LE DHAMMAPADA, traduit en français avec introduction et notes, par Fernand Hû; suivi du Sûtra en 42 articles, traduit du tibétain avec introduction et notes par Léon Feer. In-18 . . . . . . . 5 fr.

XXII. — LÉGENDES ET TRADITIONS HISTORIQUES de l'archipel Indien (Sedjarat Malayou), traduit pour la première fois du malais et accompagné de notes, par L.-Marcel Devic. In-18. . . . . . . . 2 fr. 50

XXIII. — LA PUISSANCE PATERNELLE EN CHINE, traduit sur les textes originaux par F. Scherzer, interprète du gouvernement. In-18 . . 2 f. 50

---

ERNEST LEROUX, ÉDITEUR

XXIV. LES HÉROINES DE KALIDASA ET CELLES DE SHAKESPEARE, par Mary Summer. Introduction par Ph.-Ed. Foucaux. In-18 . . . 2 fr. 50
XXV. — LE LIVRE DES FEMMES (*Zenan-Nameh*), de Fazil-Bey, traduit du turc par J.-A. Decourdemanche. In-18 . . . . . . . . . 2 fr. 50
XXVI. — VIKRAMORVACI. Ourvâci donnée pour prix de l'héroïsme, drame sanscrit, traduit et annoté par Ph.-Ed. Foucaux. In-18. . . . 2 fr. 50
XXVII. — NAGANANDA. La joie des serpents, drame bouddhique traduit et annoté par A. Bergaigne, de l'Institut. In-18 . . . . . . 2 fr. 50
XXVIII. — LA BIBLIOTHÈQUE DU PALAIS DE NINIVE, par J. Menant, de l'Institut. In-18. . . . . . . . . . . . . . . . 2 fr. 50
XXIX. — LES RELIGIONS ET LES LANGUES DE L'INDE, par R. Cust, traduction française. In-18. . . . . . . . . . . . 2 fr. 50
XXX. — LA POÉSIE ARABE ANTÉ-ISLAMIQUE, par René Basset. In-18. . . . . . . . . . . . . . . . . . . . . . 2 fr. 50
XXXI. — LE LIVRE DES DAMES DE LA PERSE (*Kitabi Kulsum Naneh*), traduit par J. Thonnelier. In-18 . . . . . . . . . . 2 fr. 50
XXXII. — LE LIVRE DES MORTS. Traduction du rituel funéraire égyptien, par Paul Pierret, conservateur du Musée égyptien du Louvre. In-18  10 fr.
XXXIII. — L'ENCRE DE CHINE, son histoire, ses procédés de fabrication d'après les auteurs chinois, par Maurice Jametel. In-18 illustré de 22 gravures d'après les originaux. . . . . . . . . . . . . . . 5 fr.
XXXIV. — LE KORAN, sa poésie et ses lois, par Stanley Lane Poole, continuateur de l' « Arabic Lexicon » de Lane. In-18 . . . . . . 2 fr. 50
XXXV. — FABLES TURQUES, recueillies et traduites per J. Decourdemanche. In-18. . . . . . . . . . . . . . . . . . . . . . 5 fr.
XXXVI. — LA CIVILISATION JAPONAISE, par Léon de Rosny. In-18. 5 fr.
XXXVII. — LA CIVILISATION MUSULMANE, par Stanislas Guyard, professeur au Collège de France. In-18 . . . . . . . . . 2 fr. 50
XXXVIII. — VOYAGE EN ESPAGNE d'un ambassadeur marocain (1690-1691), traduit de l'arabe par H. Sauvaire, consul de France. In-18 . . . 5 fr.
XXXIX. — LES LANGUES D'AFRIQUE, par Robert Cust, traduit par L. de Milloué. In-18. . . . . . . . . . . . . . . . . 2 fr. 50
XL. — LES FRAUDES ARCHÉOLOGIQUES EN PALESTINE, suivies de quelques monuments phéniciens apocryphes, par Ch. Clermont-Ganneau de l'Institut. In-18, illustré de 32 gravures. . . . . . . . . 5 fr.
XXLI. — LES LANGUES PERDUES DE LA PERSE ET DE L'ASSYRIE, par J. Menant, de l'Institut. I. Perse. In-18 . . . . . . . . 5 fr.
XLII. — MADHAVA ET MALATI, drame sanscrit de Bhavabhouti, traduit du sanscrit et du pracrit, par Strehly, avec une préface par Bergaigne, de l'Institut. In-18 . . . . . . . . . . . . . . . . . 2 fr. 50
XLIII — LE MAHDI, depuis les origines de l'Islam, jusqu'à nos jours, par James Darmesteter, professeur au Collège de France. In-18 . . 2 fr. 50
XLIV. — COUP D'OEIL SUR L'HISTOIRE DE LA PERSE, par James Darmesteter, professeur au Collège de France. In-18. . . . . . 2 fr. 50
XLV. — TROIS NOUVELLES CHINOISES, traduites par le marquis d'Hervey de Saint-Denys, de l'Institut. In-18 . . . . . . . . . . . 5 fr.
XLVI. — LA POÉSIE CHINOISE, du xiv° au xix° siècle. Extraits des poètes chinois, traduits par Imbault-Huart. In-18. . . . . . . . 2 fr. 50
XLVII. — LA SCIENCE DES RELIGIONS ET L'ISLAMISME, par Hartwig Derenbourg, professeur à l'École des langues. In-18 . . . . 2 fr. 50

XLVIII. — LE CABOUS NAMEH, ou le Livre de Cabous, de Cabous Onsor el Moali, souverain du Djordjan et du Guilan. Traduit en français avec des notes, par A. Querry, consul de France. Fort volume in-18 . . 7 fr. 50
XLIX. — LES PEUPLES ORIENTAUX, connus des anciens Chinois, par L. de Rosny. Nouvelle édition. In-18, illustré. . . . . . . . . 5 fr.
L. — LES LANGUES PERDUES DE LA PERSE ET DE L'ASSYRIE, par J. Menant, de l'Institut. II. Assyrie. In-18. . . . . . . . . . 5 fr.
LI. — UN MARIAGE IMPÉRIAL CHINOIS. Cérémonial. Traduit par G. Devéria. In-18, illustré. . . . . . . . . . . . . . . . . . . . . 5 fr.
LII. — LES CONFRÉRIES MUSULMANES DU HEDJAZ, par A. Le Châtelier. In-18 . . . . . . . . . . . . . . . . . . . . . . . . . 5 fr.
LIII. — LES ORIGINES DE LA POÉSIE PERSANE, par J. Darmesteter, professeur au collège de France. In-18 . . . . . . . . . . 2 fr. 50
LIV. — ARDA VIRAF NAMAK, ou livre d'Ardâ Viraf, traduit par M. Barthélemy, drogman du consulat de Zanzibar. In-18 . . . . . . . 5 fr.
LV. — DEUX COMÉDIES TURQUES de Mirza Feth Ali Akhond Zadé, traduites par M. Cillière. — I. Le Vizir de Lenkeran. — II. Les Procureurs. In-18 . . . . . . . . . . . . . . . . . . . . . . . . . . . 5 fr.
LVI. — LES RACES ET LES LANGUES DE L'OCÉANIE, par Rob. Cust. Traduction A. Pinart. In-18, avec cartes . . . . . . . . 2 fr. 50
LVII. — LES FEMMES DANS L'EPOPÉE IRANIENNE, par le baron A. d'Avril. In-18 . . . . . . . . . . . . . . . . . . . . 2 fr. 50
LVIII. — PRIYADARSIKA, pièce attribuée au roi Sriharchadéva, en quatre actes, traduite du sanscrit par G. Strehly. In-18 . . . . . . 2 fr. 50
LIX. — L'ISLAM AU XIXᵉ SIÈCLE, par A. Le Châtelier. In-18 . . 2 fr. 50
LX. — KIA LI. Manuel des rites domestiques chinois du philosophe Tchou hi. Traduit par C. de Harlez. In-18 . . . . . . . . . . . . 2 fr. 50
LXI. — CATÉCHISME BOUDDHIQUE ou Introduction à la doctrine du Bouddha Gôtama, par Soubhadra Bhikshou, traduit en français. In-18. . 2 fr. 50
LXII. — LA FEMME PERSANE, jugée et critiquée par un Persan. Traduction annotée du *Téédib-el-Niswan*, par G. Audibert, premier drogman de la légation de France en Perse. In-18. . . . . . . . . . . . . 2 fr. 50
LXIII. — LE THÉÂTRE JAPONAIS, par A. Lequeux. In-18 . . 2 fr. 50
LXIV. — LA RELIGION DE BAB, réformateur persan du xixᵉ siècle, par C. Huart, drogman de l'ambassade à Constantinople. In-18 . . 2 fr. 50
LXV. — LES ANTIQUITÉS SÉMITIQUES, par Ch. Clermont-Ganneau, membre de l'Institut. In-18 . . . . . . . . . . . . . . . 2 fr. 50
LXVI. — UN DIPLOMATE OTTOMAN en 1856. Affaire Churchill, par Akif-Pacha. Traduit du turc par A. Alric. In-18. . . . . . . 2 fr. 50
LXVII. — L'ORIGINE DES ARYENS, par S. Reinach. In-18 . . . 2 fr. 50
LXVIII. — LE BOUDDHISME ECLECTIQUE, par Léon de Rosny. In-18. 2 fr. 50
LXIX — PETIT TRAICTÉ DE THEODORE SPANDOUYN CANTACUSIN, patrice de Constantinoble, de l'origine des princes des Turcqz, du présent appelez empereurs, ordre de leur cour, en particulier et en général, et coustumes de la nation et de tout leur pays, avecque la prise de Constantinoble. Celuy traicté traduyt de italien en francoys par le susdit de Racenis. Publié par M. Ch. Schefer, de l'Institut. In-18 . . . . . . . . 2 fr. 50
LXX. — LA BORDAH DU CHEIKH EL-BOUSIRI, poème en l'honneur de Mohammed, traduit et annoté par René Basset. In-18. . . . . 5 fr.

LE BOUSTAN, de Sadi, poème persan, traduit pour la première fois en français, par A.-C. Barbier de Meynard, membre de l'Institut. In-18, elzévirien, de luxe, encadrements rouges à chaque page . . . . . 10 fr.

**ERNEST LEROUX, ÉDITEUR**

# BIBLIOTHÈQUE GRECQUE ELZÉVIRIENNE

VALAORITIS. Poèmes patriotiques, traduits par Blancard et le marquis de Queux de Saint-Hilaire. In-18. . . . . . . . . . . . . . 5 fr.
TERZETTI. La Grèce ancienne et moderne, considérée sous l'aspect religieux. In-18. . . . . . . . . . . . . . . . . . . . . . 2 fr. 50
PHARMACOPOULOS. L'Indépendance des Hellènes. Discours sur la Grèce, en grec et en français. In-18 . . . . . . . . . . . . . 5 fr.
BASILIADIS. Galatée, drame grec avec traduction française, par le baron d'Estournelles de Constant. In-18 . . . . . . . . . . . 5 fr.
VALAORITIS. Athanase Diakos. — Phrosine, poèmes traduits en français par J. Blancard et le marquis de Queux de Saint-Hilaire. In-18 . . . 5 fr.
METAXAS (Constantin). Souvenirs de la guerre de l'Indépendance de la Grèce, traduits du grec par J. Blancard. In-18. . . . . . . . . 5 fr.
VLASTO (E.). Les Giustiniani, dynastes de Chio, traduit de l'allemand de Karl Hopf. In-18. . . . . . . . . . . . . . . . . . 2 fr. 50

# BIBLIOTHÈQUE SLAVE ELZÉVIRIENNE

I. — RELIGION ET MOEURS DES RUSSES, anecdotes inédites recueillies par le comte Joseph de Maistre et le P. Grivel, copiées sur les manuscrits autographes, mises en ordre et annotées par le P. Gagarin. In-18. . 2 fr. 50
II. — LA MORT D'IVAN LE TERRIBLE, drame du comte Tolstoï, traduit du russe par Courrière, Izambard et Demény. In-18. . . . . . 2 fr. 50
III. — LA SORBONNE ET LA RUSSIE (1717-1747), par le P. Pierling. In-18 elzévir . . . . . . . . . . . . . . . . . . . . 2 fr. 50
IV. — ANT. POSSEVINI MISSIO MOSCOVITICA ex annuis litteris Societatis Jesu excerpta et adnotationibus illustrata, curante P. Pierling. Accedit Cardinalis Comensis memorandum de Missionibus exteris. In-18. . 2 fr. 50
V. — ROME ET MOSCOU (1547-1579), par le P. Pierling. In-18. . 2 fr. 50
VI. — UN NONCE DU PAPE EN MOSCOVIE. Préliminaires de la trêve de 1582, par le P. Pierling. In-18 . . . . . . . . . . . . 2 fr. 50
VII. — LE SAINT-SIEGE, LA POLOGNE ET MOSCOU (1582-1587), par le P. Pierling. In-18 elzévir . . . . . . . . . . . . . 2 fr. 50
VIII. — SAINT CYRILLE ET SAINT METHODE, première lutte des Allemands contre les Slaves, avec un essai sur les destinées du Glagol et un Mémoire sur l'alphabet, la langue et le rite des apôtres slaves au IXe siècle. In-18 . . . . . . . . . . . . . . . . . . . . 5 fr.
IX. — LA RUSSIE ET L'ORIENT. Mariage d'un Tsar au Vatican. Ivan III et Sophie Paléologue, par le P. Pierling. In-18 . . . . . . . 2 fr. 50
X. — L'ITALIE ET LA RUSSIE AU XVIe SIECLE, par le P. Pierling. In-18. . . . . . . . . . . . . . . . . . . . . . 2 fr. 50
Voyages de Paoletto Centurione à Moscou, Dmitri Guérasimov à Rome, Gian Francesco Citus à Moscou.
XI. — LES BULGARES, par le baron d'Avril. In-18. . . . . . 1 fr. 50
XII. — CORRESPONDANCE de S. M. l'Impératrice Marie Féodorovna, avec Mlle de Nélidoff, sa demoiselle d'honneur. Publiée par la princesse Lise Troubetzkoi. In-18 (sous presse). . . . . . . . . . . 5 fr.

# COLLECTION SLAVE

HISTOIRE DES LITTÉRATURES SLAVES, par Pypine et Spasovic, traduit du russe par Ernest Denis, professeur à la Faculté des lettres de Bordeaux. Un fort volume in-8 de 630 pages. . . . . . . . . . . 5 fr.
Littératures des Bulgares — Serbo-Croates — Yougo-Russes.

# COLLECTION DE CONTES ET DE CHANSONS POPULAIRES

I. — CONTES POPULAIRES GRECS, recueillis et traduits par Émile Legrand. Un joli volume in-18. . . . . . . . . . . . . . . . . . . 5 fr.
II. — ROMANCEIRO PORTUGAIS. Chants populaires du Portugal, traduits et annotés par le comte de Puymaigre. In-28 . . . . . . . . . . . 5 fr.
III. — CONTES POPULAIRES ALBANAIS, recueillis et traduits par Aug. Dozon. In-18 . . . . . . . . . . . . . . . . . . . . . . . 5 fr.
IV. — CONTES POPULAIRES DE LA KABYLIE DU DJURDJURA, recueillis et traduits par J. Rivière. In-18. . . . . . . . . . . . . . 5 fr.
V. — CONTES POPULAIRES SLAVES, recueillis et traduits par L. Leger. In-18 . . . . . . . . . . . . . . . . . . . . . . . 5 fr.
VI. — CONTES INDIENS. Les trente-deux récits du trône, traduits du bengali par L. Feer. In-18 . . . . . . . . . . . . . . . . . 5 fr.
VII. — CONTES ARABES. Histoire des dix vizirs (*Bakhtiar nameh*), traduite par René Basset. In-18. . . . . . . . . . . . . . . . . 5 fr.
VIII. — CONTES POPULAIRES FRANÇAIS, recueillis par E.-Henry Carnoy. In-18 . . . . . . . . . . . . . . . . . . . . . . . 5 fr.
IX. — CONTES DE LA SÉNÉGAMBIE, recueillis par le Dr Bérenger-Féraud. In-18 . . . . . . . . . . . . . . . . . . . . . . . 5 fr.
X. — LES VOCERI DE L'ILE DE CORSE, recueillis et traduits par Frédéric Ortoli. In-18, avec musique. . . . . . . . . . . . . . . . 5 fr.
XI. — CONTES DES PROVENÇAUX DE L'ANTIQUITÉ ET DU MOYEN AGE, recueillis par Bérenger-Féraud. In-18 . . . . . . . . . . . . 5 fr.
XII. — CONTES POPULAIRES BERBÈRES, recueillis, traduits et annotés par René Basset. In-18 . . . . . . . . . . . . . . . . . 5 fr.
XIII. XIV. — CONTES DE L'ÉGYPTE CHRÉTIENNE, traduits par E. Amélineau. 2 vol. in-18. . . . . . . . . . . . . . . . . . . . 10 fr.
XV. — LES CHANTS ET LES TRADITIONS POPULAIRES DES ANNAMITES, recueillis et traduits par G. Dumoutier. In-18 . . . . . . . . . . 5 fr.
XVI. — LES CONTES POPULAIRES DU POITOU, par Léon Pineau. In-18 . 5 fr.
XVII. — CONTES LIGURES. Traditions de la Rivière, recueillis par J.-B. Andrews. In-18 . . . . . . . . . . . . . . . . . . . . . . . 5 fr.
XVIII. — LE FOLK-LORE DU POITOU, par Léon Pineau. In-18 . . . . . 5 fr.
XIX. — CONTES POPULAIRES MALGACHES, recueillis, traduits et annotés par M. G. Ferrand, Résident de France à Madagascar. Introduction par M. R. Basset. In-18. . . . . . . . . . . . . . . . . . . . . . . 5 fr.
XX. — CONTES POPULAIRES DES BA-SOUTO (Afrique du Sud), recueillis et traduits par E. Jacottet, de la Société des Missions évangéliques de Paris. In-18 (sous presse) . . . . . . . . . . . . . . . . . . . . . 5 fr.
XXI. — BAITAL-PATCHISI, ou les vingt-cinq histoires d'un vampire. Recueil de contes traduits de l'hindi, par Ed. Lancereau. In-18 (sous presse). . . 5 fr.

## OUVRAGES DIVERS DE LITTÉRATURE POPULAIRE

BÉRENGER-FÉRAUD (directeur du Service de santé de la Marine). Traditions et réminiscences de la Provence. Coutumes, légendes, superstitions, etc. In-8. . . . . . . . . . . . . . . . . . . . . . . 7 fr. 50
— Les Légendes de la Provence. In-8 . . . . . . . . . . . 7 fr. 50
CARMEN SYLVA (S. M. la reine de Roumanie). Contes du Pelech. Traduction autorisée, par L. et F. Salles. In-18, de luxe. . . . . . . . . . . 5 fr.
CHANSONNIER FRANÇAIS (Le), à l'usage de la jeunesse, publié par le baron A. d'Avril. In-18. . . . . . . . . . . . . . . . . . . . 2 fr.

ERNEST LEROUX, ÉDITEUR

## LITTÉRATURE POPULAIRE

CENT PROVERBES JAPONAIS, traduits et publiés par Francis Steenackers et Uéda Tokunosuké. In-4 de luxe, illustré de 200 dessins japonais tirés en noir et couleur . . . . . . . . . . . . . . . . . . . . . 25 fr.

CHODZKO (A.), professeur au Collège de France. Les chants historiques de l'Ukraine et les chansons des Latyches de la Dvina occidentale. Périodes païenne, tartare, polonaise et cosaque. Traduit sur les textes originaux. In-8 . 7 fr. 50

DECOURDEMANCHE. Mille et un proverbes turcs, recueillis, traduits et mis en ordre. In-18. . . . . . . . . . . . . . . . . . . . . . 2 fr. 50

DEMOFILO. Collecçion de Cantos flamencos recogidos. In-12. . . . . 1 fr. 50

DES MICHELS (Abel), professeur à l'Ecole des langues orientales. Contes plaisants annamites, publiés et traduits en français pour la première fois. Un beau volume. In-8 . . . . . . . . . . . . . . . . . . 15 fr.

DEVIC (Marcel). Légendes et traditions historiques de l'archipel Indien, traduites du malais. In-18 . . . . . . . . . . . . . . . . . . 2 fr. 50

DOZON (A.), professeur à l'Ecole des langues orientales. L'épopée serbe. Chants historiques des Serbes, traduits en français. In-8, avec une planche. 7 fr. 50

DUMOUTIER (G.). Légendes et traditions du Tonkin et de l'Annam. in-8. 2 fr.

FOURBERIES (Les) de Si Djeha, contes kabyles, recueillis et traduits par A. Mouliéras. Introduction par M. René Basset. In-18 . . . . . . . . 3 fr. 50

GOBLET D'ALVIELLA (Le comte). La migration des symboles. Un beau volume in-18, illustré . . . . . . . . . . . . . . . . . . . . 6 fr.

GROFF (Florence). Contes arabes, extraits des manuscrits de la Bibliothèque nationale et publiés en arabe. Un volume in-8, autographié avec soin, cartonné . . . . . . . . . . . . . . . . . . . . . . . 5 fr.

GROOT (J. J. M. de). Les fêtes des Chinois annuellement célébrées à Emouï (Amoy). Etude concernant la religion populaire des Chinois. Traduit du hollandais par C.-G. Chavannes. 2 vol. in-4 avec 24 planches en héliogravure . . . . . . . . . . . . . . . . . . . . . . . 40 fr.

LÉGENDE DE MONTFORT LA CANE. Texte par le baron Ludovic de Vaux. Illustrations en couleur par Paul Chardin. In-4 de luxe, illustré en chromotypographie, camaïeux et vignettes à huit teintes. . . . . . . . . . . 15 fr.

LEMIRE (Ch.), résident de France au Tonkin. Le Barbe Bleue de la légende et de l'histoire. In-8, illustré . . . . . . . . . . . . . . . . . 3 fr.

MARY SUMMER. Contes et légendes de l'Inde ancienne. In-18. . . . 2 fr. 50

MATTEI (A.). Proverbes, locutions et maximes de la Corse. In-12. . . . 3 fr.

PETOEFI (A.). Le chevalier Jean, conte magyar, traduit par A. Dozon. In-18 elzévir. . . . . . . . . . . . . . . . . . . . . . . . 2 fr. 50

PLOIX (Ch.). Le surnaturel dans les contes populaires. In-18 . . . . 3 fr.

PROVERBES DANOIS, traduits par le vicomte de Colleville et F. de Zepelin. In-8. . . . . . . . . . . . . . . . . . . . . . . . . . 1 fr.

ROCHET (Louis), professeur à l'Ecole des langues orientales. Sentences, maximes et proverbes mantchoux et mongols, accompagnés d'une traduction française, des alphabets et d'un vocabulaire. In-8 . . . . . . . . . 7 fr.

ROMAN DU RENART (LE), publié par Ernest Martin. 3 volumes et un supplément in-8 . . . . . . . . . . . . . . . . . . . . . . 40 fr.
 1er volume. L'ancienne collection des branches . . . . . . . 12 fr. 50
 2e volume. Les branches additionnelles . . . . . . . . . . 10 fr.
 3e volume. Les variantes. . . . . . . . . . . . . . . . 15 fr.
 Observations, suivies d'une table alphabétique des noms propres . . 4 fr.

SICHLER (Léon). Contes russes. Texte et illustrations. Un beau volume in-4, avec plus de 200 dessins originaux et couverture en chromotypographie . 15 fr.

# BIBLIOTHÈQUE
# ÉGYPTOLOGIQUE

COMPRENANT LES

### ŒUVRES DES ÉGYPTOLOGUES FRANÇAIS

Dispersées dans divers Recueils et qui n'ont pas encore été réunies jusqu'à ce jour

PUBLIÉE SOUS LA DIRECTION DE

## G. MASPERO

Membre de l'Institut,
Directeur d'études à l'École pratique des Hautes-Études
Professeur au Collège de France.

---

Tomes I, II. — **G. Maspero.** ETUDES DE MYTHOLOGIE ET D'ARCHÉOLOGIE ÉGYPTIENNES. Chaque volume in-8. . . 12 fr.

Tome III. — Marquis **De Rochemonteix.** ŒUVRES DIVERSES. In-8, avec planches. . . . . . . . . . . . . 15 fr.

Tome IV. — **Th. Devéria.** MÉMOIRES DIVERS (Sous presse).

Tomes V à VIII. — **E. De Rougé.** MÉMOIRES DIVERS (En préparation).

---

Toutes les personnes qui se sont occupées de l'antiquité égyptienne savent combien il est difficile de se procurer les petits Mémoires publiés, depuis le commencement du siècle, par les égyptologues français dans des recueils, pour la plupart oubliés aujourd'hui : *Bulletin Férussac, Revue encyclopédique, Revue de l'Orient, Athenæum français,* les *Mélanges d'égyptologie,* sans parler de ceux dont la publication se poursuit encore : le *Journal asiatique,* la *Revue archéologique,* le *Recueil de Travaux.* Les égyptologues de la première et de la seconde génération, qui en ont lu une partie au moment où ils paraissaient, les connaissent et les citent encore; ceux des générations suivantes ne s'en inquiètent plus, un peu par difficulté de savoir où les trouver, un peu aussi par dédain d'écrits qu'ils jugent démodés et sans utilité pour eux. Il leur arrive parfois de reprendre des sujets déjà fort bien traités, ou de redécouvrir des choses qui étaient découvertes depuis longtemps : c'est perte de temps et injustice, presque toujours involontaire, envers leurs prédécesseurs. Nous avons pensé qu'il y avait intérêt à recueillir toutes ces épaves dans des volumes d'un format commode et d'un prix modéré. Nous laisserons de côté les grandes œuvres qui ont surnagé, pour la plupart; nous tâcherons de n'oublier aucune des œuvres moindres dont le souvenir s'est presque effacé. Nous publierons tour à tour les opuscules des deux Champollion, de Nestor L'hôte, de Mariette, de Devéria, d'E. de Rougé, de tous ceux qui ont contribué aux études égyptologiques. Si le public nous soutient, nous créerons ainsi une bibliothèque qui comprendra une vingtaine au moins de volumes, et remettra en lumière l'œuvre des fondateurs et des propagateurs de l'égyptologie.

Chaque ouvrage sera vendu séparément.

---

ERNEST LEROUX, ÉDITEUR

# CORPUS PAPYRORUM ÆGYPTI

*PAPYRUS PUBLIÉS, TRADUITS ET COMMENTÉS*
### par EUGÈNE REVILLOUT

Tome I
## PAPYRUS DÉMOTIQUES DU LOUVRE

Premier fascicule. In-4, avec 7 planches en héliogravure. . . . . 20 fr.
Second fascicule. In-4, avec 9 planches, dont 2 doubles, en héliogravure. 25 fr.
Troisième fascicule. In-4, avec 7 planches en héliogravure . . . . 18 fr.

Tome II
## PAPYRUS DÉMOTIQUES DU BRITISH MUSEUM

Premier fascicule. In-4, avec 7 planches en héliogravure . . . . . 18 fr.

Tome III
## PAPYRUS GRECS DU LOUVRE

*Premier fascicule :*
### LE PLAIDOYER D'HYPÉRIDE CONTRE ATHÉNOGÈNE.

In-4, avec 15 planches en héliogravure. . . . . . . . . . . . 40 fr.
Deuxième fascicule. Textes grecs inédits (*En préparation*).

---

## LE PAPYRUS FUNÉRAIRE DE SOUTIMÉS

D'après un exemplaire hiéroglyphique du *Livre des Morts* appartenant à la Bibliothèque nationale, reproduit, traduit et commenté par
### MM. P. GUIEYSSE et LEFÉBURE

Un beau volume in-folio contenant la reproduction du Papyrus en 24 planches en couleur . . . . . . . . . . . . . . . . . . . . . . 50 fr.

Reproduction *fac-simile* d'un des plus beaux et des plus curieux Papyrus des collections égyptiennes de Paris.

---

## INSCRIPTIONS ET NOTICES RECUEILLIES A EDFOU (Haute-Égypte)

Pendant la mission scientifique de M. le vicomte EMMANUEL DE ROUGÉ
Publiées par le vicomte JACQUES DE ROUGÉ
2 volumes in-4, avec 164 planches dessinées par Geslin. . . . 60 fr.

---

## MANUEL DE LA LANGUE ÉGYPTIENNE

*GRAMMAIRE, TABLEAU DES HIÉROGLYPHES, TEXTES ET GLOSSAIRE*
### par VICTOR LORET

Un beau volume petit in-4. . . . . . . . . . . . . . . 20 fr.

---

## LE PANTHÉON ÉGYPTIEN
### par PAUL PIERRET

Un volume in-8, illustré de 75 dessins originaux . . . . . . . . 10 fr.

---

RUE BONAPARTE, 28

# BIBLIOTHÈQUE ARCHÉOLOGIQUE
*Collection de volumes in-8, illustrés de Planches et Dessins.*

## ŒUVRES CHOISIES DE A.-J. LETRONNE
### Membre de l'Institut.

Assemblées mises en ordre et augmentées d'un index par E. FAGNAN. 1881-83, 6 beaux volumes in-8, ornés d'un portrait inédit par Paul Delaroche, de dessins, de planches hors texte, etc. . . . . . . . . . . 75 fr.
Première série. Égypte ancienne. 2 beaux volumes in-8, illustrés. . 25 fr.
Deuxième série. Géographie et cosmographie. 2 vol. in-8, illustrés. . 25 fr.
Troisième série, Archéologie et philologie. 2 vol. in-8, illustrés. . . 25 fr.

## ŒUVRES DE A. DE LONGPÉRIER
### Membre de l'Institut.
Réunies et mises en ordre par G. SCHLUMBERGER, de l'Institut.
7 volumes in-8, richement illustrés. . . 125 fr.

Tome premier. **Archéologie orientale. Numismatique. Monuments arabes.** Un beau volume in-8 de 550 pages, illustré de nombreux dessins dans le texte et de 11 planches sur cuivre. . . . . . . . . . . . . . . . 20 fr.
Tome second. **Antiquités grecques, romaines et gauloises.** Première partie (1838-1861), in-8, de 532 pages, illustré de nombreux dessins dans le texte et de 11 planches hors texte. . . . . . . . . . . . . . . 20 fr.
Tome troisième. **Antiquités grecques, romaines et gauloises.** Deuxième partie (1862-1883), in-8, de 432 pages, illustré, avec 9 planches hors texte. 20 fr.
Tome quatrième. **Moyen âge et Renaissance**, Première partie (1837-1858), in-8, de 416 pages, illustré, avec 8 planches hors texte . . . . . 20 fr.
Tome cinquième. **Moyen âge et Renaissance.** Seconde partie (1858-1868), in-8, de 416 pages, illustré avec 21 planches hors texte . . . . . 20 fr.
Tome sixième. **Moyen âge et Renaissance.** Troisième partie (1869-1883). **Antiquités américaines. Supplément. Bibliographie générale.** In-8, de 434 p. illustré, avec 4 planches hors texte. . . . . . . . . . . . 20 fr.
Tome septième. **Nouveau supplément et table générale.** In-8. . 7 fr. 50

### E. MILLER, membre de l'Institut.

## LE MONT ATHOS, VATHOPÉDI ET L'ILE DE THASOS
Avec une notice biographique par M. le marquis de Queux de Saint-Hilaire. In-8, avec 2 cartes. . . . . . . . . . . . . . . . . 10 fr.

### Edmond LE BLANT, membre de l'Institut.

## LES PERSÉCUTEURS ET LES MARTYRS
### AUX PREMIERS SIÈCLES DE NOTRE ÈRE

Un beau volume in-8, figures et planche . . . . . . . . . . 7 fr. 50

**ERNEST LEROUX, ÉDITEUR**

# NOS ORIGINES
### Par Alexandre BERTRAND
Membre de l'Institut, Conservateur du Musée des Antiquités nationales de Saint-Germain.

5 volumes in-8, avec nombreuses planches et cartes. . . . . . . 50 fr.

### VOLUME D'INTRODUCTION
## ARCHÉOLOGIE CELTIQUE ET GAULOISE
In-8, illustré de planches, dessins et cartes en couleur . . . . . . 10 fr.

### TOME I. — LA GAULE AVANT LES GAULOIS
D'après les monuments et les textes. Nouvelle édition complètement refondue et considérablement augmentée. In-8, avec nombr. illustrations et cartes. 10 fr.

### TOME II. — LES CELTES
D'après les textes et les monuments. In-8, avec nombreuses illustrations. 10 fr.

### TOME III. — LA RELIGION GAULOISE
(*En préparation.*)

### TOME IV. — LA GAULE ROMAINE
(*En préparation.*)

---

ÉTUDES D'ARCHÉOLOGIE ET DE MYTHOLOGIE GAULOISES. Deux stèles de Lacaire; suivies d'un appendice inédit et d'une note sur le signe symbolique en S, par Ed. Flouest. In-8, illustré. . . . . . . . . 6 fr.

ÉTUDES DE MYTHOLOGIE GAULOISE, par Henri Gaidoz. I. Le Dieu gaulois du soleil et le Symbole de la roue. In-8, planche et figures. . . 4 fr.

SOUVENIRS DE DEUX MISSIONS AU CAUCASE, par Germain Bapst. In-8, avec planches . . . . . . . . . . . . . . . . . . 5 fr.

LA PISCINE DE BÉTHESDA A JÉRUSALEM, par M. Mauss, architecte du Ministère des affaires étrangères, ancien architecte de l'église Saint-Anne, à Jérusalem. In-8, richement illustré. . . . . . . . . . . 6 fr.

L'ARCHÉOLOGIE PRÉHISTORIQUE, par le baron J. de Baye. Beau volume in-8, pittoresque, avec pl. hors texte et nombreuses gravures sur bois. 15 fr.

Époque tertiaire. Époque quaternaire. Les transitions entre les deux époques de la pierre. Époque néolithique. Grottes artificielles. Grottes à sculptures. Trépanation préhistorique. Les sépultures, etc.

---

### Salomon REINACH
## ESQUISSES ARCHÉOLOGIQUES
Un volume in-8, illustré et accompagné de huit planches en héliogravure. 12 fr.

---

# ÉTUDES SUR LES SÉPULTURES BARBARES
### DU MIDI ET DE L'OUEST DE LA FRANCE — INDUSTRIE WISIGOTHIQUE
### Par C. BARRIÈRE-FLAVY
Un volume in-4, avec 35 planches, une carte et de nombreuses figures dans le texte . . . . . . . . . . . . . . . . . . . . 30 fr

# PETITE BIBLIOTHÈQUE
# D'ART ET D'ARCHÉOLOGIE

Fondée par M. L. DE RONCHAUD
et continuée sous la direction de M. KAEMPFEN, directeur
des Musées Nationaux et de l'École du Louvre

I. AU PARTHÉNON, par L. de Ronchaud. In-18, illustré . . . 2 fr. 50
II. LA COLONNE TRAJANE, au Musée de Saint-Germain, par S. Reinach. In-18, illustré. . . . . . . . . . . . . . . . 1 fr. 25
III. LA BIBLIOTHÈQUE DU VATICAN AU XVIe SIÈCLE, par E. Müntz. In-18. 3 fr. 50
IV. CONSEILS AUX VOYAGEURS ARCHÉOLOGUES EN GRÈCE ET DANS L'ORIENT HELLÉNIQUE, par S. Reinach. In-18, illustré . . 2 fr. 50
V. L'ART RELIGIEUX AU CAUCASE, par J. Mourier. In-18 . . 3 fr. 50
VI. ÉTUDES ICONOGRAPHIQUES ET ARCHÉOLOGIQUES SUR LE MOYEN AGE, par E. Müntz. In-18, illustré . . . . . . . . 5 fr.
VII. LES MONNAIES JUIVES, par Th. REINACH. In-18, illustré. 2 fr. 50
VIII. LA CÉRAMIQUE ITALIENNE AU XVe SIÈCLE, par E. MOLINIER. In-18, illustré. . . . . . . . . . . . . . . . 3 fr. 50
IX. UN PALAIS CHALDÉEN, par L. Heuzey, de l'Institut. In-18, illustré 3 fr. 50
X. LES FAUSSES ANTIQUITÉS DE L'ASSYRIE ET DE LA CHALDÉE, par J. Menant, membre de l'Institut. In-18, illustré . . . . . 3 fr. 50
XI. L'IMITATION ET LA CONTREFAÇON DES OBJETS D'ART ANTIQUES AUX XVe ET XVIe SIÈCLES, par Louis Courajod. In-18, illustré. 3 fr. 50
XII. L'ART D'ENLUMINER, d'après un manuscrit de la Bibliothèque de Naples : De arte illuminandi, par M. Lecoy de la Marche. In-18 . . . 2 fr. 50
XIII. LA VATICANE, DE PAUL III A PAUL V, D'APRÈS DES DOCUMENTS NOUVEAUX, par P. Batiffol. In-18. . . . . . . . . 3 fr. 50
XIV. L'HISTOIRE DU TRAVAIL EN GAULE A L'EXPOSITION DE 1889, par Salomon Reinach. 1 vol. in-18, avec 5 planches. . . . . . 3 fr. 50
XV. HISTOIRE DU DÉPARTEMENT DE LA SCULPTURE MODERNE AU MUSÉE DU LOUVRE, par Louis Courajod. In-18 . . . . . 3 fr. 50
XVI. LES MONNAIES GRECQUES, par Adrien Blanchet, in-18 avec planches . . . . . . . . . . . . . . . . . . 3 fr. 50
XVII. L'ÉVOLUTION DE L'ARCHITECTURE EN FRANCE, par Raoul Rosières. In-18 . . . . . . . . . . . . . . . . 3 fr. 50
Ouvrage couronné par l'Institut.

---

## BIBLIOTHÈQUE DE L'ART PRATIQUE

Publiée sous la direction de MM. DUBOUCHET
Collection de volumes in-18, avec nombreuses illustrations.
Chaque volume élégamment imprimé . . . . . . . . . . 1 fr. 25

---

# LA GRAVURE SUR CUIVRE
## PRÉCIS ÉLÉMENTAIRE

Par Henri DUBOUCHET, ancien grand prix de Rome, et G. DUBOUCHET.
Prix . . . . . . . . . . . . . . . . . . . . 1 fr. 25

---

**ERNEST LEROUX, ÉDITEUR**

*GRANDES PUBLICATIONS ILLUSTRÉES*

# UNE NÉCROPOLE ROYALE A SIDON
## FOUILLES DE HAMDY-BEY
PUBLIÉES PAR

**HAMDY-BEY**
Directeur du Musée impérial à Constantinople.

**THÉODORE REINACH**
Docteur ès lettres
Directeur de la Revue des Etudes Grecques.

Un superbe volume in-folio, comprenant environ 250 pages de texte, 50 planches en héliogravure ou en chromolithographie, un grand plan, et des dessins dans le texte. Prix. . . . . . . . . . . . . . . . 200 fr.

L'ouvrage est publié en 4 livraisons.
Les livraisons I, II, III ont paru. La livraison IV est sous presse.

Les admirables sarcophages polychromes, découverts par Hamdy-Bey à Sidon et placés par lui dans le Musée Impérial Ottoman, qui a été fondé sous sa direction à Constantinople, sont reproduits ici avec la plus scrupuleuse exactitude dans une série de planches en héliogravure sur cuivre et en chromolithographie. Ces monuments peuvent être considérés comme une des plus éclatantes manifestations de l'art grec dans sa splendeur, et l'on ne peut trop remercier et féliciter le savant créateur du Musée de Constantinople d'avoir mis au jour de tels chefs-d'œuvre, et de les publier avec tant de soin et de goût.

# LA TURQUIE D'ASIE
## GÉOGRAPHIE ADMINISTRATIVE
### STATISTIQUE DESCRIPTIVE ET RAISONNÉE DE L'ASIE-MINEURE
#### Par M. VITAL CUINET

Cet ouvrage comprend une notice distincte pour chacun des vingt-trois vilayets et quatre mutessarifats dont se compose la Turquie d'Asie, avec une carte d'ensemble et une carte spéciale, administrative, routière, forestière, pour chaque province. Il fait connaître le climat, la topographie, la géologie, les mines, les forêts, les salines, les eaux minérales, les monuments anciens et modernes. — L'agriculture et l'élevage des animaux y sont traités dans les détails les plus minutieux. Les routes, les distances entre les principaux centres, les ports du littoral, le mouvement commercial et maritime, la question des transports par terre et par eau (mode et prix), etc., ont été l'objet d'un travail approfondi.

De nombreux tableaux sont joints au texte pour les productions naturelles et industrielles, le commerce (exportation et importation), pour les revenus du fisc, les taxes et impôts, les dîmes et autres contributions. Enfin on y trouve les divisions administratives, les autorités civiles, militaires et religieuses, la population, races et nationalités, les écoles, etc. C'est, en un mot, le tableau exact de la Turquie d'Asie TELLE QU'ELLE EST.

L'ouvrage sera complet en 10 livraisons qui formeront 3 forts volumes grand in-8, avec de nombreuses cartes.
Les livraisons I à IX ont paru.

Le prix, qui avait été fixé à 30 francs pour les souscripteurs, est porté a   40 fr.
La livraison. . . . . . . . . . . . . . . . . . . . . . . . . 5 fr.

---

RUE BONAPARTE, 28

# LES ORIGINES ORIENTALES DE L'ART

### Recueil de Mémoires archéologiques et de Monuments

#### Par M. Léon HEUZEY,
##### Membre de l'Institut.

PREMIÈRE PARTIE. — ANTIQUITÉS CHALDÉO-ASSYRIENNES
In-4, avec planches en héliogravure

Livraisons I à IV. — Chaque livraison . . . . . . . . . . . 8 fr.

---

# DÉCOUVERTES EN CHALDÉE

#### Par M. E. de SARZEC,
##### Consul de France à Bagdad.

*Ouvrage accompagné de planches, publié sous les auspices du Ministère de l'Instruction publique.*

#### Par M. Léon HEUZEY,
##### Membre de l'Institut.

Livraison I, in-folio avec 18 planches en héliogravure . . . . 30 fr.
Livraison II, en 2 fascicules, avec 17 planches en héliogravure . . 30 fr.
Livraison III, 1er fascicule, avec planches . . . . . . . . . 15 fr.
— 2e fascicule, avec planches . . . . . . . . . . 15 fr.

---

### COLLECTION DE CLERCQ

# CATALOGUE MÉTHODIQUE ET RAISONNÉ

#### *ANTIQUITÉS ASSYRIENNES,*
#### *CYLINDRES ORIENTAUX, CACHETS, BRIQUES, BRONZES, BAS-RELIEFS, ETC.*

#### Publié par M. L. DE CLERCQ,
##### Avec la collaboration de M. J. MENANT, membre de l'Institut.

Tome I. — **Cylindres orientaux.** Un beau volume in-folio, avec une carte et 39 planches en héliogravure . . . . . . . . . . . . 100 fr.
    Le tome premier, publié au prix de 60 fr., continuera à être fourni au prix de souscription aux nouveaux souscripteurs qui s'engageront à prendre le second volume.

Tome II. — **Cachets, briques, bronzes et bas-reliefs.**
  Livraison I, fascicule 1, in-folio, avec 6 planches . . . . . . 10 fr.
  — fascicule 2 (*sous presse*).

---

ERNEST LEROUX, ÉDITEUR

# PRÉCIS DE L'ART ARABE

## ET MATÉRIAUX

POUR SERVIR A L'HISTOIRE, A LA THÉORIE ET A LA TECHNIQUE DES ARTS DE L'ORIENT MUSULMAN

### Par J. BOURGOIN

Cet ouvrage se compose de 300 planches en noir et en couleurs, avec texte explicatif et notices descriptives. Un beau volume in-4°, cartonné. . 150 fr.

---

# LES RUINES D'ANGKOR

### ÉTUDE HISTORIQUE ET ARTISTIQUE

SUR LES

## MONUMENTS KHMERS DU CAMBODGE SIAMOIS

### Par LUCIEN FOURNEREAU

ARCHITECTE, CHARGÉ D'UNE MISSION ARCHÉOLOGIQUE PAR LE MINISTÈRE DE L'INSTRUCTION PUBLIQUE ET DES BEAUX-ARTS

### et JACQUES PORCHER

Un beau volume in-4°, comprenant un texte, richement illustré de vues, de types, de sites, de monuments, etc., une carte et 101 planches reproduisant par la phototypie les chefs-d'œuvre des temples d'Angkor. En un carton. 50 fr.

---

# LES RUINES KHMÈRES

## CAMBODGE ET SIAM

### Documents complémentaires d'Architecture, de Sculpture et de Céramique

### Par LUCIEN FOURNEREAU

ARCHITECTE, CHARGÉ D'UNE MISSION ARCHÉOLOGIQUE PAR LE MINISTÈRE DE L'INSTRUCTION PUBLIQUE ET DES BEAUX-ARTS

Album de 110 planches en phototypie. En un carton. . . . . . 50 fr.

Les planches contenues dans cet Album sont le complément nécessaire du précédent volume. Dans la première partie, nous nous étions surtout attaché à donner des vues d'ensemble des monuments décrits. Nous nous proposons ici de faire connaître l'architecture, la sculpture et la céramique des Khmers dans tous les détails de leurs motifs et de leurs procédés. C'est pour cette raison que nous avons adopté non plus l'ordre historique comme dans le premier volume, mais l'ordre architectural, et que nous passons en revue successivement toutes les parties dont se compose un édifice.

Un certain nombre de planches reproduisent des photographies tirées sur les lieux mêmes. Les autres ont été prises au Musée Khmer du Trocadéro : elles proviennent des moulages qu'ont rapportés du Cambodge et du royaume de Siam les missions de Doudart de Lagrée, Francis Garnier et MM. Delaporte, Faraud, Aymonier et Fournereau.

---

RUE BONAPARTE, 28

# LA BRODERIE
## DU XI₀ SIÈCLE JUSQU'A NOS JOURS
D'APRÈS
### DES SPÉCIMENS AUTHENTIQUES
ET LES
### ANCIENS INVENTAIRES
#### Par M. LOUIS DE FARCY

Un volume in-folio, comprenant 120 planches en phototypie, avec texte explicatif. . . . . . . . . . . . . . . . . . . . . . . 100 fr.

---

## ANTIQUITÉS
# DE LA RUSSIE MÉRIDIONALE
PAR
Le Professeur **KONDAKOFF** | Le Comte **J. TOLSTOI**
et **S. REINACH**

Un superbe volume in-4, publié en trois fascicules, avec nombreuses illustrations dans le texte . . . . . . . . . . . . . . . . . 25 fr.

---

### LES MONUMENTS DU CHRISTIANISME AU MOYEN AGE

## BASILIQUES ET MOSAIQUES CHRÉTIENNES
### ITALIE — SICILE

Ouvrage illustré de 500 dessins, d'après des documents certains et d'après nature
#### Par **GUSTAVE CLAUSSE**, architecte.

Deux beaux volumes grand in-8, illustrés de plus de 500 dessins et de 9 planches en héliogravure. . . . . . . . . . . . . . . 30 fr.

---

# VITRAUX DU CHŒUR
### DE LA CATHÉDRALE D'ÉVREUX

Un volume in-4, accompagné de 13 planches, en un carton. . . . . . . . . 20 fr.

---

**ERNEST LEROUX, ÉDITEUR**

FAC-SIMILÉS DE MANUSCRITS

# DEMOSTHENIS CODEX Σ
## FAC-SIMILÉ DU MANUSCRIT GREC 2934
### DE LA BIBLIOTHÈQUE NATIONALE
#### CONTENANT
### LES ŒUVRES COMPLÈTES DE DÉMOSTHÈNE

*Publié par* HENRI OMONT

Deux volumes in-folio, contenant 1100 planches en phototypie. . . 600 fr

Ce manuscrit fameux, le plus ancien et le plus complet, forme seul la première famille des manuscrits de Démosthène, au jugement des derniers éditeurs Bekker, Vœmel, Dindorf, Weil.

## FAC-SIMILÉS DES MANUSCRITS GRECS DATÉS
### DE LA BIBLIOTHÈQUE NATIONALE

*Publiés par* HENRI OMONT

Un volume grand in-folio, 100 planches avec texte explicatif . . . . 60 fr

Ce recueil de fac-similés forme un album de 100 planches grand in-folio, offrant 121 fac-similés de manuscrits grecs à date certaine, tirés exclusivement des collections de la Bibliothèque nationale.

Tous les manuscrits datés du IX⁰ au XIII⁰ siècle conservés à la Bibliothèque nationale, et un choix de ceux du XIV⁰ siècle, portant sur plus de la moitié d'entre eux, sont représentés dans ce recueil.

L'introduction qui précède la notice des planches contient une bibliographie des différents travaux relatifs à la paléographie grecque, parus depuis le livre fondamental de Montfaucon jusqu'à nos jours.

## FAC-SIMILÉS DES PLUS ANCIENS MANUSCRITS GRECS
### En onciale et en minuscule de la Bibliothèque nationale du IV⁰ au XII⁰ siècle

*Publiés par* HENRI OMONT

Un volume in-folio, 50 planches avec texte explicatif. . . . . . . 32 fr.

Cet ouvrage forme le complément annoncé à la fin de l'introduction des *Fac-similés des manuscrits grecs datés*.

Il contient des fac-similés de tous les manuscrits grecs en onciale, bibliques et autres, et un choix de principaux manuscrits en minuscule des auteurs classiques, conservés à la Bibliothèque nationale.

RUE BONAPARTE, 28

EN COURS DE PUBLICATION :
## LES MANUSCRITS DE LA BIBLIOTHÈQUE NATIONALE
### ET D'AUTRES COLLECTIONS

Recueil des fac-similés des plus anciens et des plus précieux manuscrits pour servir à l'étude de la paléographie, de la philologie et de l'histoire en Orient et en Occident, du Ve au XVIe siècle.

MANUSCRITS LATINS ET FRANÇAIS, publiés et décrits par M. DELISLE, membre de l'Institut, 100 planches . . . . . . . . . 80 fr.
MANUSCRITS GRECS, publiés et décrits par M. Henri OMONT, 60 pl. 60 fr.
MANUSCRITS ORIENTAUX, publiés et décrits par M. Ch. SCHEFER, membre de l'Institut, 50 planches . . . . . . . . . . . . . 50 fr.

## MINIATURES DE MANUSCRITS
### DE LA BIBLIOTHÈQUE NATIONALE ET DE QUELQUES COLLECTIONS PARTICULIÈRES

Pour servir à l'histoire de la vie publique et privée en Orient et en Occident du Ve au XVIe siècle.

MANUSCRITS LATINS ET FRANÇAIS, publiés et décrits par M. DURRIEU, 100 planches . . . . . . . . . . . . . . . . . . . 80 fr.
MANUSCRITS GRECS, publiés et décrits par M. Henri OMONT, 60 pl. 60 fr.
MANUSCRITS ORIENTAUX, publiés et décrits par Ch. SCHEFER, membre de l'Institut, 50 planches . . . . . . . . . . . . . 50 fr.

## COLLECTION DE REPRODUCTIONS DE MANUSCRITS
Publiée par M. L. CLÉDAT
Professeur à la Faculté des Lettres de Lyon

## LE NOUVEAU TESTAMENT EN PROVENÇAL

Traduction du XIIIe siècle en langue provençale, suivie d'un Rituel Cathare. Reproduction photolithographique du manuscrit de Lyon, publiée par L. CLÉDAT, un fort volume in-8 . . . . . . . . . . . . . . . . 30 fr.

## RITUEL PROVENÇAL

Manuscrit 36 de la Bibliothèque municipale de Lyon, publié par L. CLÉDAT. Un vol. in-8 . . . . . . . . . . . . . . . . . . . . 3 fr.

### AUTEURS LATINS
## LE CATULLE DE SAINT-GERMAIN DES PRÉS

Avec préface de M. Emile CHATELAIN, maître de conférences à l'Ecole des Hautes-Études.
Un volume grand in-8 . . . . . . . . . . . . . . . 15 fr.

### AUTEURS GRECS

Publiés sous la direction spéciale de M. F. ALLÈGRE, professeur à la Faculté des Lettres de Lyon.

## LA POÉTIQUE D'ARISTOTE

*Manuscrit 1741 du fonds grec de la Bibliothèque Nationale*
Préface de M. Henri OMONT
Un volume petit in-4 . . . . . . . . . . . . . . . 17 fr.

**ERNEST LEROUX, ÉDITEUR**

CURTIUS, DROYSEN, HERTZBERG

# HISTOIRE GRECQUE
### Traduite en français
Sous la direction de M. A. Bouché-Leclercq, professeur à la Faculté
des Lettres de Paris

Ouvrage couronné par l'Académie française (Prix Langlois)
et par l'Association pour l'Encouragement des Etudes grecques (Prix Zographos).

### Douze volumes in-8, dont un Atlas
Les 12 volumes, pris ensemble. . . . 100 fr.

---

## ERNEST CURTIUS

# HISTOIRE GRECQUE
5 volumes in-8. . . . . . . . . . . . 37 fr. 50

On sait que l'ouvrage de E. Curtius est devenu en quelque sorte classique en Allemagne, et il n'y a rien là d'étonnant, car M. Curtius est assurément un des hommes qui connaissent le mieux l'antiquité et les antiquités helléniques. (*Journal de Genève.*)

La critique doit rendre hommage à l'inspiration élevée qui a guidé M. A. Bouché-Leclercq, le savant traducteur de l'*Histoire grecque*, dans le choix d'une telle œuvre. Il est impossible d'apporter des soins plus éclairés, une conscience plus délicate, dans l'accomplissement de ce travail difficile. (*Le Temps.*)

## J.-G. DROYSEN

# HISTOIRE DE L'HELLÉNISME
3 forts volumes in-8 . . . . . . . . 30 fr.

Tome I. — Histoire d'Alexandre Le Grand.
Tomes II et III. — Les successeurs d'Alexandre. Les Diadoques. Les Épigones.

Curtius conduit jusqu'en 338 l'histoire de la Grèce et l'abandonne quand la bataille de Chéronée a courbé les Grecs sous le joug de la Macédoine. On dirait qu'il n'a point de goût pour les empires militaires.
Droysen, historien d'Alexandre et de ses successeurs, décrit au contraire avec une sorte de prédilection ce double mouvement de concentration et d'expansion qui absorbe la Grèce dans la Macédoine pour répandre ensuite dans tout l'Orient le génie hellénique. Son ouvrage conduit l'histoire générale de la Grèce jusqu'à la bataille de Sellasie. (221 av. J.-C.)

G.-F. HERTZBERG

# HISTOIRE DE LA GRÈCE
## SOUS LA DOMINATION ROMAINE

3 forts volumes in-8 . . . . . . . . 30 fr.

Tome I. — De la conquête au règne d'Auguste. Traduit par P. Scheurer, professeur à la Faculté des Lettres de Clermont.
Tome II. — D'Auguste à Septime Sévère. Traduit par E. de Liebhaber, agrégé de l'Université.
Tome III. — L'Université d'Athènes. Traduit par P.-P. Huschard, professeur au lycée Michelet.

A. BOUCHÉ-LECLERCQ

# ATLAS POUR L'HISTOIRE GRECQUE

In-8. . . . . . . . . . . . . 12 fr.

L'Atlas de M. Bouché-Leclercq comprend 25 cartes coloriées, plans de villes et de batailles, listes généalogiques, olympiades, tableaux chronologiques, métrologiques, etc.

Il est non seulement le complément indispensable de l'Histoire Grecque de Curtius, mais aussi de tous les ouvrages historiques sur la Grèce.

A. BOUCHÉ-LECLERCQ
Professeur à la Faculté des Lettres de Paris.

# HISTOIRE DE LA DIVINATION
## DANS L'ANTIQUITÉ

Quatre volumes in-8. . . . . . . . . 40 fr.

Tome I. — Introduction. — Divination hellénique (Méthodes).
Tome II. — Les Sacerdoces divinatoires. — Devins, Chresmologues, Sibylles. — Oracles des dieux.
Tome III. — Oracles des dieux (suite). — Oracles des héros et des morts. — Oracles exotiques hellénisés.
Tome IV. — Divination italique (Etrusque, Latine, Romaine). — Appendice. — Index général.

ERNEST LEROUX, ÉDITEUR

L. LANGE

# HISTOIRE INTÉRIEURE DE ROME
## JUSQU'A LA BATAILLE D'ACTIUM

Tirée des *Rœmische Alterthümer*, par A. BERTHELOT et DIDIER
agrégés de l'Université.

Deux volumes in-8 . . . . . . . . . . . . . . . . . . 20 fr.

## HISTOIRE GÉNÉRALE
# DE LA LITTÉRATURE DU MOYEN AGE
### EN OCCIDENT

Par A. EBERT, professeur à l'Université de Leipzig

Traduit de l'allemand par le Dr AYMERIC et le Dr James CONDAMIN.

Trois volumes in-8. . . . . . . . . . . . . . . . . . 30 fr.

Tome I. — Histoire de la littérature latine chrétienne depuis les origines jusqu'à Charlemagne.
Tome II. — Histoire de la littérature latine depuis Charlemagne jusqu'à la mort de Charles le Chauve.
Tome III. — Les littératures nationales depuis leur apparition, et la littérature latine jusqu'au commencement du xi<sup>e</sup> siècle.

# TRAITÉ D'ÉPIGRAPHIE GRECQUE
### Par Salomon REINACH

Précédé d'un essai sur les inscriptions grecques, par C. M. Newton, conservateur du Musée Britannique. Un fort volume in-8 . . . . . . . . 20 fr.

# RECUEIL DES INSCRIPTIONS JURIDIQUES GRECQUES
### TEXTE — TRADUCTION — COMMENTAIRE

Par R. DARESTE, membre de l'Institut, conseiller à la Cour de Cassation ; B. HAUSSOULLIER, directeur-adjoint à l'Ecole des Hautes Etudes ; Th. REINACH, docteur en droit et ès lettres.

Premier et second fascicules, grand in-8 de 200 pages. Chaque 7 fr. 50

L'ouvrage sera complet en 3 fascicules.

RUE BONAPARTE, 28

## HISTOIRE LITTÉRAIRE

### ADRIEN DUPUY
Agrégé des lettres, professeur de rhétorique au lycée Lakanal.

# HISTOIRE DE LA LITTÉRATURE FRANÇAISE
### AU XVII$^e$ SIÈCLE

Un beau volume in-8 raisin . . . . . . . . . . . . . 5 fr.
Le même, relié en demi-chagrin, plats toile. . . . . . . . . . . 7 fr.

### G.-A. HEINRICH
Doyen honoraire de la Faculté des lettres de Lyon.

# HISTOIRE DE LA LITTÉRATURE ALLEMANDE
### SECONDE ÉDITION

3 volumes in-8. . . . . . . . . . . . . . . . . 22 fr. 50

Ouvrage couronné par l'Académie française.

### G. CHASSIOTIS
Ancien directeur du lycée de Péra.

# L'INSTRUCTION PUBLIQUE CHEZ LES GRECS
### DEPUIS LA PRISE DE CONSTANTINOPLE JUSQU'A NOS JOURS

Avec statistique et quatre cartes figuratives en chromolithographie.
Un fort volume grand in-8. . . . . . . . . . . . . 15 fr.

### PYPINE ET SPASOVIC
# HISTOIRE DES LITTÉRATURES SLAVES
### LITTÉRATURE DES BULGARES, SERBO-CROATES, YOUGO-RUSSES

Traduit du russe, par Ernest DENIS. Un fort volume in-8 de 630 pages. 5 fr.

### C. DELFOUR
Professeur de rhétorique.

# LA BIBLE DANS RACINE

Un volume in-8 . . . . . . . . . . . . . . . . 5 fr

Couronné par l'Académie française.

### OTTO RIBBECK
# HISTOIRE DE LA POÉSIE LATINE
### JUSQU'A LA FIN DE LA RÉPUBLIQUE

Traduite par E. DROZ, professeur à la Faculté des Lettres de Besançon, et Albert KONTZ, professeur au lycée Victor-Hugo, chargé d'un cours à la Faculté des Lettres de Besançon.
Tome I. Un volume in-8. . . . . . . . . . . . . 7 fr. 50

**ERNEST LEROUX, ÉDITEUR**

## PUBLICATIONS HISTORIQUES

### CARTULAIRE GÉNÉRAL
#### DES
# HOSPITALIERS DE SAINT-JEAN
## DE JÉRUSALEM
### (1100-1310)
#### Par J. DELAVILLE LE ROULX
Docteur ès lettres, Archiviste-paléographe.

4 forts volumes in-folio, format des **Historiens des Croisades**, contenant au moins 900 feuilles de texte, avec introduction, notes et index général.
Prix de souscription : Pour les cinquante premiers souscripteurs 300 francs. Le prix sera ensuite porté à 400 francs.
L'ouvrage est tiré à 300 exemplaires dont 240 sont mis en vente.

### ANONYME DE CORDOUE
# CHRONIQUE LATINE RIMÉE
### DES DERNIERS ROIS GOTHS DE TOLÈDE ET DE L'INVASION ARABE EN ESPAGNE
Editée et annotée par le R. P. J. TAILHAN

Un beau vol. in-fol., avec 28 planches en héliogravure. . . . . 50 fr. »

## LES RELATIONS POLITIQUES DE LA FRANCE
### AVEC LE ROYAUME DE MAJORQUE
(Iles Baléares, Roussillon, Montpellier, etc.)
#### Par LECOY DE LA MARCHE

2 forts volumes in-8. . . . . . . . . . . . . . . . 20 fr. »
Ouvrage couronné par l'Institut.

## PORT-MAHON
### LA FRANCE A MINORQUE SOUS LOUIS XV (1756-1763)
D'après les documents inédits des Archives de France et des Baléares,
#### Par E. GUILLON
Un volume in-8, avec une carte. . . . . . . . . . . . . 3 fr. 50

## DOCUMENTS SUR LA NÉGOCIATION DU CONCORDAT
### ET SUR LES AUTRES RAPPORTS DE LA FRANCE AVEC LE SAINT-SIÈGE, EN 1800 et 1801
Publiés par le comte **BOULAY DE LA MEURTHE**

3 volumes in-8. Chaque volume. . . . . . . . . . . . 7 fr. 50

RUE BONAPARTE, 28

## RÉCENTES PUBLICATIONS HISTORIQUES

### R. DE MAULDE LA CLAVIÈRE

## LES ORIGINES DE LA RÉVOLUTION FRANÇAISE
### AU COMMENCEMENT DU XVIe SIÈCLE
#### LA VEILLE DE LA RÉFORME

Un volume in-8 de 375 pages. . . . . . . . . . . . 8 fr.

## HISTOIRE DE LOUIS XII
#### PREMIÈRE PARTIE. — LOUIS D'ORLÉANS

Trois volumes in-8. . . . . . . . . . . . . . . 24 fr.

#### DEUXIÈME PARTIE. — LA DIPLOMATIE

Trois volumes in-8. . . . . . . . . . . . . . . 24 fr.

*Cet ouvrage est publié également sous le titre :*

### LA DIPLOMATIE AU TEMPS DE MACHIAVEL

Trois volumes in-8. . . . . . . . . . . . . . . 24 fr.

### Comte ÉDOUARD FRÉMY

### UN AMBASSADEUR LIBÉRAL SOUS CHARLES IX ET HENRI III
#### ARNAUD DU FERRIER

Un volume in-8. . . . . . . . . . . . . . . 10 fr.

### DIPLOMATES DU TEMPS DE LA LIGUE

Un volume in-18. . . . . . . . . . . . . . . 3 fr. 50

### MÉMOIRES INÉDITS DE HENRI DE MESMES

Un volume in-12. . . . . . . . . . . . . . . 5 fr.

### ORIGINES DE L'ACADÉMIE FRANÇAISE
#### L'ACADÉMIE DES DERNIERS VALOIS

Un volume in-8, avec portraits. . . . . . . . . . . . . . 15 fr.

### CHARLES SCHEFER
#### Membre de l'Institut

### MÉMOIRE HISTORIQUE SUR L'AMBASSADE DE FRANCE A CONSTANTINOPLE
#### Par le Marquis de BONNAC

Publié, avec un Précis de ses Négociations à la Porte Ottomane

Un volume in-8, avec trois planches . . . . . . . . . . 7 fr. 50

**ERNEST LEROUX, ÉDITEUR**

## PUBLICATIONS HISTORIQUES

### L. THUASNE

# JOURNAL DE BURCHARD

MAÎTRE DES RITES DE LA CHAPELLE PONTIFICALE, SOUS JULES II ET ALEXANDRE BORGIA (1483-1506).

Texte latin publié intégralement pour la première fois d'après les manuscrits de Paris, de Rome et de Florence, avec introduction, notes, etc.

3 forts volumes gr. in-8 . . . . . . . . . . . . . . . . . 60 fr.

## DJEM-SULTAN

### FILS DE MOHAMMED II, FRÈRE DE BAYEZID II
### (1459-1495)

D'APRÈS LES DOCUMENTS ORIGINAUX, EN GRANDE PARTIE INÉDITS

*Étude sur la question d'Orient à la fin du XV<sup>e</sup> siècle.*

Un beau volume in-8 . . . . . . . . . . . . . . . . . . . 10 fr.

## GENTILE BELLINI & SULTAN MOHAMMED II

NOTES SUR LE SÉJOUR DU PEINTRE VÉNITIEN A CONSTANTINOPLE
(1479-1480)

*D'après des documents originaux, en partie inédits.*

In-4 avec 8 planches hors texte . . . . . . . . . . . . . 8 fr.

### Ch. SCHEFER
Membre de l'Institut

## JOURNAL D'ANTOINE GALLAND

PENDANT SON SÉJOUR A L'AMBASSADE DE FRANCE A CONSTANTINOPLE

2 beaux volumes in-8 avec fig. . . . . . . . . . . . . . 25 fr.

Est-il un livre plus intéressant, dit M. Renan, pour la connaissance de l'Orient au XVII<sup>e</sup> siècle, que le Journal d'Antoine Galland? Ce tableau frappant et sincère, tracé par un témoin non étonné, qui ne fait nulle concession aux nécessités littéraires et n'est pas faussé dans son impartialité par le sens moral, prouve combien l'Orient change peu. Au point de vue de la noblesse, de l'intelligence et de l'honnêteté, l'empire ottoman se montre, dans le livre de Galland, exactement ce qu'il est aujourd'hui. La seule chose qui ait changé, ce sont les relations de cet empire avec l'Europe et avec ses sujets chrétiens.

---

## LETTRES ET NÉGOCIATIONS DE CLAUDE DE MONDOUCET

RÉSIDENT DE FRANCE AUX PAYS-BAS (1571-1574)

*Publiées d'après le manuscrit de la Bibliothèque de Reims.*

par **L. DIDIER**, professeur au Lycée de Reims

Deux volumes in-8. Chaque . . . . . . . . . . . . . . . 6 fr.

RUE BONAPARTE, 28

## PUBLICATIONS HISTORIQUES

### FEUILLET DE CONCHES
## HISTOIRE DE L'ÉCOLE ANGLAISE DE PEINTURE
Jusques et y compris Sir Thomas Lawrence et ses émules

Un beau volume in-8, de 609 pages . . . . . . . . . . 7 fr. 50

« L'histoire de l'École anglaise de peinture comblera une lacune importante de notre littérature artistique » (Ch. Clément, *Débats*).

« Il faut insister sur l'apport que fait ce livre à nos connaissances si restreintes sur un groupe d'artistes qui ont peint des portraits d'une pénétration incroyable, qui nous ont rendu vers 1824 les formules du paysage d'après nature et qui, aujourd'hui encore, font preuve d'une indéniable originalité » (Ph. Burty, *République française*).

---

### ÉDOUARD BERTRAND
PROFESSEUR DE LITTÉRATURE LATINE A LA FACULTÉ DES LETTRES DE GRENOBLE
## ÉTUDES SUR LA PEINTURE ET LA CRITIQUE D'ART
### DANS L'ANTIQUITÉ

Un volume in-8. . . . . . . . . . . . . . . . . . . 6 fr.

---

### Baronne Diane DE GULDENCRONE, née DE GOBINEAU,
## L'ACHAIE FÉODALE
### ÉTUDE SUR LE MOYEN AGE EN GRÈCE (1205-1456)

Un volume in-8. . . . . . . . . . . . . . . . . . . 10 fr.

---

### O. DELARC
## LES NORMANDS EN ITALIE DEPUIS LES PREMIÈRES INVASIONS
### JUSQU'A L'AVÉNEMENT DE SAINT GRÉGOIRE VII
### (859-862, 1016-1073)

Un fort volume in-8 . . . . . . . . . . . . . . . . 10 fr.

---

### Dr L. LECLERC
## HISTOIRE DE LA MÉDECINE ARABE
### EXPOSÉ COMPLET DES TRADUCTIONS DU GREC
LES SCIENCES EN ORIENT, LEUR TRANSMISSION A L'OCCIDENT PAR LES TRADUCTIONS LATINES

Deux volumes in-8 . . . . . . . . . . . . . . . . . 20 fr.

---

### ALEXANDRE CHÈVREMONT
## LES MOUVEMENTS DU SOL
Sur les côtes occidentales de la France et particulièrement dans le golfe Normanno-Breton

Un beau volume in-8, illustré de 14 planches en couleur . . . . 7 fr. 50

Ouvrage honoré d'une récompense par l'Académie des sciences et d'un rapport favorable de M. Alfred Maury, de l'Académie des inscriptions et belles-lettres.

---

### JULES GIRARD
## RECHERCHES SUR L'INSTABILITÉ DES CONTINENTS
### ET DU NIVEAU DES MERS

In-8, avec cartes . . . . . . . . . . . . . . . . . 6 fr.

---

### ERNEST LEROUX, ÉDITEUR

LÉGISLATION ORIENTALE — HISTOIRE DIPLOMATIQUE

## LÉGISLATION DE LA TUNISIE

Recueil des lois, décrets et règlements en vigueur dans la Régence de Tunis au 1er janvier 1888, par Maurice BOMPARD, ancien secrétaire général du Gouvernement tunisien.

Un beau volume gr. in-8 de 600 pages à 2 colonnes. . . . . . . 20 fr.
Supplément à cet ouvrage. In-8 (*sous presse*).

## TRAITÉ DES SUCCESSIONS MUSULMANES

(*AB INTESTAT*)

Extrait du commentaire de la *Rahbia* par Chenchouri, de la glose d'El-Badjouri et d'autres auteurs arabes,

Par J.-D. LUCIANI, ancien administrateur de commune mixte,

Avec une préface par M. ZEYS, premier président de la cour d'appel.

Un volume in-8, de 589 pages . . . . . . . . . . . . . . . 10 fr.

## RÉSUMÉ HISTORIQUE DES PRINCIPAUX TRAITÉS DE PAIX

conclus entre les puissances européennes depuis le traité de Wesphalie (1648) jusqu'au traité de Berlin (1878), par le Prince A.-M. Ouroussow

Un beau volume grand in-8. . . . . . . . . . . . . . . . 16 fr.

## RECUEIL DES TRAITÉS DE LA PORTE OTTOMANE

avec les puissances étrangères, depuis le premier traité conclu en 1536 entre Suleyman Ier et François Ier jusqu'à nos jours, par le baron DE TESTA.

Tome septième : *France*.

Un volume in-8. . . . . . . . . . . . . . . . . . . . . 12 fr. 50

## NÉGOCIATIONS RELATIVES

AU

## TRAITÉ DE BERLIN

ET AUX ARRANGEMENTS QUI ONT SUIVI (1875-1886)

Par Adolphe D'AVRIL

ANCIEN MINISTRE PLÉNIPOTENTIAIRE

Un volume in-8, avec six cartes . . . . . . . . . . . . . . 10 fr.

## NOTICE SUR LES RELATIONS DE LA SUÈDE AVEC LA CHINE

et les pays tartares, depuis le milieu du XVIIe siècle jusqu'à nos jours

Par A. STRINDBERG.

In-8 . . . . . . . . . . . . . . . . . . . . . . . . . 2 fr. 50

RUE BONAPARTE, 28

# GRANDS OUVRAGES DE NUMISMATIQUE

**G. SCHLUMBERGER, de l'Institut.**
## NUMISMATIQUE DE L'ORIENT LATIN

Un beau volume grand in-4, de xii et 506 pages, avec 19 planches gravées sur cuivre par Dardel . . . . . . . . . . . . . . . . . . . . . . **125 fr.**
— Le même, sur papier vergé de Hollande . . . . . . . . . . . . **150 fr.**

## SUPPLÉMENT ET INDEX DE LA NUMISMATIQUE
### DE L'ORIENT LATIN

Un volume grand in-4, avec 2 planches et une carte des ateliers monétaires. **15 fr.**
— Le même, sur papier de Hollande . . . . . . . . . . . . . . . **20 fr.**

CET OUVRAGE A ÉTÉ COURONNÉ PAR L'INSTITUT EN 1878

## LE TRÉSOR DE SAN'A
### ÉTUDE SUR LES MONNAIES HYMYARITIQUES

In-4, avec 60 médailles gravées sur cuivre par Dardel . . . . . . . **12 fr.**

## SIGILLOGRAPHIE DE L'EMPIRE BYZANTIN

Un beau volume grand in-4, de vii et 750 pages, avec 1.100 dessins inédits de Dardel . . . . . . . . . . . . . . . . . . . . . . . . . . . . **100 fr.**
— Le même, sur papier de Hollande . . . . . . . . . . . . . . . **140 fr.**

## NUMISMATIQUE DU BÉARN
Par G. SCHLUMBERGER, membre de l'Institut et J. Adrien BLANCHET
attaché au département des médailles et antiques de la Bibliothèque nationale.

2 volumes in-8, avec 17 planches dans le texte. . . . . . . . . . **20 fr.**

I. BLANCHET. — HISTOIRE MONÉTAIRE DU BÉARN.
II. SCHLUMBERGER. — DESCRIPTION DES MONNAIES, JETONS ET MÉDAILLES DU BÉARN.
*Les volumes ne se vendent pas séparément.*

**ARTHUR ENGEL**
## RECHERCHES SUR LA NUMISMATIQUE
### ET LA SIGILLOGRAPHIE DES NORMANDS DE SICILE ET D'ITALIE

In-4, avec 7 planches de médailles et sceaux, gravées sur cuivre . . . **25 fr.**

**A. ENGEL ET E. LEHR**
## NUMISMATIQUE ET SIGILLOGRAPHIE DE L'ALSACE

In-4, avec 46 planches en héliotypie. . . . . . . . . . . . . . . **50 fr.**

COURONNÉ PAR L'INSTITUT. — PRIX DUCHALAIS

**A. ENGEL ET R. SERRURE**
## RÉPERTOIRE DES SOURCES IMPRIMÉES
### DE LA NUMISMATIQUE FRANÇAISE

3 volumes in-8 . . . . . . . . . . . . . . . . . . . . . . . . **30 fr.**

COURONNÉ PAR L'INSTITUT. — PRIX DUCHALAIS

## TRAITÉ DE LA NUMISMATIQUE DU MOYEN AGE

3 volumes in-8 . . . . . . . . . . . . . . . . . . . . . . . . **45 fr.**

*Les tomes I et II ont paru. Le tome III paraîtra incessamment.*

**TH. REINACH**
## LES MONNAIES JUIVES

In-18, illustré . . . . . . . . . . . . . . . . . . . . . . . . **2 fr. 50**

**ADRIEN BLANCHET**
## LES MONNAIES GRECQUES

In-18, avec 12 planches . . . . . . . . . . . . . . . . . . . . **3 fr. 50**

ERNEST LEROUX, ÉDITEUR

**DICTIONNAIRES DES LANGUES ORIENTALES**

## DICTIONNAIRE FRANÇAIS-ARABE
### (ARABE VULGAIRE, ARABE GRAMMATICAL)

Contenant: 1° tous les mots de la langue française; 2° la traduction arabe de tous les mots avec les différences spéciales aux divers pays musulmans, et leur transcription; 3° la déclinaison des noms et adjectifs, les conjugaisons des verbes, etc.; 4° les différentes acceptions des mots, avec de nombreux exemples; 5° l'étymologie des mots, etc.

Par **Ed. GASSELIN**, consul de France.

Deux forts volumes in-4 . . . . . . . . . . . . . . . 150 fr.

## DICTIONNAIRE TURC-FRANÇAIS

SUPPLÉMENT AUX DICTIONNAIRES PUBLIÉS JUSQU'A CE JOUR, RENFERMANT :

1° Les mots d'origine turque; 2° les mots arabes et persans employés en osmanli, avec leur signification particulière; 3° un grand nombre de proverbes et de locutions populaires, etc.

Par **A.-C. BARBIER DE MEYNARD**, membre de l'Institut.

L'ouvrage complet en 8 livraisons . . . . . . . . . . . . 80 fr.

## DICTIONNAIRE DÉMOTIQUE
### Par **CHARDON** et **DENISSE**

Fascicule I, in-8 . . . . . . . . . . . . . . . . . . 5 fr.
L'ouvrage complet formera environ 8 fascicules.

## DICTIONNAIRE FRANÇAIS-TOUAREG
### DIALECTE DES TAITOQ
#### Suivi d'Observations grammaticales

Par **E. MASQUERAY**, Directeur de l'Ecole des lettres d'Alger.

1re et 2e parties, in-8. Chaque . . . . . . . . . . . . 6 fr.
3e partie (*sous presse*)

## VOCABULAIRE
## FRANÇAIS-MALAIS & MALAIS-FRANÇAIS
### Par **ERRINGTON DE LA CROIX**

PRÉCÉDÉ D'UN PRÉCIS DE GRAMMAIRE MALAISE PAR LE D<sup>r</sup> MONTANO

In-18, percaline . . . . . . . . . . . . . . . . . . 10 fr.

## VOCABULARY
## OF THE ENGLISH AND MALAY LANGUAGES
### WITH NOTES
### By **FRANK A. SWETTENHAM**

Vol. I. ENGLISH-MALAY. In-18, cart . . . . . . . . . . . .

RUE BONAPARTE, 28

## DICTIONNAIRES DES LANGUES ORIENTALES

### A. BILLEQUIN
PROFESSEUR AU COLLÈGE IMPÉRIAL DE PÉKIN

## DICTIONNAIRE FRANÇAIS-CHINOIS

Un beau volume in-4, imprimé à Pékin . . . . . . . . . . . 75 fr.

### BAILLY

## DICTIONNAIRE CHINOIS-FRANÇAIS

5 volumes in-4 . . . . . . . . . . . . . . . . . 300 fr.
L'ouvrage, imprimé par ordre du gouvernement, n'est tiré qu'à 300 exemplaires dont 150 seulement sont mis en vente.

### Paul PERNY

## DICTIONNAIRE FRANÇAIS LATIN-CHINOIS
### DE LA LANGUE MANDARINE PARLÉE

Un beau volume in-4 . . . . . . . . . . . . . . . . 60 fr.

### APPENDICE DU DICTIONNAIRE

Contenant: Une notice sur l'Académie de Péking, une notice sur la botanique des Chinois, une description de la Chine avec la liste des empereurs, la date et les noms des années de règne, le tableau des principales constellations, la hiérarchie complète des mandarins civils et militaires, la nomenclature des villes avec leur latitude, le livre dit des Cent familles avec leurs origines, une notice sur la musique chinoise et sur le système monétaire, la synonymie la plus complète qui ait été donnée jusqu'ici sur toutes les branches de l'histoire naturelle de la Chine, etc., in-4. . . . . . . . . . . . . 60 fr.

### PETITJEAN (vicaire apostolique au Japon).

## LEXICON LATINO-JAPONICUM

In-4 de 749 pages à 2 colonnes. . . . . . . . . . . . . 40 fr.

### TABERD

## DICTIONARIUM ANNAMITICO-LATINUM

Ex opere Ill. et Rev. Taberd constans, necnon ab Ill. et Rev. J. S. Theurel, episc. Acanthensi et vicario apost. Tunquini Occidentalis recognitum et notabiliter adauctum, ad quod accedit Appendix de vocibus sinicis et locutionibus minus usitatis. *Imprimé à Ninh-phu.*
1 beau vol. in-4 à 2 colonnes de 670 pages . . . . . . . . 50 fr.

## DICTIONARIUM LATINO-ANNAMITICUM

Completum et novo ordine dispositum, cui accedit Appendix præcipuas voces proprias cum brevi explicatione continens, auctore M. H. Ravier, miss. apost. Ninh-phu, 1880, in-4 à 2 colonnes de xii-1270 et 72 pages . . 75 fr.
Les deux volumes pris ensemble. . . . . . . . . . . 100 fr.

ERNEST LEROUX, ÉDITEUR

## BIBLIOTHÈQUE COLONIALE DE LINGUISTIQUE

**Général FAIDHERBE**

### LANGUES SÉNÉGALAISES

WOLOF, ARABE-HASSANIA, SONINKÉ, SÉRÈRE. NOTIONS GRAMMATICALES, VOCABULAIRES ET PHRASES

In-18, percaline . . . . . . . . . . . . . . . . . . . . . . 7 fr. 50

---

**L. VOSSION**, consul de France.

### GRAMMAIRE FRANCO-BIRMANE

D'après A. JUDSON, augmentée d'un grand nombre d'exemples inédits, d'un Appendice relatif aux livres sacrés et à la littérature des Birmans, et de la prononciation en français de tous les mots birmans, précédée d'une Préface par Léon FEER.

Un volume in-18, percaline . . . . . . . . . . . . . . . . 12 fr.

---

**RENÉ BASSET**, professeur à l'Ecole des Lettres d'Alger.

### LOQMAN BERBÈRE

AVEC QUATRE GLOSSAIRES ET UNE ÉTUDE SUR LA LÉGENDE DE LOQMAN

Un fort volume in-18. . . . . . . . . . . . . . . . . . . 10 fr.

---

**AUGUSTE MOULIÉRAS**, professeur d'arabe au lycée d'Oran.

### LES FOURBERIES DE SI DJEH'A

CONTES KABYLES RECUEILLIS ET TRADUITS

TRADUCTION FRANÇAISE ET NOTES, AVEC UNE ÉTUDE SUR SI DJEH'A PAR RENÉ BASSET

In-18 . . . . . . . . . . . . . . . . . . . . . . . . . . . 3 fr. 50

---

**ERRINGTON DE LA CROIX**

### VOCABULAIRE FRANÇAIS-MALAIS ET MALAIS-FRANÇAIS

Précédé d'un précis de grammaire malaise, par le D<sup>r</sup> Montano

Un volume in-18, percaline . . . . . . . . . . . . . . . . 10 fr.

---

**DELAFOSSE**

### DICTIONNAIRE DAHOMÉEN-FRANÇAIS
### ET FRANÇAIS-DAHOMÉEN

PRÉCÉDÉ DE NOTICES GRAMMATICALES

Un fort volume in-18 (sous presse) . . . . . . . . . . . . 10 fr.

---

**HARTWIG DERENBOURG**
Professeur à l'Ecole des Langues orientales vivantes

### CHRESTOMATIE ÉLÉMENTAIRE DE L'ARABE LITTÉRAL

AVEC UN GLOSSAIRE

In-18 . . . . . . . . . . . . . . . . . . . . . . . . . . . 7 fr. 50

---

**A. DIRR**

### MANUEL PRATIQUE DE LA LANGUE HAOUSSA

LANGUE COMMERCIALE DU SOUDAN, AVEC CHRESTOMATHIE ET VOCABULAIRE

Avec une préface par M. le commandant Monteil.

In-18 . . . . . . . . . . . . . . . . . . . . . . . . . . . 5 fr.

---

RUE BONAPARTE, 28

## PUBLICATION DES ŒUVRES DE SAADIA
### FAITE A L'OCCASION DE SON MILLÉNAIRE

LES

# ŒUVRES DE SAADIA LE FAYYOUMITE

TEXTE ARABE EN CARACTÈRES HÉBRAÏQUES,
AVEC UNE ANNOTATION HÉBRAÏQUE

Publié sous la direction de M. **JOSEPH DERENBOURG**
Membre de l'Institut

12 volumes in-8. — Chaque volume se vend 10 fr.

Vol. I. — **Le Pentateuque**, version arabe avec un choix de traductions françaises (*vient de paraître*) . . . . . . . . . . . . . 10 fr.

Vol. II. — **Fragments conservés du commentaire arabe sur le Pentateuque** (*sous presse*).

Vol. III. — **Isaïe**, version arabe, avec une traduction française ; fragments du commentaire arabe.

Vol. IV. — **Les Psaumes**, version arabe et commentaire, avec la traduction française du texte.

Vol. V. — **Job**, version arabe et commentaire, avec la traduction française du texte.

Vol. VI. — **Les Proverbes**, version arabe et commentaire avec la traduction française du texte (*vient de paraître*) . . . . . . . . . . 10 fr.

Vol. VII. — **Daniel**, version arabe et commentaire avec la traduction française du texte.

Vol. VIII. — **Œuvres philosophiques. Les livres des Croyances et le commentaire sur le livre de la Création**, traduits en hébreu.

Vol. IX. — **Le traité des Héritages**, suivi des **Réponses halachiques**.

Vol. X. — **Siddour ou Rituel**.

Vol. XI. — **Mémoire sur la vie, la grammaire, l'exégèse et la philosophie de Saadia**.

Vol. XII. — **Glossaire de la langue de Saadia**.

Quelques exemplaires ont été tirés sur papier de Hollande,
au prix de 15 fr. le volume.

**ERNEST LEROUX, ÉDITEUR**

## OUVRAGES RELATIFS AU JAPON

### LÉON METCHNIKOFF
## L'EMPIRE JAPONAIS

Texte et dessins, un beau volume in-4 illustré de dessins et de cartes en couleur . . . . . . . . . . . . . . . . . . . . . . . . . 25 fr.
Le même, élégamment cartonné, tranches rouges . . . . . . . 30 fr.

### F. STEENACKERS
## CENT PROVERBES JAPONAIS
#### Traduits et publiés par FRANCIS STEENACKERS et UÉDA TOKUNO-SUKÉ

Un magnifique volume in-4, sur papier teinté fort, illustré de 200 dessins japonais tirés en noir et en couleur. . . . . . . . . . . . . . . 25 fr.

### L.-E. BERTIN
#### Directeur des Constructions navales.
## LES GRANDES GUERRES CIVILES DU JAPON
### LES MINAMOTO ET LES TAIRA ; LES MIKADOS ET LES SIOGOUNS
#### Précédé d'une introduction sur l'Histoire ancienne et les Légendes.

Un beau volume in-8 pittoresque, accompagné de planches et cartes et de 200 dessins dans le texte. . . . . . . . . . . . . . . . . 20 fr.
*Deux exemplaires sur Japon à* . . . . . . . . . . . . . . . 100 fr.

## ESTAMPES JAPONAISES
### Catalogue descriptif et raisonné de la Collection de peintures et d'estampes japonaises
#### Formée par M. PH. BURTY
#### Rédigé par Ernest Leroux.

Un beau volume in-8 . . . . . . . . . . . . . . . . . . . 5 fr.
Le même, sur papier de Hollande, avec les prix manuscrits . . . . 10 fr.

## CATALOGUES DES COLLECTIONS JAPONAISES
#### De MM. APPERT, TAIGNY, PIGGOTT, MOUCHOT, etc.

Dix catalogues rédigés par Ernest Leroux. Chaque catalogue . . . 2 fr. 50
Les mêmes, avec prix manuscrits. . . . . . . . . . . . . . . 4 fr.

La collection complète, avec prix manuscrits (y compris le Catalogue Burty) . . . . . . . . . . . . . . . . . . . . . . . . . . 50 fr.

*L'ensemble de ces Catalogues donne une classification complète et raisonnée, et un historique détaillé des diverses écoles de peinture et de gravure au Japon.*

**RUE BONAPARTE, 28**

# PUBLICATIONS RELATIVES A L'AMÉRIQUE

## EUGÈNE BOBAN
## DOCUMENTS POUR SERVIR A L'HISTOIRE DU MEXIQUE
### Catalogue raisonné de la collection de M. Eugène Goupil
(ancienne collection de J.-M.-A. Aubin)
### MANUSCRITS FIGURATIFS ET AUTRES
Sur papier indigène d'*Agave mexicana* et sur papier européen, antérieurs et postérieurs à la conquête du Mexique (xvi° siècle).
2 beaux volumes in-4 de texte, et atlas de 80 planches en un carton . 150 fr.

## HISTOIRE DE LA NATION MEXICAINE
Depuis le départ d'Aztlan jusqu'à l'arrivée des conquérants espagnols (et au delà de 1607). Manuscrit figuratif, accompagné de texte en langue nahuatl ou mexicaine, suivi d'une traduction en français, par feu J.-M.-A. Aubin.
Un volume, in-8, carré, planches coloriées . . . . . . . . . 30 fr.

## PETITE BIBLIOTHÈQUE AMÉRICAINE
#### Publiée sous la direction de M. A. L. Pinart

I
VOCABULARIO CASTELLANO-CUNA, por A.-L. Pinart, in-18, carré . 5 fr.

II
VOCABULARIO CASTELLANO-DORASQUE. Dialectos Chumulu, Gualaca y Changuina, por A.-L. Pinart. In-18 carré . . . . . . . . . 5 fr.

III
VOCABULARIO CASTELLANO-GUAYMIE. Dialectos Move-Valiente, Norteño y Guaymie-Penonomeño, por A.-L. Pinart. In-18, carré . . . . 5 fr.

## Général LÉGITIME
### HISTOIRE DU GOUVERNEMENT
du
# GÉNÉRAL LÉGITIME
#### PRÉSIDENT DE LA RÉPUBLIQUE D'HAITI
Un volume in-8 avec un portrait du général Légitime, une vue de Port-au-Prince et une carte de l'île d'Haïti . . . . . . . . . . . . 7 fr. 50

## CONGRÈS INTERNATIONAL DES AMÉRICANISTES
#### COMPTE RENDU DE LA HUITIÈME SESSION, TENUE A PARIS EN 1890
Un beau volume in-8 de 700 pages, figures et planches . . . . . 20 fr.

## CONGRÈS INTERNATIONAL
### D'ARCHÉOLOGIE ET D'ANTHROPOLOGIE PRÉHISTORIQUES
10° SESSION, TENUE A PARIS EN 1889.
Publié sous la direction de M. le Dr Hamy, de l'Institut
Un beau volume in-8 de 600 pages avec nombreuses planches et illustrations . . . . . . . . . . . . . . . . . . . . . . . 12 fr.

**ERNEST LEROUX, ÉDITEUR**

# PUBLICATIONS DE LUXE

## LA LÉGENDE DE MONTFORT LA CANE
### Texte par le baron LUDOVIC DE VAUX
### Illustrations en couleur, par PAUL CHARDIN

Un volume de luxe, in-4.carré, illustré en chromotypographie, vignettes et camaïeux, en un élégant carton. . . . . . . . . . . . . . . . . 15 fr.
20 exemplaires sur fort vélin de Hollande à la cuve. . . . . . . . . 20 fr.
10 exemplaires sur Japon impérial . . . . . . . . . . . . . . . . . 50 fr.

## CONTES RUSSES
### Texte et illustrations, par L. SICHLER

Un magnifique volume gr. in-4, avec une couverture en chromotypographie, et plus de 200 dessins ou planches représentant des scènes, des costumes, des ornements russes. En un élégant cartonnage. . . . . . . . . . . . 15 fr.
Le même ouvrage sur fort vélin de Hollande. . . . . . . . . . . . . 20 fr.

## CENT PROVERBES JAPONAIS
### Par F. STEENACKERS et UÉDA TOKUNOSUKÉ

Un beau volume in-4, richement illustré, d'après des dessins japonais originaux, en noir et en couleurs, fort papier teinté. . . . . . . . . . . . . . 25 fr.

## LA PALESTINE
### Texte par le baron LUDOVIC DE VAUX

Ouvrage illustré de 140 dessins originaux, par MM. P. CHARDIN et C. MAUSS, architecte du Ministère des Affaires étrangères.
Un beau volume gr. in-8, reliure demi-maroquin, tranches dorées . . 18 fr.
Le même, broché . . . . . . . . . . . . . . . . . . . . . . . . . 15 fr.

## LES PRINCES TROUBETZKOI
### Histoire de la Maison princière des Troubetzkoï
### Par la princesse LISE TROUBETZKOI

Un beau volume in-8, illustré de planches en héliogravure . . . . . 25 fr.
Le même sur fort papier de Hollande, exemplaires de luxe à. . . . . 40 fr.

## LES ARTS MÉCONNUS
### Par ÉMILE SOLDI

Un beau volume gr. in-8, illustré de 400 gravures, cartonnage doré, tranches dorées. . . . . . . . . . . . . . . . . . . . . . . . . . . . . 10 fr.
Le même, broché . . . . . . . . . . . . . . . . . . . . . . . . . 8 fr.

## DICTIONNAIRE DE BELLOWS
### DICTIONNAIRE DE POCHE ANGLAIS-FRANÇAIS ET FRANÇAIS-ANGLAIS

Le plus élégant, le plus complet, le plus petit des dictionnaires anglo-français
In-18 de luxe, relié en maroquin, tranches dorées . . . . . . . . 13 fr. 25

RUE BONAPARTE, 28

# SOCIÉTÉ ASIATIQUE

JOURNAL ASIATIQUE, ou Recueil de mémoires, d'extraits et de notices relatifs à l'histoire, à la philosophie, aux langues et à la littérature des peuples orientaux. Rédigé depuis sa fondation, en 1822, par les orientalistes les plus célèbres. Une collection complète (1822-1893) . . . . . . . 1,000 fr.

Abonnement annuel : Paris, 25 fr. — Départements, 27 fr. 50. — Etranger, 30 fr. — Un mois, 3 fr. 50.

COLLECTION D'AUTEURS ORIENTAUX, publiés par la Société asiatique.

Voyages d'Ibn Batoutah, texte arabe et traduction, par MM. Defrémery et Sanguinetti. 4 vol. in-8 . . . . . . . . . . . . . . . . . . 30 fr.
Index alphabétique pour Ibn Batoutah. In-8 . . . . . . . . . 2 fr.
Maçoudi. Les Prairies d'or, texte arabe et traduction, par M. Barbier de Meynard (les trois premiers volumes en collaboration avec M. Pavet de Courteille). 9 vol. in-8 . . . . . . . . . . . . . . . . . . . . . 67 fr. 50
Chants populaires des Afghans, recueillis, publiés et traduits par James Darmesteter. Précédés d'une introduction sur la langue, l'histoire et la littérature des Afghans. Un fort volume in-8 . . . . . . . . . . . 20 fr.
Le Mahavastu, texte sanscrit publié pour la première fois, avec des introductions et un commentaire, par M. Em. Senart. Volumes I et II, in-8. Chaque . . . . . . . . . . . . . . . . . . . . . . 25 fr.
Journal d'un voyage en Arabie (1883-85), par Charles Huber. Un fort volume in-8, avec cartes et nombreux clichés dans le texte. . . . . . . 30 fr.

Meng-tseu, seu Mencium, Sinarum philosophum, latine transtulit Stan. Julien. In-8 . . . . . . . . . . . . . . . . . . . . . . . 9 fr.
Fables de Vartan, en arménien et en français, par Saint-Martin et Zohrab. In-8 . . . . . . . . . . . . . . . . . . . . . . . 3 fr.
Eléments de la Grammaire japonaise, par le P. Rodriguez, traduits du portugais par C. Landresse ; précédés d'une explication des syllabaires japonais, par Abel Rémusat, avec un supplément. In-8. (Epuisé.) . . . 7 fr. 50
Elégie sur la prise d'Edesse par les musulmans, par Nersès Klaietsi, publiée en arménien, par J. Zohrab. In-8 . . . . . . . . . . . . 4 fr. 50
Essai sur le Pali, ou langue sacrée de la presqu'île au delà du Gange ; avec six planches lithographiées et la notice des manuscrits palis de la Bibliothèque royale, par E. Burnouf et Chr. Lassen. 1 vol. in-8 (épuisé) . . . 15 fr.
Observations sur le même ouvrage, par E. Burnouf. In-8 . . . . 2 fr.
La Reconnaissance de Sacountala, drame sanscrit et prâcrit de Calidasa, publié en sanscrit et en français, par A.-L. Chézy. In-4 . . . . . . 24 fr.
Yadjnadattabadha, ou la mort d'Yadjnadatta, épisode extrait du Râmâyana, en sanscrit et en français, par A.-L. Chézy. 1 vol. in-4 . . . . . 9 fr.
Vocabulaire de la langue géorgienne, par Klaproth. In-8 . . . . 7 fr. 50
Chronique géorgienne, texte et traduction, par Brosset. 1 vol. in-8 . . 9 fr.
    La traduction seule, sans le texte. . . . . . . . . . . . 6 fr.
Chrestomathie chinoise, publiée par Klaproth. In-4 . . . . . . . 9 fr.
Eléments de la langue géorgienne, par Brosset. 1 vol. in-8 . . . . 9 fr.
Géographie d'Aboul'féda, texte arabe, publié par Reinaud et de Slane. In-4. . . . . . . . . . . . . . . . . . . . . . . . 24 fr.
Radjatarangini, ou Histoire des rois du Kachmir, publiée en sanscrit et traduite en français, par M. Troyer. 3 vol. in-8 . . . . . . . . 20 fr.
Précis de législation musulmane, suivant le rite malékite, par Sidi Khalil. Cinquième tirage. In-8 . . . . . . . . . . . . . . . . 6 fr.

ERNEST LEROUX, ÉDITEUR

# SOCIÉTÉ DE L'ORIENT LATIN

PUBLICATIONS DE LA SOCIÉTÉ :

### SÉRIE GÉOGRAPHIQUE

I-II. ITINERA HIEROSOLYMITANA ET DESCRIPTIONES TERRÆ SANCTÆ latine conscripta, ediderunt T. Tobler et A. Molinier. Tome I en 2 parties, 2 volumes in-8. Chaque. . . . . . 12 fr.

III. ITINÉRAIRES FRANÇAIS. T. I. édité par MM. H. Michelant et G. Raynaud. In-8. . . . 12 fr.

IV. ITINERA ET DESCRIPTIONES TERRÆ SANCTÆ. Tomus II, ed. A. Molinier et C. Kohler . 12 fr.

V. ITINÉRAIRES RUSSES EN ORIENT, traduits par M$^{me}$ B. de Khitrovo. Tome I. In-8 . 12 fr.

### SÉRIE HISTORIQUE

I. LA PRISE D'ALEXANDRIE, chronique du roi Pierre I$^{er}$ de Lusignan, par Guillaume de Machaut, publiée par M. de Mas Latrie. In-8. 12 fr.

II. QUINTI BELLI SACRI scriptores minores, edidit R. Rœbricht. In-8. . . . . . . . . 12 fr.

III. TESTIMONIA MINORA de Quinto bello sacro, ed. R. Rœbricht. In-8. . . . . . . . . 12 fr.

IV. CHRONIQUE DE MORÉE aux XIII$^e$ et XIV$^e$ siècles, publiée et traduite par A. Morel-Fatio, In-8. . . . . . . . . 12 fr.

V. LES GESTES DES CHYPROIS, recueil de chroniques françaises écrites en Orient aux VIII$^e$ et XIV$^e$ siècles (Philippe de Navarre et Gérard de Montréal), publié par Gaston Raynaud, 1887. In-8. 12 fr.

## PUBLICATIONS PATRONNÉES PAR LA SOCIÉTÉ

I. NUMISMATIQUE DE L'ORIENT LATIN, par G. Schlumberger, membre de l'Institut. Un beau volume, fort in-4, de 528 pages, avec 19 planches de médailles gravées par L. Dardel . . . . . . . . . . . . . . . 125 fr.
— Le même sur papier de Hollande. . . . . . . . . . . . . . 150 fr.
SUPPLÉMENT A LA NUMISMATIQUE DE L'ORIENT LATIN, par G. Schlumberger. Un vol. in-4, contenant l'Index accompagné de 2 planches et une carte. . . . . . . . . . . . . . . . . . . . . . . . . . 15 fr.
— Le même, sur papier de Hollande. . . . . . . . . . . . . . 20 fr.
II. DE PASSAGIIS IN TERRAM SANCTAM. Reproduction en héliogravure, du manuscrit de Venise. Grand in-folio . . . . . . . . . . . . 50 fr.
III. ARCHIVES DE L'ORIENT LATIN. Tome I, fort volume in-8, de 850 pages . . . . . . . . . . . . . . . . . . . . . . . . . 25 fr.
— Le même, sur papier de Hollande. . . . . . . . . . . . . . 35 fr.
IV. ARCHIVES DE L'ORIENT LATIN. Tome II, fort volume in-8 . 30 fr.
— Le même, sur papier de Hollande . . . . . . . . . . . . . 40 fr.
V. SIGILLOGRAPHIE DE L'EMPIRE BYZANTIN, par G. Schlumberger. In-4, avec 1,100 dessins . . . . . . . . . . . . . . . . . . . . 125 fr.
VI. ÉTUDES SUR L'HISTOIRE DE L'ÉGLISE DE BETHLÉEM, par le comte Riant, membre de l'Institut. Première partie, in-8 . . . . 12 fr.
Seconde partie in-8 . . . . . . . . . . . . . . . . . . . . 10 fr.

## REVUE DE L'ORIENT LATIN

Publiée sous la direction de
M. le marquis de Vogüé et de M. Ch. Schefer, de l'Institut.
Avec la collaboration de MM. A. de Barthélemy, de l'Institut; J. Delaville Le Roulx; L. de Mas Latrie, de l'Institut; G. Schlumberger, de l'Institut.
Secrétaire de la Rédaction; M. C. Kohler.

La Revue paraît tous les trois mois.
Abonnement : Paris, 25 fr. — Départements, 26 fr. — Étranger, 27 fr.

RUE BONAPARTE, 28

# JOURNAUX ET PÉRIODIQUES

## JOURNAL ASIATIQUE

Recueil de mémoires, d'extraits et de notices relatifs à l'histoire, à la philosophie, aux langues et à la littérature des peuples orientaux.

Publié par la Société asiatique.

Mensuel. — Abonnement : Paris, 25 fr. — Départements, 27 fr. 50. — Étranger, 30 fr. — Un mois, 3 fr. 50. — Une collection complète (1822-1893). 1,000 fr.

## REVUE ARCHÉOLOGIQUE

Publiée sous la direction de
MM. Al. Bertrand et Georges Perrot, membres de l'Institut.

Recueil mensuel richement illustré de planches, chromolithographies et dessins dans le texte.

Abonnement : Paris, 30 fr. — Départements, 32 fr. — Étranger, 33 fr. — Un numéro mensuel, 3 fr. — Une collection complète (1844-1893) . 900 fr.

## REVUE CRITIQUE D'HISTOIRE ET DE LITTÉRATURE

Publiée sous la direction de M. A. Chuquet.

Abonnement : Un an, Paris, 20 fr. — Départements, 22 fr. — Étranger, 25 fr. Un numéro, 75 centimes.

Une collection complète (des 28 années 1866-1893) . . . . . 450 fr.

La *Revue Critique* fut fondée en 1866 par MM. P. Meyer, C. Morel, G. Paris et H. Zotenberg. Elle a eu ensuite pour directeurs, MM. C. de la Berge, Bréal, G. Monod, G. Paris, puis MM. Graux, S. Guyard, G. Monod, et G. Paris, enfin MM. Darmesteter, Havet, G. Monod et G. Paris. — Elle paraît tous les lundis par nos de 24 à 32 pages.

## REVUE DE L'HISTOIRE DES RELIGIONS

Publiée sous la direction de M. Jean Réville.

Avec le concours de MM. Barth, Bouché-Leclercq, Decharme, Guyard, Hild, Kuenen, Lafaye, Maspero, E. Renan, A. Réville, Tiele, etc.

La *Revue de l'Histoire des Religions*, fondée sous la direction de M. Maurice Vernes en 1880, forme aujourd'hui 28 volumes. Elle paraît tous les deux mois par fascicules in-8 raisin de 8 à 10 feuilles d'impressions.

Abonnement : Paris, 25 fr. — Départements, 27 fr. 50. — Étranger, 30 fr. Un numéro, 5 fr. — Une collection complète, tomes I à XXVIII . 280 fr.

## REVUE SÉMITIQUE D'ÉPIGRAPHIE ET D'HISTOIRE ANCIENNE

Recueil trimestriel. — Directeur : M. J. Halévy.

Abonnement : Paris, 20 fr. — Départements et Étranger, 22 fr.

---

**ERNEST LEROUX, ÉDITEUR**

# JOURNAUX ET PÉRIODIQUES

## REVUE D'ETHNOGRAPHIE

Publiée sous les auspices du Ministère de l'Instruction publique et des Beaux-Arts,
Par le D' Hamy, Conservateur du Musée d'ethnographie.

*(Publiée de 1882 à 1889).*

Collection complète des 8 volumes, richement illustrés de dessins et de planches, 200 fr. — Un volume seul . . . . . . . . . . . 25 fr.

## REVUE DES ÉTUDES GRECQUES

Publication trimestrielle de l'Association pour l'Encouragement
des Etudes grecques.

Rédacteur en chef : M. Théodore Reinach.

Recueil trimestriel remplaçant depuis 1888 l'Annuaire de l'Association

Abonnement : Paris, 10 fr. — Départements et Etranger, 11 fr. — Un numéro, 3 fr. — Une collection des six premières années . . . . 50 fr.

## REVUE D'HISTOIRE DIPLOMATIQUE

Publiée par les soins de la Société d'histoire diplomatique.

Trimestrielle. — Abonnement : Paris, 20 fr. — Départements, 22 fr. — Etranger, 23 fr. — Collection complète : 1887-1893 . . . . . 125 fr.

## BULLETIN DES MUSÉES

Revue mensuelle, publiée sous le patronage de la direction des Beaux-Arts et de la direction des Musées nationaux (*Organe international des Musées*).

Directeurs: M. Edouard Garnier, conservateur du Musée de céramique de Sèvres ; M. Léonce Bénédite, conservateur du Musée de Luxembourg. Secrétaire de la rédaction: M. Marquet de Vasselot, attaché à la direction des Beaux-Arts.

Abonnement : France. — Paris et départements, un an, 12 fr. — Union postale, 13 francs.

## REVUE ÉGYPTOLOGIQUE

Fondée sous la direction de MM. Brugsch-Pacha, F. Chabas, E. Revillout.
Continuée sous la direction de M. E. Revillout.

La *Revue égyptologique*, fondée en 1880, paraît par numéro de six feuilles in-4, avec planches et fac-similés. 4 numéros forment un volume.

Abonnement par volume : Paris, 30 fr. — Départements, 31 fr. — Étranger, 32 fr. — Aucun numéro ne se vend séparément.

Le tome VII est en cours de publication. — La collection, tomes I à VII. 200 fr.

## REVUE D'ASSYRIOLOGIE ET D'ARCHÉOLOGIE ORIENTALE

Publiée sous la direction de M. J. Oppert, membre de l'Institut,
et de M. E. Ledrain, professeur à l'Ecole du Louvre.

La partie archéologique est dirigée par M. L. Heuzey, membre de l'Institut. Paraît par numéros de six feuilles in-4. 4 numéros forment un volume. Le tome III est en cours.

Abonnement : Paris, 30 fr. — Départements, 31 fr. — Étranger, 32 fr. — Aucun numéro ne se vend séparément.

## JOURNAUX ET PÉRIODIQUES

### REVUE DE L'EXTRÊME-ORIENT
Publiée sous la direction de M. Henri Cordier

Tomes I, II, III, gr. in-8. Chaque volume composé de 4 fascicules. 30 fr.

### L'ANNÉE ÉPIGRAPHIQUE

Revue des publications épigraphiques relatives à l'antiquité romaine, par René Cagnat, professeur au Collège de France.

Publiée depuis 1888. Prix de l'année . . . . . . . . . . 5 fr.
Les six premières années, ensemble. . . . . . . . . . . 25 fr.

### REVUE D'ANTHROPOLOGIE
Publiée sous la direction de Paul Broca.

Années 1875, 1876, 1877, formant les tomes IV, V, VI de la collection. Chaque volume gr. in-8, avec figures et planches . . . . . 25 fr.

### REVUE DE PHILOLOGIE ET D'ETHNOGRAPHIE
Publiée sous la direction de M. C.-E. de Ujfalvy

Années I à III (1875-77). Chaque année, 15 fr. — La collection complète. 40 fr.

### BULLETIN DE L'ASSOCIATION DE L'AFRIQUE DU NORD
1889-1891.

Recueil mensuel in-8. — Une année, 10 fr. — Les 3 années ensemble, 25 fr. — Un numéro, 1 fr.

### REVUE BIBLIOGRAPHIQUE DE PHILOLOGIE ET D'HISTOIRE
Publiée sous la direction de M. Ernest Leroux.

Années I à III (1874-1876). Chaque année . . . . . . . . . 5 fr.
Les trois années ensemble. . . . . . . . . . . . . . . . 10 fr.

### LA POLITIQUE POSITIVE
Revue occidentale publiée sous la direction d'Eug. Sémerie

Numéros 1 à 31, in-4. Collection complète . . . . . . . . . 12 fr.

### BULLETINS ET PUBLICATIONS DE SOCIÉTÉS SAVANTES

| | |
|---|---|
| Sociétés asiatiques étrangères. | Institut égyptien. |
| Société américaine. | Société des traditions populaires. |
| Société philologique. | Société d'histoire diplomatique. |
| Société académique indo-chinoise. | Société océanienne, etc., etc. |

*La liste détaillée en sera donnée à la fin du Catalogue.*

ERNEST LEROUX, ÉDITEUR

www.ingramcontent.com/pod-product-compliance
Lightning Source LLC
Chambersburg PA
CBHW061959300426
44117CB00010B/1397